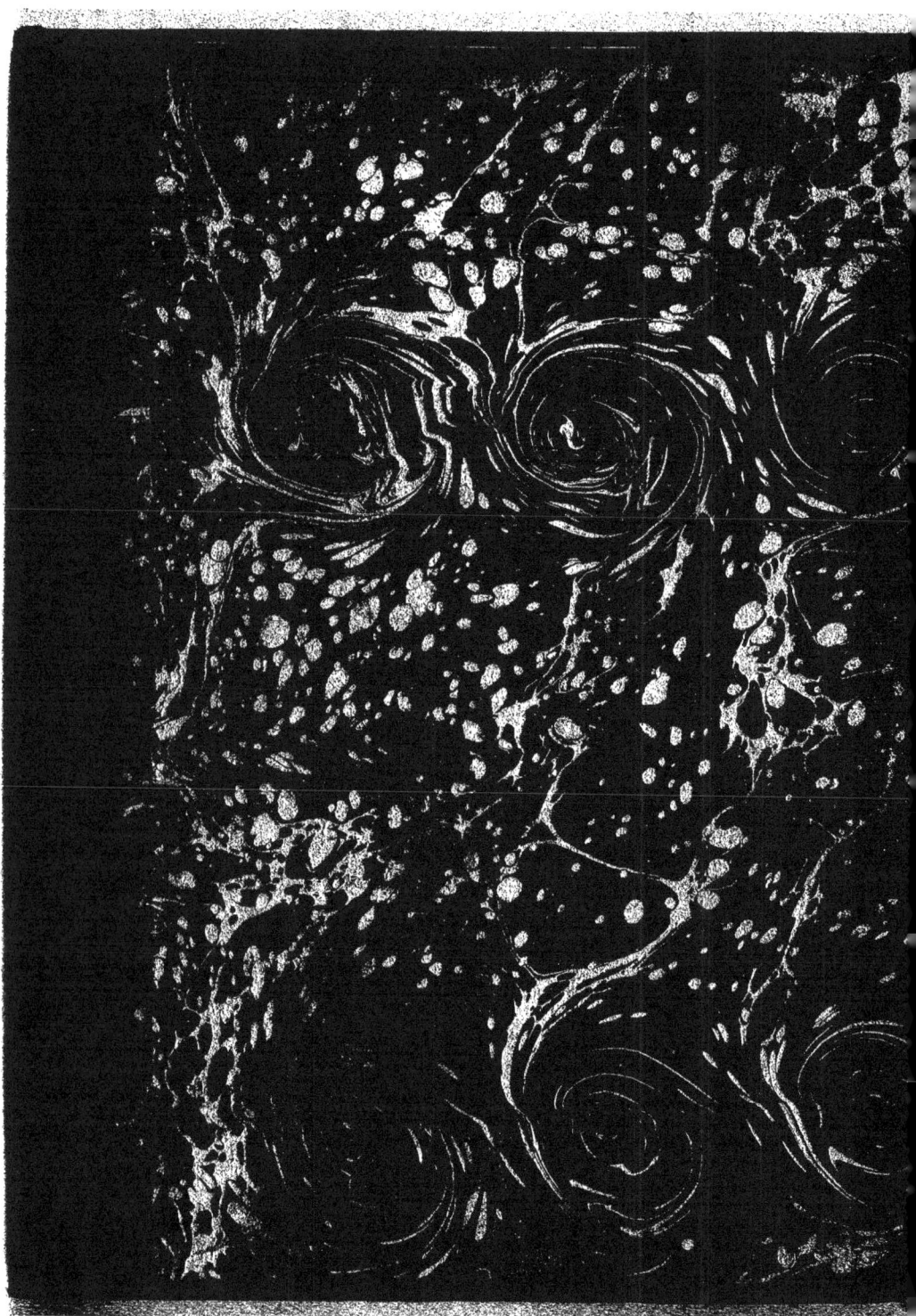

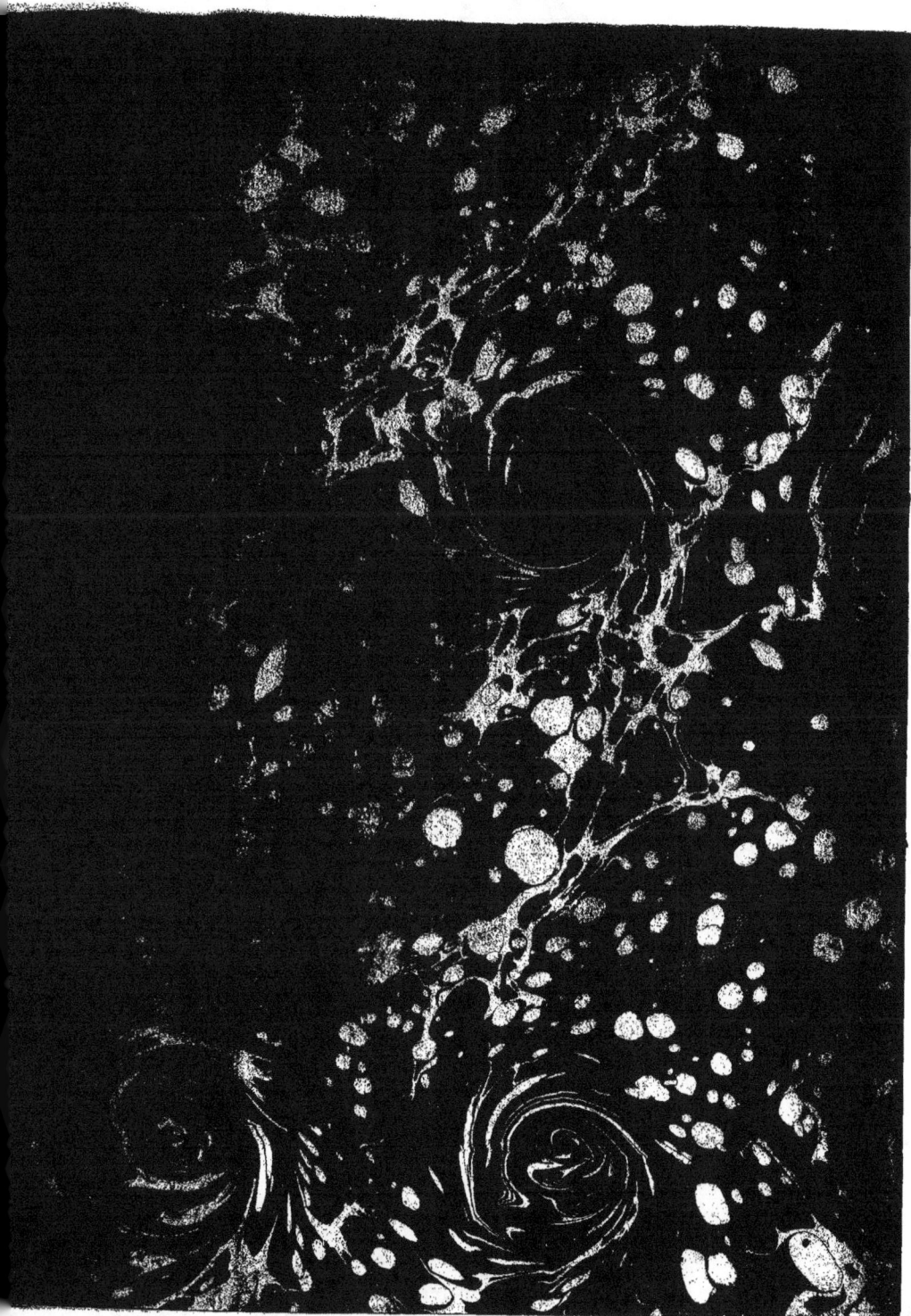

TACTIQUE
NAVALE.

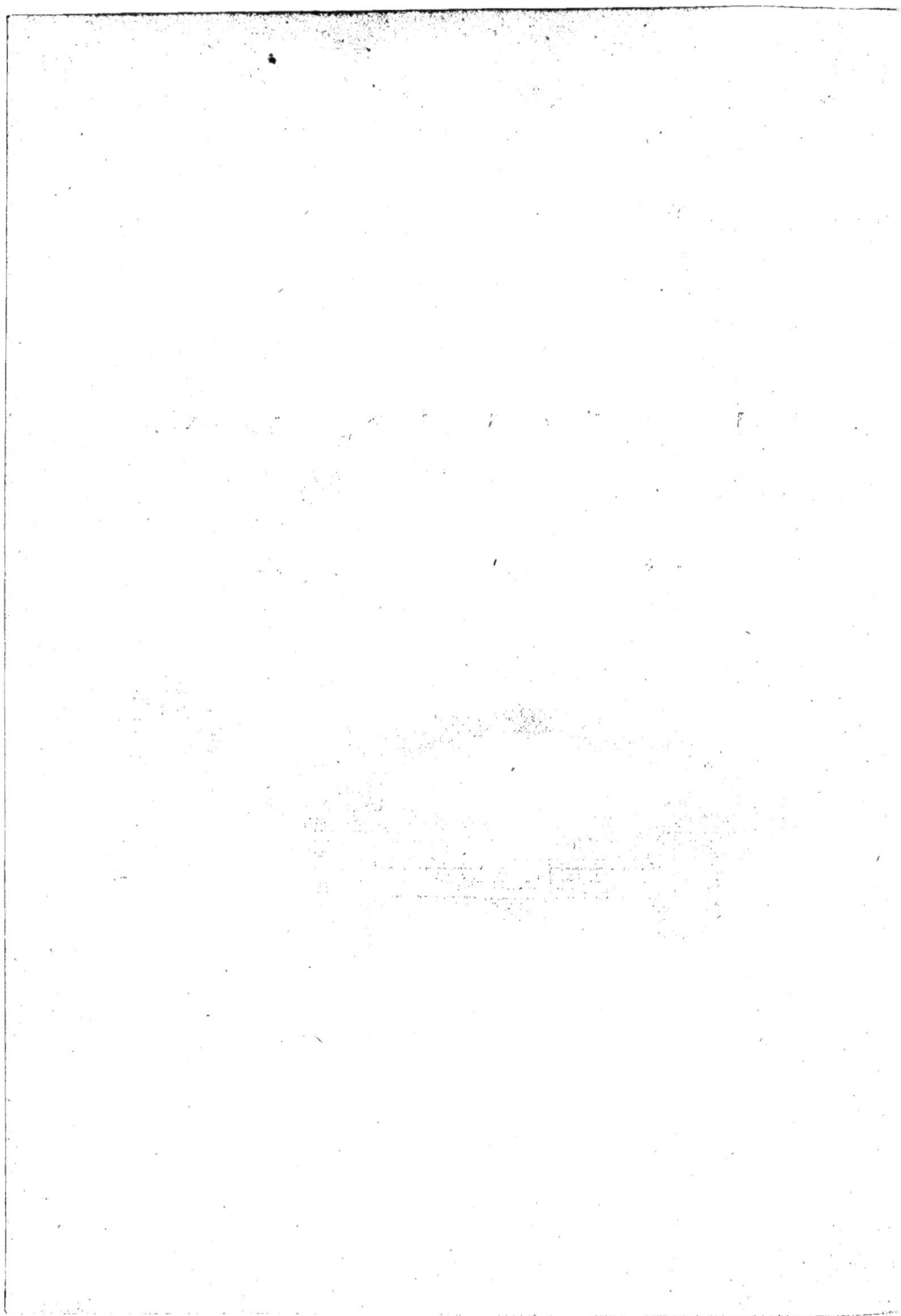

TACTIQUE
NAVALE,
OU
TRAITÉ DES ÉVOLUTIONS
ET DES SIGNAUX;

Avec Figures en taille-douce.

Par M. *le Vicomte* DE MOROGUES, *Capitaine des Vaisseaux du Roi*, *Chef de Brigade du Corps Royal de l'Artillerie, Membre de l'Académie de Marine, Correspondant de l'Académie Royale des Sciences.*

Intenti expectant fignum : exultantiaque haurit
Corda pavor pulfans , laudumque arrecta cupido.
Æneid. L. 5. v. 137.

A PARIS,

Chez H. L. GUERIN & L. F. DELATOUR , rue Saint Jacques, à Saint Thomas d'Aquin.

M. DCC. LXIII.
AVEC APPROBATION ET PRIVILEGE DU ROI.

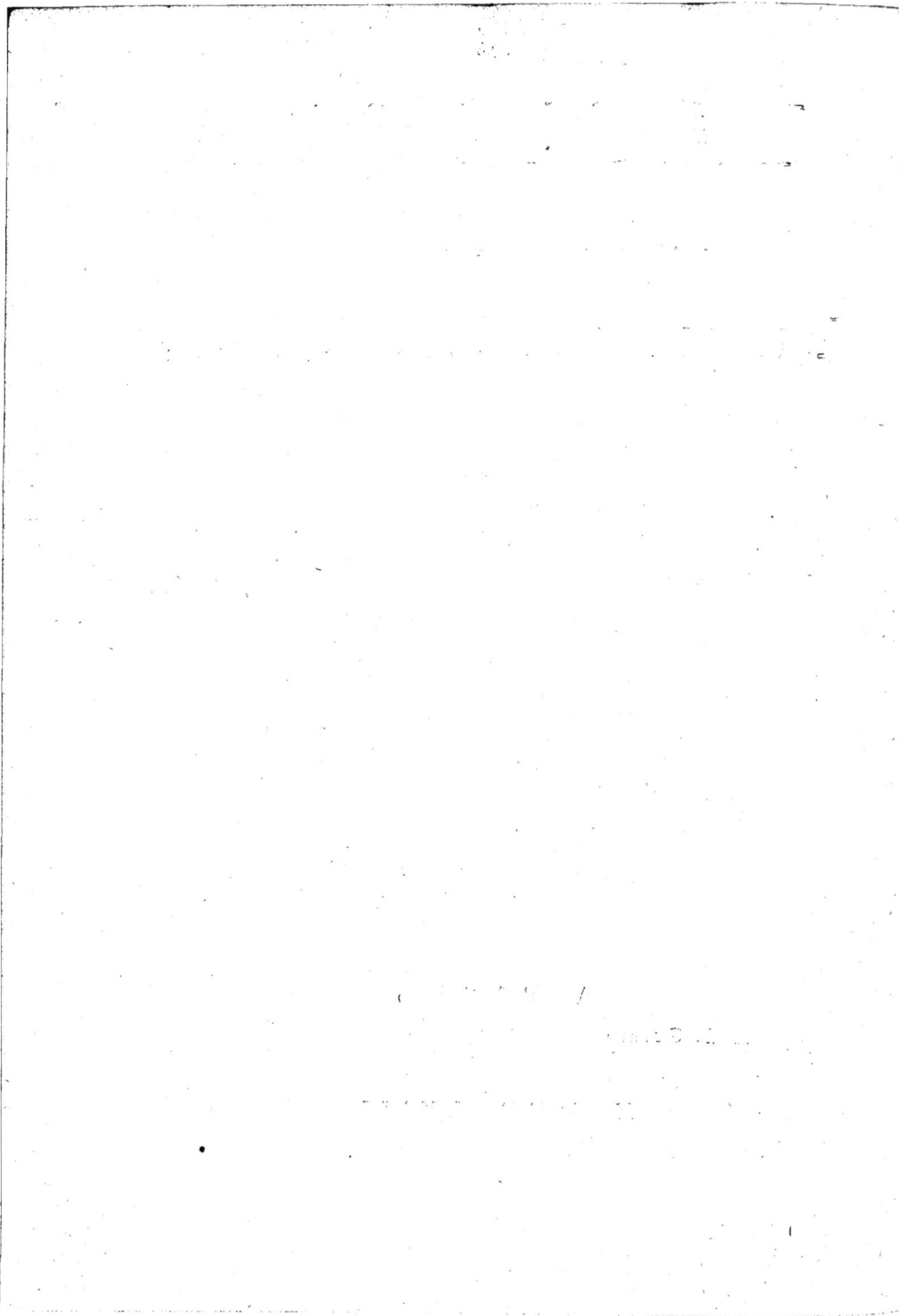

A MONSEIGNEUR

DE CHOISEUL,

DUC DE STAINVILLE, PAIR DE FRANCE;
CHEVALIER DES ORDRES DU ROI ET DE LA TOISON
D'OR ; COLONEL-GÉNÉRAL DES SUISSES ET GRISONS ;
LIEUTENANT-GÉNÉRAL DES ARMÉES DU ROI ; GOU-
VERNEUR ET LIEUTENANT-GÉNÉRAL DE LA PROVINCE
DE TOURAINE ; GOUVERNEUR ET GRAND BAILLI DU
PAYS DE VOSGES ET DE MIRECOURT ; MINISTRE ET
SECRETAIRE D'ÉTAT AYANT LE DÉPARTEMENT DE LA
GUERRE ET DE LA MARINE, ET LA CORRESPONDANCE
DES COURS D'ESPAGNE ET DE PORTUGAL ; GRAND-
MAITRE ET SURINTENDANT-GÉNÉRAL DES COURIERS,
POSTES ET RELAIS DE FRANCE.

*M*ONSEIGNEUR,

LE TRAITÉ de *Tactique Navale que j'ai*
l'honneur de Vous préfenter, manquoit en quel-
que forte à la Marine du Roi. C'eft le fruit des
réflexions que m'ont donné occafion de faire les
mouvements que j'ai vu exécuter aux Efcadres

a

dans lesquelles j'ai servi. Son objet est de faire sentir la nécessité de l'ordre & de la discipline, d'où dépend la principale force de l'Armée. A ce titre, il ne pouvoit pas paroître sous de plus heureux auspices. Le R o i vient de donner par Vos soins une forme plus avantageuse à ses Troupes ; & le bien de l'Etat dont Vous êtes sans cesse occupé, Monseigneur, tourne également Votre attention sur les moyens de faire refleurir la Marine. Je m'estimerois heureux si l'Ouvrage que Vous me permettez de publier, répondant à une partie de Vos vues, pouvoit être utile à la jeune Noblesse sur laquelle la Marine fonde ses nouvelles espérances : il sera du moins un témoignage certain du zele que j'ai toujours eu pour la gloire du Pavillon de Sa Majesté. Je Vous supplie en même temps, Monseigneur, de le recevoir comme une marque de la reconnoissance que j'ai de Vos bienfaits.

Je suis avec un profond respect,

MONSEIGNEUR,

Votre très-humble & très-obéissant serviteur,
DE MOROGUES.

TABLE
DES CHAPITRES
Contenus dans les deux Livres de la TACTIQUE.

LIVRE PREMIER.
DES ÉVOLUTIONS.

FIN DE LA TABLE.

RAPPORT *de Meſſieurs les Commiſſaires nommés par l'Académie Royale des Sciences pour examiner l'Ouvrage de M. DE MOROGUES.*

Nous Commiſſaires nommés par l'Académie, pour examiner un Ouvrage de M. Bigot de Morogues, Capitaine de Vaiſſeaux du Roi, Chef d'une Brigade du Corps Royal de l'Artillerie, & Correſpondant de l'Académie, intitulé: *Taĉique Navale*, ou *Traité des Evolutions & des Signaux*, avons l'honneur de lui en rendre compte.

Les Regles des Evolutions ſont, ſans contredit, l'objet d'étude par lequel les Officiers de la Marine les plus habiles doivent couronner leurs connoiſſances, puiſqu'ils ne peuvent eſpérer d'être vraiment utiles à l'Etat, qu'autant qu'ils ſont ſupérieurs dans cette partie. Il étoit donc bien eſſentiel pour les jeunes Officiers de ce Corps, qui ſe propoſent de mériter d'avoir part au Commandement des Armées, & d'acquérir de la gloire en ſoutenant l'honneur de la Nation, d'avoir entre les mains un livre qui donnât des Regles préciſes de la Taĉique, afin de pouvoir les approfondir chaque jour, & ſe les rendre familieres.

L'Ouvrage de ce genre compoſé par le P. Hoſte, eſt devenu rare; & quoiqu'excellent dans pluſieurs parties, il renferme auſſi beaucoup de manœuvres inutiles: il falloit être Marin, & de plus Officier d'armée pour bien traiter de la Taĉique Navale. Les Majors de nos Eſcadres, & notamment le Chevalier de Fabry, nous en ont donné des modeles excellents dans cette derniere Guerre; & M. de Morogues, par l'étendue de ſes connoiſſances, étoit très-capable de réuſſir à raſſembler dans un ſeul corps d'Ouvrage, & de mettre dans l'ordre le plus avantageux les meilleures Evolutions, & les Signaux les plus étendus, afin qu'on eût ſous les yeux tout ce qui pouvoit avoir été dit ſur cette matiere. Auſſi jouit-il, même avant la publication de ſon travail, de l'aſſurance flatteuſe de ſon utilité, non-ſeulement dans l'avantage qu'en retirent MM. les Gardes de la Marine de Breſt depuis pluſieurs années qu'ils étudient ce Livre manuſcrit dans leurs ſalles, mais encore dans l'empreſſement des Officiers les plus intelligents, pour s'en procurer des copies.

M. de Morogues a diviſé ſon Ouvrage en deux Parties, conformément à l'indication du Titre.

Dans la premiere que nous avons lue avec la plus grande ſatisfaĉion, il traite des Evolutions; & il nous a paru qu'il n'en a oublié aucune dont l'exécution pût être utile ou praticable; & lorſqu'une même Evolution peut être exécutée de pluſieurs manieres différentes,

& également utiles, il les rapporte toutes, en expliquant les occasions de préférence à donner à chacune.

Pour cela, après avoir enseigné tout ce qui concerne la Chasse, il en applique les Regles à la formation d'une ligne de Vaisseaux ; car, pour y prendre son poste, on fait qu'il faut que chaque Vaisseau donne Chasse à celui qui doit le précéder dans la ligne. Il parcourt ensuite, & explique aussi méthodiquement, & dans le plus grand détail, tous les mouvements généraux & particuliers des Escadres d'une Armée, soit en ordre de Bataille ou de Marche ; les divers changements d'Ordre ; les mouvements particuliers relatifs au Combat, comme, disputer le vent à l'Ennemi ; éviter le Combat ; arriver sur l'Ennemi, & le forcer au Combat, au vent ou sous le vent ; doubler l'Ennemi, traverser son Armée, & l'empêcher de le faire.

Les manœuvres que M. de Morogues indique pour tous ces mouvements, paroissent les meilleures ; mais il ne dissimule pas, que si leur exécution n'est pas parfaite, il en est qui peuvent être susceptibles de grands inconvénients, & occasionner du désordre dans la ligne, dont l'Ennemi ne manqueroit pas de profiter. C'est ce qui l'oblige à faire sentir le danger de se déterminer à certaines manœuvres difficiles devant l'Ennemi, à moins que quelque faute de sa part n'offre un succès presque assuré, ou qu'on n'y soit forcé par la nécessité de tout risquer, pour se tirer d'une position fâcheuse.

Cependant cette perfection si nécessaire dans l'exécution des mouvements, à laquelle un Général craint avec tant de raison que son Armée n'atteigne pas, dépend en tout du bon ordre & de la discipline.

Aussi M. de Morogues fait consister, en grande partie, la force d'une Armée navale dans cet ordre & cette discipline qui y sont établis, & dans son exercice réel aux Evolutions. Il regarde cette espece de force, comme équivalente à celle de plusieurs Vaisseaux que l'Ennemi auroit de plus ; & nous en sommes persuadés comme lui, si l'on peut se flatter d'avoir sur l'Ennemi cette supériorité d'exactitude dans l'exécution des Evolutions qui peut en effet lui rendre inutiles plusieurs Vaisseaux.

Elle dépend, comme l'on fait, d'une grande & égale habileté du Général, & de chacun des Capitaines, dans la théorie de la Tactique, & de leur longue expérience dans l'exercice des Evolutions. Car il ne suffit pas que chaque Capitaine soit *Manœuvrier*, comme on l'entend communément de ceux qui, dans la Navigation ordinaire, savent assez régler les mouvements particuliers de leur Vaisseau, pour le conduire sûrement d'un Port à l'autre ; c'est-là sans doute un grand avantage, mais qu'on peut à peine regarder comme un premier élément de ce haut degré de perfection & de finesse, avec lequel chaque Capitaine d'une Armée doit posséder la manœuvre, pour bien connoître & régler la marche de son Vaisseau dans tous les mouvements d'une ligne bien serrée ; en un mot, pour y garder son poste, sans craindre des abordages, qui ne doivent jamais arriver quand, avec du vent, la mer eft un peu *maniable*.

M. de Morogues examine, & fait prévoir dans tous les cas., les dérangements que ne peuvent manquer de caufer, dans une ligne, le changement du vent, par l'impoffibilité prefque phyfique que, dans cette circonftance, les Vaiffeaux fe tiennent toujours exactement à leur pofte. Il fait fentir toutes les difficultés du rétabliffement de l'ordre, en indiquant cependant les meilleurs moyens, & les plus prompts pour y parvenir.

Enfin les Planches qui accompagnent ce Traité, au nombre de XLIX, contenant 133 Figures, repréfentent les mouvements de chaque Evolution d'une maniere fi fimple, fi claire & fi fenfible, qu'elles en font deviner les détails, indépendamment des explications du Traité même.

APRE's avoir donné dans la premiere Partie de fon Ouvrage les Regles des Evolutions, M. de Morogues en enfeigne l'application & l'ufage dans la feconde, en traitant des Signaux par lefquels on fait connoître à une Armée Navale tous les mouvements qu'elle doit exécuter.

Le projet de l'Auteur, à cet égard, ayant été de repréfenter un modele complet de Signaux pour une grande Armée, dans lequel aucun ordre ou détail utile ne fût oublié, il a raffemblé tous les différents moyens de faire des Signaux, foit de Jour, de Nuit, ou de Brume, qui avoient été employés jufqu'aujourd'hui dans les Livres d'ordres généraux de nos Armées ou Efcadres : il en a même étendu & varié l'ufage, de maniere qu'il eft parvenu, non-feulement à donner des Signaux pour un plus grand nombre d'ordres; mais encore à fournir, pour ainfi dire, dans le même plan de Signaux, deux ou trois plans différents, c'eft-à-dire, deux ou trois manieres d'exprimer chacun des ordres de fon plan par des Signaux de diffé-rente efpece, afin que le Général foit à portée de choifir à propos l'efpece qui convient le mieux à chaque circonftance.

D'après ce que nous venons de dire, on conçoit aifément l'é-tendue du travail de M. de Morogues, en voulant remplir cette double ou triple combinaifon, fans oublier la fimplicité & la diftin-ction qu'il établit pour bafe de la bonté de tous les Signaux.

Nous devons obferver à ce dernier égard, que cette partie de l'Ouvrage de M. de Morogues, compofée, comme nous l'avons déja dit, pour fervir dans l'occafion rare des Evolutions d'une grande Armée, peut, même en confervant bien des détails intéreffants, être beaucoup fimplifiée dans les occafions les plus fréquentes de s'en fervir pour former des Signaux à une forte Efcadre.

Nous ajouterons que ce Livre de Signaux ne peut manquer d'être utile ; & qu'il eft traité d'une maniere, non-feulement fort avanta-geufe pour l'uniformité d'exécution des Manoeuvres générales, fi néceffaire au maintien de l'ordre dans une ligne, mais encore pour l'inftruction particuliere de chacun des membres du corps de l'Armée, relativement à leurs fonctions, & aux Regles des Evolutions. C'eft ce que nous ferons voir dans l'idée fuccinte que nous donnerons de la forme de ces Signaux, après que nous aurons rendu compte de quelques efpeces ingénieufes de Signaux, pour multiplier & varier les expreffions, & dont l'ufage n'eft point encore généralement reçu, ou dont certaines particularités appartiennent à M. de Morogues.

Dans les Signaux de Manœuvre, l'Auteur a deftiné un Mât particulier à chaque corps de l'Armée, pour y placer les Pavillons ou Flammes néceffaires, pour faire évoluer ce corps, & la Vergue d'artimon à l'Armée entiere : deforte que le Général peut faire exécuter à toutes les Efcadres, en même temps, des mouvements différents fans craindre aucune méprife. Il conferve la même deftination des Mâts dans les Signaux de Nuit, pour y placer les Fanaux qui remplacent les Pavillons.

Il préfente encore pour la Nuit un double plan de Signaux pour remplacer les Pavillons : il trouve cet avantage dans les Fufées, qu'il met en état de fubftituer entiérement aux Fanaux pour faire les mêmes Signaux que par eux, moyennant la différente compofition de la garniture de ces Fufées, en Etoiles, en Serpentaux ou en Pluie. C'eft par-là qu'il leur donne la fignification des Fanaux placés aux Aubans de tel ou tel Mât; obfervant de plus que les Fanaux aux Aubans d'un Mât, ou l'efpece de Fufées qui y répond, regardent toujours la même divifion de l'Armée. On voit que le choix, ou même la réunion de ces deux fortes de Signaux permanents ou inftantanés, peut être très-utile à un Général dans diverfes occafions importantes.

Les Signaux numéraires que M. de Morogues fait entrer dans fon Ouvrage, font ceux qui contribuent le plus à la variété & à l'augmentation de détails que nous y avons trouvée dans tout ce qui peut être exprimé par des nombres. Ils confiftent, comme l'on fait, à faire fignifier à certains Pavillons des unités, des dixaines & des centaines, fuivant les endroits où ils font placés; & l'on peut, par exemple, s'en fervir pour indiquer les aires de vent dans l'ordre de Fauffe-route, dans l'ordre de Mouillage en ligne, &c; les degrés & minutes de latitude ou de longitude; le nombre de braffes d'eau quand on a fondé, &c. Ils fourniffent d'ailleurs un double moyen & fimple, d'exprimer tous les Signaux, en défignant par ces Pavillons numéraires, l'article du Livre des Signaux que le Général veut faire exécuter.

Il donne auffi des Signaux numéraires pour la Nuit; & encore, dans ce double plan, des Fanaux à certains Mâts, ou des Fufées correfpondantes qui fignifient alors des unités, des dixaines ou des centaines; il défigne ainfi, non-feulement les aires de vent, les degrés & minutes, les braffes, &c, comme nous l'avons dit des Signaux de Jour, mais encore il fe fert des Signaux numéraires de Nuit,

Nuit, foit pour faire reconnoître ou fignaler chaque Vaiffeau de la ligne, en affectant à chacun le nombre qui répond au rang que le Capitaine occupe dans la ligne, foit pour défigner un nombre de Vaiffeaux, ou un Vaiffeau auquel on veut parler, fuivant que le Signal d'avertiffement indique que le Général va fe fervir des Signaux numéraires, & celui de ces différents ufages auquel les Signaux numéraires feront employés.

Il donne enfin, comme pour le Jour, le double moyen d'exprimer généralement tous les Signaux, en indiquant l'Article du Livre qu'on veut faire exécuter, & avec moins de Feux ou de Fufées que par les Signaux ordinaires.

M. de Morogues étend de même l'ufage des Signaux numéraires, jufques dans le temps de Brume, par le Canon; & toujours après avoir donné les autres Signaux généraux pour le même temps, qui confiftent en coups de Canon, accompagnés principalement de différentes batteries de la Caiffe affectées à chaque mouvement, & qui ont lieu pendant tout le temps de l'exécution du mouvement indiqué par le Signal.

Nous n'avons encore parlé des coups de Canon, dans les Signaux, qu'à l'occafion de ceux de Brume : il y en a de même dans les Signaux de Jour & de Nuit; & M. de Morogues les a employés, de manière qu'ils fervent à confirmer ou à doubler l'expreffion des Fanaux ou des Fufées, ou à exprimer tout feuls les Signaux. Il fait encore obferver qu'on peut fe paffer abfolument d'en tirer, fi, étant au voifinage de l'Ennemi, on avoit lieu de craindre que le bruit ne découvrît la marche de l'Armée, ou dans telle autre circonftance.

M. de Morogues établit de plus divers intervalles de temps à obferver en tirant les coups de Canon; & au moyen de leurs combinaifons, il a extrêmement généralifé cette efpece de Signal pour les occafions de Jour, de Nuit & de Brume, où il pourroit être avantageux de s'en fervir.

Quant à la forme de cette partie de l'Ouvrage, M. de Morogues explique dans chaque article la manière d'exécuter le Signal, conféquemment à l'énoncé. Cette explication, pour les Signaux qui font relatifs au bon ordre & à la police d'une Armée ou Efcadre, eft inftructive fur les fonctions des Capitaines & autres Officiers, conformément aux Ordonnances & aux Ufages reçus. Et pour les Signaux de Manœuvre & de Mouvements, M. de Morogues rappelle les Regles dans tout le détail néceffaire. C'eft, à la vérité, une répétition en termes différents de ce qui eft déja dit dans la première Partie ; mais cette répétition des Regles eft toujours bien avantageufe : l'application en devient plus aifée.

Il fixe ainfi, pour chaque Colonne ou pour chaque Vaiffeau, la manière dont ils doivent manœuvrer dans tous les mouvements généraux ou particuliers; ce qui affure l'ordre & l'uniformité fi effentiels au fuccès d'une Evolution.

Chaque Article eft enfin terminé par un renvoi aux quatre Tables des Signaux qui font à la fin du Livre , pour y trouver la place & la couleur des Pavillons , la place & le nombre des Fanaux ou des Fufées , &c. M. de Morogues fait voir plufieurs avantages dans cette féparation qu'il a faite de cette partie des Signaux d'avec leur explication ; &, entr'autres, celui de pouvoir aifément changer les fignifications de tous les Signaux après chaque Campagne , & même toutes les fois que le Général voudra dans une même Campagne ; & cela , feulement en reculant ou en avançant dans ces Tables les numéros des Cafes où ils font écrits.

La premiere de ces Tables eft celle des Signaux de Jour par Pavillons & Flammes. On y trouve la fignification de chaque Signal, relativement à fa place dans la mâture & au numéro des couleurs.

La feconde comprend tous les Signaux de Canon pour le Jour, la Nuit & le temps de Brume. Outre le nombre des coups pour chaque Signal , on y voit marqués diftinctement les divers intervalles de temps à obferver d'un coup à l'autre.

La troifieme eft la Table des Signaux de Nuit, où font, pour chaque Signal , le nombre & la place des Fanaux, ou le nombre & l'efpece de Fufées.

La quatrieme contient les Signaux pour le temps de Brume. On y trouve , par conféquent, ceux faits avec les Cloches, Fufils, & avec les diverfes batteries de la Caiffe. Et comme les Signaux de Brume font effentiellement compofés de coups de Canon, cette Table renvoye prefque de chaque Article, à celle des Signaux de Canon.

Toutes ces Tables renvoyent toujours aux Articles du Livre des Signaux pour l'explication des Ordres ou des Mouvements, comme le Livre des Signaux renvoye aux Articles de ces Tables.

Enfin l'Ouvrage eft accompagné d'une Table générale des Matieres contenues dans les deux Parties, & relative aux Articles du Livre des Evolutions , à celui des Signaux & aux Figures : elle eft fort utile & même néceffaire pour trouver promptement l'Evolution, & fur-tout le Signal dont on a befoin.

Telle eft l'idée que nous avons prife de l'Ouvrage de M. de Morogues , dont l'Académie nous avoit confié l'examen. Nous le croyons digne de fon fuffrage & de l'impreffion.

Fait à Paris , ce 9 Mars 1763.

Signé, CHABERT. CLAIRAUT. DUHAMEL DU MONCEAU.

TACTIQUE

TACTIQUE
NAVALE.

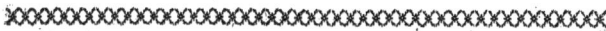

XXXXXXXXXXXXXXXXXXXXXXXXXXXXXXXXXXXXXXXXXXXXXX

INTRODUCTION.

De la Tactique Navale. Exposition & partage de ce Traité.

La Tactique Navale est l'art de ranger les armées de mer dans l'ordre qui convient, & de régler leurs mouvements. Ce n'est point une science établie sur des principes absolument invariables : elle est fondée sur des rapports dont les causes principales, qui sont les armes, peuvent changer ; ce qui fait nécessairement aussi changer la construction des Vaisseaux, la maniere de les manœuvrer, & enfin la disposition & l'ordonnance des armées. Parcourons, quoique rapidement, toute cette

A

fucceffion, pour venir à notre ordre de bataille, & mieux fentir les raifons qui l'ont fait choifir.

Les Galeres anciennes avoient plufieurs rangs de rames, difpofées fort différemment de ce qu'elles font dans nos Galeres modernes, qui font les Bâtiments qui s'éloignent le moins de leur premier modele. Quelques-unes portoient des tours pefantes, que l'on ne montoit fouvent que lorfqu'on fe préparoit au combat. On élevoit encore fur ces Galeres des machines qui fervoient à lancer des traits ou des pierres, & quelquefois des artifices. On y établiffoit des corbeaux pour accrocher l'ennemi, & des ponts que l'on abaiffoit pour paffer à l'abordage : ces dernieres machines étoient en avant ; fi l'armée étoit en défordre, on les jettoit à la mer, de même que les tours, pour rendre la fuite plus légere. La proue étoit armée d'une pointe ou trident d'airain prefque à fleur d'eau. L'ufage des tours a duré jufques fous la troifieme race de nos Rois, quoique la figure des Vaiffeaux eût déja beaucoup changé. Il y avoit des Vaiffeaux avec des tours dans les armées de Philippe le Bel, & de Guy, Comte de Flandre. L'éperon en bec ou trident, a auffi été en ufage jufqu'à ce même temps, où les Hiftoriens défignent encore par cette partie les Vaiffeaux de guerre ou Galées. Dèslors on commença à faire des Vaiffeaux plus forts de bois pour mieux réfifter au choc du bec, auquel fon inutilité ou fes inconvénients firent enfuite fubftituer un long éperon, élevé à la hauteur de la proue, & tel à peu-près que celui de nos Galeres. Cependant l'invention de la poudre en 1330, introduifit infenfiblement l'ufage des armes à feu, fans faire quitter abfolument la maniere ancienne de combattre. Les Efpagnols avoient du canon dans le combat naval donné aux Anglois & aux Poitevins devant la Rochelle en 1372 ; & cette bataille eft la premiere où il eft fait mention de cette arme fur nos flottes. Plufieurs années fe pafferent fans que les armées de mer en fuffent bien pourvues : une révolution auffi grande dans la maniere de combattre, & qui devoit faire changer totalement la conftruction des Vaiffeaux, ne pouvoit pas fe faire rapidement. Auffi eft-il rapporté comme une chofe très-remarquable, qu'en 1545, dans le combat naval de l'armée de François I contre les Anglois, & qui dura plus de deux heures, *il ne fut pas tiré moins de trois cents coups d'artillerie, tant d'un côté que de l'autre.* Les deux armées étoient chacune d'environ cent Vaisseaux. Mais un siecle après, on avoit des Vaisseaux qui portoient beaucoup de canon. Le Vaisseau *la Couronne*, construit en 1638 dans la riviere de Vilaine, étoit percé pour 72 canons de gros calibre; en 1641, le Vaisseau *l'Amiral* portoit du 36 & du 24; en 1692, *le Royal-Louis*, Vaisseau de trois ponts, construit à Toulon, qui étoit le plus beau Vaisseau de ligne qui eût paru jusqu'alors, & qui pourroit peut-être encore passer pour un modele, portoit 110 canons, dont 90 en trois batteries complettes de 48, de 18 & de 12, & 20 canons, de 8 & de 6 sur ses gaillards.

L'ordonnance des armées devoit changer avec les armes : celles des Anciens rendoient les dispositions assez indifférentes. On regardoit cependant comme un avantage d'avoir le vent sur l'ennemi, & qu'il eût le soleil au visage. L'ordre de bataille dépendoit de la mobilité des Vaisseaux, & des ruses que les Généraux méditoient. Tous les Vaisseaux étoient à rames; ils baissoient leurs voiles pour combattre; ils présentoient la proue à l'ennemi, & ils s'avançoient les uns contre les autres à force de rames, chacun cherchant à briser celles de son adversaire en le prolongeant, s'il n'avoit pas l'adresse de retirer ses rames aussi promptement que celui qui l'attaquoit, ou à l'aborder par le flanc, en le perçant de son éperon. Les Vaisseaux accrochés de quelque maniere que ce fût, n'avoient plus de mouvement que celui de la mer. On en venoit aux mains, & l'on combattoit, pour ainsi dire, de pied ferme; c'étoit un abordage, un assaut; & ils ne pouvoient gueres combattre autrement; le moindre éloignement rendoit inutiles les fleches, les frondes, & presque toutes les machines. Les armées étoient quelquefois rangées sur deux ou trois lignes droites paralleles; rarement elles étoient sur une seule ligne, à moins qu'elle ne fût en croissant. On conçoit que cet ordre pouvoit convenir à des Bâtiments à rames qui se battoient en présentant l'avant. A la bataille

III.
L'ordonnance des armées a dû changer avec les armes.

A ij *

d'Ecnome, entre les Romains & les Carthaginois, l'armée des premiers formoit un triangle ou une efpece de coin en avant & au milieu de la longueur de deux lignes droites paralleles; celle des derniers étoit en potence ou en équerre, dont une branche étendue en arriere, & comme à l'abri de la premiere attaque, étoit prête à tomber fur le flanc des Galeres Romaines qui auroient percé la ligne. L'Hiftoire ancienne nous a confervé plufieurs de ces ordres, dont quelques-uns ont été fuivis dans les temps poftérieurs. Ainfi l'armée Angloife à la bataille de l'Eclufe en 1340, étoit rangée fur deux lignes; la premiere, des plus gros Vaiffeaux; la feconde, des moindres Bâtiments qui devoient fervir comme d'un corps de réferve deftiné aux fecours. En 1545, l'armée Françoife, fous les ordres du Maréchal d'Annebault, dans la bataille qu'il livra aux Anglois dans la Manche, étoit en croiffant. L'armée étoit partagée en trois corps; celui du centre de 30 Vaiffeaux; les ailes de 36 chacune. Il y avoit auffi plufieurs Galeres; mais elles n'étoient point en ligne; elles étoient deftinées à attaquer par détachements, fuivant les circonftances. Et ce dernier ordre a été fuivi jufques fous Louis XIII. Le P. Fournier (Hydrogra. l. 3, ch. 4), parlant de l'ordonnance des Vaiffeaux pour le combat, dit du Général, *que s'il faut donner combat, il ne fera beaucoup en peine de la figure qu'il donnera à fon armée, n'en ayant prefque qu'une pratiquée fur mer, favoir en demi-lune: qu'il compofera le gros de fon armée de Gallions & de Vaiffeaux, le plus puiffants de bois qu'il aye; & mettra fur les ailes les Vaiffeaux les plus légers pour remorquer les gros, environner l'ennemi, le harceler.* En 1647, à la Canée, l'armée Vénitienne compofée de Galeres, étoit rangée en triangle, dont la bafe formée de fix Galéaffes étoit foutenue d'une autre ligne de Galeres en croiffant, & d'une réferve partagée en trois corps. Enfin les armées n'étant plus compofées de Vaiffeaux à rames, ou formées de Galeres & de Vaiffeaux de ligne, mais feulement des derniers qui fe battent fous voile, & qui tirent toute leur force de leurs flancs, elles ne fe font plus rangées que fur une ligne droite parallele à celle des ennemis; tous les Vaiffeaux ferrant le vent au même bord. En effet, la force & la maniere différente de combattre des Vaiffeaux & des Galeres rendoient leur fervice incompatible dans la même ligne. Et à confidérer le changement que l'ufage du canon avoit occafionné dans la conftruction & dans la manœuvre des Vaiffeaux, il falloit néceffairement que les armées parvinffent à former l'ordre que nous fuivons aujourd'hui. Les Vaiffeaux doivent donc préfenter le côté, marcher ferrés dans les eaux les uns des autres, & gouverner dans la ligne du plus près du vent, foit pour en conferver l'avantage, foit pour le difputer à l'ennemi.

La Ligne de combat la plus avantageufe étant déterminée, l'ordre de marche devoit en dépendre néceffairement, & y avoir beaucoup de rapport, afin que l'armée pût paffer plus facilement & plus promptement d'un ordre à l'autre, & être en même temps plus raffemblée pour la marche.

I V.
La ligne de combat a déterminé l'ordre de marche.

Les Évolutions font l'exécution des mouvements que ces différents ordres & la difpofition des Efcadres exigent ; & c'eft par des Signaux, que l'on fait connoître à l'Armée les mouvements qu'elle doit exécuter. Ces deux objets feront le partage de ce Traité, dont la premiere Partie comprendra les Évolutions.

V.
Évolution, ce que c'eft.

Nous n'avons de Traités de Tactique Navale, que les évolutions du P. Hofte ; ouvrage devenu un peu rare, excellent dans plufieurs parties, quoiqu'il comprenne beaucoup de manœuvres inutiles; & nos Livres d'ordres & de fignaux que les Généraux donnent à leur Efcadre en commençant la campagne, parmi lefquels les fignaux du Maréchal de Tourville font regardés comme un premier & un très-bon modele. Mais ces Traités étant abfolument indépendants & relatifs, chacun en particulier, au feul objet de la campagne pour laquelle ils ont été faits ; j'ai penfé qu'il feroit utile à la Marine du Roi, de lui donner, pour l'inftruction de fes jeunes Eleves, un Ouvrage général, qui comprît en même temps toutes les évolutions utiles & néceffaires dans les différentes circonftances, & les fignaux que leur exécution demande. J'ai donc fait choix des évolutions les plus effentielles, que j'ai expliquées le plus fimplement qu'il m'a été poffible, évitant fur-tout la maniere du P. Hofte, dont l'ap-

pareil géométrique , & la néceffité indifpenfable des figures rendent la lecture affez difficile. Et comme la plupart de nos Livres
d'ordres & de fignaux , ne parlent point des mouvements particuliers qui tendent à l'exécution d'une évolution générale; qu'il
y en a cependant telle qui peut être faite par la fuite de différents mouvements de chaque corps ou colonne , j'ai appliqué
les fignaux aux évolutions du livre qui les précede. En effet ,
fi les Vaiffeaux particuliers ne font pas convenus du mouvement
précis de toute leur Efcadre ; mouvement qui , s'il m'eft permis
de m'exprimer ainfi , eft un des éléments de l'évolution , il eft
impoffible que la confufion ne prenne la place du bel ordre , &
que pour parvenir à celui qui convient , on ne perde un temps
dont les moindres moments font toujours précieux , fur-tout en
préfence de l'ennemi.

C'eft pour obvier à cet accident que je me fuis principalement
étendu fur la maniere de changer l'arrangement des Efcadres ,
foit dans l'ordre de bataille , foit dans l'ordre de marche ; ainfi
on ne peut regarder comme inutile le détail où l'on eft entré à
cet égard. Car l'armée étant , par exemple , en ordre de marche ,
l'avant-garde au vent , le corps de bataille au milieu , & l'arriere-
garde fous le vent , ce qui eft l'ordre naturel , le Général peut
avoir de très-bonnes raifons pour changer cette difpofition , &
faire paffer fa colonne au vent ou fous le vent , parce qu'attendant l'ennemi de ce côté , il fera plus à portée de prendre le
meilleur parti pour fe mettre en bataille , pouvant également ,
fuivant les différentes circonftances former fon ordre de combat fur la ligne de la colonne du vent , fur celle du milieu , ou
fur celle de fous le vent. Mais chacune de ces manœuvres
peut s'exécuter différemment. Il peut auffi donner l'avant-garde
au Contre-Amiral , au lieu de la donner au Vice-Amiral , parce
qu'il prévoit qu'il fera peut-être un mouvement qui rétablira
l'ordre de la tête & de la queue , en changeant d'amures &
formant la ligne fur l'autre bord. Quant aux mouvements dont
on a fait choix , ce font ceux qui ont paru plus faciles , quoique
quelques-uns ne le foient pas , & demandent même beaucoup
de temps par la nature du mouvement à exécuter. Au refte , le

Général n'eſt jamais aſtreint à une manière unique d'évoluer pour parvenir à une certaine diſpoſition. Cependant on manœuvrera toujours avec beaucoup plus d'avantage lorſqu'il aura fixé invariablement la manière de faire chaque mouvement général ; ce qui ne l'empêchera pas, s'il le juge à propos, de marquer chaque temps particulier d'une évolution, ainſi qu'on l'a fait dans le Traité des Signaux, & qu'on le feroit indiſpenſablement dans une évolution nouvelle & imprévue.

Les changements de vent ſont encore un point ſur lequel on a cru devoir un peu inſiſter, parce que c'eſt ce qui trouble plus les ordres, & ce qui les rend plus difficiles à bien rétablir, par l'impoſſibilité preſque phyſique, que les Vaiſſeaux ſe tiennent toujours exactement à leur poſte dans cette circonſtance. Mais cette difficulté, & l'obligation où le Général ſe trouve quelquefois de rétablir l'ordre par un ſignal d'ordre & de ralliement, plutôt que de tenter de le faire par les regles ordinaires de la Tactique, ſont une raiſon de donner tous les moyens poſſibles de le conſerver. On a donc encore été obligé d'entrer dans le détail de ces ſortes d'évolutions.

L'étude des évolutions fera ſentir par la difficulté de leur exécution préciſe, qu'il faut éviter, autant que l'on peut, de faire devant l'ennemi beaucoup de mouvements. Les mouvements rompent preſque toujours l'ordre, & ils exigent quelquefois l'éloignement ou la ſéparation de quelques corps, comme lorſque l'on fait donner vent devant à une diviſion pour s'élever, ou pour changer de poſte ; l'ennemi attentif peut profiter de ce moment pour attaquer l'armée avant que ſon ordre ſoit formé. Cependant, parce qu'il y a des mouvements indiſpenſables, le Général, pour les faciliter, a toujours une extrême attention à tenir ſon armée réunie. Ainſi le ſignal de rétablir l'ordre eſt ordinairement le premier qui ſuit le point du jour, ou la découverte des Vaiſſeaux. Et le Général obſerve auſſi dans toutes les évolutions de conſéquence, de faire reſſerrer la ligne. L'armée raſſemblée & marchant en ordre dans le plus petit eſpace qu'elle puiſſe occuper ſelon le temps, eſt plus à portée d'obſerver les ſignaux, & eſt beaucoup mieux diſpoſée à paſſer plus promptement à l'ordre

V I.
Mouvements en faire devant l'ennemi le moins qu'il eſt poſſible.

de bataille, auquel tout autre ordre doit se réduire.

Il ne ſuffit donc pas que chaque Capitaine ſoit manœuvrier, quoique ce ſoit ſans doute un très-grand avantage pour la ſûreté du Vaiſſeau, & pour la légéreté & la régularité des mouvements particuliers ; il faut de plus, pour le corps d'armée, que les Vaiſ-ſeaux ſachent marcher très-ſerrés en ligne, ſans craindre des abordages qui ne doivent jamais arriver quand, avec du vent, la mer eſt un peu maniable, & que l'on ſait régler la marche d'un Vaiſſeau. Il faut auſſi que les Eſcadres ſoient formées aux évo-lutions par un exercice réel, & non pas par une ſimple théorie. Un Soldat qui feroit parfaitement l'exercice ſeul & hors du bataillon, qui manieroit ſes armes avec facilité, qui bruſqueroit les temps avec une grace toute martiale, romproit cependant l'harmonie des mouvements de la troupe, s'il n'avoit point été exercé avec elle. De même, la pratique des évolutions qui ſup-poſe toujours l'exactitude de la manœuvre particuliere, produit le bon ordre dans la marche & dans le combats : & le bon ordre eſt preſque toujours un préjugé certain de la victoire. Le Maré-chal de Puyſégur dit dans ſes Mémoires, qu'en *voyant marcher deux armées l'une contre l'autre, il eſt aiſé de juger, ſuivant l'ordre & l'exactitude avec laquelle l'une & l'autre marche, quelle eſt celle qui battra l'autre.* Ceci eſt peut-être plus exactement vrai pour l'armée de mer que pour celle de terre.

Le bon ordre & la diſcipline donnent aux corps de la force & de l'agilité. Si ce double avantage eſt commun à tous, il n'eſt pas moins vrai qu'il eſt encore plus favorable au petit nombre, qui peut ſe mouvoir plus facilement & plus promptement qu'un grand, ſans ſe déſunir. Le bon ordre eſt donc, à bravoure égale, la ſeule reſſource du petit nombre. On peut inférer delà, qu'une armée de mer moins nombreuſe, mais bien formée aux évolu-tions, pourroit, par une conſéquence & une ſuite de ſa bonne manœuvre dans le combat, n'être pas entamée, & qu'elle pourroit même battre une armée plus nombreuſe, qui étant moins bien exercée, laiſſeroit pluſieurs Vaiſſeaux inutiles par leur ſéparation, ou peu à portée de ſe protéger réciproquement. Les Gaulois, dit Végece, avoient ſur les Romains l'avantage du nombre ; les

Germains

Germains avoient la taille; les Efpagnòls, la force & le nombre; les Africains, la rufe & l'opulence; les Grecs, l'artifice & la prudence. Les Romains ont triomphé de tous par la difcipline. Appliquons-nous ces faits; car il eft à craindre que nous ne nous perfuadions trop qu'il fuffit d'être brave. Cependant ce premier feu du François dont on parle tant, & que l'on fait tant valoir, ne nous empêchera jamais d'être battus par un ennemi mieux difcipliné. Au refte, ce premier feu eft peut-être bien moins utile fur mer que fur terre, hors l'abordage. Nos coups font moins imprévus; & avant que de les porter de près à l'ennemi, il faut avoir employé pendant plufieurs heures les fineffes de la manœuvre. Telle eft aujourd'hui la nature de nos combats; l'or-dre néceffaire de la ligne, & la forme de nos Vaiffeaux ne per-mettant gueres l'affaut de l'abordage, que dans les combats de Vaiffeau à Vaiffeau. Mais dans l'ordre de bataille, la bravoure du Capitaine eft moins impétueufe; fa principale attention eft de conferver l'ordre & de ferrer la ligne, afin que les Vaiffeaux fe prêtent un fecours mutuel, & deviennent ainfi plus capables de réfifter à des forces en apparence plus grandes, mais qui font réellement inférieures fi elles font défunies.

Au furplus, les armées de mer ne font point comme celles de terre: ces dernieres étant en vue & à portée l'une de l'autre, la moins forte évite difficilement une affaire générale, fi l'avantage de fa pofition ne peut pas la mettre en fûreté. Sur mer, au con-traire, l'armée moins nombreufe pouvant manœuvrer avec plus de facilité qu'une grande, fans fe féparer, peut quelquefois fe dérober à la faveur de la nuit, ou d'un changement de vent, & rendre vaine la pourfuite de l'ennemi qu'elle amufe, & à qui elle fait faire de grandes dépenfes, & une campagne inutile à fes deffeins. Il n'y a pas non plus d'affaires décifives à la mer, c'eft-à-dire, d'où dépende entiérement la fin de la guerre; ni de combats généraux, qu'autant que les deux armées veulent éga-lement s'y préfenter, fi elles manœuvrent bien. Car la mauvaife manœuvre engage aifément une affaire qui devient enfuite gé-nérale. D'où il réfulte que l'armée la moins forte, fi elle eft très-bien conduite, ne s'engagera qu'autant qu'elle le voudra.

IX.
Difference ef-
fentielle entre les
armées de terre
& celles de mer.

B

La Marine de France en donne des exemples (*) remarquables, où la seule habileté des Chefs a confervé les vaiffeaux du Roi, & rempli leur miffion malgré des obftacles multipliés. Ainfi la véritable force ou la fupériorité confifte moins par mer dans le nombre des Vaiffeaux & dans la vivacité de l'action, que dans le bon ordre, la fcience de la manœuvre, le fang froid & la bonne conduite des Capitaines. Car fi l'audace & la fermeté des troupes réparent quelquefois par terre les fautes d'un Général ; par mer, la même audace peut fouvent être inutile au fuccès général & à l'objet particulier d'une campagne, parce qu'à la mer il n'y a point de champ de bataille à gagner, ni de places à prendre. Il eft donc important de favoir à fond les évolutions navales ; un Général confommé dans cette Tactique, & fecondé par la tranquille bravoure de fes Capitaines, formés eux-mêmes aux évolutions & à la manœuvre par une longue expérience, remportera toujours de très-grands avantages fur l'ennemi ; je veux dire, rendra toujours à l'Etat les plus grands fervices que l'on puiffe attendre des armées de mer ; & le Général fera toujours en même temps refpecter le pavillon, foit qu'il batte & qu'il diffipe l'ennemi, foit qu'il trompe fa vigilance, foit enfin qu'il l'amufe, en évitant un combat défavantageux.

X.
Néceffité de l'obfervation des fignaux, & différence des fignaux.

Non-feulement la régularité des évolutions dépend de la connoiffance parfaite de la manœuvre, & d'une attention foutenue à bien régler la marche du Vaiffeau ; mais elle dépend encore particuliérement de l'obfervation exacte des fignaux, qui, comme les mots dont une langue eft compofée, font des expreffions arbitraires qui ne ceffent d'être indifférentes que par les idées qu'on y attache à chaque campagne.

Le fignal doit être fimple & diftinct. Il eft fimple quand on emploie, autant qu'il fe peut, une chofe différente pour l'expreffion de chaque ordre, afin qu'il ne puiffe point y avoir de méprife dans le double ufage d'un fignal. On le rend diftinct en faifant le fignal fans précipitation, en donnant le temps de l'obferver, en le plaçant dans un lieu où il peut être facilement apperçu,

(*) On n'oubliera jamais dans la Marine, la campagne dite *du Large*, qui fit tant d'honneur au Maréchal de Tourville.

s'il .en eft fufceptible , & généralement en le prononçant bien.

Les fignaux que l'on peut faire fe réduifent à quatre efpeces * principales.

1°, Les fignaux où l'on fe fert de la voix , comme l'ordre ou le mot, le cri de ralliement ou de reconnoiffance, le commandement que l'on fait verbalement.

2°, Les fignaux que l'on fait par le fon de quelques inftruments, comme de la trompette, du cor & du fifre, auxquels on peut joindre le fon de la cloche & les différentes batteries de la caiffe.

3°, Les fignaux qui fe font par les flammes , les enfeignes & les pavillons de différentes couleurs, ce qui comprend auffi le mouvement des voiles dans les fignaux de reconnoiffance & dans quelques faluts.

4°, Enfin les fignaux qui s'exécutent par les fuíées volantes de différentes garnitures, par les coups de canons , de pierriers ou de fufils, par les amorces que l'on brûle & par les fanaux.

Les fignaux de la troifieme efpece fervent pendant le jour. En temps de brume on fait ufage des fignaux de la premiere & de la feconde, & pendant la nuit on emploie les différents feux.

Les coups de canon fervent également de jour, de brume ou de nuit, à faire des fignaux, ou à les confirmer, & à y faire porter attention ; mais on obferve à leur égard de ne les point trop multiplier, tant à caufe de leur confufion, que parce que le bruit du canon peut faire découvrir la marche de l'armée : l'élévation & l'éclat des fufées ont le même inconvénient pour la marche lorfque l'on eft à peu de diftance de l'ennemi.

C'eft par la combinaifon de ces fignaux que le Général fait connoître fes ordres à l'armée ; on en verra l'application dans toute la feconde Partie de la Tactique , où, pour rendre en même temps l'intelligence des fignaux plus facile , & en favorifer l'exécution, on a fuivi un projet un peu différent de ce qui a été en ufage jufqu'à préfent. Ainfi pour les fignaux de manœuvres, on a, en général, deftiné un mât particulier à chaque corps

---

* Végece compte trois fortes de fignaux , les Vocaux , les demi-Vocaux & les Muets. Si nous voulions, comme lui, diftinguer les fignaux par des noms différents , en recevant les deux premiers , nous y joindrions les Vexillaires & les Ignés.

différent de l'armée, & la vergue d'artimon à l'armée entiere. De forte que dans la difpofition des fignaux que nous avons formée, le Général, dans les cas effentiels, fera toujours connoître fans confufion ni crainte de méprife, que le fignal s'adreffe à toute l'armée, ou à une partie; il pourra même faire exécuter à toutes les Efcadres en même temps un mouvement différent, fans qu'aucune puiffe fe tromper à fon propre fignal.

On ne doit point craindre que l'ennemi profite de la connoiffance de cette difpofition, parce que le mouvement devant s'exécuter auffi-tôt après le fignal, l'ennemi voit encore mieux par le mouvement des Vaiffeaux que par la pofition des pavillons, dont il ne connoît pas l'expreffion, ce que le Général de l'armée en préfence veut faire exécuter; puifque d'ailleurs le Général peut changer l'ufage des mâts, & que dans une armée difciplinée on pourroit également, & à tel mât que ce fût, faire, avec huit ou dix pavillons feulement, les fignaux de tous les mouvements poffibles. C'eft pour parvenir à cette variété & à cette fimplicité que l'on a établi des fignaux numéraires, dont l'ufage s'étend à tout ce qui peut être exprimé par les nombres.

La beauté & l'exactitude des manœuvres dépendant du moment précis de leur exécution & de l'harmonie des mouvements, on en a toujours fait précéder les fignaux de jour par un pavillon d'avertiffement, qui n'a point d'autre objet que de prévenir l'armée ou une efcadre, qu'elle doit faire un mouvement qu'elle commencera à l'inftant que le fignal fuivant paroîtra; & c'eft en quoi ce nouveau projet differe encore des précédents. Ainfi l'armée aura le temps de fe préparer à l'exécution. On a eu la même attention pour les fignaux de nuit & de brume, dont l'obfervation eft toujours beaucoup plus difficile. Et c'eft en cette derniere confidération que ces fignaux d'avertiffement font toujours compofés de deux parties, l'une qui refte la même, & l'autre où l'on emploie le canon qui varie dans le nombre des coups ou dans la maniere de les tirer; mais l'on répete ce même fignal de canon avec le fignal de manœuvre; ainfi par le fignal d'avertiffement de nuit ou de brume, l'armée connoît déja la manœuvre qu'elle doit faire & qu'elle doit commencer au moment du fecond fignal qui doit l'indiquer; & ce fecond fignal ayant une partie commune au premier, l'un & l'autre fignal fe confirment de la forte, & obvient, autant qu'il eft poffible, à la méprife.

Comme il y a des circonftances où il convient de ne point tirer de canon, les fignaux de nuit & de brume font encore faits de maniere à pouvoir s'en paffer abfolument. Et parce que l'on peut employer des fanaux ou jetter des fufées pour les fignaux de nuit, on a combiné ceux-ci dans un ordre tellement relatif, que l'on peut toujours fubftituer les uns aux autres; pour cela on s'eft fervi de trois fortes de fufées, dont chaque efpece répond en nombre égal aux fanaux d'un mât. Ainfi, par exemple, trois fanaux aux haubans du grand hunier, ou l'envoi de trois fufées en étoiles, font le même fignal. On pourra ainfi, dans les grands mouve-ments, faire le fignal des deux manieres, parce que l'un étant paf-fager & éclatant, & l'autre permanent, mais plus difficile à ap-percevoir, ils fe confirmeront réciproquement, & fans crainte de fe tromper dans les cas où l'erreur feroit de conféquence.

A l'égard de la maniere dont j'ai écrit les inftructions fur les fignaux; de même que je me fuis écarté de celle du P. Hofte dans les évolutions, j'ai cru devoir auffi m'écarter de celle qui a toujours été d'ufage dans nos Livres d'ordre. Il m'a paru plus fimple de ne point faire entrer dans l'explication d'une évolution l'efpece de fignal qui l'indique, parce que les fignaux devant être différents toutes les campagnes, & pouvant même changer dans le cours d'une campagne, de la maniere dont je les ai exprimés, leur motif fubfiftant, il ne faut que déranger l'ordre des chiffres dont ils font numérotés dans la table des fignaux de nuit ou de brume, ou remplir de couleurs différentes les pavillons de la ta-ble qui repréfente les fignaux de jour, pour qu'ils foient tous changés, ce qui n'eft d'aucune difficulté. Au furplus, l'expli-cation du fignal & de fa pofition mife dans le corps de l'inf-truction qui en fait le fujet, coupe trop le difcours; & cette matiere déja très-feche par elle-même, a befoin qu'on en éloigne tout ce qui peut en rendre la lecture plus pénible. J'ai auffi expliqué dans le Livre des fignaux, les évolutions pour lefquel-les ils font faits, quoique les mouvements particuliers de cha-

cune foient détaillés dans le premier livre; c'eft une forte de
répétition à laquelle j'ai été engagé pour éviter les renvois , &
parce qu'une double explication donne de la netteté à celle qui
pourroit en manquer. Cette explication rend en même temps le
Traité des ordres & fignaux tout-à-fait indépendant de celui qui
le précede , & qui lui-même peut être entiérement détaché de
celui qui le fuit.

Je ne dois point finir cette Introduction , fans prévenir qu'indépendamment des évolutions , j'ai raffemblé, autant que j'ai pu ,
dans le Livre des fignaux , tout ce qui en a fait jufqu'ici l'objet
dans les fignaux de nos Généraux , enforte que la deftination des
Efcadres qu'ils commandoient n'ayant pas toujours exigé les
mêmes ordres & les mêmes inftructions , comme il a été dit précédemment , ils ont tous été réunis ici pour former un corps entier de fignaux : & dans la combinaifon de ceux dont on s'eft
fervi , il en refte encore un affez grand nombre qui n'ont point
été employés , pour répondre aux nouveaux ordres que l'on
voudroit exprimer.

C'eft au Corps de la Marine , à juger fi j'ai rempli l'objet que
je me fuis propofé dans ce Traité. Je me rendrai du moins le
témoignage , qu'après avoir cherché à m'inftruire de la Tactique
Navale , & en avoir écrit quelque chofe pour mon propre ufage,
j'ai cédé malgré moi , & comme par une efpece de devoir à la
demande que plufieurs Officiers diftingués m'ont faite, d'étendre
davantage les idées que j'avois fur les évolutions & les fignaux,
& de les rendre publiques. Mais parce que je fens en même temps
que je ne donne prefque rien au Corps de la Marine que je ne lui
doive , il eft jufte que je lui rende ici avec reconnoiffance ce que
j'en ai emprunté ; ne me réfervant que la peine d'avoir mis quelque ordre & quelque netteté dans l'explication des évolutions &
dans les fignaux par lefquels on peut en commander l'exécution.

PREMIERE PARTIE.

DES ÉVOLUTIONS.

CHAPITRE PREMIER.
EXPLICATIONS DE QUELQUES TERMES.

1. *Rumb ou Quart de vent. Aire de vent.*

LA BOUSSOLE eft divifée en 32 parties égales de 11 degrés 15 minutes chacune. On nomme *Rumb* ou *Quart de vent*, la diftance d'une pointe ou d'une divifion de la bouffole à la fuivante.

Figure 1.

L'Aire de vent eft toute ligne fur laquelle on court, ou qui indique un relévement.

2. *Lit du vent.*

LE *Lit du vent* eft la ligne (*L,A*) par laquelle il fouffle. Et le vent prend fon nom du point de la bouffole qui fe préfente à lui.

Figure 1.

3. *Perpendiculaire du vent.*

LA *Perpendiculaire du vent* eft la ligne (*PP*) qui coupe à angles droits le lit du vent.

Figure 1.

4. *Ligne du Plus-près.*

Figure 1.

LA ligne du *Plus-près* eſt celle que tiennent les Vaiſſeaux (*S* , *B*) qui s'approchent le plus du vent. Cette ligne, qui eſt eſtimée faire avec le vent un angle de ſix rumbs, eſt diſtinguée en ligne du plus-près *Stribord* (*S*), & ligne du plus-près *Bas-bord* (*B*), ſelon que les Vaiſſeaux ſont amurés.

5. *Vent-largue.*

Figure 1.

QUAND un Vaiſſeau ne tient pas le vent, & qu'il n'eſt pas vent-arriere, on dit qu'il court *vent-largue*, ou *largue*.

On diſtingue par le nombre des aires de vent, la quantité dont un Vaiſſeau court largue, & s'éloigne de la ligne du plus-près,

6. *Vent-arriere.*

Figure 1.

LORSQUE la quille d'un Vaiſſeau eſt dans le lit du vent qui ſouffle ſur ſa pouppe, on dit, qu'il eſt *vent-arriere*, qu'il a le vent *entre deux écoutes* (*A*).

7. *Venir au vent.*

Figure 2.

UN Vaiſſeau eſt dit *venir au vent*, quand, quittant la ligne ſur laquelle il courroit, il s'approche du plus-près.

On fait connoître, par le nombre des aires de vent, la quantité dont un Vaiſſeau eſt venu, ou doit venir au vent.

8. *Arriver.*

Figure 3.

UN Vaiſſeau *arrive* ou *largue*, quand il s'éloigne de la ligne du plus-près.

On fait connoître, par le nombre des aires de vent, la quantité dont un Vaiſſeau a largué, ou doit larguer.

9. Donner Vent-devant.

Donner vent-devant est l'action de pousser la barre du gouvernail sous le vent, pour faire lancer le Vaisseau dans le vent à dessein de virer vent-devant.

10. Virer Vent-devant.

UN Vaisseau (*A*) *vire vent-devant*, quand étant au plus-près, & venant tout d'un coup au vent, il reçoit ensuite le vent directement sur ses voiles (*A*), & abat sur l'autre bord pour changer d'amures (*a*). Figure 4.

11. Virer Vent-arriere.

UN Vaisseau (*A*) *vire vent-arriere*, ou prend *lof pour lof*, quand larguant & arrivant de plus en plus (*A*), il vient vent arriere pour se rallier ensuite au vent (*a*), en prenant les amures du bord opposé à celui sur lequel il couroit. Figure 4.

12. Panne.

UN Vaisseau est en *panne*, lorsqu'il a des voiles orientées à recevoir le vent, & d'autres brassiées sur le mât; ensorte que le Vaisseau ne peut plus aller de l'avant, mais seulement dériver par le côté.

Il y a deux manieres de mettre en panne : dans l'une (*A*) on brassie le petit hunier sur le mât, & l'on fait porter le grand. Dans l'autre (*B*), au contraire, on fait porter le petit hunier, & l'on met le grand sur le mât. Toutes deux sont bonnes suivant les circonstances. Celle-ci convient mieux au Vaisseau qui est sous le vent, parce qu'il est plus disposé à arriver. La premiere est préférable pour le Vaisseau du vent. Figure 2.

Dans une Escadre tous les Vaisseaux en panne doivent l'être de la même maniere.

13. *Route.*

U n Vaiſſeau eſt en *route*, quand il préſente à l'aire de vent
ſur lequel il doit courir. On ſuppoſe que ſes voiles ſont orientées.

14. *Travers.*

Figure 7.   O n dit qu'un Vaiſſeau (A, a) eſt par le *travers* d'un autre
Vaiſſeau (B), quand le premier des deux dont nous parlons ſe
trouve, quelque route qu'il faſſe, dans un point quelconque
(A ou a) d'un aire de vent perpendiculaire à la route que fait le
ſecond Vaiſſeau. On ne pourra pas dire pour cela que le ſecond
Vaiſſeau (B) ſera par le travers du premier Vaiſſeau (A, a).

Figure 8.   Deux Vaiſſeaux ne ſont réciproquement par le travers l'un
de l'autre, que quand ils ſuivent des routes paralleles, & qu'ils
ſe trouvent en même temps dans une perpendiculaire qui coupe
leurs routes.

15. *Eaux.*

Figure 10.   U n Vaiſſeau dit être dans les *eaux* d'un autre Vaiſſeau, quand
le premier des deux (A) étant ou paſſant en arriere de l'autre
(B), ſe trouve directement dans l'aire de vent de ſa route.

16. *Ligne.*

O n donne en général le nom de *ligne* à une armée rangée
ſur une ligne du plus-près ; ainſi l'on dit : *L'armée eſt en ligne*,
pour dire, *l'armée eſt en bataille.*

On appelle par cette raiſon *Vaiſſeau de ligne*, tout Vaiſſeau
aſſez fort pour entrer en corps d'armée, pour ſe battre en ligne.

17. *Ligne de Combat.*

Figure 11.   S i une armée eſt rangée ſur une des lignes du plus-près, &
qu'elle en faſſe ſa route, on dit qu'elle eſt en *ligne de combat.*

L'amure des Vaiſſeaux fait diſtinguer deux lignes de combat, l'une *ſtribord*, l'autre *bas-bord*.

18. *Contre-Marche.*

LA *contre-marche* eſt le mouvement d'une ligne, dont les Vaiſſeaux courant au plus-près, changent ſucceſſivement d'amures en virant vent-devant dans les eaux du Vaiſſeau qui précede. Figure 11.
S. 126.

La *contre-marche ſous le vent* eſt le mouvement des Vaiſſeaux d'une ligne, qui virent ſucceſſivement vent-arriere dans les eaux du Vaiſſeau de l'avant. Figure 15.
S. 127.

19. *Ligne de Marche.*

SI des Vaiſſeaux rangés ſur une ligne du plus-près, font une route différente de cette ligne, on dit qu'ils font en *ligne de marche*, *ſtribord* ou *bas-bord*, ſelon la ligne du plus-près ſur laquelle ils font rangés. Figure 13.

20. *Echiquier.*

DANS la ligne de marche, on donne le nom d'*échiquier* à la diſpoſition des Vaiſſeaux, qui tiennent tous enſemble le vent ſur le bord oppoſé à la ligne du plus-près ſur laquelle ils font rangés. Figure 14.

On donne auſſi par analogie dans les évolutions le nom d'*échiquier* à l'arrangement des Vaiſſeaux qui préſentent parallélement à un aire de vent quelconque différent de celui de leur ordre ou colonne. Ainſi on diſtingue deux ſortes d'échiquier, l'un *au vent*, l'autre *ſous le vent*, ſelon que les Vaiſſeaux ont le cap au vent ou ſous le vent de la ligne ſur laquelle ils font rangés. Cette diſpoſition a rapport à la ligne de convoi. Fig. 15 & 16.

21. *Ligne de Convoi.*

ON appelle *Ligne de convoi*, une ligne différente de celle du plus-près, & ſur laquelle font rangés des Vaiſſeaux qui font Figure 15.

C ij

de compagnie, quelle que foit la route femblable que tiennent ces Vaiffeaux.

CHAPITRE II.
Des cinq Ordres de Marche.

22. *Ordre ; ce que c'eft.*

L'ORDRE eft la maniere déterminée dont les Vaiffeaux d'une armée doivent être rangés.

Il y a différents ordres, fuivant les différentes circonftances dans lefquelles une armée peut fe trouver.

Un ordre eft bon, quand l'armée occupant le moins de terrein qu'il eft poffible, eft difpofée à exécuter promptement & fans confufion tous les mouvements que la rencontre peut rendre néceffaires.

Tout ordre doit fe réduire d'une maniere facile à l'ordre de bataille.

23. *Ordre de Marche.*

L'ORDRE *de marche* eft celui qui détermine l'arrangement que doivent obferver entr'eux les Vaiffeaux d'une armée qui croife ou qui fait route.

Il y a plufieurs ordres de marche : l'expérience a fait connoître que le cinquieme que l'on donne ici eft le meilleur. On ne définira donc les autres que pour en donner une idée.

24. *Premier Ordre de Marche.*

Figure 16.   DANS le *premier ordre*, toute l'armée eft rangée fur une ligne du plus-près, & fait en même temps la route qui lui convient, c'eft la *ligne de marche.*

Cet ordre étend trop l'armée ; il rend la communication de

la tête & de la queue difficile. Les Vaiffeaux faifant une autre route que celle du plus-près fur laquelle ils font rangés, fe tiennent très-difficilement en ligne. Les mouvements d'une armée ainfi étendue font lents. Cet ordre n'eft bon tout au plus que lorfqu'on eft en préfence de l'ennemi, & pour l'exécution de quelques évolutions ; parce que l'armée revenant à l'amure de fa ligne du plus-près, fur laquelle elle eft rangée, fe trouve tout d'un coup en colonne ou en bataille.

25. Second Ordre de Marche.

DANS le *fecond ordre*, toute l'armée eft rangée fur la per- Figure 17. pendiculaire du vent, & fait la route qui lui convient.

Quoique dans cet ordre il paroiffe que l'armée eft à portée de fe mettre facilement en ligne du bord que la circonftance exigera ; cependant il n'eft pas préférable au précédent, parce qu'il joint aux mêmes défauts le défavantage qu'a chaque Vaiffeau de l'avant, de ne pouvoir virer par la contre-marche, fans rifquer d'être abordé par le Vaiffeau qui le fuit, pour peu que la ligne foit ferrée.

26. Troifieme Ordre de Marche.

DANS le *troifieme ordre*, toute l'armée eft rangée fur les Figure 18. côtés d'un angle obtus formé par les deux lignes du plus-près ; le Général au centre, qui fait le fommet de l'angle fous le vent. L'armée dans cet ordre fait la route qui lui convient.

Cet ordre qui n'eft pas fans défaut, eft meilleur que les deux précédents ; il raffemble plus l'armée, qu'il laiffe cependant encore trop étendue pour la marche.

27. Quatrieme Ordre de Marche.

DANS le *quatrieme ordre de marche*, l'armée eft divifée en Figure 19. fix colonnes ; favoir, deux pour l'avant-garde, deux pour le corps de bataille, & deux pour l'arriere-garde. Chaque Commandant (VAC) eſt au milieu, à la tête & ſous le vent de ſes deux colonnes. Les Commandants rangés ſur les deux lignes du plus-près, ayant derriere eux leur eſcadre ſur deux lignes paralleles au lit du vent. Le premier Vaiſſeau de chaque colonne étant par rapport à ſon Commandant ſur la ligne du plus-près, l'un ſtribord, l'autre bas-bord. La diſtance des colonnes doit être telle que l'armée puiſſe facilement ſe réduire au troiſieme ordre, pour paſſer de celui-ci à l'ordre de bataille.

Le défaut de cet ordre s'appercevroit bientôt, ſi l'on étoit près de l'ennemi. Il demande beaucoup de temps pour ſe réduire à l'ordre de bataille ; mouvement qui doit toujours être prompt & facile. Cet ordre eſt de plus ſujet à être facilement rompu dans la marche, parce qu'il eſt extrêmement difficile que les Vaiſſeaux s'y tiennent réciproquement dans l'aire de vent où ils doivent être les uns à l'égard des autres.

28. *Cinquieme Ordre de Marche.*

Figure 10. L'ARMÉE, dans le *cinquieme ordre*, eſt partagée en trois colonnes, chacune d'elles rangée ſur une ligne parallele à la ligne du plus-près dont elle tient l'amure.

Il y a deux choſes principales à obſerver pour rendre cet ordre régulier, c'eſt-à-dire, pour que les colonnes & les Vaiſſeaux conſervent exactement leurs diſtances.

1°, Les Commandants ou Chefs de diviſion (VAC) & chaque 2^d, 3e, &c, Vaiſſeau, ſe tiendront réciproquement par le travers l'un de l'autre. Chacun obſervant de plus, de conſerver à l'égard du Vaiſſeau qui le précede, la diſtance que le Général a fixée.

2°, Le premier Vaiſſeau d'une colonne, & le dernier de la colonne ſuivante au vent ou ſous le vent, ſe tiendront toujours l'un par rapport à l'autre à deux rumbs de la route ; c'eſt-à-dire, & plus généralement, que leur relévement réciproque doit toujours faire un angle de deux rumbs (22^d, $30'$) avec l'aire de vent de leur colonne.

Cet ordre de marche eſt le plus uſité, parce qu'il réunit les avantages de tous les autres ordres, fans en avoir aucun des défauts. L'armée plus raſſemblée obſerve mieux les ſignaux, & elle eſt plus diſpoſée à ſe mettre promptement en bataille.

Dans cet ordre, les diviſions obſervant le même arrangement, peuvent être ſur deux ou trois colonnes ; & cela convient aux grandes armées. Chaque Chef de diviſion ou Commandant *Figure 21.* (*V A C*) eſt alors en avant, au milieu & à la tête de ſa diviſion.

Les Vaiſſeaux, dans cet ordre comme dans les précédents, peuvent faire une autre route que celle du plus-près ſur laquelle ils ſont rangés.

Ils peuvent auſſi ne ſe pas toujours ranger ſur une ligne du plus-près, ce qui dépend des circonſtances.

Diſtance & longueur des Colonnes.

POUR trouver quelle doit être la diſtance exacte des colon- *Figure 20.* nes ſuivant les conditions de cet ordre, on obſervera que les Vaiſſeaux qui forment chaque colonne, étant ſuppoſés rangés ſur des lignes paralleles au plus-près, le premier Vaiſſeau (*A*) de la tête d'une colonne ſous le vent, & le dernier Vaiſſeau (*B*) de la colonne immédiatement au vent, ſont l'un par rapport à l'autre dans la perpendiculaire du vent. Ainſi l'angle que fait cette perpendiculaire (*A B*) avec la ligne du plus-près (*V B*), eſt de $22^d 30'$, c'eſt-à-dire de deux rumbs, parce que la perpendiculaire (*A B*) du vent fait un angle de ſix rumbs, ou de $67^d 30''$ avec la ligne (*V A*), par laquelle les Vaiſſeaux de la tête des colonnes ſe tiennent par le travers l'un de l'autre ; & que cette derniere ligne (*V A*) fait un angle de 90^d, avec la ligne (*V B*) du plus-près. On a donc, par la connoiſſance de ces angles, le rapport des côtés qui les forment. La Trigonométrie le donne ; elle fait voir que le côté (*V B*), qui exprime la longueur d'une colonne, eſt à la ligne (*V A*) qui marque la diſtance de deux colonnes, à peu-près comme 12 eſt à 5. Il ſuit delà que la diſtance des Vaiſſeaux étant, par exemple, fixée à un cable, c'eſt-à-dire, à 120 braſſes, y compris la longueur des Vaiſſeaux, s'il y a cinq Vaiſſeaux dans chaque colonne, ce qui fait quatre diftances, la colonne aura 480 braffes ou 4 cables de longueur, & les colonnes feront diftantes de 200 braffes ou de 1 cable $\frac{2}{3}$, parce que ces deux nombres font entr'eux comme 12 & 5.

Pratique générale.

La diftance de deux Vaiffeaux étant fixée, la longueur de la colonne fe trouvera, en multipliant la diftance de ces deux Vaiffeaux par le nombre des Vaiffeaux de la colonne moins un, parce que le nombre des diftances eft plus petit d'une unité que le nombre des Vaiffeaux.

La diftance de deux colonnes fera fixée en multipliant la longueur d'une colonne par 5, & divifant le produit par 12.

Et fi l'on fixe premiérement la diftance des colonnes, on aura leur longueur, en multipliant cette diftance par 12, & divifant le produit par 5. On trouvera enfuite la diftance des Vaiffeaux entr'eux, en divifant la longueur de la colonne par le nombre des diftances, égal au nombre des Vaiffeaux moins un.

CHAPITRE III.
De l'Ordre de Bataille.

29. Ordre de Bataille.

Figure 22.
S. 125.

Une armée en *ordre de bataille* ou en *ligne de combat*, eft rangée fur la ligne du plus-près dont elle tient l'amure; les Vaiffeaux dans les eaux les uns des autres, doivent être ferrés

Pofte des Fré-
gates, Brûlots,
Galiotes, Flû-
tes & Bâtiments
de charge.

à un tiers de cable de diftance fi le temps le permet. Les Brûlots (*B*) partagés à l'avant, au milieu & à l'arriere, font à une petite portée de canon une ligne au vent ou fous le vent de l'armée, c'eft-à-dire, du bord oppofé à l'ennemi. Ils doivent

obferver

obferver de fe tenir toujours un peu de l'avant des Commandants. Les Hôpitaux, les Bâtiments de charge (H) & les
Galiotes (G) font fur la même ligne que les Brûlots, & dans
l'intervalle de leurs divifions; les Frégates (F) fe tiennent comme
les Brûlots du bord oppofé à l'ennemi, mais à portée de recevoir les ordres des Généraux: on met auffi quelques Frégates à
la tête & à la queue de la ligne des Bâtiments de charge.

Par quelle raifon la ligne du plus-près eft choifie pour fe mettre en Bataille.

La ligne du plus-près eft choifie pour la ligne de combat,
parce que fi l'armée du vent fe rangeoit fur une autre ligne,
l'ennemi pourroit lui gagner le vent; & que s'il ne cherchoit
pas à le gagner, il feroit du moins également maître de la
diftance, & d'engager le combat. L'armée qui eft fous le vent
étant rangée fur la ligne du plus-près, parallele à l'ennemi,
peut plus aifément profiter des changements de vent, & des
fautes de l'ennemi, pour lui gagner le vent; ou s'il ne le gagne
pas, il ne peut du moins qu'à cet aire de vent élonger l'ennemi,
& l'empêcher de s'éloigner & d'éviter le combat.

Avantages de l'Armée du Vent.

L'Armée du vent a l'avantage de s'approcher de l'ennemi
autant qu'elle veut; elle regle le temps & la diftance du combat.

Si elle eft plus nombreufe que celle de l'ennemi, elle peut
très-facilement faire un détachement de Vaiffeaux, pour mettre
la tête ou la queue de l'ennemi entre deux feux.

L'armée du vent n'eft pas incommodée du feu ni de la fumée du canon; elle peut à la faveur de la fumée envoyer fes
Brûlots (B) fur les Vaiffeaux ennemis défemparés, & vers les   Figure 23.
endroits de la ligne où elle veut porter la confufion & le défordre,
en forçant les ennemis de rompre la ligne & d'arriver.

D

Défavantages de l'Armée du Vent.

Si la mer eft un peu groffe & le vent frais, l'armée du vent peut difficilement fe fervir de fa premiere batterie.

L'armée du vent ne peut fe retirer qu'avec peine d'un combat défavantageux ; car il feroit très-dangereux pour elle de tra-verfer l'ennemi ; & fi elle tient le vent, l'armée de fous-le-vent peut la ferrer, & la conferver pour la détruire, fur-tout fi elle eft moins nombreufe, ou fi elle a des Vaiffeaux en mauvais état. Elle ne peut alors trouver de reffources que dans la fineffe de fes manœuvres, fi les fautes de l'ennemi ou le vent ne la fervent pas.

Figure 23. Les Vaiffeaux défemparés (D) de l'armée du vent font obligés de mettre à l'autre bord, pour ne pas tomber dans la ligne ennemie ; & ils peuvent fe féparer de leur armée s'ils font fort incommodés, & particuliérement s'ils font de la queue de la ligne.

Avantages de l'Armée de fous-le-Vent.

L'Armée qui eft fous-le-vent, a des avantages, qui quel-quefois ont été préférés à ceux du vent. En général les Vaif-feaux de l'armée de fous-le-vent, peuvent fe fervir de leur batterie baffe, fans craindre de prendre de l'eau par les fabords, quand le vent eft frais, & que la mer eft déja affez groffe, pour que les Vaiffeaux du vent ne puiffent plus ouvrir leurs fabords.

Si l'armée de fous-le-vent, quoique plus nombreufe, ne peut pas auffi facilement que celle du vent, mettre la tête de l'en-nemi entre deux feux, du moins il y a des occafions où elle peut, en faifant virer de bord quelques Vaiffeaux de fon ar-riere-garde, couper impunément la queue de l'ennemi, & en enlever quelques Vaiffeaux, en les obligeant de tomber fous le vent, ou de fe féparer.

Figure 25. L'armée de fous-le-vent met fes Vaiffeaux défemparés (d) plus facilement à l'abri, que ne le peut faire l'armée du vent. Ils ne font point obligés de mettre à l'autre bord ; ils fuivent leur route en larguant un peu, & se tenant sous-le-vent de leur ligne qu'ils prolongent.

Dans bien des occasions, l'armée qui est sous-le-vent peut se retirer aisément du combat, ou l'éviter, ce qui est un grand avantage pour une armée moins nombreuse.

Désavantages de l'Armée de sous-le-Vent.

L'ARMÉE qui est sous-le-vent ne pouvant point décider du temps ni de la distance du combat, il peut arriver, qu'avant qu'elle ait pu se bien mettre en ligne, elle soit attaquée par l'armée du vent qui arrive sur elle en bon ordre.

Le feu & la fumée sont un grand désavantage sous-le-vent.

L'Armée qui est sous-le-vent envoie difficilement ses brûlots au vent, & réussit moins à rompre la ligne ennemie.

En quoi consiste la force d'une Armée.

IL n'est point à propos de finir cet article, sans dire en quoi consiste la force d'une armée.

La premiere force de l'armée vient de la discipline, d'où résultent l'observation exacte des signaux, & la prompte exécution des mouvements.

Une armée en ligne de combat est encore d'autant plus forte que ses Vaisseaux sont plus serrés. Cependant il faut qu'ils aient la liberté de manœuvrer sans courir risque de s'aborder; un tiers de cable de distance suffit entre deux Vaisseaux quand le temps est beau.

Si les Vaisseaux de la ligne ne sont point aussi serrés que ceux de l'ennemi, plusieurs Vaisseaux auront à essuyer chacun le feu de deux autres; delà ils deviendront inférieurs.

Ceci fait voir l'avantage des gros Vaisseaux & du gros canon; l'ennemi est battu par une plus nombreuse & beaucoup plus forte artillerie.

On apperçoit un autre avantage des gros Vaisseaux, quand il s'agit de s'approcher pour l'abordage. Ils dominent les Vaisseaux

d'un rang inférieur. La moufqueterie des gros vaiffeaux commande celle des petits, tous les coups plongent & découvrent
par-deffus le baftingage ; enfin l'équipage fe jette plus aifément
dans un petit Vaiffeau qu'il ne monte dans un grand.

Dans une groffe mer, les gros Vaiffeaux fe fervent plus facilement de leur premiere batterie que les petits Vaiffeaux. Si les
uns & les autres font obligés de fermer les fabords d'en bas,
l'avantage des Vaiffeaux de trois ponts fera encore plus grand
par rapport au canon ; ils avoient trois batteries contre deux,
& ils en auront deux contre une. Le même avantage fubfifte
en cas de démâtement, fi le pont fupérieur eft embarraffé.

L'entrepont des gros Vaiffeaux étant plus élevé, on y eft
moins incommodé de la fumée, & l'artillerie y eft fervie avec
beaucoup plus de facilité.

Les gros Vaiffeaux font plus folides ; ils réfiftent mieux au
combat & au gros temps : en général auffi les gros Vaiffeaux
marchent mieux que les petits, quoiqu'on dife, pour les louer,
qu'ils marchent comme des Frégates ; mais cela ne doit s'entendre que d'un petit vent, & de la légéreté de leurs mouvements ; car d'un vent frais & d'une mer un peu mâle, les gros
Vaiffeaux ont toujours la fupériorité.

Les Brûlots réuffiffent moins contre de gros Vaiffeaux que
contre de petits ; l'artillerie des gros Vaiffeaux les coule bas,
ou les éloigne plus aifément, & ils font facilement conduits,
détournés, ou remorqués par de grandes chaloupes.

Une armée qui a un plus grand nombre de gros Vaiffeaux,
peut ne fe pas ferrer autant que celle qui en a moins. Elle peut
auffi être moins nombreufe fans être moins forte.

Une armée moins ferrée, manœuvre dans quelques circonftances plus aifément qu'une armée plus ferrée ; & fi elle eft
moins nombreufe, fes mouvements font plus prompts, les fignaux
y font mieux remarqués, l'ordre s'y obferve avec plus d'exactitude, & les Vaiffeaux courent moins rifque de fe féparer.

De ce que l'armée moins nombreufe manœuvre plus aifément, il fuit que le changement de vent lui eft moins contraire,
& que l'ordre eft plutôt rétabli.

L'armée moins nombreufe s'approche auffi ou s'éloigne plus promptement de la côte ou de l'ennemi.

Enfin, fi l'endroit où croife l'armée eft moins vafte, l'armée moins nombreufe n'y eft pas tant refferrée.

Il réfulte des réflexions précédentes, que l'armée qui aura un plus grand nombre de gros Vaiffeaux fera plus forte qu'une armée plus nombreufe, fi la différence ne tombe pas fur le nombre des canons & des équipages. Cela n'exclud pas un certain nombre de Vaiffeaux du fecond & du troifieme rang néceffaires dans toutes les armées.

CHAPITRE IV.
DE LA CHASSE.

30. Ce que c'eft que la Chaffe.

LA CHASSE eft la courfe ou la pourfuite d'un Vaiffeau qui veut s'approcher d'un objet, ou qui veut s'en éloigner.

Le Chaffeur eft le Vaiffeau qui pourfuit : il donne chaffe. Le Vaiffeau qui fuit prend chaffe.

Obfervations fur la Chaffe.

DANS tous les cas de chaffe, on doit toujours voir fi on a l'avantage de la marche fur le Vaiffeau qu'on chaffe, afin de ne point faire de manœuvre inutile.

Tout Vaiffeau doit connoître fous quelle voilure & à quelle route il a proportionnément plus d'avantage.

Le Chaffeur & le Vaiffeau chaffé doivent fe relever continuellement, afin de ne manœuvrer qu'à propos.

Du Relevement, & du Quarré Naval.

Figure 24. LE relevement se fait avec la boussole ou le compas de va-
riation. Un œil juste en prolonge aisément les lignes ou rayons ;
mais pour n'avoir pas toujours l'œil appliqué au compas, lorsqu'il n'est pas nécessaire de savoir quels sont précisément les
aires de vent, ou les angles de relevement, & qu'il suffit de
connoître si un Vaisseau est par le travers, dans les eaux, ou à
deux rumbs de la route, ce qui est particuliérement essentiel
à l'ordre de marche, on peut tracer sur le gaillard un quarré
dont les côtés sont respectivement paralleles à la longueur & à
la largeur du Vaisseau. Un caillebotis quarré rend le même office.
On suppose ce quarré coupé par deux diagonales. Si le Vaisseau
se considere au centre de ce quarré, les Vaisseaux de l'avant &
de l'arriere, qui ont la quille dans le côté prolongé du quarré,
parallele à la longueur du Vaisseau, sont dans les mêmes eaux.

Les Vaisseaux qui sont dans le prolongement du côté du
quarré, parallele à la largeur, sont par le travers.

Enfin si les Vaisseaux courent au plus-près du même bord ;
l'amure supposée stribord, la demi-diagonale de l'arriere du quarré
vers stribord est l'aire de vent du plus-près bas-bord-amure ; &
la demi-diagonale du même bord vers l'avant en est la perpendiculaire. De même, si l'amure est bas-bord, la demi-diagonale vers l'ar-
riere-bas-bord est l'aire de vent du plus-près stribord-amure, dont
la demi-diagonale vers l'avant même bord est la perpendiculaire.

La perpendiculaire du vent est à deux rumbs sous le vent de
la route du plus-près stribord ou bas-bord.

Le relevement par le compas est celui qui est le plus juste &
par conséquent le plus convenable pour la chasse ; l'autre suffit
pour les évolutions.

3 I. Connoître si l'on est au vent, ou sous le vent d'un Vaisseau.

Figures 25 ; 26. SI deux Vaisseaux sont dans la perpendiculaire du vent, ils font également au vent. Et fuppofé qu'ils courent la bordée qui les approche, ils fe rencontreront à marche égale au point où leurs routes fe croifent.

Le Vaiffeau (*B*) qui par rapport à l'autre (*A*) eft en arriere Figure 27. de la perpendiculaire du vent, eft fous le vent: l'autre (*A*) eft au vent. Celui-ci pourra, s'il le veut, paffer au vent du premier. Il aura l'avantage de pouvoir arriver pour le joindre.

32. *Connoître fi un Vaiffeau marche mieux qu'un autre Vaiffeau.*

Les deux Vaiffeaux faifant la même route, fe releveront réciproquement. Celui des deux, qui après quelques moments de courfe, relevera l'autre à un aire de vent, qui fera un plus grand angle avec l'aire de vent de fa route, que n'étoit l'angle du premier relevement, marchera le mieux, foit que les Vaiffeaux tiennent le vent, foit qu'ils ne le tiennent pas.

Si un des Vaiffeaux eft dans les eaux de l'autre, ils connoîtront bien-tôt s'ils s'approchent.

33. *Chaffer un Vaiffeau étant au vent.*

Le Vaiffeau (*A*) du vent qui voudra chaffer un Vaiffeau Figures 28, 29. (*B*) fous le vent, doit fe mettre premiérement à la même bordée que ce Vaiffeau, & courir enfuite infenfiblement vers le Vaiffeau qu'il chaffe, foit en larguant peu à peu (*fig. 28*), pour diminuer fa route & augmenter fon fillage, foit en venant un peu au vent (*fig. 29*), fuivant la route & la fituation des Vaiffeaux; comme lorfque celui qui eft chaffé court vent-arriere. Dans l'une & l'autre circonftance, le Chaffeur doit tenir le Vaiffeau chaffé au même aire de vent, afin de le joindre plus vîte en le coupant dans fa route, & de ne le pas laiffer paffer de l'avant, gagner le vent & s'échapper.

34. *Chasser un Vaisseau étant sous le vent.*

LORSQUE le Chasseur est sous le vent, il doit manœuvrer différemment, suivant la distance où il est du Vaisseau auquel il donne chasse, ce qui renferme trois cas.

§. 1. *Lorsqu'on est près sous le vent.*

Figure 30.
S. 114.
SI le Chasseur (A) est peu sous le vent, il pourra se mettre à la même route que le Vaisseau (B) du vent que l'on suppose tenir le vent. Le Chasseur revirera quand il sera autant au vent (A2), que le Vaisseau chassé (B2); car alors il pourra le couper & lui passer au vent, en tenant le vent sur l'amure opposée, ou le joindre (A3) en larguant, tant qu'il le tiendra au même aire de vent.

§. 2. *Lorsqu'on est un peu plus sous le vent.*

Figure 31.
S. 114.
SI le Chasseur est un peu loin sous le vent, il courra la même bordée (A) que le Vaisseau (B) qu'il chasse, jusqu'à ce qu'il puisse mettre le cap (A2) sur lui (B2) en virant. Et quant à cette nouvelle bordée, il l'aura amené par son travers (A3, B3), il revirera pour manœuvrer suivant la distance.

§. 3. *Lorsqu'on est loin sous le vent.*

Figure 32.
S. 114.
ENFIN si le Chasseur (A) est considérablement sous le vent, il doit, pour ne point trop s'éloigner, & ne pas perdre son objet de vue, en alongeant trop ses bordées, courir alternativement d'un bord & de l'autre, jusqu'à ce qu'il ait amené le Vaisseau chassé (B) par son travers à la fin de chaque bordée (A2, B2. A3, B3. &c,) pour manœuvrer ensuite, comme on doit faire à une moindre distance (A4, B4).

35. *Eviter la Chaffe.*

Si le Vaiffeau chaffé eft au vent, il courra la bordée du plus-près, qui l'éloignera le plus du Chaffeur. Et s'il eft fous le vent, il arrivera vent-arriere, ou courra à deux rumbs plus ou moins de vent-arriere, fuivant l'avantage & la qualité du Vaiffeau.

CHAPITRE V.

DES MOUVEMENTS D'UNE LIGNE.

36. *Ranger plufieurs Vaiffeaux fur une Ligne.*

ON SUPPOSE les Vaiffeaux fans ordre. Le Vaiffeau (1) qui doit être à la tête de la ligne, arrivera convenablement s'il eft au vent, relativement au Général, & il fe mettra en route faifant fort petites voiles. Figure 33. S. 125.

Chaque Vaiffeau (2, 3, 4, 5 &c) de la ligne donnera chaffe au Vaiffeau qu'il doit fuivre dans l'ordre ; & quand il l'aura joint à un tiers de cable de diftance, il fuivra fes eaux, & fera la même route.

Si un Vaiffeau fe trouve trop écarté de la ligne qui fe forme, celui qui le doit fuivre immédiatement, ne lui donnera point chaffe, afin de moins retarder l'exécution du mouvement ; mais il chaffera, s'il fe peut, le Vaiffeau qui doit précéder celui qu'il auroit dû chaffer, & il en confervera la diftance dans la ligne.

En général & fimplement, les Généraux fe mettront à une diftance convenable dans les eaux les uns des autres, & du Vaiffeau de la tête de la ligne. Les Vaiffeaux de chaque divifion fe rendront à leur rang dans les eaux du Général qui la commande.

E

37. *Ranger une Armée en bataille.*

Figure 34.
S. 125.

C'est le même mouvement que le précédent fi la ligne eft rompue ; mais les Vaiffeaux fe rangeront toujours fur la ligne du plus-près dont le Général tiendra l'amure. L'avant-garde fera la tête de la ligne au vent, le corps de bataille fera au centre, & l'arriere-garde fera la queue de la ligne. Les Vaiffeaux dans les eaux les uns des autres fe tiendront à un tiers de cable de diftance.

Remarque. Dans la fuite de ce Traité, on fe fervira des lettres majufcules V, A, C, pour défigner les Efcadres ou divifions qui font l'avant-garde (V) commandée dans l'ordre naturel par le Vice-Amiral ; le corps de bataille (A) au centre duquel l'Amiral fe place, & l'arriere-garde (C) fous les ordres du Contre-Amiral. Les petites lettres v, m, s, écrites au-deffous des grandes, marqueront la fituation des colonnes, au vent (v), au milieu (m), ou fous le vent (s).

38. *L'Armée étant en ligne, la faire virer par la contre-marche.*

Figure 12.
S. 126.

Pour faire virer par la contre-marche une armée qui eft en ligne, le Vaiffeau de la tête donnera vent-devant ; & quand il aura changé d'amures, tous les Vaiffeaux de la ligne viendront virer fucceffivement dans fes eaux. Cette manœuvre ainfi expliquée donne l'idée générale de l'évolution. Cependant comme chaque Vaiffeau peut perdre un peu en virant, & que la queue de la ligne pourroit ainfi tomber fous le vent, les Vaiffeaux obferveront de virer ; favoir, les Commandants des Efcadres dans les eaux du Vaiffeau de la tête, les Chefs de divifions dans les eaux des Commandants, & chaque Vaiffeau particulier dans les eaux de fon Chef de divifion. Les Vaiffeaux obferveront encore de laiffer paffer au vent ceux qui auront viré les premiers. Et ils fe trouveront après l'évolution, plutôt un peu fous le vent, qu'au vent du Vaiffeau qui les précede. Le moment de virer pour chaque Vaiſſeau, eſt cependant celui où il découvre la hanche du vent du Vaiſſeau qu'il ſuit, & qui a viré immédiatement devant lui.

Si l'armée vire vent-arriere, les vaiſſeaux qui ont viré paſ-feront ſous le vent de la ligne, pour venir enſuite au lof dans les eaux du Vaiſſeau de la tête qui tiendra le vent, auſſi-tôt qu'il pourra paſſer à pouppe du dernier Vaiſſeau de la ligne.

Figure 55. S. 117.

Dans toutes les occaſions de virer, les Vaiſſeaux qui auront exécuté cette manœuvre, diminueront un peu de voile, pour être plus aiſément joints par ceux qui les ſuivent & qui doivent ſerrer la ligne.

39. L'Armée étant en ligne, la faire virer tout enſemble vent-devant en échiquier.

Tous les Vaiſſeaux donneront en même temps vent-devant & ſe tiendront, quoiqu'ayant changé d'amures, ſur la ligne du plus-près ſur laquelle ils étoient rangés. Les Vaiſſeaux feront en échiquier.

Figure 56. S. 118.

Si les Vaiſſeaux ne virent pas tous au même inſtant, du moins aucun d'eux ne donnera vent-devant avant le Vaiſſeau dont il ſera immédiatement ſuivi, afin de ne le point aborder en abattant, & pour ne point rompre l'ordre.

40. L'Armée étant rangée ſur une ligne du plus-près, mais courant avec l'amure de l'autre bord, rétablir l'ordre.

L'Armée courant en échiquier ſur une ligne du plus-près, ſi l'on veut rétablir l'ordre, tous les Vaiſſeaux de la ligne don-neront enſemble vent-devant; ou du moins aucun d'eux ne virera qu'après celui qui lui eſt immédiatement au vent, & par la hanche, pour éviter l'abordage.

Figure 57. S. 129.

E ij

41. *L'Armée étant rangée sur une ligne du plus-près, la faire courir vent-arriere ou largue en échiquier.*

Figure 38.
S. 130.

Tous les Vaisseaux de la ligne arriveront en même temps du nombre de rumbs convenables, & ils observeront de se tenir toujours dans la ligne du plus-près sur laquelle ils sont rangés.

Si tous les Vaisseaux n'arrivent point en même temps, du moins ceux de l'avant n'arriveront qu'après les Vaisseaux qui les suivent, afin d'éviter les abordages.

42. *L'Armée étant rangée sur une ligne du plus-près, & courant vent-arriere ou largue, lui faire prendre les amures de cette même ligne.*

Figure 39.
S. 131.

Pour rétablir l'ordre de bataille, l'armée courant vent-arriere ou largue sur une ligne du plus-près, tous les Vaisseaux viendront en même temps au lof, ou du moins successivement & immédiatement après le Vaisseau qui précede au vent.

43. *L'Armée étant rangée sur une ligne du plus-près, mais courant avec les amures de l'autre bord, la mettre en bataille sur la ligne dont elle tient l'amure.*

Figure 40.
S. 132.

Le premier Vaisseau de la queue, qui par cette évolution doit devenir le premier de la tête, continuera sa bordée en forçant de voiles; tous les Vaisseaux de la ligne gouverneront sur le grand mât les uns des autres, ou arriveront simplement chacun sur la perpendiculaire du vent, pour se rendre dans les eaux du Vaisseau de la tête, y venir successivement au lof, & forcer en même temps de voile.

L'armée étant en bataille, & le Général ne voulant pas la

faire virer par la contremarche, il la fera mettre par la même évolution en bataille fur l'autre bord; mais l'ordre de la tête à la queue fera renverfé.

44. *L'Armée étant en bataille, la faire arriver tout de front fur la perpendiculaire du vent.*

Figure 41.
S. 133 & 134.

Tous les Vaiffeaux de la ligne arriveront en même temps de dix rumbs, & forceront fucceffivement de voile de la tête à la queue de la ligne, enforte que quand le Vaiffeau de la tête qui a le premier forcé de voile, fera par le travers du fecond Vaiffeau; celui-ci en forcera de même, & ainfi des autres, chacun obfervant de conferver dans la perpendiculaire du vent le Vaiffeau qui l'a précédé dans l'évolution.

Les Vaiffeaux de l'armée fe font rapprochés l'un de l'autre dans cette évolution; mais fi l'on veut qu'ils conferent fur la perpendiculaire la même diftance qu'ils avoient entr'eux dans la ligne de combat, il faut que les Vaiffeaux s'obfervant & fe relevant comme il a été dit, arrivent feulement de 9 rumbs au lieu de 10.

Si l'on veut que les Vaiffeaux arrivent fur tout autre aire de vent que la perpendiculaire, en confervant leur premiere diftance fur cette nouvelle ligne, l'aire de vent fur lequel il faudra que les Vaiffeaux courent parallélement pour y parvenir, fera connu en ajoutant à 8 rumbs, valeur du quart de la bouf-fole, la moitié du nombre de rumbs, qui fait la mefure de l'angle que forment entr'elles la ligne fur laquelle les Vaiffeaux font rangés, & celle fur laquelle ils le doivent être.

45. *L'Armée courant vent-arriere ou largue fur la perpendiculaire du vent, ou fur toute autre ligne, la mettre en ligne de combat.*

Figure 42.
S. 135.

Tous les Vaiffeaux de l'armée qui fuivoient des routes paralleles, viendront en même temps au lof fur le bord dont

ils doivent prendre l'amure, & préfenteront le cap dans la ligne
fur laquelle ils font rangés. Cependant le Vaiffeau de la tête
tiendra le vent, & chacun des autres fe rendra fucceffivement
dans les eaux de la ligne qui fe forme.

46. *L'Armée étant en bataille, la faire courir*
vent-arriere (en angle obtus, le fommet fous
le vent) dans un ordre qui la mette en état de
fe remettre en ligne fur le bord qu'elle voudra.

Figure 43.
S. 136.

TOUS les Vaiffeaux de la ligne arriveront en même temps
de dix rumbs, & ceux qui font depuis le centre compris jufqu'à
la tête forceront également de voiles pour fe conferver réciproquement dans la ligne du plus-près dont ils tenoient l'amure.
Mais les Vaiffeaux compris depuis le centre jufqu'à la queue,
ne forceront de voile que fucceffivement & autant qu'il conviendra pour fe ranger, & fe tenir réciproquement & par rapport au centre dans la ligne du plus-près, fur laquelle ils ne
couroient pas avant le mouvement.

Figure 18.

Dans cette évolution, qui répond au troifieme ordre de marche, le Général eft au centre de fon armée fous le vent. Les
Brûlots & les Bâtiments de charge font entre les deux ailes
au vent.

47. *L'Armée courant vent-arriere ou largue, fur*
un angle formé par les deux lignes du plus-près,
le centre de l'armée étant fous le vent, mettre
l'Armée en bataille.

Figure 44.
S. 137.

L'AILE de l'armée qui eft rangée fur la ligne du plus-près,
dont elle doit prendre l'amure, & le Vaiffeau du centre viendront en même temps & entiérement au lof. Les Vaiffeaux de
l'autre aile, pour moins courir fous le vent, préfenteront tous
enfemble dans les perpendiculaires du vent ; & fuivant des

routes paralleles, ils fe rendront fucceffivement & à petites
voiles, dans les eaux de la ligne, où ils viendront encore au
lof de deux aires de vent.

48. *Rétablir la ligne de Combat, quand le vent vient de l'arriere.*

Pour rétablir l'ordre de bataille quand le vent vient de
l'arriere, la tête ($\frac{v}{v}$) de l'armée portera au plus-près, en forçant
convenablement de voile, pour ne point trop ouvrir la ligne ;
& fi le vent n'a que peu changé, tous les Vaiffeaux de la ligne
courant à petites voiles, parce qu'ils portent un peu largue,
mettront le cap fur le grand mât du Vaiffeau qui les précede.

Mais fi le vent eft venu de l'arriere de plufieurs rumbs, les
Vaiffeaux de l'armée courront largue fur la ligne fur laquelle ils
font rangés, pour venir enfuite fucceffivement au lof dans les
eaux du Vaiffeau de la tête. Par cette manœuvre, qui eft très-
fimple, l'armée de fous-le-vent, qui voudra abfolument combattre, s'approchera beaucoup de l'ennemi, & elle pourra
même quelquefois lui gagner le vent, en faifant forcer de voile
à tous fes Vaiffeaux en même temps qu'ils viendront au lof.

L'armée du vent peut manœuvrer de la même maniere pour
cotoyer l'armée ennemie. Elle peut auffi, fuivant les circonftances, particuliérement fi elle fe trouve trop près de l'ennemi,
s'élever toute au vent, en courant en échiquier fur une ligne
parallele à celle fur laquelle elle préfentoit avant le changement de vent, afin de manœuvrer enfuite comme il lui conviendra.

Quelquefois en changeant l'ordre de la tête & de la queue,
l'armée eft plutôt en ligne, comme quand le vent vient de l'arriere, depuis deux rumbs jufqu'à quatre. L'armée donne tout
enfemble vent-devant, & fe remet enfuite en ligne, en fe rendant fucceffivement dans les eaux du Vaiffeau ($\frac{cf}{v}$) qui étoit à
la queue, & qui devient le premier de la ligne.

Figure 45.
S. 138.

Figure 46.
S. 139.

Figure 47.
S. 140.

49. *Rétablir la ligne de combat, quand le Vent vient de l'avant.*

LE changement de vent le plus défavantageux que puiffe éprouver une armée en ligne, eft lorfque le vent vient de l'avant, parce que l'ordre en devient quelquefois fort difficile à rétablir, particuliérement fi c'eft à la vue de l'ennemi, ce qui peut, fuivant la diftance, engager à des manœuvres différentes l'armée qui veut conferver l'avantage du vent.

Figure 48.
S. 141.

Si le vent vient de l'avant depuis 1 rumb jufqu'à 6, & que l'armée veuille conferver fes amures, chaque Vaiffeau ayant d'abord obéi au vent, toute la ligne mettra en panne, excepté le Vaiffeau ($\frac{V}{v}$) de la tête, qui d'abord courra largue d'une quantité de rumbs qui fera toujours déterminée. On connoîtra cette quantité dont les Vaiffeaux doivent larguer, en ôtant de 8 rumbs, valeur d'un quart de la bouffole, la moitié du nombre des rumbs dont le vent eft venu de l'avant. Ainfi, fi le vent a refufé de 4 rumbs, la moitié 2 rumbs, de cette quantité, étant ôtée de 8, il refte 6 rumbs pour la quantité dont les Vaiffeaux de la ligne doivent larguer encore pour fe rendre fur la ligne du plus-près, qui rétablit l'ordre de bataille, en confervant exactement la diftance qui étoit entre les Vaiffeaux. Le Vaiffeau ($\frac{V}{v}$) de la tête ayant donc d'abord obéi au vent, & enfuite largué convenablement, le Vaiffeau (V2) qui le fuit, fera fervir auffi-tôt qu'il relevera dans l'aire de vent du plus-près le Vaiffeau qui le précede; & tous les Vaiffeaux de la ligne manœuvreront fucceffivement de la même maniere, pour venir tous enfemble au lof dans les eaux du Vaiffeau ($\frac{V}{v}$) de la tête, quand celui-ci y viendra lui-même, au moment qu'il relevera dans la ligne du plus-près fous le vent (c'eft-à-dire, auffi-tôt qu'il pourra mettre dans fes eaux) le dernier Vaiffeau ($\frac{Cf}{r}$) de la queue, lequel fera fervir dans ce même moment, fe trouvant en ligne fans avoir eu befoin d'arriver.

Figure 49.
S. 142.

Si l'armée ne met point en panne pour exécuter ce mouvement, les Vaiffeaux ayant obéi au vent, & le Vaiffeau ($\frac{V}{v}$) de
la

la tête ayant largué, comme on vient de le dire, ou ayant arrivé tout d'un coup jufqu'à la perpendiculaire à la ligne de combat fur laquelle l'armée doit fe mettre en ligne, il reviendra au lof, lorfque le dernier Vaiffeau ($\frac{c.4}{r}$) de la ligne fera par rapport à lui dans la ligne de combat. Cependant chaque Vaiffeau de l'arriere tenant en même temps le vent, & fuivant une route parallele, fe rendra fucceffivement dans les eaux du Vaiffeau qui le précede, pour y arriver premiérement, & venir enfuite au lof, comme lui, en fuivant les mêmes lignes. Le feul Vaiffeau ($\frac{c.4}{r}$) de la queue n'aura point à changer de route. Ainfi tous les Vaiffeaux feront promptement en ordre de bataille. Par ce mouvement les Vaiffeaux ont la facilité de s'approcher les uns des autres, & cela peut convenir quand les Vaiffeaux de la ligne ne font point affez ferrés.

Le Vaiffeau de la tête peut encore virer de bord, chaque Vaiffeau de la ligne courant au plus-près en échiquier, & fuivant une route parallele pour virer par la contremarche dans les eaux du Vaiffeau qui le précede. Le Vaiffeau de la tête pourra reprendre la premiere amure, avant que la ligne foit entiérement formée. Les Vaiffeaux de l'avant feront très-petites voiles après avoir viré, & ceux de la queue en forceront proportionnément jufqu'à ce que la ligne foit rétablie. Ce mouvement ne convient point devant l'ennemi, s'il eft proche, parce qu'il pourroit, par la même manœuvre, couper & traverfer toute la ligne; au furplus, il peut être défavantageux à l'armée que fes derniers Vaiffeaux courent fous le vent. Mais en ce cas l'armée peut s'élever tout enfemble au vent, en courant en échiquier fur l'autre bord. Si le Vaiffeau de la queue force en même temps de voile au plus-près ($\frac{c.4}{r}$), & que tous les Vaiffeaux qui le précédent vers la tête en forcent auffi proportionnément & fucceffivement, jufqu'à ce que le premier Vaiffeau ($\frac{v}{v}$) de la tête, qui fait très-petites voiles, leur refte dans la ligne du plus-près, fur laquelle l'armée doit combattre, ou fur laquelle on veut rétablir l'ordre, alors la ligne fera très-promptement formée, tous les Vaiffeaux donnant enfemble une feconde fois vent devant pour prendre les amures de la ligne fur laquelle ils feront rangés. Mais il faut obferver

Figure 50,
S. 143.

Figure 51,
S. 144.

F
.

que la ligne fe fera peut-être beaucoup ouverte, & qu'il faudra la faire ferrer, en continuant à faire forcer de voile aux Vaiffeaux de l'arriere après avoir viré, tandis que le premier de l'avant-garde en diminuera.

Figure 48. Si le vent vient de l'avant de plus de 6 rumbs & de moins de 12, l'armée, en changeant d'amures, manœuvrera comme fi le vent étoit fimplement venu de l'avant. L'avantage du vent aura changé pour les armées qui font en préfence.

De même fi le vent vient de l'avant de 12 rumbs exactement, alors les feules amures changeront fans que les routes changent.

Figure 49. Et fi le vent change de plus de 12 rumbs, les amures fuppofées changées, c'eft le cas où le vent vient de l'arriere.

CHAPITRE VI.

DU CHANGEMENT DES ESCADRES, L'ARMÉE ÉTANT EN LIGNE.

Figure 52.
S. 145.

50. *L'Armée étant en ordre de Bataille $(\frac{v}{v}\frac{A}{m}\frac{c}{s})$, changer le Corps de Bataille avec l'Arriere-Garde $(\frac{v}{v}\frac{c}{m}\frac{a}{s})$.*

L'ARMÉE étant en ligne, fi l'on veut faire paffer à l'arriere-garde l'Efcadre qui eft au milieu, pour mettre au corps de bataille l'Efcadre qui fait l'arriere-garde, l'avant-garde $(\frac{v}{v})$ mettra en panne, ou fera très-petites voiles pour moins tomber fous le vent; l'Efcadre du milieu $(\frac{A}{m})$ donnera tout enfemble vent devant, en forçant de voile; & auffi-tôt qu'elle fera parvenue au point où elle fera Vaiffeau à Vaiffeau, par le travers du nouveau corps de bataille $(\frac{c}{s})$ qui aura continué fa route à pleines voiles, elle revirera de bord, ou arrivera tout enfemble pour gagner en dépendant les eaux de la ligne. Si l'avant-garde a mis en panne, elle fera fervir, quand le corps qui vient occuper le centre fera à fon pofte.

Si la circonftance ne permet pas que la divifion du centre $(\frac{A}{m})$ donne vent devant, comme fi l'armée eft en préfence de l'ennemi qui a le vent, ou fi le Général ne trouve aucun acci- dent à perdre un peu au vent, le mouvement s'exécutera promp- tement, en faifant arriver un peu, & mettre en panne la divifion $(\frac{A}{i})$ du centre, tandis que celle de l'avant-garde $(\frac{V}{v})$ continuera fa route à fort petites voiles, & que l'arriere garde $(\frac{C}{i})$ en for- cera pour paffer au vent de la divifion en panne, & fe placer au corps de bataille. Lorfque cette derniere divifion $(\frac{\cdot}{m})$ aura joint celle de la tête de la ligne, elles arriveront un peu toutes deux, pour mettre dans leurs eaux celle qui étoit en panne $(\frac{A}{i})$, & qui fera fervir dans ce même temps.

Figure 53.
S. 146.

§ I. *L'Armée étant en ordre de Bataille* ($\frac{V}{v}\ \frac{A}{m}\ \frac{C}{s}$), *changer le Corps de Bataille avec l'Avant- Garde* ($\frac{a}{v}\ \frac{v}{m}\ \frac{c}{i}$).

Figure 54.
S. 147.

POUR exécuter cette évolution, l'arriere-garde $(\frac{C}{i})$ mettra en panne, l'avant-garde $(\frac{V}{v})$ qui doit paffer au corps de bataille, donnera tout enfemble vent devant en forçant de voile, & quand elle fera parvenue au point où elle fera Vaiffeau à Vaif- feau par le travers de l'Efcadre $(\frac{A}{m})$ du milieu, qui aura con- tinué fa route pour gagner la tête de la ligne, alors elle re- virera tout en même temps, & arrivera en dépendant pour gagner les eaux de la ligne; l'arriere-garde $(\frac{C}{i})$ fera fervir à petites voiles, quand le nouveau corps de bataille $(\frac{v}{m})$ revirera pour prendre fon pofte.

On exécutera cette manœuvre plus promptement, fi les Vaiffeaux de l'avant-garde $(\frac{V}{v})$ mettent les voiles de l'arriere fur panne, laiffant porter le petit hunier pour arriver un peu, & laiffer paffer au vent le corps de bataille $(\frac{A}{m})$ qui doit prendre la tête de la ligne. Celui-ci arrivera convenablement, après avoir doublé la divifion en panne; l'arriere garde $(\frac{C}{i})$ fera pe-

Figure 55.
S. 148.

tites voiles, en larguant un peu pour fe mettre dans les eaux de l'Efcadre du milieu.

Figure 56.
S. 149.

52. L'Armée étant en ordre de Bataille ($\frac{V}{v} \frac{A}{m} \frac{C}{s}$), faire paffer à l'Arriere-Garde l'Efcadre qui eft à la tête ($\frac{x}{v} \frac{t}{m} \frac{v}{s}$).

Si le Général veut que l'avant-garde ($\frac{V}{v}$) paffe à l'arriere-garde, faifant en même temps faire l'avant-garde à l'Efcadre ($\frac{A}{m}$) qui faifoit le corps de bataille, & faifant occuper le corps de bataille par celle qui faifoit l'arriere-garde ($\frac{C}{s}$), le corps de bataille & l'arriere-garde continueront leur route; l'avant-garde ($\frac{v}{s}$) virera de bord tout enfemble, & larguera de deux rumbs courant en échiquier, jufqu'à ce que chacun de fes Vaiffeaux foit par le travers de chacun des Vaiffeaux de l'Efcadre ($\frac{t}{m}$) qu'elle doit fuivre dans l'ordre de bataille; alors tous fes Vaiffeaux ($\frac{v}{s}$) revireront en même temps, & arriveront enfemble en dépendant, fe réglant chacun fur le Vaiffeau qui le précede, afin de fe mettre par un même mouvement dans les eaux les uns des autres, & dans celles de la ligne. Tous les Vaiffeaux forceront de voiles pour exécuter cette évolution. L'Efcadre ($\frac{v}{s}$) qui paffe à l'arriere-garde en forcera davantage, parce qu'elle a deux fois à virer.

Figure 57.
S. 150.

Le même changement d'Efcadres s'exécutera plus facilement fi l'Efcadre ($\frac{V}{v}$) qui fait l'avant-garde arrive un peu fous panne, les deux autres Efcadres ($\frac{A}{m}$ & $\frac{C}{s}$) forçant de voile pour la doubler au vent, après quoi elles arriveront enfemble, autant que l'a fait la divifion ($\frac{v}{s}$) qui doit faire l'arriere-garde, afin de mettre celle-ci dans leurs eaux; & elle fera fervir, auffi-tôt que le Vaiffeau qui la doit précéder dans le corps de bataille, le lui permettra.

53. *L'Armée étant en ordre de Bataille ($\frac{v}{v}\frac{A}{m}\frac{c}{s}$), faire passer à la tête de la ligne l'Escadre qui est à la queue ($\frac{c}{v}\frac{v}{m}\frac{a}{s}$).*

Figure 58.
S. 151,

POUR faire passer à la tête de la ligne l'Escadre ($\frac{c}{r}$) qui en fait l'arriere-garde, l'avant-garde ($\frac{v}{r}$) devenant le corps de bataille, & le corps de bataille ($\frac{A}{m}$) servant d'arriere-garde par la suite de l'évolution, l'Escadre de la tête ($\frac{v}{r}$) & celle du milieu ($\frac{A}{r}$) ayant viré tout ensemble, s'éleveront au vent en échiquier. L'Escadre ($\frac{c}{v}$) de la queue qui doit faire l'avant-garde continuera sa route en forçant de voile ; & aussi-tôt qu'elle sera parvenue au point où l'Escadre ($\frac{v}{m}$) qui doit faire le corps de bataille, sera par son travers Vaisseau à Vaisseau, les deux Escadres qui ont changé d'amures, revireront tout ensemble pour arriver en dépendant dans les eaux de la ligne, dont la tête diminuera un peu de voile.

Figure 59.
S. 152.

On exécutera très-promptement cette évolution, en faisant arriver un peu, & mettre en panne les deux Escadres ($\frac{v}{m}, \frac{A}{r}$) de l'avant, pour laisser passer au vent celle de la queue qui ira prendre la tête en arrivant, après avoir doublé en forçant de voiles.

54. *L'Armée étant en ordre de Bataille ($\frac{v}{v}\frac{A}{m}\frac{c}{s}$) changer l'Escadre de la tête avec celle de la queue de la ligne ($\frac{c}{v}\frac{a}{m}\frac{v}{s}$).*

Figure 60.
S. 153.

L'ESCADRE de la tête de la ligne ($\frac{v}{v}$) & celle du milieu ($\frac{A}{v}$) donneront ensemble vent devant, & les Vaisseaux de ces deux corps, dont le premier forcera de voiles, s'éleveront en échiquier, se tenant sur les paralleles à la ligne du plus-près, que suit à petites voiles l'Escadre ($\frac{c}{r}$) de la queue. Quand le corps de bataille ($\frac{A}{m}$) sera par le travers de l'escadre ($\frac{c}{v}$) qui passe sous le vent, il revirera tout ensemble pour arriver, en dépendant dans les eaux de l'Escadre qui va faire l'avant-garde ;

& lorſque celle ($\frac{v}{t}$) qui étoit à la tête de la ligne ſe trouvera par le travers du corps de bataille qu'elle doit ſuivre, elle revirera auſſi, & arrivera de la même maniere pour gagner les eaux de la ligne, & prendre ſon poſte à l'arriere-garde.

Figure 61.
S. 154.

Si au lieu de faire virer l'avant-garde ($\frac{v}{v}$) & le corps de bataille ($\frac{A}{m}$), on exécutoit cette évolution en faiſant mettre ces deux Eſcadres en pannes pour laiſſer paſſer au vent l'Eſcadre ($\frac{c}{t}$) qui doit gagner la tête de la ligne, il faudroit que l'Eſcadre ($\frac{v}{t}$) qui doit paſſer à l'arriere-garde, arrivât plus que celle du centre qui la doit auſſi doubler. L'armée dans cette évolution perdra une fois plus au vent que dans l'évolution ſuivante.

Figure 62.
S. 155.

On pourroit faire mettre en panne une des deux eſcadres ($\frac{v}{v}$, $\frac{A}{m}$) de la tête, & faire donner vent-devant à l'autre. La diviſion ($\frac{c}{t}$) de la queue paſſeroit entre les deux précédentes pour gagner la tête de la ligne. Chacune des deux autres fait quand elle doit arriver ou faire ſervir. Il eſt plus à propos que ce ſoit l'avant-garde ($\frac{v}{t}$) qui donne vent-devant, parce qu'elle a plus de temps pour manœuvrer, & afin de moins perdre au vent.

CHAPITRE VII.

DE QUELQUES MANŒUVRES PARTICULIERES DE LA LIGNE, RELATIVES AU COMBAT.

55. Diſputer le Vent à l'Ennemi.

S. 156.

L'ARMÉE du vent qui veut conſerver ſon avantage, & diſputer le vent à l'ennemi qui veut le gagner, doit, autant qu'elle le pourra, ſe tenir par le travers de l'ennemi, & le ſerrer de près pour le gêner dans ſes manœuvres, & le forcer à combattre avant que le vent ait changé en ſa faveur. Mais ſi l'armée du vent ne veut pas combattre, elle ſe tiendra au contraire le plus loin qu'elle pourra , & s'il se peut , hors la vue de l'ennemi.

A l'égard de l'armée qui est sous le vent, si elle ne prévoit point le changement de vent qui peut arriver , & si elle n'est point déterminée à une route particuliere , elle courra la bordée qui l'empêchera d'élonger l'ennemi, afin d'avoir la liberté de manœuvrer & de mettre l'ennemi dans le cas de perdre l'avantage du vent ; ou si elle est en arriere , elle mettra à l'autre bord, & courra en échiquier ; & si elle est de l'avant, elle forcera de voiles sur le même bord. Mais si l'armée de sous le vent est en présence & près de l'armée du vent , elle ne pourra gagner le vent à l'ennemi , qu'à moins qu'il ne fasse quelque fausse manœuvre , ou que le vent ne change beaucoup en sa faveur.

56. Eviter le Combat.

L'ARMÉE du vent qui voudra éviter le combat, courra la S. 157. bordée qui l'empêchera d'élonger l'ennemi.

L'armée qui est sous le vent, larguera comme l'armée du vent qui la poursuit ; mais elle ne fera pas vent-arriere sans se mettre en ordre de retraite si elle est à la vue de l'ennemi ; ou si elle a commencé à courir vent-arriere tout de front sur une ligne , elle reviendra de deux ou trois rumbs au vent, tantôt sur un bord, & tantôt sur l'autre, pour rendre inutile la manœuvre de l'armée qui la chasse , rompre son ordre, & lui faire perdre sur un bord ce qu'elle aura pu gagner sur l'autre. Elle doit aussi profiter de la connoissance des vents & des marées. Les Chefs de Division , & les Vaisseaux de la tête & de la queue observeront le Général, pour régler sur lui leurs mouvements & conserver l'ordre. Les Vaisseaux particuliers observeront leur Chef de Division.

57. Arriver sur l'Ennemi , & le forcer au Combat.

L'ARMÉE qui est au vent, voulant forcer au combat l'armée S. 159. ennemie , que l'on suppose tenir le vent, manœuvrera pour

l'élonger en forçant de voiles au même bord ; elle fera en même
temps enforte que les Vaiffeaux de la tête & de la queue de la
ligne, & ceux des Généraux qui doivent régler la marche, fe
mettent par le travers des Vaiffeaux qu'ils doivent combattre.
Ainfi l'armée du vent fe préfentera en bon ordre en arrivant
également, & fe tenant toujours rangée fur une ligne du plus-
près pour fe retrouver tout d'un coup en bataille en revenant
au lof.

Si l'armée qui eft fous le vent largue un peu pour éviter le
combat, le Vaiffeau de la tête de l'armée du vent courra un
peu plus largue, enforte que les autres Vaiffeaux de l'armée
courant d'abord autant largue que l'ennemi, mais moins largue
que le Vaiffeau de la tête de leur ligne, fe rendront promptement & fucceffivement dans fes eaux pour faire la même route ;
alors approchant confidérablement l'ennemi & en peu de temps,
l'armée du vent pourra couper la ligne ennemie, ou la prolonger d'auffi près qu'elle voudra, en faifant la route qui lui
fera parallele.

L'armée du vent doit obferver deux chofes en larguant, pour
fuivre l'ennemi & le forcer au combat. Premiérement de tenir
au moins par fon travers la tête de l'armée ennemie pour n'être
pas doublée, fi elle revenoit infenfiblement & fucceffivement
au lof ; manœuvre où elle pourroit quelquefois trouver de l'a-
vantage. Secondement, de s'étendre en arriere autant que
l'ennemi, parce que s'il avoit largué de 4 rumbs, & qu'il chan-
geât tout d'un coup d'amures, il fe trouveroit en bataille, &
qu'au moyen de ceux de fes Vaiffeaux qui déborderoient alors
la ligne du vent, il pourroit réuffir à la doubler & à lui gagner
le vent.

Figure 63.   Si l'armée qui eft fous le vent court grand largue, ou vent-
arriere, l'armée du vent courra de même, étant rangée fur une
ligne parallele à l'ennemi, & faifant toujours les mêmes bords.
Les Généraux & les Vaiffeaux de la tête & de la queue obferveront de tenir dans le lit du vent les Vaiffeaux qu'ils auront à
combattre, afin de pouvoir fondre tous enfemble fur eux, & de
couper leur ligne fi elle s'ouvre trop. Cette manœuvre fuppofe
que

que l'armée du vent eft beaucoup plus nombreufe ; en ce cas
elle peut s'ouvrir elle-même par efcadre pour envelopper l'ennemi ; & c'eft le moyen fûr de le détruire, & de lui gagner
encore le vent, s'il changeoit à fon avantage. L'armée du vent
s'étant donc féparée en trois Efcadres, le corps de bataille ($\frac{A}{m}$)
chaffera le corps de bataille ennemi vent-arriere ou largue fur le
bord qui lui conviendra, & les deux autres Efcadres ($\frac{V}{v}, \frac{C}{t}$) ou
feulement la premiere divifion de l'avant-garde, & la derniere
de l'arriere-garde, pourront courir de quelques rumbs plus ou
moins largue fur le bord qui leur fera plus avantageux pour
envelopper l'ennemi, qui n'aura point d'autre parti à prendre
que l'ordre de retraite, qui ne lui fera pas cependant toujours
éviter le combat.

58. *Forcer l'Ennemi au combat, étant fous le vent.*

Si l'armée qui veut combattre eft fous le vent, elle appercevra tout le défavantage de cette pofition ; elle ne peut que
tenir la bordée qui lui fait élonger l'ennemi pour le garder à
vue, en attendant que le vent lui permette de s'approcher de
l'armée qu'elle pourfuit. Car fi elle manœuvroit fimplement
pour gagner le vent, ne voulant combattre qu'avec cet avantage, elle ne pourroit pas toujours forcer l'ennemi au combat.

59. *Doubler les Ennemis.*

Il ne convient qu'à l'armée la plus nombreufe d'entrepren-
dre de doubler l'armée ennemie. Pour exécuter cette manœuvre
avec fuccès, fi l'on veut doubler par la tête, l'armée qui eft
au vent fera forcer de voiles à un nombre convenable de Vaiffeaux qui arriveront enfuite tous enfemble fous le vent en
ordre, pour revenir en même temps au vent, & attaquer enfuite chacun un Vaiffeau. Mais fi l'armée qui veut doubler eft
fous le vent, le détachement de Vaiffeaux forcera de voile au
plus-près, jufqu'à ce qu'il voie qu'en changeant d'amures, le
dernier Vaiffeau pourra paffer au vent du premier Vaiffeau

Figure 64.
S. 162.

Figure 65.
S. 162.

G

ennemi : ils vireront alors par la contre-marche ou tous enſemble, pour revirer une ſeconde fois quand ils auront gagné le vent. Si le détachement vire par la contre-marche, chacun de ſes Vaiſſeaux donnera en paſſant ſa bordée aux Vaiſſeaux de la tête de l'ennemi, & elle ſera bientôt en déſordre.

Si l'on veut doubler l'ennemi par la queue, l'armée la plus nombreuſe, ſoit qu'elle ait l'avantage du vent, ſoit qu'elle ne l'ait pas, tâchera d'élonger l'ennemi, enſorte que la tête des deux armées ſoit par le travers l'une de l'autre, à moins que la tête de l'armée la plus nombreuſe ne dépaſſe un peu celle de l'ennemi, pour conſerver l'avantage du changement de vent.

Figure 66.
S. 162.

Dans cette diſpoſition des têtes, l'armée la plus nombreuſe laiſſera une queue de l'arriere ; & ſi elle eſt au vent, elle fera forcer de voiles à quelques-uns de ſes Vaiſſeaux de la queue, les faiſant arriver ſous le vent des derniers Vaiſſeaux de la ligne ennemie, qui ſeront alors obligés de ſe battre des deux bords.

Figure 67.
S. 162.

Mais ſi l'armée qui veut doubler eſt ſous le vent, la derniere diviſion mettra tout enſemble à l'autre bord, forçant de voile pour revirer quand elle ſe ſera élevée au vent de l'arriere-garde de l'armée ennemie, pour la mettre entre deux feux.

Si les Vaiſſeaux de l'armée la plus nombreuſe ſont aſſez ſerrés dans leur ligne, pour n'occuper qu'un eſpace égal à la ligne ennemie dont les Vaiſſeaux ſont plus ouverts, alors une diviſion de la queue de l'armée la plus nombreuſe peut ſe détacher

Figures 68, 69.
S. 162.

(en virant de bord par la contre-marche ſi elle eſt ſous le vent, ou ſi elle eſt au vent en arrivant fiérement) pour couper & ſéparer du reſte de la bataille quelques Vaiſſeaux de la queue de l'armée ennemie, qui ſeront facilement enlevés.

Quoique l'on puiſſe doubler par la tête & par la queue, il paroît que la derniere manœuvre eſt plus avantageuſe, parce que ſi quelque Vaiſſeau de la ligne ennemie eſt déſemparé, & ne peut ſuivre les ſiens, il ſera rencontré & enlevé par les Vaiſſeaux qui auront doublé. Et ſi quelques-uns de ceux-ci ſont eux-mêmes déſemparés, ils pourront ſe retirer du combat ſans riſque, en reſtant un peu de l'arriere. Si au contraire ils avoient doublé par la tête, non-ſeulement ils pourroient ne pas ſe rendre maîtres des Vaiffeaux ennemis défemparés ; mais s'ils l'étoient eux-mêmes, ils pourroient tomber dans la ligne ennemie, ou du moins ils en effuieroient tout le feu en la prolongeant d'un bout à l'autre pour venir prendre la queue de la leur ; encore ce fuccès eft-il bien incertain.

60. *Empêcher l'Ennemi de doubler.*

Puisqu'il eft plus dangereux d'être doublé par la queue que par la tête de la ligne, l'armée qui eft au vent, & qui eft forcée de combattre, étant moins nombreufe, fera tous fes efforts pour empêcher l'ennemi d'avoir une queue qui déborde la fienne ; & pour cela, profitant de l'avantage d'être au vent, elle pourra laiffer quelques Vaiffeaux ennemis de l'avant ; car ils feront obligés de courir une longue bordée, & de s'écarter beaucoup s'ils veulent doubler par la tête, au rifque d'être féparés par le calme, ou par le mauvais temps. Elle pourra auffi, & fans doute c'eft le mieux, ouvrir un peu fon avant-garde, ou laiffer quelque vuide entr'elle & le corps de bataille, apportant toutefois les précautions néceffaires pour empêcher que l'ennemi ne pénetre impunément dans ce vuide, & ne coupe l'avant-garde ; ce qu'elle pourra faire en tenant un peu au vent quelques-uns de fes Brûlots prêts à s'accrocher au premier Vaiffeau qui tenteroit de pénétrer.

Si l'armée moins nombreufe eft fous le vent, il lui fera plus difficile de s'oppofer à l'entreprife de l'ennemi. Cependant, dans la néceffité où on la fuppofe de combattre, elle préférera de s'ouvrir un peu au milieu & moins en avant, ayant attention de fortifier le centre par quelques gros Vaiffeaux, & par des Brûlots, pour empêcher l'ennemi d'y pénétrer, ce qu'il ne pourra toutefois point faire fans rompre fon ordre.

Dans ces deux circonftances, l'armée inférieure doit fuppléer au nombre par fa bravoure, & peut-être par l'audace & la témérité. Au refte, c'eft au Général à décider de fes manœuvres, & à voir s'il ne lui feroit pas également avantageux de faire fondre, fur les corps refpectifs de l'armée ennemie, fon

S. 165.

Figure 70.

G ij

armée partagée en trois corps un peu féparés ; ou d'attaquer l'ennemi par divifions, les Vaiffeaux de la tête de chaque divi-fion en avant du Général, pouvant fe mettre par le travers de la tête des divifions ennemies en avant de leur Général, & de même les Vaiffeaux de la queue de chaque divifion en arriere du Général, fe mettant par le travers des mêmes Vaiffeaux de l'armée ennemie. Dans cet arrangement les gros Vaiffeaux doivent être à la tête & à la queue des divifions pour les forti-

fier. La premiere des deux difpofitions eft plus favorable pour arriver fur la ligne ennemie, la couper & en troubler l'ordre. La feconde donnera occafion à des combats particuliers & à des manœuvres très-hardies, dont le fuccès pourra cependant être moins avantageux à toute l'armée, parce qu'en général elle eft trop défunie. L'une & l'autre difpofition conviennent fuivant les circonftances à une armée qui eft forcée d'accepter le com-bat, & dont la valeur & l'expérience font au-deffus du nombre.

61. *Traverfer l'Armée ennemie.*

LA manœuvre de traverfer l'armée ennemie eft extrémement hardie & délicate, & ne doit être entreprife de propos déli-béré, que par un Général confommé dans le métier, & qui commande une armée formée aux évolutions. Il y a cependant des occafions où l'on peut tenter cette manœuvre, comme lorfque l'ennemi laiffe un trop grand vuide entre fes efcadres, ou lorfque l'on veut couper fa ligne & lui enlever des Vaiffeaux dont il fe feroit rendu maître, ou ceux des fiens qui feroient défemparés. Dans ces circonftances & dans d'autres que la fuite du combat, ou la néceffité de porter un fecours peuvent faire naître, l'armée qui eft fous le vent, & qui voudra traverfer l'ar-mée ennemie, fe ferrera le plus qu'elle pourra ; & virant par la contre-marche, elle forcera de voile fans s'arrêter à combattre l'ennemi en le coupant, à moins qu'elle ne lui envoie une feule bordée à coups fûrs, gardant celle du bord fur lequel elle doit revenir, & dont elle doit prendre l'amure le plutôt qu'il fe pourra. Si l'armée ennemie fait la même manœuvre, les deux lignes fe couperont mutuellement & fe traverferont plufieurs fois.

62. Empêcher l'Ennemi de traverfer, ou rendre fon entreprife inutile.

L'Armée fe tiendra ferrée pour empêcher l'ennemi de la traverfer ; mais fi, malgré fon attention, l'ennemi coupe la ligne, auffitôt que quelques Vaiffeaux auront pénétré, & avant que plufieurs aient mis à l'autre bord, l'armée virera tout en même temps, enforte que s'élevant au vent fur le même bord que les Vaiffeaux qui l'ont coupée, ceux d'entr'eux qui fe trouveront dans la ligne ennemie lors de ce mouvement feront entre deux feux, & bientôt défemparés ; & ceux qui auront traverfé les premiers feront eux-mêmes coupés & féparés du refte de leur armée, qui n'aura pas d'autre manœuvre à faire que de fe mettre auffi à l'autre bord pour chaffer l'ennemi au vent, & ne point abandonner fes propres Vaiffeaux, qui de leur côté feront enforte de rejoindre leur ligne.

Figure 73.
S. 165.

CHAPITRE VIII.
CHANGER L'ORDRE DE BATAILLE EN ORDRE DE MARCHE.

63. Changer l'ordre de Bataille en ordre de Marche fur trois colonnes de même bord ; l'Avant-Garde au vent, le Corps de Bataille au milieu, & l'Arriere-Garde fous le vent ($\frac{V}{v} \frac{A}{m} \frac{C}{e}$).

Pour réduire l'ordre de bataille en ordre de marche fur trois colonnes fans perdre au vent, l'avant-garde ($\frac{V}{v}$) & le corps de bataille ($\frac{A}{m}$) donneront tout enfemble vent devant, pour s'élever

Figure 74.
S. 170.

au plus-près en échiquier fur l'autre bord, parce que fi ces corps larguoient de deux rumbs, ce qu'il faudroit faire exactement fi les Vaiffeaux ne dérivoient pas, ils ne s'éleveroient pas affez. L'arriere-garde ($\frac{c}{s}$) courra toujours à petites voiles fur la ligne de combat ; & quand elle fera parvenue au point où le corps de bataille ($\frac{A}{m}$) fera Vaiffeau à Vaiffeau par fon travers, celui-ci revirera tout enfemble & fera à fon pofte. L'avant-garde ($\frac{v}{v}$) continuera à s'élever jufqu'à ce que fon premier Vaiffeau foit par le travers de la tête des deux autres colonnes, alors elle revirera auffi tout enfemble. Ce qui étant exécuté, les Vaiffeaux de la tête & de la queue des colonnes, fe releveront réciproquement, & corrigeront ce qu'il pourroit y avoir de défectueux dans l'ordre.

64. *L'Armée étant en ordre de Bataille* ($\frac{v}{v} \frac{A}{m} \frac{c}{s}$), *la mettre en ordre de Marche fur trois colonnes de même bord, le corps de Bataille fous le vent, & l'Arriere-Garde au milieu* ($\frac{v}{v} \frac{c}{m} \frac{A}{s}$).

Figure 75.
S. 171.

L'AVANT-GARDE ($\frac{v}{v}$) donnera tout enfemble vent devant, & courra en échiquier fur l'autre bord en larguant de deux rumbs & en forçant de voile pour fe mettre Vaiffeau à Vaiffeau, & revirer en même temps dans les eaux du corps de bataille ($\frac{A}{m}$), qui dès le commencement de l'évolution aura tout d'un coup arrivé de huit rumbs à très-petites voiles, pour revenir au lof quand fon premier Vaiffeau fera dans la perpendiculaire du vent avec le dernier Vaiffeau de l'arriere-garde ($\frac{c}{s}$), qui aura continué fa route fans changer d'amure, pour venir occuper la place que le corps de bataille lui aura laiffée.

65. *L'Armée étant en ordre de Bataille* ($\frac{\text{v} \;\; \text{A} \;\; \text{c}}{\text{v} \;\; \text{m} \;\; \text{s}}$), *la mettre en ordre de Marche fur trois colonnes de même bord, le Corps de Bataille au vent, & l'Avant-Garde au milieu* ($\frac{\text{a} \;\; \text{v} \;\; \text{c}}{\text{v} \;\; \text{m} \;\; \text{s}}$).

L'Avant-Garde ($\frac{v}{v}$) mettra en panne, pour fervir de point fixe dans cette évolution. Le corps de bataille ($\frac{A}{m}$) donnera tout enfemble vent-devant en forçant de voile au plus-près, & s'élevera en échiquier, jufqu'à ce que fon premier Vaiffeau ($\frac{A^1}{v}$) releve dans la perpendiculaire du vent le Vaiffeau ($\frac{v_2}{m}$) du centre de l'avant-garde ; alors il revirera avec toute fa colonne qui le doit obferver, & elle fe trouvera un peu au vent de la ligne du plus-près qu'elle doit occuper, ce qui eft un petit avantage. Cependant la colonne ($\frac{c}{r}$) de fous le vent faifant très-petites voiles, larguera tout enfemble d'un rumb pour fe placer fous le vent de la colonne en panne ; & lorfque les deux colonnes fous voile, l'une au vent, l'autre fous le vent feront par le travers l'une de l'autre & de celle du milieu, celle-ci ($\frac{v}{m}$) fera fervir, & l'on corrigera les diftances en fe relevant.

Figure 76.
S. 172.

66. *L'Armée étant en ordre de Bataille* ($\frac{\text{v} \;\; \text{A} \;\; \text{c}}{\text{v} \;\; \text{m} \;\; \text{s}}$), *la mettre en ordre de Marche fur trois colonnes de même bord, en faifant paffer l'Avant-Garde fous le Vent* ($\frac{\text{a} \;\; \text{c} \;\; \text{v}}{\text{v} \;\; \text{m} \;\; \text{s}}$).

L'Avant-Garde ($\frac{v}{v}$) mettra en panne, & le corps de bataille ($\frac{A}{m}$) donnera tout enfemble vent-devant en forçant de voile au plus-près, il revirera quand il fera Vaiffeau à Vaiffeau par le travers de l'arriere-garde ($\frac{c}{r}$) qui aura continué fa route à petites voiles ; & lorfque cette divifion fera à portée de paffer au vent de l'avant-garde ($\frac{v}{r}$) qui aura mis en panne dès le commencement de l'évolution, cette derniere fera fervir & arrivera doucement fur les perpendiculaires à la ligne du plus-

Figure 77.
S. 173.

près, pour revenir au lof, quand fon premier Vaiſſeau relevera dans la perpendiculaire du vent le dernier Vaiſſeau de la
colonne du milieu ($\frac{c}{m}$).

67. *L'Armée étant en ordre de Bataille* ($\frac{v}{v}\frac{A}{m}\frac{c}{s}$), *la mettre en ordre de Marche ſur trois colonnes de même bord, l'Avant-Garde ſous le Vent, & l'Arriere-Garde au Vent* ($\frac{c}{v}\frac{a}{m}\frac{v}{s}$).

Figure 78.
S. 174.

L'AVANT-GARDE ($\frac{v}{v}$) arrivera tout enſemble à fort petites
voiles ſur des lignes perpendiculaires à la ligne de combat.
En même temps tout le corps de bataille ($\frac{A}{m}$) larguera de deux
rumbs, & chacun de ſes Vaiſſeaux ira ſe mettre dans les eaux
du Vaiſſeau reſpectif de l'avant-garde qui paſſe ſous le vent.
Celle-ci déterminera ſa diſtance en revenant tout enſemble au
lof, quand ſon Vaiſſeau de la tête ſera autant au vent que le
Vaiſſeau de la queue de la colonne ($\frac{A}{m}$) qui l'a doublée. Et
toutes deux tenant alors le vent, feront route à fort petites
voiles, tandis que l'arriere-garde ($\frac{c}{s}$) qui en aura toujours forcé
viendra prendre ſon poſte au vent des deux autres Eſcadres.

68. *L'Armée étant en ordre de Bataille* ($\frac{v}{v}\frac{A}{m}\frac{c}{s}$), *la mettre en ordre de Marche ſur trois colonnes de même bord, en faiſant paſſer l'Arriere-Garde au vent, mettant l'Avant-Garde au milieu, & le Corps de Bataille ſous le vent* ($\frac{c}{v}\frac{v}{m}\frac{a}{s}$).

Figure 79.
S. 175.

L'AVANT-GARDE ($\frac{v}{v}$) mettra en panne, ou fera très-petites
voiles. Le corps de bataille ($\frac{A}{m}$) larguera tout enſemble de deux
rumbs pour arriver ſous le vent & par le travers de l'avant-garde
($\frac{v}{v}$); alors celle-ci arrivera de deux rumbs comme le corps de
bataille. L'arriere-garde ($\frac{c}{s}$) forçant toujours de voile ſans changer
de

de route, viendra fe mettre au vent des deux colonnes qui ont fucceffivement arrivé, & qui ayant également mefuré leur voilure, viendront enfemble au lof, quand elles fe trouveront par le travers de la divifion ($\frac{c}{v}$) du vent.

69. L'Armée étant en ordre de Bataille ($\frac{v}{v}\frac{A}{m}\frac{c}{s}$), la mettre en ordre de Marche fur trois colonnes de l'autre bord, fans changer la difpofition des Efcadres ($\frac{v}{v}\frac{a}{m}\frac{c}{s}$).

Figure 8o.
S. 176.

L'AVANT-GARDE ($\frac{v}{v}$) virera par la contre-marche. Le premier Vaiffeau du corps de bataille ($\frac{A}{m}$) donnera vent-devant: auffi-tôt qu'il fera par le travers du premier Vaiffeau ($\frac{v}{v}$) de la colonne du vent, fa divifion fe rendra dans fes eaux. L'arriere-garde ($\frac{c}{s}$) manœuvrera comme a fait le corps de bataille.

70. L'Armée étant en ordre de Bataille ($\frac{v}{v}\frac{A}{m}\frac{c}{s}$) la mettre en ordre de Marche fur trois colonnes de l'autre bord, le corps de Bataille fous le vent, & l'Arriere-Garde au milieu ($\frac{v}{v}\frac{c}{m}\frac{a}{s}$).

Figure 8c.
S. 177.

L'AVANT-GARDE ($\frac{v}{v}$) & le corps de bataille ($\frac{A}{m}$) vireront en même temps par la contre-marche, l'avant-garde forçant de voiles pour fe mettre très-promptement par le travers du corps de bataille ($\frac{a}{r}$), & s'y conferver en faifant enfuite la même voilure que lui. Lorfque le dernier Vaiffeau du corps de bataille aura viré, toute cette colonne fera très-petites voiles, ou mettra en panne. Cependant l'arriere-garde ($\frac{c}{r}$) ayant continué fa route fur la ligne de combat, fon premier Vaiffeau forçant de voiles virera par la contre-marche auffi-tôt que les têtes ($\frac{v}{v}$, $\frac{a}{r}$) des colonnes au milieu defquelles il fe doit placer, lui refteront à un égal nombre de degrés l'une ($\frac{v}{v}$) au vent, l'autre ($\frac{a}{r}$) fous le vent de la ligne du plus-près fur laquelle il doit courir. Enfin, lorfque fuivi de fa colonne, ce Vaiffeau

H

fera parvenu par le travers des deux autres têtes, il fera la même voilure qu'elles, & ces colonnes se relevant réciproquement, prendront exactement leurs distances.

71. *L'Armée étant en ordre de Bataille ($\frac{V}{v} \frac{A}{m} \frac{C}{s}$), la mettre en ordre de Marche sur trois colonnes de l'autre bord, le Corps de Bataille au vent, & l'Avant-Garde au milieu ($\frac{a}{v} \frac{V}{m} \frac{c}{s}$).*

Figure 82.
S. 178.

L'AVANT-GARDE ($\frac{V}{v}$) virera par la contre-marche; & lorsqu'elle aura viré, elle ne fera de voiles que pour gouverner. Le corps de bataille ($\frac{A}{m}$) forcera de voiles, & continuera sa route jusqu'à ce que son Vaisseau du centre (*A 3*) passe dans les eaux du dernier Vaisseau de la colonne ($\frac{V}{m}$) qui le précédoit; ou lorsque son premier Vaisseau (*A 1*) relevera dans la perpendiculaire du vent le dernier Vaisseau (*V 5*) de la colonne du centre; alors il virera par la contre-marche, en continuant à forcer de voiles pour prendre son poste. L'arriere-garde ($\frac{c}{s}$) virera de même aussi-tôt que son premier Vaisseau sera par le travers du dernier Vaisseau de la colonne du centre ($\frac{V}{m}$); elle fera alors petites voiles, & mettra en panne comme elle, quand elle sera à son poste.

OBSERVATION.

LE choix du relevement qui indique dans cette évolution, comme dans les trois suivantes, le moment de virer par la contre-marche, dépend du poste que le Général, qui fait le signal, occupe à la tête ou au centre de son Escadre.

72. *L'Armée étant en ordre de Bataille ($\frac{V}{v}\frac{A}{m}\frac{C}{s}$),*
la mettre en ordre de Marche fur trois colonnes
de l'autre bord, l'Avant-Garde fous le vent,
le Corps de Bataille au vent, & l'Arriere-
Garde au milieu ($\frac{a}{v}\frac{c}{m}\frac{v}{s}$).

L'AVANT-GARDE ($\frac{v}{v}$) virera par la contre-marche en forçant de voiles, & après avoir viré, elle ne fera que ce qu'il
faut de voiles pour gouverner, ou même elle mettra en panne.
Cependant les deux autres colonnes ($\frac{A}{m}$, $\frac{C}{s}$) continuant à forcer
de voiles, le premier Vaiffeau du corps de bataille ($\frac{A}{m}$) qui
doit faire la colonne du vent, virera par la contre-marche,
auffi-tôt que fon dernier Vaiffeau ($a s$) paffera dans les eaux
de la colonne en panne; alors fi l'évolution eft faite avec quelque précifion, les premiers, feconds, troifiemes, &c, Vaif-
feaux de la colonne ($\frac{a}{v}$) qui paffe au vent, & de celle ($\frac{v}{r}$) qui
eft en panne, feront refpectivement dans les mêmes perpendi-
culaires, & les diftances fe trouveront obfervées. Le premier
Vaiffeau de l'arriere-garde ($\frac{c}{v}$) qui doit faire la colonne du centre, virera de même quand il fera par le travers du premier
Vaiffeau du vent ($\frac{a1}{v}$), ou quand fon Vaiffeau ($\frac{c1}{m}$) du centre
paffera dans les eaux de la colonne en panne ($\frac{v}{r}$), ou même
encore lorfqu'il relevera, dans la perpendiculaire du vent, le
Vaiffeau du centre de cette derniere colonne. L'ordre établi,
la colonne de fous le vent fera fervir.

Figure 83.
S. 179.

73. *L'Armée étant en ordre de Bataille ($\frac{V}{v}\frac{A}{m}\frac{C}{s}$),*
la mettre en ordre de Marche fur trois colonnes
de l'autre bord, l'Avant-Garde fous le vent,
& l'Arriere-Garde au vent ($\frac{c}{v}\frac{a}{m}\frac{v}{s}$).

L'AVANT-GARDE ($\frac{v}{v}$) virera par la contre-marche en forçant
de voiles, & auffi-tôt que toute la colonne aura exécuté ce mou-

Figure 84.
S. 180.

H ij

vement; elle mettra en panne, ou bien elle ne fera de voiles
que ce qu'il en faut précifément pour gouverner, afin de ne
point trop faire courir les autres colonnes. Le corps de bataille
($\frac{A}{m}$) qui doit faire la colonne du centre dans l'ordre de marche,
& l'arriere-garde ($\frac{c}{r}$) qui doit paffer au vent, forceront également de voiles, & vireront par la contre-marche, favoir le
corps de bataille, quand fon premier Vaiffeau ($\frac{a_1}{m}$) relevera, dans
la perpendiculaire du vent, le Vaiffeau ($\frac{v_1}{r}$) du milieu de la colonne fous le vent, ou quand fon Vaiffeau ($\frac{a_1}{m}$) du centre paffera
dans les eaux de la colonne ($\frac{v}{r}$) en panne. Elle mettra enfuite
en panne au vent par le travers de la colonne ($\frac{v}{r}$) de fous le vent,
pour attendre l'arriere-garde ($\frac{c}{v}$) qui doit paffer au vent, & qui
virera quand fon Vaiffeau du milieu ($\frac{c_1}{v}$) paffera dans les eaux
de la colonne ($\frac{A}{m}$) du centre, ou quand fon premier Vaiffeau
($\frac{c_1}{v}$) relevera, dans la perpendiculaire du vent, le premier Vaiffeau ($\frac{a_1}{r}$) de la tête de la colonne de fous le vent. Ainfi la diftance des colonnes fera gardée. Lorfque les têtes feront par le
travers l'une de l'autre, elles feront fervir à la même voilure.

74. *L'Armée étant en ordre de Bataille* ($\frac{v}{v}\frac{A}{m}\frac{c}{s}$), *la mettre en ordre de Marche fur trois colonnes de l'autre bord, l'Arriere-Garde au vent, l'Avant-Garde au milieu, & le Corps de Bataille fous le vent* ($\frac{c}{v}\frac{v}{m}\frac{A}{s}$).

Figure 85.
S. 181.

L'Avant-Garde ($\frac{V}{v}$) & le corps de bataille ($\frac{A}{m}$) vireront
fucceffivement par la contre-marche, & ne feront enfuite que
ce qu'il faut de voiles pour gouverner, ou même ils mettront
en panne; l'arriere-garde ($\frac{c}{r}$) qui doit paffer au vent, forcera de
voiles; fon premier Vaiffeau virera par la contre-marche, quand
il relevera, dans la perpendiculaire du vent, le premier Vaiffeau
($\frac{a_1}{r}$) de la colonne le plus fous le vent, ou le dernier Vaiffeau
($\frac{v_f}{m}$) de celle qui doit être au milieu, ou fimplement quand fon
Vaiffeau ($\frac{c_1}{v}$) du centre paffera dans les eaux de l'Efcadre ($\frac{v}{m}$)
qui a paffé au milieu. Et lorfque les têtes feront par le travers
l'une de l'autre, l'armée fera la même voilure.

CHAPITRE IX.

DE QUELQUES MOUVEMENTS PARTICULIERS D'UNE ARMÉE EN LIGNE, OU EN ORDRE DE MARCHE.

75. *Les Vaiffeaux de l'Armée étant fans ordre, les mettre en ordre de Marche fur trois colonnes, le Vice-Amiral au vent, l'Amiral au milieu, & le Contre-Amiral fous le vent ($\frac{V}{v}\frac{A}{m}\frac{C}{s}$).*

Dans l'ordre de marche fur trois colonnes, l'avant-garde ($\frac{V}{v}$) eft au vent, le corps de bataille ($\frac{A}{m}$) eft au milieu, & l'arriere-garde ($\frac{C}{s}$) eft fous le vent. Les trois colonnes font fur des lignes paralleles au plus-près dont elles tiennent l'amure ; chaque divifion étant Vaiffeau à Vaiffeau par le travers des deux autres divifions. Obfervant pour déterminer la diftance qu'il doit y avoir entr'elles, que le premier Vaiffeau de la colonne fous le vent, & le dernier de la colonne immédiatement au vent fe confervent réciproquement dans la perpendiculaire du vent. Le dernier Vaiffeau d'une colonne fous le vent, & le premier Vaiffeau de la colonne immédiatement au vent doivent en même temps fe tenir réciproquement à deux rumbs de la route, celui-ci au vent, l'autre en arriere fous le vent. Les Vaiffeaux de chaque colonne étant à un demi-cable, ou à un cable au plus de diftance les uns derriere les autres, & à deux cables pour le mauvais temps.

L'Armée étant fans ordre, & voulant fe mettre tout d'un coup en ordre de marche fur trois colonnes, les trois Commandants fe mettront par le travers, & fous le vent l'un de l'autre

Figure 20. S. 182.

à une diſtance ($\frac{1}{12}$) proportionnée à la longueur déterminée d'une colonne ; & ils ſuivront à très-petites voiles des routes paralleles à la ligne du plus-près dont ils tiennent l'amure, ou même ils porteront un peu plus largue pour donner, aux Vaiſſeaux de leur colonne qui ſe chaſſent, le temps & la facilité de gagner leur poſte.

Les Bâtiments de ſuite formeront une ligne au vent.

76. *L'Armée étant en ordre de Marche ſur trois colonnes, la faire virer par la Contre-marche.*

Figure 86.
S. 183.

Les Vaiſſeaux des colonnes ſous le vent, ayant de plus longues bordées à courir ſur l'autre bord que ceux du vent, pour être relativement à eux dans la même diſpoſition où ils étoient avant que de virer ; le Vaiſſeau ($\frac{c}{1}$) de la tête de la colonne de ſous le vent donnera le premier vent devant ; les Vaiſſeaux de la même colonne vireront ſucceſſivement au même point dans ſes eaux ; & quand le Vaiſſeau de la tête (a) de la colonne immédiatement au vent de celle qui a viré, ſe trouvera par le travers du Vaiſſeau (c) de la tête immédiatement ſous le vent, c'eſt-à-dire, dans la perpendiculaire (ac) au plus-près dont l'armée prend l'amure, il virera, & les Vaiſſeaux de ſa colonne vireront ſucceſſivement dans ſes eaux. La premiere colonne du vent fera la même manœuvre relativement à la ſeconde.

Si les colonnes s'étoient un peu rapprochées ou éloignées les unes des autres en virant par la contre-marche, ce qui ne peut point arriver ſi les Vaiſſeaux ont eu une vîteſſe égale, les colonnes reprendront leur diſtance en faiſant larguer inſenſiblement les colonnes de ſous le vent, ou arriver un peu celles du vent, juſqu'à ce que les Vaiſſeaux de la tête & de la queue des colonnes qui ſe ſuivent ſe relevent réciproquement à un aire de vent qui faſſe un angle de deux rumbs avec ſa route.

Figure 133.
S. 303.

Lorſque l'armée exécute ce mouvement de nuit, c'eſt le chef de file (A) de la colonne du vent qui doit virer le premier ; & afin de couper un moindre nombre de Vaiſſeaux de la queue des colonnes (ſi l'ordre & les diſtances n'ont pas été bien

observés) le premier Vaisseau (VC) de la colonne immédiatement sous le vent de celle qui évolue, ne doit virer que lorsque le Vaisseau du centre (A_3, V_3) de la colonne immédiatement au vent donne vent devant. Le Vaisseau de la tête doit
de plus observer de faire très-petites voiles, ceux de la queue
d'en faire successivement davantage, & les colonnes de sous le
vent (V, C) doivent en faire plus que celles qui les précedent
(A, V): de la sorte, les chefs de file parviendront plutôt à être
par le travers l'un de l'autre, & l'ordre sera plus promptement
rétabli. Car il est aisé d'appercevoir que si l'ordre de marche
étoit régulier avant cette évolution, l'arrangement des Vaisseaux,
après son exécution, forme un losange dont les angles de l'avant
& de l'arriere, au lieu d'être droits comme l'exactitude le demande, sont d'autant plus aigus, que l'on a laissé passer plus
de Vaisseaux des colonnes du vent sans virer, & que la vîtesse
des Vaisseaux de l'arriere & de sous-le-vent, aura été moins
augmentée proportionnément à l'ere des Vaisseaux qui les précedent. L'ordre se rétablit donc en virant, & après avoir viré,
par la diminution du sillage des premiers Vaisseaux, & l'accélération proportionnée des derniers, qui ont des lignes beaucoup plus longues à parcourir. Si les deux premieres colonnes
(A, V) qui ont viré, mettent successivement en panne, savoir,
la premiere (A) après avoir achevé son mouvement, & la seconde (V), quand elle sera parvenue par le travers de la pré-
miere; toutes deux faisant servir quand la troisieme (C) sera également parvenue par leur travers, l'ordre sera rétabli de la
maniere la plus prompte. On a du remarquer que dans cette
évolution les colonnes du vent passent sous le vent, ce qui est
un accident; & l'on observe encore, que si l'armée revire pour
reprendre ses premieres amures, ou si les vents changent, avant
que les Vaisseaux soient en ordre, la confusion des colonnes
pourra être telle qu'il faudra ensuite beaucoup de temps pour
rétablir l'ordre de marche; & c'est ce qui doit en général faire
préférer à cette contre-marche la manœuvre de virer tout ensemble vent devant en échiquier, quand on est obligé pendant la
nuit de virer de bord dans l'ordre de marche.

77. *L'Armée étant en ordre de Marche sur trois colonnes, la faire virer vent-arriere par la Contre-marche.*

Figure 87.
S. 184.

LE premier Vaisseau de la colonne de sous le vent commencera l'évolution en arrivant tout d'un coup pour courir largue de 4 rumbs, en prolongeant le plus près qu'il pourra sa colonne sous le vent; il reviendra au lof lorsqu'il pourra passer à pouppe de son dernier Vaisseau. La colonne du centre $(\frac{A}{m})$ & celle du vent $(\frac{V}{v})$ exécuteront successivement le même mouvement, en observant de continuer d'abord leur bordée (a, v) jusqu'à ce que leur Vaisseau de la tête releve dans le lit du vent le point $(\frac{c}{t})$ dans lequel les Vaisseaux de sous le vent commencent à arriver; & ils viendront au lof lorsqu'ils releveront encore dans le lit du vent le point où les mêmes Vaisseaux de sous le vent reviennent au lof. Chaque colonne suivra les eaux de son premier Vaisseau.

Il est à remarquer que par cette évolution, comme par la précédente, tous les Vaisseaux font un chemin égal, & que s'ils manœuvrent avec précision, le Vaisseau de la tête d'une colonne du vent se trouvera toujours en revenant au lof sur l'autre bord, par le travers du Vaisseau de la tête de la colonne immédiatement sous le vent; & que de même le dernier vaisseau de la colonne du vent revenant également au lof, se trouvera aussi par le travers du Vaisseau de la queue des colonnes de sous le vent. L'évolution sera finie, & les distances seront exactement observées.

78. *L'Armée étant en ordre de Marche sur trois colonnes, la faire virer tout ensemble vent devant.*

Figure 88.
S. 185.

IL y a des occasions où une armée en ordre de marche sur trois colonnes est obligée de virer tout ensemble; alors les
Vaisseaux

Vaiſſeaux de chaque colonne ſont, après l'évolution, rangés en échiquier les uns à l'égard des autres. Pour exécuter ce mouvement ſans confuſion, chaque Vaiſſeau obſervera de ne donner vent devant qu'après le Vaiſſeau qui le ſuit immédiatement, de peur de s'aborder réciproquement ; c'eſt-à-dire, que la manœuvre doit commencer en même temps par le dernier Vaiſſeau de chaque colonne. L'évolution exécutée, les Vaiſſeaux doivent ſe tenir entr'eux dans l'aire de vent où ils étoient avant que de virer, afin que l'ordre ſe trouve conſervé quand ils reviendront tous enſemble ſur l'autre bord. Et pour exécuter ce dernier mouvement, les Vaiſſeaux ne donneront vent devant qu'après ceux qui les précéderont immédiatement au vent.

79. *Rétablir l'ordre de Marche quand le vent vient de l'arriere.*

Si le vent vient peu de l'arriere, & que le Général ne veuille pas faire courir l'armée au plus-près en échiquier, en conſervant l'aire de vent des colonnes, mais qu'il préfere de rétablir l'ordre ; alors la colonne du vent diminuera de voiles, celle du milieu conſervera ſa voilure, & la colonne de ſous le vent forcera de voiles. Le premier Vaiſſeau de la colonne ($\frac{V}{v}$) du vent tiendra le vent ; & les têtes des colonnes ($\frac{A}{m}, \frac{C}{t}$) de ſous le vent, obſervant leur diſtance, viendront inſenſiblement au lof en ſe tenant par le travers du chef de file du vent. Les Vaiſſeaux de chaque colonne ayant même voilure que le Vaiſſeau de leur tête, ou plutôt une voilure qui leur procure un ſillage égal, ſe mettront ſucceſſivement dans ſes eaux. L'ordre rétabli, on corrigera les diſtances.

Mais ſi le vent vient beaucoup de l'arriere, & que le Général veuille toujours conſerver ſes amures, alors la colonne du vent mettra en panne. La colonne ($\frac{c}{t}$) de ſous le vent forcera de voiles dans la perpendiculaire à la nouvelle ligne du plus-près, & quand le Vaiſſeau (*C*) de la tête de cette colonne relevera le chef de file ($\frac{V}{v}$) de la colonne du vent qui ſera en panne, à 4 rumbs au vent de la ligne du plus-près, il reviendra

Figure 89.
S. 188.

Figure 90.
S. 189.

I

tout à fait au lof (c), & fa colonne y viendra également au
même point & dans fes eaux. La colonne du milieu ($\frac{A}{m}$) manœuvrera de la même maniere que l'Efcadre de fous le vent,
obfervant de ne point parvenir au point (a) où fon premier
Vaiffeau doit entiérement venir au lof, avant que la tête de
la colonne de fous le vent foit elle-même parvenue au point
où elle doit ferrer le vent; elle fera donc très-petites voiles,
& mettra même en panne s'il eft néceffaire, en attendant que
le chef de file (C) de fous le vent foit parvenu (au point D)
par fon travers, & alors les deux colonnes forceront également
de voiles au plus-près. Enfin lorfque les têtes ($\frac{r}{r}$, $\frac{a}{m}$) des colonnes de fous le vent tenant le vent, feront parvenues enfemble
dans la perpendiculaire du plus-près par le travers du premier
Vaiffeau ($\frac{V}{v}$) de la colonne du vent; alors celle-ci fera fervir
dans la ligne de la panne, pour que fes Vaiffeaux courent largue
en fe rendant dans les eaux de leur tête ($\frac{V}{v}$) qui tiendra le vent.
Par cette manœuvre, qui eft la moins longue, & la moins con-
fufe qu'on puiffe exécuter, les Vaiffeaux ne perdront point au
vent, & reprendront aifément leur diftance en fe relevant.

80. *Rétablir l'ordre de Marche quand le vent vient de l'avant.*

Figure 91.
S. 191.

Si le changement de vent ne paffe pas fix rumbs, & que
l'armée veuille conferver fes amures, chaque colonne confidérée
comme une ligne particuliere & indépendante des autres, manœuvrera d'abord, comme pour fe mettre en ligne (*fig.* 48 &
49); c'eft-à-dire, que les colonnes ayant mis en panne, le premier Vaiffeau de chacune arrivera d'une quantité qu'il déterminera en ôtant de huit rumbs la moitié du nombre de rumbs dont
le vent eft venu de l'avant. Ainfi fi le vent eft venu de l'avant
de deux rumbs, chaque Vaiffeau courra largue de fept rumbs,
relativement à la nouvelle ligne du plus-près, jufqu'à ce qu'il
releve le dernier Vaiffeau de fa colonne dans cette même ligne;
car alors ils tiendront l'un & l'autre le vent. Cependant chacun
des autres Vaiffeaux larguera, comme celui de la tête, auffi-tôt

qu'il le relevera (ou celui qui le précede immédiatement) dans
la ligne du plus-près, dont on doit tenir l'amure. Les colonnes étant ainsi promptement rangées en ligne, & les Vaisseaux
étant tous en même temps venus au lof, acheveront de rétablir l'ordre en se relevant pour prendre leur distance.

Si le vent change depuis six rumbs jusqu'à douze, l'armée
changeant d'amures rétablira l'ordre, comme si le vent étoit
venu de l'avant sur ce bord. La colonne qui étoit sous le vent,
deviendra la colonne du vent; & celle qui étoit au vent, se
trouvera au contraire sous le vent.

Le vent venant de l'avant de plus de douze rumbs, les amures
supposées changées, c'est le cas du vent qui vient de l'arriere.

81. *L'Armée étant en ordre de Bataille, la mettre en ordre de Marche sur six colonnes.*

LORSQUE les armées sont nombreuses, on les met en ordre
de marche sur six ou sur neuf colonnes, au lieu de les ranger
sur trois; c'est-à-dire, que l'on partage en deux ou trois divisions l'avant-garde, le corps de bataille, & l'arriere-garde qui
font chacun une colonne quand les armées sont petites. Si
l'armée est sur six colonnes, le Vice-Amiral ($\frac{v}{v}$), l'Amiral ($\frac{A}{m}$),
& le Contre-Amiral ($\frac{c}{r}$), pourront se tenir chacun par le travers l'un de l'autre un peu en avant & au milieu de l'intervalle de leurs colonnes; ou se tenir à la tête de la colonne du
milieu, si l'armée est sur neuf colonnes. De quelque maniere
que soit l'arrangement, chaque corps observera tout ce qui ap-
partient aux mouvements & aux évolutions de l'ordre de marche
sur trois colonnes. Ainsi, il est inutile d'entrer ici dans un détail
plus particulier. On dira seulement, que si l'armée est sur trois
colonnes, elle se rangera aisément sur six ou sur neuf, si la
premiere division de la tête mettant en panne, les autres arrivent successivement de deux rumbs dans l'intervalle, ou sous le
vent de la colonne en panne; & que si l'armée est sur six ou sur
neuf colonnes, elle se mettra sur trois, en faisant manœuvrer
chaque corps de deux ou de trois colonnes, comme le feroit une

Figure 21.
S. 192, 193.

I ij

armée qui pafferoit de l'ordre de marche à l'ordre de bataille : enfin, qu'à l'égard des changements d'Efcadre dans l'ordre fur fix ou fur neuf colonnes, il eft plus expédient, avant que d'exécuter cette évolution, de réduire l'ordre fur trois colonnes, que de tenter le changement fans fimplifier l'ordre de marche ; parce que l'on évitera toujours de la forte beaucoup de confufion & de perte de temps.

Pour faire voir le terrein qu'une armée rangée fur fix colonnes, occupera relativement à l'ordre fur trois colonnes, on la fuppofera de 60 Vaiffeaux. Si elle eft partagée en trois colonnes de 20 Vaiffeaux diftants d'un cable d'un grand mât à l'autre, la longueur de la colonne fera de 19 cables *, & la diftance de deux colonnes fera de 8 cables. Conféquemment le front fera de 16 cables, & elle couvrira un terrein de 304 cables de furface. La même armée partagée en fix colonnes de 10 Vaiffeaux aura 9 cables de profondeur, & les colonnes en auront 3¼ de diftance de l'une à l'autre ; ainfi le front qui comprend cinq diftances fera de 18¼ cables. D'où il réfulte que la même armée qui occupe dans le premier cas 10 cables de profondeur plus que dans le fecond, ce qui fait une longueur de colonne plus que double, n'occupe dans ce dernier que 2 cables ¼ de front plus que dans le premier arrangement, & feulement 169 cables de furface de terrein. L'armée eft donc beaucoup plus raffemblée étant fur fix colonnes que fur trois. On peut encore obferver que le dernier Vaiffeau de la colonne de fous le vent eft beaucoup plus de l'arriere, & conféquemment plus fous le vent dans l'ordre de marche fur trois colonnes que fur fix. C'eft donc ce dernier que l'on doit fuivre par préférence dans les grandes armées, parce que de la forte les Vaiffeaux fe confervent mieux ; ils voyent mieux les fignaux, & ils font moins de temps à exécuter les évolutions, ce qui eft effentiel, particuliérement pour réduire l'ordre de marche en ordre de bataille, & pour ferrer la ligne en exécutant ce mouvement.

* Il y aura de plus une longueur de Vaiffeau que l'on néglige ici.

OBSERVATION.

POUR favoir en combien de colonnes on pourroit réduire Diftance & longueur des colonnes. une armée, on remarquera que pour la facilité des évolutions, on ne peut conferver gueres moins de deux cables de diftance d'une colonne à l'autre, ce qui répond à fix Vaiffeaux par co-lonnes diftants l'un de l'autre d'un peu plus d'un cable. Ainfi, par exemple, une armée de 162 Vaiffeaux pourroit être réduite à 27 colonnes; elle occuperoit de la forte neuf à dix fois moins d'efpace, que fi elle étoit en ordre de marche fur trois colon-nes. Mais malgré cet avantage, & parce qu'il eft plus aifé qu'un grand nombre de Vaiffeaux fe tiennent ferrés dans les eaux les uns des autres, qu'exactement par le travers l'un de l'autre; il vaut mieux diminuer le nombre des colonnes & augmenter leur longueur. L'armée fuppofée de 162 Vaiffeaux feroit donc fort bien en ordre en la partageant en neuf colon-nes de 18 Vaiffeaux chacune; l'avant-garde en trois, & de même le corps de bataille & l'arriere-garde. On obfervera que cette divifion eft naturelle, & qu'elle laiffe à chacun des trois corps la facilité de manœuvrer comme une feule armée en ordre de marche fur trois colonnes.

CHAPITRE X.

DU CHANGEMENT DES ESCADRES DANS L'ORDRE DE MARCHE SUR TROIS COLONNES.

82. *L'Armée étant en ordre de Marche fur trois colonnes ($\frac{V}{v}\frac{A}{m}\frac{C}{s}$), changer la colonne du milieu avec celle de fous le vent ($\frac{v}{v}\frac{c}{m}\frac{A}{s}$).*

LES colonnes ($\frac{V}{v}, \frac{A}{m}$) du vent mettront en panne, ou feront Figure 92. S. 102. très-petites voiles, & feulement pour gouverner, ce qui eft plus à propos. La colonne ($\frac{c}{s}$) qui eſt ſous le vent donnera tout enſemble vent devant, & forcera de voiles au plus-près pour gagner les eaux de la colonne ($\frac{A}{m}$) qui lui eſt immédiatement au vent. Auſſi-tôt qu'elle y ſera parvenue, elle revirera tout enſemble, & en même temps l'Eſcadre ($\frac{A}{s}$) du milieu qui change avec elle de poſte, arrivera de huit rumbs, ſi elle a mis en panne; ou ſi elle n'y a pas mis, elle larguera de deux rumbs à très-petites voiles pour ſe ranger ſous le vent, & y revenir au lof à la diſtance requiſe. Pendant ce temps la colonne du vent ($\frac{V}{v}$) fera ſervir, & toutes trois régleront leur voilure pour s'attendre réciproquement, & rétablir l'ordre en ſe relevant & ſe mettant par le travers l'une de l'autre.

83. L'Armée étant en ordre de Marche ſur trois colonnes ($\frac{V}{v} \frac{A}{m} \frac{C}{s}$), changer la colonne du milieu avec celle du vent ($\frac{A}{v} \frac{v}{m} \frac{c}{s}$).

Figure 93.
S. 103.

La colonne ($\frac{V}{v}$) du vent, & celle qui eſt ſous le vent ($\frac{c}{s}$) mettront en panne, ou plutôt ne feront de voiles que pour gouverner: la colonne du milieu ($\frac{A}{m}$) virera tout enſemble, & courant en échiquier au plus-près forcera de voiles pour gagner les eaux de la colonne ($\frac{V}{v}$) du vent; alors elle revirera pour prendre ſur la ligne de la route le poſte que la colonne ($\frac{v}{m}$) du vent lui abandonnera pour paſſer au milieu en arrivant de huit rumbs ſi elle a mis en panne, ou en larguant de deux rumbs ſi elle a toujours couru.

84. L'Armée étant en ordre de Marche ſur trois colonnes ($\frac{V}{v} \frac{A}{m} \frac{C}{s}$), faire paſſer ſous le vent la colonne du vent $\frac{A}{v} \frac{c}{m} \frac{v}{s}$).

Figure 94.
S. 104.

La colonne ($\frac{V}{v}$) du vent continuera ſa route à fort petites voiles, tandis que les deux colonnes ($\frac{A}{m}$, $\frac{C}{s}$) de ſous le vent ayant donné tout enſemble vent devant, s'éleveront en échiquier en forçant de voiles au plus-près. Et lorfque la colonne ($\frac{A}{v}$) qui doit paffer au vent dans cette évolution, aura gagné les eaux de celle ($\frac{v}{s}$) qui doit paffer fous le vent, celle-ci faifant toujours très-petites voiles, & feulement pour gouverner, arrivera tout enfemble de deux rumbs, jufqu'à ce qu'elle foit à fon pofte fous le vent. Cependant les deux autres colonnes ($\frac{A}{v}$, $\frac{c}{m}$) revireront en même temps pour rétablir l'ordre en fe remettant en route.

85. L'Armée étant en ordre de Marche fur trois colonnes ($\frac{v}{v}\frac{A}{m}\frac{c}{s}$), changer la colonne du vent, avec celle de fous le vent $\frac{c}{v}\frac{a}{m}\frac{v}{s}$).

La colonne ($\frac{A}{m}$) du centre mettra en panne, la colonne ($\frac{c}{s}$) de fous le vent forcera de voile en fuivant fa route; & quand fon dernier Vaiffeau pourra paffer au vent du premier Vaiffeau ($\frac{A1}{m}$) de la colonne qui eft en panne, ou bien lorfque fon Vaiffeau du centre ($\frac{c3}{s}$) relevera dans la perpendiculaire du vent le chef de file de la colonne en panne, elle donnera tout enfemble vent-devant, & elle s'élevera en échiquier au plus-près jufqu'à ce qu'elle foit dans la ligne fur laquelle la colonne du milieu eft rangée; alors elle pourra larguer de deux rumbs pour aller occuper le pofte que la colonne ($\frac{v}{s}$) qui étoit au vent lui a laiffé, & dans lequel elle revirera tout enfemble par le travers de l'Efcadre en panne ($\frac{A}{m}$) qui fert de point fixe, pour régler les diftances. Cependant dès le commencement de l'évolution, la colonne ($\frac{v}{v}$) du vent arrivera tout enfemble à très-petites voiles pour porter largue de fix rumbs fur l'autre bord, afin de paffer tout enfemble dans les eaux de la colonne ($\frac{A}{m}$) du centre; après quoi revenant à fes premieres amures, & courant largue de deux rumbs, elle ira prendre fous le vent le pofte qu'occupoit la colonne qui la remplace au vent. Quand ces deux colonnes ($\frac{v}{s}$, $\frac{c}{v}$) & celle du milieu ($\frac{A}{m}$) feront par le travers l'une de l'autre, celle-ci fera fervir.

Figure 95.
S. 105.

86. *L'Armée étant en ordre de Marche sur trois colonnes ($\frac{V}{v}\frac{A}{m}\frac{C}{s}$), faire passer au vent la colonne de sous le vent ($\frac{c}{v}\frac{v}{m}\frac{a}{s}$).*

Figure 96.
S. 206.

LES deux colonnes du vent ($\frac{V}{v}\frac{A}{m}$) mettront en panne, celle de sous le vent ($\frac{c}{r}$) forcera de voiles au plus-près; & lorsque son premier Vaisseau ($\frac{c_1}{r}$) pourra passer au vent du premier Vaisseau ($\frac{V_1}{v}$) de la colonne le plus au vent, il virera par la contre-marche suivi de sa colonne pour revirer, lorsqu'il sera parvenu dans la ligne du plus-près sur laquelle l'Escadre du vent est rangée. La colonne qui étoit sous le vent étant donc formée au vent ($\frac{a}{v}$) par ce mouvement, mettra en panne, ou continuera sa route à très-petites voiles; dans le premier cas les deux Escadres ($\frac{v}{m}\frac{a}{r}$) précédemment en panne, arriveront en échiquier parallélement & tout ensemble de deux rumbs pour se mettre par le travers de l'Escadre du vent ($\frac{c}{v}$); & dans le second, elles largueront tout ensemble d'un rumb seulement pour gagner leur poste en dépendant & en forçant de voiles.

CHAPITRE XI.
CHANGER L'ORDRE DE MARCHE EN ORDRE DE BATAILLE.

87. *Changer l'ordre de Marche en ordre de Bataille de même bord ($\frac{V}{v}\frac{A}{m}\frac{C}{s}$).*

Figure 97.
S. 207.

POUR changer l'ordre de marche en ordre de combat de même bord sans perdre au vent, la colonne ($\frac{V}{v}$) du vent qui fait l'avant-garde mettra en panne; la colonne du milieu qui fait le corps de bataille ($\frac{A}{m}$), & la colonne de sous le vent ($\frac{C}{r}$) qui fait l'arriere

l'arriere-garde donneront enfemble vent devant, & lorfque le
corps de bataille, en larguant de deux rumbs, fera parvenu dans
les eaux de l'avant-garde, il revirera & mettra en panne. L'arriere-garde manœuvrera de même, & ayant gagné les eaux du
corps de bataille, elle revirera tout enfemble, en même temps
que les deux autres feront fervir.

Si l'armée veut fe mettre en bataille fur la ligne de l'arriere-
garde ($\frac{c}{r}$) qui eft fous le vent, cette Efcadre mettra en panne,
ou ne fera de voiles que pour gouverner. Les deux autres
Efcadres, favoir, l'avant-garde ($\frac{v}{v}$) forçant de voiles, & le corps
de bataille ($\frac{A}{m}$) à petites voiles arriveront en larguant tout enfemble de deux rumbs pour revenir au lof, & former la ligne
quand ils feront parvenus fur la ligne du plus-près de l'arriere-
garde, qui fera alors fervir pour fuivre le corps de bataille &
ferrer la ligne.

Figure 98.
S. 108.

Les deux évolutions précédentes ont leur avantage fuivant
les circonftances. Celle que l'on va donner, peut fervir dans tous
les cas. Le corps de bataille ($\frac{A}{m}$) mettra en panne, ou fera
très-petites voiles, & déterminera la ligne. L'avant-garde ($\frac{v}{v}$)
qui eft au vent, arrivera tout enfemble de deux rumbs, pour mettre le corps de bataille ($\frac{A}{m}$) dans les eaux en revenant au lof
lorfqu'il fera parvenu dans la ligne de combat. Et la colonne
de fous le vent deftinée à faire l'arriere-garde ($\frac{c}{r}$) donnera tout
enfemble vent devant en forçant de voile, & courant en échiquier au plus-près pour gagner les eaux du corps de bataille &
y revirer.

Figure 99.
S. 109.

88. *L'Armée étant en ordre de Marche fur trois colonnes, & le vent venant de l'arriere; mettre l'Armée en Bataille ($\frac{v}{v}\frac{A}{m}\frac{c}{r}$).*

Pour mettre l'armée en bataille fi le vent vient de l'arriere
de huit rumbs exactement, les Vaiffeaux ($\frac{v}{v}, \frac{A}{m}, \frac{c}{r}$) de la tête des
colonnes tenant le vent, fe trouveront naturellement en ligne
de combat; mais parce que fi la diftance (*VA, AC*) d'une tête

Figure 100.
S. 110.

K

à l'autre dans l'ordre de marche, étoit confervée pour l'ordre de bataille, la ligne feroit trop ferrée, l'avant-garde ($\frac{v}{v}$) en venant fucceffivement au lof dans les eaux de fon chef de file forcera de voile comme lui, pour laiffer une diftance convenable au corps de bataille ($\frac{A}{m}$) qui la fuit, & celui-ci exécutant la même manœuvre forcera un peu moins de voile, mais plus que l'arriere-garde ($\frac{c}{t}$) jufqu'à ce que la ligne foit formée ; alors la tête diminuant de voile, la ligne fe ferrera.

Figure 101.
S. 211.

Si le vent vient de l'arriere de moins de huit rumbs, le chef de file de l'avant-garde ($\frac{v}{v}$) tenant le vent fera fuivi de fa co-lonne qui viendra au lof au même point. Cependant les chefs de file de chacune des deux autres colonnes ($\frac{A}{m}$, $\frac{c}{t}$) tenant éga-lement le vent, & forçant convenablement de voiles, courront au plus-près pour virer auffi-tôt qu'ils pourront mettre le cap ($a\,c$) fur le point ($\frac{v}{v}$) où les Vaiffeaux de la colonne du vent vien-nent au lof. Rendus dans ce point, ils revireront dans les eaux de la ligne, étant fuivis de leur colonne qui fera les mêmes mouvements.

Figure 102.
S. 212.

Mais fi l'armée veut fe mettre en bataille fur la ligne de l'arriere-garde, ce qui convient quelquefois particuliérement lorfque le Général veut faire ferrer les Efcadres trop ouvertes, & qu'il ne voit point d'accident à tomber un peu fous le vent, alors la colonne du centre ($\frac{A}{m}$) & celle de fous le vent ($\frac{c}{t}$) met-tront en panne. Auffi-tôt le chef de file de la colonne ($\frac{v}{v}$) du vent arrivera tout d'un coup de deux, quatre ou fix rumbs, & même jufqu'à la perpendiculaire de la nouvelle ligne du plus-près par rapport au Vaiffeau de la tête de la colonne ($\frac{c}{t}$) de fous le vent, pour y revenir au lof & déterminer la ligne. Les Vaiffeaux de la colonne du vent fuivront les eaux de leur tête dans tous fes mouvements. Lorfque le dernier Vaiffeau de la colonne immédiatement au vent ($\frac{v}{v}$) paffera dans la ligne du plus-près en avant du premier Vaiffeau du corps de bataille ($\frac{A}{m}$); ce Vaiffeau fera fervir; il arrivera comme le premier Vaiffeau du vent l'a fait; & fuivi de fa colonne, il manœuvrera comme l'avant-garde. Enfin la colonne ($\frac{c}{t}$) de fous le vent fera fervir quand le dernier Vaiffeau ($\frac{A\,t}{m}$) du corps de bataille qui doit le précéder fera venu au lof dans la ligne qui fe forme.

Si le vent vient de l'arriere de plus de huit rumbs, & que le Général ne veuille point renverfer l'ordre, le premier Vaiffeau ($\frac{V}{v}$) de l'avant-garde tiendra le vent, & les Vaiffeaux de fa colonne courant largue de la quantité dont le vent a reculé, fe rendront dans les eaux du Vaiffeau de la tête pour y revenir au lof. Cependant le chef de file de la colonne du milieu ($\frac{A}{m}$) qui a dû mettre en panne, fera fervir quand il relevera dans la ligne du plus-près au vent, le dernier Vaiffeau ($\frac{V_1}{v}$) de la colonne du vent; alors faifant autant de voile qu'il conviendra, il arrivera par la perpendiculaire de la nouvelle ligne du plus-près pour gagner les eaux de l'avant-garde, & y revenir au lof (a), ou bien il mettra tout d'un coup le cap fur le point (v) où l'avant-garde vient au lof. Les Vaiffeaux de fa colonne fuivront fes eaux. La colonne ($\frac{c}{t}$) de fous le vent manœuvrera comme celle du centre l'a fait relativement à l'avant-garde.

Figure 103.
S. 113.

89. L'Armée étant en ordre de Marche fur trois colonnes, & le vent venant de l'avant, mettre l'armée en Bataille ($\frac{V}{v} \frac{A}{m} \frac{c}{s}$).

Pour changer l'ordre de marche en ordre de bataille, fi le vent ne vient qu'un peu de l'avant, l'armée pourra manœuvrer comme il eft expliqué dans la derniere maniere de l'article 87 *fig. 99.*

Figure 104.
S. 114.

Mais fi le vent refufe de deux à trois rumbs, le Vaiffeau ($\frac{V}{v}$) de la tête de la colonne du vent donnera vent devant à très-petites voiles, & le refte de la colonne forçant de voile, fans changer d'amures, fuivra en échiquier des routes paralleles pour fe rendre dans les eaux de fon chef de file, & y virer par la contre-marche. Cependant le Vaiffeau ($\frac{V}{v}$) de la tête de l'avant-garde reviendra peu après (v) à fes premieres amures fi l'armée n'eft pas obligée d'en changer. Le chef de file du corps de bataille ($\frac{A}{m}$) virera un peu au vent (a) des eaux de l'avant-garde, afin de ne la point gêner; le Vaiffeau de la tête ($\frac{c}{t}$) de l'arriere-garde manœuvrera de même (*c*) à l'égard du corps de bataille ; enfin ces deux colonnes ménageant leur voilure se rendront succeſſivement dans les eaux de la ligne.

Figure 105.
S. 215.

Si le vent refuſe de trois rumbs & au-delà , comme l'armée courroit trop ſous le vent par l'évolution précédente , elle mettra tout enſemble à l'autre bord , & le chef de file de la colonne du vent ($\frac{V}{v}$), c'eſt-à-dire , le premier Vaiſſeau de l'avant-garde larguera de deux rumbs en forçant de voile pour paſſer de l'avant des Vaiſſeaux de ſa colonne , tandis qu'ils tiendront le vent à petites voiles courant en échiquier pour ſe rendre ſucceſſivement dans ſes eaux , & y forcer alors de voiles comme lui ; il continuera ſa bordée ſur le largue , juſqu'à ce qu'il ſoit parvenu au point ($\frac{v}{v}$) d'où il pourra relever ſous le vent , dans la ligne du plus-près , le Vaiſſeau de l'armée qui ſera le plus ſous le vent ; alors il reviendra au lof à très-petites voiles pour former la ligne ſur ce même bord , ou pour reprendre les premieres amures en revirant. Les Vaiſſeaux ($\frac{A}{m}$, $\frac{C}{i}$) de la tête des colonnes de ſous le vent courront , dès le premier inſtant de l'évolution , ſur des lignes parallèles au largue du chef de file ($\frac{V}{v}$) de l'avant-garde dans les eaux duquel ils ſe mettront quand il viendra au lof pour déterminer la ligne. Les Vaiſſeaux des deux colonnes de ſous le vent manœuvreront comme ceux de l'avant-garde. Le Général fera obſerver de ſerrer la ligne , ce qui eſt également ſuppoſé dans toutes les évolutions.

90. *L'Armée étant en ordre de Marche ſur trois colonnes* ($\frac{V}{v}\frac{C}{m}\frac{A}{s}$), *la mettre en Bataille de même bord , en changeant la colonne du milieu avec celle qui eſt ſous le vent* ($\frac{v}{v}\frac{a}{m}\frac{c}{s}$).

Figure 106.
S. 217.

L'armée étant en ordre de marche , & le Général voulant la mettre en bataille en changeant la colonne ($\frac{c}{m}$) du milieu avec celle ($\frac{A}{i}$) qui eſt ſous le vent , la colonne de ſous le vent continuera ſa route à petites voiles en pinçant le vent. La colonne du milieu ($\frac{c}{m}$) mettra en panne , juſqu'à ce qu'elle puiſſe arriver dans les eaux du corps de bataille, ou bien elle arrivera lof pour lof pour courir largue de fix rumbs à petites voiles fur l'autre bord, & gagner ainfi la queue de la ligne. La colonne ($\frac{v}{v}$) du vent forçant de voiles, larguera de deux rumbs pour fe mettre à l'avant-garde.

91. *L'Armée étant en ordre de Marche fur trois colonnes* ($\frac{A}{v}\frac{v}{m}\frac{c}{s}$), *la mettre en Bataille de même bord, en changeant la colonne du vent avec celle du milieu* ($\frac{v}{v}\frac{a}{m}\frac{c}{s}$).

La colonne du milieu ($\frac{v}{m}$) continuera fa route fans forcer de voile; celle de fous le vent ($\frac{c}{s}$) virera tout enfemble & forcera de voiles en ferrant le vent, ou même en larguant un peu, pourvu qu'elle ne tende point la ligne, & elle ira ainfi gagner les eaux de la ligne qui fe forme, & y revirer tout enfemble, tandis que la colonne du vent ($\frac{A}{v}$) arrivant de huit rumbs à très-petites voiles, ira occuper l'efpace que l'avant-garde lui aura laiffé.

Figure 107. S. 218.

Si l'armée veut fe mettre en bataille fur la ligne de l'arriere-garde qui eft fous le vent, cette Efcadre ($\frac{c}{s}$) mettra en panne; l'Efcadre du milieu ($\frac{v}{m}$) arrivera d'un rumb en dépendant & en forçant de voiles pour gagner la tête de la ligne qui fe forme fur la ligne de l'Efcadre en panne, & le corps de bataille ($\frac{A}{v}$) qui eft au vent, faifant très-petites voiles arrivera tout enfemble de trois rumbs dans les eaux de l'avant-garde ($\frac{v}{v}$).

Figure 108. S. 219.

Ce mouvement convient particuliérement lorfque les Vaif-feaux de l'arriere-garde ont trop de diftance entr'eux, ou lorf-qu'il y en a quelques-uns trop de l'arriere; ils ont le temps de fe rallier & de ferrer la ligne.

92. *L'Armée étant en ordre de Marche sur trois colonnes* $(\frac{C}{v}\frac{V}{m}\frac{A}{s})$, *la mettre en Bataille de même bord, en faisant passer la colonne du vent à l'Arriere-Garde* $(\frac{v}{v}\frac{a}{m}\frac{c}{s})$.

Figure 109.
S. 210.

LA colonne $(\frac{A}{s})$ de fous le vent mettra en panne, ou fera fort petites voiles en pinçant le vent; celle du milieu $(\frac{V}{m})$ forçant de voiles larguera tout enfemble de deux rumbs pour prendre l'avant-garde, & mettre le corps de bataille $(\frac{A}{s})$ dans fes eaux. La colonne $(\frac{C}{v})$ du vent deftinée à faire l'arriere-garde, arrivant de treize rumbs, & faifant auffi très-petites voiles, viendra fe mettre dans les eaux du corps de bataille $(\frac{a}{m})$ & de la ligne.

93. *L'Armée étant en ordre de Marche sur trois colonnes* $(\frac{C}{v}\frac{A}{m}\frac{V}{s})$, *la mettre en Bataille de même bord, en changeant la colonne du vent avec celle de fous le vent* $(\frac{v}{v}\frac{a}{m}\frac{c}{s})$.

Figure 110.
S. 221.

LA colonne $(\frac{V}{s})$ de fous le vent continuera fa route en forçant de voiles; la colonne du milieu $(\frac{A}{m})$ arrivera de deux rumbs à fort petites voiles pour fe mettre dans les eaux de fon avant-garde, tandis que la colonne $(\frac{C}{v})$ du vent, deftinée à faire l'arriere-garde arrivant de huit rumbs & faifant auffi très-petites voiles, viendra fe mettre dans les eaux du corps de bataille & de la ligne.

94. *L'Armée étant en ordre de Marche sur trois colonnes* $(\frac{A}{v}\frac{C}{m}\frac{V}{s})$, *la mettre en Bataille de même bord, en faifant paffer au vent la colonne de fous le vent* $(\frac{v}{v}\frac{a}{m}\frac{c}{s})$.

Figure 111.
S. 222.

LA colonne $(\frac{V}{s})$ de fous le vent continuera fa route en forçant de voiles; celle du milieu ($\frac{c}{m}$) arrivera tout enfemble de huit rumbs à très-petites voiles pour fe mettre à l'arriere-garde & dans les eaux de la ligne; la colonne ($\frac{A}{v}$) du vent arrivera de trois rumbs à petites voiles. Les deux colonnes du vent s'étant ainfi rendues dans les eaux de l'avant-garde, y reviendront au lof fur leurs premieres amures.

95. *L'Armée étant en ordre de Marche fur trois colonnes, la mettre en ordre de Bataille fur l'autre bord* ($\frac{v}{v}\frac{A}{m}\frac{c}{s}$).

La colonne ($\frac{v}{v}$) du vent commencera l'évolution en virant par la contre-marche; les colonnes ($\frac{A}{m}\frac{c}{s}$) de fous le vent fuivront leur bordée, jufqu'à ce que leur tête (a, c) puiffe virer dans les eaux de la ligne. Elles ménageront en même temps leur voilure, pour ne couper aucun des Vaiffeaux des colonnes du vent; & pour cela le Vaiffeau de la tête de chacune de ces colonnes, obfervera de fe tenir un peu fous le vent du dernier Vaiffeau de la colonne qui le précede, ou de virer un peu au vent de la ligne, en alongeant un peu fa bordée, afin de ne le point couper.

Figure 112.
S. 223.

96. *L'Armée étant en ordre de Marche fur trois colonnes* ($\frac{v}{v}\frac{c}{m}\frac{A}{s}$), *la mettre en ordre de Bataille de l'autre bord, en changeant la colonne du milieu avec celle qui eft fous le vent* ($\frac{v}{v}\frac{a}{m}\frac{c}{s}$).

La colonne du vent ($\frac{v}{v}$) virera par la contre-marche en faifant très-petites voiles. La colonne du milieu ($\frac{c}{m}$) mettra en panne; & la colonne ($\frac{A}{s}$) de fous le vent continuera fa route en forçant de voile; & lorfque fon premier Vaiffeau relevera le premier Vaiffeau de la colonne le plus au vent dans la ligne du plus-près fur laquelle on doit fe mettre en bataille, c'eft-à-dire, quand il fera parvenu dans les eaux de la ligne qui fe forme,

Figure 113.
S. 224.

il virera aussi par la contre-marche suivi de sa division. La colonne ($\frac{c}{m}$) du milieu, qui doit faire l'arriere-garde, fera servir
pour gagner les eaux de la colonne ($\frac{a}{m}$) qui doit faire le corps
de bataille, aussi-tôt que son premier Vaisseau relevera dans la
perpendiculaire du vent le dernier Vaisseau du corps de bataille,
ou lorsque le Vaisseau du centre du corps de bataille passera
dans le prolongement de la ligne du plus-près, sur laquelle l'Escadre en panne est rangée. Ces deux relevements devant se
rencontrer ensemble si les Vaisseaux évoluent avec précision.

97. *L'Armée étant en ordre de Marche sur trois colonnes ($\frac{A}{v}\frac{V}{m}\frac{C}{s}$), la mettre en ordre de Bataille de l'autre bord, en changeant la colonne du vent avec celle du milieu ($\frac{v}{v}\frac{a}{m}\frac{c}{s}$).*

Figure 114.
S. 115.

La colonne ($\frac{a}{v}$) du vent mettra en panne; celle du milieu
forçant de voiles virera par la contre-marche, aussi-tôt que son
premier Vaisseau ($\frac{v}{m}$) pourra passer à une distance convenable
au vent du Vaisseau de la tête de la colonne en panne. Celle-ci
fera servir à propos pour virer dans les eaux du dernier Vaisseau
qui la doit précéder. Cependant la colonne ($\frac{c}{s}$) de sous le
vent continuant sa route virera dans les eaux de la colonne ($\frac{v}{v}$)
qui la précede, & qui va faire l'avant-garde; mais elle fera très-
petites voiles pour laisser passer & se mettre en ligne la colonne
($\frac{a}{m}$) qui a mis en panne, & qui doit faire le corps de bataille.
Le Général observera de faire serrer la ligne aussi-tôt qu'elle
sera formée.

98. *L'Armée étant en ordre de Marche sur trois colonnes ($\frac{C}{v}\frac{V}{m}\frac{A}{s}$), la mettre en ordre de Bataille de l'autre bord, en faisant passer la colonne du vent à l'Arriere-Garde ($\frac{v}{v}\frac{a}{m}\frac{c}{s}$).*

Figure 115.
S. 116.

La colonne ($\frac{c}{v}$) du vent mettra en panne; les deux autres
($\frac{v}{m}$, $\frac{a}{s}$)

($\frac{V}{m}$, $\frac{A}{t}$) forçant de voiles, courront pour virer fucceſſivement par la contre-marche dans l'aire de vent du plus-près qui les fera paſſer au vent du Vaiſſeau ($\frac{C}{v}$) de la tête de la colonne en panne. Celle-ci fera ſervir à propos pour ſe rendre dans les eaux des deux autres, & y prendre ſon poſte en virant.

99. *L'Armée étant en ordre de marche ſur trois colonnes* ($\frac{C}{v}\frac{A}{m}\frac{V}{t}$), *la mettre en ordre de Bataille de l'autre bord, en changeant la colonne du vent avec celle de ſous le vent* ($\frac{V}{v}\frac{A}{m}\frac{C}{t}$).

La colonne ($\frac{C}{v}$) du vent mettra en panne; celle de ſous le vent ($\frac{V}{t}$) forcera de voile & virera par la contre-marche dans l'aire de vent du plus-près qui la fera paſſer au vent du Vaiſ-ſeau de la tête de la colonne en panne. La colonne ($\frac{A}{m}$) du milieu qui a dû auſſi mettre en panne, ou du moins ne faire de voile que pour gouverner, fera ſervir, lorſque ſon premier Vaiſſeau relevera dans la perpendiculaire du vent, le dernier Vaiſſeau de la colonne ($\frac{V}{v}$) qu'il doit ſuivre. La colonne reſtée en panne manœuvrera de la même maniere pour prendre ſon poſte à l'arriere-garde dans les eaux de la ligne.

Figure 116, S. 227.

100. *L'Armée étant en ordre de marche ſur trois colonnes* ($\frac{A}{v}\frac{C}{m}\frac{V}{t}$), *la mettre en ordre de Bataille de l'autre bord, en faiſant paſſer en avant la colonne de ſous le vent* ($\frac{V}{v}\frac{A}{m}\frac{C}{t}$).

Les deux colonnes ($\frac{A}{v}$, $\frac{C}{m}$) du vent mettront en panne; celle de ſous le vent ($\frac{V}{t}$) forcera de voile, & virera par la contre-mar-che quand elle pourra paſſer au vent du Vaiſſeau de la tête de la colonne du vent; & auſſi-tôt après que le dernier Vaiſſeau de l'avant-garde ($\frac{V}{v}$) aura paſſé au vent de la premiere colonne ($\frac{A}{v}$), l'avant-garde diminuera de voile pour donner à la ligne le temps de ſe former. Les deux colonnes en panne feront ſervir en même temps pour gagner les eaux de la ligne & y virer par la contre-marche.

Figure 117, S. 228.

L

CHAPITRE XII.

De l'ordre de Retraite et de ses Mouvements.

101. De l'ordre de Retraite.

Figure 118.
S. 229.

Ce n'est que devant l'ennemi qu'une armée foible ou battue se met en ordre de retraite ; & elle choisit cette disposition plutôt que l'ordre de marche, parce qu'elle peut plus aisément passer à l'ordre de bataille, & que le Général conserve & voit mieux toute son armée. Dans l'ordre de retraite l'armée est rangée sur les côtés d'un angle obtus, formé par les deux lignes du plus-près. Le Général est au sommet de l'angle au vent & au milieu de son armée ; les Brûlots (*B*), les Bâtiments de charge (*f*) & les Frégates (*F*) sont entre les deux aîles sous le vent. La route de la retraite est ordinairement le vent arriere.

102. Mettre l'Armée en ordre de Retraite.

Figure 119.
S. 229.

Si l'armée est sans ordre, le premier Vaisseau de l'extrémité de chaque aile doit, au signal, se ranger à une distance convenable sous le vent du Général (*A*), chacun se tenant par rapport à lui dans la ligne du plus-près qui lui est propre, & se tenant dans la perpendiculaire du vent avec le Vaisseau respectif de l'autre aile. Ces trois Vaisseaux, c'est-à-dire, les deux des extrémités & celui du centre portant en route, régleront leur voilure sur la distance où se trouveront les Vaisseaux dispersés de l'armée qui forceront de voiles, ou qui en diminueront, pour chasser & conserver leur poste.

Figure 120.
S. 229.

Si l'armée rangée en bataille vouloit passer à l'ordre de retraite, le Vaisseau de la tête de la ligne arrivera de quatre rumbs, &

tout le reste de l'armée tenant le vent, les Vaisseaux de l'avant-garde (*V*) & de la moitié du corps de bataille, y compris le Vaisseau (*A*) du Général qui est au centre, se rendront successivement dans les eaux du Vaisseau de la tête. Ce mouvement étant ainsi exécuté, l'armée formant deux ailes rangées sur les deux lignes du plus-près sous le vent du Général, les Vaisseaux seront attentifs à la route qu'il fera.

Les Frégates, les Brûlots & les Bâtiments de charge observeront de se tenir entre les deux ailes, dans le même ordre que les Vaisseaux de guerre, sans changer entr'eux la disposition où ils étoient relativement à la ligne.

L'armée du vent voulant faire retraite s'élevera en courant la bordée qui l'éloigne le plus de l'ennemi, jusqu'à ce qu'elle ait la liberté de manœuvrer autrement ; elle pourra courir en échiquier sur l'autre bord ; & c'est quelquefois le moyen de mieux rassembler l'armée, la tête arrivant sur la queue.

103. *Mettre l'Armée en ordre de Retraite, quand le vent change.*

QUAND le vent se joignant à quelque désavantage, contraint à la retraite une armée qui est en présence de l'ennemi, on peut, pour le laisser incertain de la manœuvre qu'on veut faire, rétablir d'abord la ligne de combat, & la changer ensuite dans l'ordre de retraite ; mais cette double manœuvre est longue à exécuter, & la circonstance ne permet pas toujours d'y donner beaucoup de temps.

Le vent venant de l'avant.

POUR se mettre en ordre de retraite quand le vent vient de l'avant, tous les Vaisseaux de la ligne ayant d'abord obéi au vent, le chef de file de l'avant-garde (*V*) arrivera de quatre rumbs, & tous les autres Vaisseaux de l'armée suivant des routes parallèles au plus-près dont ils tiennent l'amure, se rendront successivement jusqu'au Vaisseau (*A*) du centre compris, dans

Figure 121. S. 250.

L ij

les eaux de la tête (*V*); ainſi cette aile ſera formée. L'autre aile ſe mettra très-promptement & réguliérement en ordre, ſi le Général continuant à courir largue de quatre rumbs, toute l'aile de la queue (*A*, *C*) préſente en même temps largue de quatre rumbs ſur des routes paralleles, les Vaiſſeaux de la queue obſervant de faire petites voiles, juſqu'à ce qu'ils laiſſent ceux qui les précedent vers le centre dans la ligne du plus-près ſur laquelle ils doivent être rangés. Et chaque ſecond, troiſieme, quatrieme, &c, Vaiſſeau, depuis le centre obſervant encore de tenir chaque Vaiſſeau reſpectif de l'autre aile dans la perpendiculaire du vent. Ainſi les Vaiſſeaux prendront & conſerveront entr'eux leur diſtance. L'ordre établi, le Général donnera la route.

Figure 122.
S. 230.

Si le Général ne veut pas donner à l'aile de la queue le temps de ſe ranger ſur la ligne du plus-près, & qu'il mette le cap à la route auſſi-tôt qu'il ſera parvenu à ſon poſte, l'aile de la queue ſe mettra ſur ſa ligne dans la marche même, chaque Vaiſſeau ſous le vent, ne faiſant de la voile que quand celui qui le précede immédiatement ſera, par rapport à lui, dans ſon poſte. Par cette manœuvre l'ordre ſe formera un peu moins réguliérement, & les Vaiſſeaux de la ſeconde aile auront un peu plus de peine à prendre leurs diſtances, ce qu'ils feront cependant par les deux obſervations précédentes.

Le vent venant de l'arriere.

Figure 123.
S. 231.

Si le vent vient de l'arriere depuis un rumb juſqu'à quatre, le Vaiſſeau (*V*) de la tête de la ligne faiſant fort petites voiles préſentera largue de quatre rumbs dans la ligne du plus-près ſur laquelle l'aile dont il eſt doit être rangée ; les Vaiſſeaux qui le ſuivent juſqu'au centre (*A*) compris faiſant même voilure, ſe rendront ſucceſſivement dans ſes eaux, en faiſant la route de la ligne ſur laquelle ils ſe trouvent rangés ; & les Vaiſſeaux du reſte de la ligne, depuis le centre juſqu'à la queue, & qui auront auſſi ſuivi la même route, juſqu'au moment où le Vaiſſeau (*A*) du centre ſera parvenu à ſon poſte, forceront enfuite fucceffivement de voiles, en commençant par le dernier Vaiffeau (C), & largueront en même temps tous enfemble de la quantité que le changement de vent exigera. Cette quantité eft toujours déterminée; on la trouvera en ôtant de 8 rumbs la moitié du nombre de rumbs dont le vent eft venu de l'arriere; ainfi le vent ayant reculé de 4 rumbs, fi l'on prend la moitié 2 de ce nombre pour le fouftraire de 8 rumbs, le nombre 6 qui reftera indiquera la quantité de rumbs dont les Vaiffeaux doivent larguer pour conferver exactement leur diftance. Le dernier Vaiffeau de la queue fera à fon pofte quand il relevera en même temps le premier Vaiffeau de la tête dans la perpendiculaire du vent, & le Vaiffeau du centre dans la ligne du plus-près au vent. Chacun des Vaiffeaux de la feconde aile obfervera de laiffer paffer au vent & à la diftance convenable dans la ligne du plus-près le Vaiffeau qui doit le précéder depuis le centre, les Vaiffeaux refpectifs des deux ailes obfervant encore de fe tenir réciproquement dans la perpendiculaire du vent. L'ordre établi, le Général donnera la route qu'il n'avoit pas encore déterminée.

Le vent venant de l'arriere de plus de quatre rumbs, & le Général ne jugeant pas à propos de s'élever pour ne pas approcher l'ennemi devant lequel il fe retire, peut, pour ne pas perdre de temps, faire arriver toute l'armée vent arriere fur la perpendiculaire du vent pour fe mettre enfuite en ordre de retraite.

104. *Rétablir l'ordre de Retraite quand le vent change.*

LE vent changeant peu, l'ordre fe rétablit de lui-même, fi les Vaiffeaux de l'extrémité des ailes fous le vent obfervent de fe tenir l'un par rapport à l'autre dans la perpendiculaire du vent, & par rapport au centre dans la ligne refpective du plus-près. Chaque fecond, troifieme, quatrieme, &c, Vaiffeau des ailes doit faire la même obfervation.

Si le vent change beaucoup fans venir du dedans de l'angle,

Figure 114.
S. 132.

Figure 124.
S. 132. le Vaisseau (*c*) de l'extrémité de l'aile qui se trouvera plus
sous le vent, viendra tout d'un coup au lof en doublant son
aile en dehors ; en même temps l'aile du vent mettra tout ensemble le cap sur le centre (*a*), & l'aile sous le vent gouver-
nera directement dans la ligne sur laquelle elle est rangée. Les
Vaisseaux dans cette disposition suivront exactement les eaux
de celui qui les précede. Ainsi les Vaisseaux de l'aile du vent
arriveront (au point *a*) dans les eaux de l'aile sous le vent,
& tous viendront successivement au lof dans le point où le
Vaisseau (*c*) qui a commencé le mouvement est venu au plus-
près. Et lorsque celui-ci (*c*) appercevra que le Vaisseau (*A*)
qui fait le centre de l'armée, sera parvenu dans ses eaux, il
larguera de quatre rumbs, courant sur la ligne du plus-près sous
le vent de son aile. Enfin quand le Général (*A*) sera parvenu
au point de section des deux lignes du plus-près, l'ordre sera
rétabli, & le Général donnera la route.

Figure 125.
S. 232. Si le vent vient du dedans de l'angle formé par les deux
ailes, le Vaisseau de l'extrémité de l'aile qui se trouve plus sous
le vent viendra au lof sur le bord qui l'approche plutôt du
vent ; & tous les Vaisseaux de l'armée présentant dans la ligne
sur laquelle ils sont rangés, se tiendront dans les eaux du Vaisseau qui a commencé l'évolution. Cependant lorsque ce même
Vaisseau appercevra dans ses eaux le Vaisseau (*A*) du centre
de l'armée, il quittera la route du plus-près pour larguer de
quatre rumbs, & il sera suivi des Vaisseaux de son aile. Le Général, qui fait le centre (*A*) de l'armée, étant parvenu au
point de section des deux nouvelles lignes du plus-près sur
lesquelles les ailes sont alors rangées, l'évolution sera finie,
& l'armée portera en route.

105. *Changer l'ordre de Retraite en ordre de Bataille.*

Figure 126.
S. 233. LE Vaisseau (*V*) qui doit faire la tête de la ligne tiendra
le vent en présentant sur la ligne de combat. Tout le reste de
l'armée courant largue de quatre rumbs, se rendra très-promp-

tement dans les eaux de la ligne qui fe forme ; les Vaiffeaux de la premiere aile y venant fucceffivement au lof, & ceux de la feconde y venant tous enfemble, ayant couru en échiquier fous le vent fur les paralleles de l'autre aile.

106. *Changer l'ordre de Retraite en ordre de Marche fur trois colonnes.*

Figure 127.
S. 234.

Le moyen le plus fimple de faire cette évolution eft de rétablir la ligne de combat fur le bord le plus avantageux, & de paffer de-là à l'ordre de marche fur trois colonnes. On peut encore, pour donner le temps à l'armée de fe raffembler, fi elle eft un peu difperfée ou fans ordre, faire arriver toute l'armée fur la perpendiculaire du vent, & former enfuite l'ordre de marche. Pour bien exécuter ce dernier mouvement, les Vaiffeaux (V, C) de l'extrémité des ailes ayant mis en panne fur la perpendiculaire du vent ; auffi-tôt que les différents Vaiffeaux de l'armée s'y rendront, ils fe mettront auffi en panne du même bord. Enfin tous les Vaiffeaux de l'armée faifant fervir en même temps, le Vaiffeau de la tête de chacune des colonnes tiendra le vent du bord qui conviendra à la route, & les autres Vaiffeaux de chacun des trois corps courront largue de deux rumbs fur la perpendiculaire, jufqu'à ce qu'ils foient parvenus au point où leur chef de colonne eft venu au lof. La colonne de fous le vent ayant moins de chemin à faire fera très-petites voiles, celle du milieu en fera un peu plus, & celle qui doit être au vent en forcera. Les Vaiffeaux de la tête des colonnes (v, a, c) fe mettront à la même voilure quand ils feront par le travers l'un de l'autre dans la perpendiculaire à la route.

On doit remarquer que fuivant l'amure que l'armée prendra en fe mettant en ordre de marche, l'avant-garde fera au vent ou fous le vent.

CHAPITRE XIII.
De quelques Évolutions et Manœuvres particulieres.

107. *Ordre d'une Armée qui croise, & qui garde un passage.*

Figure 128.
S. 237.

L'Armée qui garde un passage doit sans doute être plus forte que celle qu'elle veut empêcher de passer. Elle se partagera en deux, & chaque moitié croisant sur un côté du passage, elles s'observeront de telle sorte dans leurs mouvements qu'une des deux (V) se trouvera toujours au vent, & en état de fondre sur l'ennemi qui voudra passer entr'elles, tandis que les Vaisseaux (A) qui croiseront sous le vent se tiendront à portée de couper ceux des ennemis qui tenteront de forcer le passage. L'armée aura des Frégates (F) de découverte qui croiseront au vent & sous le vent.

108. *Ordre d'une Armée qui force un passage.*

Figure 129.
S. 238.

L'Armée qui voudra forcer un passage, se mettra, si l'espace le permet, en ordre de retraite, ou dans un arrangement peu différent, repliant un peu les ailes (V, C) en dedans, & mettant aux extrémités quelques gros Vaisseaux, parce que ce sont les ailes qui doivent pénétrer les premieres. Les Brûlots & les Bâtiments de charge seront au milieu, & le Général (A) sera au centre de son armée.

Figure 130.

Il paroît qu'il seroit quelquefois avantageux de disposer l'armée dans l'ordre précédent renversé, si l'ennemi n'ayant point dans le passage de Port d'où il puisse faire sortir des Vaisseaux

pour

pour couper la queue (V, C) de l'armée, eſt au contraire de l'autre côté du détroit. Car il ne pourra point attaquer le Vaiſſeau (A) du centre ſans que l'armée tombe ſur lui des deux côtés, & ne traverſe peut-être & coupe en deux ſa ligne. Et ſi l'ennemi eſt un peu éloigné, le Général mettant en panne de l'autre côté du détroit, verra toute ſon armée ſe rallier & ſe ranger ſans peine en ordre de bataille.

109. *Faire mouiller une Armée.*

On ne peut point entrer ici dans le détail de toutes les choſes auxquelles il faut avoir attention quand on veut faire mouiller une armée; elles dépendent trop de la ſituation des Ports, & des Rades fermées ou foraines, des différentes mers & des parages, des ſaiſons, des vents le plus à craindre, des courants de marée, enfin de certains obſtacles & de ce que l'on peut attendre des entrepriſes de l'ennemi. On dira donc ſimplement & en général, 1°, à l'égard de l'ordre & de la diſpoſition de l'armée, qu'elle ſe doit mettre en ligne en approchant du mouillage & faire très-petites voiles, afin que les Vaiſſeaux mouillent ſucceſſivement, & ſans s'embaraſſer réciproquement, chacun dans le poſte qui lui convient: 2°, que l'armée mouillera ſur deux ou trois lignes paralleles éloignées de trois cables l'une de l'autre, & les Vaiſſeaux de chaque ligne à un grand cable de diſtance: 3°, que l'ordre & l'arrangement des Vaiſſeaux dans le mouillage ſoit tel que l'armée, puiſſe ſans embarras, ſe mettre & ſortir en ligne en appareillant: 4°, que les Vaiſſeaux puiſſent faire leurs mouvements ſans craindre de tomber les uns ſur les autres ou ſur quelques dangers: 5°, qu'on puiſſe appareiller du vent qui peut amener les ennemis, parce qu'une armée à l'ancre, quoique plus nombreuſe, eſt toujours beaucoup moins forte qu'une armée inférieure qui eſt ſous voile: 6°, qu'on ſoit dans la rade à couvert des vents le plus à craindre: 7°, enfin que le fond ſoit bon pour les cables & de bonne tenue pour les ancres. On obſervera que le poſte de l'avant-garde étant celui qui peut être le premier inſulté

Figure 131.
S. 90, 91, 92.

M

par l'ennemi du dehors, il eſt à propos, pour éviter la confuſion en mouillant, que l'armée entre en rade en colonne renverſée.

110. *Mettre une Armée hors d'inſulte dans un Port.*

Figure 132.
S. 90, 91, 92.

Suivant la diſpoſition du Port, on mouillera l'armée ſur deux ou trois lignes de part ou d'autre de l'entrée du port, ou ſur une ligne de chaque côté, mais toujours aſſez près de terre pour ne pas laiſſer à d'autres Vaiſſeaux de paſſage entr'elle & la terre, du moins ſans riſque pour eux. Ceci, comme on le voit, ſuppoſe une rade ouverte. On couvrira les Vaiſſeaux mouillés d'une forte eſtacade (E); & l'on fera mouiller quelques Brûlots (B) à l'entrée du Port à l'abri de la terre, enſorte qu'étant au vent des Vaiſſeaux qui viendront inſulter le Port, ils pourront agir contr'eux en même temps que ceux-ci ſeront arrêtés par la rencontre des eſtacades que l'on pourra défendre encore, outre le feu des Vaiſſeaux, par des batteries pratiquées à terre, s'il ſe peut, ou par des praſmes (P), ſortes de batteries flottantes établies ſur des ras-d'eau ou pontons, que l'on mouillera derriere ou aux extrémités des eſtacades.

Si l'entrée de la rade ſe peut fermer par une chaîne ou eſtacade, parce qu'elle n'a pas plus d'ouverture que l'entrée ordinaire d'un port, l'ordre du mouillage & l'arrangement des Vaiſſeaux ſont moins eſſentiels; il eſt bon cependant que les Vaiſſeaux puiſſent dans ce cas, comme dans le précédent, s'entraverſer pour oppoſer tout leur feu à l'ennemi qui voudroit forcer l'eſtacade.

Fin de la premiere Partie.

TACTIQUE NAVALE.

SECONDE PARTIE.

❖❖❖❖❖❖❖❖❖❖❖❖❖❖❖❖❖❖❖❖❖❖❖

DES SIGNAUX ET ORDRES GÉNÉRAUX.

AVERTISSEMENT
Pour l'intelligence de cette Seconde Partie.

J'AI prévenu dans l'Introduction qui précede le premier Livre, que de même que je me suis écarté de la maniere du P. Hofte, dans la méthode que j'ai fuivie dans la Tactique, je me fuis auffi écarté de l'ufage général dans la maniere dont j'ai traité des Ordres & des Signaux ; & j'ai donné dans l'Article X, qui termine l'Introduction, une idée fuffifante du plan de la feconde Partie relativement aux Signaux. Cependant je cede ici à la demande qu'on m'a faite de faire précéder ce fecond Livre d'une forte d'analyfe qui expofe plus en détail la méthode que

j'ai fuivie dans cette partie effentielle de la Tactique ; & je profite de cette occafion pour déclarer que je fuis très-éloigné de
vouloir donner des leçons à des Officiers, dont plufieurs ont
plus de fervice que moi & feroient mes maîtres ; mais j'ai cru
que la Marine manquant d'un Traité complet d'Évolutions &
de Signaux, je pouvois expofer mes idées en écrivant fur cette
matiere d'une maniere générale, & qui ne peut aftreindre perfonne. J'offre donc un canevas fur lequel chacun peut broder
fuivant fon goût. J'ai trouvé plus commode d'écrire de forte
que l'on pût fe paffer de figures : une circonlocution peu
longue m'en a donné la facilité : je l'ai faifie ; & cependant je
n'ai pas négligé de mettre entre deux parenthefes les lettres
qui ont rapport aux figures. J'ai trouvé inutile de faire entrer
dans le difcours la couleur ou l'efpece d'un fignal ; je l'ai fup-
primée : un chiffre, qui ne coupe pas le fens & qui y eft inutile,
renvoye au fignal que chaque Commandant qui voudra fe fervir
de ma méthode, expliquera comme il lui plaira, ce qui ne fait
rien au fond de la chofe. J'ai repréfenté les Signaux dans des
Tables d'une conftruction nouvelle, & je me fuis fervi de Signaux
peu ufités, & de quelques caracteres particuliers ; mais c'eft
parce que j'avois befoin d'un grand nombre d'expreffions, pour
ne me pas répéter, & que j'ai embraffé une matiere vafte qui
demandoit une grande combinaifon & un grand ordre. J'efpere
de l'accueil que l'on a fait à la premiere partie de ce Traité qui
fert depuis dix ans aux Salles des Gardes de la Marine du département de Breft, & qui a été copiée par un très-grand nombre
d'Officiers ; j'efpere, dis-je, de cet accueil, que l'on trouvera
que j'ai également réuffi dans la feconde Partie, quoique peut-
être on ne s'en apperçoive pas à la premiere lecture. Au refte,
les Signaux font une langue véritable qui a fa difficulté ; & fi
l'on trouve que je ne l'ai point parlée avec toute l'élégance,
la précifion & la fimplicité d'expreffion dont elle eft fufceptible,
du moins fi je fuis intelligible, je puis être traduit. Les numéros
qui renvoyent aux Signaux donneront la commodité de fubftituer
d'autres expreffions aux miennes, & de rendre général & utile
un Ouvrage rempli d'inftructions dont le fond eft pris dans les
ufages même du fervice.

Ce second Livre est divisé en quinze Chapitres, dont le premier qui traite des Signaux en général & de la distinction des Vaisseaux de l'armée, est partagé en deux Sections. La premiere donne une idée générale des Signaux : on parle de leur choix, de leur position, de leur changement & de leur répétition. On prévient sur l'usage des Signaux que l'on a nommé *Numéraires*, & par lesquels on peut indiquer un nombre de Vaisseaux, une quantité de brasses d'eau, une hauteur, un article des Signaux, enfin donner certaines connoissances où les nombres sont employés. Dans la seconde Section on traite du partage de l'armée en Escadres & Divisions, & de la distinction des Vaisseaux de l'armée. On étend cette distinction depuis l'Amiral jusqu'au dernier Vaisseau, soit par les Pavillons attribués aux Généraux suivant leur grade ou leur poste dans l'armée, soit par les flammes qui indiquent les divisions, soit par les girouettes de couleur que l'on affecte à chaque Vaisseau de chaque division, ensorte que chaque premier, second, troisieme, &c, Vaisseau a les mêmes girouettes ; mais parce qu'il y a neuf divisions dans une armée de soixante-trois Vaisseaux, telle qu'on l'a supposée, & que neuf Vaisseaux se trouvent avoir la même marque, ils sont encore distingués par la position de la flamme de leur Escadre, ce qui caractérise les trois divisions de chacune. Comme les Escadres ou Divisions sont en même temps distinguées par le pavillon affecté à chaque Général ou Commandant, on a porté la distinction des Vaisseaux particuliers de l'armée jusqu'aux Frégates & aux Galiotes, Brûlots & Bâtiments de charge, même jusqu'aux Canots & Chaloupes ; on doit sentir combien il est intéressant dans une armée de pouvoir reconnoître les Bâtiments lorsqu'ils sont séparés ou détachés.

Il ne suffisoit pas de reconnoître les Vaisseaux ; il falloit encore leur affecter une flamme de signalement, pour les avertir qu'on veut leur parler ou leur adresser un ordre ; on le fait d'une maniere qui cesse d'être arbitraire & qui facilite l'attention & l'observation. Pour cela on n'a employé que neuf flammes de signalement ; savoir, une pour chaque division ; & comme on donne sept positions différentes à ces flammes, on en a destiné une à chaque premier Vaiſſeau, une autre à chaque ſecond, &c.

Le Chapitre II partagé en trois Sections, eſt une ſuite d'avertiſſements généraux pour différentes circonſtances du ſervice à l'ancre ou ſous voile; mais indépendamment de ces avertiſſements, il y a beaucoup d'autres inſtructions répandues dans tout l'Ouvrage & autant que le ſujet l'a exigé. L'avertiſſement de l'Article 85 ſur l'uſage des Signaux numéraires, & celui de l'Article 89 ſur la fauſſe route, & les Signaux d'aires de vent, demandent entr'autres beaucoup d'attention, afin de ſe familiariſer avec ces expreſſions qui peuvent être d'une très-grande conſéquence.

Le Chapitre III commence par des avertiſſements généraux ſur la marche, & traite de quelques mouvements particuliers de l'armée ſous voile.

Les Chapitres IV=XIII ont chacun le même titre que les Chapitres reſpectifs du Livre précédent, parce qu'on a appliqué dans le ſecond Livre les Signaux à toutes les évolutions dont on a traité dans le premier, & l'on a ſuivi le même ordre.

On pourra peut-être me reprocher que je me ſuis ici répété en expliquant une ſeconde fois les évolutions déja traitées; mais, comme on l'a dit vers la fin de l'Introduction, on a été engagé à entrer dans ce nouveau détail; 1º, afin de rendre les deux parties de la Tactique indépendantes: 2º, parce qu'une double explication qui admet d'autres termes, rend plus facile l'intelligence des évolutions: 3º, enfin parce que les ſignaux mis à la première Partie y auroient été déplacés, & qu'il étoit tout-à-fait à propos d'expliquer les évolutions, en leur appliquant les Signaux par leſquels on les exécute.

C'eſt au Chapitre V que commencent proprement les Evolutions. On y remarquera la diſtinction des Eſcadres par les Signaux des mâts qu'on leur a affectés, ayant particuliérement deſtiné le mât de miſaine aux Signaux de l'avant-garde; le grand mât aux Signaux du corps de bataille, & le mât d'artimon aux Signaux de l'arriere-garde; enfin la vergue d'artimon aux Signaux qui regardent toute l'armée; les uns & les autres toutefois en certaines circonſtances que l'on a expliquées. On remarquera encore que l'on y fait faire (comme dans les Chapitres précédents), à l'Amiral, au Vice-Amiral & au Contre-Amiral, en un mot à chacun des Généraux les Signaux de son Escadre par l'impossibilité physique qu'il y a qu'un Amiral, en quelque poste qu'il soit, puisse faire par lui-même ou par ses Répétiteurs des Signaux distincts, & qui puissent être apperçus de toute une grande armée, dont quelques parties ont souvent différents mouvements à exécuter; ce qui n'empêche pas que dans une moindre armée comme de 20 ou 25 Vaisseaux, un Général ne puisse commander tous les mouvements; quoique je pense qu'il est toujours plus sûr que le Général se contente d'indiquer le mouvement, & que chaque Commandant d'Escadre ou Chef de Division prévenu commande le mouvement particulier de son Escadre, & réponde de son exécution.

Le Chapitre XIV partagé en quatre Sections, traite des Signaux de nuit. Plusieurs des avertissements répandus dans les Chapitres précédents regardent également la nuit; mais ce temps où l'ordre dans les mouvements est toujours très-difficile à observer, a exigé des avertissements particuliers qui font l'objet de la première Section, dans laquelle il faut principalement faire attention aux articles 239, 240 & 255, dont il n'est pas nécessaire de faire ici l'analyse; il suffit d'y recourir.

Dans la Section II, l'Article 286 sur la fausse route est de conséquence.

Les Sections III & IV ne font que de manœuvres.

Le Chapitre XV traite des Signaux de jour ou de nuit pour le temps de brume, & commence par des avertissements généraux, qui sont d'autant plus de conséquence que la brume rend toujours extrêmement difficile l'observation de l'ordre & des Signaux. On n'a point négligé d'indiquer dans ce Chapitre différents moyens propres à faciliter, autant qu'il se peut, les mouvements, & à éloigner les accidents de l'abordage dont on est toujours menacé dans ce moment critique de la navigation.

A la suite du second Livre, on a donné une Table Alphabétique des matieres traitées dans tout l'Ouvrage. Cette Table indique par les chiffres des colonnes qui portent en tête

Table des Matieres.

Évolutions, *Signaux*, *Figures*, quels font les articles ou les figures qui ont rapport aux matieres dont on cherche l'explication, ce qui rend cette Table très-commode.

C'eft auffi pour la plus grande intelligence de l'Ouvrage & la facilité du lecteur que l'on a marqué à la marge des Évolutions l'article des Signaux & la figure qui y ont rapport, de même que l'on a marqué en marge du Livre des Ordres & Signaux, l'Évolution & la figure; & que l'on a également coté les figures du numéro de l'article des Évolutions ou des Signaux dont elles font l'objet. Enforte que fi l'on veut favoir ce que fignifie une figure, par exemple, la trente-unieme, on voit qu'il en eft queftion à l'article 34 des Évolutions & à l'article 114 des Signaux. Je ne crois pas que, malgré la commodité de ces derniers renvois, on en ait fait encore ufage dans aucun livre.

Table des Signaux de jour. La Table des Signaux de jour, comprend premiérement les trois pavillons invariables, blanc, blanc & bleu, & bleu affectés aux Généraux, & à la diftinction de leur Efcadre dans une grande armée, mais que l'on peut auffi employer aux Signaux. Elle comprend de plus 31 pavillons dont on a fait ufage: on n'a donné à ces Signaux que fix pofitions différentes, ce que l'on a penfé être plus commode & rendre les fignaux plus diftincts que de multiplier les pofitions en diminuant le nombre des pavillons. Ainfi le pavillon pofé, par exemple, à la tête du grand mât, au grand hunier, ou au grand perroquet, fera le même fignal.

On n'a point déterminé de couleurs aux pavillons de Signaux 1 - 33, pour donner la facilité de changer les Signaux chaque jour, fi l'on veut. Car formant un tableau de Signaux dont les cafes du haut feront numérotées, fi l'on met derriere les cafes à jour une couliffe fur laquelle on peigne les pavillons de Signaux, on fent bien qu'en pouffant plus ou moins la couliffe, une autre couleur fe trouvera vis-à-vis le même numero.

C'eft, relativement à cet objet, que dans le corps du difcours on n'a jamais exprimé le Signal que par un numéro de renvoi écrit à la marge de l'article; & en effet, qu'eft-il befoin d'exprimer la couleur ou l'efpece du Signal dans l'explication d'un mouvement?

mouvement? De la maniere dont on les a écrits, le fond du difcours & de l'inftruction peut fubfifter avec tous les changements d'expreffions.

On n'a employé que neuf flammes; & comme elles peuvent avoir douze pofitions d'ufage, & fuffifamment diftinctes, elles ont rempli tout l'objet qu'on avoit.

Tous les Signaux de pavillon ou de flamme renvoient aux articles.

La Table des Signaux de canon eft précédée de remarques fuffifantes fur leur ufage. Signaux de Canon.

Cette Table eft partagée en fix colonnes dont la premiere eft le numéro des Signaux, & il y en a 63 différents, fuivant la combinaifon dont fix coups de canon peuvent être fufceptibles en les tirant 1 à 1, 2 à 2, 3 à 3, &c, féparément ou coup fur coup. C'eft une précifion à laquelle on peut parvenir avec un peu d'attention, & qui eft préférable à l'ufage d'un plus grand nombre de coups.

La 2e colonne préfente le Signal de canon; c'eft-à-dire, le nombre & la maniere de tirer les coups.

La 3e eft l'objet du Signal.

La 4e, 5e & 6e renvoient aux articles des fignaux de jour, de nuit ou de brume.

La Table des Signaux de nuit eft précédée d'une courte obfervation fur la combinaifon des Signaux de feux : elle eft divifée en huit colonnes. Signaux de Nuit.

La premiere eft le numéro des Signaux fuivant l'ordre de la combinaifon.

La 2e eft la combinaifon des Signaux, exprimée par des lettres auxquelles on a été obligé d'avoir recours pour la fuivre avec plus de facilité. Ces lettres prifes 1 à 1, 2 à 2, 3 à 3, &c, ont fourni 215 Signaux différents que l'on a écrits par ordre, quoiqu'on ne les ait pas tous employés. On pourroit fans doute fupprimer cette colonne, de même qu'on abat les échafaudages d'un édifice conftruit; mais comme elle fert à montrer l'ordre de la combinaifon, on a cru devoir la conferver, quoiqu'on ne dût pas l'employer dans un livre d'Ordres & de Signaux à diftribuer à une Efcadre. **N**

On place ordinairement les fanaux de Signaux dans les haubans de trois mâts majors ; & comme on a fait ufage de fufées de trois garnitures différentes , on a fuppofé que l'ufage de chaque garniture répondoit à l'application des fanaux à un mât différent , & conféquemment que l'emploi d'un nombre de fanaux ou l'envoi d'un nombre égal de fufées étoient le même Signal qui fe trouve confirmé par ce rapport ; ce qui eft d'autant plus effentiel , qu'on ne peut prendre trop de précautions pour qu'on ne fe trompe point aux Signaux de nuit.

Les 3ᵉ , 4ᵉ & 5ᵉ colonnes indiquent le nombre de fanaux placés à un mât , ou un nombre égal de fufées de la gàrniture marquée à la tête de la colonne. On`doit obferver d'envoyer les fufées dans l'ordre qu'elles font écrites dans la Table.

La 6ᵉ colonne eft le numéro du Signal de canon que l'on peut ajouter au Signal de feux.

La 7ᵉ indique l'objet du Signal.

La 8ᵉ renvoie à l'article des Signaux de nuit.

Signaux particuliers de Nuit. Mais parce qu'il eft d'ufage de placer des fanaux de Signaux en d'autres lieux que dans les haubans des mats , on a donné ces Signaux comme une fuite des autres , fous le titre de *Signaux particuliers de nuit* , ce que la Table explique fuffifamment.

Signaux pour le temps de Brume. Les Signaux pour le temps de brume font de l'efpece que l'on peut appeller avec Végece , *Vocaux* & *Demi-Vocaux* , & auxquels on peut ajouter le bruit du canon & de la moufqueterie. On a écrit ces Signaux par ordre alphabétique dans la Table que l'on en a dreffée en 4 colonnes.

La 1ᵉ eft le numéro du Signal.

La 2ᵉ eft le numéro du Signal de canon ajouté au Signal ordinaire de brume.

La 3ᵉ eft l'efpece de Signal de brume , que l'on trouvera fouvent accompagné de quelques coups de canon pour le confirmer ou pour y faire faire plus d'attention.

La 4ᵉ indique l'article où le Signal eft employé.

Planches & Figures. On avoit été tenté d'abord d'imiter les Planches des Évolutions du P. Hofte qui les repréfente par des Vaiffeaux fous voile ;

mais il a paru enfuite, que fi l'on ôtoit au Traité de Tactique, cette efpece d'embelliffement ou de richeffe, on gagnoit beaucoup par la netteté de l'expreffion de fimples lignes qui montrent mieux la route & l'arrangement refpectif des Vaiffeaux repréfentés par la coupe d'une carene, dont la partie plus large & la pointe indiquent la proue, & l'autre extrémité plus étroite & terminée prefque quarrément fait connoître la pouppe.

Les lignes courbes, comme on en voit dans les Figures 36, 37, 38, 39, &c, marquent le mouvement en avant d'un Vaiffeau qui vient au lof, ou qui arrive.

Le lit du vent eft marqué par la direction d'une fleche.

Les Figures font accompagnées de lettres majufcules & fouvent de petites lettres de même dénomination ; celles-ci indiquent les mêmes Vaiffeaux, mais qui ont fait un mouvement.

On trouvera à l'Article 37 du premier Livre, ce qu'expriment les lettres écrites, pour ainfi dire, en fractions.

Les Figures font cotées de leur numéro & de ceux de l'article des Évolutions & des Signaux auxquels elles ont rapport ; c'eft une facilité pour les renvois, comme on l'a dit en parlant de la Table des Matieres.

CHAPITRE PREMIER.

Des Signaux en général, et de la distinction des Vaisseaux de l'Armée.

SECTION PREMIERE.

Des Signaux en général.

1. De l'usage des Signaux.

C'est par l'usage convenu & la combinaison des signaux, dont le Général donne un Mémoire aux Capitaines de l'armée, qu'il leur fait connoître ses ordres ; & que les Capitaines savent précisément le jour, la nuit, & en temps de brume, la route, la manœuvre & le mouvement que doit faire l'armée ; ainsi les Capitaines prendront une parfaite connoissance des signaux, & ils auront une attention toute particuliere, à ce que les Officiers qui font fous leurs ordres lisent souvent les évolutions & les signaux.

Les Officiers prendront une grande connoissance des évolutions & des signaux.

2. Choix des Pavillons de Signaux.

Dans le choix des pavillons pour signaux, il est à propos d'employer, du moins pour les manœuvres de conséquence, ceux qui seront plus remarquables, & de les placer dans le lieu où ils seront mieux apperçus, évitant,

autant qu'il fe pourra, de les mettre au bâton d'enfeigne,
fi ce font des pavillons de Nation, à caufe de la méprife.

Pavillons na-
tionnaux d em-
barquer.

Il fera néanmoins très-bon d'embarquer les pavillons des
principales nations commerçantes, & particuliérement de
celles avec qui on eft en guerre ou dont on doit parcourir les
côtes. Il y a des occafions où ces pavillons peuvent fervir à
fe déguifer, & à faire venir des Pilotes, ou quelques fecours
à bord.

Nombre des
Pavillons de
Signaux.

A l'égard du nombre de pavillons dont le Général fe fervira pour défigner les mouvements, il eft néceffaire que
chacun foit indiqué par un pavillon différent. Car il eft fans
doute plus fûr de fe fervir d'un plus grand nombre de pavillons différents, & de les placer dans un petit nombre
d'endroits apparents, que d'employer moins de pavillons au
rifque de fe méprendre par une pofition qui ne feroit pas
affez diftincte.

Ce n'eft point multiplier inutilement les pavillons que
d'en avoir deux différents pour l'ordre de bataille, & deux
pour l'ordre de marche, favoir, un pour le bord dont le
Général tient l'amure au moment où il met le pavillon de
fignal, & le fecond pour l'autre bord; parce que tous les
Bâtiments qui fuivent l'armée, ne pouvant pas toujours, à
caufe de leur difperfion ou de leur éloignement, évoluer
en même temps qu'elle, ils feront du moins prévenus du
mouvement qui fera exécuté, & ils pourront manœuvrer
en conféquence pour gagner leur pofte, & le vent, s'il eft
néceffaire.

3. *Pofition des Signaux.*

C'est à la pofition des fignaux vexillaires & de ceux
que l'on fait avec les fanaux, que l'on doit le plus ou le
moins de facilité que l'on a à les obferver. Les pavillons
en général, & toujours pour les manœuvres de conféquence,
doivent être mis au haut des mâts & au-deffus des voiles;
de même les fanaux doivent être élevés, diftants les uns

des autres au moins d'une braffe, & être placés de maniere à n'être point cachés par la voilure.

Signaux par les mâts. On réferve dans la fuite de ce Traité la vergue d'artimon pour les fignaux de pavillons qui regarderont toute l'armée; le mât de mifaine pour l'avant-garde ou la colonne du vent; le grand mât pour le corps de bataille ou la colonne du milieu; & le mât d'artimon pour l'arriere-garde ou la colonne de fous-le-vent, du moins dans les grands mouvemens d'évolution : ainfi l'exception * à cette regle générale ne regardera qu'un petit nombre de manœuvres. *Voyez Art. 77. ci-après.*

On peut dans quelques circonftances faire des fignaux au bâton d'enfeigne de pouppe; on en pourra faire auffi quelques-uns au bâton de beaupré.

Diftance entre les coups de canon de fignaux, & l'envoi des fufées. On peut comprendre, fous le titre de la pofition des fignaux, l'efpace de temps que l'on doit mettre entre l'envoi des coups de canon & des fufées, afin que l'on puiffe diftinguer leur nombre & leur mefure. On mettra quinze fecondes entre les coups de canon tirés lentement & à diftance égale de temps, & cinq fecondes pour la diftance de ceux tirés coup fur coup. Pour bien exécuter ces fignaux, on aura toujours plufieurs pieces de canon prêtes à tirer, & on accoutumera les Canonniers à compter également une fuite de nombres pour mefurer exactement la diftance des coups. On obfervera la même mefure de temps pour l'envoi des fufées.

4. *Changer les Signaux.*

QUOIQUE l'objet des fignaux foit en général toujours le même pour les étrangers comme pour nous, il eft cependant convenable de changer les fignaux toutes les campagnes. On pourroit même les changer plufieurs fois pendant le cours de chacune. Il fe préfente pour cela plufieurs moyens, parmi lefquels un des plus fimples eft de numéroter les cafes des pavillons; car en changeant feulement l'ordre des numéros, fuivant un arrangement dont le Général préviendra les Capitaines, comme en les avançant ou les recu-

lant de quelques rangs , les signaux feront entiérement
changés d'une maniere très-facile ; ce que l'on peut également faire chaque campagne en changeant la couleur des
pavillons, fans toucher au fond de l'inftruction. C'eft pour
cela qu'on a laiffé les pavillons en blanc dans les cafes de
la table des fignaux qui les repréfente , & qu'on les a feulement indiqués par leur numéro dans la fuite des ordres
& des évolutions.

5. Signaux numéraires.

On donne íci le nom de *Signal numéraire* à celui par
lequel on indique des nombres. Plufieurs circonftances rendent cette forte de fignal néceffaire; comme pour faire connoître le nombre de Vaiffeaux apperçus ; les braffes d'eau
que l'on a trouvées en fondant ; les degrés de latitude & de
longitude ; enfin l'article des évolutions ou du livre des
fignaux dont le Général veut faire exécuter l'ordre ou le

Leur ufage peut rendre inutile la multiplicité des fignaux. mouvement. Dans ce dernier cas le Général, connoiffant
l'attention & l'expérience de fes Capitaines , après avoir
indiqué l'article de l'évolution, pourra fe difpenfer de marquer les temps des mouvements particuliers , ce qui réduit
les fignaux à un très-petit nombre d'expreffions, foit de jour
foit de nuit. Et fi le Général veut enfuite marquer les différents temps de l'évolution , deux pavillons quelconques
placés alternativement en quelque endroit que ce foit , fuffi-
ront à les indiquer de jour , & on le fera la nuit avec quelques fufées , ou coups de canon. On peut ainfi fe fervir
très - avantageufement des fignaux numéraires.

6. Diftribution & Tableau des Signaux.

Le Général fera diftribuer les fignaux aux Vaiffeaux de
l'armée , auffi-tôt qu'il fera en rade. Le livre des fignaux
ayant été vérifié par le Major de l'armée , le Capitaine commandant chaque Vaiffeau fera faire, le plutôt qu'il fe pourra,

un tableau des fignaux tant de jour que de nuit & de brume, employés pour chaque ordre avec les renvois néceffaires pour trouver dans le livre des fignaux ce qu'ils expriment chacun fuivant fa pofition ou fon efpece.

Les cafes du tableau des pavillons feront numérotées, & les facs dans lefquels ils feront pliés feront marqués du même numéro. Ils le feront en outre d'une empreinte qui repréfentera le pavillon qu'ils renfermeront; & ils feront rangés par ordre numéraire au corps-de-garde, fous le gaillard d'arriere, ou en quelque endroit commode du Vaiffeau, pour qu'on puiffe les trouver dans le moment précis où l'on en aura befoin.

7. *Secret fur les Ordres & Signaux.*

Si c'est une néceffité que les fignaux foient publiquement connus dans le Vaiffeau, excepté ceux de reconnoiffance & quelques fignaux particuliers, l'abus qui en peut réfulter eft une loi pour le Capitaine de n'en point laiffer prendre de copie, du moins indifféremment. Le Capitaine tiendra encore plus fecretes les inftructions de la Cour fur les opérations de la campagne & les projets : il les jettera lui-même à la mer de même que les fignaux, fi le Vaiffeau eft forcé de fe rendre à l'ennemi; & il ne referyera que l'ordre du Roi qu'il a de commander.

8. *Repétition des Signaux.*

L'ÉTENDUE de l'armée, le feu & la fumée dans un combat, ou d'autres circonftances dans la navigation, ne permettant pas toujours que les fignaux du Général foient apperçus de toute l'armée, ils feront toujours repétés par les Commandants des Efcadres, par les Vaiffeaux repéti-teurs, & par le Vaiffeau auquel le fignal s'adreffe quand il n'eft que pour un feul. Ainfi le Général connoîtra que le fignal a été apperçu; & celui à qui il a été fait répondra de l'exécution de l'ordre.

Les répétiteurs & le Vaiffeau auquel le fignal s'adreffe le répéteront.

Les

Les répétiteurs, autres que les Commandants d'Efcadre ou Chefs de divifion, font ordinairement des Frégates qui fe tiennent au vent ou fous le vent de la ligne ou des colonnes, & à portée des Commandants, pour obferver leurs fignaux, les répéter & leur rendre ceux qui s'adreffent à eux, recevoir les ordres des Généraux, & les porter ou tranfmettre à la ligne.

Les répétiteurs feront très-vigilants & très-prompts à répéter les fignaux, afin que les Vaiffeaux de l'armée prévenus exactement des mouvements à exécuter, s'y préparent fans en différer jamais l'exécution.

Il eft en même temps à obferver que dans les évolutions, les répétiteurs du Général, ceux de l'Efcadre qui doit faire le mouvement, & les Officiers Généraux ou Chefs de divifions de cette Efcadre feront feuls à répéter les fignaux. Ainfi une Efcadre ne répétera point les fignaux faits pour un autre mouvement que celui qu'elle doit exécuter, excepté dans quelques cas particuliers où les fignaux doivent être communiqués le long de la ligne: tels font ceux qui s'adreffent à un Vaiffeau de l'extrémité de la ligne. De même fi un Vaiffeau éloigné faifoit un fignal, & que les répétiteurs ne l'apperçuffent point, les Vaiffeaux plus à portée de le faire connoître le répéteront, & défigneront, s'il eft néceffaire, le Vaiffeau d'où il fera parti.

Pour garder quelque ordre dans la répétition des fignaux, & en favorifer la tranfmiffion fans confufion depuis le Vaiffeau qui les fera jufqu'au terme où ils doivent parvenir, les Commandants d'Efcadre répéteront après l'Amiral ; les Chefs de Divifion, fuivant leur ordre dans la ligne, après les Commandants d'Efcadre ; les Vaiffeaux particuliers après les Chefs de divifion ; & ceux-ci après les Vaiffeaux particuliers dans l'ordre rétrograde.

O

SECTION II.

Partage de l'Armée en Efcadres & Divifions.
Diftinction des Vaiffeaux de l'Armée.

9. *Partage de l'Armée en Efcadres & Divifions. Diftinction des Généraux.*

De quelque nombre de Vaiffeaux qu'une armée foit compofée, on la partage toujours en trois corps principaux que l'on diftingue par la couleur ou par la pofition du pavillon de commandement.

Si l'armée eft confidérable, on partage encore chaque Corps ou Efcadre en trois divifions.

Pour donner une idée du partage de l'armée & de la diftinction des Efcadres, des Divifions, & des Vaiffeaux particuliers, on fuppofe ici l'armée de 63 Vaiffeaux de ligne, non compris les Frégates, les Brûlots & les Bâtiments de charge.

Chaque corps fera de 21 Vaiffeaux, & il y aura fept Vaiffeaux dans chaque Divifion.

Amiral. L'Amiral qui commande toute l'armée, commande en particulier le corps de bataille, ou l'Efcadre blanche. *Pavillon quarré blanc au bâton de commandement du grand perroquet.*

Vice-Amiral. Le Vice-Amiral commande l'avant-garde, ou l'Efcadre blanche & bleue. *Pavillon mi-patti blanc & bleu au grand perroquet.*

Contre-Amiral. Le Contre-Amiral commande l'arriere-garde, ou l'Efcadre bleue. *Pavillon quarré bleu au grand perroquet.*

Puifque chaque corps dans une grande armée eft partagée en trois divifions, on conçoit que chacun de ces corps a fon Amiral, fon Vice-Amiral & fon Contre-Amiral; ils font diftingués par la pofition du pavillon affecté à chaque Efcadre.

Chef de divi-
fion du centre.

Le Commandant de la premiere divifion ou de la divifion du centre, qui eft le Commandant même de l'Efcadre, porte au bâton de commandement du grand perroquet le pavillon de diftinction & la couleur de fon Efcadre.

Pavillon au bâton de commandement du grand perro-quet.

Chef de la fe-
conde Divifion.

Le Chef de la feconde Divifion, comme Vice-Amiral, porte au bâton de commandement d'avant le pavillon & la couleur de fon Efcadre.

Pavillon au bâton de commandement du petit perroquet.

Chef de la troi-
fieme divifion.

Le Chef de la troifieme Divifion, comme Contre-Amiral, porte au bâton de commandement d'arriere le pavillon & la couleur de fon Efcadre.

Pavillon au bâton de commandement du perroquet d'arti-mon.

Si ces Chefs de Divifions ne font point Officiers-Généraux, on peut, pour les diftinguer, leur faire porter une banderole guindée en pavillon de la couleur de l'Efcadre, beaucoup moins longue & un peu plus large qu'une flamme, mais un peu plus longue & moins large qu'un pavillon de commandement, ou la flamme de l'Efcadre fans girouette au-deffus.

10. *Diftinction particuliere des Vaiffeaux de chaque Divifion.*

CHAQUE Divifion fera diftinguée par la pofition & la couleur d'un pavillon ou d'une flamme propre à chaque Efcadre. Et tous les Vaiffeaux ne portant point de marque de diftinction pourront porter, outre la flamme qui indique leur Divifion, trois girouettes d'une couleur affectée à leur rang dans la Divifion. Il eft à propos que ces girouettes, dont la combinaifon pourroit marquer un plus grand nombre de Vaiffeaux, s'il étoit néceffaire, foient d'une largeur double de ce qu'elles ont ordinairement, afin qu'elles foient mieux apperçues. Rien de ce qui peut fignaler un Vaiffeau n'eft indifférent. Les Vaiffeaux portant pavillon, pourront avoir des girouettes fimples, parce qu'ils font affez reconnus par leur marque de diftinction.

Distribution & couleurs des Pavillons, Flammes & Girouettes d'une Armée de 63 Vaisseaux de ligne.

	Girouettes doubles.	Flamme Blanche & Bleue.	Pavillon mi-parti Blanc & Bleu.

AVANT-GARDE.

II. Division de l'Avant.
- 1er Vaisseau. Blanches.
- 2. Blanches & bleues. } Petit Perroquet.
- 3. Blanches & rouges.
- 4. Rouges simples.
- 5. Bleues
- 6. Bleues & rouges. } Petit Perroquet.
- 7. Rouges.

Vice-Amiral de l'Escadre Blanche & Bleue. *Petit Perroquet.*

I. Division de l'Avant.
- 1. Blanches.
- 2. Blanches & bleues. } Grand Perroquet.
- 3. Blanches & rouges.
- 4. Rouges simples.
- 5. Bleues
- 6. Bleues & rouges. } Grand Perroquet.
- 7. Rouges.

Amiral de l'Escadre Blanche & Bleue. Vice-Amiral de l'Armée. *Grand Perroquet.*

III. Division de l'Avant.
- 1. Blanches.
- 2. Blanches & bleues. } Perroquet d'artimon.
- 3. Blanches & rouges.
- 4. Rouges simples.
- 5. Bleues
- 6. Bleues & rouges. } Perroquet d'artimon.
- 7. Rouges.

Contre-Amiral de l'Escadre Blanche & Bleue. *Perroquet d'artimon.*

	Girouettes doubles.	Flamme Blanche.	Pavillon Blanc.

CORPS DE BATAILLE.

II. Division du Centre.
- 1. Blanches.
- 2. Blanches & bleues. } Petit Perroquet.
- 3. Blanches & rouges.
- 4. Blanches simples.
- 5. Bleues.
- 6. Bleues & rouges. } Petit Perroquet.
- 7. Rouges.

Vice-Amiral de l'Escadre Blanche. *Petit Perroquet.*

I. Division du Centre.
- 1. Blanches.
- 2. Blanches & bleues. } Grand Perroquet.
- 3. Blanches & rouges.
- 4. Blanches simples.
- 5. Bleues
- 6. Bleues & rouges. } Grand Perroquet.
- 7. Rouges.

Amiral de l'Armée. *Grand Perroquet.*

III. Division du Centre.
- 1. Blanches.
- 2. Blanches & bleues. } Perroquet d'artimon.
- 3. Blanches & rouges.
- 4. Blanches simples.
- 5. Bleues.
- 6. Bleues & rouges. } Perroquet d'artimon.
- 7. Rouges.

Contre-Amiral de l'Escadre Blanche. *Perroquet d'artimon.*

Girouettes doubles.   *Flamme Bleue.*   *Pavillon Bleu.*

ARRIERE-GARDE.

III. DIVISION DE L'ARRIERE.
1. Blanches . . . . . .
2. Blanches & bleues. } Perroquet d'artimon.
3. Blanches & rouges. }
4. Bleues fimples. . . . . Contre-Amiral de l'Efcadre Bleue. *Perroquet d'artimon.*
5. Bleues . . . .
6. Bleues & rouges. . } Perroquet d'artimon.
7. Rouges. . . . . . .

I. DIVISION DE L'ARRIERE.
1. Blanches . . . . . .
2. Blanches & bleues. } Grand Perroquet.
3. Blanches & rouges. }
4. Bleues fimples. . . . . Amiral de l'Efcadre Bleue. Contre-Amiral de l'Armée. *Grand Perroquet.*
5. Bleues. . . . . . .
6. Bleues & rouges. . } Grand Perroquet.
7. Rouges. . . . . . .

II. DIVISION DE L'ARRIERE.
1. Blanches . . . . . .
2. Blanches & bleues. } Petit Perroquet.
3. Blanches & rouges. }
4. Bleues fimples . . . . Vice-Amiral de l'Efcadre Bleue. *Petit Perroquet.*
5. Bleues. . . . . . .
6. Bleues & rouges. . } Petit Perroquet.
7. Rouges. . . . . .

II. *Diftinction particuliere des Frégates, Brûlots & Bâtiments de charge.*

Frégates.

LES Frégates & les Brûlots de l'armée feront auffi diftingués par la flamme de l'Efcadre portée au mât qui indiquera en même temps leur Divifion. Les Frégates pourront porter de plus des girouettes fimples de la couleur de celles de leur Commandant.

Brûlots.

Les Brûlots dont deux girouettes feront rouges & fimples, feront caractérifés par une double girouette de la couleur de leur Efcadre mife au mât qui indique leur Divifion.

Bâtiments de charge.

Les Bâtiments de charge feront diftingués par une double girouette de la couleur de l'Efcadre portée au mât qui indique la Divifion par le travers de laquelle ils doivent fe trouver dans les ordres de marche ou de bataille. Les deux autres girouettes feront bleues.

12. *Flamme particuliere de Reconnoiſſance & de Signalement de chaque Vaiſſeau.*

LA diſtinction des deux articles précédents caractériſe & fait connoître chaque Vaiſſeau de l'armée. Et par le ſignal particulier ſuivant, chacun ſera averti qu'il y a quelque ordre à lui donner, ou que le ſignal de mouvement & de manœuvre qui accompagne la flamme, s'adreſſe à lui.

On peut affecter une flamme particuliere à chaque Diviſion, & donner en même temps une poſition de flamme différente au premier, au ſecond, &c, Vaiſſeau de chacune d'elles; obſervant que chaque premier, ſecond, &c, Vaiſſeau ait la même poſition. Ainſi les Vaiſſeaux ſeront ſignalés ſans mépriſe; une des deux obſervations de la flamme ou de la poſition réveillant ſur l'autre l'attention des ſeuls Vaiſſeaux à qui cette partie du ſignal eſt commune.

On deſtinera de même des flammes pour les Frégates, Brûlots & Bâtiments de charge.

Diſtribution des Flammes de Signalement des Vaiſſeaux de ligne d'une Armée de 63 Vaiſſeaux.

			Flamme.	Vergue.
AVANT-GARDE.	II. DIVISION DE L'AVANT.	Premier Vaiſſeau.	N°. 4.	Petit Hunier.
		2.	id.	Miſaine.
		3.	id.	Grand Hunier.
		4.	id.	Grand Perroquet.
		5.	id.	Grande Vergue.
		6.	id.	Vergue de fougue.
		7.	id.	Vergue ſeche.
	I. DIVISION DE L'AVANT.	Premier Vaiſſeau.	N°. 2.	Petit Hunier.
		2.	id.	Miſaine.
		3.	id.	Grand Hunier.
		4.	id.	Grand Perroquet.
		5.	id.	Grande Vergue.
		6.	id.	Vergue de fougue.
		7.	id.	Vergue ſeche.
	III. DIVISION DE L'AVANT.	Premier Vaiſſeau.	N°. 5.	Petit Hunier.
		2.	id.	Miſaine.
		3.	id.	Grand Hunier.
		4.	id.	Grand Perroquet.
		5.	id.	Grande Vergue.
		6.	id.	Vergue de fougue.
		7.	id.	Vergue ſeche.

	Flamme.	Vergue.

CORPS DE BATAILLE.

II. DIVISION DU CENTRE.

	Flamme.	Vergue.
Premier Vaisseau.	No. 6	Petit Hunier.
2.	id.	Misaine.
3.	id.	Grand Hunier.
4.	id.	Grand Perroquet.
5.	id.	Grande Vergue.
6.	id.	Vergue de fougue.
7.	id.	Vergue seche.

I. DIVISION DU CENTRE.

	Flamme.	Vergue.
Premier Vaisseau.	No. 1	Petit Hunier.
2.	id.	Misaine.
3.	id.	Grand Hunier.
4.	id.	Grand Perroquet.
5.	id.	Grande Vergue.
6.	id.	Vergue de fougue.
7.	id.	Vergue seche.

III. DIVISION DU CENTRE.

	Flamme.	Vergue.
Premier Vaisseau.	No. 7	Petit Hunier.
2.	id.	Misaine.
3.	id.	Grand Hunier.
4.	id.	Grand Perroquet.
5.	id.	Grande Vergue.
6.	id.	Vergue de fougue.
7.	id.	Vergue seche.

	Flamme.	Vergue.

ARRIERE-GARDE.

III. DIVISION DE L'ARRIERE.

	Flamme.	Vergue.
Premier Vaisseau.	No. 8	Petit Hunier.
2.	id.	Misaine.
3.	id.	Grand Hunier.
4.	id.	Grand Perroquet.
5.	id.	Grande Vergue.
6.	id.	Vergue de fougue.
7.	id.	Vergue seche.

I. DIVISION DE L'ARRIERE.

	Flamme.	Vergue.
Premier Vaisseau.	No. 3	Petit Hunier.
2.	id.	Misaine.
3.	id.	Grand Hunier.
4.	id.	Grand Perroquet.
5.	id.	Grande Vergue.
6.	id.	Vergue de fougue.
7.	id.	Vergue seche.

II. DIVISION DE L'ARRIERE.

	Flamme.	Vergue.
Premier Vaisseau.	No. 9	Petit Hunier.
2.	id.	Misaine.
3.	id.	Grand Hunier.
4.	id.	Grand Perroquet.
5.	id.	Grande Vergue.
6.	id.	Vergue de fougue.
7.	id.	Vergue seche.

13. *Diſtinction des Eſcadres & des Diviſions par les Mâts.*

QUOIQUE les pavillons de diſtinction des Officiers Généraux marquent leur rang de commandement dans l'armée, ils n'indiqueront pas invariablement le rang de l'Eſcadre à laquelle le Général pourra faire occuper différents poſtes dans la ligne. Ainſi le Général ayant affecté, comme on a dit (Art. III.) le mât de miſaine aux ſignaux du corps de l'armée qui ſera l'avant-garde ou la colonne du vent, le grand mât au corps de bataille ou à la colonne du milieu, & le mât d'artimon à l'arriere-garde ou à la colonne de ſous-le-vent, cela doit s'entendre du corps qui occupe actuellement un de ces poſtes, ou du corps qui le doit occuper par la ſuite de l'évolution, & dont le Général aura mis le pavillon de diſtinction à ce mât. Ceci s'éclaircira dans l'uſage des ſignaux. Mais pour en donner ici une premiere idée, ſi le Général met, par exemple, à ſon perroquet d'artimon le pavillon mi-parti blanc & bleu, qui déſigne le Vice-Amiral qui commande l'avant-garde dans l'ordre naturel, ce Commandant eſt averti par cette poſition de pavillon que ſon Eſcadre eſt deſtinée à faire l'arriere-garde ou la colonne de ſous-le-vent, parce que ſon pavillon de diſtinction eſt au mât qui indique ce poſte. Et tous les ſignaux faits alors au mât de perroquet d'artimon ſous ce pavillon, ou quand le pavillon ſera amené, tant que l'ordre ſubſiſtera, regarderont ce même corps qui change ou qui a changé de poſte. Cependant les ſignaux, les flammes, & les diſtinctions particulieres des Vaiſſeaux de l'armée ne changeront point.

Les Officiers Généraux ne quitteront point le pavillon attribué à leur rang. On obſervera, à l'égard de la diſtinction des Eſcadres & des Diviſions par les mâts, que les Généraux ne pouvant jamais quitter le pavillon attribué à leur rang dans l'armée, ce ſera toujours par un ſecond pavillon de même couleur mais plus petit, & placé ſeulement à la tête du perroquet, & par conſéquent plus bas que le pavillon de diſtinction

qui

qui eſt au bâton de commandement de ce mât, que le Gé-néral déſignera le changement d'Eſcadre. Ainſi dans l'exemple que l'on vient de rapporter, le Vice-Amiral de l'armée averti par le Général qu'il doit faire l'arriere-garde ou la colonne de ſous-le-vent, & répétant le ſignal, ne mettra pas ſon pavillon de commandement au bâton de perroquet d'artimon, parce que ſon Contre-Amiral blanc & bleu y porte le ſien ; mais ſans amener le pavillon de diſtin-ction qui lui eſt propre, il mettra au-deſſous du bâton de commandement d'artimon un autre petit pavillon de même couleur pour ſignal.

On obſervera encore que les mâts qui déſignent les trois principaux corps de l'armée, déſigneront auſſi les trois Divi-ſions de chacun de ces corps dans les cas particuliers où un Commandant fera manœuvrer ſa ſeule Eſcadre, & lorſque ces mâts porteront la marque de diſtinction de ces mêmes Diviſions.

Deſtination générale des Signaux des Mâts.

Vergue d'Artimon.	{ Toute l'Armée. / Une ſeule Eſcadre.
Petit Perroquet.	{ Avant-Garde. / Diviſion de l'Avant.
Grand Perroquet.	{ Corps de Bataille. / Diviſion du centre.
Perroquet d'Artimon.	{ Arriere-Garde. / Diviſion de l'Arriere.

14. Diſtinction des Canots & des Chaloupes.

Les Officiers Généraux portent par diſtinction à leurs canots, ſavoir, le Général commandant l'armée un pavillon quarré blanc au grand mât, & un pavillon blanc en avant.

Les Lieutenants-Généraux un pavillon quarré au grand mât.

Les Chefs d'Eſcadre une cornette au grand mât.

P

On pourroit imiter la diſtinction que les Anglois ont établie pour leurs Chaloupes & Canots (*Régulations and Inſtructions* , &c , pag. 12 *a* 3); & ſi les Chaloupes & Canots portoient en même temps des girouettes de la même couleur que celles de leurs Vaiſſeaux (*a* 10), tous ces Bâtiments feroient toujours reconnoiſſables, ce qui eſt ſouvent intéreſſant.

PAVILLON.

ESCADRE BLANCHE. { *Amiral.* . . . . . Blanc. . . . .

Vice-Amiral. . . { Blanc percé de bleu dans le premier quartier du Pavillon.

Contre-Amiral. . { Blanc doublement percé de bleu dans le premier quartier du Pavillon.

ESCADRE BLANCHE & BLEUE. { *Amiral.* . . . . . Mi-parti blanc & bleu. . . . .

Vice-Amiral . . . { Mi-parti blanc & bleu , la partie blanche percée de bleu dans le premier quartier.

Contre-Amiral. . { Mi-parti blanc & bleu , la partie blanche doublement percée de bleu, dans le premier quartier.

ESCADRE BLEUE. { *Amiral.* . . . . . Bleu. . . . .

Vice-Amiral . . . { Bleu percé de blanc dans le premier quartier.

Contre-Amiral. . { Bleu doublement percé de blanc dans le premier quartier.

En Avant.

Tous les Canots & Chaloupes de l'armée , autres que ceux dans leſquels les Officiers Généraux feront embarqués pourroient porter à pouppe le même pavillon que l'Officier Général porte en avant. Ainſi dans les occaſions où il eſt bon de ſavoir l'ordre de la marche des Chaloupes , elles feroient toutes diſtinguées par Eſcadres & Diviſions.

CHAPITRE II.

AVERTISSEMENTS GÉNÉRAUX : ORDRES ET SIGNAUX DE JOUR A L'ANCRE, ET SOUS VOILE.

SECTION I.

Avertiſſements généraux.

15. *Ordres & Majors.*

L'AMIRAL de chaque Eſcadre aura un Major & un Aide-Major. Le Vice-Amiral & le Contre-Amiral auront chacun un Aide-Major pour recevoir les ordres du Général, & les faire paſſer aux Vaiſſeaux de leur Eſcadre.

Les Majors tiendront un regiſtre des ordres, ils marqueront le jour, l'heure, & le nom des Officiers auxquels ils auront été donnés, & s'ils les ont reçus verbalement ou par écrit.

16. *Vaiſſeau mouillant en Rade.*

AUSSI-TÔT qu'un Vaiſſeau de l'armée ſortant du port mouillera en rade, le Capitaine commandant ledit Vaiſſeau, enverra un Officier à bord du Général prendre ſes ordres, & lui rendre compte de l'état du Vaiſſeau.

Et ſi le Vaiſſeau qui entre en rade vient du large, l'Officier de garde à bord du Vaiſſeau le plus à portée de lui, l'obligera d'envoyer un Officier rendre compte au Général, avant qu'il ait envoyé un Canot à terre. Le Major prendra

P ij

copie de fa déclaration, fi elle peut avoir quelque rapport au fervice.

17. *Garde.*

LES VAISSEAUX de l'armée obferveront le moment où le Général fera battre & relever la garde, pour s'y conformer dans leurs Vaiffeaux. Il convient, pour la commodité du fervice, que la garde foit relevée au changement de quart de midi.

Outre l'Officier de garde, il y aura toujours quelques Officiers de piquet pour aller à l'ordre, & pour s'embarquer dans les Chaloupes & Canots.

18. *Diane & Retraite.*

LA DIANE & la Retraite ne fe battent que dans les rades. La diane fert, pour ainfi dire, de réveil, & fe bat au point du jour, ou au plus tard quand on commence à diftinguer les objets autour du Vaiffeau. Alors on ne *hèle* plus les Bâtiments, & ils peuvent naviguer librement dans la rade, & s'approcher des Vaiffeaux.

Diane. Un coup de canon.

La Retraite fe bat à l'entrée de la nuit; elle doit précéder le commencement de l'obfcurité. Auffi-tôt après la retraite battue, on ne laiffe naviguer aucun Bâtiment dans la rade fans le *hèler*, s'il paffe à portée des Vaiffeaux, & fans qu'il déclare d'où il eft & où il va; on ne lui permet point d'approcher du Vaiffeau, à moins qu'il ne vienne directement à bord.

Retraite. Un coup de canon.

Les Vaiffeaux de l'armée feront attentifs à battre en même temps que le Général, & à ceffer au coup de canon.

19. *Pavillon de diftinction, de pouppe, & pavois.*

LES VAISSEAUX de l'armée obferveront le moment où le Général fera hiffer ou amener fon pavillon de diftinction,

& celui de pouppe, afin de hisser ou d'amener en même
temps les leurs. On laisse ordinairement battre les pavillons
de distinction à la pointe du jour, & on les serre à l'entrée
de la nuit.

Le pavillon de pouppe se hisse au lever du soleil; il
s'amene lorsque le soleil se couche: un Pilote de chaque
Vaisseau doit être attentif au Pavillon de pouppe du Général,
pour déployer ou serrer en même temps le sien.

Aucun Vaisseau ne mettra son pavillon, ne se pavoisera
& ne tirera de canon sans l'ordre du Général, si ce n'est dans
les cas imprévus.

20. *Ordre pour les Chaloupes & Canots.*

ON OBSERVERA dans les rades qu'il y ait toujours un
bâtiment à bord du Vaisseau pour aller à l'ordre, & pour
les cas de service ou accidents imprévus.

Officier dans les Chaloupes & Canots, contiendra les Equipages.
Il y aura toujours un Officier dans les Chaloupes ou
Canots qui iront à terre pour le service & à bord des Vaisseaux qui ne seront point de l'armée. Si ces Vaisseaux sont
étrangers, ou si les Chaloupes & Canots vont à terre en
pays étranger, il y aura toujours un Garde de la Marine
sous les ordres de l'Officier dans chacun de ces Bâtiments,
& ils ne pourront tous deux le quitter en même temps. Ils
observeront de contenir leur équipage; ils auront attention
aux questions qu'on lui fera, & ils empêcheront les réponses
indiscretes.

Chaloupe étrangere qui vient à bord.
Si une Chaloupe étrangere aborde un Vaisseau de l'armée,
l'Officier de garde ou de quart veillera sur toutes les actions
de l'équipage de ce Bâtiment.

Porter dans l'occasion le point au Général.
Toutes les fois qu'étant sous voile, il sera envoyé un Bâtiment d'un Vaisseau inférieur à bord du Commandant d'une
Escadre ou du Général, l'Officier portera *le point* du midi
précédent, rapporté au méridien de Paris, & le chemin
depuis la partance, de même que la distance ou le relevement du lieu où va l'armée.

21. *Vaiſſeaux & Ports étrangers. Lettres.*

AUCUN Vaiſſeau de l'armée n'envoiera à bord d'un Vaiſſeau qui n'en eſt pas, ſoit à la mer, ſoit en rade, ſans la permiſſion du Général : il aura beſoin de la même per- miſſion, lorſqu'étant en relâche, même dans les Ports de la nation, il enverra pour la premiere fois un Bâtiment à terre.

Et perſonne ne donnera de lettres, pour les faire paſſer par quelque moyen que ce ſoit, avant que le Général l'ait permis.

22. *Bâtiments ſuſpeĉts de contagion.*

SI l'on rencontre à la mer des Bâtiments ſuſpeĉts de contagion, ou s'il en arrive dans la rade où l'armée eſt mouillée, on tâchera de ſe mettre au vent s'il eſt néceſſaire de leur parler, & perſonne n'ira à bord de ce Bâtiment que l'on ne ſoit bien aſſûré qu'il n'y a point de contagion à craindre.

On évitera en général tout commerce avec les lieux ſuſ- peĉts de mal contagieux ; & ſi une néceſſité abſolue déter- mine à y relâcher, & que l'on ſoit obligé d'envoyer des Chaloupes à terre pour les beſoins du Vaiſſeau, on y ſa- tisfera avec toutes les précautions poſſibles, & il ne ſera jamais permis à l'Equipage d'y acheter aucune ſorte de vê- tements ni de meubles.

23. *Priſes.*

QUOIQUE l'Ordonnance concernant les priſes ſoit très- préciſe, & ne doive point être ignorée, on ne négligera point d'avertir ici que le Vaiſſeau qui aura fait une priſe, ſera ſeul à y envoyer, à moins d'un ordre exprès du Gé- néral, excepté dans le cas où le Vaiſſeau preneur n'ayant pas pu amariner la priſe, aura chargé un autre Vaiſſeau d'y envoyer, & alors celui-ci ſera le ſeul.

Equipages des Prifes. Lorfque le Général aura donné ordre de former un équipage à la prife qu'il veut conferver, les Capitaines qui doivent y contribuer, fourniront fans choix le nombre fixé pour chacun, & ils le prendront dans les derniers Officiers Mariniers ou Matelots de chaque paye infcrits fur leur rôle d'équipage, afin que la prife foit convenablement armée autant pour la fûreté de fa navigation que pour l'honneur de l'Officier chargé de la commander & de la remettre dans un des Ports du Roi.

24. *Honneurs Militaires.*

L'armée étant en rade ou à la mer, l'Officier Général commandant en chef, entrant dans le Vaiffeau qu'il montera, ou autre de fon Armée ou Efcadre, on battra aux champs, & les Soldats prendront les armes, & fe mettront en haie fur le pont.

Si c'eft un Capitaine qui commande une Efcadre, il fera fait un appel feulement, & les Soldats fe mettront en haie, & prendront les armes.

Lorfque l'Officier Général commandant en chef, paffera auprès des Vaiffeaux de l'Armée ou de l'Efcadre qu'il commandera, il fera falué feulement de la voix : favoir, l'Amiral de cinq cris de *Vive le Roi* de tout l'équipage.

Le Vice-Amiral, de trois ; mais s'il eft Pair ou Maréchal de France, il fera falué de cinq.

Le Lieutenant Général & Chef d'Efcadre, de trois.

Sa Majefté veut que ces marques d'honneur ne foient rendues qu'au feul Officier Général commandant en chef à la mer, bien qu'il s'en trouve d'autres préfents d'égale dignité.

Quant aux Capitaines particuliers d'une Armée Navale, qui iront dans les Vaiffeaux les uns des autres, il ne leur fera fait aucun falut.

L'Amiral qui fera falué de la voix, paffant dans fa Chaloupe auprès des Vaiffeaux de l'armée qu'il commandera, ne rendra aucun falut ; les autres Officiers Généraux commandant en chef en fon abfence, pourront faire rendre le falut d'un feul cri feulement par l'équipage de leur chaloupe.

Nonobftant les honneurs précédents, réglés par l'Ordonnance de 1689, Sa Majefté a permis & autorifé l'ufage qui s'eft introduit à la mer, de rappeller pour l'Officier Général qui commande en fecond, lorfque l'on bat aux champs pour le premier, & de donner la haie aux Capitaines commandants les Vaiffeaux du Roi.

25. *Saluts.*

LE ROI, par des raifons particulieres, ne jugeant point à propos de fe conformer toujours aux Saluts prefcrits dans l'Ordonnance de 1689, prévient les Officiers Généraux ou Capitaines, commandant fes Vaiffeaux, dans les inftructions qu'il leur envoie au commencement de la campagne des faluts que fes Vaiffeaux doivent demander, rendre ou refufer. Et les Vaiffeaux doivent au furplus fe conformer à l'Ordonnance dans les points auxquels Sa Majefté n'a point dérogé dans les inftructions.

Lorfqu'il y aura plufieurs Vaiffeaux de guerre enfemble, il n'y aura que le feul Commandant qui faluera.

Lorfqu'on arborera le Pavillon Amiral à bord de l'Amiral, entrant en rade, il fera falué par l'Equipage du Vaiffeau fur lequel il fera arboré, de cinq cris de *Vive le Roi*; & les autres Vaiffeaux le falueront en pliant leur pavillon fans tirer de canon.

Le Pavillon de Vice-Amiral fera feulement falué par trois cris de tout fon Équipage.

Le Contre-Amiral & les Cornettes par un cri; à l'égard des flammes, elles ne feront pas faluées.

Les Vaiffeaux du Roi portant Pavillon de Vice-Amiral & de Contre-Amiral, rencontrant en mer le Pavillon Amiral, le falueront de la voix, plieront leurs pavillons, & abaifferont leurs hautes voiles.

Le

Le Contre-Amiral, les Cornettes & autres Vaiſſeaux de guerre abordant le Vice-Amiral, le ſalueront ſeulement de la voix, en paſſant à l'arriere, pour arriver ſous le vent.

Les Vaiſſeaux de Sa Majeſté, qui ne porteront ni pavillon ni cornette, ſe rencontrant à la mer, ne ſe demanderont aucun ſalut.

Sa Majeſté ſe trouvant en perſonne dans ſes Ports ou ſur ſes Vaiſſeaux, ſera ſaluée de trois ſalves de toute l'artillerie, dont la premiere ſe fera à boulet.

Sa Majeſté défend de tirer de canon dans les occaſions de revues & de viſites particulieres qui pourroient être faites ſur ſes Vaiſſeaux. Il y a cependant des cas où Sa Majeſté en permet l'uſage en faveur des perſonnes que cet honneur rend plus reſpectables ; mais le Commandant en eſt toujours comptable.

26. *Pavillons de diſtinction, & Fanaux.*

On a parlé (Art. 9) des pavillons de diſtinction des Vaiſſeaux pour une armée nombreuſe, où il eſt eſſentiel de caractériſer les Vaiſſeaux des Généraux commandants les Eſcadres & les Diviſions : ſurquoi on obſervera que chaque Eſcadre ou Diviſion ne peut avoir qu'un ſeul pavillon de même diſtinction.

Dans les armées peu nombreuſes, l'Ordonnance de 1689 preſcrit que les pavillons d'Amiral, Vice-Amiral & Contre-Amiral, & les cornettes, ne ſeront portés que lorſqu'ils ſeront accompagnés ; ſavoir, l'Amiral de 20 Vaiſſeaux de guerre :

Le Vice-Amiral & Contre-Amiral de 12, dont le moindre de 36 canons:

Et les Cornettes de 5.

Les Vice-Amiraux, Lieutenants-Généraux & Chefs d'Eſcadre qui commanderont un moindre nombre de Vaiſſeaux, porteront une flamme ; à moins qu'ils n'aient une permiſ-

Q

fion par écrit de Sa Majefté, de porter un pavillon ou une cornette.

Lorfque plufieurs Chefs d'Efcadre fe trouveront enfemble dans une même Divifion ou Efcadre particuliere, il n'y aura que le plus ancien qui puiffe arborer la cornette ; les autres porteront une fimple flamme.

Tout Officier du Roi commandant en chef un ou plufieurs Vaiffeaux, portera une flamme au grand mât fans girouette.

L'Officier Général commandant en chef une Efcadre de 20 Vaiffeaux de guerre, portera quatre fanaux, favoir; trois fur la pouppe & un à la hune, pour la commodité de la navigation.

Le Vice-Amiral, Contre-Amiral & Chefs d'Efcadre, en porteront chacun trois à pouppe.

Tous les autres Vaiffeaux tant de guerre que de la fuite de l'armée, n'en porteront qu'un feul.

II. SECTION.

Ordres & Signaux de jour, à l'ancre & fous-voile.

27. *Appeller à l'Ordre.*

LE GÉNÉRAL de l'armée faifant fignal d'ordre ; fi les Efcadres & les Divifions ne font point encore formées, chaque Vaiffeau de guerre de l'armée enverra à bord de l'Amiral un canot avec un Major ou Aide-Major, ou autre Officier en leur défaut. Mais fi les Efcadres & les Divifions font formées, les deux Aides-Majors de l'Efcadre blanche, un Officier de chacun des Vaiffeaux de la divifion du Général, le Major de l'Efcadre blanche & bleue, & celui de la bleue viendront feuls à bord de l'Amiral de l'armée.

Flamme 1. Vergue d'artimon.

De même, le Commandant de l'avant-garde , & celui de l'arriere-garde mettant flamme d'ordre pour leur Efcadre , l'Aide-Major de chaque Divifion , & un Officier de chacun des Vaiffeaux de la premiere , fe rendront à bord du Commandant de l'Efcadre. Et lorfqu'il y aura flamme d'ordre à bord d'un chef de Divifion , les Vaiffeaux de la même divifion y enverront chacun un Officier pour recevoir l'ordre.

Flamme 2, ou 3. Vergue d'artimon.

28. *Signaler un Vaiffeau.*

Dans toutes les occafions où le Général voudra parler à un Vaiffeau , ou lui faire connoître que le fignal qu'il fait actuéllement s'adreffe à lui feul , il mettra la flamme particuliere de ce Vaiffeau (Art. 12); & fuivant la conféquence de la chofe, il tirera un coup de canon pour lui faire obferver le fignal.

Flamme particuliere. Signal 1. canon.

Le Vaiffeau fignalé répondra par fa flamme particuliere.

Le Vaiffeau fignalé mettant lui-même fa flamme particuliere de fignalement, fera , par cette réponfe, connoître au Général qu'il a apperçu le commandement.

29. *Faire obferver le Signal.*

Lorsque les Vaiffeaux de l'armée n'appercevront point le fignal, ou lorfque le Général voudra, dans quelque circonftance que ce foit, le confirmer, & que ceux auxquels il s'adreffe apportent de la diligence dans l'exécution, il le fera connoître en tirant un coup de canon.

Signal 1. canon.

30. *Le Signal fait , l'Ordre fera exécuté , fi le Général n'annulle pas le Signal.*

Le Général ayant fait fignal d'ordre de marche, de bataille ou tout autre, il aura fon exécution fi le Général ne l'annulle pas. Et l'ordre fubfiftera , quoique le Général amene le fignal ; ce qu'il fera ordinairement après qu'on y aura répondu, pour éviter la confusion des signaux & la multiplicité des pavillons placés aux mêmes lieux. Il en fera de même des signaux de nuit.

31. *Annuller l'Ordre ou le Signal.*

LE GÉNÉRAL ayant des raisons particulieres de changer ou d'annuller l'ordre qu'il vient de donner, ou le signal qu'il vient de faire, le fera connoître aux Vaisseaux à qui l'ordre ou le signal a été adressé en mettant au même lieu celui d'annuller (1).

(1) Pavillon 31. Signal 38. canon.

Les Vaisseaux de l'armée qui se feront trompés en faisant au Général quelque signal, se serviront de même de celui d'annuller pour le détruire.

32. *Appeller les Officiers Généraux au Conseil.*

QUAND le Général voudra appeller au Conseil les Officiers Généraux de l'armée, il tirera un coup de canon, en mettant le pavillon de conseil (1). Les Vaisseaux des Généraux que le signal regardera le répéteront ; mais ils ne tireront le coup de canon que lorsque l'Officier Général partira de son bord. Les répétiteurs mettront le pavillon de signal, & ne tireront point.

(1) Pavillon 1. à pouppe. Signal 1. canon.

Une seule Escadre. Si le Général ne veut appeller que les Officiers Généraux d'une seule Escadre, il ajoutera au signal (1) le pavillon de Distinction (2) de cette même Escadre mis au mât qui la désigne.

(2) Pavillon de distinction de l'Escadre.

33. *Appeller les Officiers Généraux, les Chefs de Division, & les Capitaines des Vaisseaux de ligne au Conseil.*

SI LE GÉNÉRAL de l'armée veut appeller au conseil les Officiers Généraux, les Chefs de Division & les Capitaines

(1) Pavillon 2. à pouppe. Signal 1. canon.

des Vaiffeaux de ligne, il tirera un coup de canon en mettant le fignal de confeil (1). Les Capitaines s'embarqueront auffi-tôt dans leurs Canots, & ceux auxquels le rang
des Vaiffeaux dans la ligne le permettra, fe rendront à bord
de leur Chef de Divifion pour le fuivre quand il débordera,
& il fera fuivi de même en paffant le long de la ligne par
les Canots des Vaiffeaux de fa Divifion qui feront dans fa
route. L'Officier Général commandant une Efcadre, fera

*L'Officier Gé-
néral débordant.*   accompagné & reconduit dans cet ordre par les Canots de
fes Divifions ; fon Vaiffeau tirera un coup de canon de
fignal lorfqu'il débordera.   Signal 1. canon.

*Une feule
Efcadre.*   Si le Général ne veut appeller au Confeil que les Officiers Généraux, Chefs de Divifion & Capitaines d'une   (2) Pavillon
de diftinction
de l'Efcadre.
Efcadre, il le fera connoître en ajoutant au fignal (1) le
pavillon de diftinction (2) de l'Efcadre mis au mât qui la
défigne.

34. *Confeil de Guerre pour Délit Militaire.*

SI LE GÉNÉRAL eft obligé de tenir un confeil de   (1) Pavillon
30 à la vergue
guerre pour juger un délit militaire, il aura premiérement   d'artimon.
appellé à l'ordre pour en donner avis aux Généraux & aux   Signal 1. canon.
Capitaines commandants les Vaiffeaux de guerre de l'armée,
& pour nommer ceux qui doivent compofer ledit Confeil.

*Pendant la
tenue du Confeil.*   Le jour donné, le Général fera fignal (1) de confeil de   Pavillon blanc
à pouppe.
guerre, en tirant un coup de canon. Les Généraux répéteront le fignal de même que les répétiteurs ; mais ceux-ci

Peine de mort.   ne tireront point. Et s'il y a peine de mort infligée ou autre
Cale.   peine corporelle, comme la cale, le Général, une heure
avant l'exécution, en fera le fignal (2), & mettra l'enfeigne   (2) Pavillon
30 au Perroquet
blanche à pouppe ; les Commandants d'Efcadre & Chefs   d'artimon.
Pavillon blanc
de Divifion répéteront le fignal, & tous les Vaiffeaux met-   à pouppe.
tront leur pavillon de pouppe. Les Capitaines Comman-   3 coups de canon.
dants affembleront auffi-tôt les troupes fur le gaillard d'arriere, & leur équipage fe tiendra fur les paffe-avants, pour
être témoins de l'exécution. Le Capitaine les inftruira alors

du délit & du jugement qui fera exécuté au moment que le Vaiſſeau ſur lequel eſt le criminel, & qui aura répété le ſignal (2) du Général, tirera le ſecond coup de canon de trois qui ſeront tirés, ſavoir, le premier pour faire faire attention, le ſecond pour l'exécution du jugement, & le troiſieme pour que les Soldats & Equipages ſe retirent chacun à leur poſte. Les pavillons ſeront en même temps amenés.

3 5 . *Appeller les Capitaines de Frégates, de Galiotes, de Brûlots, les Pilotes.*

LE GÉNÉRAL voulant appeller à ſon bord les Capitaines de Frégates, de Galiotes, de Brûlots, les Pilotes ou Loſtes, leur en fera le ſignal ſuivant.

A la Vergue d'artimon.

Appeller
{
Les Capitaines de Frégates (1). . . . . 1 Flamme 4.
Les Capitaines de Galiotes (2). . . . . 2 Flamme 5.
Les Capitaines de Brûlots (3). . . . . 3 Flamme 6.
Les Pilotes ou Loſtes (4). . . . . . 4 Flamme 7.
}

3 6 . *Appeller les Commiſſaires, les Capitaines des Vaiſſeaux d'Hôpital, ceux des Bâtiments de la ſuite de l'Armée, & autres perſonnes chargées de détails particuliers.*

LORSQUE le Général fera ſignal aux Commiſſaires des différentes Eſcadres, aux Capitaines des Vaiſſeaux d'Hôpital, à ceux des Flûtes ou Bâtiments à la ſuite de l'armée, & aux perſonnes chargées de détails particuliers, de ſe rendre à ſon bord, ils ſe tiendront prêts à lui rendre compte de l'état préſent des vivres, des conſommations, du beſoin des Vaiſſeaux, du nombre des malades, &c. Si le Général a deſſein de n'adreſſer le ſignal qu'à une ſeule Eſcadre, il le marquera par le pavillon de diſtinction de cette Eſcadre, mis au mât qui la déſignera.

A Pouppe.

	Les Commiffaires (1).	1 Flamme 1.
	Les Ecrivains ordinaires. (2).	2 Flamme 2.
	Les Commis des vivres (3).	3 Flamme 3.
Appeller	Les Capitaines des Bâtiments de fuite (4).	4 Flamme 4.
	Les Capitaines des Vaiffeaux d'Hôpital (5).	5 Flamme 5.
	Les Médecins de l'Armée (6)	6 Flamme 6.
	Les Chirurgiens Majors (7).	7 Flamme 7.
	Les Aumôniers (8).	8 Flamme 8.

37. *Appeller les Charpentiers, les Calfats.*

LORSQUE le Général appellera les Charpentiers & Calfats, ils fe rendront au bord qui leur fera indiqué, avec les outils de leur métier, que les radoubs & réparations demandent.

Le fignal fimple fera pour les Charpentiers & Calfats des Vaiffeaux de toute l'armée; & fi le Général ne veut appeller que ceux d'une Efcadre ou d'une feule Divifion, il le fera connoître par le pavillon ou la flamme de diftinction qui convient.

Dans le cas où le Général voudra que les Charpentiers & Calfats fe rendent à bord d'un Vaiffeau déterminé, il le défignera par le fignal de rang (art. 256) de ce Vaiffeau; & il fera obfervé que ce n'eft point alors le Charpentier & le Calfat de ce Vaiffeau qui font appellés, mais au contraire que c'eft au Vaiffeau ainfi fignalé qu'il faut que fe rende le fecours appellé. Si le Vaiffeau où les Charpentiers & Calfats doivent aller n'eft pas fignalé, parce que peut-être il ne fera pas reconnu, ce fera toujours à celui de la Divifion ou de l'Efcadre qui aura fait fignal d'incommodité, qu'il faudra qu'ils fe portent.

Appeller	Les Charpentiers (1).	1 Flamme 8 à la Vergue d'artimon.
	Les Calfats (2).	2 Flamme 9. à pouppe.

38. *Envoyer les Malades à terre.*

LORSQUE le Général fera fignal (1) d'envoyer les ma- (1) Pavillon 2. au beaupré.
lades à terre, on embarquera par préférence ceux qui
feront en état d'être tranfportés , & dont la maladie fera
telle qu'il y auroit du danger pour eux ou pour l'équipage
à les garder à bord. L'Ecrivain du Vaiffeau s'embarquera
dans la Chaloupe ; il aura fait une lifte du nom , de la
qualité du malade , & de la quantité de fes hardes qui le
fuivront ou qui refteront à bord. Le Chirurgien qui accompagnera les malades , fera de fon côté une lifte de leur
nom qu'il apoftillera de l'état & de la maladie de chacun.
L'Officier qui commandera la Chaloupe , veillera avec le
Chirurgien à la fûreté du tranfport des malades.

39. *Envoyer prendre les Malades à terre.*

LE GÉNÉRAL ayant fait fignal (1) d'embarquer les (1) Pavillon 3. à pouppe.
convalefcents , & les malades que les circonftances ne per-
mettent pas de laiffer à terre, les Chaloupes de l'armée
iront les prendre à l'Hôpital par rang de Vaiffeau , comme
leur débarquement a dû être fait. L'Ecrivain du bord véri-
fiera la lifte qu'il a remife au Commiffaire de l'Hôpital lors
du débarquement des malades. Et le Chirurgien prendra dans
fa vifite un état de la maladie de ceux qui ne feront pas
rétablis.

40. *Demander permiffion de tranfporter les Malades à bord du Vaiffeau d'Hôpital.*

SI quelque Vaiffeau fous voile veut envoyer fes ma- (1) Pavillon 3. au beaupré.
lades à bord du Vaiffeau d'Hôpital , il ne les débarquera
qu'après l'avoir demandé (1) au Général, & qu'il l'aura
approuvé.

Le

Avertir le Vaiſſeau d'Hô-pital.
Le Vaiſſeau d'Hôpital, que le Vaiſſeau qui a des malades aura ſignalé (2), manœuvrera pour faciliter ce tranſport. Si l'armée eſt à l'ancre, les Capitaines prendront les ordres du Général avant que de débarquer les malades.

(1) Flamme particuliere du Vaiſſeau d'Hô-pital.

41. *Envoyer les Chaloupes faire de l'eau & du bois.*

L'ARMÉE étant mouillée lorſque le Général fera le ſignal aux Chaloupes d'aller faire de l'eau ou du bois (1), un Officier & un Garde de la Marine s'embarqueront dans chaque Chaloupe, avec un détachement pour garder l'ai-guade & les travailleurs. Ils auront attention à contenir les Matelots, & à ce que l'eau ou le bois ſe faſſent diligemment, & par rang de Vaiſſeau & de Diviſion. Pour cela, lorſque le ſignal d'aiguade aura été fait à l'armée entiere, ſi le ſignal eſt ſimple, ou à une ſeule Eſcadre, ſi le ſignal eſt accompagné du pavillon de diſtinction d'une Eſcadre, le Commandant d'Eſcadre ayant répété le ſignal, ſe ſervira d'une flamme diſtinctive pour déſigner par les mâts les diviſions dont les Chaloupes doivent déborder.

Aiguade.
(1) Pavillon 4. à pouppe.

42. *Envoyer les Chaloupes à la Pêche.*

L'ARMÉE ſe trouvant dans un mouillage où l'on peut pêcher, ſi le Général juge à propos de procurer ce rafraî-chiſſement aux équipages, il en fera le ſignal (1); & les Chaloupes obſerveront de naviguer, de maniere qu'elles puiſſent profiter du vent ou du courant pour rejoindre le bord, & de ne point s'écarter de plus d'une lieue & demie. Chaque fois qu'on aura été à la pêche, il ſera donné, pre-miérement pour la chaudiere des convaleſcents ce qu'ils pourront avoir beſoin de poiſſon; le reſte ſera diſtribué tour à tour aux différents plats d'Officiers, Mariniers & Matelots.

Pour une ſeule Eſcadre, le Général ajoutera au mât

(1) Pavillon 5. à pouppe.

R

convenable le pavillon de diſtinction de l'Eſcadre ; & s'il
veut que les ſeules Chaloupes des Hôpitaux aillent à la
pêche, il en fera un ſignal particulier (2).

(2) Pavillon
5. au Beaupré.

43. *Appeller les Chaloupes & Canots.*

DANS toutes les circonſtances où l'on voudra appeller
à leur bord les Chaloupes ou Canots, le ſignal en ſera fait
par un pavillon blanc en berne (1).

(1) Pavillon
blanc en berne.

Pour toute l'armée. . . . . A la vergue d'artimon.

Pour une ſeule Eſcadre ou Diviſion, le Général ajoutera le ⎱ Ajouter pavillon ou
pavillon ou la flamme de diſtinction au mât convenable. . . . . ⎰ flamme de diſtinction.

Pour un ſeul Vaiſſeau . . . . ⎱ A poupe. Ajouter
. . . . ⎰ flamme particuliere.

44. *Appeller les Chaloupes ou Canots à bord du Général, d'un Commandant d'Eſ-cadre, ou de tout autre Vaiſſeau.*

LORSQUE le Général voudra appeller à ſon bord les
Chaloupes de l'armée avec leur armement ordinaire, &
qu'il en aura fait le ſignal (1), elles ſeront détachées de
leur bord avec un Officier, & marcheront en ordre par
diviſions ; & ſi le Général fait ſignal qu'elles marchent armées (2), ou enfin armées & matelaſſées (3) ſuivant les
objets de ſervice qu'il aura en vue, elles auront chacune
leur détachement de Soldats.

(1) Pavillon
22. Vergue d'ar-
timon.
(2) Pavillon
22. au perro-
quet d'artimon.
(3) Pavillon
22. au grand
perroquet.

Chaloupes d'une ſeule Eſcadre. Lorſque le Général ayant mis le ſignal des Chaloupes,
mettra en même temps le pavillon de diſtinction d'une Eſ-
cadre, celle-ci ſera ſeule à armer ſes Chaloupes.

Pavillon de
diſtinction de
l'Eſcadre au mât
qui l'indique.

A quelle Eſ-cadre les Cha-loupes doivent aller. Et ſi le Général ayant fait le ſignal des Chaloupes,
met le pavillon de parler (4), il fera connoître par-là que
c'eſt au Commandant de cette Eſcadre, qu'il veut que les
Chaloupes ſe rendent.

(4) Un des
trois pavillons
de diſtinction au
beaupré.

Armement ordinaire. Les Chaloupes avec leur armement ordinaire (1) ſeront
toujours commandées par un Officier & un Garde de la

Marine pour en contenir l'équipage, & lui faire remplir diligemment le service pour lequel la Chaloupe est armée: il y aura toujours un petit compas dans la Chaloupe, un porte-voix, &c, & elle prendra les vivres nécessaires pour le temps de son service.

Chaloupes armées.

Les Chaloupes armées (2) auront un détachement de Soldats avec un Officier, indépendamment de celui qui commande la Chaloupe.

Les Soldats auront leurs armes en état, & le gargoussier plein. La Chaloupe sera armée de pierriers, haches d'armes, munitions & vivres nécessaires, suivant l'objet d'exécution.

Chaloupes armées & matelassées.

Les Chaloupes armées & matelassées (3) seront également commandées; mais outre le détachement, les munitions & les vivres nécessaires, on y embarquera un Canonier, un Charpentier, un Calfat, avec les choses qui les concernent, & ce qu'il faut pour former un petit bastingage.

45. *Faire prendre les repas à l'Equipage.*

Les mouvements à exécuter étant les raisons de faire prendre le repas aux équipages avant les heures ordinaires, le Général les en préviendra par un signal (1).

(1) Pavillon 26. au petit perroquet.

46. *Faire retrancher un repas aux Equipages; & rendre la ration.*

Les vents contrariant l'armée, & le Général craignant d'être retenu à l'attérage au-delà du terme de ses vivres, ou ayant des raisons de les diminuer aux équipages, pour prolonger sa campagne & sa croisiere, les Capitaines retrancheront le déjeuner & la demi-ration, aussi-tôt que le Général en fera le signal (1): ils diminueront encore la ration toutes les fois que le même signal sera répété. Ils donneront de même la ration entiere, mais sans tenir compte en nature du retranchement, lorsque le Général le fera connoître (2).

(1) Pavillon 19. à pouppe.

(2) Pavillon 20. à pouppe.

R ij

47. *Partager la viande aux Vaisseaux avec lesquels on tue.*

Les Capitaines des Vaisseaux de l'armée s'entendent & s'associent pour la consommation des bœufs vivants qu'ils embarquent. Le jour de tuer ayant été une fois déterminé pour tous les Vaisseaux, le Général fera le lendemain, au moment qu'il jugera le plus favorable, le signal de la répartition (1). Il mettra en même temps en panne. Tous les Vaisseaux profiteront de ce moment pour faire leurs partages, & ils sont avertis d'y apporter toute la diligence possible.

(1) Pavillon 14. à pouppe.

48. *Messe ou Vêpres.*

Messe.

Les Bâtiments de l'armée qui n'ont point d'Aumôniers, seront avertis que l'on dit la Messe à bord du Général, par un pavillon (1) qu'il fera hisser une demi-heure avant que la Messe commence. Les tambours battront la Messe à trois reprises, en passant lentement sur les gaillards & passe-avant. Il sera tiré un coup de canon, pour marquer le moment où la Messe commence. Le pavillon de signal sera amené trois fois distinctement dans le temps de l'élévation, pendant laquelle les tambours battront aux champs : à la fin de la Messe le pavillon sera tout-à-fait amené.

(1) Pavillon 16. au perroquet d'artimon. Signal 1 canon.

Battre la Messe ou Priere.

Vêpres.

Quand le Général fera le même signal (1) après-midi, tous les Vaisseaux de l'armée commenceront Vêpres.

Les Vaisseaux de l'armée observeront, autant qu'il se pourra, l'heure de la Messe du Vaisseau Amiral, à cause des manœuvres qui pourroient être à exécuter pendant qu'on la diroit à leur bord.

49. *Faire connoître qu'il eſt mort un Officier à bord d'un Vaiſſeau.*

S'IL meurt un Officier à bord d'un des Vaiſſeaux de l'armée, on le fera auſſi-tôt connoître au Général; & en même temps qu'il répondra au ſignal (1), on marquera par un pavillon numéraire (2), le rang que l'Officier occupoit dans le Vaiſſeau. Le ſignal d'avertiſſement fera enſuite amené.

Mais s'il eſt important que le Général ſoit informé plus particuliérement & avant l'armée, le Commandant du Vaiſ-ſeau fera ſignal (3) au Général qu'il demande à lui parler.

(1) Pavillon 21. à pouppe.

(2) Pavillon numéraire. Art. 85.

(3) Pavillon blanc au beau-pré.

50. *Homme tombé à la mer. Sauvé par un autre Vaiſſeau.*

Homme tombé à la mer.

S'IL tombe un homme à la mer en rade ou ſous voile; le Vaiſſeau dont il ſera tombé, en fera auſſi-tôt ſignal (1), & mettra un petit Canot à la mer. Cependant le Vaiſſeau qui ſuit, ſera obligé de faire la même manœuvre.

(1) Pavillon 6. à pouppe.

Bouée de ſau-vetage.

Les Vaiſſeaux une fois ſortis du Port, auront toujours une bouée de ſauvetage ou petit baril étalingué ſur la dunette, prêt à être jetté à la mer en cas de pareil accident; & le pavillon du ſignal de ſauvetage ſera toujours paré, de même qu'un porte-voix, pour avertir le Vaiſſeau qui pourroit être de l'arriere.

Sauvé par un autre Vaiſſeau.

Le Vaiſſeau qui aura ſauvé l'homme tombé à la mer, le fera connoître (2) à celui qui le précede.

(2) Pavillon 6. au beaupré.

51. *Exercice du Canon & du Fuſil.*

Exercice du canon.

LE Général voulant faire faire l'exercice du canon & le maniement des armes à l'équipage, & en ayant fait le ſignal (1), les Capitaines feront commencer par l'exer-cice du canon immédiatement après que la *générale* aura été battue.

(1) Pavillon 27. au perroquet d'artimon.

Battre la gé-nérale.

Exercice du fufil.
L'exercice du fufil commencera après que l'on aura ceffé de battre le *drapeau.* Battre le drapeau.

Le Général fera le même fignal, & tirera un coup de Même fignal. Signal 1. canon.
Faire tirer les Soldats à poudre.
canon, s'il veut que les Soldats tirent à poudre. Les Vaif-feaux obferveront de tirer par falve au feu l'un de l'autre & par rang d'ancienneté de Capitaine, s'il n'y a point d'ordre formé ; mais fi l'armée eft en ligne ou en colonnes, mouil-lée ou fous voiles, les trois Commandants d'Efcadre tireront les premiers au feu l'un de l'autre, & enfuite le premier Vaiffeau de l'avant & le premier de l'arriere de chacun d'eux tireront enfemble, fans avoir égard à ce qui fe fera dans les autres colonnes.

Tirer au blanc.
Le Général voulant faire tirer au blanc à balle, il le fera Même fignal. Signal 3. canon.
connoître par le même fignal (1), & deux coups de canon. Les Capitaines auront attention de faire placer le blanc de maniere qu'il n'en puiffe réfulter aucun accident. On tirera fufil & piftolet.

Dans les exercices précédents à feu, les Matelots def-tinés à la moufqueterie tireront l'un après l'autre, auffi-tôt que les Soldats auront fini leur exercice.

Indépendamment de ces exercices généraux, les Capi-taines auront attention à faire faire l'exercice du canon aux gens de l'équipage deftinés à ce fervice, pendant les quinze premiers jours de la rade ou de la campagne, & en-fuite deux fois par femaine. Les Matelots deftinés à la moufqueterie feront exercés au plus fimple maniement des armes, & l'on fera fouvent l'appel des poftes pour les dif-férentes circonftances de fervice, manœuvre, combat, abordage.

5 2. *Faire Branlebas, & rétablir les Branles.*

Si le Général fait fignal de branlebas (1), une (1) Pavillon 27. au petit per-roquet.
demi-heure après le fignal & la générale battue, il fera Battre la gé-nérale.
battre l'affemblée, s'il veut en même temps que tous les Battre l'affem-blée.
gens de l'équipage fe rendent chacun à leur pofte ; alors ils

les garniront des chofes néceffaires, & ils feront enfuite appellés nom par nom, & inftruits de leur fervice par le Lieutenant chargé du détail, qui fera la revue de chaque pofte, avec les Officiers qui y font nommés.

Le Général ayant deffein de profiter de ce moment pour faire faire l'exercice du canon & du fufil, fe fervira des fignaux de l'article précédent.

Rétablir les Branles. Le Général ayant amené le fignal (1) de branlebas, après qu'il aura été répété, le fera hiffer une feconde fois pour qu'on remette les branles en place.

Nettoyer & parfumer le Vaiffeau. On nettoiera & parfumera le Vaiffeau tous les jours de branlebas & d'exercice; cependant les Capitaines n'attendront point qu'on en faffe le fignal. Mais les autres jours où l'on nettoiera le Vaiffeau, les hardes & hamacs feront parfumés avant que d'être portés dans les filets de baftingage.

53. *Découverte en général.*

En RADE, on obfervera de pofter toujours quelqu'un en découverte, pour obferver les fignaux & les événements extérieurs. Sous voile, l'exaête obfervation des fignaux & des mouvements de l'armée, la reconnoiffance des Vaiffeaux étrangers, qui font une occafion de fignaux, celle des terres & la fûreté de la navigation, exigent encore plus particuliérement que tous les Vaiffeaux tiennent de jour des Matelots en découverte à la tête des mâts d'hune, pour avertir de tout ce qu'ils apperçoivent au-dehors. Il y aura, outre cela jour & nuit des Pilotes ou Aides-Pilotes, & des Matelots nommés pour obferver les Commandants, les Répétiteurs & les Vaiffeaux de l'avant & de l'arriere : ils feront placés aux boffoirs fur les paffe-avants & fur la dunette.

Les Officiers de quart auront une attention particuliere à l'obfervation des mouvements. Indépendamment de ces découvertes, les Officiers de quart auront une attention particuliere à l'obfervation des mouvements du Général & des événements de l'armée; l'Officier qui quittera le quart fous voile, fera connoître, & montrera à celui qui le relevera, les Vaiffeaux dont il eft plus important qu'il ait connoiffance. Et la nuit ou dans un temps de brume, il en donnera au moins le relevement.

54. *Si l'on découvre des Vaiffeaux.*

Découverte de Vaiffeaux.

AUSSI-TÔT qu'un Vaiffeau de l'armée en aura découvert d'étrangers, il fera fignal de Navire (1), & il le confervera jufqu'à ce que le Général ait répondu. Alors & fans *Leur nombre.* amener le fignal, il fera connoître par un fignal numéraire, qui ne fignifiera point autre chofe en cette occafion, combien il découvre de Vaiffeaux. Si le Général n'eft point à portée de voir le fignal, ou s'il tarde à y répondre, un des répétiteurs tranfmettra le fignal.

(1) Pavillon 14. au perroquet d'artimon.

Signal numéraire, art. 85.

Vaiffeaux François, ou amis. Vaiffeaux non reconnus ou fufpects. Vaiffeaux ennemis.

Si la découverte reconnoît les Vaiffeaux pour François ou amis, on ne fera point d'autre fignal. Mais fi elle ne les reconnoît point précifément, ou s'ils lui font fufpects, le Général en fera averti par le changement de pofition du fignal de Navire (2). Enfin fi les Vaiffeaux font reconnus pour ennemis, la découverte laiffant battre le fignal de Navire (1), après que le Général y aura répondu, fera un fignal (3) de canon avant que de faire fignal de nombre.

(2) Pavillon 14. au grand perroquet.

(3) Signal 3. canon avant le fignal numéraire. art. 85.

Flotte marchande ennemie.

Vaiffeaux de guerre.

Si les Vaiffeaux font reconnus pour Flotte Marchande efcortée, le fignal (4) de canon fera fait après le fignal numéraire. Mais il fera fait un autre fignal de canon (5), fi c'eft l'armée ennemie, ou une Efcadre de Vaiffeaux de guerre.

(4) Signal 3. canon en amenant le fignal numéraire. art. 85.

(5) Signal 37. canon en amenant le fignal numéraire. art. 85.

La découverte fera auffi connoître au Général la route & l'amure des Vaiffeaux.

Dans tous les cas précédents, le Vaiffeau qui a fait le premier fignal, viendra rendre compte au Général, pour peu que la rencontre paroiffe de conféquence.

Signaux de Route & d'Amure.

Route.... { AU VENT...... Foc amené....... Artimon bordé.
{ SOUS LE VENT... Artimon cargué.... Foc bordé.

Amure.... { STRIBORD.... { Petit Perroquet ou petit Hunier. } HAUT { Perroquet d'artimon amené.
{ BAS-BORD... { Petit Perroquet ou petit Hunier. } AMENÉ { Perroquet d'artimon haut.

55.

55. Si l'on découvre la Terre.

Si un Vaisseau découvre la terre, il en fera aussi-tôt le signal (1) au Général, & il ne l'amènera que quand il y aura été répondu. *(1) Pavillon 21.*

Les Chasseurs forceront de voile à l'approche des terres. Lorsque l'armée portera à terre, les Chasseurs croiseront les uns en avant, les autres au vent ou sous le vent de la route de l'armée, observant de se tenir à une distance telle que l'on puisse réciproquement appercevoir les signaux. Celui qui aura découvert la terre en ayant fait le signal, pourra faire connoître de quel côté elle lui reste, soit en présentant le cap sur elle, soit par la position différente du signal de terre (2), ce qui sera toujours beaucoup plus remarquable. *(2) Pavillon 21.*

Faire connoître le relevement de la terre. Si la terre est { Au vent de la route de l'armée. . . Au perroquet d'artimon. } { Dans l'aire de vent de la route. . Au grand perroquet. } { Sous le vent de la route. . . . . . Au petit perroquet. }

On pourra encore en conservant le signal (1) de vue de terre, se servir des signaux d'aires de vent (art. 89.) qui ne signifieront point autre chose dans cette occasion, & faire connoître par leur moyen le relevement des extrémités de la terre. *Signal 27. canon.*

Faire en quelques occasions les signaux de latitude & de longitude à la vue de terre. Les Chasseurs & les Vaisseaux de découverte qui ont vu la terre, pourront faire les signaux de latitude quand ils l'auront certainement reconnue, & y ajouter ceux de longitude s'il est nécessaire, parce que les événements de la navigation peuvent quelquefois causer de grandes erreurs. Les Vaisseaux à vue feront passer cette connoissance au Général, afin qu'il ait le temps d'ordonner & d'exécuter la manœuvre convenable. Le Vaisseau qui a reconnu la terre, viendra cependant rendre compte.

56. Sonder, & faire connoître le fond.

Lorsque l'armée courra à terre & dans d'autres occasions, *(1) Pavillon 21. à pouppe.*

S

comme lorfqu'elle croife dans un parage inconnu, ou qu'elle chaffe à vue de terre, les Vaiffeaux qui voudront fonder fous voile, le pourront faire; mais fi le Général fait fignal à l'armée de fonder (1), elle mettra en panne.

Faire connoître que l'on a trouvé fond, & le braffage.

Le Vaiffeau qui aura trouvé fond dans quelque circonftance que ce foit, & qui voudra le faire connoître au Général, fera le fignal de fonder, & indiquera en même temps le braffiage en fe fervant des fignaux numéraires (2) dont les unités exprimeront des braffes.

(2) Ajouter un fignal numéraire. art. 85.

Faire connoître la qualité du fond.

On fera connoître par les différentes pofitions (3) du fignal de fond, quelle eft la qualité de celui qu'on a trouvé.

(3) Pavillon 22.

Fond { De roc ou mauvais. . . . . Au perroquet d'artimon.
De fable ou vafe, bon . . . . . { Au grand perroquet Signal 29. canons.
Point de fond. . . . . Au petit perroquet.

Faire fonder un Vaiffeau.

Si le Général accompagne le fignal de fonder (1) de la flamme particuliere d'un Vaiffeau, il chaffera en avant, & fondera dans l'aire de vent de la route de l'armée.

Flamme particuliere. Signal 1. canon.

57. *Faire paffer les Vaiffeaux de l'armée à pouppe du Général.*

QUAND le Général voudra faire paffer les Vaiffeaux de la ligne & les Frégates à fa pouppe pour leur parler, en même temps qu'il en fera le fignal (1), il carguera fes baffes voiles. S'il veut parler généralement à tous les Vaiffeaux de l'armée compris les Bâtiments de charge, il fera de plus un fignal de canon (2).

(1) Pavillon 9. à pouppe.

(2) Signal 1. canon.

Pour une Efcadre.

Pour ne parler qu'à une feule Efcadre ou à une Divifion, il mettra au mât refpectif le pavillon de diftinction ou la flamme qui l'indique.

Ajoutez le pavillon ou la flamme de diftinction.

Pour un feul Vaiffeau.

Il fe fervira pour un feul Vaiffeau de fa flamme particuliere.

Flamme particuliere. Signal 1. canon.

58. *Si un Vaiſſeau veut parler à un Commandant d'Eſcadre.*

Si un Vaiſſeau veut parler à un Commandant d'Eſcadre, il mettra en avant (1) le pavillon qui déſigne l'Eſcadre dont eſt le Général.

(1) Pavillon de diſtinction d'Eſcadre au beaupré.

Le Vaiſſeau qui voudra parler, ſe ſignalera. Le Vaiſſeau qui voudra parler, ayant quelque choſe de conſéquence à communiquer, ſe ſignalera (2); & s'il eſt preſſé, il fera un ſignal de canon, virant par la contre-marmarche s'il eſt de l'avant, ou forçant de voile s'il eſt de l'arriere.

(2) Flamme particuliere. Flamme de diſtinction. Signal 2. canon.

Parler au
{
Général. . . . . Pavillon blanc.
Vice-amiral. . . . . Pavillon blanc & bleu.
Contre-amiral. . . . . Pavillon bleu.
}

Les répétiteurs de l'Eſcadre ou les Frégates de répétition qui ſeront hors de la ligne depuis le Vaiſſeau qui fait le ſignal juſqu'au Général, répéteront le ſignal, afin que le Général connoiſſe plutôt quel eſt le Vaiſſeau qui veut lui parler. Chacun des répétiteurs aménera le ſignal auſſi-tôt que ce Vaiſſeau l'aura dépaſſé.

Avis de con-ſéquence. Si l'armée eſt en calme, le Vaiſſeau qui veut donner un avis de conſéquence au Général, fera le ſignal précédent, & mettra un canot à la mer avec le pavillon de ſa diviſion en avant. Auſſi-tôt les répétiteurs de la ligne & le dernier Vaiſſeau de chaque diviſion entre le Vaiſſeau qui fait le ſignal & le Général, mettront un canot à la mer avec un Officier pour recevoir, & faire paſſer plus promptement au Général l'avis que le Capitaine enverra dans un paquet cacheté.

Favoriſer la manœuvre des Vaiſſeaux qui doivent parler. Tous les Vaiſſeaux de l'armée favoriſeront par leur manœuvre le Vaiſſeau qui aura à parler au Général.

Les Chaſſeurs ſe ſerviront des mêmes ſignaux & manœuvres, lorſqu'ils auront à rendre compte au Général de ce qu'ils auront vu & reconnu.

※

S ij

59. *Si un Vaiffeau veut parler à un autre qu'à un Commandant d'Efcadre.*

Si des raifons effentielles obligent un Vaiffeau de l'armée à parler à un autre Vaiffeau qu'à celui du Général ou du Commandant de l'Efcadre dont il eft lui-même, il lui en fera un fignal (1) auquel il joindra fa flamme particuliere & celle de ce Vaiffeau; il ajoutera encore les fignaux convenus pour exprimer ce qu'il lui demande. Et fi celui-ci peut, ou ne peut pas le faire, il le fera connoître par les fignaux ordinaires de confentement ou de refus.

Si le Vaiffeau à qui on veut parler, peut ou ne peut pas faire ce qu'on lui demande.

(1) Pavillon 1. au beaupré.

Flamme particuliere du Vaiffeau qui veut parler.

Flamme particuliere du Vaiffeau à qui on veut parler.

Les Vaiffeaux qui veulent fe parler obferveront les Généraux.

Dans le cas de confentement, l'un & l'autre Vaiffeau obferveront le Commandant de leur Efcadre & le Général, que des raifons particulieres peuvent porter à leur défendre par le fignal de refus joint à leur flamme de rompre l'ordre en fortant de la ligne ou des colonnes, au rifque de fe féparer ou de retarder la marche de l'armée. Et s'il ne leur eft point fait de fignal, ils manœuvreront de maniere à éviter tout reproche.

60. *Faire mettre aux Vaiffeaux de l'armée leur Canot à la mer, pour aller au-devant des Corvettes, qui portent les ordres du Général.*

Lorsque l'armée étant fous voile le Général voudra parler aux Frégates ou Corvettes de fon armée deftinées à porter fes ordres aux Efcadres, il leur en fera le fignal par celui de paffer à pouppe (1), auquel il ajoutera la flamme d'appel des Frégates. Et fi le Général ne veut parler qu'à celles d'une feule Efcadre ou Divifion, il le fera connoître par le pavillon ou la flamme de diftinction de cette Efcadre ou Divifion mife au mât qui la défigne. Il pourra encore, s'il ne veut parler qu'à une Frégate, fe fervir de fa flamme particuliere.

(1) Pavillon 9. à pouppe.

Flamme 4. vergue d'artimon.

Les Frégates ou Corvettes des Efcadres auxquelles le

signal s'adreffera, le répéteront & feront route pour paffer à
pouppe du Général. Les Vaiffeaux des Efcadres ou Divifions
dont feront les Frégates fignalées, mettront un canot à la
mer pour aller au-devant de l'ordre, fi elles en font le fignal,
ou celui d'ordre (2) après avoir parlé au Général ; & pour
être reconnues, elles mettront le pavillon de diftinction de
l'Efcadre à laquelle elles doivent parler, ou la flamme particuliere des Vaiffeaux que l'ordre regarde, fi elles ne doivent
point parler à une Divifion entiere. A ce fignal les Canots des
Vaiffeaux qui doivent recevoir l'ordre, gouverneront fur la
Frégate refpective qui manœuvrera elle-même pour prolonger fon Efcadre le plus près qu'il fe pourra, afin de ne point
faire faire trop de chemin aux Canots.

(1) Flamme
1, vergue d'atti-
mon.

Pavillon 16.
au grand perro-
quet.

61. *Faire diftribuer l'ordre de Chaloupe en Chaloupe jufqu'aux premiers Vaiffeaux de la tête & de la queue de la ligne ou des colonnes.*

Le Général voulant faire diftribuer fes ordres avec diligence, & fans fe fervir de Corvettes pour les porter ; & en
ayant fait le fignal (1) aux Vaiffeaux de l'armée en ligne ou
en colonnes, ils mettront auffi-tôt à la mer un Canot où ils
feront embarquer un Officier qui fe tiendra à l'échelle jufqu'à ce qu'un autre Canot ayant pavillon devant lui, ait remis
l'ordre. Alors il débordera avec le pavillon d'avant pour aller
porter l'ordre au plus prochain Vaiffeau, & ainfi de fuite.
Et les Canots qui auront remis l'ordre, retourneront à leurs
Vaiffeaux avec pavillon à pouppe, afin d'être diftingués des
autres.

(1) Pavillon
17. au grand
perroquet.

Si un Vaiffeau n'avoit point de Bâtiment à la mer, ou n'en
pouvoit pas mettre par quelque raifon que ce fût, l'Officier qui lui aura porté l'ordre, fera toujours obligé de
doubler & d'aller le porter au Vaiffeau fuivant. Mais à la
premiere occafion favorable le Capitaine dont eft le Canot

qui a doublé , & celui qui n'a pu mettre le fien à la mer , feront obligés d'en rendre compte au Général.

Tous les Vaiffeaux de l'armée mettront un petit pavillon à pouppe, & ils l'améneront auffi-tôt que l'Officier qui porte l'ordre, aura débordé. Ainfi le Général jugera de la diligence avec laquelle la diftribution fe fait , & à laquelle il eft expreffément enjoint aux Capitaines & aux Officiers de n'apporter aucun retardement.

Si le Général ne veut faire diftribuer l'ordre qu'à une feule Efcadre , il ajoutera le pavillon de diftinction de cette Efcadre au mât qui la défigne.

62. *Ouvrir les Paquets cachetés.*

Ordres fecrets. LE fuccès des opérations dépendant beaucoup du fecret ; les Capitaines commandants les Vaiffeaux ont ordinairement des paquets cachetés à ouvrir à une certaine diftance déterminée par la Cour, ou par le Général ; & fouvent ces paquets en renferment d'autres à ouvrir dans la fuite de la campagne. Le Général fera le fignal (1) d'ouvrir les premiers , lorfqu'il *(1) Pavillon* fera parvenu à la diftance que portent fes inftructions , ou *26 à pouppe.* lorfqu'il jugera que les circonftances de la navigation l'exigent. Les Capitaines tiendront fecrets, autant qu'il fe pourra , les nouveaux ordres dont ils prendront alors connoiffance ; & ils obferveront toujours de rendre cachetés au Général les paquets qu'ils n'auront point dû ouvrir.

63. *Signal de Ralliement.*

Les Vaiffeaux conferveront toujours le dernier ordre dont on a fait le fignal. LES Vaiffeaux de l'armée conferveront toujours le dernier ordre fur lequel ils ont été rangés ; mais s'il arrivoit que le gros temps, le calme, la brume ou d'autres événemens euffent rompu l'ordre & difperfé les Vaiffeaux ; auffi-tôt que le temps le permettra, & en attendant que le Général faffe les fignaux d'ordre, les Vaiffeaux de la ligne manœuvreront de maniere à fe rallier & à fe raffembler fous le pavillon de leur Commandant, & ils se mettront chacun respectivement à lui dans la ligne du plus-près, & au rang qu'ils doivent occuper.

Les Vaisseaux qui doivent se rallier ; & qui ne sont point à leur poste, manœuvreront sans mettre en panne. Lorsque le Général aura fait signal de ralliement (1), ou lorsque quelque Vaisseau ne sera pas à son poste, & que le Général en aura fait le signal, les Vaisseaux que ce signal regarde, n'attendront point en panne que l'armée les ait joints s'ils sont de l'avant ou sous le vent, ou qu'elle mette elle-même en panne pour les attendre ; mais ils manœuvreront pour chasser leur poste.

(1) Pavillon blanc au grand perroquet, ou Pavillon 22. au petit perroquet.

Le signal de ralliement suivra le point du jour. Si à la pointe du jour l'armée est trop ouverte, ou si les Vaisseaux sont dispersés, le signal de ralliement ou du rétablissement d'ordre préviendra tous les autres mouvements.

64. Connoître si tous les Vaisseaux de l'armée sont à leur poste, ou s'il ne manque point de Vaisseaux.

Lorsque le Général voudra savoir si les Vaisseaux de chaque Division sont à leur poste, ou s'il ne manque point de Vaisseaux dans l'armée ; aussi-tôt qu'il en aura fait le signal (1), tous les Vaisseaux de l'armée mettront leur pavillon ou flamme de distinction ; & si quelque Vaisseau manque ou n'est point à son poste, le Vaisseau qui le doit suivre dans l'ordre sur lequel l'armée est alors rangée, mettra la flamme particuliere de ce Vaisseau.

(1) Pavillon 7. à pouppe.

Les Frégates, Galiotes, Brûlots & Bâtiments de charge observeront la même chose dans leur ligne.

Les Vaisseaux qui ne seront point à leur poste seront signalés. Les Commandants d'Escadre, après avoir laissé écouler une horloge, feront le signal numéraire qui indiquera le nombre de Vaisseaux qui leur manque, après quoi ils signaleront les Vaisseaux qui ne seront point à leur poste. Il sera observé, pour éviter la confusion, que ces signaux soient faits & transmis au Général, à commencer par la premiere division de l'avant ou du vent, & ainsi de suite jusqu'à la queue ou à la derniere divifion de fous-le-vent.

Les Vaiffeaux qui ne feront point à leur pofte, fe fignaleront eux-mêmes en répétition du fignal.

Cependant les Vaiffeaux qui ne feront point à leur pofte, & qui feront en vue de l'armée, mettront à pouppe le pavillon de diftinction de leur Efcadre; ils mettront de plus au mât convenable la flamme de leur divifion, & ils fe dénoteront encore eux-mêmes par leur flamme particuliere & diftinctive qu'ils porteront en répétition du fignal qui leur aura été fait de reprendre leur pofte.

Pavillon de diftinction de l'Efcadre, mis à pouppe.
Flamme de diftinction au mât de la divifion.
Flamme particuliere.

65. *Connoître s'il s'eft joint à l'armée quelque Vaiffeau étranger.*

LE grand nombre de Vaiffeaux qui font à la fuite de l'armée, le peu d'attention de quelques-uns à garder leur pofte, le gros temps & différents accidents troublent fouvent l'ordre général, & peuvent rendre affez difficile la reconnoiffance certaine de quelques Bâtiments fufpects, particuliérement dans les Flottes ou convois. Le Général les connoîtra toujours, lorfqu'ayant mis quelque pavillon de fantaifie (1), les Vaiffeaux de l'armée mettront le même pavillon. L'Officier Général le plus à portée de celui qui ne fera pas le même fignal, lui fera donner chaffe par le meilleur voilier de fon Efcadre, confidérant toutefois la conféquence du Bâtiment.

(1) Pavillon à pouppe.

On pourra connoître encore s'il s'eft joint quelque Vaiffeau étranger à l'armée ou dans la Flotte, en faifant le fignal de fe mettre chacun à fon pofte. Le Vaiffeau qui fuivra celui qui n'eft pas connu, fera fignal de *Navire*.

La découverte comptera au point du jour tous les Vaiffeaux de l'armée.

On fera attentif à compter tous les matins les Vaiffeaux de l'armée. Les Frégates de chaffe & de découverte auront une attention particuliere à reconnoître les Vaiffeaux qui paroiffent à l'horizon, ou qui font hors des lignes.

66.

66. *Signal de Reconnoiſſance.*

Avant que de mettre ſous voile, le Général donnera tou-jours aux Capitaines de l'armée des ſignaux de reconnoiſ-ſance qui feront cachetés pour n'être ouverts qu'en cas de ſéparation, & que l'on rencontre quelque Vaiſſeau qu'il eſt néceſſaire de connoître pour ami ou pour ennemi, par la ma-niere dont il répondra aux ſignaux faits au vent ou ſous le vent. Les ſignaux de reconnoiſſance conſiſteront pour le jour en quelque mouvement des voiles, ou en quelque pa-villon ; & pour la nuit en quelques mots ſi les Vaiſſeaux paſſent à portée de la voix, ou en quelques feux ſi l'on eſt plus éloigné. Les uns & les autres pourront être changés tous les jours dans un ordre qui ſera tenu très-ſecret, pour que l'équipage qui aura vu l'uſage d'un ſignal, n'en connoiſſe pas la ſuite.

Rendez-vous , & relâche. Le Général donnera encore aux Capitaines de l'armée un autre paquet cacheté, qui ne ſera ouvert que ſi les Vaiſſeaux ſe ſéparent, & qu'ignorant leur deſtination ils aient beſoin de ſavoir le lieu de leur relâche ou du rendez-vous de l'armée.

67. *Faire tirer un Vaiſſeau du Roi ſur un Navire étranger, qui en paſſant à portée, ne veut point parler au Général.*

L'armée étant à l'ancre ou ſous voile, ſi quelque Vaiſ-feau étranger ſous voile ou à l'ancre, refuſe de parler au Général qui lui en aura fait le ſignal par un coup de canon, & que le Général faſſe enſuite ſignal de courre ſus (1): (1) Pavillon alors le Vaiſſeau le plus à portée tirera un coup de canon 29. au perro-quet d'artimon. à boulet en avant de ce Vaiſſeau pour le forcer de parler au Général; & ſi le Vaiſſeau étranger faiſant quelque manœu- Un coup de vre pour éviter de rendre compte, le Général tire un coup canon à boulet.

T

de canon à boulet, auſſi-tôt le Vaiſſeau auquel le Général
en fera le ſignal particulier, ou celui qui fera plus à portée
de courre ſus, ſi le Général ne fait point d'autre ſignal que le
précédent, coupera ſes cables s'il eſt néceſſaire, & chaſſera
ledit Vaiſſeau pour le joindre, & le forcer de parler.

68. *Faire donner la remorque à un Vaiſſeau qui reſteroit de l'arriere.*

Le Général ayant des raiſons pour ne pas diminuer de
voile, & attendre un Vaiſſeau qui reſte de l'arriere, &
qui fait perdre du chemin à l'armée, fera un ſignal de remorque (1) qui s'adreſſera toujours au Vaiſſeau ſupérieur qui
fera alors le plus près du mauvais voilier ou du Vaiſſeau incommodé. Cependant le Général pourra déſigner par une
flamme particuliere, ou par un ſignal numéraire de rang,
le Vaiſſeau qu'il nomme pour donner la remorque; & alors
ce Vaiſſeau répondra de la conſervation de l'autre.

(1) Pavillon 13. à pouppe.

Faire connoître le Vaiſſeau qui doit donner la remorque. Il répondra du Vaiſſeau remorqué.

Flamme particuliere, ou Signal numéraire de rang.

69. *Faire connoître à un Vaiſſeau qu'il court ſur un danger.*

On fera connoître à un Vaiſſeau qu'il court ſur un danger, en joignant au ſignal général de danger ou d'incommodité (1) la flamme de danger (2). Si le Vaiſſeau ne fait pas
promptement connoître par ſa manœuvre qu'il a obſervé le
ſignal, on mettra ſa flamme de diſtinction ou ſa flamme
particuliere, & l'on tirera vers lui un ou deux coups de
canon à boulet (3).

Échouage.

(1) Pavillon 30 au grand perroquet.
(2) Flamme 9. au grand perroquet.
(3) Flamme de diſtinction, ou flamme particuliere.
Signal 1 ou 3. canon.

70. *Si un Vaiſſeau eſt incommodé ou en danger.*

Si un Vaiſſeau eſt incommodé ou en danger, il le fera
connoître par un ſignal général (1) accompagné d'une flamme
dont la poſition & la couleur déſigneront une eſpece diffé-

(1) Pavillon 30. au grand-perroquet.

*Le Vaiſſeau
incommodé ſe
ſignalera.* rente d'accident. Le Vaiſſeau incommodé ſe ſignalera lui-même par ſon pavillon, ou ſa flamme de diſtinction ; & de plus par ſa flamme particuliere, ſi elle lui paroît néceſſaire pour être mieux reconnu. Pavillon ou
Flamme de diſ-
tinction,
ou
Flamme par-
ticuliere.

Diſtinction des accidents. Ajouter au ſignal 1.
Savoir,

Etambot endommagé, ou Gouvernail. .	Flamme 4 au Perroquet d'artimon.
Poulaine endommagée	Flamme 4 au petit Perroquet.
Voie d'eau.	Flamme 5 au grand Perroquet.
Mâture ou Vergue ⎰ Artimon.	Flamme 5 au Perroquet d'artimon.
endommagée. ⎱ Grand mât. . . .	Flamme 5 au grand Perroquet.
Miſaine. . . .	Flamme 5 au petit Perroquet.
Beaupré. . . .	Flamme 6 au petit Perroquet.
Si le Vaiſſeau chaſſe ſur ſes ancres. . . .	Flamme 6 au Perroquet d'artimon.
Si le Vaiſſeau touche, ou s'il eſt échoué. .	Flamme 6 au grand Perroquet.
Feu ou Incendie.	Flamme 7 au grand Perroquet.

Si en entrant dans un port, ou étant près de terre ou des écueils, un Vaiſſeau ſe trouve en danger par le calme ou par quelque autre accident, il fera les mêmes ſignaux que s'il chaſſoit.

*Accident de
conſéquence.
Danger évident.* Si l'accident, tel qu'il ſoit, eſt de grande conſéquence, le Vaiſſeau incommodé en fera auſſi-tôt un ſignal de canon (2); & ſi le danger eſt évident, le Vaiſſeau tirera un coup de canon toutes les demi-heures juſqu'à ce qu'il ait reçu du ſecours. (2) Signal
28, 35. canon.

Un coup de
canon toutes les
demi-heures.

*Secourir les
Vaiſſeaux incom-
modés ou en
danger.* Dans tous les cas précédents, les ſix Vaiſſeaux qui ſeront les plus proches du Vaiſſeau en danger, lui enverront auſſi-tôt leurs Chaloupes pour le ſecourir de quelque maniere que ce ſoit.

Les différents accidents étant déſignés par les ſignaux, les Vaiſſeaux qui détacheront leurs chaloupes, enverront les Charpentiers, Calfats, Outils, Manœuvres, & généralement tout ce qu'ils ſoupçonneront néceſſaire pour remédier à l'accident.

*Le ſignal d'in-
commodité ſera
fait avant la
nuit.* Les Vaiſſeaux incommodés n'attendront point la nuit pour en faire le ſignal, à moins qu'un accident de conſéquence ne leur arrive dans ce temps. S'ils ſont ſous voile, ils feront ce qu'ils pourront pour ſuivre, & ne point

faire attendre l'armée jufqu'à ce qu'on leur ait donné du fecours.

Chaloupe en danger.

Lorfqu'une Chaloupe fera en danger, elle le fera connoître par un pavillon au bout de fon antenne, & le Vaiffeau le plus à portée y enverra le fecours qu'il jugera convenir à la circonftance.

71. *Faire promptement porter le fecours.*

Un Vaiffeau ayant fait fignal d'incommodité, & le Général ayant fait en réponfe celui de porter promptement le fecours (1), les Vaiffeaux de fa divifion, ou plutôt les fix Vaiffeaux le plus à portée lui enverront auffi-tôt leurs Chaloupes avec tout ce que l'accident défigné paroît exiger, à peine de répondre des fuites de l'accident, fi le fecours retarde.

(1) Pavillon 15. au petit perroquet.

72. *Si un Vaiffeau a befoin de relâcher.*

Aucun Vaiffeau ne relâchera fans la permiffion du Général de l'armée ou du Commandant de l'Efcadre dont il eft, que par une néceffité abfolue, puifqu'il eft probable qu'il aura toujours le temps de parler à fon Commandant, s'il préfume avoir celui de faire fa route pour fe rendre dans un port. Dans le cas où un Vaiffeau aura befoin de relâcher, fans pouvoir parler au Général, il fera fignal d'incommodité (1), & il y joindra toujours un fignal de canon. Il fe fignalera en même temps pour fe faire reconnoître.

(1) Pavillon 30. au petit perroquet.
Signal 1. canon.

Si le Vaiffeau incommodé a befoin d'un Vaiffeau pour l'efcorter.

S'il a befoin que le Commandant détache un Vaiffeau pour le fuivre, il en fera un fignal (2) différent du précédent.

(2) Pavillon de pouppe.
Signal 3. canon.

73. *Détacher un Vaiffeau pour efcorter celui qui eft incommodé.*

Un Vaiffeau incommodé ayant fait connoître au Général qu'il eft forcé de relâcher, & qu'il a befoin d'efcorte, & le

Général ayant répondu au signal d'incommodité (1), le Vaisseau dont le Général mettra en même temps la flamme particuliere, ou qu'il désignera par son rang en faisant un signal numéraire qui ne signifiera point autre chose en cette occasion, sera averti qu'il est détaché pour suivre le Vaisseau incommodé, le secourir en tout, & ne le point abandonner. Le Vaisseau détaché se signalera lui-même (2) en sortant de la ligne ou des colonnes.

Le Vaisseau qui escorte doit se tenir au vent.

Le Vaisseau détaché est averti que ce sera celui qui est incommodé, qui réglera la route & la marche. Et il observera de le conserver toujours sous son écoute, & de se tenir au vent (3).

(1) Pavillon 30. au petit perroquet.

Flamme particuliere, ou Signal numéraire de rang.

(2) Pavillon de pouppe, un coup de canon.
Flamme particuliere, ou Signal de rang.

(3) V. art. 190.

74. *Permettre de relâcher, & avertir de relâcher où l'on voudra.*

Les événements de la navigation ne mettent gueres dans le cas de relâche forcée que les seuls Vaisseaux démâtés ou qui font beaucoup d'eau; & c'est à eux seuls aussi que le choix de la relâche peut être permis, lorsqu'en même temps l'éloignement des ports indiqués dans les ordres secrets ne laisse pas espérer de les joindre.

Si le Général permet simplement à un Vaisseau incommodé de relâcher dans un des ports nommés, il le fera connoître en répondant à sa demande par un signal d'approbation ou de consentement (1). Et s'il lui accorde le choix de la relâche, il lui en fera un signal particulier (2).

Si une armée a été battue & désemparée par la tempête sans espérance de pouvoir la réunir en corps ou de remédier aux accidents pendant la navigation; & parce que l'on pourroit aussi en continuant la route en corps d'armée rencontrer un ennemi supérieur qui acheveroit de la détruire, & qu'il paroît enfin plus avantageux au Général, pour en sauver les débris, de permettre une relâche libre, il en accompagnera le signal (2) de celui d'exécution particuliere (3) pour toute l'armée. Alors tous les Vaisseaux se rangeront,

(1) Pavillon 28. au grand perroquet.
(2) Pavillon 24. au petit perroquet.

(3) Pavillon 2. à la vergue d'artimon.

autant qu'ils le pourront, fous leurs pavillons, & ceux qui relâcheront avec eux dans les ports permis, répondront mieux aux intentions du Général.

Séparer l'armée, & détacher une Escadre ou un seul Vaisseau. Dans les cas où le Général voudra que l'armée fe fépare pour que les Vaiffeaux nommés pour naviguer feuls ou de compagnie faffent librement leur route, il le fera connoître par le fignal général de relâche (2), qui ne fignifiera alors que féparation. Si le fignal ne doit s'adreffer qu'à une feule Efcadre détachée, il fera accompagné de celui d'exécution particuliere mis au mât qui indique l'Efcadre ; & d'une flamme particuliere, ou d'un fignal de rang, fi la féparation ne regarde qu'un feul Vaiffeau.

75. *Demander permiffion d'envoyer à terre, ou à bord d'un Bâtiment qui n'eft pas de l'Armée.*

LES Vaiffeaux de l'armée qui voudront envoyer à terre à une côte étrangere (1) ou à bord d'un Bâtiment (2) qui ne fera pas de l'armée, en demanderont la permiffion au Général, qui leur répondra par un fignal de confentement ou de refus (3). Les Canots ou Chaloupes qui déborderont, auront un Officier & un Garde de la Marine pour les commander, & ils fe conformeront à ce qui eft prefcrit à l'article 20 ci-deffus.

(1) Pavillon 7. au beaupré.

(2) Pavillon 8. au beaupré.

(3) Pavillon 28. au grand ou au petit perroquet, art. 81, 82.

76. *Permettre aux Vaiffeaux de l'Armée d'envoyer à terre ou à bord d'un Bâtiment qui n'eft point de l'Armée.*

LORSQUE le Général voudra permettre aux Vaiffeaux de l'armée d'envoyer à terre (1) ou à bord de quelque Bâtiment (2) qui ne fera pas de l'armée, & qu'il ne leur aura point fait favoir à l'ordre, il le leur fera connoître par un fignal (1 ou 2) qu'il accompagnera du fignal d'exécution particuliere mis au lieu qui défignera toute l'armée, ou une

(1) Pavillon 7. au beaupré.

(2) Pavillon 8. au beaupré.

seule Escadre si la permission ne regarde qu'une Escadre.
Une flamme particuliere fera connoître que la permission
n'est que pour un seul Vaisseau. Les Chaloupes au surplus
se conformeront à l'ordre prescrit article 20 ci-dessus.

77. *Avertissement général de mouvement.*

Lorsque le Général voudra faire faire un mouvement
à l'armée, il la préviendra toujours par quelque signal (1),
afin que par la distribution des équipages sur les manœuvres, & par l'attention des Capitaines, le mouvement soit
exécuté avec le plus d'ordre, de promptitude & de précision
qu'il sera possible. Ce signal d'avertissement regardera toujours
toute l'armée. Cependant, lorsqu'il y aura quelque changement d'Escadre à exécuter dans le mouvement, le signal
sera fait quelquefois par le seul changement de position des
pavillons de distinction des Généraux, mis aux mâts qui
indiqueront les postes que leur Escadre doit occuper; & si
l'avertissement n'a aucun changement de poste pour objet,
& qu'il regarde seulement le mouvement particulier d'un
corps, le signal lui en sera fait par son pavillon de distinction ou par celui d'exécution particuliere mis au mât qui
désigne cette Escadre.

Le signal de mouvement préviendra, autant qu'il se pourra,
l'heure des repas de l'équipage, afin qu'ils ne soient point
interrompus par les manœuvres.

Remarque sur les Signaux de mouvement.

Quoique l'armée ait été prévenue que les mâts dé-
signent les Escadres, de même que la vergue d'artimon
regarde toute l'armée (art. 3), de sorte que les signaux faits
dans une de ces positions, s'adressent à un des trois corps
respectifs ou à l'armée entiere, cela ne doit s'entendre cependant que des mouvements ou évolutions auxquels on a
appliqué l'usage des premiers pavillons de la table; car dans

(1) Pavillon
1. au grand per-
roquet.

toute autre circonftance les fignaux, en quelque endroit qu'ils foient faits, regarderont toute l'armée, fi le Général n'y ajoute point quelque fignal particulier.

78. *Avertiffement d'exécution particuliere de mouvement.*

LES ÉVOLUTIONS à exécuter exigeant très-fouvent que chacun des trois corps de l'armée faffe un mouvement différent, dont le Général ne pourroit pas marquer tous les temps, foit parce que les circonftances ne lui permettront pas d'en obferver le moment précis, foit à caufe qu'il veut éviter la confufion ou la multiplicité des fignaux; il fera connoître alors aux Commandants qu'il les charge perfonnellement des fignaux qui regardent les mouvements de leur Efcadre, en leur faifant le fignal d'exécution particuliere (1); & ceux que ce fignal regarde l'ayant répété, feront enfuite les différents fignaux que le mouvement de leur Efcadre exige.   ^{(1) Pavillon 2. à la vergue d'artimon.}

Si le Général veut qu'un feul Commandant d'Efcadre faffe les fignaux du mouvement que fon Efcadre doit faire, il le lui fera connoître par le fignal d'exécution particuliere (2) mis au mât qui indique l'Efcadre, ou qui en porte alors le pavillon de diftinction.   ^{(2) Pavillon A.}

Pour une feule Efcadre { Avant garde . . . . . . Au petit perroquet.
Corps de bataille. . . Au grand perroquet.
Arriere garde. . . . . . Au perroquet d'artimon.

Ainfi le Général voulant faire exécuter à deux Efcadres un mouvement commun, fera premiérement fignal d'exécution particuliere (2) à celui des trois corps qui doit manœuvrer féparément; & les fignaux généraux qu'il fera enfuite regarderont les deux autres corps qui auront à évoluer enfemble.

Les Efcadres font encore averties, que dans le cas d'exécution particuliere, elles doivent faire uniquement attention aux fignaux de leur Commandant, quoique celui-ci & les

répétiteurs

répétiteurs généraux doivent toujours obferver ceux du Général.

79. *Avertiffement particulier.*

Lorsque le Général, au lieu d'employer le fignal ordinaire d'exécution particuliere, mettra au mât qui défigne le pofte d'une Efcadre, le pavillon de diftinction de cette Efcadre, les fignaux qui feront faits fous ce pavillon dans les cas de manœuvre expliqués dans le livre des fignaux, ou qui feront faits ailleurs, tandis que ce pavillon mis extraordinairement reftera hiffé, regarderont ladite Efcadre feule ; parce que lorfque le Général aura voulu fimplement avertir quelque Efcadre de fon changement de pofte par le changement de pofition de fon pavillon de diftinction, il fera enfuite amené lorfqu'on y aura répondu, & lorfque le mouvement général ou l'évolution s'exécutera.

De même ; lorfque le Général accompagnera un fignal d'une flamme, le fignal, comme on l'a déja dû appercevoir ci-devant, s'adreffera en général au Vaiffeau, ou à ceux que la flamme défigne : (art. 28).

80. *Perfifter ; ou Signal de confirmation d'ordre.*

Quoique le Général fe ferve ordinairement d'un coup de canon pour avertir de faire attention au fignal (art. 29), il emploiera auffi quelquefois un pavillon (1) particulier pour faire connoître plus abfolument qu'il perfifte dans l'ordre qu'il a donné par le fignal précédent, & qu'il le confirme. Ainfi, par exemple, le Général ayant fait fignal à un Vaiffeau d'abandonner la chaffe ; fi le chaffeur fait celui de pourfuite, pour demander à la continuer, & que le Général lui réponde par celui de perfifter ou de confirmation d'ordre, le chaffeur obéira auffitôt en levant chaffe.

(1) Pavillon 18. au perroquet d'artimon.

V

81. *Approuver, ou consentir.*

UN VAISSEAU de l'armée ayant fait au Général un signal qui suppose une demande, comme de chasser ou de reconnoître un Vaisseau, d'aborder l'ennemi, de relâcher, &c, si le Général lui en accorde la permission, il le lui fera connoître par un signal (1) d'approbation ou de consentement. (1) Pavillon 28. au grand perroquet.

82. *Refuser.*

DANS tous les cas où le Général n'acquiescera point à la demande dont on lui aura fait le signal, il le fera connoître, soit en confirmant l'ordre contraire, s'il l'a déja donné, soit par un signal (1) de refus; & le Vaisseau auquel il aura été fait, sera obligé de s'y conformer. (1) Pavillon 28. au petit perroquet.

83. *Faire connoître que l'on a apperçu le Signal.*

LE GÉNÉRAL & les Vaisseaux de l'armée feront connoître qu'ils ont apperçu le signal qui s'adresse à eux, par un pavillon (1) destiné à cette sorte de réponse; si la conséquence du signal ne demande pas qu'il soit expressément répété pour ne laisser aucun doute à son égard, ou sur son exécution, dont au surplus le Vaisseau qui aura répondu simplement au Général par le pavillon (1) de signal apperçu, sera plus particuliérement comptable, parce que le Général n'aura pas pu relever sa méprise, s'il s'est trompé à l'expression du signal d'ordre ou de mouvement qu'il lui aura fait. (1) Pavillon 28. à la vergue d'artimon.

84. *Faire connoître au Général que l'on ne peut pas exécuter l'ordre.*

QUEL que soit le signal que fasse le Général, si le

Vaiſſeau auquel il s'adreſſe , ne peut abſolument pas exécuter l'ordre qu'il exprime , ce dont il ſera obligé de rendre compte au Général à la premiere occaſion , il le lui fera connoître par un ſignal (1) d'impoſſibilité d'exécuter.

(1) Pavillon 25, au grand perroquet.

85. *Avertiſſement de Signal numéraire.*

LORSQUE le Général voudra que l'armée faſſe attention à un article particulier du livre des ſignaux qui exprime un ordre , ou qu'elle exécute l'évolution ou le mouvement de cet article ſans employer les ſignaux ordinaires , il le lui fera connoître par le pavillon d'avertiſſement (1) de ſignal numéraire ; & l'armée ſera alors prévenue que les pavillons qui ſeront mis immédiatement après l'avertiſſement , perdant pour ce moment leur premiere ſignification , exprimeront dans cette circonſtance des nombres qui déſigneront l'article des ſignaux que le Général veut indiquer.

(1) Pavillon 1. à la vergue d'artimon.

Le Général amenera le ſignal d'avertiſſement , quand on y aura répondu , & il tirera quelques coups de canon , pour faire donner attention au ſignal numéraire.

Signal , 1, 2 ou 63. canon , en commençant le ſignal numéraire.

On obſervera que dans l'uſage des pavillons numéraires , chacun des trois pavillons , dont le numéro eſt porté ſur la même ligne de la table ſuivante , pourra exprimer indiffé-remment des unités , des dizaines ou des centaines , ce qui dépendra du mât auquel il ſera mis ; ainſi , par exemple , le pavillon n° 5 , qui exprimera cinq unités , étant mis au perroquet d'artimon , vaudra cinq dizaines au grand perro-quet , & cinq centaines au petit perroquet ; de même les pavillons n° 14 & 23 de la même ligne. Cette liberté d'ex-preſſion peut avoir ſon utilité dans pluſieurs occaſions.

On remarquera encore , que ſi l'on n'emploie pour les ſignaux numéraires que les neuf premiers pavillons , alors on ſera néceſſité à faire le ſignal ſucceſſivement & par parties toutes les fois qu'un même chiffre ſera répété dans le nom-bre à exprimer ; mais ſi l'on préfere d'employer un nombre ſuffiſant de pavillons , on pourra toujours exprimer tout

V ij

d'un coup beaucoup plus de nombres que les circonſtances ordinaires du ſervice ne le peuvent exiger.

Exemple de Nombre.

LE GÉNÉRAL voulant exprimer le nombre 202, ſe ſervira de deux des pavillons 2, 11 ou 20, dont il mettra indifféremment l'un au perroquet d'artimon, & l'autre au petit perroquet, ne mettant point de pavillon au grand perroquet, à cauſe du zéro qui occupe la place des dizaines dans ce nombre. Si le Général ne vouloit employer que neuf pavillons, il feroit obligé de faire en deux fois ce ſignal, & en trois fois s'il eût eu 222 à exprimer.

TABLE des Signaux numéraires.

Nº. DES PAVILLONS.				VALEUR DES PAVILLONS.
1.	10.	19.		1.
2.	11.	20.		2.
3.	12.	21.		3.
4.	13.	22.	Unités au Perroquet d'artimon.	4.
5.	14.	23.	Dizaines au grand Perroquet. .	5.
6.	15.	24.	Centaines au petit Perroquet. .	6.
7.	16.	25.		7.
8.	17.	26.		8.
9.	18.	27.		9.

86. Faire exécuter les temps d'un mouvement dont l'article a été indiqué numérairement.

LORSQUE le Général aura fait connoître à ſon armée quel eſt l'article des ſignaux dont il veut qu'elle exécute l'ordre ou le mouvement, alors les Commandants que le ſignal général ou particulier regarde, ſe ſerviront indifféremment de tels pavillons qu'ils voudront, pour marquer les temps différents de l'évolution ou du mouvement. Ainſi l'évolution ayant, par exemple, 4 ou 5 temps, deux pavillons quelconques, alternativement placés en quelque endroit apparent que ce foit, marqueront chacun de ces temps fucceffifs, ce qui fimplifie extrêmement les fignaux.

87. *Faire fignal de Latitude & de Longitude.*

Le Général voulant favoir par quelle latitude & par quelle longitude fe font les Vaiffeaux de l'armée, il en fera le fignal (1) d'avertiffement, qu'il accompagnera du pavillon d'exécution particuliere, ou de celui de diftinction d'une Efcadre, ou enfin de la flamme particuliere d'un Vaiffeau, felon qu'il voudra favoir le point d'un Officier Général ou d'un feul Vaiffeau. Si le Général fait fimplement fignal de communiquer le point, fans autre pavillon ou flamme; alors les Généraux ou Commandants d'Efcadre & les Chefs de Divifion des mêmes Efcadres répondront au fignal fucceffivement & fuivant leur rang dans l'ordre qui fera alors obfervé, en commençant de la tête jufqu'à l'Efcadre du Général, & enfuite venant de la queue jufqu'à la même Efcadre fi l'armée eft en ligne; ou bien de la tête à la queue de la colonne du Vice-Amiral, & puis de la tête à la queue de la colonne du Contre-Amiral, fi l'armée eft en ordre de marche fur trois colonnes: le Chef de Divifion de l'avant du Général & celui de l'arriere répondront enfuite au fignal.

Faire connoître le point.

Les pavillons numéraires ferviront alors à marquer la latitude & la longitude, obfervant, pour diftinguer l'une de l'autre, de laiffer battre le fignal d'avertiffement (1) pendant que l'on fera le fignal numéraire des degrés de latitude, & de l'amener quand on fera immédiatement après celui des minutes. A l'égard de la longitude, le fignal d'avertiffement (1) ayant été amené, il fera hiffé une flamme (2) qui battra pendant que l'on fera le fignal numéraire des degrés; & elle fera amenée pendant que l'on exprimera les minutes.

Latitude.

Longitude.

Les Vaiffeaux de l'armée feront prévenus que la longitude dont on fera le fignal, fera toujours rapportée au méridien de Paris, de même que celle des points que les Vaiffeaux fe communiqueront.

La longitude fera toujours rapportée au Méridien de Paris.

(1) Pavillon 1. au perroquet d'artimon.

(2) Flamme 9 à la vergue d'artimon.

88. *Faire connoître que l'on a eu hauteur.*

Si DANS un temps novuste, & après avoir été plusieurs jours sans voir le soleil, un Vaisseau profitant d'un rayon passager a pu prendre hauteur, ayant lieu de croire que le Général ne l'a point observée, & voulant le lui faire connoître, il mettra le pavillon (1) d'avertissement de latitude, & il en fera le signal numéraire aussi-tôt que le Général aura répondu à l'avertissement.

(1) Pavillon 1, au perroquet d'artimon.

89. *Avertissement de fausse Route.*

Le Général ayant résolu de faire fausse route pendant la nuit, soit que l'armée soit chassée par une force supérieure, soit qu'elle ait été découverte par les chasseurs de l'ennemi à qui elle veut dérober sa marche, ou par des Vaisseaux qui pourroient lui en donner des nouvelles, il préviendra l'armée de son dessein par le pavillon de fausse route (1).

(1) Pavillon 1, au petit perroquet.

Écrire les signaux de fausse route, lorsque le Général les fera.

Les Capitaines, aussi-tôt que ce signal aura été fait, porteront une grande attention aux signaux qui doivent suivre, & par lesquels le Général leur fera connoître l'aire de vent sur lequel il faudra courir, & le nombre d'horloges qu'il faudra suivre chaque route. Ils feront écrire ces signaux à mesure qu'ils seront faits.

Avertissement sur le changement de vent dans les fausses routes.

L'armée sera prévenue que si les vents refusent pendant la nuit, l'aire de vent de la route déterminée pour chaque espace de temps, sera toujours celui qui différera le moins ou qui approchera le plus de l'aire de vent qui avoit été fixé, relativement au vent qui souffloit lorsqu'on a fait le signal. Ainsi, par exemple, si le vent étoit Nord alors, que l'on eût dû faire l'Est à une certaine heure de la nuit, & que les vents fussent venus au NE, on fera l'ESE, parce que l'ESE est l'aire de vent qui approche le plus de l'E relativement au N qui souffloit lors du signal. Et si les vents étoient venus à l'Eſt, on fera le *NNE*, parce que cet aire de vent eſt celui qui approche le plus de l'*E* relativement au vent de *N*. Cependant, crainte de ſéparation, le Général pourra toujours, s'il le juge à propos, lorſque les vents viendront beaucoup de l'avant, faire connoître de nuit les aires de vent de fauſſe route qu'il voudra que l'on ſuive (art. 286).

Horloge de fauſſe route.

On ſuppoſe qu'il y a dans chaque Vaiſſeau une horloge marquée pour la fauſſe route, dont la durée vérifiée avant le départ, ſera parfaitement égale à celle de l'horloge du Général.

Signaux d'aires de vent.

Pour exprimer les 32 aires de vent, on ſe ſervira des huit premiers pavillons numéraires poſés dans l'ordre ſuivant.

TABLE des Signaux d'aire de vent.

PAVILLONS NUMÉRAIRES.	A la Vergue d'artimon.	Au Perroquet d'artimon.	Au grand Perroquet.	Au petit Perroquet.
1. . .	. N	. E	. S	. O . . . .
2. . .	. N$\frac{1}{4}$NE .	. E$\frac{1}{4}$SE .	. S$\frac{1}{4}$SO .	. O$\frac{1}{4}$NO .
3. . .	. NNE . .	. ESE . .	. SSO . .	. ONO .
4. . .	. NE$\frac{1}{4}$N .	. SE$\frac{1}{4}$E .	. SO$\frac{1}{4}$S .	. NO$\frac{1}{4}$O .
5. . .	. NE . . .	. SE . . .	. SO . . .	. NO . . .
6. . .	. NE$\frac{1}{4}$E .	. SE$\frac{1}{4}$S .	. SO$\frac{1}{4}$O .	. NO$\frac{1}{4}$N .
7. . .	. ENE . .	. SSE . .	. OSO . .	. NNO .
8. . .	. E$\frac{1}{4}$NE .	. S $_4$ SE .	. O$\frac{1}{4}$SO .	. N$\frac{1}{4}$NO .

Faire connoître combien de tems l'armée doit ſuivre chaque aire de vent de fauſſe route.

Les Capitaines ſont avertis que les pavillons précédents mis pendant que celui de fauſſe route ſera hiſſé ou immédiatement après, ne ſignifieront rien autre choſe que l'aire de vent ſur lequel l'armée doit courir; & le Général leur fera connoître en même-temps, par le nombre des coups de canon, combien d'heures ou de deux horloges on doit ſuivre chaque route.

SAVOIR:

2 Horloges *ou* une heure.	1 coup de canon.
4 Horloges *ou* deux heures.	2 coups de canon.
6 Horloges *ou* trois heures.	3 coups de canon.
8 Horloges *ou* quatre heures	4 coups de canon.

Si le Général a des raisons de ne point tirer de canon, alors il se servira des pavillons numéraires de la seconde ou de la troisieme colonne de l'article 85, pour indiquer le nombre d'horloges qu'il voudra courir à la route que le pavillon d'aire de vent fera connoître en ce même moment ; & ces derniers pavillons numéraires ne signifieront point autre chose dans cette circonstance.

L'armée prévenue de fausse route aura attention à marcher le plus serré qu'il sera possible, afin que les Vaisseaux s'observent & se conservent mieux.

Lorsque le Général voudra commencer la fausse route, il le fera connoître (2), & aussi-tôt les Vaisseaux tournant l'horloge de fausse route, mettront le cap à l'aire de vent indiqué.

(1) Voyez les articles des Signaux de Nuit, art. 186, 187 ; & Signaux de Brume, art. 129.

III. SECTION.

Des Signaux de mouillage, & d'appareiller.

90. *Avertir qu'on va chercher un Mouillage.*

E. 109. 110.
F. 131. 132.

Lorsque le Général sera dans l'intention d'aller chercher un mouillage, il en préviendra l'armée (1), afin que les Vaisseaux aient le temps de parer leurs ancres, & de se disposer en tout à cette manœuvre.

(1) Pavillon 29 au grand perroquet. Sign. 32. canon.

91. *Faire mouiller tous les Vaisseaux sans avertir.*

Ce n'est gueres que dans des circonstances extraordinaires que le Général se déterminera à faire mouiller l'armée sans l'avoir auparavant prévenue. Si l'ordre est pressant, le Général en accompagnera le signal (1) de quelques

(1) Pavillon 29 au petit perroquet. Signal 2, canon.

ques

ques coups de canon, & les Vaiffeaux le plutôt parés mouilleront les premiers, obfervant cependant, de même que
ceux qui les fuivent, de manœuvrer de maniere à éviter
tout accident.

92. *Mouiller : Affourcher.*

Mouiller en ordre.
E. 109. 110.
F. 131. 132.

LORSQUE le Général voudra faire mouiller l'armée,
il fera premiérement fignal de l'ordre fur lequel il veut
que l'armée foit rangée ; il mettra enfuite le fignal de
mouillage (1), & ce fignal feul fera pour ne mouiller
qu'une ancre.

(1) Pavillon 29 au grand perroquet.

Mouiller une feule ancre.

Affourcher avec un grelin.

S'il veut faire affourcher avec une ancre à jet, il ajoutera une flamme (2) au fignal précédent.

(2) Flamme 7. au perroquet d'artimon.

Affourcher avec une groffe ancre.

Et s'il veut que les Vaiffeaux affourchent avec une groffe
ancre, il le fera connoître par un autre fignal (3).

(3) Flamme 7. au petit perroquet.

Faire connoître l'aire de vent fur lequel la ligne ou les colonnes doivent mouiller.

Le Général fera connoître fur quel aire de vent les Vaiffeaux de chaque Efcadre doivent être rangés les uns à l'é-
gard des autres, en accompagnant le pavillon de mouillage (4) de celui d'un des aires de vent de la fauffe route
(Art. 89). Ainfi le pavillon du *N*, par exemple, ou celui
du *S* pris indifféremment, marqueront que la ligne des
Vaiffeaux ou des colonnes doit être *N* & *S*.

(4) Pavillon 29 au grand per-roquet. Pavillon d'aire de vent, art. 89.

Faire connoître l'aire de vent d'affourche.

Le Général fe fervira également d'un des pavillons d'aire
de vent, pour faire connoître celui de l'affourche ; mais
en ce cas le fignal d'affourche (5) reftera battant pour diftinguer ce fignal du précédent (4).

(5) Flamme 7. au petit perro-quet, ou au perroquet d'ar-timon. Pavillon d'aire de vent, art. 89.

Mouiller fans ordre.

Si l'armée eft fans ordre lorfque le Général fera le fignal
de mouillage, & que le Général ne juge point à propos
de rétablir l'ordre ; ce qu'il feroit connoître par un fignal
d'ordre, ce fera une marque qu'il permet aux Vaiffeaux de
mouiller fans en obferver réguliérement aucun. Cependant
les Vaiffeaux de chaque Efcadre obferveront de mouiller,
autant qu'il fe pourra, par divifions, & à peu de diftance
du Commandant de l'Efcadre dont ils font partie, afin que
la communication des ordres à donner pendant le féjour à

X

l'ancre foit plus facile, & que les Vaiffeaux puiffent, avec moins de confufion, reprendre leur pofte en appareillant. En général, dans les cas où l'armée mouillera fans être en ordre, les circonftances ne permettant pas à l'armée de l'établir; les Capitaines moins anciens, & ceux qui commandent de moins gros Vaiffeaux, ne feront point difficulté de laiffer paffer devant eux les Capitaines plus anciens qui feront à portée de la voix, & qu'ils pourroient embarraffer par leur manœuvre, ou en prenant le mouillage des gros Vaiffeaux.

93. *Signal de Partance.*

LORSQUE le Général aura réfolu de mettre fous voile, il en fera le fignal à l'armée (1), afin qu'elle s'y difpofe. Tous les Vaiffeaux de l'armée feront la même manœuvre; & fi quelque Vaiffeau n'eft pas prêt, le Capitaine qui le commande enverra auffi-tôt un Officier au Commandant de l'Efcadre pour lui en rendre compte, & prendre fes ordres.

Il eft du devoir de chaque Capitaine d'apporter beaucoup de diligence pour profiter du moment d'appareiller, & de donner des ordres fi précis dans fon Vaiffeau, qu'il ne foit point obligé d'attendre fes Chaloupes, ni perfonne de fon équipage, lorfqu'il fera queftion de mettre fous voiles.

(1) Le petit hunier défrêlé, tous les Vaiffeaux; le Commandant feul, un coup de canon.

94. *Défaffourcher.*

LORSQUE le Général voudra que l'armée défaffourche, & qu'il en aura fait le fignal (1), ils s'y prépareront fans différer; & ils obferveront de manœuvrer de maniere qu'en évitant au vent ou au courant, ils n'embarraffent aucun Vaiffeau.

(1) Pavillon 29, à pouppe.

95. *Raffourcher.*

Si le Général par changement de vent, ou par quelques raisons particulieres, juge à propos de faire raffourcher les Vaisseaux qui avoient désaffourché, il se servira du signal (1) d'affourcher de l'article 92.

(1) Flamme 7. au perroquet d'artimon, ou au petit perroquet.

96. *Virer à pic, & Appareiller.*

Virer à pic. Quand le Général voudra que l'armée se mette à pic, il en fera le signal (1) en bordant en même temps l'artimon. Alors chaque Vaisseau bordera son artimon en commençant à virer, pour que le Général connoisse le moment où chacun exécute cette manœuvre. Mais aucun ne *Appareiller.* mettra sous voile avant le signal d'appareiller (2). Alors ils observeront que si le Général ne fait aucun signal d'ordre de marche, les Vaisseaux qui seront plus à portée d'appareiller, mettront les premiers sous voile pour laisser aux autres la liberté de manœuvrer sans risque. Cependant ceux qui auront appareillé les premiers, manœuvreront convenablement pour ne point s'éloigner de l'armée, & se mettre, le plus promptement qu'il se pourra, chacun dans sa Division & à son poste, du moins à peu de distance du Général, sous le Pavillon duquel il doit se ranger dans tous les ordres.

(1) Pavillon 29. à la vergue d'artimon.

Border l'artimon.

(2) Pavillon 3. à la vergue d'artimon.

Signal 12. canon.

97. *Faire connoître à l'Armée de quel Bord le Général veut Abattre.*

L'Armée étant mouillée en ordre, si le Général, en la faisant appareiller toute, ou une seule Escadre, veut que les Vaisseaux abattent à stribord, il en pourra faire un signal de canon avec celui d'appareiller (2); mais s'il veut qu'ils abattent à bas-bord, il en fera un signal particulier (1).

(1) Pavillon 10. à poupe. Signal 6 canon.

(2) Pavillon 3. vergue d'artimon. Signal 5 canon.

X ij

98. *Faire couper les Cables, ou les filer par le bout.*

Couper les cables.

SI LE GÉNÉRAL se trouvant obligé d'appareiller dans une occafion qui ne permet aucun retardement, veut faire couper les cables à tous les Vaiffeaux de l'armée, il fera d'abord le fignal d'appareiller (1) pour fervir d'avertiffement. Et il mettra immédiatement après le fignal (2) de couper, faifant un fignal de canon en hiffant chaque pavillon. Les Capitaines redoubleront d'attention dans cette circonftance, afin d'appareiller fans s'aborder réciproquement.

(1) Pavillon 3. à la vergue d'artimon. Signal 11. canon.

(2) Pavillon 11. à pouppe. Signal 12. canon.

Filer les cables par le bout. Laiffer une bouée.

Si le Général prévoit qu'il pourra revenir au mouillage, alors s'il prend le parti de filer le cable par le bout (3), il y fera laiffé une bouée indépendamment de celle qui fera fur l'ancre.

(3) Pavillon 15. à pouppe.

99. *Faire appareiller les meilleurs Voiliers.*

Voiliers d'une Efcadre.

LE GÉNÉRAL voulant faire appareiller les meilleurs voiliers de l'armée pour donner chaffe, les feuls Vaiffeaux nommés précédemment à cet effet, prendront pour eux le fignal (1), & les Chaffeurs ne perdront pas un moment pour mettre promptement fous voile. Si le Général accompagne le fignal du pavillon d'exécution particuliere ou d'une flamme de fignalement, les feuls Vaiffeaux défignés appareilleront. Ils couperont leurs cables ou les fileront par le bout, fi le Général en fait le fignal comme dans l'article précédent.

(1) Pavillon 29. au perroquet d'artimon. Signal 12. canon.

Couper ou filer les cables. Laiffer une bouée.

100. *Faire embarquer les Chaloupes.*

LORSQUE le Général voudra faire embarquer les Chaloupes & Canots, foit à l'ancre, foit à la voile; les Vaiffeaux exécuteront cette manœuvre auffi-tôt que le fignal (1) en aura été fait.

(1) Pavillon 16. à pouppe.

Les Capitaines font avertis de ne point permettre à leurs Chaloupes ou Canots de naviguer fous voile en fortant des Ports, à moins d'être bien certains du temps & de la marche de ces Bâtiments ; mais ils les auront à la remorque, afin de ne point faire perdre de temps ni de chemin à l'armée.

Les Chaloupes feront à la remorque, les Vaiffeaux mettant fous voile.

Les Capitaines obferveront fi le Général met en panne, ou s'il embarque fes Chaloupes à la voile, pour manœuvrer de même.

CHAPITRE III.

SIGNAUX DE JOUR POUR QUELQUES MOUVEMENTS PARTICULIERS DE L'ARMÉE SOUS VOILE.

101. *Avertiffements généraux fur la Marche.*

Régler la marche & non la voilure fur celle du Général.

LES VAISSEAUX de l'armée régleront leur marche, & jamais leur voilure fur celle du Général. Ainfi, quelle que foit la voilure du Général, les Vaiffeaux feront celle avec laquelle ils navigueront & fe comporteront le mieux, & ils auront une attention particuliere à fe tenir très-ferrés ; un tiers de cable fuffit dans le beau temps.

Comment conferver la diftance dans la marche.

Le moyen le plus facile de conferver fa diftance dans la marche, eft d'en régler la vîteffe fans employer le perroquet de fougue dans la voilure ordinaire, parce qu'en hiffant ou amenant cette voile, la faifant porter, ou la mettant fur le mât, elle augmente ou diminue convenablement l'erre du Vaiffeau.

Voilure du Général.

Le Général de fon côté aura attention à proportionner fa marche à celle des moins bons voiliers de l'armée, & il fera toujours un peu moins de voile que les Vaiſſeaux n'en peuvent porter.

On ne tiendra pas non plus rigoureuſement le vent dans un corps d'armée, afin que les Vaiſſeaux aient la facilité de manœuvrer, & de ſe tenir exactement dans les eaux qu'ils doivent ſuivre.

Les Officiers de quart porteront toute leur attention à manœuvrer, de ſorte qu'ils rendent à ceux qui les releveront, le Vaiſſeau le plus près qu'il ſera poſſible du Vaiſſeau qui doit les précéder dans l'ordre. Il eſt de plus très-

expreſſément recommandé aux Capitaines de ne point héſiter à doubler les Vaiſſeaux qui les précédent, ſi ceux-ci naviguent mal & ne gardent point leur poſte & la diſtance.

Si le Général eſt obligé d'arriver pour remettre dans l'ordre ou dans la ligne les Vaiſſeaux qui ſeront tombés ſous le vent, les Vaiſſeaux de l'armée qui ſeront obligés d'arriver de même, obſerveront d'attendre le moment où ils ſeront par rapport à leur Chef de Diviſion, & les Chefs de Diviſion relativement au Commandant, dans l'aire de vent parallele à la route que l'on doit ſuivre dans l'ordre rétabli, afin de ne point tomber eux-mêmes ſous le vent de la ligne ou des colonnes.

Lorſque le Général prendra des ris pour prévenir le mauvais temps, ou à l'entrée de la nuit, les Vaiſſeaux de la queue de l'armée qui ſeront trop de l'arriere, ne diminueront de voile que lorſqu'ils ſeront exactement à leur poſte. De même les Vaiſſeaux qui ſe trouveront ſous le vent, continueront à forcer de voile pour reprendre leur poſte, en revirant, s'il eſt néceſſaire, ou du moins gagner la queue de la ligne, & ne ſe point ſéparer.

Les Vaiſſeaux auront toujours les perroquets gréés, du moins auſſi-tôt que le temps le permettra; & les Chaſſeurs de même que les Frégates auront leurs bouts-de-hors paſſés, leurs menues voiles parées, & leurs voiles actuellement inutiles, frêlées, de ſorte qu'ils puiſſent en un inſtant les faire ſervir, & en être couverts au premier ſignal. Cette

ORDRES et SIGNAUX, Chap. III. 167

diligence & cette légéreté dans la manœuvre en font tout le brillant, & contribuent beaucoup à la précifion des mouvements & à l'exactitude des évolutions.

Forcer de voile, & chaffer.

Si le Général fait fignal de forcer de voile, le Capitaine qui ne mettra pas toute celle qu'il peut porter, & qui reftera de l'arriere, en rendra compte ; & il fera fans doute encore plus comptable, fi c'eft dans une occafion de chaffe.

Ce qu'on entend par forcer de voile dans une évolution.

On avertit que lorfque dans l'explication d'une évolution on fe fert de cette expreffion *forcer de voile*, on entend que c'eft faire toute celle qui peut donner au Vaiffeau la vîteffe néceffaire pour exécuter réguliérement le mouvement, & conferver l'ordre. Car, pour réuffir dans les évolutions, il ne faut jamais faire entiérement forcer de voile l'Efcadre qui en doit faire le plus, parce que des Vaiffeaux qui ne rompent point l'ordre, qui marchent ferrés, & qui ont une vîteffe égale, & une voilure bien mefurée, font une route conftante, & parviennent plutôt & plus fûrement au terme précis de leur mouvement commun. Au contraire s'ils fe féparoient par la fuite d'une vîteffe inégale, en forçant abfolument de voiles, ils perdroient beaucoup plus de temps pour attendre ceux qui feroient éloignés, les réunir, & rétablir l'ordre, que pour exécuter le même mouvement à plus petites voiles avec des Vaiffeaux ferrés, & qui fe tiennent fur une même ligne.

Refferrer la ligne ou les colonnes après les grands mouvements, ou pour les préparer.

L'avantage de fe ferrer eft fi grand, que le Général ne négligera pas d'en faire le fignal pour préparer les grands mouvements, & après leur exécution ; car il eft à remarquer que les lignes s'ouvrent toujours non-feulement dans la marche, mais plus particuliérement dans les changements de voilure & dans les mouvements fucceffifs, tels que ceux de virer de bord.

102. *Mettre en panne.*

Tous les Vaiffeaux de l'armée, ou du moins d'une même ligne ou colonne, mettront à la même panne que

leur Commandant qu'ils obferveront exaĉtement , parce
que cette difpofition des voiles peut s'exécuter d'une maniere plus ou moins convenable à la circonftance ou à la
facilité du mouvement.

(1) Pavillon 4.
Sign.: 18. canon.
Les Vaiffeaux en panne auront attention à fe tenir réguliérement dans l'ordre où ils doivent être , faifant fervir
de temps en temps , s'il eft néceffaire, pour conferver leur
pofte , mettant la barre droite, s'il le faut, pour courir plus
de l'avant & moins dériver ; enfin ajoutant quelque voile
pour affujettir & gouverner le Vaiffeau , enforte que lorfque l'armée fera fervir, l'ordre ne paroiffe point rompu , &
que toutes les diftances foient exaĉtement gardées.

Signal de panne (1) { Pour toute l'armée. . . . . A la vergue d'artimon.
Pour une Efcadre { Avant garde. . . . Au petit perroquet.
Corps de bataille. Au grand perroquet.
Arriere-garde. . . Au perroquet d'artimon.
Les Généraux feuls , fans arrêter le mouvement de l'Armée. . . Au beaupré.

103. *Mettre à la Cape.*

LA FORCE du vent & l'état de la mer ayant déterminé
le Général à faire mettre les Vaiffeaux à la cape, il en
fera le fignal de jour par celui de panne (1) & par quelques coups de canon. Les Vaiffeaux attentifs à la manœuvre du Général , pour mettre à la même cape que lui ,
feront , pour conferver l'ordre , ou du moins pour ne fe
point féparer de l'armée , la même obfervation que l'on a
rapportée dans l'article précédent.

(1) Pavillon 4.
à la vergue d'ar-
timon.

Ajouter.
Signal (1) & diftinĉtion { A la mifaine. . . . . Signal 3 canon.
des capes. { A la grande voile. . . . . . Signal 7 canon.
A l'artimon. . . . . Signal 15 canon.
A fec. . . . . Signal 31 canon.

104. *Faire fervir , & continuer la route.*

LORSQUE le Général voudra que l'armée qui eft en
panne ou à la cape faffe fervir , il lui fera le même fignal (1)

(1) Pavillon 3.
Sign. 12. canon.

que

que pour appareiller (art. 96). Le même fignal mis au mât
convenable, fera connoître à toute l'armée ou à une feule Efcadre qu'elle doit continuer fa route.

Pour toute l'armée.		A la vergue d'artimon.
	Avant garde.	Au petit perroquet.
Pour une Efcadre.	Corps de Bataille.	Au grand perroquet.
	Arriere-garde.	Au perroquet d'artimon.

105. *Forcer de voile.*

LE GÉNÉRAL ayant fait fignal (1) à l'armée de forcer   (1) Pavillon 5.
de voile, lès Vaiffeaux obferveront (art. 101) de régler
leur voilure bien moins fur la quantité de voiles des Commandants que fur leur marche, parce que les Commandants obferveront eux-mêmes de proportionner leur fillage
à celui des moindres voiliers qui feront obligés de porter
tout ce qu'ils pourront de voiles fans rifque, afin de ne fe
point féparer de l'armée; fi ce n'eft dans des cas extraordinaires où le Général lui-même forcera abfolument de voiles,
comme pour fe relever d'une côte, &c. Les Commandants   Flamme parti-
culiere.
feront attentifs à mettre la flamme particuliere des Vaiffeaux
qui négligeront de forcer de voile, & qui cauferont du retardement à l'armée ou à l'exécution d'un mouvement.

*Avertir un Vaif-
feau d'aller de
l'avant.* (marginal note)

Pavillon 5.

Pour toute l'Armée.		A la vergue d'artimon.
	Avant garde.	Au petit perroquet.
Pour une Efcadre.	Corps de bataille.	Au grand perroquet.
	Arriere-garde.	Au perroquet d'artimon.

106. *Si l'on ne peut pas faire plus de voile.*

SI UN Vaiffeau par quelque accident que ce foit, ou   (1) Pavillon 6.
au mât conve-
nable.
parce qu'il a le côté trop foible, ne peut pas faire plus de
voile que celle qu'il porte alors, ou égaler le fillage de
l'armée, parce qu'il eft mauvais voilier; il le fera connoître au
Général avant la nuit, par le fignal de diminuer de voile   Flamme parti-
culiere.
(1) mis au mât qui indique l'Efcadre dont il eft; & il fe
fignalera en même temps lui-même.

*Les Vaiffeaux
qui ne pourront
point faire toute
la voile qu'il faut
pour fuivre l'ar-
mée, fe figna-
leront.* (marginal note)

Y

107. *Diminuer de voile.*

Les Vaiffeaux
de l'arriere &
ceux qui feront
tombés fous le
vent, ne dimi-
nueront point de
voile.

LORSQUE le Général fera le fignal (1) de diminuer de voile, foit dans une évolution, foit à la fin du jour, afin de mieux raffembler fon armée pour la nuit, les Vaiffeaux de l'arriere de même que ceux qui feront tombés fous le vent, obferveront de ne jamais diminuer de voiles, que lorfqu'ils feront abfolument rendus à leur pofte & à la diftance re-quife par l'ordre. Les Commandants de leur côté feront très-attentifs à fignaler les Vaiffeaux de leur Efcadre qui auront amené avant que d'être entiérement ralliés, & par-venus à la diftance où ils doivent être du Vaiffeau com-mandant : chaque Vaiffeau étant obligé de doubler, fans aucun égard, celui qui le doit précéder, fi celui-ci amene trop tôt. (Art. 101).

(1) Pavillon 6.

Doubler les
Vaiffeaux qui
n'obfervent pas
la diftance.

Pour toute l'armée. . . . . A la vergue d'artimon.
Pour une Efcadre. { Avant-garde. . . . . . Au petit perroquet.
Corps de bataille. . . . . Au grand perroquet.
Arriere-garde. . . . . Au perroquet d'artimon.

108. *Faire tenir le vent.*

LORSQUE le Général voudra faire tenir le vent à l'ar-mée qui court largue, ou faire ferrer le vent à une Efca-dre qui ne s'éleveroit point affez ; les Vaiffeaux auxquels le fignal (1) s'adreffera viendront au lof pour former la li-gne ou la colonne dans les eaux du Vaiffeau de la tête, ou fur la parallele de la colonne du Commandant, ce qui fera toujours connu par les circonftances de l'évolution.

*(1) Pavillon 10.
Sign. 20. canon.*

Pour toute l'armée. . . . . A la vergue d'artimon.
Pour une Efcadre. { Avant-garde. . . . . Au petit perroquet
Corps de bataille . . . . . Au grand perroquet.
Arriere-garde. . . . . . . Au perroquet d'artimon.

Approcher ou
éloigner une co-
lonne.

Le Général fe fervira du même fignal pour faire appro-cher les colonnes de fous le vent, ou éloigner celles du vent. (Obf. art. 109).

109. *Faire arriver.*

Approcher ou éloigner une colonne.

Le Général voulant faire arriver un peu la ligne, approcher les colonnes du vent, ou éloigner celles de sous le vent, se servira du même signal (1), qu'il ne fera que changer de position suivant ces différentes circonstances.

(1) Pavillon 11.

Signaux { 21. 22. 23. 24. 25. 26. } canon.

S'il n'est question dans ce mouvement que de faire arriver, approcher ou éloigner une ou plusieurs colonnes, & non pas de resserrer ou d'étendre la ligne qu'elles forment, les Vaisseaux conserveront dans chaque colonne la distance qu'ils doivent avoir selon l'ordre.

Pour toute l'armée. . . . . A la vergue d'artimon.
Pour une Escadre. { Avant-garde. . . . . Au petit perroquet.
Corps de bataille. . . . Au grand perroquet.
Arriere-garde. . . . . Au perroquet d'artimon.

110. *Faire connoître l'aire de Vent sur lequel le Général veut courir.*

Le Général voulant que l'armée courre sur un aire de vent différent de celui sur lequel elle doit rester rangée, il en accompagnera le signal (1) de celui d'un des aires de vent (2); & ce dernier ne signifiera rien autre chose en cette occasion que l'aire de vent auquel les Vaisseaux doivent présenter en suivant des routes parallèles, & formant l'échiquier au vent, ou sous le vent, de la ligne de l'ordre. Les Vaisseaux observeront le Commandant pour faire en même temps que lui leur mouvement, & ils se tiendront cependant respectivement sur les mêmes lignes où ils étoient avant l'évolution.

(1) Pavillon 12 ou 13. à la vergue d'artimon.

(2) Signal d'aire de vent, att. 89.

111. *L'Armée étant en ordre de Bataille ou de marche, faire resserrer la ligne ou les colonnes.*

Le Général voulant faire resserrer la ligne trop ou-

Y ij

verte , fera d'abord fignal de mouvement (1); & après qu'il aura été répété, il fera celui de refferrer la ligne (2), & les Vaiffeaux fe ferreront à un tiers de cable. Mais fi le Général veut qu'il y ait entr'eux une plus grande diftance , l'armée le connoîtra par un pavillon numéraire (3) dont les unités exprimeront dans cette circonftance le nombre de tiers de cable qu'il doit y avoir de diftance entre deux Vaiffeaux confécutifs.

Si l'armée eft en ordre de marche, la colonne de fous le vent ne fera point d'autre mouvement que de fe ferrer, en tenant le vent, pour fervir de point fixe aux deux colonnes du vent qui arriveront convenablement pour maintenir l'ordre , les Vaiffeaux obfervant en même temps les releve-ments qu'il établit.

Dans ce mouvement les Vaiffeaux de l'avant doivent faire très-peu de voile ; & ceux de l'arriere doivent en forcer jufqu'à ce qu'ils foient à la diftance requife.

Pavillon 15.

Pour toute l'armée. . . . . A la vergue d'artimon.
Pour une Efcadre. { Avant-garde. . . . . Au petit perroquet.
{ Corps de bataille. . . . Au grand perroquet.
{ Arriere-garde. . . . . Au perroquet d'artimon.

112. *L'Armée étant en ordre de Bataille ou de marche, faire étendre la ligne ou les colonnes.*

LE GÉNÉRAL voulant faire étendre la ligne d'une ma-niere réguliere, ce que les fignaux combinés de forcer de voiles pour l'Efcadre de l'avant, & d'en diminuer pour celle de l'arriere, n'expriment pas avec affez de précifion; il fera d'abord fignal de mouvement (1) , & après qu'il aura été répété, il fera celui d'étendre la ligne (2). Mais pour qu'il n'y ait rien d'arbitraire ni d'indéterminé à cet égard, il fera connoître par un fignal numéraire, s'il veut qu'il y ait plus de deux tiers de cable de diftance entre deux Vaiffeaux confécutifs, & ce fignal (3) ne fignifiera rien autre chofe

(1) Pavillon r. au grand perro-quet.
(2) Pavillon 15. à la vergue d'artimon.

(3) Signal nu-méraire, art. 85.

(1) Pavillon 1. au grand perro-quet.
(2) Pavillon 14. à la vergue d'artimon.

(3) Signal nu-méraire, art. 85.

en cette occafion. Les Vaiffeaux obfervant ceux qui les précedent, manœuvreront pour prendre & conferver leurs diftances le plus réguliérement qu'il fera poffible.

Si le Général veut que le mouvement ne regarde qu'une feule Efcadre, comme cela peut être néceffaire dans fes vues, & fuivant la difpofition de l'ennemi, il fera le fignal au mât qui défigne cette Efcadre.

Si l'armée eft en ordre de marche, les colonnes de fous le vent arrivant infenfiblement, s'écarteront, comme il convient, pour conferver les relevements qui inftituent la régularité de l'ordre. La colonne du vent ne fera point d'autre mouvement que de s'étendre pour fervir de point fixe.

Pavillon 14.

Pour toute l'armée.		A la vergue d'artimon.
Pour une Efcadre. { Avant-garde.		Au petit perroquet.
Corps de Bataille. . . .		Au grand perroquet.
Arriere-garde.		Au perroquet d'artimon.

113. *Faire mettre à leur pofte les Efcadres ou les Vaiffeaux qui n'y font pas.*

L'ARMÉE étant en ligne ou en ordre de marche, fi quelque Efcadre n'obferve pas exactement l'ordre, le Général lui fera le fignal de le rétablir, en mettant le pavillon de l'ordre (1), & de plus, celui de tenir le vent ou d'arriver fuivant la circonftance. Si le Général remarque que l'Efcadre qui n'eft point à fon pofte ne fait pas attention au fignal, il mettra le pavillon d'exécution particuliere au mât qui indique fon pofte (2); & fi le fignal ne doit regarder qu'un Vaiffeau, le Général ajoutera la flamme particuliere qui le défigne (3).

(1) Pavillon de l'ordre que l'armée tient à la vergue d'artimon.

(2) Pavillon 2.

(3) Flamme particuliere.

Les Commandants d'Efcadre n'attendront point les fignaux du Général, pour faire rentrer dans la ligne ou dans les colonnes ceux de leurs vaiffeaux qui s'en écarteront au vent ou fous le vent, & qui négligeront de ferrer la ligne.

CHAPITRE IV.
DE LA CHASSE.

114. Faire chaffer.

LE GÉNÉRAL voulant faire chaffer toute l'armée ou une feule Efcadre, fe fervira du fignal de forcer de voile (1), foit qu'il ait pour objet de joindre les Vaiffeaux découverts, foit qu'il veuille reconnoître la terre. Dans le premier cas, les Vaiffeaux commenceront à fe préparer au branlebas, afin qu'il foit plutôt exécuté, fi le Général en fait le fignal. Dans le fecond, les Vaiffeaux le plus de l'avant fonderont fi le fond n'eft pas très-connu.

(1) Pavillon 5.

Les Vaiffeaux qui chafferont les ennemis feront branlebas.

Les Vaiffeaux qui chafferont la terre fonderont.

Si le Général ne veut faire chaffer que les Frégates ou les Chaffeurs ordinaires, il le fera connoître par le fignal de pourfuite (2), auquel il joindra une flamme particuliere, fi le fignal ne s'adreffe qu'à un feul Vaiffeau (3).

(2) Pavillon 29. au perroquet d'artimon.

(3) Flamme particuliere.

Dans tous les cas de pourfuite, le Chaffeur ne fera point difficulté de paffer au vent du Général, fi fa route l'y conduit ; & tous les Vaiffeaux de l'armée favoriferont de même fa manœuvre.

Les Chaffeurs pafferont au vent de tous Vaiffeaux : ceux-ci favoriferont la manœuvre des chaffeurs.

Le Chaffeur obfervera de ne point alonger inutilement fa bordée. S'il eft beaucoup fous le vent, il virera quand le Vaiffeau chaffé fe trouvera par fon travers ; s'il eft moins fous le vent, il virera quand il pourra mettre le cap fur celui qu'il pourfuit ; & enfin lorfqu'il fera près, il ne virera que dans fes eaux ou un peu au vent.

Obfervations fur la chaffe.

E. 34.
F. 30. 31. 32.

L'Efcadre qui chaffera, ou les Chaffeurs détachés, auront une grande attention à ne point s'engager mal à propos ; à bien reconnoître l'objet de la chaffe ; à obferver les fignaux du Général ; à ne fe point féparer ; à fe rallier, s'il fe peut, avant la nuit, & toujours auffi-tôt qu'il y aura apparence de brume. Et la brume venue, les Vaiffeaux que le Général aura fimplement fait chaffer en découverte, fe rapprocheront, comme il eft dit aux fignaux de brume (art. 331), & de nuit (art. 283).

115. *Faire étendre les Chaffeurs pour découvrir plus de mer.*

Si le Général veut que les feuls Chaffeurs s'étendent au vent en avant & fous le vent pour découvrir plus de mer, il leur en fera le fignal particulier (1), qu'il accompagnera du pavillon de diftinction d'une Efcadre, fi le fignal s'adreffe aux Chaffeurs d'une feule Efcadre.

(1) Pavillon 23. à la vergue d'artimon.
Signal 19 canon.

Diftance des chaffeurs en découverte.

Les Vaiffeaux qui chafferont en découverte au vent ou fous le vent, forceront de voile une heure ou deux avant le jour, & ils rejoindront l'armée à l'entrée de la nuit. Ils chafferont à une lieue & demie les uns des autres, & le dernier à cette même diftance de l'armée, afin que les fignaux puiffent être apperçus réciproquement & communiqués fans méprife.

Les chaffeurs qui auront découvert l'ennemi, feront quelquefois fauffe-route.

Il eft de la prudence des Chaffeurs qui découvriront l'armée ennemie, de faire quelquefois fauffe route jufqu'à la nuit, afin de ne point découvrir la marche de l'armée qui veut éviter l'ennemi.

116. *Chaffer fans garder d'ordre.*

Le Général voulant faire chaffer l'armée fans garder d'ordre, afin que laiffant aux vaiffeaux la liberté de manœuvrer, il connoiffe mieux quels font les meilleurs voiliers & les meilleurs manœuvriers de l'armée, il les en préviendra par le fignal d'avertiffement (1) qu'il joindra au fignal de chaffe libre (2); auffi-tôt tous les Vaiffeaux pareront leurs voiles pour s'en couvrir, lorfque le Général fera le fignal (3) d'exécution particuliere. Les Vaiffeaux

(1) Pavillon 1. au grand perroquet.
(2) Pavillon 23. à pouppe.
(3) Pavillon 2. à la vergue d'artimon.

chafferont dans la route de l'armée ceux qui font fous le vent, faifant en forte de le gagner à ceux du vent qui tâcheront d'en conferver l'avantage.

Les Vaiffeaux obferveront de fe rallier auffi-tôt que le Général en fera le fignal ou celui d'ordre. Chacun alors regardant le Vaiffeau du Général comme un point fixe, manœuvrera pour fe rendre à fon pofte, & former l'ordre le plutôt qu'il fera poffible, fans qu'il foit permis à aucun des Vaiffeaux de l'avant de mettre en panne pour attendre l'armée (Art. 63).

Si le Général ne veut faire chaffer librement qu'une feule Efcadre, il la préviendra par fon pavillon de diftinction, & celui de chaffe libre; & les Vaiffeaux ne commenceront la chaffe qu'au moment où ils verront le fignal d'exécution particuliere au mât qui défigne leur Efcadre.

117. *Faire chaffer les Vaiffeaux dans l'ordre où ils fe trouvent.*

Le signal de forcer de voile (1) fervira au Général pour faire chaffer l'armée ou une colonne (2) dans l'ordre où elle fe trouve. Alors les Vaiffeaux, quoique forçant de voile, feront tout ce qu'ils pourront pour conferver leurs diftances réciproques, afin que l'ordre ne fe rompe point, ou qu'il puiffe fe rétablir fans peine.

(1) Pavillon 5. à la vergue d'artimon.
(2) Pavillon 5. au mât qui indique l'Efcadre.

118. *Faire chaffer à un aire de vent déterminé.*

Lorsque le Général voudra faire chaffer à un aire de vent déterminé, quel que foit le fignal de chaffe (1) qu'il ait fait, il y ajoutera celui de navire (2) ou de terre (3), fi c'eft pour un de ces deux objets, ou fimplement celui d'aire de vent (4).

(1) Signal de chaffe.
(2,3) Pavillon 14 ou 21,au mât convenable.
(4) Signal d'aire de vent, art. 89.

I I 9. *Faire lever, ou abandonner la Chasse.*

Le signal de ralliement (1) sera celui dont le Géné- *(1) Pavillon*
ral se servira pour faire cesser ou abandonner la chasse, y *blanc au grand perroquet.*
ajoutant, s'il est nécessaire, le pavillon de distinction ou
la flamme particuliere des Chasseurs, & tirant un coup de
canon pour faire remarquer le signal.

L'armée ayant chassé, sans garder d'ordre (art. 116);
aussi-tôt que le signal de ralliement aura été fait (art. 63),
les Commandants de l'avant-garde & de l'arriere-garde
manœuvreront pour prendre leur poste, & les Vaisseaux
de leur Escadre se rangeront sous leur pavillon dans l'ordre où ils doivent être rangés.

Si l'armée a chassé en ordre; la tête diminuera de voile,
& la queue continuera à en forcer, jusqu'à ce que les Vais-
feaux soient réciproquement dans les distances que l'ordre
exige.

I 2 O. *Faire savoir que l'objet de la Chasse est reconnu.*

Les Chasseurs feront savoir au Général, par un *(1) Pavillon*
signal particulier (1) ou par ceux de navire (2), ou de *23. au perroquet d'artimon.*
terre (3), que l'objet de la chasse est reconnu. Et ils ob- *(2) Pavillon*
serveront en se rapprochant, le plus diligemment qu'ils *24. au perro-quet d'artimon.*
pourront, du Général pour lui rendre compte, de répé- *(3) Pavillon*
ter le signal de l'objet reconnu; afin que le Général puisse *22. au mât con-venable.*
donner les ordres, & faire les signaux nécessaires.

S'il y a du calme, & que le Chasseur ne puisse pas manœuvrer, il observera ce qui est prescrit pour cette circonstance (art. 58).

Z

121. *Faire connoître qu'on a espérance de joindre l'objet de la Chasse.*

LE CHASSEUR ayant fait connoître au Général qu'il a espérance de joindre l'objet de sa pourfuite (1); & si c'eft l'ennemi, qu'il peut même l'attaquer avec avantage; sera très-attentif à obferver les fignaux de confentement ou de re-fus, que le Général lui fera, pour ne point s'engager mal-à-propos, & contre l'ordre du Général: au fignal de refus, les Chaffeurs abandonneront abfolument la chaffe, & fe rallieront.

(1) Pavillon 25. au grand perroquet.

122. *Faire connoître que l'on peut attaquer avec avantage.*

LES CHASSEURS qui ont été en découverte, ayant re-connu la force des ennemis, & jugeant que l'on peut les attaquer avec avantage, en feront le fignal (1) au Géné-ral, dont ils obferveront la manœuvre & les fignaux pour s'y conformer exactement.

(1) Pavillon 17. au grand perroquet.

123. *Faire donner dans la Flotte.*

LE GÉNÉRAL ayant fait fignal à un corps de chaffer une Flotte marchande ou un petit nombre de Vaiffeaux, & ayant été prévenu, par les Chaffeurs, qu'on peut atta-quer avec avantage, il leur fera connoître s'il veut qu'ils donnent dans la Flotte; & ils n'attaqueront point avant le fignal (1) qui s'adreffera à ce feul corps.

(1) Pavillon 18. au grand perroquet.

124. *Amariner, conferver, brûler les Prifes.*

L'ARMÉE ayant fait des prifes, elles feront amarinées par les Vaiffeaux qui les auront fait amener; & ils feront les feuls à envoyer à bord fi le Général n'en fait point le fignal à d'autres, ou s'ils ne le font pas eux-mêmes (art.

Amariner & conferver les Prifes. 23). Le fignal d'amariner (1) les prifes fervira également pour avertir de les conferver pendant la nuit, fi elles ont été faites trop tard pour les amariner. Et fi le Général joint au fignal précédent celui d'incendie (2), les Vaiffeaux qui

Brûler les Prifes. ont fait les prifes en ayant retiré les équipages, mettront auffi-tôt le feu à ces Bâtiments.

(1) Pavillon 17. à pouppe.

(2) Flamme 7. au grand perroquet.

CHAPITRE V.

DES MOUVEMENTS D'UNE LIGNE.

125. *Ranger une Armée en Bataille.*

E. 29. 36. 37. F. 22. 33. 34. L'ARMÉE pouvant être fans ordre, & les Vaiffeaux un peu difperfés lorfque le Général voudra la mettre en ordre de Bataille, les Capitaines font prévenus d'obferver le fignal par lequel le Général fera connoître, s'il veut former l'ordre fur le bord dont il tient l'amure (1), ou fur le bord oppofé (2), afin qu'ils manœuvrent en conféquence pour fe rallier fous le pavillon commandant, & chaffer leur pofte.

(1) Pavillon 17. à la vergue d'artimon.
Sign. 16. canon.
(2) Pavillon 18. à la vergue d'artimon.
Sign. 17. canon.

Difpofition des Efcadres. Dans l'ordre naturel, le Vice-Amiral fait l'avant-garde ; il eft au centre de la premiere Divifion de fon Efcadre, précédé de la 2e & fuivi de la 3e. Le Général eft au centre de fa premiere Divifion, & du corps de bataille qui fait auffi le centre de l'armée ; il eft précédé de fa 2e Divifion, & fuivi de la 3e. Le Contre-Amiral fait l'arriere-garde au centre de laquelle il eft & de fa premiere Divifion, précédé de la 3e, & fuivi de la 2e.

Les Vaiffeaux de l'armée obferveront de former l'ordre

le plus promptement & le plus réguliérement qu'il fera possible, fe ferrant jufqu'à un tiers de cable fi le temps le permet, fe tenant dans les eaux les uns des autres, & préfentant dans la ligne du plus près lorfque la ligne fera formée, & que le Général en fera la route. Si, pour former plus facilement la ligne, le Général eft obligé d'arriver plus ou moins, ceux, qui comme lui, auront à arriver, ne le feront que jufqu'à ce qu'ils foient, par rapport à lui, dans l'aire de vent du plus près de ce bord.

On a rapporté (art. 101) les attentions que les Capitaines doivent avoir pour conferver les diftances dans la marche ; elles font encore plus effentielles dans l'ordre de bataille, parce que fi les Capitaines occupés de l'action, fe négligeoient fur cette partie de la manœuvre, ils pourroient, foit en s'abordant réciproquement, foit en ouvrant trop la ligne, y caufer un défordre dont un ennemi plus attentif ne manqueroit pas de profiter.

Pofte des Frégates. Dans l'ordre de bataille, les Frégates forment à une demi-portée de canon au vent ou fous le vent, fuivant la fituation de l'ennemi, une ligne parallele à celle du combat. Chaque Frégate fe tenant un peu de l'avant de fon Commandant, afin d'être plus à portée d'arriver, ou de mettre en panne pour recevoir ou attendre fes ordres.

Il fera très-convenable qu'il y ait une Frégate à la tête de la ligne des Brûlots, pour conduire cette colonne, & répéter les fignaux généraux.

Pofte des Brûlots. Les Brûlots formeront par-delà les Frégates une autre ligne parallele à une petite portée de canon de celle de combat ; ils fe tiendront de l'avant du Commandant de leur Efcadre, afin que l'armée virant par la contremarche, ne puiffe pas les couper, ou du moins en couper un moindre nombre ; & pour être dans le combat plus parés à arriver au premier fignal, & à paffer à pouppe de leur Commandant pour en recevoir les ordres.

Pofte des Flûtes ou Bâtiments de charge. Les Bâtiments de charge qui feront à la fuite de l'armée, marcheront fur la même ligne que les Brûlots, &

dans l'intervalle de ceux des différentes Efcadres. Ils fe tiendront le plus ferrés qu'il fe pourra pour occuper moins de terrein, & ne point porter de confufion dans la ligne.

Matelots des Généraux; & Vaiffeaux de la tête & de la queue de la ligne.

On doit obferver à l'égard du rang des Capitaines dans la ligne, que le premier Vaiffeau de la tête & le dernier de la queue font ordinairement commandés par les plus anciens Capitaines après les pavillons. Ces deux poftes, principalement celui de la tête, font très-honorables par les occafions que les Capitaines ont fouvent de montrer leur capacité & leur bravoure; ils doivent auffi fe confidérer comme réglant particuliérement la marche & l'étendue de l'armée.

Les plus anciens Capitaines, & qui montent de plus gros Vaiffeaux, font enfuite deftinés à être les *Matelots* des Généraux. Le premier de l'avant, & le fecond de l'arriere. Les Capitaines qui occupent ces poftes fe trouvant directement fous les yeux des Généraux, ont une occafion bien favorable de faire connoître leur valeur, & l'intérêt qu'ils prennent à la gloire du pavillon, à la défenfe duquel ils doivent plus veiller qu'à leur propre confervation.

126. *L'Armée étant en ligne, la faire virer par la contre-marche: revirer.*

E. 38.
F. 12.

LE GÉNÉRAL voulant faire virer l'armée par la contre-marche, & le fignal en ayant été fait (1), le Vaiffeau qui doit virer le premier donnera vent devant tout auffi-tôt, & ceux qui le fuivent vireront fucceffivement dans fes eaux.

(1) Pavillon 7.
Signal 9. canon.

Revirer.

Si le Général veut faire revirer la tête de l'armée par la contre-marche, avant que toute la ligne ait exécuté le premier mouvement, il la préviendra par un nouveau fignal (2) de contre-marche.

(2) Pavillon 8.
Signal 9. canon.

Les mêmes fignaux ferviront dans tous les cas pour les Vaiffeaux que le Général voudra faire virer (1) & revirer (2), ajoutant leur flamme particuliere, s'il eft néceffaire, & mettant le pavillon au mât qui défigne l'Efcadre, quand le fignal s'adreffera à un corps.

Pour toute l'armée.	A la vergue d'artimon.

Pour une Efcadre. { Avant-garde. . . . . . . Au petit perroquet.
Corps de Bataille. . . . Au grand perroquet.
Arriere-garde. . . . . . Au perroquet d'artimon.

En virant par la contre-marche, chaque Vaiffeau obfervera de ne donner vent devant qu'après celui qui le doit précéder; de le laiffer paffer au vent, fi l'on vire vent devant; d'arriver & de paffer fous le vent, fi l'on vire vent arriere; de bien régler fa bordée & fa voilure dans tous les cas, pour manœuvrer à propos; & afin que la diftance foit toujours bien obfervée, le Vaiffeau qui a viré, diminuera de voile jufqu'à ce qu'il ait été joint par celui qui le doit fuivre.

Les Commandants d'Efcadre, pour mieux maintenir l'ordre, vireront dans les eaux du Général; les Vaiffeaux particuliers, dans celles de leur Chef de Divifion.

Le moment de virer vent devant, eft celui où l'on découvre la hanche du vent du Vaiffeau dans les eaux duquel on doit virer.

Les Vaiffeaux de la ligne n'auront point égard à ceux qui les précédent immédiatement, s'ils rompent l'ordre, ou s'ils portent trop loin leur bordée.

127. *L'Armée étant en ligne, la faire virer lof pour lof par la contre-marche fous le vent.*

E. 18, 58.
F. 15.

LA FORCE du vent ne permettant pas à l'armée de virer vent devant par la contre-marche, & le Général jugeant à propos de faire courir l'armée fur la ligne du plus près de l'autre bord; auffi-tôt que le fignal en aura été fait (1), le Vaiffeau de la tête de l'avant-garde arrivera pour prolonger la ligne le plus près qu'il pourra fur le vent; & il reviendra au lof lorfqu'il pourra paffer à pouppe du dernier Vaiffeau de l'arriere-garde : tous les Vaiffeaux de la ligne fuivront les eaux du Vaiffeau de la tête.

(1) Pavillon 12. à pouppe.
Sign. 10. canon.

128. *L'Armée étant en ligne, la faire virer tout enfemble vent devant en échiquier.*

E. 39.
F. 36.

Le Général ayant premiérement fait fignal à l'armée qu'elle va exécuter un mouvement (1), & ce fignal ayant été répété, il fera celui de virer tout enfemble (2); auffi-tôt tous les Vaiffeaux de l'armée donneront enfemble vent devant, ou du moins ils le feront tous fucceffivement & immédiatement après celui qui lui eft de l'arriere.

(1) Pavillon 1. au grand perro-quet.

(1) Pavillon 9. Signal 8. canon.

Pour toute l'armée.		A la vergue d'artimon.
Pour une Efcadre. { Avant garde.		Au petit perroquet.
Corps de bataille. . . .		Au grand perroquet.
Arriere-garde.		Au perroquet d'artimon.

129. *L'Armée étant rangée fur une ligne du plus-près, mais courant avec l'amure de l'autre bord; rétablir l'ordre.*

E. 40.
F. 37.

Le Général fera fignal à l'armée qu'elle va exécuter un mouvement (1), & après qu'il aura été répété, il fera celui de virer tout enfemble vent devant (2). Alors tous les Vaiffeaux donneront vent devant enfemble, ou fucceffi-vement, en commençant par la tête qui fera très-petites voiles pour ne point étendre la ligne.

(1) Pavillon 1. au grand perro-quet.

(1) Pavillon 9. Signal 8. canon.

Pour toute l'armée.		A la vergue d'artimon.
Pour une Efcadre. { Avant-garde.		Au petit perroquet.
Corps de bataille.		Au grand perroquet.
Arriere-garde.		Au perroquet d'artimon.

130. *L'Armée étant rangée fur une ligne du plus-près, la faire courir vent arriere ou largue en échiquier.*

E. 41.
F. 38.

Le Général voulant faire courir l'armée vent arriere ou largue, les Vaiffeaux reftant toujours les uns par rapport aux autres, dans l'ordre fur lequel l'armée eft rangée, fera le fignal général d'avertiffement de mouvement (1); & après que ce fignal aura été répété, il fera celui d'échiquier (2), qu'il accompagnera de celui de l'aire de vent (3), fur lequel il veut courir (art. 110). Auffi-tôt les Vaiffeaux commenceront enfemble leur mouvement.

(1) Pavillon 1. au grand perro-quet.

(2) Pavillon 12. à la vergue d'artimon.

(3) Signal d'aire de vent. art. 89.

131. *L'Armée étant rangée fur une ligne du plus-près, & courant vent arriere ou largue, lui faire prendre les amures de cette même ligne.*

E. 41. F. 39.

LE GÉNÉRAL voulant rétablir la ligne de combat fera fignal à l'armée qu'il va lui faire faire un mouvement (1); & ayant amené ce fignal auffi-tôt qu'il aura été répété, il fera celui d'ordre de bataille (2). A ce fignal tous les Vaiffeaux viendront au lof, prenant l'amure de la ligne fur laquelle l'armée eft rangée.

(1) Pavillon 1. au grand perro-quet.

(2) Pavillon 17. à la vergue d'artimon.

Si le Général vouloit faire paffer l'armée de cet ordre de marche à celui de bataille fur la ligne du plus près de l'autre bord, ce qui a rapport au mouvement de l'article 135 ci-après, il mettroit au mât d'avant le pavillon de diftinction du corps qui eft fous le vent, & qui doit faire l'avant-garde, ou le pavillon d'ordre de bataille du bord fur lequel l'armée n'eft point rangée (3). Auffi-tôt tous les Vaiffeaux de l'armée viendront au lof, chacun gouvernant fur le grand mât de celui qui le doit précéder dans le changement de ligne de combat.

(3) Pavillon 18. à la vergue d'artimon.

132.

132. *L'Armée étant rangée fur une ligne du plus-près , mais courant avec les amures de l'autre bord, la mettre en bataille fur la ligne dont elle tient l'amure.*

E. 43.
F. 40.

L'Armée étant rangée fur une ligne du plus-près , mais courant en échiquier avec les amures de l'autre bord. Le Général la préviendra qu'il veut la faire mettre en ligne de combat fur celle du plus-près dont elle tient l'amure, en mettant au mât d'avant le pavillon de diftinction du corps qui doit faire l'avant-garde (1) ; & auffi-tôt qu'il mettra le pavillon de l'ordre de bataille (2), le Vaiffeau de la tête tiendra le vent ; & tous les autres , pour moins tomber fous le vent , & ferrer davantage la ligne , arriveront enfemble parallélement fur les perpendiculaires du vent , pour gagner les eaux de la ligne qui fe forme. Mais comme les Vaiffeaux auront en même temps plus de peine à maintenir l'ordre que s'ils mettoient chacun le cap fur celui qui le précede , ils auront une très-grande attention à fe tenir dans leur pofte , en fe confervant réciproquement dans l'aire de vent fur lequel ils étoient rangés avant que d'arriver.

(1) Pavillon mi-parti blanc & bleu , *ou* Pavillon bleu , au petit perro-quet.
(2) Pavillon 17. à la vergue d'artimon.

133. *L'Armée étant en bataille, la faire arriver tout de front fur la perpendiculaire du vent.*

E. 44.
F. 41.

Le Général voulant que l'armée qui eft en bataille arrive tout de front fur la perpendiculaire du vent , après l'avoir prévenue du mouvement général (1), il lui fera le fignal d'arriver de front par converfion (2). Auffi-tôt les Vaiffeaux de la tête de la ligne obferveront de forcer de voile fucceffivement de la tête à la queue ; & ceux-ci en feront proportionnément le moins qu'il fe pourra. Ils pré-fenteront tous dans le lit du vent fans attendre d'autre fignal.

(1) Pavillon 1. au grand perro-quet.
(2) Pavillon 19. à la vergue d'artimon.

A a

Cependant, fi le Général trouve à propos de faire courir, les Vaiffeaux arrivans, fur une autre ligne que celle du lit du vent, il le fera connoître par un fignal d'aire de vent (3), qui ne fignifiera rien autre chofe en cette occafion, que l'aire auquel les Vaiffeaux doivent préfenter parallélement pour fe ranger fur la perpendiculaite.

(3) Signal d'aire de vent, art. 89.

134. *L'Armée étant en ligne, la faire arriver de quelques quarts par converfion.*

E. 44.
F. 41.

L'Armée étant en ligne, & le Général voulant la ranger fur un autre aire de vent, en la faifant arriver toute entiere comme par converfion, le Vaiffeau de la queue mettant en panne pour fervir de point fixe à l'évolution, ou ne faifant de voiles que ce qu'il en faut précifément pour gouverner, l'armée fera prévenue de mouvement par le fignal ordinaire (1) ; & le Général fera connoître l'aire de vent fur lequel l'armée doit fe ranger, en accompagnant le fignal de converfion (2) d'un fignal numéraire (3), dont le nombre exprimera combien cet aire de vent eft diftant de celui dù plus près du bord dont elle eft amurée. Ainfi, fi l'armée étant rangée fur une ligne du plus près, le Général veut la faire arriver par converfion, d'un feul aire de vent, pour qu'elle courre à fept aires ou largue d'un quart, il accompagnera le fignal de converfion d'un des trois fignaux numéraires qui expriment l'unité. De même, s'il veut la faire arriver de 3 ou de 4 aires ; il fe fervira d'un des fignaux numéraires qui expriment un de ces nombres. Le pavillon de converfion feul, c'eft-à-dire, fans être accompagné d'un fignal de nombre, exprimant la perpendiculaire du vent. Les Vaiffeaux connoîtront l'aire de vent fur lequel ils doivent préfenter tous enfemble parallélement pour parvenir fur la nouvelle ligne de l'ordre, en ajoutant à huit rumbs valeur d'un quart de la bouffole, la moitié du nombre des aires de vent qu'a exprimé le fignal numéraire. Dans le dernier exemple l'armée devant arriver de 4 aires

(1) Pavillon 1. au grand perroquet.
(2) Pavillon 19. à la vergue d'artimon.
(3) Signal numéraire, art. 85.

de vent par converfion, le nombre 10 compofé de 2, moitié du nombre 4, ajouté à 8 rumbs, indiquera que les Vaiffeaux
doivent arriver parallélement de 10 rumbs, pour conferver leur
première diftance fur la nouvelle ligne de l'ordre; & le Général
n'en fera point de fignal, à moins qu'il ne voulût que les Vaif-
faux arrivant parallélement pour exécuter l'évolution, couruffent fur un autre aire de vent qu'il leur fera connoître
alors par un fignal qui le défignera (4).

(4) Signal
d'aire de vent,
art. 89.

Comme il eft prefque impoffible, dans la pratique, que
les Vaiffeaux fe meuvent tous enfemble comme une ligne
de rotation, du moins tous, de la tête à la queue, ayant premiérement diminué de plus en plus de voile, obferveront de
relever les extrémités de la ligne, & de ne faire chacun
autant de voile que celui qui le précede, que lorfque ce
Vaiffeau lui reftera dans l'aire de vent indiqué. Les Vaiffeaux
étant parvenus fur cette même ligne, n'arriveront pas plus
fous le vent; l'évolution fera faite, & le Général donnera
la route.

135. *L'Armée courant vent arriere ou largue fur la perpendiculaire du vent, ou fur toute autre ligne, la mettre en ligne de combat.*

E. 45.
F. 42.

LE GÉNÉRAL avertira l'armée de fe tenir prête à exécuter un mouvement, en mettant au mât d'avant le pavillon de diftinction (1) de l'Efcadre qui doit faire l'avant-
garde; après quoi il mettra le pavillon d'ordre de bataille (2).
Les Vaiffeaux viendront auffi-tôt au lof, premiérement
dans la ligne fur laquelle ils font rangés, & enfuite fucceffivement dans les eaux du corps qui doit faire l'avant-garde,
dont le premier Vaiffeau tiendra le vent à petites voiles
auffi-tôt que le fignal d'ordre aura été fait.

(1) Pavillon
mi-parti blanc
& bleu,
ou
Pavillon bleu
au petit perro-
quet.

(2) Pavillon
17. ou 18. ver-
gue d'artimon.

1 3 6. *L'Armée étant en bataille, la faire courir vent arriere (en angle obtus, le sommet sous le vent) dans un ordre qui la mette en état de se remettre en ligne sur le bord qu'elle voudra.*

E. 46.
F. 43.

L'Armée étant prévenue d'un mouvement (1), le Général mettra le signal de l'angle obtus, le sommet sous le vent (2), aussi-tôt tous les Vaisseaux de l'armée arriveront parallélement ensemble dans le lit du vent. Tous ceux, compris depuis la tête jusqu'au centre, forçant également de voiles, & se tenant respectivement sur la même ligne du plus près ; & ceux, compris depuis le centre jusqu'à la queue, ne commençant à en forcer que lorsque celui qui précede chacun d'eux lui restera dans la ligne du plus près de l'autre bord sous le vent. Les derniers Vaisseaux feront très-petites voiles jusqu'à ce moment, & seulement pour gouverner.

(1) Pavillon 1. au grand perroquet.

(2) Pavillon 20. à la vergue d'artimon.

1 3 7. *L'Armée courant vent arriere ou largue sur un angle formé par les deux lignes du plus près, le centre de l'Armée étant sous le vent, mettre l'Armée en bataille.*

E. 47.
F. 44.

L'Armée sera prévenue de ce mouvement par le pavillon de distinction du corps qui doit faire l'avant-garde (1) mis au mât d'avant. Et lorsque le Général mettra le pavillon d'ordre de bataille (2), tous les Vaisseaux de l'aile de l'avant-garde jusqu'au centre compris, viendront ensemble au lof sur cette même ligne. Ceux de l'autre aile présenteront en même temps à petites voiles sur les paralleles perpendiculaires au vent, pour se rendre successivement dans les eaux de la ligne. Ils observeront dans leur route de se

(1) Pavillon mi-parti blanc & bleu,
ou
Pavillon bleu au petit perroquet.
(2) Pavillon 17, à la vergue d'artimon.

tenir réciproquement fur la ligne du plus près de l'autre bord, & que celui qui doit être de l'arriere (l'ordre rétabli) ne paffe jamais la poupe de celui qui le doit précéder.

138. *Rétablir la ligne de combat quand le vent vient de l'arriere.*

E. 48.
F. 45.

LES CHANGEMENTS de vent portent toujours beaucoup de dérangement dans la ligne en rompant l'ordre, & par la difficulté de le rétablir dans un temps fouvent court & précieux. Il eft de la prudence du Général de prévoir ce changement, & de prévenir le défordre de la ligne en ne négligeant pas de profiter de tous les moments pour rétablir & refferrer la ligne.

Si le vent vient un peu de l'arriere, le Général ayant fait fignal de mouvement (1), mettra enfuite le pavillon d'ordre de bataille (2), & celui de refferrer la ligne. Il pourra en même temps faire fignal à l'avant-garde $\frac{r}{v}$ de tenir le vent (3), auffi-tôt le Vaiffeau de la tête viendra au lof; & tous les Vaiffeaux de l'armée fe rendront fucceffivement dans fes eaux & dans celles de la ligne, en mettant chacun le cap fur le grand mât de celui qui le précéde.

Remarque fur les fignaux des Généraux & la répétition de ceux du Général. — Comme il eft extrêmement difficile dans une grande armée que le Général faffe les fignaux de détail aux corps les plus éloignés du centre, & que ce foit fans confufion & fans crainte de méprife, particuliérement lorfque tous les corps doivent évoluer différemment; on a marqué dans la fuite des évolutions les fignaux que peuvent faire les trois Commandants d'Efcadre, pour que chacun d'eux faffe connoître, au corps qu'il commande, le temps relatif du mouvement qu'il doit exécuter. Et c'eft pour le faire avec plus de regle que l'on a marqué ces temps par des nombres qui fervent à indiquer l'ordre des fignaux qui ont rapport à ces mouvéments.

(1) Pavillon 1. au grand perro-quet.

(2) Pavillon 17. à la vergue d'artimon.
Pavillon 15. à la vergue d'arti-mon.

(3) Pavillon 10. au petit per-roquet.
Flamme par-ticuliere du Vaif-feau de la tête.

	VICE-AMIRAL.	CONTRE-AMIRAL.	
Avertissement général.	1. Pavillon 1. au grand perroquet.	1. Pavillon 1. au grand perroquet.	Avertissement général.
Ordre de bataille. . . .	2. Pavillon 17. à la vergue d'artimon.	2. Pavillon 17. à la vergue d'artimon.	Ordre de bataille.
Resserrer la ligne. . . .	Pavillon 15. à la vergue d'artimon.	Pavillon 15. à la vergue d'artimon.	Resserrer la ligne.
Tenir le vent.	3. Pavillon 10 au petit perroquet ; & flamme particuliere du Vaisseau de la tête.		

139. *Le vent venant plus considérablement de l'arriere.*

E. 48.
F. 46.

LE VENT changeant plus considérablement, & le Général jugeant à propos de faire élever l'armée au vent en courant en échiquier fur le même bord, il fera d'abord le fignal de mouvement (1), & enfuite celui d'ordre de bataille de même bord, & celui de tenir le vent en échiquier (2); afin que ces deux fignaux étant réunis, tous les Vaiffeaux fachent qu'ils ont à venir enfemble au lof, fans virer, pour s'élever au vent. Ils obferveront dans ce mouvement de fe tenir réciproquement dans l'aire de vent fur lequel ils étoient rangés, jufqu'à ce que le Général amene le fignal d'échiquier pour ne laiffer que celui d'ordre de bataille : alors fi le Général ne fait point d'autre fignal, tous les Vaiffeaux mettront le cap fur le grand mât de celui qui précede, & ils fe mettront promptement en ligne.

(1) Pavillon 1. au grand perroquet.

(2) Pavillon 17. à la vergue d'artimon.

Pavillon 13. à la vergue d'artimon.

	VICE-AMIRAL.	CONTRE-AMIRAL.	
Avertissement général.	1. Pavillon 1 au grand perroquet.	1. Pavillon 1. au grand perroquet.	Avertissement général.
Ordre de bataille de même bord.	2. Pavillon 17 à la vergue d'artimon.	2. Pavillon 17 à la vergue d'artimon.	Ordre de bataille de même bord.
S'élever en échiquier du même bord. . . .	Pavillon 13 à la vergue d'artimon.	Pavillon 13 à la vergue d'artimon.	S'élever en échiquier du même bord.

140. *Mettre l'Armée en ligne de l'autre bord, en changeant l'ordre de la tête & de la queüe.*

E. 43.
F. 47.

SI LE GÉNÉRAL veut mettre l'armée en ligne de l'autre bord en changeant l'ordre de la tête & de la queüe, la quantité dont le vent est venu de l'arriere permettant de rétablir promptement la ligne par ce moyen, il fera premiérement le signal général de mouvement (1) par le pavillon d'avertissement, & il fera ensuite celui de virer tout ensemble vent devant en échiquier (2); ce que l'armée ayant exécuté, le Général fera signal d'ordre de bataille de ce bord (3). Aussi-tôt le premier Vaisseau de la nouvelle avant-garde, (dont le Général mettra, s'il le juge nécessaire, le pavillon de distinction au mât d'avant) tiendra le vent; & tous les Vaisseaux se tenant réciproquement dans la ligne sur laquelle l'échiquier est formé, mettront chacun le cap sur le grand mât du Vaisseau qui le précede, afin de former très-promptement la ligne. Le Général fera signal de resserrer la ligne, si elle s'est ouverte dans ce mouvement (4).

(1) Pavillon 1. au grand perroquet.

(2) Pavillon 9. à la vergue d'artimon.

(3) Pavillon 17. à la vergue d'artimon.

Pavillon de distinction de l'avant-garde au petit perroquet.

(4) Pavillon 15. à la vergue d'artimon.

VICE-AMIRAL.		CONTRE-AMIRAL.	
Avertissement général.	1. Pavillon 1. au grand perroquet.	1. Pavillon 1. au grand perroquet.........	Avertissement général.
Virer tous ensemble vent devant, en échiquier......	2. Pavillon 9. à la vergue d'artimon.	2. Pavillon 9. à la vergue d'artimon.........	Virer tous ensemble vent devant, en échiquier.
Ordre de bataille de même bord......	3. Pavillon 17. à la vergue d'artimon.	3. Pavillon 17. à la vergue d'artimon.........	Ordre de bataille de même bord.
Resserrer la ligne....	4. Pavillon 15. à la vergue d'artimon.	4. Pavillon 15. à la vergue d'artimon.........	Resserrer la ligne.

141. *Rétablir la ligne de combat quand le vent vient de l'avant.*

LE GÉNÉRAL ne peut rétablir la ligne de combat, quand le vent vient plus ou moins de l'avant, qu'en faisant

faire à l'armée des mouvements quelquefois longs & difficiles, qui demandent toute l'attention des Capitaines pour
conferver l'ordre & les diftances.

E. 49.
F. 48.

Le Général fera fignal à l'armée de fe préparer à un mouvement (1) ; il fera enfuite fignal au premier Vaiffeau de la
tête d'arriver (2), & à l'armée de mettre en panne (3) ;
parce que tous les Vaiffeaux de la ligne jufqu'au dernier ex-
clufivement, auront à arriver fucceffivement pour mettre
celui-ci dans la nouvelle ligne du plus près fous le vent,
en rétabliffant l'ordre de bataille dont il fera immédiatement
après le fignal (4). Les Vaiffeaux faifant donc fervir à mefure que chacun releve celui qui le précede dans la ligne
du plus près au vent, ils courront parallélement fur l'aire
de vent qui leur fera conferver leur diftance. Cependant fi le
Général vouloit que les Vaiffeaux arrivant couruffent fur
un autre aire de vent, que celui que la confervation de la
diftance d'un Vaiffeau à l'autre exige, il accompagnera le
fignal d'arriver (2) de celui d'aire de vent (art. 130). Les
Vaiffeaux ayant ainfi arrivé, lorfque le dernier $(\frac{c_i}{1})$ fe trouvera avec eux dans la ligne de combat, tous viendront au
lof (5) ; les Vaiffeaux feront très-petites voiles pendant ce
mouvement, pour mieux obferver leur diftance, & les relevements réciproques. Cependant, quand le mouvement fera
exécuté, le Général fera refferer la ligne fi elle s'eft trop
ouverte (6). Cette évolution a rapport au mouvement de
converfion (art. 134).

(1) Pavillon 1.
au grand petro-
quet.

(2) Pavillon
12. au petit per-
roquet. Flamme
particuliere du
premier Vaiffeau

(3) Pavillon 4.
à la vergue d'ar-
timon.

(4) Pavillon
17. à la vergue
d'artimon.

(5) Pavillon
10. à la vergue
d'artimon.

(6) Pavillon
15. à la vergue
d'artimon,

VICE-AMIRAL.	CONTRE-AMIRAL.
Avertiffement général. { 1. Pavillon 1. au grand perroquet.	1. Pavillon 1. au grand perroquet. } Avertiffement général.
Arriver en échiquier. . { 2. Pavillon 12 au petit per- roquet, & flamme parti- culiere du 1er Vaiffeau.	2. Pavillon 12. au petit perroquet. } Arriver en échiquier.
Mettre en panne. . . . { 3. Pavillon 4. à la vergue d'artimon.	3. Pavillon 4. à la vergue d'artimon. } Mettre en panne.
Ordre de bataille de { 4. Pavillon 17. à la vergue même bord. . . . . { d'artimon.	4. Pavillon 17. à la vergue d'artimon. } Ordre de bataille de même bord.
Revenir au lof. . . . { 5. Pavillon 10. à la vergue d'artimon.	5. Pavillon 10. à la vergue d'artimon. } Revenir au lof.
Refferer la ligne. . . . { 6. Pavillon 15. à la vergue d'artimon.	6. Pavillon 15. à la vergue d'artimon. } Refferer la ligne.

142. *Rétablir la ligne sans mettre en panne.*

E. 49.
F. 49.

SI LE GÉNÉRAL ne juge point à propos de faire mettre l'armée en panne pour rétablir l'ordre, après avoir fait signal d'un mouvement à exécuter (1), & avoir mis, s'il est nécessaire, le signal de continuer la route (2), & ce sera celle de l'échiquier sous le vent, il fera signal d'ordre de bataille de même bord (3). Cependant il fera signal d'arriver (4) au premier Vaisseau ($\frac{v_1}{v}$) de la tête de la ligne qui mettra aussi-tôt le cap dans l'aire de vent qui conservera la distance. Mais si le Général veut qu'il en suive un autre, il en accompagnera le signal de celui d'aire de vent (art. 89). Ce premier Vaisseau ayant donc convenablement arrivé, tous courant parallèlement, se rendront successivement dans ses eaux ; & il reviendra de lui-même au lof quand il relevera dans l'aire du plus près sous le vent, le dernier Vaisseau de l'arriere-garde.

(1) Pavillon 1. au grand perroquet.
(2) Pavillon 3. à la vergue d'artimon.
(3) Pavillon 17. à la vergue d'artimon.
(4) Pavillon 11 au petit perroquet. Flamme particuliere du Vaisseau de la tête.

VICE-AMIRAL.			CONTRE-AMIRAL.
Avertissement général.	{	1. Pavillon 1. au grand perroquet.	1. Pavillon 1. au grand perroquet. } Avertissement général.
Continuer la route...	{	2. Pavillon 3. à la vergue d'artimon.	2. Pavillon 3. à la vergue d'artimon. ...... } Continuer la route.
Ordre de bataille de même bord.	{	3. Pavillon 17. à la vergue d'artimon.	3. Pavillon 17. à la vergue d'artimon. ...... } Ordre de bataille de même bord.
Arriver.	{	4. Pavillon 11. au petit perroquet. Et flamme particuliere du 1er Vaisseau.	

143. *Rétablir la ligne en s'élevant au vent par la Contre-marche.*

E. 49.
F. 50.

SI LE GÉNÉRAL veut rétablir la ligne de combat en s'élevant au vent par la contre-marche, après avoir fait signal de mouvement (1), & celui de continuer la route (2), & ce sera celle de l'échiquier sous le vent pour le corps de l'armée, il fera signal à l'avant-garde de virer par la contre-

(1) Pavillon 1. au grand perroquet.
(2) Pavillon 3. à la vergue d'artimon.

B b

marche (3); auffi-tôt fon premier Vaiffeau donnera vent devant en courant à très-petites voiles , & il fera fuivi de tous les Vaiffeaux de l'armée, qui fe rendront fucceffivement dans fes eaux en forçant de voiles , & courant jufqu'à ce moment parallélement en échiquier au plus près. Cependant le Général mettra pavillon d'ordre de bataille de ce bord (4). Mais s'il jugeoit à propos de remettre l'armée en bataille fur la ligne du plus près, dont les Vaiffeaux qui ont viré ne tiennent point actuellement l'amure , il fera fignal à l'avant-garde de revirer par la contre-marche (5), ou bien il mettra pavillon d'ordre de bataille de l'autre bord : ce dernier fignal étant pour avertir les Frégates , Brûlots , Galiotes & Bâtiments de charge de l'armée, qui n'auroient pas pû fuivre l'évolution ou qui feroient difperfés, que c'eft fur ce bord qu'ils doivent fe ranger. Il fera fignal à l'armée de refferrer la ligne (6).

(3) Pavillon 7. au petit perroquet.

(4) Pavillon 17. à la vergue d'artimon.

(5) Pavillon 8, au petit perroquet.
ou
Pavillon 18. à la vergue d'artimon.

(6) Pavillon 15. à la vergue d'artimon.

	VICE-AMIRAL.	CONTRE-AMIRAL.	
Avertiffement général.	1. Pavillon 1. au grand perroquet.	1. Pavillon 1. au grand perroquet.	Avertiffement général.
Continuer la route . .	2. Pavillon 3. à la vergue d'artimon.	2. Pavillon 3. à la vergue d'artimon.	Continuer la route.
Virer par la contre-marche.	3. Pavillon 7. au petit perroquet.	3.	
Ordre de bataille de même bord.	4. Pavillon 17. à la vergue d'artimon.	4 Pavillon 17. à la vergue d'artimon.	Ordre de bataille de même bord.
Revirer par la contre-marche.	5. Pavillon 8. au petit perroquet.		
ou			
Ordre de bataille de l'autre bord.	Pavillon 18. à la vergue d'artimon.	5. Pavillon 18. à la vergue d'artimon.	Ordre de bataille de l'autre bord.
Refferrer la ligne. . . .	6. Pavillon 15. à la vergue d'artimon.	6. Pavillon 15. à la vergue d'artimon.	Refferrer la ligne.

144. *Rétablir la ligne en s'élevant au vent en échiquier.*

E. 49.
F. 51.

Si l'Armée eft en préfence de l'ennemi qui eft fous le

vent ; & que le Général préfere de faire élever l'armée tout enfemble au vent, il la préviendra par le fignal d'avertiffement de mouvement (1) ; il fera enfuite celui de virer tout enfemble (2), pour former l'échiquier fur l'autre bord. Auffi-tôt les Vaiffeaux donneront en même temps vent devant, celui de la queue forçant de voiles au plus près, & fucceffivement jufqu'à ce que chacun releve dans la ligne du plus près du bord que l'on a quitté le premier Vaiffeau du vent. L'armée s'étant ouverte néceffairement dans cette évolution, le Général la fera refferrer en rétabliffant l'ordre de combat. Et fi c'eft fur le bord dont l'échiquier a l'amure, le Général, après avoir mis le pavillon d'ordre de bataille (3), pourra ajouter au mât d'avant le pavillon de diftinction du corps qui fera l'avant-garde. Tous les Vaiffeaux préfenteront en même temps fur le grand mât de celui qui les précede immédiatement ; & forçant de voiles, à commencer par le dernier, tandis que le premier en fera très-peu, & feulement pour gouverner, ils rétabliront ainfi & refferreront la ligne (4).

(1) Pavillon 1. au grand perroquet.

(2) Pavillon 9. à la vergue d'artimon.

(3) Pavillon 17. à la vergue d'artimon.

(4) Pavillon 15. à la vergue d'artimon.

VICE-AMIRAL.	*CONTRE-AMIRAL.*
Avertiffement général. { 1. Pavillon 1. au grand perroquet.	1. Pavillon 1. au grand perroquet. . . . . } Avertiffement général.
Virer tout enfemble { 2. Pavillon 9. à la vergue pour former l'échi- { d'artimon. quier.	2. Pavillon 9. à la vergue d'artimon. . . . . . . } Virer tous enfemble pour former l'échiquier.
Ordre de bataille de { 3. Pavillon 17. à la vergue même bord. . . . . { d'artimon.	3. Pavillon 17. à la vergue d'artimon. . . . . . } Ordre de bataille de même bord.
Refferrer la ligne. . . . { 4. Pavillon 15. à la vergue d'artimon.	4. Pavillon 15. à la vergue d'artimon. . . . . . } Refferrer la ligne.

Mais fi le Général veut former la ligne fur le bord que tenoit l'armée avant le mouvement, c'eft-à-dire, fur la ligne du plus près fur laquelle l'échiquier eft préfentement rangé, alors il mettra au mât d'avant le pavillon de diftinction (3) du corps qui doit faire l'avant-garde, faifant en même-temps fignal de revirer tout enfemble ; ce que

(1 & 2) comme précédemment.

(3) Pavillon de diftinction de l'avant-garde au petit perroquet.

Pavillon 9. à la vergue d'artimon.

B b ij

l'armée ayant exécuté, elle se trouvera en ligne. Mais l'a-vant-garde fera très-petite voile, & l'arriere-garde en for-cera pour resserrer la ligne (4).

(4) Pavillon 15. à la vergue d'artimon.

VICE-AMIRAL.	CONTRE-AMIRAL.
Comme précédemment. . . . . . . {1.	1. . . . .} Comme précédemment.
. . . . {2.	2. . . . .} ment.
Si le Vice-Amiral fait {3. Pavillon de distinction	3. Pavillon de distinction} Si le Contre-Amiral
l'avant-garde. . . . { au petit perroquet.	au petit perroquet. . . .} fait l'avant-garde.
Revirer tout ensemble { Pavillon 9. à la vergue	Pavillon 9. à la vergue} Revirer tout ensemble
pour former la ligne. { d'artimon.	d'artimon. . . . . . .} pour former la ligne.
Resserrer la ligne. . . . {4. Pavillon 15. à la vergue	4. Pavillon 15. à la vergue} Resserrer la ligne.
{ d'artimon.	d'artimon. . . . .}

CHAPITRE VI.

DU CHANGEMENT DES ESCADRES, L'ARMÉE ÉTANT EN LIGNE.

145. L'Armée étant en ordre de Bataille ($\frac{V}{v} \frac{A}{m} \frac{C}{s}$), changer le corps de Bataille avec l'arriere-garde ($\frac{V}{v} \frac{C}{m} \frac{A}{s}$).

E. 50.
E. 52.

LE GÉNÉRAL se servira des pavillons de distinction d'Escadres (1), pour avertir l'armée du changement & du mouvement à exécuter. Ainsi l'Escadre ($\frac{C}{r}$) qui fait l'ar-riere-garde, est avertie qu'elle doit passer au corps de ba-taille ($\frac{C}{m}$), & le corps de bataille ($\frac{A}{m}$) est prévenu qu'il va faire l'arriere-garde ($\frac{A}{r}$). Le Commandant que le signal re-garde, le répétera. Cependant tous les Vaisseaux observe-ront la manœuvre du Général pour commencer la leur, parce que l'évolution peut se faire de plusieurs manieres. Si

(1) Pavillon bleu, au grand perroquet.

Pavillon blanc au perroquet d'artimon.

le Général préfere de l'exécuter en faisant virer tout enfemble fon Efcadre, il lui en fera le fignal (2) au mât qui défigne l'arriere-garde qu'elle doit faire. Au même moment tous fes Vaiffeaux ($\frac{A}{m}$) donneront enfemble vent devant en forçant de voile. L'arriere-garde ($\frac{c}{r}$) qui doit paffer au milieu, continuera fa route en forçant auffi de voiles jufqu'à ce qu'elle ait joint ($\frac{t}{m}$) l'avant-garde ($\frac{v}{v}$) qui fera très-petites voiles, & lorfque le corps de bataille fe fera élevé au vent, par le travers de l'Efcadre avec qui il change de pofte, il revirera tout enfemble (3) pour arriver en dépendant, & revenir au lof dans les eaux de la ligne, où étant parvenu, le Général pourra faire fignal de la refferrer (4).

(1) Pavillon 9. au perroquet d'artimon.

(3) Pavillon 9. au perroquet d'artimon.

(4) Pavillon 15. à la vergue d'artimon.

VICE-AMIRAL.			*CONTRE-AMIRAL.*	
1.			1. Pavillon bleu au grand perroquet. . . . . . . }	L'Efcad. $\frac{c}{r}$ au milieu $\frac{c}{m}$.
Continuer la route à très-petites voiles. . {	2. Pavillon 6. au petit perroquet.		2. Pavillon 5. au grand perroquet. . . . . . . }	Continuer la route en forçant de voile.
3.			3.	
Refferrer la ligne. . . . {	4. Pavillon 15. à la vergue d'artimon.		4. Pavillon 15. à la vergue d'artimon. . . . . . . }	Refferrer la ligne.

146. *Exécuter le même mouvement, l'Efcadre du Général mettant en panne.*

E. 50.
E. 53.

Si le Général veut faire exécuter le changement d'Efcadres fans s'élever au vent, ayant premiérement fait les fignaux de ce changement (1) pour fervir d'avertiffement. Il fera à fon Efcadre celui d'arriver en panne (2). En même temps l'arriere-garde ($\frac{c}{r}$) forcera de voiles pour lui paffer au vent, & joindre l'avant-garde ($\frac{v}{v}$) qui continuera fa route à fort petites voiles. Et auffi-tôt que le nouveau corps de bataille ($\frac{t}{m}$) aura doublé, les deux corps de l'avant arriveront un peu pour mettre dans leurs eaux l'Efcadre qui doit les fuivre ; le Général fera à cet effet fignal d'ordre de bataille (3) pour toute l'armée, & de refferrer la ligne (4): alors fon Efcadre fera fervir.

(1) Pavillon bleu au grand perroquet. Pavillon blanc au perroquet d'artimon.

(2) Pavillon 4. au perroquet d'artimon.

(3) Pavillon 17. à la vergue d'artimon.

(4) Pavillon 15. à la vergue d'artimon.

	VICE-AMIRAL.	CONTRE-AMIRAL.	
	1.	1. Pavillon bleu au grand perroquet. . . . . . . }	L'Escad. $\frac{C}{s}$ au milieu $\frac{C}{m}$.
Continuer la route à très-petites voiles. . {	2. Pavillon 6. au petit perroquet.	2. Pavillon 5. au grand perroquet. . . . . . . }	Continuer la route en forçant de voile.
Arriver en dépendant pour former la ligne. {	3. Pavillon 17. à la vergue d'artimon. Pavillon 11. au petit perroquet.	3. Pavillon 17. à la vergue d'artimon . . . . . . Pavillon 11. au grand perroquet.	Arriver en dépendant pour former la ligne.
Resserrer la ligne. . . . {	4. Pavillon 15. à la vergue d'artimon.	4. Pavillon 15. à la vergue d'artimon. . . . . . . }	Resserrer la ligne.

147. L'Armée étant en ordre de Bataille ($\frac{V}{v}\frac{A}{m}\frac{C}{s}$), changer le corps de Bataille avec l'avant-garde ($\frac{A}{v}\frac{V}{m}\frac{C}{s}$).

LE GÉNÉRAL préviendra l'armée de ce mouvement, par la position des pavillons de distinction des Escadres qui changent de poste (1). Il accompagnera ce signal de l'ordre aux Commandants de faire manœuvrer chacun leur Escadre (2). Aussi-tôt le corps ($\frac{V}{v}$) qui fait l'avant-garde, donnera tout ensemble vent devant pour s'élever en échiquier ($\frac{v}{m}$), & revirer tout ensemble (3) quand il sera par le travers de l'Escadre ($\frac{A}{v}$) qui aura continué sa route à petites voiles pour passer de l'avant. L'arriere-garde ($\frac{C}{s}$) mettra en panne quand l'Escadre qui passe au milieu, revirera ; & elle fera servir (4), quand la précédente aura gagné son poste. Le Général fera en même temps resserrer la ligne.

Marginal notes: E. 51. F. 54.

(1) Pavillon blanc au petit perroquet. Pavillon mi-parti blanc & bleu au grand perroquet. (2) Pavillon 2. à la vergue d'artimon. (3) Pavillon 5. au grand perroquet. (4) Pavillon 15. à la vergue d'artimon.

	VICE-AMIRAL.	CONTRE-AMIRAL.	
L'Escad. $\frac{V}{v}$ au milieu $\frac{V}{m}$ {	1. Pavillon mi-parti blanc & bleu, au grand perroquet.	1.	
Exécution particuliere. {	2. Pavillon 2. à la vergue d'artimon.	2. Pavillon 2. à la vergue d'artimon. . . . . . . }	Exécution particuliere.
Virer tout ensemble vent devant en échiquier. . . . . {	Pavillon 9. au grand perroquet.		

| Revirer tout ensemble pour former la ligne. | {3. Pavillon 9. au grand perroquet. | 3. Pavillon 4. au perroquet d'artimon. . . . . . }Panne. |
| Resserrer la ligne. . . . | {4. Pavillon 15. à la vergue d'artimon. | 4. Pavillon 15. à la vergue d'artimon. . . . . . . }Faire servir & resser-rer la ligne. |

148. Exécuter le même mouvement, l'Escadre du Général passant au vent de l'avant-garde.

E. 51.
F. 55.

Si le Général veut faire exécuter cette évolution en passant au vent de l'Escadre qui faisoit l'avant-garde, il lui fera signal de panne (2), & à l'arriere-garde celui d'exécution particuliere. Aussi-tôt l'arriere-garde arrivera (3) d'un demi-rumb au plus, pour se rendre à très-petites voiles dans les eaux de l'escadre en panne, en avant de laquelle l'escadre du Général se mettra en arrivant un peu en dépendant, après l'avoir doublée au vent. Le Général fera en même temps signal de resserrer la ligne (4).

(1) Comme ci-dessus.

(2) Pavillon 4. au grand perroquet. Pavillon 2. au perroquet d'artimon.

(3) Pavillon 11. au petit perroquet.

(4) Pavillon 15. à la vergue d'artimon.

VICE-AMIRAL.		CONTRE-AMIRAL.	
L'Escad. $\frac{v}{v}$ au milieu $\frac{v}{m}$	{(1.) Pavillon mi-parti blanc & bleu, au grand perroquet.	1. . . . . ⸲	
Panne.	{2. Pavillon 4. au grand perroquet.	2. Pavillon 2. au perroquet d'artimon. . . . . }Exécution particuliere.	
	3. . . . . ⸲	3. Pavillon 11. au perroquet d'artimon. . . . . . }Arriver en dépendant.	
Faire servir & resserrer la ligne.	{4. Pavillon 15. à la vergue d'artimon.	4. Pavillon 15. à la vergue d'artimon. . . . . . . }Resserrer la ligne.	

149. L'Armée étant en ordre de Bataille ($\frac{v}{v}\frac{A}{m}\frac{c}{s}$), faire passer à l'arriere-garde l'Escadre qui est à la tête ($\frac{A}{v}\frac{c}{m}\frac{v}{s}$).

E. 52.
F. 56.

Pour faire passer l'Escadre ($\frac{v}{v}$) de la tête à la queue de la ligne, & faire occuper le corps de bataille par celle qui faisoit l'arriere-garde ($\frac{c}{s}$), tandis que l'Escadre ($\frac{A}{m}$) qui étoit au centre, fera l'avant-garde, le Général mettra les pavillons de diftinction d'Efcadres (1) aux mâts convenables, pour avertir l'armée du mouvement à faire ; & il les aménera auffi-tôt que ce fignal aura été répété par les Commandants refpectifs. Alors il fera fignal à l'Efcadre ($\frac{v}{v}$) qui doit paffer en arriere, de donner tout enfemble vent devant (2), pour s'élever en échiquier au vent ; & après que le fignal aura été répété par le Commandant de cette Efcadre, le Général lui fera celui d'exécution particuliere (3), pour qu'il commande lui-même le mouvement que fon Efcadre doit exécuter. Cependant le Général continuera fa route en forçant un peu de voiles, & il fera fuivi de l'Efcadre qui faifoit l'arriere-garde, fans qu'il foit befoin de faire d'autres fignaux que celui de refferrer la ligne quand l'Efcadre qui paffe en arriere, arrivera (4).

(1) Pavillon mi-parti, blanc & bleu, au perroquet d'artimon.

Pavillon bleu au grand perroquet.

(2) Pavillon 9. au perroquet d'artimon.

(3) Pavillon 2. au perroquet d'artimon.

Pavillon 5. à la vergue d'artimon.

(4) Pavillon 15. à la vergue d'artimon.

	VICE-AMIRAL.	CONTRE-AMIRAL.	
L'Efcad. $\frac{v}{v}$ à l'arriere $\frac{v}{i}$	1. Pavillon mi-parti blanc & bleu, au perroquet d'artimon.	Pavillon bleu au grand mât de hune	L'Efcad. $\frac{c}{i}$ au milieu $\frac{c}{m}$.
Virer tout enfemble en échiquier.	2. Pavillon 9. au perroquet d'artimon.	2.	
Exécution particuliere.	3. Pavillon 2. au perroquet d'artimon.	3. Pavillon 5. à la vergue d'artimon.	Continuer la route & forcer de voile.
Forcer de voile.	Pavillon 5. au perroquet d'artimon.		
Revirer tout enfemble en ligne.	4. Pavillon 9. au perroquet d'artimon.	4. Pavillon 15. à la vergue d'artimon.	Refferrer la ligne.
Arriver en dépendant.	Pavillon 11. au perroquet d'artimon.		
Refferrer la ligne. . . .	Pavillon 15. à la vergue d'artimon.		

150. *Exécuter le même mouvement, en faifant mettre en panne l'Efcadre qui doit paffer en arriere.*

E. 51.
F. 57.

SI LE GÉNÉRAL veut faire exécuter cette évolution, en paffant avec l'arriere-garde ($\frac{c}{i}$) qui le fuivra au vent de l'avant-garde

(1) Comme ci-deffus.

l'avant-garde ($\frac{v}{v}$); après que l'armée aura été avertie du mouvement (1), il fera fignal de panne (2) à l'Efcadre de la tête ($\frac{v}{r}$), & il forcera en même temps de voiles avec l'Efcadre qui le fuit, pour doubler & mettre dans les eaux de la ligne (3), l'Efcadre en panne qui fera fervir auffi-tôt après, le Général faifant fignal de refferrer la ligne (4).

(1) Pavillon 4 au perroquet d'artimon.
Pavillon 5. à la vergue d'arti-mon.
(3) Pavillon 11. à la vergue d'artimon.
(4) Pavillon 15. à la vergue d'artimon.

VICE-AMIRAL.		CONTRE-AMIRAL.	
L'Efcad. $\frac{v}{v}$ à l'arriere $\frac{v}{r}$.	1. Pavillon mi-parti blanc & bleu, au perroquet d'artimon.	Pavillon bleu au grand perroquet.......	L'Efcad. $\frac{c}{r}$ au milieu $\frac{c}{m}$.
Panne..........	2. Pavillon 4. au perro-quet d'artimon.	2. Pavillon 5. à la vergue d'artimon.......	Continuer la route & forcer de voile.
	3...............	3. Pavillon 11. à la vergue d'artimon.......	Arriver en dépendant.
Faire fervir & refferrer la ligne.......	4. Pavillon 15. à la vergue d'artimon.	4. Pavillon 15. à la vergue d'artimon.......	Revenir au lof & reffer-rer la ligne.

151. L'Armée étant en ordre de Bataille ($\frac{v}{v} \frac{A}{m} \frac{c}{s}$), faire paffer à la tête de la ligne l'Efcadre qui eft à la queue ($\frac{c}{v} \frac{v}{m} \frac{A}{s}$).

E. 53.
F. 58.

LE GÉNÉRAL fe fervira des pavillons de diftinction de l'avant-garde & de l'arriere-garde, pour prévenir l'armée du mouvement à exécuter (1); ainfi fa propre Efcadre eft avertie du pofte qu'elle doit occuper ($\frac{a}{i}$), par celui que les deux autres ($\frac{c}{v}, \frac{v}{m}$) doivent avoir. Le Général fera enfuite à l'Efcadre ($\frac{c}{r}$) qui doit paffer à l'avant-garde, les fignaux de continuer fa route ou d'exécution particuliere (2). Il fera après fignal (3) aux deux autres de virer tout enfemble vent devant, ce qu'elles exécuteront auffi-tôt. Et lorfqu'il jugera qu'elles feront affez élevées, il leur fera fignal de revirer enfemble (4) : alors les deux Efcadres ($\frac{v}{m}, \frac{a}{i}$) qui évoluent, donneront en même temps vent devant, pour arriver enfemble en dépendant dans les eaux de l'avant-garde qui diminuera de voiles ($\frac{r}{v}$), le Général faifant fignal de refferrer la ligne (5).

(1) Pavillon bleu au petit perroquet.
Pavillon mi-parti blanc & bleu au grand perroquet.
(2) Pavillon 3. au petit perro-quet.
ou
Pavillon 2 au petit perroquet.
(3) Pavillon 9. à la vergue d'ar-timon.
(4) Pavillon 9. à la vergue d'ar-timon.

(5) Pavillon 15. à la vergue d'artimon.

C c

VICE-AMIRAL. | *CONTRE-AMIRAL.*

L'Escad. $\frac{v}{v}$ au milieu $\frac{v}{m}$.
{ 1. Pavillon mi-parti blanc & bleu au grand perroquet.
2. . . . .

1. Pavillon bleu au petit perroquet. . . . . . . } L'Escad. $\frac{c}{s}$ en avant $\frac{c}{v}$.

2. Pavillon 3. au petit perroquet. . . . . . . } Continuer la route.

Pavillon 2. au petit perroquet. . . . . . . } Exécution particuliere.

Virer tout ensemble, vent devant en échiquier. . . . . { 3. Pavillon 9. à la vergue d'artimon.
3. . . . .

Revirer tout ensemble & arriver en dépendant. { 4. Pavillon 9. à la vergue d'artimon.
4. . . . .

Resserrer la ligne. . . . { 5. Pavillon 15. à la vergue d'artimon.
5. Pavillon 15. à la vergue d'artimon. . . . . . . } Resserrer la ligne.

152. Exécuter le même mouvement, en faisant mettre en panne les deux Escadres de l'avant.

E. 53.
F. 59.

LE GÉNÉRAL fera exécuter plus promptement le mouvement précédent, si après avoir fait le signal du changement des Escadres (1), ce qui avertira l'armée du mouvement total, il fait signal à l'arriere-garde ($\frac{c}{s}$) de forcer de voiles (2), faisant en même temps signal de panne à l'Escadre ($\frac{v}{v}$) qui fait l'avant-garde, & à celle qu'il commande ($\frac{A}{m}$). Aussi-tôt toutes deux arriveront sous panne pour laisser passer au vent, celle qui doit prendre la tête de la ligne dans laquelle elle arrivera en dépendant (3), après avoir doublé les deux autres, qui feront servir lorsque le Général fera signal de resserrer la ligne (4).

(1) Comme précédemment.

(2) Pavillon 5. au petit perroquet.
Pavillon 4 à la vergue d'artimon.

3. . . . . . .

(4) Pavillon 15. à la vergue d'artimon.

VICE-AMIRAL. | *CONTRE-AMIRAL.*

L'Escad. $\frac{v}{v}$ au milieu $\frac{v}{m}$.
{ 1. Pavillon mi-parti blanc & bleu au grand perroquet.

1. Pavillon bleu au petit perroquet. . . . . . . } L'Escad. $\frac{c}{s}$ en avant $\frac{c}{v}$.

Panne. . . . . { 2. Pavillon 4. à la vergue d'artimon.
2. Pavillon 5. au petit perroquet. . . . . . . } Continuer la route & forcer de voile.

3.	3. Pavillon 11. au petit} Arriver en dépendant perroquet. . . . .} à la tête de la ligne.
Faire servir & resserrer {4. Pavillon 15. à la vergue la ligne. . . . . . . { d'artimon.	4. Pavillon 15. à la vergue} Resserrer la ligne. d'artimon. . . . .}

153. L'Armée étant en ordre de Bataille ($\frac{v}{v}\frac{A}{m}\frac{C}{s}$), changer l'Escadre de la tête avec celle de la queue de la ligne ($\frac{C}{v}\frac{A}{m}\frac{V}{s}$).

E. 54.
F. 60.

LE GÉNÉRAL préviendra l'armée du mouvement à exécuter, par la position des Pavillons de distinction d'Escadres (1). Il fera en même temps signal à l'arriere-garde ($\frac{C}{s}$) qui doit passer au vent ($\frac{C}{v}$), de continuer sa route (2), & aux deux autres Escadres ($\frac{V}{v}$, $\frac{A}{m}$) de donner tout ensemble vent devant, pour s'élever en échiquier au vent; cependant les Commandants d'Escadre feront chacun exécuter leur mouvement particulier (3), qui consiste pour la premiere à forcer de voiles, & pour toutes deux à revirer tout ensemble (4, 5), quand chacune d'elles se trouvera par le travers de celle qu'elle doit suivre, pour arriver ensuite en dépendant dans ses eaux, en formant & resserrant la ligne (6).

(1) Pavillon bleu au petit perroquet.
Pavillon mi-parti blanc & bleu au perroquet d'artimon.
(2) Pavillon 3. au petit perroquet.
Pavillon 9. à la vergue d'artimon.
(3) Pavillon 2. à la vergue d'artimon.
(4) Pavillon 9. au grand perroquet.
(5) . . . .
(6) Pavillon 11. au perroquet.
Pavillon 15. à la vergue d'artimon.

VICE-AMIRAL.	CONTRE-AMIRAL.
L'Escad. $\frac{V}{v}$ en arriere $\frac{V}{s}$. {1. Pavillon mi-parti blanc & bleu au perroquet d'artimon.	1. Pavillon bleu au petit} L'Escad. $\frac{C}{s}$ en avant $\frac{C}{v}$. perroquet. . . . . . .}
Virer tout ensemble {2. Pavillon 9. à la vergue vent devant en échi-{ d'artimon. quier.	2. Pavillon 3. au petit} Continuer la route. perroquet. . . . . . .}
Exécution particuliere. {3. Pavillon 2. à la vergue d'artimon.	3. Pavillon 2. à la vergue} Exécution particuliere. d'artimon. . . . . . .}
4.	4. . . . .
Revirer tout ensemble. {5. Pavillon 9. au perroquet d'artimon.	5. . . . .
Arriver tout ensemble {6. Pavillon 11. au perro- de deux rumbs en dé-{ quet d'artimon. pendant.	6. Pavillon 15. à la vergue} Resserrer la ligne. d'artimon. . . . . . .}
Resserrer la ligne. . . . { Pavillon 15. à la vergue d'artimon.	

C c ij

1 5 4. *Exécuter le même mouvement, en faifant mettre en panne les deux Efcadres de l'avant.*

E. 54.
E. 61.

Si le Général ne craint point de tomber un peu fous le vent ; après avoir fait fignal d'avertiffement par la difpofition des pavillons de diftinction des Efcadres (1), comme il a été dit d'abord, il fera celui d'exécution particuliere, ou même feulement celui de continuer la route, à l'Efcadre ($\frac{c}{t}$) qui doit paffer à l'avant-garde (2); il fera enfuite fignal de panne (3) aux deux autres Efcadres, dont celle qui doit faire l'arriere-garde ($\frac{v}{t}$), arrivera plus que l'autre ($\frac{a}{m}$). Celle-ci fera fervir (4) auffi-tôt que celle qui eft fous voile ($\frac{c}{v}$) l'aura doublée, & mife dans fes eaux. Toutes deux doubleront enfuite celle ($\frac{v}{t}$) qui doit faire l'arriere-garde, & elles arriveront enfemble pour la mettre dans leurs eaux (5). Alors cette derniere fera fervir, le Général faifant en même temps fignal à toute l'armée de refferrer la ligne (6).

(1) Comme précédemment.

(2) Pavillon 2. au petit perroquet.
ou
Pavillon 3. au petit perroquet.

(3) Pavillon 4. à la vergue d'artimon.

(4) Pavillon 5. au grand perroquet.

(5) Pavillon 11. au grand perroquet.

(6) Pavillon 15. à la vergue d'artimon.

	VICE-AMIRAL.	CONTRE-AMIRAL.	
L'Efcad. $\frac{v}{v}$ en arriere $\frac{v}{t}$.	1. Pavillon mi-parti blanc & bleu au perroquet d'artimon.	1. Pavillon bleu au petit perroquet.	L'Efcad. $\frac{c}{t}$ en avant $\frac{c}{v}$.
	2.	2. Pavillon 2. au petit perroquet.	Exécution particuliere.
		Pavillon 3. au petit perroquet.	Continuer la route en forçant de voile.
Arriver fous panne. . .	3. Pavillon 4. à la vergue d'artimon.	3	
	4.	4.	
	5.	5. Pavillon 11. au petit perroquet.	Arriver de 2. rumbs en dépendant.
Faire fervir & refferrer la ligne, ...	6. Pavillon 15. à la vergue d'artimon.	6. Pavillon 15. à la vergue d'artimon.	Revenir au lof, & refferrer la ligne.

I 5 5 . *Exécuter le même mouvement, en faisant mettre en panne l'Escadre du milieu, & virer celle de l'avant.*

E. 54.
F. 62.

SI LE GÉNÉRAL veut que l'armée perde moins au vent; après avoir fait le signal général de mouvement par la disposition des pavillons de distinction d'Escadres (1), il fera signal à l'avant-garde ($\frac{V}{v}$), qui doit passer à l'arriere-garde, de virer tout ensemble vent devant (2), pour déterminer la manœuvre. Il fera ensuite aux Commandants signal (3) de faire exécuter chacun leur manœuvre particuliere , & à sa propre Escadre ($\frac{A}{m}$), celui de mettre en panne (4) ; aussi-tôt l'Escadre ($\frac{C}{s}$) de l'arriere qui doit passer à la tête , continuera sa route en forçant de voiles , pour doubler au vent l'Escadre en panne , & la mettre dans ses eaux en arrivant en dépendant (5). Cependant l'Escadre ($\frac{V}{u}$) qui a donné tout ensemble vent devant, pour s'élever en échiquier, revirera (5) tout ensemble quand elle se trouvera Vaisseau à Vaisseau, par le travers du corps de bataille qui fera servir (6), en faisant signal de resserrer la ligne. Alors l'Escadre ($\frac{V}{r}$), qui passe à la queue, arrivera en dépendant dans ses eaux.

(1) Comme précédemment.

(2) Pavillon 9. au perroquet d'artimon.
(3) Pavillon 2. à la vergue d'artimon.
(4) Pavillon 4. au grand perroquet.

(5) : . . . . .

(6) Pavillon 15. à la vergue d'artimon.

	VICE-AMIRAL.	CONTRE-AMIRAL.	
L'Escad. $\frac{V}{v}$ en arriere $\frac{V}{r}$.	1. Pavillon mi-parti blanc & bleu au perroquet d'artimon.	1. Pavillon bleu au petit perroquet.	L'Escad. $\frac{C}{s}$ en avant $\frac{C}{u}$.
Virer tout ensemble vent devant en échiquier.	2. Pavillon 9. au perroquet d'artimon.	2.	
Exécution particuliere.	3. Pavillon 2. à la vergue d'artimon.	3. Pavillon 2. à la vergue d'artimon.	Exécution particuliere.
	4.	4. Pavillon 3. au petit perroquet.	Continuer la route en forçant de voile.
Revirer tout ensemble.	5. Pavillon 9. au perroquet d'artimon.	5. Pavillon 11. au petit perroquet.	Arriver en dépendant à la tête de la ligne.
Arriver en dépendant à la queue de la ligne.	6. Pavillon 11. au perroquet d'artimon.	6. Pavillon 15. à la vergue d'artimon.	Resserrer la ligne.
Resserrer la ligne. , , .	Pavillon 15. à la vergue d'artimon.		

CHAPITRE VII.

DE QUELQUES MANŒUVRES PARTICULIERES DE LA LIGNE, RELATIVES AU COMBAT.

156. *Disputer le vent à l'Ennemi.*

E. 55.

Lorsque le Général voudra disputer le vent à l'ennemi qui est en présence, il fera premiérement serrer la ligne; & ses Vaisseaux seront très-attentifs aux signaux & à la prompte exécution des différents mouvements que l'armée aura à faire, pour conserver ou pour gagner l'avantage du vent, qui seroit infailliblement perdu, si les Vaisseaux ne faisant point une voilure proportionnée & un sillage égal, venoient à ouvrir leur distance, ou à se séparer; parce que le Général ne voulant point les abandonner, donneroit, en les attendant, pour les rallier & rétablir l'ordre, le temps à l'ennemi, qui manœuvreroit mieux, de lui enlever l'avantage qu'il dispute.

Le Général tâchera de prévoir le changement de vent, pour mieux déterminer sa manœuvre.

157. *Eviter le combat.*

E. 56.

L'Armée étant sous le vent, & le Général voulant éviter le combat; pour tenir son armée attentive, il fera premiérement signal de mouvement à exécuter (1), & ensuite celui d'échiquier (2), qu'il accompagnera de celui de l'aire de vent (3), sur lequel l'armée doit courir. Les Vaisseaux cependant conserveront entr'eux leurs distances, & l'ordre dans lequel ils étoient rangés.

(1) Pavillon 1. au grand perroquet.

(2) Pavillon 11. à la vergue d'artimon.

(3) Signal d'aire de vent. art. 89.

L'armée étant arrivée jusqu'au vent arriere, dans quelque ordre que ce foit, le Général faifant fignal de venir au lof, fera connôitre fur quel bord, en mettant au petit perroquet (4) le pavillon de diftinction du corps qui doit faire l'avant-garde, en formant ou rétabliffant l'ordre de bataille.

E. 57.
F. 63.

Ce mouvement d'arriver & de venir au lof alternativement, & plus ou moins, ayant autant de rapport à une armée qui arrive fur l'ennemi & qui le pourfuit, qu'à celle qui évite le combat, & qui le fuit, les Commandants auront une attention toute particuliere à bien obferver les fignaux, & les mouvements. fucceffifs du Général, & les Vaiffeaux particuliers, ceux de leur Commandant; afin que l'armée vienne au lof ou arrive, s'étende ou fe refferre très-promptement, & fans rompre l'ordre.

Si le Général veut que le mouvement d'arriver ou de revenir au lof, ne regarde qu'une feule Efcadre, il fera le fignal au mât qui la défigne, amenant le pavillon (5) diftinctement, & autant de fois qu'il y a d'aires de vent, depuis la ligne du plus près de même bord, jufqu'à la ligne fur laquelle il veut qu'elle coure. Cependant le refte de l'armée courra comme elle faifoit avant ce fignal particulier.

Le Général pourra également fe fervir de ce dernier fignal pour toute l'armée, en l'amenant pour défigner les aires de vent lorfqu'il ne voudra point employer les fignaux de fauffe route.

(4) Pavillon de diftinction au petit perroquet.

(5) Pavillon 10. ou 11. au mât qui défigne l'Efcadre.

VICE-AMIRAL.	*CONTRE-AMIRAL.*
Avertiffement général. { 1. Pavillon 1. au grand perroquet.	1. Pavillon 1. au grand perroquet . . . . } Avertiffement général.
Echiquier fous le vent. { 2. Pavillon 12. à la vergue d'artimon.	2. Pavillon 12. à la vergue d'artimon. } Echiquier fous le vent.
Aire de vent . . . . . . { 3. Signal d'aire de vent. art. 89.	3. Signal d'aire de vent. art. 89. . . . . } Aire de vent . . . . . .
Le Vice-Amiral faifant { 4. Pavillon mi-parti blanc & bleu au petit perroquet. l'avant garde	4. Pavillon bleu au petit perroquet . . . . } Le Contre-Amiral, faifant l'avant-garde.
Mouvement de l'avant- { 5. Pavillon 10. ou 11. au petit perroquet. garde feule, ...	5. Pavillon 10. ou 11. au perroquet d'artimon. } Mouvement de l'arriere-garde feule.

158. *Se préparer au combat.*

Lorsque le Général voudra que l'armée se prépare au combat, quel que soit son ordre actuel, aussi-tôt après le signal (1), tous les Vaisseaux feront branlebas, se baftingueront, difposeront les batteries, feront porter les armes à leurs poftes refpectifs; les Officiers feront l'appel des Canonniers, Soldats, Matelots & détachements quelconques, deftinés pour les différentes circonftances du combat. Le premier Lieutenant vifitera tous les poftes, pour s'affurer par lui-même fi tout eft en ordre, fi les manœuvres de combat font paffées; enfin fi le Vaiffeau eft fous les armes & prêt à attaquer l'ennemi; ce dont il rendra compte au Capitaine.

(1) Pavillon 17. au perroquet d'artimon.
Signal 36. canon.

Les Vaiffeaux obferveront très-réguliérement leurs diftances, fe ferrant le plus qu'il fera poffible (2), & pour cela la tête fera petites voiles, & la queue en forcera un peu. La voilure fera réglée fans y employer le perroquet de fougue, réfervant cette voile pour augmenter ou diminuer, & déterminer enfin le fillage néceffaire du Vaiffeau, en la faifant fervir, la hiffant plus ou moins, ou la mettant fur le mât.

(2) Pavillon 15. à la vergue d'artimon.

Si l'armée eft en ligne, les Frégates & les Corvettes fe tiendront le plus près qu'il fe pourra, un peu en avant des Commandants ou Chefs de Divifion auxquels ils feront particuliérement attachés, afin d'être à portée de recevoir & d'exécuter promptement leurs ordres.

Les Brûlots fe tiendront fur une parallele à l'armée aux poftes qui leur font deftinés vis-à-vis la tête & le centre des Divifions, & prêts à recevoir les ordres des Commandants, mais cependant à une diftance telle qu'ils ne puiffent pas être défemparés par le canon de l'ennemi; une demie-portée de canon fuffit.

Les Bâtiments de charge fe rangeront hors la portée du canon fur une ligne parallele à l'armée du côté oppofé à
l'ennemi,

l'ennemi, ils obferveront de fe tenir un peu en avant des
Divifions refpectives, afin de n'être point coupés fi l'armée
vire par la contre-marche, & de ne point tomber dans la
ligne où ils ne pourroient que caufer beaucoup de dérangement.

VICE-AMIRAL.	*CONTRE-AMIRAL.*
Se préparer au combat.{ 1. Pavillon 17. au perro-quet d'artimon.	1. Pavillon 17. au perro-quet d'artimon. . . . .} Se préparer au combat.
Refferrer la ligne. . . .{2. Pavillon 15. à la vergue d'artimon.	2. Pavillon 15. à la vergue d'artimon. . . . . . .} Refferrer la ligne.

159. *Arriver fur l'Ennemi, & le forcer au combat.*

E. 57.
F. 63.

L'ARMÉE étant au vent, & le Général ayant réfolu
d'arriver fur l'ennemi, & de le forcer au combat, en préviendra l'armée par le fignal de préparation de combat (1).
Et pour faire enfuite arriver la ligne fur celle des ennemis,
il mettra le pavillon de l'échiquier (2), qu'il accompagnera
quelquefois du fignal d'aire de vent ; ou bien fe fervant du
fignal d'arriver (3), il pourra, s'il eft néceffaire, l'amener
diftinctement un nombre de fois égal à celui des rumbs de
vent dont il veut que les Vaiffeaux larguent. Ils obferveront
dans ce mouvement, qui fe fera toujours à très-petites voiles, (fi l'ennemi accepte le combat) de fe tenir réciproquement dans la ligne du plus près fur laquelle l'armée doit
être rangée pour combattre ; la négligence fur ce point pouvant donner occafion à l'ennemi de gagner le vent ou de
couper la ligne. Les Vaiffeaux obferveront encore, en arrivant fur l'ennemi qui les attend en bonne contenance, de
ne point trop préfenter l'avant pour n'être point enfilés par
le feu de fes batteries, c'eft-à-dire, qu'il fuffit de courir un
quart ou deux plus largue que l'ennemi : il convient auffi
d'arriver fur lui fans tirer, ne faifant commencer le feu des
batteries (4), que lorfque l'on fera à une diftance telle que
tous les coups pourront avoir un effet certain.

(1) Pavillon 17. au perro-quet d'artimon.

(2) Pavillon 12. à la vergue d'artimon. Signal d'aire de vent. Art. 89.

(3) Pavillon 11. à la vergue d'artimon.

(4) Pavillon 17. au grand perroquet.

Si l'armée ennemie qui eſt ſous le vent largue pour fuir, ou pour éviter ſimplement le combat, en attendant que le vent change en ſa faveur, ou que l'armée du vent faſſe quelque faute qui puiſſe lui faire perdre ſon avantage ou rompre ſon ordre, le Général du vent fera manœuvrer ſon armée comme il a été dit ci-deſſus (art. 157), & fera les mêmes ſignaux ou d'autres convenables aux differents mouvements qu'exigent la circonſtance & la diſpoſition des armées; tels, par exemple, que ceux d'attaquer l'avant-garde ou l'arriere-garde, ou de s'ouvrir par Eſcadres en faiſant pour un peu de temps faire plus de voiles à l'avant-garde ($\frac{v}{9}$), & moins à l'arriere-garde ($\frac{c}{4}$).

	VICE-AMIRAL.	CONTRE-AMIRAL.	
Se préparer au combat.	1. Pavillon 17. au perroquet d'artimon.	1. Pavillon 17. au perroquet d'artimon. . . .	Se préparer au combat.
Arriver.	2. Pavillon 12. à la vergue d'artimon. Signal d'aire de vent. a. 89.	2. Pavillon 12. à la vergue d'artimon. . . . . . . Signal d'aire de vent. a. 89.	Arriver.
Arriver.	3. Pavillon 11. à la vergue d'artimon.	3. Pavillon 11. à la vergue d'artimon.	Arriver.
Commencer le combat.	4. Pavillon 17. au grand perroquet.	4. Pavillon 17. au grand perroquet.	Commencer le combat.

160. *Commencer le combat.*

LE COMBAT ne commencera que lorſque le Général en aura fait le ſignal (1), à moins que par une ſuite néceſſaire des circonſtances, il ne s'engage à la tête ou à la queue de la ligne. Le Général même pourra en faire le ſignal à l'avant-garde ou à l'arriere-garde, par le pavillon de diſtinction d'un de ces corps, ce qui en déterminera la manœuvre.

Le Général fera toujours petites voiles pendant le combat, obſervant toutefois les mouvements de l'ennemi pour régler les ſiens. Et les Vaiſſeaux de la ligne ſe tiendront très-ferrés; aucun même de ceux qui ſuivent n'héſitera à doubler celui qui le précede, s'il laiſſe devant lui une diſ-

(1) Pavillon 17. au grand perroquet.

Doubler les Vaiſſeaux qui ne gardent point leur diſtance.

tance plus grande que la longueur de deux Vaiſſeaux, s'il n'en a pas été fait ſignal.

Tirer de près & ſans précipi-tation dans le combat. Les Vaiſſeaux du Roi ne tireront ſur les ennemis, que lorſqu'ils en feront à une très-petite portée; & les Capitaines auront une attention particuliere à ce que l'on tire le canon ſans précipitation, & à coups ſûrs, autant qu'il ſera poſſible; ce qu'il eſt plus aiſé de faire de près que de loin. Ils le recommanderont aux Maîtres Canonniers, & ceux-ci aux Chefs de pieces. Les Officiers qui commanderont dans les batteries, tiendront la main à ce que les Canonniers ne ſe laiſſent point emporter à une vivacité, dont la moindre conſéquence eſt une conſommation inutile de poudre, qui empêche ſouvent de donner un ſecond combat. Tous doivent ſe perſuader que le combat de mer eſt celui de tous (hors l'aſſaut de l'abordage) qui demande le moins de précipitation & le plus de flegme.

Garder ſon poſte dans le combat. Aucun Capitaine ne pourra, pour quelque raiſon que ce ſoit, quitter ſon poſte, à moins qu'il ne ſoit extrêmement incommodé, & hors d'état de continuer le combat; le peu de voiles que l'armée fera pouvant permettre à pluſieurs Vaiſſeaux, quoiqu'en partie déſemparés, de ſe battre encore long-temps ſans faire de vuide dans la ligne.

L'envie de ſe diſtinguer ne doit auſſi jamais porter un Capitaine à rompre l'ordre pour chercher une avanture glorieuſe, quelque apparence qu'il y ait au ſuccès: il doit en attendre le ſignal du Général, de ſon Commandant ou de ſon Chef de Diviſion; parce qu'il eſt toujours plus eſſentiel de maintenir l'ordre & de ſe battre ſerré, ce qui fait la plus grande force de l'armée, que de faire une action particuliere qui ne décide ordinairement rien, quelque brillante qu'elle ſoit, à moins qu'elle n'ait pour objet d'enlever un Vaiſſeau portant pavillon, ce que le ſuccès ſeul peut juſtifier.

Soutenir l'hon-neur du Pavil-lon. Matelots. Le Matelot de l'avant & celui de l'arriere des Vaiſſeaux portant pavillon, doivent diriger une partie de leur feu ſur le pavillon ennemi, ou ſur le Vaiſſeau contre lequel leur

Général fe bat. Ainfi ils doivent en quelque forte veiller à fa défenfe plus qu'à la leur propre, n'y ayant point d'action plus grande que celle de tout facrifier pour foutenir l'honneur du pavillon.

De même tout Vaiffeau de l'armée qui fe trouvera par le travers d'un pavillon ennemi qu'il attaquera, fera fecondé, comme par deux Matelots, des Vaiffeaux qu'il aura de l'avant & de l'arriere; chacun de ceux-ci partageant leur feu pour détruire, s'il fe peut, ou faire amener le pavillon ennemi.

Si un Vaiffeau portant pavillon a befoin d'être fecouru, il en fera le fignal au corps de réferve; ou, s'il n'y en a pas, il le fera connoître à fa Divifion par le même fignal. Auffi-tôt fes deux Matelots, & les Vaiffeaux qui feront le plus proche, fe refferreront pour le couvrir & continuer le combat. Les Frégates de fon Efcadre lui donneront tous les fecours dont il aura befoin; & s'il continue d'être attaqué, il fera particuliérement foutenu de toute fa Divifion.

Les Vaiffeaux de l'armée qui feront en danger, feront les fignaux ordinaires d'incommodité, & feront fecourus & protégés par les Vaiffeaux plus à portée de le faire.

VICE-AMIRAL.	CONTRE-AMIRAL.
Commencer le combat. { 1. Pavillon 17. au grand perroquet.	1. Pavillon 17. au grand perroquet. } Commencer le combat.

161. *Détacher les Vaiffeaux de la ligne qui n'ont point d'Ennemis par leur travers; ou former un Corps de réferve au vent, ou fous le vent.*

L'Armée du Roi étant plus nombreufe que celle de l'ennemi, & lui étant oppofée en ligne de maniere que fa tête ou fa queue déborde l'ennemi affez confidérablement; fi le Général veut, dans ce cas, rallier au vent, ou faire paſſer ſous le vent, comme en un corps de réſerve, les Vaiſſeaux de l'armée qui n'ont point d'ennemis par leur travers; auſſi-tôt qu'il en fera le ſignal (1), les Vaiſſeaux de la ſeconde Diviſion de l'avant-garde qui eſt celle de l'avant, ou ceux de la ſeconde Diviſion de l'arriere-garde qui eſt celle de l'arriere, ſe détacheront du corps de l'armée, après toutefois la répétition que leur Commandant aura faite du ſignal; & cette diviſion manœuvrant comme il conviendra ſuivant les circonſtances, viendra ſe placer ſur la ligne des Frégates vers le centre de l'armée, ſi c'eſt au vent, ou vers la tête du corps de bataille, ſi c'eſt ſous le vent; mais toujours à portée de voir tous les ſignaux & mouvements, pour remplacer les Vaiſſeaux déſemparés & fortifier les endroits foibles, afin de ne laiſſer aucun vuide dans la ligne.

(1) Pavillon 19. au petit perroquet.
ou
Au Perroquet d'artimon.

Le plus ancien Capitaine après le Commandant du corps de réſerve, ſera celui qui marchera le premier & ainſi ſucceſſivement, pour remplacer le Vaiſſeau déſemparé de quelque Eſcadre ou Diviſion que ſoit ce Vaiſſeau.

Soutenir l'honneur du Pavillon.

Le Commandant du corps de réſerve ne ſera détaché avec la réſerve entiere que pour fortifier la ligne dans une occaſion de conſéquence; & ſi c'eſt pour la défenſe d'un des trois pavillons, il ſera toujours ſuivi du plus ancien Capitaine des Vaiſſeaux de réſerve qui ne ſeront point encore détachés: ils ſe placeront comme Matelots; le premier en avant, le ſecond en arriere du Vaiſſeau portant pavillon à la défenſe duquel ils ſe préſentent, ſans que cette manœuvre puiſſe faire aucun tort aux Matelots de la ligne, mais uniquement parce que n'ayant point combattu, & que n'étant point déſemparés, ils ſont plus en état de ſoutenir l'honneur du pavillon. Leur principal devoir ſera encore d'attaquer, d'aborder, & d'enlever le pavillon ennemi, pourquoi ils manœuvreront comme ils le jugeront à propos, s'il ne leur en eſt pas fait un ſignal particulier.

Le Général voulant que le corps de réſerve entier ſe rallie à un des trois corps de l'armée pour le fortifier, &

lui en ayant fait fignal (2), ce corps forcera de voiles , & chaque Vaiffeau fe placera fucceffivement , le premier au premier vuide, le fecond au fecond, &c. Et fi le Général ne veut qu'un certain nombre de Vaiffeaux , il en fera en même-temps le fignal par un pavillon numéraire qui ne fignifiera point autre chofe (3).

(1) Pavillon 20. au mât qui indique le corps.

(3) Pavillon numéraire , ou amener le pavillon 20. autant de fois que l'on veut de Vaiffeaux.

Si le Général commandant une armée égale ou fupérieure à l'ennemi , a jugé à propos de faire une réferve d'un ou de deux Vaiffeaux pour chacun des trois corps de l'armée , les Vaiffeaux nommés dans chacun de ces trois corps , ou fignalés pour la réferve , fortiront de la ligne au fignal (4), & ils viendront fe mettre fur la ligne des Frégates à portée de leur Commandant ; c'eft-à-dire , le premier par le travers & à l'abri du Matelot d'avant , & le fecond par le travers & à l'abri du Général , afin de fe placer enfuite dans la ligne entre le Général & un de fes Matelots , pour continuer le combat avec une nouvelle vivacité , achever la défaite du pavillon ennemi , & le forcer d'amener.

(4) Pavillon 19. au grand perroquet. Signal particulier de Vaiffeau.

Le corps de réferve fera formé en même temps que la ligne, afin qu'il n'en rompe point l'ordre , & qu'il n'occafionne aucun vuide. Le Général pourra cependant le former & l'appeller pendant le combat fuivant la circonftance.

Faire remettre le Corps de réferve à fon pofte dans la ligne.

Le Général faifant le fignal ordinaire de ralliement , accompagné du pavillon de réferve (5) ou de la marque de diftinction du Commandant de ce corps , les Vaiffeaux détachés fe rendront auffi-tôt à leur pofte dans la ligne.

(5) Pavillon 19. ou 20. au mât convenable, & Signal de ralliement.

La réferve répétera toujours les fignaux qui la regardent.

VICE-AMIRAL.		CONTRE-AMIRAL.
Corps de réferve formé de l'avant-garde. . .	1. Pavillon 19. au petit perroquet.	1. Pavillon 19. au perroquet d'artimon. . . . . Corps de réferve formé de l'arriere-garde.
Faire fortifier l'avant-garde par la réferve. .	2. Pavillon 20. au petit perroquet.	2. Pavillon 20. au perroquet d'artimon. . . . . Faire fortifier l'arriere-garde par la réferve.
Déterminer le nombre de vaiffeaux.	3. Pavillon numéraire.	3. Pavillon numéraire. . . . Déterminer le nombre de vaiffeaux.
Former une réferve dans chaque corps...	4. Pavillon 19. au grand perroquet. Signal particulier de vaiffeau.	4. Pavillon 19. au grand perroquet. Signal particulier de vaiffeau. . . . . Former une réferve dans chaque corps.

Rallier la réserve. . . . { 5. Pavillon *19.* ou *20.* au petit perroquet, & Signal de ralliement. | 5. Pavillon *19.* ou *20* au perroquet d'artimon, & Signal de ralliement. } Rallier la réserve.

162. *Doubler les Ennemis.*

E. 59.
F. 64. 65.

LE GÉNÉRAL qui commande une armée plus nombreuse que celle de l'ennemi qu'il va combattre, voulant en doubler l'avant-garde pour la mettre entre deux feux, & engager le combat par la tête de la ligne, en préviendra l'avant-garde par le signal d'exécution particuliere (1); & aussi-tôt qu'il y aura répondu, il lui fera signal de commencer sa manœuvre par celui (2) de doubler l'avant-garde de l'ennemi. Le Vice-Amiral répondra au signal pour faire connoître qu'il l'a vu, & qu'il va exécuter ce commandement. Il fera en conséquence le signal de forcer de voiles (3) à toute son Escadre, ou à une ou deux de ses Divisions, & les autres signaux nécessaires, ce que le Général laisse à sa prudence comme étant plus à portée de juger du succès du mouvement, & du moment de l'exécuter. Il se servira, pour les Divisions de son Escadre, des mêmes signaux que le Général fait pour les différents corps de l'armée, soit pour les faire virer par la contre-marche, ou tout ensemble, s'il est sous le vent.

(1) Pavillon 2. au petit perroquet.

(2) Pavillon 21. petit perroquet.

(3) Pavillon 5. au petit perroquet.

VICE-AMIRAL.	*CONTRE-AMIRAL.*
Exécution particuliere. { 1. Pavillon 2. au petit perroquet.	
Doubler l'ennemi par la tête. . . . . { 2. Pavillon 21. au petit perroquet.	
Forcer de voile. . . . { 3. Pavillon 5. au petit perroquet. &c.	

E. 59.
F. 66. 67. 68. 69.

Si le Général juge à propos de faire doubler les ennemis par la queue; après avoir prévenu l'arriere-garde (1, 2) de l'exécution du mouvement qu'il doit faire, le Contre-Amiral ayant répété les signaux, manœuvrera aussi-tôt de la ma-

(1) Pavillon 2. au perroquet d'artimon.

(2) Pavillon 21. au perroquet d'artimon.

niere la plus convenable à la pofition de l'ennemi, & à la facilité qu'il voit de le doubler fous le vent, s'il prend ce parti (*fig. 66.*); ou d'arriver fiérement fur lui (*fig. 69*), pour commencer fa défaite; ou s'il fe trouve lui-même fous le vent, pour le doubler au vent en virant tout enfemble (*fig. 67*), ou par la contre-marche (*fig. 68*); ce qui eft encore laiffé à la prudence du Contre-Amiral, comme plus à portée que le Général, de décider de la manœuvre à faire en ce cas.

VICE-AMIRAL.	CONTRE-AMIRAL.
	1. Pavillon 2. au Perro-quet d'artimon. . . . } Exécution particuliere.
	2. Pavillon 21. au perro-quet d'artimon. . . . } Doubler l'ennemi par la queue.
	&c.

REMARQUE.

DOUBLER par la tête, engage néceffairement une affaire générale; ce qui exige une grande fupériorité dans l'armée qui attaque, & une grande expérience dans les Capitaines détachés. Doubler par la queue, peut n'être qu'une affaire particuliere que l'armée du vent, comptant fur l'expérience de fes Capitaines, peut tenter, quoiqu'égale en nombre. Dans l'un & l'autre cas, l'armée qui eft au vent doit arriver toute entiere fur l'ennemi, pour le faire plier & rallier fes propres Vaiffeaux; & fi l'armée qui double eft fous le vent, elle fera obligée, pour rallier fes Vaiffeaux, de virer par la contre-marche, ou tout enfemble en échiquier, fi fes Vaiffeaux n'arrivent point, & ne gagnent point la queue de la ligne, ce qui rend cette manœuvre très-délicate.

163. *Empêcher l'Ennemi de doubler.*

E. 60.
F. 70, 71.

LE GÉNÉRAL qui commande l'armée moins nombreufe étant au vent, & voulant, pour empêcher l'ennemi de le doubler, faire ouvrir fes Divifions pour étendre l'armée,

afin

afin que chaque Efcadre fe préfente à chaque Efcadre, le premier & le dernier Vaiffeau de l'armée fe tenant par le travers du premier & du dernier Vaiffeau ennemi, les Divifions laiffant entr'elles l'efpace d'un Vaiffeau, & les Efcadres celui de deux ou de trois, fuivant le nombre des Vaiffeaux ennemis; le Général fera premiérement fignal d'avertiffement de mouvement (1). Il fera enfuite celui d'étendre la ligne (2); & s'il veut en même temps faire ferrer les Vaiffeaux de chaque Divifion ou Efcadre, & féparer les Efcadres ou Divifions par un petit intervalle, auffi-tôt qu'il en aura fait les fignaux (3), les Brûlots fe placeront par le travers du premier & du dernier Vaiffeau des Efcadres fucceffives, fecondées des Frégates pour occuper les vuides, & s'oppofer à l'ennemi qui pourroit tenter d'y pénétrer.

(1) Pavillon 1. au grand perroquer.

(2) Pavillon 14. à la vergue d'artimon.

(3) Voyez art. 112.

	VICE-AMIRAL.	CONTRE-AMIRAL.	
Avertiffement général.	1. Pavillon 1. au grand perroquet.	1. Pavillon 1. au grand perroquet.	Avertiffement général.
Étendre la ligne.	2. Pavillon 14. à la vergue d'artimon.	2. Pavillon 14. à la vergue d'artimon.	Étendre la ligne.
Séparer les Divifions & Efcadres.	3. Voyez art. 112.	3. Voyez art. 112.	Séparer les Divifions & Efcadres.

164. Traverfer l'Armée ennemie.

E. 61.
F. 72.

LE GÉNÉRAL qui eft fous le vent voulant traverfer l'armée ennemie, fera fignal d'avertiffement de mouvement (1), & celui de refferrer la ligne (2), ce que les Capitaines feront le plus qu'ils pourront fans s'aborder; & lorfque le Général jugera le moment favorable, il fera fignal de virer par la contre-marche (3). Auffi-tôt le premier Vaiffeau de l'avant-garde donnera vent devant; il fera fuivi de fon Efcadre; & dirigeant fa route vers l'armée du vent en larguant cependant un peu, s'il eft néceffaire, pour ne point trop préfenter l'avant, mais l'épaule ou le côté, il pénétrera dans le premier vuide qui fe trouvera dans fa route. Et fi le Général veut traverfer la ligne ennemie dans plufieurs endroits, il fera fucceffivement fignal de contre-marche aux différents corps de l'armée.

(1) Pavillon 1. au grand perroquet.

(2) Pavillon 15. à la vergue d'artimon.

(3) Pavillon 7. à la vergue d'artimon.

E e

VICE-AMIRAL.		CONTRE-AMIRAL.
Avertissement général.	{ 1. Pavillon 1. au grand perroquet.	1. Pavillon 1. au grand perroquet . . . . . } Avertissement général.
Resserrer la ligne. . . .	{ 2. Pavillon 15. à la vergue d'artimon.	2. Pavillon 15. à la vergue d'artimon. . . . . } Resserrer la ligne.
Virer par la contre-marche.	{ 3. Pavillon 7. à la vergue d'artimon.	3. Pavillon 7. à la vergue d'artimon. . . . . } Virer par la contre-marche.

165. *Empêcher l'ennemi de traverser, ou rendre son entreprise inutile.*

F. 62.
F. 73.

LE GÉNÉRAL empêchera l'ennemi de traverser, ou rendra son entreprise inutile en faisant signal à son armée de se tenir prête à un mouvement (1); & aussi-tôt que ce signal aura été répété, il fera celui de virer tout ensemble vent devant (2) ; & si quelques-uns des Vaisseaux ennemis ont déja traversé la ligne, ils seront coupés.

(1) Pavillon 1. au grand perroquet.

(2) Pavillon 9. à la vergue d'artimon.

VICE-AMIRAL.		CONTRE-AMIRAL.
Avertissement général.	{ 1. Pavillon 1. au grand perroquet.	1. Pavillon 1. au grand perroquet . . . . . } Avertissement général.
Virer tout ensemble.	{ 2. Pavillon 9. à la vergue d'artimon.	2. Pavillon 9. à la vergue d'artimon. . . . . } Virer tout ensemble.

166. *Aborder.*

LORSQUE le Général fera signal de se préparer au combat, les Vaisseaux se disposeront en même-temps à l'abordage en mettant les grapins aux bouts des vergues, ou en passant leurs manœuvres ; & lorsque le Général ou un Commandant d'Escadre voudra faire aborder l'ennemi, il en fera le signal (1) à toute l'armée, à une seule Escadre, à une seule Division ou à un Vaisseau particulier, par la différente position du signal, & la marque de distinction de l'Escadre, de la Division, ou la flamme particuliere du Vaisseau.

Si un Vaisseau de ligne juge pouvoir aborder avec succès

(1) Pavillon 16. à la vergue d'artimon, ou au mât ; & sous le pavillon de distinction, ou la flamme particuliere convenable.

Vaisseau qui veut aborder l'ennemi.

un Vaiffeau ennemi , il en fera le fignal au Général par le pavillon d'abordage (2) & par fa flamme particuliere, pour fe. faire connoître plus précifément. Le Général ou le Commandant d'Efcadre approuvant l'abordage , lui répondra par le fignal de confentement (3) ; & il mettra celui de refus (4) s'il ne le juge point à propos , laiffant en même temps battre la flamme particuliere du Vaiffeau pour lui faire obferver le fignal.

Le Capitaine qui follicitera & tentera un abordage , répondra toujours du fuccès afin que le defir de fe diftinguer le retienne & l'empêche de quitter fon pofte dans la ligne , parce qu'il peut y avoir fouvent plus de défavantage à rompre l'ordre que d'avantage à enlever un Vaiffeau , fi ce n'eft un pavillon.

(1) Pavillon 16. au grand perroquet, pour un Vaiffeau du corps de bataille, &

Flamme particuliere.

(3) Pavillon 28. au grand perroquet.

(4) Pavillon 28. au petit perroquet.

	VICE-AMIRAL.	*CONTRE-AMIRAL.*	
Aborder.	1. Pavillon 16. à la vergue d'artimon , *ou* au petit perroquet, & Flamme particuliere.	1. Pavillon 16. à la vergue d'artimon , *ou* au perroquet d'artimon , & Flamme particuliere.	Aborder.
Vaiffeau de l'avant-garde qui veut aborder.	2. Pavillon 16. au petit perroquet. Flamme particuliere.	2. Pavillon 16. au perroquet d'artimon. Flamme particuliere. . .	Vaiffeau de l'artiere garde qui veut aborder.
Confentement. . . .	3. Pavillon 28. au grand perroquet.	3. Pavillon 28. au grand perroquet.	Confentement.
Refus.	4. Pavillon 28. au petit perroquet.	4. Pavillon 28. au petit perroquet.	Refus.

167. *Faire préparer les Brûlots.*

Aussi-tôt que le Général fera fignal de fe préparer au combat (1) , les Brûlots mettront en place leurs grapins d'abordage. Ils placeront & difpoferont leurs artifices au moment que le combat commencera (2) ; & ils feront connoître qu'ils font prêts à aborder par une flamme (3) qui pourra en même temps indiquer leur Efcadre.

(1) Pavillon 17. au perroquet d'artimon.

(2) Pavillon 17. au grand perroquet.

(3) Flamme 8. au grand perroquet.

Les Brûlots fe tiendront pendant le combat à une diftance

telle qu'ils ne puissent point y être désemparés par le canon de l'ennemi, dont ils pourront même se couvrir un peu en se mettant par le travers des Vaisseaux de ligne, & non point vis-à-vis des intervalles, si ce n'est dans le cas où il faudra empêcher l'ennemi de traverser. Ils observeront très-attentivement les signaux du Général & du Commandant ou Chef de la Division à laquelle ils sont particuliérement attachés, afin d'agir dans le moment que le signal leur en sera fait; ce qu'ils feront connoître en répondant au signal.

Le Vaisseau le plus à portée escortera le Brûlot ami. Quoiqu'aucun Vaisseau de la ligne ne soit particuliérement nommé pour escorter les Brûlots, hormis les Frégates que ce devoir regarde spécialement; cependant le Vaisseau sous le beaupré duquel un Brûlot passera pour aller s'accrocher à l'ennemi, escortera ce Brûlot de quelque Division qu'il soit; il lui donnera sa Chaloupe bien armée, & généralement tous les secours nécessaires. Les deux Vaisseaux le plus près du Vaisseau d'escorte, aideront aussi le Brûlot de leurs Chaloupes.

Le Capitaine de Brûlot observera en même temps de se tenir un peu de l'avant & au vent du Vaisseau qui lui servira d'escorte, afin d'être plus paré à arriver sur le Vaisseau ennemi pour le bien aborder par les haubans de misaine. Le Brûlot, en manœuvrant de la sorte, n'empêchera point le Vaisseau qui le protege de tirer sur l'ennemi, & il courra moins risque d'être désemparé lui-même.

Les Brûlots, si l'armée est sous le vent, seront obligés de virer pour aborder les Vaisseaux du vent; ils observeront alors de passer à rase la pouppe d'un des Vaisseaux du Roi, afin de ne point aborder celui qui le suit dans la ligne en passant sous son beaupré, ou pour ne le point contraindre d'arriver ou de mettre des voiles à culer.

Les Frégates & Chaloupes doivent détourner les Brûlots ennemis. Si quelque Brûlot ennemi se présente pour aborder un Vaisseau de la ligne, les Frégates tâcheront de couper les Chaloupes qui les remorquent, & d'aborder même les Brûlots pour empêcher leur effet sur la ligne, le commandement confié à leurs Capitaines ayant pour objet principal, dans un jour d'occafion, de détourner les Brûlots de l'ennemi, & de conduire ceux de l'armée du Roi. Les Chaloupes du Vaiffeau contre lequel l'ennemi envoie un Brûlot, & celles de fes Matelots feront auffi tous leurs efforts, pour remorquer & détourner le Brûlot en même temps qu'ils tireront à le couler bas.

Faire aborder les Brûlots.

Le Général voulant faire approcher les Brûlots de quelque Efcadre ou de toute l'armée, pour rompre la ligne ou pour aborder quelque Vaiffeau défemparé, il leur en fera le fignal (4), & tous ceux auxquels il s'adreffe, fe détacheront, excepté dans le cas où le fignal feroit accompagné de la flamme particuliere d'un Brûlot.

(4) Pavillon 18. au perroquet d'artimon.

Si le Capitaine de Brûlot ne reconnoît pas diftinctement le Vaiffeau qu'il doit aborder, la fumée l'empêchant de voir le défordre de la ligne ennemie, il paffera à pouppe du Matelot de l'arriere du Commandant de l'Efcadre ou en arriere du Chef de Divifion le plus à portée pour en recevoir les ordres, s'ils ne lui ont point été portés par une Corvette ou Chaloupe détachée pour le conduire.

Il fe préparera entiérement dès ce moment à l'abordage qu'il doit exécuter, en tenant fes vergues orientées felon le bord fur lequel il doit revenir, afin de n'avoir plus, en approchant, que les écoutes à border pour venir au lof. Il ne quittera point fon Bâtiment qu'après être bien accroché, & avoir mis le feu à fes artifices. Les Capitaines de Brûlot n'oublieront pas que le reproche ordinaire qu'on leur fait de fe brûler inutilement, n'eft communément que trop mérité; & ils en répondront, de même qu'ils doivent s'attendre à la jufte récompenfe de leurs belles actions.

Le Capitaine de Brûlot ne quittera point fon Bâtiment, qu'il ne foit accroché, & qu'il n'y ait mis enfuite le feu.

Faire remettre les Brûlots à leur pofte.

Si le Général ou le Commandant d'Efcadre juge que les Brûlots qu'il a appellés font inutiles, il leur fera fignal de se rallier à leur poste (5). Cependant, tant que le combat durera, les Brûlots se tiendront prêts pour le moment où on leur aura facilité ou ordonné absolument l'abordage.

(5) Pavillon 18. au petit perroquet.

VICE-AMIRAL.	CONTRE-AMIRAL.
Se préparer au combat. { 1. Pavillon 17. au perroquet d'artimon.	1. Pavillon 17. au perroquet d'artimon. . . . } Se préparer au combat.
Commencer le combat. Préparer les Brûlots. . { 2. Pavillon 17. au grand perroquet.	2. Pavillon 17. au grand perroquet. . . . . . } Commencer le combat, Préparer les Brûlots.
Brûlots prêts à aborder. { 3. Flamme 8. au grand perroquet.	3. Flamme 8. au grand perroquet. . . . . . } Brûlots prêts à aborder,
Faire aborder les Brûlots. . . . . . . { 4. Pavillon 18. au perroquet d'artimon.	4. Pavillon 18. au perroquet d'artimon. . . } Faire aborder les Brûlots.
Rallier les Brûlots. . . . { 5. Pavillon 18. au petit perroquet.	5. Pavillon 18. au petit perroquet. . . . . . } Rallier les Brûlots,

168. *Faire cesser le combat.*

LE SIGNAL (1) que le Général fera pour faire cesser le combat, servira toujours dans ce même cas de signal de ralliement. Les Commandants d'Escadre le répéteront, & aussi-tôt ils manœuvreront pour rétablir la ligne, & y reprendre leur poste le plus promptement & le plus réguliément qu'il se pourra ; les Commandants relativement au Général, & les Vaisseaux particuliers relativement à leurs Chefs de Division ou Commandants d'Escadre.

(1) Pavillon 17. au petit perroquet.

Si le combat dure jusqu'à la nuit, le Général fera signal de ralliement général, & chaque Commandant d'Escadre fera ensuite le sien particulier.

Le signal de cesser le combat pourra ne s'adresser qu'à un corps désigné par son pavillon de distinction.

VICE-AMIRAL.	CONTRE-AMIRAL.
Cesser le combat. . . . { 1. Pavillon 17. au petit perroquet.	1. Pavillon 17. au petit perroquet. . . . . . } Cesser le combat.

169. *Bombardement ; pour que les Galiotes s'y préparent.*

LORSQUE l'armée fera devant une place que l'on doit bombarder, elle mouillera fur des lignes paralleles à la Ville.

Les Galiotes mouilleront à deux cables de diftance plus près de la Ville que les Vaiffeaux fur lefquels elles auront leurs amarres.

Les Vaiffeaux ou Galeres, deftinés particuliérement à protéger les Galiotes, feront mouillés dans leurs inter-valles fur la même ligne, & quelques-uns fur les côtés.

Les Galiotes parvenues au mouillage, fe prépareront auffi-tôt au bombardement : elles feront porter une ancre à touer à trois ou quatre cables en avant ; & elles fe tiendront toujours prêtes à fe haller deffus lorfque le Général leur en fera le fignal (1). Auffi-tôt les Vaiffeaux fur lefquels les Galiotes font amarrées, leur enverront leur Chaloupe com-mandée par un Officier & un Garde de la Marine avec le monde néceffaire, foit pour lever une ancre, foit pour leur défenfe, & ils exécuteront ce qui leur fera ordonné par le Commandant de la Galiote.

(1) Pavillon 17. au perroquet d'artimon.

Les Flûtes & autres Bâtiments de charge pour le fervice des Galiotes, fe tiendront en arriere hors la portée du canon & des bombes de la Place.

Faire approcher les Galiotes.

LE GÉNÉRAL fera fignal aux Galiotes de fe haller de l'avant & de s'approcher de terre, par le fignal de fe prépa-rer au combat (1) ; & lorfqu'elles feront à leur pofte & en état de tirer, elles le feront connoître au Général par le fignal d'abordage (2). Le Général leur ayant répondu par le même fignal, elles commenceront à tirer.

(1) Pavillon 17. au perroquet d'artimon.
(2) Pavillon 16. à la vergue d'artimon.

Faire retirer les Galiotes.

Le Général fe fervira du fignal de ceffer le combat
(3), pour faire retirer les Galiotes ; & auffi-tôt qu'elles
auront exécuté ce mouvement , elles fe répareront & fe
prépareront à continuer le bombardement fi le Général ne
leur donne point ordre de fe regréer.

(3) Pavillon 17. au petit perroquet.

Galiote incommodée.

Si une Galiote fe trouvoit incommodée , elle feroit les
fignaux prefcrits pour les Vaiffeaux (4). Ceux fur qui elles
font amarrées , leur enverront leurs Chaloupes & Canots ,
de même que ceux qui font deftinés à les protéger.

(4) Voyez art. 70.

CHAPITRE VIII.

CHANGER L'ORDRE DE BATAILLE EN ORDRE DE MARCHE.

170. *Changer l'ordre de bataille en ordre de marche fur trois colonnes de même bord ; l'avant-garde au vent, le corps de bataille au milieu , & l'arriere-garde fous le vent ($\frac{V}{v} \frac{A}{m} \frac{C}{s}$).*

E. 63.
F. 74.

Lorsque le Général voudra réduire l'ordre de bataille
en ordre de marche fur trois colonnes de même bord , il
fera le fignal général de mouvement (1) pour en prévenir
l'armée , & il l'accompagnera du fignal d'ordre de marche

(1) Pavillon 1. au grand perroquet.

che fur trois colonnes de même bord. Auffi-tôt toute l'ar-
mée fe tiendra prête à exécuter le mouvement qui com- Pavillon 24. à la vergue d'artimon.
mencera au fignal fuivant. Si le Général veut faire paffer
l'avant-garde ($\frac{v}{v}$) au vent, le corps de bataille ($\frac{A}{m}$) au mi- Signal 13. canon.
lieu, & laiffer l'arriere-garde ($\frac{c}{r}$) fous le vent & fur la ligne
qu'elle occupe, il lui fera le fignal de continuer fa route (2), (2) Pavillon 3. au perroquet d'artimon.
ce qu'elle fera à très-petites voiles ; & en même temps il
fera fignal aux deux autres Efcadres de donner tout enfem- Pavillon 9. à la vergue d'ar-
ble vent devant & de s'élever en échiquier. Lorfque le timon.
corps de bataille fera Vaiffeau à Vaiffeau par le travers de
l'arriere-garde, le Général fera fignal à fon Efcadre feule
de revirer tout enfemble (3), pour fe mettre en colonne (3) Pavillon 9. au grand perroquet.
fur l'autre bord parallélement à l'arriere-garde; l'avant-garde
continuera à s'élever jufqu'à ce qu'étant Vaiffeau à Vaiffeau par le travers du corps de bataille, le Général lui fera
le fignal particulier de revirer (4). Les Vaiffeaux de la (4) Pavillon 9. au petit perroquet.
tête & de la queue des colonnes fe releveront enfuite, &
corrigeront les diftances.

VICE-AMIRAL.	CONTRE-AMIRAL.
Avertiffement général. { 1. Pavillon 1. au grand perroquet.	1. Pavillon 1. au grand perroquet. . . . . } Avertiffement général.
Ordre de marche fur trois colonnes de mê-me bord. { Pavillon 24. à la vergue d'artimon.	Pavillon 24. à la vergue d'artimon. . . . . } Ordre de marche fur trois colonnes de mê-me bord.
Virer tout enfemble. { 2. Pavillon 9. à la vergue d'artimon.	2. Pavillon 3. au perro-quet d'artimon. . . . } Continuer la route.
3	3. . . . .
Reviver tout enfemble. { 4. Pavillon 9. au petit perroquet.	4. . . . .

F f

171. *L'Armée étant en ordre de bataille* ($\frac{v}{v}\frac{A}{m}\frac{c}{s}$), *la mettre en ordre de marche fur trois colonnes de même bord, le corps de bataille fous le vent, & l'arriere-garde au milieu* ($\frac{v}{v}\frac{c}{m}\frac{A}{s}$).

E. 64.
F. 75.

LE GÉNÉRAL préviendra l'armée du mouvement, par le changement de pofition (1) du pavillon de diftinction de l'arriere-garde ($\frac{c}{s}$) qui doit occuper ·le centre par la fuite de l'évolution. Il fera en même temps fignal d'ordre de marche fur trois colonnes de même bord. Ce fignal répété, le Général fera aux Commandants d'Efcadres celui (2) de faire exécuter eux-mêmes le mouvement particulier de leur Efcadre ; & tous fe tenant attentifs commenceront leur manœuvre auffi-tôt que le Général fera fignal (3) à fa propre Efcadre ($\frac{A}{m}$) d'arriver pour fe mettre en colonne fous le vent, ce qu'elle fera tout enfemble, & à très-petites voiles, tandis que l'avant-garde ($\frac{v}{v}$) virera tout enfemble en échiquier pour s'élever au vent, & revirer encore tout enfemble (4) quand elle fera Vaiffeau à Vaiffeau par le travers de la colonne du centre ; l'arriere-garde ($\frac{c}{s}$) qui paffe au milieu, continuera fa route (3) à très-petites voiles. Le corps de bataille étant arrivé, autant qu'il convient, le Général le fera revenir tout enfemble au lof (4) ; & tous fe relevant, corrigeront les diftances.

(1) Pavillon bleu au grand perroquet.

Pavillon 24. à la vergue d'artimon.

(2) Pavillon 2. à la vergue d'artimon.

(3) Pavillon 11. au grand perroquet.

(4) Pavillon 10. à la vergue d'artimon.

VICE-AMIRAL.		CONTRE-AMIRAL.	
Ordre de marche fur trois colonnes de même bord.	1. Pavillon 24. à la vergue d'artimon.	1. Pavillon bleu au grand perroquet.	L'Efcadre $\frac{c}{s}$ au milieu $\frac{c}{m}$.
		Pavillon 24. à la vergue d'artimon.	Ordre de marche fur trois colonnes de même bord.
Exécution particuliere.	2. Pavillon 2. à la vergue d'artimon.	2. Pavillon 2. à la vergue d'artimon.	Exécution particuliere.
Virer tout enfemble vent devant en échiquier.	3. Pavillon 9. ou 13. au petit perroquet.	3. Pavillon 3. au grand perroquet. ·	Continuer la route, & faire petites voiles.
Revirer tout enfemble.	4. Pavillon 9. au petit perroquet.	4.	

172. *L'Armée étant en ordre de bataille ($\frac{V}{v}\frac{A}{m}\frac{C}{s}$), la mettre en ordre de marche sur trois colonnes de même bord, le corps de bataille au vent, & l'avant-garde au milieu ($\frac{A}{v}\frac{V}{m}\frac{C}{s}$).*

E. 65.
F. 76.

LE GÉNÉRAL ayant prévenu l'armée d'un mouvement par la position des pavillons de distinction des Escadres qui changent de poste, & ayant fait signal d'ordre de mar-che de même bord (1), il fera ensuite aux Commandants celui de faire exécuter chacun le mouvement particulier de son Escadre (2). Aussi-tôt tous se tiendront attentifs pour commencer leur manœuvre au moment que le Général fera signal (3) à son Escadre ($\frac{A}{m}$) de donner tout ensemble vent devant, pour former la colonne du vent. L'Escadre ($\frac{V}{v}$) qui faisoit l'avant-garde de la ligne, & qui, dans cette évolution, doit faire la colonne du milieu, mettra en panne, aussi-tôt que l'Escadre ($\frac{A}{m}$) du Général donnera vent devant ; & celle-ci s'élevera en échiquier jusqu'à ce que le Vaisseau (a 3) du Général qui est au centre, releve dans la perpen-diculaire du vent le dernier Vaisseau ($\frac{V_1}{m}$) du corps qui fai-soit l'avant-garde ; ou bien, si le Général est à la tête de son Escadre, lorsqu'il (a 1) relevera dans la perpendiculaire du vent le Vaisseau ($\frac{V_3}{m}$) du centre de l'Escadre du milieu ($\frac{V}{m}$). L'Escadre du Général revirera donc alors tout ensemble (4), pour se mettre en colonne au vent. Cependant l'arriere-garde ($\frac{C}{s}$) arrivera de même tout ensemble d'un rumb pour revenir au lof, & se mettre en panne quand elle se trouvera par le travers sous le vent de l'Escadre ($\frac{V}{m}$) du centre, & toutes deux feront servir quand l'Escadre ($\frac{A}{v}$) du vent sera à son poste (5).

(1) Pavillon mi-parti blanc & bleu au grand perroquet.
Pavillon 14. à la vergue d'ar-timon.
(2) Pavillon 2. à la vergue d'ar-timon.
(3) Pavillon 9. au petit perro-quet.
(4) Pavillon 9. au petit perro-quet.
(5) Pavillon 3. à la vergue d'ar-timon.

F f ij

	VICE-AMIRAL.	CONTRE-AMIRAL.	
L'Efcad. $\frac{V}{v}$ au milieu $\frac{V}{m}$.	1. Pavillon mi-parti blanc & bleu au grand perroquet.	1. Pavillon 24. à la vergue d'artimon.	Ordre de marche fur trois colonnes de même bord.
Ordre de marche fur trois colonnes de même bord.	Pavillon 24. à la vergue d'artimon.		
Exécution particuliere.	2. Pavillon 2. à la vergue d'artimon.	2. Pavillon 2. à la vergue d'artimon.	Exécution particuliere.
Panne.	3. Pavillon 4. au grand perroquet.	3. Pavillon 11. au perroquet d'artimon. . . .	Arriver tout enfemble d'un rumb.
	4.	4. Pavillon 4. au perroquet d'artimon. . . .	Panne.
Faire fervir.	5. Pavillon 3. à la vergue d'artimon.	5. Pavillon 3. à la vergue d'artimon.	Faire fervir.

173. *L'Armée étant en ordre de bataille ($\frac{V}{v}\frac{A}{m}\frac{C}{s}$), la mettre en ordre de marche fur trois colonnes de même bord, en faifant paffer l'avant-garde fous le vent ($\frac{A}{v}\frac{C}{m}\frac{V}{s}$).*

E. 66.
F. 77.

LE GÉNÉRAL préviendra toute l'armée de ce mouvement, par le changement de pofition des pavillons de diftinction d'Efcadres, & par le fignal d'ordre de marche fur trois colonnes de même bord (1). Mais parce que chacune a un mouvement différent à exécuter, il fera fignal général d'exécution particuliére (2); & tous fe tiendront prêts, pour manœuvrer auffi-tôt que le Général fera fignal à fon Efcadre de donner tout enfemble vent devant (3). L'avant-garde ($\frac{V}{v}$) qui doit paffer fous le vent, mettra alors en panne. Et l'arriere-garde ($\frac{C}{s}$) qui doit faire la colonne du centre, continuera fa route à très-petites voiles. L'Efcadre du Général qui forcera de voiles pour avoir plutôt exécuté fon mouvement, revirera tout enfemble (4) quand elle fera Vaiffeau à Vaiffeau par le travers de la colonne ($\frac{C}{m}$) du centre; alors l'Efcadre en panne qui doit paffer fous le vent

(1) Pavillon bleu au grand perroquet. Pavillon mi-parti blanc & bleu au perroquet d'artimon.
Pavillon 24. à la vergue d'artimon.
(2) Pavillon 2. à la vergue d'artimon.
(3) Pavillon 9. au petit perroquet. Pavillon 5. au petit perroquet.
(4) Pavillon 9. au petit perroquet.

$(\frac{v}{s})$, arrivera de huit rumbs à très-petites voiles, & reviendra au lof de même bord, aussi-tôt qu'elle sera à distance convenable, par le travers de celle qui l'a doublée (5). Le relevement corrigera les distances.

(5) . . . . .

	VICE-AMIRAL.	*CONTRE-AMIRAL.*	
L'Escad. $\frac{v}{v}$ sous le vent $\frac{v}{s}$	1. Pavillon mi-parti blanc & bleu au perroquet d'artimon.	1. Pavillon bleu au grand perroquet.	L'Escad. $\frac{c}{s}$ au milieu $\frac{c}{m}$.
Ordre de marche sur trois colonnes de même bord.	Pavillon 24. à la vergue d'artimon.	Pavillon 24. à la vergue d'artimon.	Ordre de marche sur trois colonnes de même bord.
Exécution particuliere.	2. Pavillon 2. à la vergue d'artimon.	2. Pavillon 2. à la vergue d'artimon.	Exécution particuliere.
Panne.	3. Pavillon 4. au perroquet d'artimon.	3. Pavillon 3. au grand perroquet.	Continuer la route, & faire petites voiles.
Faire servir & arriver.	4. Pavillon 11. au perroquet d'artimon.	4.	
Revenir au lof.	5. Pavillon 10 au perroquet d'artimon.	5.	

174. L'Armée étant en ordre de bataille $(\frac{v}{v}\frac{A}{m}\frac{c}{s})$, la mettre en ordre de marche sur trois colonnes de même bord, l'avant-garde sous le vent, & l'arriere-garde au vent $(\frac{c}{v}\frac{A}{m}\frac{v}{s})$.

E. 67.
F. 78.

L'ARMÉE étant en ordre de bataille, pour la faire passer à l'ordre de marche sur trois colonnes de même bord, l'arriere-garde au vent, & l'avant-garde sous le vent, le Général en préviendra l'armée par la position des pavillons de distinction d'Escadres, & par celui d'ordre de marche (1). Il fera ensuite aux Commandants le signal d'exécution particuliere (2): aussi-tôt l'avant-garde $(\frac{v}{v})$ arrivera de 8 rumbs pour ne point couper le corps de bataille, auquel le Général fera signal (3) de larguer tout ensemble de deux

(1) Pavillon mi-parti blanc & bleu au perroquet d'artimon.
Pavillon bleu au petit perroquet.
Pavillon 24. à la vergue d'artimon.
(2) Pavillon 2. à la vergue d'artimon.
(3) Pavillon 11. au grand perroquet.

rumbs , tandis que l'arriere-garde ($\frac{c}{s}$) qui doit faire la colonne du vent , continuera fa route. Cependant le Général
tiendra le vent (4) quand il fera par le travers de la co- ^{(4) Pavillon 10. à la vergue d'artimon.}
lonne de fous le vent , qui reviendra auffi en même temps
au lof.

	VICE-AMIRAL.	*CONTRE-AMIRAL.*	
L'Efcad. $\frac{v}{v}$ fous le vent—	1 Pavillon mi-parti blanc & bleu , au perroquet d'artimon.	1. Pavillon bleu au petit perroquet.	L'Efcad. $\frac{c}{s}$ au vent $\frac{c}{v}$.
Ordre de marche fur trois colonnes de même bord.	Pavillon 14. à la vergue d'artimon.	Pavillon 14. à la vergue d'artimon.	Ordre de marche fur trois colonnes de même bord.
Exécution particuliere.	2. Pavillon 2. à la vergue d'artimon.	2. Pavillon 2. à la vergue d'artimon.	Exécution particuliere.
Arriver de huit rumbs à très-petites voiles. .	3. Pavillon 11. au perroquet d'artimon.	3. Pavillon 3. au petit perroquet.	Continuer la route.
Revenir au lof.	4. Pavillon 10. à la vergue d'artimon.	4.	

175. L'Armée étant en ordre de Bataille ($\frac{v}{v} \frac{A}{m} \frac{c}{s}$), la mettre en ordre de marche fur trois colonnes de même bord , en faifant paffer l'arriere-garde au vent, mettant l'avant-garde au milieu, & le corps de bataille fous le vent ($\frac{c}{v} \frac{v}{m} \frac{A}{s}$).

F. 68.
F. 79.

LE GÉNÉRAL voulant réduire l'ordre de bataille en ordre de marche fur trois colonnes de même bord , en faifant
paffer fon Efcadre ($\frac{A}{m}$) fous le vent , l'avant-garde ($\frac{v}{v}$) au ^{(1) Pavillon mi-parti blanc & bleu au grand perroquet.}
milieu , & l'arriere-garde ($\frac{c}{s}$) au vent , il en fera le fignal ^{Pavillon bleu au petit perro-quet.}
en même temps par les pavillons de diftinction d'Efcadres , ^{Pavillon 14. à la vergue d'ar-timon.}
& par celui d'ordre de marche (1); il fera enfuite fignal
aux Commandants d'Efcadres d'exécuter leur manœuvre ^{(2) Pavillon 2. à la vergue d'ar-timon.}
particuliere (2). Ce dernier fignal répété, tous les Vaiffeaux
obferveront le Général pour commencer leur mouvement

auſſi-tôt qu'il fera ſignal (3) à ſa propre Eſcadre d'arriver de deux rumbs. Alors l'avant-garde ($\frac{V}{v}$) qui dòit faire la colonne du milieu, mettra en panne, ou arrivera de deux rumbs à très-petites voiles; & l'arriere-garde ($\frac{C}{r}$) qui doit faire la colonne du vent, continuera ſa route en forçant de voiles pour doubler les deux autres. Cependant l'Eſcadre ($\frac{A}{f}$) du Général ſe trouvant par le travers de la colonne ($\frac{V}{m}$) du milieu qui aura fait ſervir, pour larguer auſſi de deux rumbs, ſi elle avoit mis en panne, & l'une & l'autre ayant ſuffiſamment arrivé, & ſe trouvant par le travers de la colonne ($\frac{e}{v}$) du vent, le Général fera ſignal (4) de revenir au lof, & l'on corrigera les diſtances.

(3) Pavillon 11. au perroquet d'artimon.

(4) Pavillon 10. à la vergue d'artimon.

VICE-AMIRAL.	CONTRE-AMIRAL.
L'Eſcad. $\frac{V}{v}$ au milieu $\frac{V}{m}$. { 1. Pavillon mi-parti blanc & bleu, au grand perroquet.	1. Pavillon bleu au petit perroquet. . . . . . . } L'Eſcadre $\frac{C}{r}$ au vent $\frac{C}{v}$.
Ordre de marche ſur trois colonnes de même bord. . . . . . { Pavillon 24. à la vergue d'artimon.	Pavillon 24. à la vergue d'artimon. . . . . . } Ordre de marche ſur trois colonnes de même bord.
Exécution particuliere. { 2. Pavillon 2. à la vergue d'artimon.	2. Pavillon 2. à la vergue d'artimon. . . . . . . } Exécution particuliere.
Panne. . . . . { 3. Pavillon 4. au grand perroquet.	3. Pavillon 3. au petit perroquet. . . . . } Continuer la route & forcer de voile.
Arriver de deux rumbs. { Pavillon 11. au grand perroquet.	
Revenir au lof. . . . . { 4. Pavillon 10. à la vergue d'artimon.	

176. *L'Armée étant en ordre de bataille ($\frac{V}{v}\frac{A}{m}\frac{C}{s}$), la mettre en ordre de marche ſur trois colonnes de l'autre bord, ſans changer la diſpoſition des Eſcadres ($\frac{V}{v}\frac{A}{m}\frac{C}{s}$).*

E. 69.
F. 80.

Le Général voulant réduire l'ordre de bataille en ordre de marche ſur trois colonnes de l'autre bord, préviendra l'armée d'un mouvement à faire (1), & il fera en même

(1) Pavillon 1. au grand perroquet.

temps fignal d'ordre de marche pour le bord dont il ne tient point l'amure. Le premier Vaiffeau de la tête de l'armée ($\frac{v}{v}$) donnera vent devant auffi-tôt que le Général fera fignal (2) à l'avant-garde ($\frac{v}{v}$) de virer par la contre-marche. Le Général aménera enfuite ce fignal qui n'a été fait que pour déterminer le moment de commencer l'évolution qui fera continuée par les deux autres Efcadres. Le premier Vaiffeau du corps de bataille virera par la contre-marche quand il fera par le travers du premier Vaiffeau de la colonne du vent, & il fera fuivi de fon Efcadre ; l'arriere - garde manœuvrera de même relativement au corps de bataille.

Pavillon 25.
à la vergue d'ar-
timon.
Signal 14. ca-
non.
(2) Pavillon 7.
au petit perro-
quet.

VICE-AMIRAL.	CONTRE-AMIRAL.
Avertiffement général. { 1. Pavillon 1. au grand perroquet.	1. Pavillon 1. au grand perroquet. . . . . . . } Avertiffement général.
Ordre de marche fur trois colonnes de l'autre bord. . . . . . . { Pavillon 25. à la vergue d'artimon.	Pavillon 25. à la vergue d'artimon. . . . . . } Ordre de marche fur trois colonnes de l'autre bord.
Virer par la contre-marche. . . . . . . { 2. Pavillon 7. au petit perroquet.	

177. *L'Armée étant en ordre de bataille ($\frac{v}{v}\frac{A}{m}\frac{C}{s}$), la mettre en ordre de marche fur trois colonnes de l'autre bord, le corps de bataille fous le vent, & l'arriere-garde au milieu ($\frac{v}{v}\frac{C}{m}\frac{A}{s}$).*

E. 70.
F. 81.

LE GÉNÉRAL voulant changer l'ordre de bataille en ordre de marche fur trois colonnes de l'autre bord en laiffant l'avant-garde ($\frac{v}{v}$) au vent, & faifant paffer l'arriere-garde au milieu ($\frac{C}{m}$) pour faire avec fon Efcadre la colonne de fous le vent ($\frac{A}{s}$), il fe fervira des pavillons de diftinction d'Efcadres (1) pour fignal de mouvement, & il fera en même-temps celui d'ordre de marche de l'autre bord. Ce fignal répété, il fera celui d'exécution particuliere (2) : auffi - tôt le premier Vaiffeau de

(1) Pavillon
bleu au grand
perroquet.
Pavillon 25. à
la vergue d'arti-
mon.
(2) Pavillon 2.
à la vergue d'ar-
timon.

de l'avant-garde (V 1), & le premier du corps de bataille (A 1), donneront enfemble vent devant (3) pour virer par la contre-marche, fuivis chacun de fon Efcadre, l'avant-garde forçant de voiles pour fe mettre promptement à fa diftance en panne (4) au vent par le travers du corps de bataille. Cependant celui-ci aura mis en panne peu-après que fon dernier Vaiffeau a eu viré par la contre-marche. L'arriere-garde qui doit faire la colonne du centre ($\frac{c}{m}$) forcera alors de voiles (5), pour prendre fon pofte en virant par la contre-marche (6), auffi-tôt que fon premier Vaiffeau ($\frac{e_1}{m}$) relevera le premier Vaiffeau de la tête de chaque colonne à deux rumbs, ou plus exactement à une égale diftance du plus près, l'un ($\frac{V_1}{v}$) au vent, l'autre ($\frac{a_1}{r}$) fous le vent de la ligne fur laquelle il doit courir pour fe placer au milieu des deux colonnes ; & le Général fera fervir (7), lorfque celle-ci fera parvenue à fon pofte.

(3) Pavillon 7. au perroquet d'artimon.

(4) Pavillon 4. au perroquet d'artimon.

(5). . . . .

(6). . . . .

(7) Pavillon 3. à la vergue d'artimon.

	VICE-AMIRAL.	*CONTRE-AMIRAL.*	
Ordre de marche fur trois colonnes de l'autre bord. . . . ,	1. Pavillon 25. à la vergue d'artimon.	1. Pavillon bleu au grand perroquet. . . . . . }	L'Efcad. $\frac{c}{r}$ au milieu $\frac{c}{m}$.
		Pavillon 25. à la vergue d'artimon. . . . . . }	Ordre de marche fur trois colonnes de l'autre bord.
Exécution particuliere.	2. Pavillon 2. à la vergue d'artimon.	2. Pavillon 2. à la vergue d'artimon. . . . . . . }	Exécution particuliere.
Virer par la contremarche.	3. Pavillon 7. au petit perroquet.	3.	
Forcer de voile.	Pavillon 5. au petit perroquet.		
Panne.	4. Pavillon 4. au petit perroquet.	4.	
	5.	5. Pavillon 5. au grand perroquet. . . . . }	Forcer de voiles, & continuer la route.
	6.	6. Pavillon 7. au grand perroquet. . . . . . . }	Virer par la contre-marche.
Faire fervir.	7. Pavillon 3. à la vergue d'artimon.	7. Pavillon 3. à la vergue d'artimon. . . . . . }	Continuer la route, & diminuer de voile.

G g

178. *L'Armée étant en ordre de bataille* ($\frac{V}{v}\frac{A}{m}\frac{C}{s}$), *la mettre en ordre de marche fur trois colonnes de l'autre bord, le corps de bataille au vent, & l'avant-garde au milieu* ($\frac{A}{v}\frac{V}{m}\frac{C}{s}$).

E. 71.
F. 82.

Lorsque le Général voudra que l'armée qui est en ordre de bataille passe à l'ordre de marche sur trois colonnes de l'autre bord, le corps de bataille faisant la colonne du vent ($\frac{A}{v}$), & l'avant-garde la colonne du milieu ($\frac{V}{m}$), il préviendra l'armée de ce mouvement en mettant aux mâts respectifs les pavillons de distinction des Escadres qui changent de poste, & faisant en même temps signal d'ordre de marche sur l'autre bord (1). Il fera ensuite aux Commandants le signal d'exécution particuliere (2); aussi-tôt l'avant-garde ($\frac{V}{v}$) virera par. la contre-marche (3) à petites voiles, & elle mettra en panne (4), lorsque le Vaisseau du centre ($A3$) du corps de bataille passera dans ses eaux. Le premier Vaisseau du corps de bataille donnera dans ce moment vent devant, & virera par la contre-marche, suivi de sa colonne qui aura forcé de voiles le plutôt qu'elle aura pu. Cependant l'arriere-garde ($\frac{C}{r}$) qui aura suivi le corps de bataille ($\frac{A}{m}$) en forçant aussi de voiles, virera par la contre-marche en même temps que lui, ou quand son premier Vaisseau ($C1$) sera par le travers du dernier Vaisseau ($\frac{Vs}{m}$), de la colonne en panne. Et elle mettra aussi en panne (5), quand elle sera toute par le travers sous le vent de la colonne du milieu. Le corps de bataille, qui passe au vent, étant rendu à son poste par le travers des deux autres colonnes, diminuera de voiles; & les Escadres en panne faisant servir (6), elles corrigeront les distances.

(1) Pavillon mi-parti blanc & bleu au grand perroquet.
Pavillon blanc au petit perroquet.
Pavillon 15. à la vergue d'artimon.
(2) Pavillon 2. à la vergue d'artimon.
(3) . . . . .
(4) Pavillon 5. au petit perroquet.
Pavillon 7. au petit perroquet.

(5) . . . . .

(6) Pavillon 6. au petit perroquet.
Pavillon 3. à la vergue d'artimon.

VICE-AMIRAL.		CONTRE-AMIRAL.	
L'Efcad. $\frac{v}{v}$ au milieu $\frac{v}{m}$.	1. Pavillon mi-parti blanc & bleu, au grand perroquet.	1. Pavillon 25. à la vergue d'artimon.	Ordre de marche fur trois colonnes de l'autre bord.
Ordre de marche fur trois colonnes de l'autre bord.	Pavillon 25. à la vergue d'artimon.		
Exécution particuliere.	2. Pavillon 2. à la vergue d'artimon.	2. Pavillon 2. à la vergue d'artimon.	Exécution particuliere.
Virer par la contre-marche.	3. Pavillon 7. au grand perroquet.	3.	
Panne. . . . , ...	4. Pavillon 4. au grand perroquet.	4. Pavillon 5. au perroquet d'artimon.	Forcer de voile.
		Pavillon 7. au perroquet d'artimon.	Virer par la contre-marche.
	5.	5. Pavillon 4. au perroquet d'artimon.	Panne.
Faire fervir.	6. Pavillon 3. à la vergue d'artimon.	6. Pavillon 3. à la vergue d'artimon.	Faire fervir.

179. L'Armée étant en ordre de bataille ($\frac{v}{v}$ $\frac{A}{m}$ $\frac{c}{s}$), la mettre en ordre de marche fur trois colonnes de l'autre bord, l'avant-garde fous le vent, le corps de bataille au vent, & l'arriere-garde au milieu ($\frac{A}{v}$ $\frac{c}{m}$ $\frac{v}{s}$).

E. 72.
F. 83.

LE GÉNÉRAL voulant réduire l'ordre de bataille en ordre de marche fur trois colonnes de l'autre bord, en faifant paffer l'avant-garde fous le vent ($\frac{v}{r}$), faifant lui-même la colonne du vent ($\frac{A}{v}$), & mettant l'arriere-garde au milieu ($\frac{c}{m}$), il en préviendra l'armée par la difpofition des pavillons de diftinction des Efcadres qui changent de pofte, & par le pavillon d'ordre de marche (1). Il fera enfuite fignal à l'avant-garde de virer par la contre-marche (2), & aux Commandants celui d'exécution particuliere. Toutes les Efcadres forceront de voiles (3); l'avant-garde qui doit

(1) Pavillon mi-parti blanc & bleu au perroquet d'artimon.
Pavillon bleu, au grand perroquet.
Pavillon 25. à la vergue d'artimon.
(2) Pavillon 7. au perroquet d'artimon.
Pavillon 2. à la vergue d'artimon.
(3) Pavillon 5. au petit perroquet.

G g ij

paffer fous le vent ($\frac{v}{t}$), mettra en panne (4) un peu après
qu'elle aura eu toute viré. Le premier Vaiffeau ($\frac{a\,t}{v}$) du corps
de bataille fuivi de fa colonne, virera par la contre-marche
(5) lorfque fon dernier Vaiffeau ($\frac{a\,t}{v}$) paffera dans les eaux
de la colonne en panne ($\frac{v}{t}$). Quant à l'arriere-garde qui doit
faire la colonne du milieu ($\frac{t}{m}$), elle virera par la contre-
marche (6) quand fon Vaiffeau du centre ($\frac{t\,t}{m}$) paffera de
même dans les eaux de la colonne en panne ; ou même fon
premier Vaiffeau ($\frac{t\,t}{m}$) virera fans avertiffement , lorfqu'il
verra virer le Vaiffeau du centre ($\frac{a\,t}{v}$) de la colonne qui le
précede. Celle du milieu ayant achevé fon mouvement ,
mettra en panne (7), quand elle fera par le travers de la
colonne de fous le vent. Enfin la colonne du vent qui aura
toujours forcé de voiles étant parvenue à fon pofte , le Général fera fignal à l'armée de fe mettre en route (8).

(4) . . . . ,

(5) Pavillon 7. au petit perro-quet.

(6) . . . . ,

(7) . . . . ,

(8) Pavillon 3. à la vergue d'ar-timon.

VICE-AMIRAL.		CONTRE-AMIRAL.	
L'Efc. $\frac{v}{v}$ fous le vent $\frac{v}{t}$.	1. Pavillon mi-parti blanc & bleu , au perroquet d'artimon.	1. Pavillon bleu au grand perroquet.	L'Efcad. $\frac{c}{t}$ au milieu $\frac{c}{t}$.
Ordre de marche fur trois colonnes de l'autre bord.	Pavillon 25. à la vergue d'artimon.	Pavillon 25. à la vergue d'artimon.	Ordre de marche fur trois colonnes de l'autre bord.
Virer par la contre-marche.	2. Pavillon 7. au perro-quet d'artimon.	2. Pavillon 2. à la vergue d'artimon.	Exécution particuliere.
Exécution particuliere.	Pavillon 2. à la vergue d'artimon.		
Forcer de voile.	3. Pavillon 5. au perro-quet d'artimon.	3. Pavillon 5. au grand perroquet.	Forces de voile.
Panne.	4. Pavillon 4. au perro-quet d'artimon.	4.	
	5.	5.	
	6.	6. Pavillon 7. au grand perroquet.	Virer par la contre-marche.
	7.	7. Pavillon 4. au grand perroquet.	Panne.
Faire fervir.	8. Pavillon 3. à la vergue d'artimon.	8. Pavillon 3. à la vergue d'artimon.	Faire fervir.

180. *L'Armée étant en ordre de bataille* ($\frac{V}{v} \frac{A}{m} \frac{C}{s}$), *la mettre en ordre de marche fur trois colonnes de l'autre bord, l'avant-garde fous le vent, & l'arriere-garde au vent* ($\frac{C}{v} \frac{A}{m} \frac{V}{s}$).

E. 71.
F. 84.

LE GÉNÉRAL préviendra l'armée qu'il veut la faire paffer de l'ordre de bataille à l'ordre de marche fur trois colonnes de l'autre bord, l'avant-garde fous le vent ($\frac{V}{s}$), & l'arriere-garde au vent ($\frac{C}{v}$), en faifant en même temps les fignaux (1) de ce changement d'Efcadre & d'ordre de marche. Auffi-tôt que le Général fera fignal aux Commandants (2) de faire exécuter leur mouvement particulier, l'avant-garde ($\frac{V}{v}$) virera par la contre-marche (3) en forçant de voiles; & elle mettra en panne (4) quand tous fes Vaiffeaux auront viré. Le corps de bataille qui doit faire la colonne du centre ($\frac{A}{m}$), & l'arriere-garde qui doit paffer au vent ($\frac{\cdot}{v}$), forceront de voiles, & vireront toutes deux par la contre-marche; favoir (5), le corps de bataille ($\frac{A}{m}$) quand fon Vaiffeau du centre ($\frac{A3}{m}$) paffera dans les eaux de la colonne ($\frac{V}{s}$) en panne; & il mettra lui-même en panne (6) lorfqu'il fera par le travers de cette colonne. L'arriere-garde de l'armée qui doit faire la colonne du vent ($\frac{C}{v}$), & qui force toujours de voiles, virera de même par la contre-marche (7), auffi-tôt que fon Vaiffeau du centre ($\frac{c3}{v}$) paffera dans les eaux de la colonne ($\frac{A}{m}$) du milieu. Lorfque la colonne du vent ($\frac{c}{v}$) fera par le travers des deux colonnes en panne, le Général fera fervir (8), & l'on corrigera les diftances en fe mettant en route.

(1) Pavillon mi-parti blanc & bleu, au perroquet d'artimon.
Pavillon bleu au petit perroquet.
Pavillon 25 à la vergue d'artimon.
(2) Pavillon 1. à la vergue d'artimon.
(3) Pavillon 5. au grand perroquet.
(4) . . . . .
(5) Pavillon 7. au grand perroquet.
(6) Pavillon 4. au grand perroquet.
(7) . . . .
(8) Pavillon 3. à la vergue d'artimon.

VICE-AMIRAL.		CONTRE-AMIRAL.	
L'Efc. $\frac{V}{v}$ fous le vent $\frac{V}{s}$. {	1. Pavillon mi-parti blanc & bleu, au perroquet d'artimon.	1. Pavillon bleu au petit perroquet. . . . . . . }	L'Efcadre $\frac{C}{v}$ au vent $\frac{C}{v}$.
Ordre de marche fur trois colonnes de l'autre bord. . . . . . . {	Pavillon 25. à la vergue d'artimon.	Pavillon 25. à la vergue d'artimon. . . . . . }	Ordre de marche fur trois colonnes de l'autre bord.

VICE-AMIRAL.	CONTRE-AMIRAL.
Exécution particuliere. { 2. Pavillon 2. à la vergue d'artimon.	2. Pavillon 2. à la vergue d'artimon. .... } Exécution particuliere.
Forcer de voile. .... { 3. Pavillon 5. au perroquet d'artimon.	3. Pavillon 5. au petit perroquet. .... } Forcer de voile.
Virer par la contre-marche. .... { Pavillon 7. au perroquet d'artimon.	
Panne. .... { 4. Pavillon 4. au perroquet d'artimon.	4. ....
5.	5. ....
6.	6. ....
7.	7. Pavillon 7. au petit perroquet. .... } Virer par la contre-marche.
Faire servir. ...... { 8. Pavillon 3. à la vergue d'artimon.	8. Pavillon 3. à la vergue d'artimon. ...... } Mettre en route.

181. L'Armée étant en ordre de Bataille ($\frac{V}{v} \frac{A}{m} \frac{C}{s}$), la mettre en ordre de marche sur trois colonnes de l'autre bord ; l'arriere-garde au vent, l'avant-garde au milieu, & le corps de bataille sous le vent ($\frac{C}{v} \frac{V}{m} \frac{A}{s}$).

E. 74.
F. 85.

LE GÉNÉRAL voulant faire paffer l'armée de l'ordre de bataille à l'ordre de marche fur trois colonnes de l'autre bord, l'arriere-garde au vent, & l'avant-garde au milieu ; il le fera connoitre par la difpofition des pavillons de diftinction, & par le fignal d'ordre de marche (1). Le Général fera enfuite le fignal d'exécution particuliere (2) au Commandant de l'arriere-garde. Il fera en même temps, à l'avant-garde, fignal de virer par la contre-marche ; & il fera le même fignal à la fienne (3), quand fon premier Vaiffeau ($\frac{A}{m}$) fera par le travers fous le vent du premier Vaiffeau de l'avant-garde ; & lorfque toute fon Efcadre aura viré, & qu'elle fe fera fuffifamment élevée pour ne pas dériver fur celle qui paffe dans fes eaux, il lui fera fignal, & à l'avant-garde ($\frac{V}{m}$) de mettre en panne (4). Cependant l'arriere-gar-

1. Pavillon mi-patti blanc & bleu au grand perroquet.
Pavillon bleu au petit perroquet.
Pavillon 25. à la vergue d'artimon.
(2) Pavillon 2. au petit perroquet.
Pavillon 7. au grand perroquet.
(3) Pavillon 7. au perroquet d'artimon.
(4) Pavillon 4. à la vergue d'artimon.

de ($\frac{c}{v}$) qui doit paſſer au vent, forcera de voiles auſſi-tôt qu'elle le pourra faire; & elle virera par la contre-marche (5) au moment que ſon Vaiſſeau du centre ($\frac{c_1}{v}$) paſſera dans les eaux de la colonne du milieu ($\frac{v}{m}$). Le Général fera ſervir & mettre en route (6), quand la colonne du vent ($\frac{c}{v}$) ſera parvenue à ſon poſte par le travers des deux autres.

5. ......

(6) Pavillon 5. à la vergue d'artimon,

VICE-AMIRAL.		*CONTRE-AMIRAL.*	
L'Eſcad. $\frac{v}{v}$ au milieu $\frac{v}{m}$.	1. Pavillon mi-parti blanc & bleu au grand perroquet.	1. Pavillon bleu au petit perroquet.	L'Eſcad. $\frac{c}{s}$ au vent $\frac{c}{v}$.
Ordre de marche ſur trois colonnes de l'autre bord.	Pavillon 25. à la vergue d'artimon.	Pavillon 25. à la vergue d'artimon.	Ordre de marche ſur trois colonnes de l'autre bord.
Virer par la contre-marche.	2. Pavillon 7. au grand perroquet.	2. Pavillon 2. au petit perroquet.	Exécution particuliere.
3.		3.	
Panne.	4. Pavillon 4. à la vergue d'artimon.	4. Pavillon 5. au petit perroquet.	Forcer de voile.
5.		5. Pavillon 7. au petit perroquet.	Virer par la contre-marche.
Faire ſervir.	6. Pavillon 3. à la vergue d'artimon.	6. Pavillon 3. à la vergue d'artimon.	Mettre en route.

CHAPITRE IX.

De quelques mouvements particuliers d'une Armée en ligne, ou en ordre de marche.

182. *Les Vaisseaux de l'Armée étant sans ordre, les mettre en ordre de marche sur trois colonnes ; le Vice-Amiral au vent, l'Amiral au milieu, & le Contre-Amiral sous le vent ($\frac{v}{v} \frac{A}{m} \frac{c}{s}$).*

L<small>E</small> G<small>ÉNÉRAL</small> voulant mettre en ordre de marche sur trois colonnes, l'armée que l'on suppose sans ordre, fera le signal de ralliement (1) & d'ordre de marche (2). Les Commandants mettront en même temps leur pavillon de distinction. Le Général fera très-petites voiles, se mettra en panne ou arrivera pour s'approcher des Vaisseaux qui seront sous le vent, & tous chasseront leur poste ; les Commandants d'Escadre ayant attention à se mettre par le travers du Général ($\frac{A}{m}$), le Vice-Amiral au vent ($\frac{v}{v}$), & le Contre-Amiral sous le vent ($\frac{c}{s}$) à une distance convenable ; les Vaisseaux de chaque colonne ne conservant au plus qu'un cable de distance de l'un à l'autre.

Attentions pour la marche. Pendant la marche, les Vaisseaux observeront de se tenir exactement dans l'aire de vent de la route, & sur les lignes de l'ordre, afin de ne point obliger le Général d'arriver pour rassembler les Vaisseaux qui seroient tombés sous le vent. Le Général, à cet effet, ne serrera jamais beaucoup le vent, afin que les Vaisseaux qui le tiennent moins bien,

(1) Pavillon blanc au grand perroquet.
ou
Pavillon 11. au petit perroquet.
(2) Pavillon 24. à la vergue d'artimon.

bien , aient plus de facilité à conferver l'ordre.

On fixe à deux cables , la diftance fucceffive des Vaiffeaux de chaque colonne pour le mauvais temps ; & l'on
détermine fur cette diftance celle ($\frac{1}{11}$) que les colonnes doivent avoir entr'elles. Mais lorfque le temps le permet , il
eft toujours très-avantageux que l'armée fe referre , & très-
important qu'elle apprenne à manœuvrer dans le moindre
efpace ; la diftance des Vaiffeaux pour la marche ne doit
être alors que d'un demi-cable , ou tout au plus d'un cable.

Les Vaiffeaux de la tête feront plutôt moins que plus de
voiles ; & ceux de l'arriere auront une attention toute particuliere à ferrer la file ; le dernier Vaiffeau de chaque colonne au vent obfervant encore de tenir au moins dans la
perpendiculaire du vent , ou plus exactement à deux rumbs
de la ligne de la colonne , le Vaiffeau de la tête de la colonne immédiatement fous le vent ; & il ne fera point difficulté de doubler le Vaiffeau qui le doit précéder , fi celui-
ci l'empêche de garder fon pofte : cet ordre toutefois fuppofe que ce Vaiffeau navigue mal.

A l'égard des Bâtiments de fuite , il faut en général que
dans les évolutions , & dans les mouvements de la ligne &
des colonnes , ils fe tiennent toujours au vent de l'armée :
le Général peut en faire des divifions fous la conduite de
quelques Frégates.

OBSERVATION.

Si le Général , en établiffant l'ordre de marche , veut
changer l'ordre naturel des Efcadres , il le fera connoître par
le changement de pofition des pavillons de diftinction des Commandants : cependant le fignal de ralliement reftera le même.

VICE-AMIRAL.	CONTRE-AMIRAL.
Ralliement. . . . . { 1. Pavillon 22. au petit perroquet.	1. Pavillon 22. au petit perroquet. . . . . } Ralliement.
Ordre de marche fur { 2. Pavillon 24. à la vergue trois colonnes. d'artimon.	2. Pavillon 24. à la vergue d'artimon. . . . . } Ordre de marche fur trois colonnes.

H h

183. *L'Armée étant en ordre de marche sur trois colonnes, la faire virer par la contre-marche.*

E. 76.
F. 86.

Le Général voulant faire virer par la contre-marche l'armée rangée sur trois colonnes, fera le signal général de mouvement (1), & aussi-tôt que le Commandant de la colonne de sous le vent y aura répondu, il fera le signal de virer par la contre-marche (2); alors le premier Vaisseau ($\frac{c_1}{t}$) de la colonne de sous le vent donnera vent devant, & toute la colonne virera dans ses eaux. Le premier Vaisseau ($\frac{4_1}{m}$) de la colonne immédiatement au vent de celle qui vire, continuera sa bordée jusqu'à ce qu'il se trouve (*a*) par le travers (*c*) du premier Vaisseau de la colonne qui a viré immédiatement sous le vent. Alors il virera par la contre-marche suivi de sa colonne; l'Escadre du vent ($\frac{v}{v}$) fera la même manœuvre que celle du centre. Et si l'évolution est faite avec précision, les Vaisseaux & les colonnes auront conservé leur distance.

La tête de la colonne de sous le vent n'hésitera point à couper les Vaisseaux de la colonne du vent qui seront trop de l'arriere, parce qu'ils n'auront point assez serré la file, ou parce qu'ils seront tombés sous le vent.

(1) Pavillon 1. au grand perroquet.

(2) Pavillon 7. à la vergue d'artimon.

VICE-AMIRAL.	*CONTRE-AMIRAL.*
Avertissement général. { 1. Pavillon 1. au grand perroquet.	1. Pavillon 1. au grand perroquet. . . . . . . } Avertissement général.
Virer par la contre-marche. . . . . . . { 2. Pavillon 7. à la vergue d'artimon.	2. Pavillon 7. à la vergue d'artimon. . . . . . . } Virer par la contre-marche.

184. *L'Armée étant en ordre de marche sur trois colonnes, la faire virer vent arriere par la contre-marche.*

E. 77.
F. 87.

Le Général jugeant à propos de faire virer de bord son armée rangée en ordre de marche sur trois colonnes,

& l'état du vent ou de la mer ne lui permettant pas d'exécuter cette évolution en faisant virer ses colonnes par la
contre-marche vent devant, il confervera également l'ordre
en les faifant virer vent arriere. Il préviendra l'armée d'un
mouvement (1); & lorfque la colonne de fous le vent y
aura répondu, il fera fignal (2) de virer par la contre-marche
fous le vent. Auffi-tôt le Vaiffeau de la tête de la colonne de
fous le vent ($\frac{c}{i}$) arrivera pour prolonger parallélement fa
colonne fous le vent, & revenir tout d'un coup au lof (c)
lorfqu'il pourra paffer à poupe du dernier Vaiffeau, qu'il
n'héfitera cependant point à couper fi ce Vaiffeau a négligé
de ferrer la ligne, ou s'il eft trop tombé fous le vent. Les
Vaiffeaux de la même colonne arriveront fucceffivement,
& viendront au lof dans les eaux de la tête. Le premier
Vaiffeau ($\frac{A}{m}$) de la colonne immédiatement au vent, continuera fa bordée (a) jufqu'à ce qu'il releve dans le lit du
vent les Vaiffeaux qui arrivent fous le vent; & il reviendra
au lof quand il relevera encore dans le lit du vent ceux de
deffous le vent qui reviennent également au lof. La colonne du vent ($\frac{V}{q}$) manœuvrera de même; & ce mouvement
ne changera rien aux diftances, s'il eft fait avec précifion.

(1) Pavillon 1.
au grand perro-
quet.
(2) Pavillon
26. à la vergue
d'artimon.

VICE-AMIRAL.	CONTRE-AMIRAL.
Avertiffement général. { 1. Pavillon 1. au grand perroquet.	1. Pavillon 1. au grand perroquet. . . . . . . } Avertiffement général.
Virer vent arriere par { 2. Pavillon 26. à la vergue la contre-marche. . . { d'artimon.	2. Pavillon 26. à la vergue d'artimon. . . . . . . } Virer vent arriere par la contre-marche.

185. L'Armée étant en ordre de marche fur trois colonnes, la faire virer tout enfemble vent devant.

E. 78.
F. 88.

Le Général voulant faire élever au vent fur l'autre
bord fon armée rangée en ordre de marche fur trois colonnes, en ne changeant que l'amure & non pas les lignes,
ni la difpofition de cet ordre, fera le fignal (1) d'un mou-

(1) Pavillon 1.
au grand perro-
quet.

H h ij

vement à exécuter ; & auffi-tôt que tous les Commandants y auront répondu, il fera le fignal de virer tout enfemble (2). Auffi-tôt tous les Vaiffeaux de l'armée donneront en- femble vent devant, chacun obfervant celui qui le fuit (pour envoyer à propos) ; & ils fe tiendront tous après avoir viré dans l'ordre où ils étoient auparavant.

(2) Pavillon 9. à la vergue d'ar- timon.

Il eft à obferver que le mouvement ayant commencé par la queue des colonnes, ainfi qu'il convient pour éviter les abordages en donnant vent devant, les colonnes fe feront un peu ouvertes ; ainfi après avoir viré, les Vaiffeaux de la tête de chaque colonne profiteront de l'avantage d'être au vent pour refferrer un peu leur colonne, en arrivant infen- fiblement fur les Vaiffeaux de fous le vent (3).

(3) Pavillon 15. à la vergue d'artimon.

VICE-AMIRAL.		CONTRE-AMIRAL.	
Avertiffement général.	1. Pavillon 1. au grand perroquet.	1. Pavillon 1. au grand perroquet.	Avertiffement général.
Virer tout enfemble.	2. Pavillon 9. à la vergue d'artimon.	2. Pavillon 9. à la vergue d'artimon.	Virer tout enfemble.
Refferrer les colonnes.	3. Pavillon 15. à la vergue d'artimon.	3. Pavillon 15. à la vergue d'artimon.	Refferrer les colonnes.

186. L'Armée étant en ordre de marche fur trois colonnes, la faire virer tout enfemble vent arriere.

B. 41. 42. F. 38. 39.

LE GÉNÉRAL voulant que l'armée en ordre de marche fur trois colonnes vire tout enfemble vent arriere, pour courir au plus près fur l'autre bord, en confervant cepen- dant les lignes de l'ordre de marche dont elle quitte la route & l'amure, il préviendra l'armée d'un mouvement (1). Les Commandants y ayant répondu, il fera le fignal de virer tout enfemble vent arriere (2) ; & tous les Vaiffeaux arri- veront en même temps, ou du moins aucun n'arrivera & ne viendra au lof fur l'autre bord, que celui qui le fuit im- médiatement fous le vent & dans la colonne, n'ait com-

(1) Pavillon 1. au grand perro- quet.
(2) Pavillon 27. à la vergue d'artimon.
Signal 11. ca- non.

mencé fon mouvement. Ainfi ils éviteront de s'aborder.

Cette évolution & la précédente répondent à celles des articles 128, 129, 130, 131, ci-deffus.

VICE-AMIRAL.	CONTRE-AMIRAL.
Avertiffement général. { 1. Pavillon 1. au grand perroquet.	1. Pavillon 1. au grand perroquet. . . . . } Avertiffement général.
Virer tout enfemble { 2. Pavillon 27. à la vergue vent arriere. . . . . d'artimon.	2. Pavillon 27. à la vergue d'artimon. . . . . . . } Virer tout enfemble vent arriere.

187. *Conferver les lignes de l'ordre de marche quand le vent vient de l'arriere.*

LE VENT venant de l'arriere, & le Général voulant conferver l'ordre de marche fur trois colonnes, ou plus exactement les lignes de cet ordre, fera le fignal de mouvement, en mettant pour avertiffement (1) le fignal d'ordre de marche de même bord; & auffi-tôt que les Commandants y auront répondu, il fera celui de tenir le vent ou de l'échiquier (2). Alors tous les Vaiffeaux de l'armée viendront en même temps au lof, obfervant de conferver leurs diftances, de même que l'arrangement & le parallélifme des colonnes.

(1) Pavillon 24. à la vergue d'artimon.

(2) Pavillon 10. ou 13. à la vergue d'artimon.

VICE-AMIRAL.	CONTRE-AMIRAL.
Ordre de marche fur { 1. Pavillon 24. à la vergue trois colonnes. . . . d'artimon.	1. Pavillon 24. à la vergue d'artimon. . . . . . . } Ordre de marche fur trois colonnes.
Tenir le vent en échi- { 2. Pavillon 10. ou 13. quier. . . . . à la vergue d'artimon.	2. Pavillon 10. ou 13. à la vergue d'artimon. . . . } Tenir le vent en échiquier.

188. *Rétablir l'ordre de marche quand le vent vient un peu de l'arriere.*

E. 79.
F. 89.

LE GÉNÉRAL voulant rétablir l'ordre de marche, le vent venant un peu de l'arriere, en fera le fignal par le pavillon d'ordre de marche de même bord mis en avertiffement (1). Et immédiatement après qu'on y aura répondu, il fera fignal au Chef de file de la colonne du vent de te-

(1) Pavillon 24. à la vergue d'artimon.

nir le vent (2). Auffi-tôt le premier Vaiffeau de chaque colonne viendra au lof fuivi de ceux de la même colonne qui
fe rendront dans fes eaux. La colonne de fous le vent ($\frac{c}{f}$)
forçant un peu de voiles, celle du milieu ($\frac{A}{m}$) confervant fa
voilure, & celle du vent ($\frac{v}{v}$) faifant petites voiles (3) jufqu'à ce que les Vaiffeaux refpectifs foient par le travers l'un
de l'autre.

(1) Pavillon 10. à la vergue d'artimon.
&
Flamme particuliere du Vaiffeau de la tête.
(3) Pavillon 6. au petit perroquet.
Pavillon 5. à la vergue d'artimon.

VICE-AMIRAL.	CONTRE-AMIRAL.	
Ordre de marche fur trois colonnes. . . .	1. Pavillon 24. à la vergue d'artimon.	1. Pavillon 24. à la vergue d'artimon.	Ordre de marche fur trois colonnes.
Faire tenir le vent à la tête de la colonne. .	2. Pavillon 10. à la vergue d'artimon.	2. Pavillon 10. à la vergue d'artimon.	
	Flamme particuliere du Vaiffeau de la tête.	Flamme particuliere du Vaiffeau de la tête. .	Faire tenir le vent à la tête de la colonne.
Diminuer de voile. . .	3. Pavillon 6. au petit perroquet.	3. Pavillon 5. au perroquet d'artimon. . . .	Forcer de voile.

189. *Rétablir l'ordre de marche quand le vent vient beaucoup de l'arriere.*

E. 79.
F. 90.

SI LE VENT vient beaucoup de l'arriere, & que le Général veuille conferver fes amures en rétabliffant l'ordre,
il préviendra l'armée du mouvement à exécuter par le fignal
ordinaire d'ordre de marche mis en avertiffement (1).
Il fera enfuite à la colonne du vent fignal de panne (2);
& aux deux autres celui de continuer leur route (3); ce
qu'elles feront en courant fur la perpendiculaire de la nouvelle
ligne du plus près. Le premier Vaiffeau ($\frac{c_1}{f}$) de la colonne qui
eft plus fous le vent forçant de voiles fuivi des fiens, & la colonne du milieu ($\frac{A}{m}$) faifant une femblable route à petites voiles (4); le Chef de file de chacune de ces deux colonnes
obfervant de fe tenir réciproquement à 4 rumbs de la nouvelle ligne du plus près; l'un au vent, l'autre fous le vent.
Et lorfqu'ils releveront dans la même aire de vent, le
Vaiffeau de la tête de la colonne en panne ($\frac{v}{v}$), ils viendront tous deux entiérement au lof (5). Enfin quand ils

(1) Pavillon 24. à la vergue d'artimon.
(2) Pavillon 4. au petit perroquet.
(3) Pavillon 5. à la vergue d'artimon.

(4) Pavillon 6. au grand perroquet.

(5) Pavillon 10. à la vergue d'artimon.

feront parvenus par le travers du premier Vaiffeau du vent, la colonne en panne fera fervir (6) à la même voilure que les deux autres, le Chef de file ($\frac{V}{v}$) du vent tenant le vent, & les autres gouvernant dans la ligne fur laquelle ils font rangés, ou plutôt fur le grand mât de celui qui les précéde, afin de venir fucceffivement au lof dans les eaux de leur tête.

Flamme particuliere du Vaiffeau de la tête.

(6) Pavillon 3. au petit perroquet.

	VICE-AMIRAL.	*CONTRE-AMIRAL.*	
Ordre de marche fur trois colonnes. . . .	{ 1. Pavillon 24. à la vergue d'artimon.	1. Pavillon 24. à la vergue d'artimon. . . . . . . }	Ordre de marche fur trois colonnes.
Panne.	{ 2. Pavillon 4. au petit perroquet.	2.	
	3.	3. Pavillon 3. à la vergue d'artimon. . . . . }	Courir fur la perpendiculaire du vent.
	4.	4. Pavillon 5. au perroquet d'artimon. . . . . }	Forcer de voile.
	5.	5. Pavillon 10. à la vergue d'artimon. . . . . . . Flamme particuliere du Vaiffeau de la tête. . }	Tenir le vent pour rétablir l'ordre.
Faire fervir.	{ 6. Pavillon 3. au petit perroquet.	6.	

190. *Conferver les lignes de l'ordre de marche quand le vent vient de l'avant.*

L'ARMÉE étant en ordre de marche, & le vent venant de l'avant, fi le Général veut conferver cette premiere difpofition, & faire courir l'armée en échiquier en obéiffant au vent, il préviendra l'armée de ce mouvement par le fignal d'ordre de marche (1) ; & auffi-tôt qu'on y aura répondu, il fera celui de l'échiquier (2). Tous les Vaiffeaux obferveront de fe tenir réciproquement fur les lignes qui formoient l'ordre, & courront au plus près en échiquier fous le vent des colonnes en fuivant des routes paralleles.

(1) Pavillon 24. à la vergue d'artimon.

(2) Pavillon 12. à la vergue d'artimon.

VICE-AMIRAL.		*CONTRE-AMIRAL.*
Ordre de marche fur trois colonnes. . . .	1. Pavillon 24. à la vergue d'artimon.	1. Pavillon 24. à la vergue d'artimon. . . . . . . Ordre de marche fur trois colonnes.
Courir au plus près en échiquier fous le vent.	2. Pavillon 12. à la vergue d'artimon.	2. Pavillon 12. à la vergue d'artimon. . . . . . . Courir au plus-près en échiquier fous le vent.

191. *Rétablir l'ordre de marche quand le vent vient de l'avant.*

E. 80.
F. 91.

SI LE VENT eſt conſidérablement venu de l'avant; ou ſi le Général jugeant que l'ordre en échiquier fous le vent ſera trop difficile à garder, préfere de rétablir l'ordre de marche fur les nouvelles lignes du plus près, il en fera le ſignal par le pavillon d'ordre de marche (1) mis en avertiſſement. Il fera enſuite aux Eſcadres les ſignaux (art. 141) comme pour le rétabliſſement de la ligne, c'eſt-à-dire qu'il fera à toute l'armée celui de panne (2); ou ſi les colonnes ſont trop ouvertes, celui de l'échiquier fous le vent, afin que les Vaiſſeaux de l'arriere puiſſent profiter de ce temps pour ſe rallier. Cependant l'armée étant prévenue du rétabliſſement de l'ordre, le premier Vaiſſeau de la tête de chaque colonne arrivera (3) du nombre d'aires de vent déterminé pour conſerver les diſtances; & les Vaiſſeaux de chaque colonne ſe rendront ſucceſſivement dans les eaux de leur tête, qui viendra d'elle-même au lof lorſque le dernier Vaiſſeau de leur colonne leur reſtera dans la ligne du plus près fous le vent. Les Vaiſſeaux des colonnes fous le vent meſureront leur voilure fur celle de la colonne du vent qui doit faire un peu plus de voile; mais parvenues par le travers l'une de l'autre, elles feront la même voilure.

Il eſt à remarquer que plus le vent ſera venu de l'avant, & plus l'ordre ſera difficile à rétablir par ce mouvement, ce qui peut obliger le Général à changer d'amures (4); il fera enſuite les ſignaux convenables. Dans tous ces cas, les Vaiſſeaux, en ſe relevant, corrigeront les diſtances.

(1) Pavillon 24. à la vergue d'artimon.

(2) Pavillon 4. à la vergue d'artimon.

(3) Pavillon 11. à la vergue d'artimon.

Flamme particuliere du Vaiſſeau de la tête de chaque colonne.

(4) Pavillon 9. à la vergue d'artimon.

VICE-AMIRAL.

VICE-AMIRAL.		CONTRE-AMIRAL.	
Ordre de marche fur trois colonnes. . . .	{ 1. Pavillon 24 à la vergue d'artimon.	1. Pavillon 24. à la vergue d'artimon. . . . . }	Ordre de marche fur trois colonnes.
Panne.	{ 2. Pavillon 4. à la vergue d'artimon.	2. Pavillon 4. à la vergue d'artimon. . . . . . . }	Panne.
Faire arriver le Vaiffeau de la tête de la colonne, pour rétablir l'ordre.	{ 3. Pavillon 11. à la vergue d'artimon. Flamme particuliere du Vaiffeau de la tête. .	3. Pavillon 11. à la vergue d'artimon. . . . . Flamme particuliere du Vaiffeau de la tête. . }	Faire arriver le Vaiffeau de la tête de la colonne, pour rétablir l'ordre.
Virer tout enfemble. .	{ 4. Pavillon 9. à la vergue d'artimon.	4. Pavillon 9. à la vergue d'artimon. . . . . . . }	Virer tout enfemble.

192. L'Armée étant en bataille, la mettre en ordre de marche fur fix colonnes de même bord.

E. 81.
F. 11.

Le Général voulant faire paffer l'armée de l'ordre de bataille à l'ordre de marche fur fix colonnes de même bord, foit en changeant l'arrangement des Efcadres, foit en ne les changeant point, fe fervira des fignaux des articles (170, 171, 172, 173, 174, 175) précédens pour l'ordre de marche fur trois colonnes ; mais au lieu du fignal qui indique cet ordre, il en fera un autre (1) affecté à l'ordre de marche fur fix colonnes de même bord : les Commandans obferveront, en faifant exécuter le mouvement de leur Efcadre particuliere, de leur faire les fignaux de virer de panne ou autres de manœuvre ; favoir, au mât d'avant pour la moitié de l'Efcadre, depuis la tête jufqu'au centre compris ; & au mât d'arriere pour l'autre moitié de l'Efcadre, depuis le centre jufqu'à la queue.

Obfervation fur les fignaux dans l'ordre fur deux colonnes. Voyez art. 236.

(1) Pavillon 24. à pouppe.

193. L'Armée étant en bataille, la mettre en ordre de marche fur fix colonnes de l'autre bord.

E. 81.
F. 11.

Si le Général veut faire paffer l'armée, de l'ordre de

I i

bataille à l'ordre de marche fur fix colonnes de l'autre bord,
foit en changeant la difpofition des Efcadres, foit en ne la
changeant point, il fe fervira des fignaux des articles (176,
177, 178, 179, 180, 181) précédens qui ont rapport à
l'ordre de marche fur trois colonnes de ce même bord. Mais
au lieu du fignal qui indique cet ordre, il en fera un particulier (1) à l'ordre de marche fur fix colonnes en changeant d'amures. Les fignaux pour la difpofition des Efcadres, & les évolutions dans cet ordre, feront les mêmes
que ceux prefcrits pour trois colonnes; mais les Commandants des trois corps de l'armée obferveront de faire chacun
les fignaux particuliers pour le partage en deux, & la réunion de leur Efcadre comme dans l'article précédent. C'eft-
à-dire, que les fignaux de manœuvre (1—16) feront faits
au mât d'avant pour la premiere colonne formée de la moitié
de l'Efcadre depuis l'avant jufqu'au centre; & au mât d'arriere
pour la feconde colonne formée de la partie de l'arriere.

*(1) Pavillon
25. à poupe.*

*Obfervation
fur les fignaux
dans l'ordre fur
deux colonnes.
Voyez art. 236.*

194. *L'Armée étant en ordre de marche fur trois colonnes, la mettre en ordre de marche fur fix colonnes de même bord.*

Si l'Armée eft en ordre de marche fur trois colonnes,
& que le Général veuille la ranger fur fix colonnes de
même bord, il lui fera premiérement fignal (1) d'un mouvement à exécuter; & lorfqu'il aura été répété, il fera celui de
doubler les colonnes (2). Auffi-tôt la moitié de l'arriere de
chaque colonne arrivera tout enfemble d'un rumb au plus,
en forçant de voiles, pour fe placer parallélement entre la
moitié de l'avant de la même colonne qui doit refter au vent,
& la premiere moitié de la colonne fuivante; l'une & l'autre
premieres moitiés mettront en panne (3) jufqu'à ce que la
partie qui arrive ait gagné fon pofte. Les Commandants
dans cet ordre font à la tête de la partie du vent, ou au milieu, un peu en avant de leurs deux colonnes.

*(1) Pavillon 1,
au grand per-
roquet.*

*(2) Pavillon
14, à poupe.*

*3. Pavillon 4.
au petit perro-
quet.*

*Pavillon 11,
au perroquet
d'artimon.*

	VICE-AMIRAL.	CONTRE-AMIRAL.	
Avertissement général.	{ 1. Pavillon 1. au grand perroquet.	1. Pavillon 1. au grand perroquet. . . . . }	Avertissement général.
Ordre de marche sur six colonnes de même bord.	{ 2. Pavillon 24. à pouppe.	2. Pavillon 24. à pouppe. }	Ordre de marche sur six colonnes de même bord.
Panne; premiere partie.	{ 3. Pavillon 4. au petit perroquet.	3. Pavillon 4. au petit perroquet. . . . . }	Panne; premiere partie.
Arriver; seconde partie.	{ Pavillon 11. au perroquet d'artimon.	Pavillon 11. au perroquet d'artimon. . . . }	Arriver; seconde partie.

195. L'Armée étant en ordre de marche sur six colonnes, la mettre en ordre de marche sur trois colonnes de même bord.

LE GÉNÉRAL fera signal à l'armée d'un mouvement à exécuter (1); & quand il aura été répété, il fera celui d'ordre de marche (2) sur trois colonnes de même bord. Aussi-tôt chaque seconde colonne mettra en panne (3), & chaque première colonne arrivera en même temps d'un rumb en dépendant, pour mettre dans ses eaux la colonne en panne, & revenir ensuite au lof; alors celle qui la suit, fera servir.

(1) Pavillon 1. au grand perroquet. (2) Pavillon 24. à la vergue d'artimon. (3) Pavillon 4. au perroquet d'artimon. Pavillon 11. au petit perroquet.

	VICE-AMIRAL.	CONTRE-AMIRAL.	
Avertissement général.	{ 1. Pavillon 1. au grand perroquet.	1. Pavillon 1. au grand perroquet. . . . . }	Avertissement général.
Ordre de marche sur trois colonnes de même bord.	{ 2. Pavillon 24. à la vergue d'artimon.	2. Pavillon 24. à la vergue d'artimon. . . . . }	Ordre de marche sur trois colonnes de même bord.
Panne; seconde partie.	{ 3. Pavillon 4. au perroquet d'artimon.	3. Pavillon 4. au perroquet d'artimon. . . . . }	Panne; seconde partie.
Arriver; premiere partie.	{ Pavillon 11. au petit perroquet.	Pavillon 11. au petit perroquet. . . . . . . }	Arriver; premiere partie.

196. *L'Armée étant en ordre de marche sur trois colonnes, la mettre en ordre de marche sur six colonnes de l'autre bord, en virant par la contre-marche.*

Le Général jugeant à propos de changer l'ordre de marche sur trois colonnes en ordre de marche sur six colonnes de l'autre bord, en virant par la contre-marche, fera le signal d'un mouvement (1); & aussi-tôt que la colonne de sous le vent y aura répondu, il fera le signal d'ordre de marche sur six colonnes de l'autre bord (2). Au même moment le Vaisseau de la tête de la colonne de sous le vent donnera vent devant, & sera suivi par la première moitié de sa colonne qui virera dans ses eaux. Le Vaisseau du centre de la même colonne manœuvrera comme le doit faire le Vaisseau de la tête de la seconde Escadre d'une armée qui passe de l'ordre de bataille à l'ordre de marche sur l'autre bord; c'est-à-dire, qu'il virera lorsqu'il sera par le travers du Vaisseau qui a commencé l'évolution de sa colonne. A l'égard de la colonne qui est immédiatement au vent, elle continuera sa bordée jusqu'à ce que son premier Vaisseau se trouve par le travers de celui qui a viré le premier immédiatement sous le vent. Le Vaisseau du centre de cette colonne manœuvrera par rapport au premier, comme il a été dit de la colonne de sous le vent ; & celle du vent manœuvrera comme celle du centre.

(1) Pavillon 1. au grand perroquet.

(2) Pavillon 25. à pouppe.

VICE-AMIRAL.	CONTRE-AMIRAL.
Avertissement général. { 1. Pavillon 1. au grand perroquet.	1. Pavillon 1. au grand perroquet. . . . . . . } Avertissement général.
Ordre de marche sur six colonnes de l'autre bord. . . . . } 2. Pavillon 25. à pouppe.	2. Pavillon 25. à pouppe. { Ordre de marche sur six colonnes de l'autre bord.

197. *L'Armée étant en ordre de marche sur six colonnes, la mettre en ordre de marche sur trois colonnes de l'autre bord.*

LE GÉNÉRAL voulant réduire l'ordre de marche sur six colonnes à l'ordre de marche sur trois, en virant par la contre-marche, fera le signal de mouvement (1); & lorsque l'Escadre de sous le vent y aura répondu, il fera signal (2) d'ordre de marche sur trois colonnes de l'autre bord: aussi-tôt le Vaisseau de la tête de la première des deux colonnes de sous le vent virera par la contre-marche, suivi de cette première moitié; & le premier Vaisseau de la seconde moitié continuera sa bordée, pour virer dans les eaux de la première partie qu'il doit suivre, au moment où il relevera dans la perpendiculaire du vent le Vaisseau qui le précédera dans le nouvel ordre. Ce mouvement a rapport à celui de passer de l'ordre de marche à l'ordre de bataille de l'autre bord. Le Chef de file de la première des deux colonnes du centre continuera l'évolution, en virant par le travers du Chef de file de la première des deux colonnes de sous le vent. L'avant-garde ou les deux colonnes du vent, manœuvreront de la même maniere que celles du centre, relativement à celles de sous le vent.

(1) Pavillon 1. au grand perroquet.

(2) Pavillon 25. à la vergue d'artimon.

	VICE-AMIRAL.	CONTRE-AMIRAL.	
Avertissement général.	1. Pavillon 1. au grand perroquet.	1. Pavillon 1. au grand perroquet.	Avertissement général.
Ordre de marche sur trois colonnes de l'autre bord.	2. Pavillon 25. à la vergue d'artimon.	2. Pavillon 25. à la vergue d'artimon.	Ordre de marche sur trois colonnes de l'autre bord.

198. *Faire courir les Vaisseaux de la ligne ou des colonnes dans les eaux du Vaisseau de la tête.*

LORSQUE par la suite d'un changement de vent ou

d'une évolution, les Vaisseaux de l'armée présenteront à un aire de vent différent de celui sur lequel ils sont rangés, & que le Général voudra qu'ils se rendent dans les eaux de la tête de la ligne ou des colonnes pour en suivre la route; après avoir fait le signal ordinaire de mouvement (1), il fera le signal particulier (2) de se rendre dans les eaux; & aussi-tôt les Vaisseaux manœuvreront chacun successivement dans sa ligne de la même maniere que celui qui le précede: ainsi l'ordre s'établira sans que le Général soit obligé de faire d'autres signaux. Et ce sera au Vaisseau qui suit immédiatement le Chef de file à suivre la route la plus courte pour se rendre à son poste, & prendre sa distance: les Vaisseaux qui y seront parvenus feront relativement très-petites voiles, pour attendre la queue.

(1) Pavillon 1. au grand perroquet.

(2) Pavillon 25. au perroquet d'artimon.

Signal 30. canon.

199. *Faire passer les Généraux à la tête, au centre, ou à la queue de leur Escadre.*

LES CIRCONSTANCES de la marche en présence ou à portée de l'ennemi qui précede ou qui suit l'armée, ou d'autres raisons, peuvent déterminer le Général à faire marcher les Commandants à la tête, au centre, ou à la queue de leur Escadre ou colonne. Lors donc que dans l'ordre de marche ou de bataille, le Général voudra que les Commandants passent du centre qui est leur poste naturel, à la tête ou à la queue de leur Escadre; ou lorsqu'après ce mouvement, il voudra qu'ils reprennent leur poste au centre, il les en préviendra par le signal général d'avertissement (1), ou par le signal d'exécution particuliere, si le mouvement ne doit regarder qu'un Commandant; & il désignera en même temps, par un second signal (2), le poste que l'Officier général doit occuper.

(1) Pavillon 1. au grand perroquet.
ou
Pavillon 2. au mât convenable.
(2) Pavillon de distinction à la vergue d'artimon.
Même pavillon au mât convenable.

Les Généraux qui passeront de la tête au centre, ou du centre à la queue de leur Escadre, donneront vent devant pour prolonger leur ligne au vent en gagnant leur poste; & s'ils doivent passer de la queue au centre, ou du centre à la tête , les Vaiſſeaux qui les précédoient faiſant très-petites voiles , largueront un peu pour favoriſer la manœuvre des Généraux qui forceront de voiles en tenant le vent.

	Vice-Amiral.	*Contre-Amiral.*	
Avertiſſement général. *ou*	1. Pavillon 1. au grand perroquet.	1. Pavillon 1. au grand perroquet.	Avertiſſement général. *ou*
Exécution particuliere.	Pavillon 2. au petit perroquet.	Pavillon 2. au perroquet d'artimon.	Exécution particuliere.
Le Vice-Amiral changeant de poſte. . . .	2. Pavillon mi-parti blanc & bleu à la vergue d'artimon.	2. Pavillon bleu à la vergue d'artimon.	Le Contre-Amiral changeant de poſte.
	Même Pavillon.	*Même Pavillon.*	
Paſſant à la tête.	Au petit perroquet.	Au petit perroquet. . . .	Paſſant à la tête.
Paſſant au centre. . . .	Au grand perroquet.	Au grand perroquet. . . .	Paſſant au centre.
Paſſant à la queue. . . .	Au perroquet d'artimon.	Au perroquet d'artimon. .	Paſſant à la queue.

200. *Inſpection des mouvements.*

Le Général voulant ſortir de ſon rang pour faire l'inſpection des Vaiſſeaux de l'armée , de leurs mouvements , des différents ordres , des évolutions , & l'ayant fait connoître à l'armée (1) ; les Vaiſſeaux , ſans attendre d'autre ſignal , ſe ſerreront & ſe releveront, comme il convient à l'ordre dans lequel ils ſont rangés , & au mouvement qu'ils exécutent. Les Matelots du Général en conſerveront la diſtance.

Et ſi le Général juge à propos que le Vice-Amiral & le Contre-Amiral faſſent en même temps l'inſpection de leur Eſcadre , ils en ſeront avertis par le ſignal d'exécution particuliere (2).

1. Pavillon C. à pouppe.

Pavillon de diſtinction à la vergue d'artimon.

(2) Pavillon 2. à la vergue d'artimon.

	Vice-Amiral.	*Contre-Amiral.*	
Inſpection.	1. Pavillon C. à pouppe. Pavillon mi-parti blanc & bleu , à la vergue d'artimon.	1. Pavillon C. à pouppe. Pavillon bleu à la vergue d'artimon.	Inſpection.
Exécution particuliere.	2. Pavillon 2. à la vergue d'artimon.	2. Pavillon 2. à la vergue d'artimon.	Exécution particuliere.

201. *Avertir les Vaisseaux de mettre à poupe le Pavillon de Nation que le Général mettra.*

LE GÉNÉRAL ayant des raisons de faire mettre à poupe de ses Vaisseaux quelque pavillon étranger, il en fera un signal d'avertissement (1) qui préviendra l'armée que les signaux que le Général fera en même temps aux mâts, indiqueront un nombre qui sera le numéro du pavillon que le Général voudra que portent les Vaisseaux ; ils le pareront aussi-tôt pour le déployer tous ensemble au moment où le Général ayant amené les signaux d'avertissement, hissera le pavillon national désigné. Et si le Général vouloit qu'une seule Escadre ou un seul Vaisseau mît quelque pavillon de nation à poupe, autre que celui qui lui est propre, il le feroit connoître par les signaux particuliers qui accompagneroient le signal d'avertissement (1). Les Vaisseaux de l'Escadre ou de l'armée prendront en même temps les pavillons de distinction, & les flammes qui ont rapport au pavillon de poupe.

(1) Pavillon B. à poupe. & Signal numéral, re, art. 85.

CHAPITRE X.

DU CHANGEMENT DES ESCADRES DANS L'ORDRE DE MARCHE SUR TROIS COLONNES.

202. *L'Armée étant en ordre de marche sur trois colonnes ($\frac{V}{v}\frac{A}{m}\frac{C}{s}$), changer la colonne du milieu avec celle de sous le vent ($\frac{V}{v}\frac{C}{m}\frac{A}{s}$).*

E. 82.
F. 92.

LE GÉNÉRAL préviendra l'armée, du mouvement à exécuter dans l'ordre de marche, par le changement de position

position du pavillon de distinction de l'Escadre (1) dont il prend le poste. Il fera ensuite signal d'exécution particuliere (2), chaque Escadre ayant un mouvement différent. En même temps qu'il fera à la sienne ($\frac{A}{m}$) signal de panne (3), celle du vent ($\frac{V}{v}$) mettra en panne, & celle de sous le vent ($\frac{C}{s}$) donnera tout ensemble vent devant pour s'élever au plus près en échiquier en forçant de voiles, & gagner les eaux de la colonne du centre ($\frac{A}{m}$). Et quand elle y sera parvenue, elle revirera tout ensemble (4) pour se mettre à son poste. Cependant la colonne ($\frac{A}{m}$) qui lui cede sa place, arrivera dans ce moment de huit rumbs, ou seulement d'un ou deux, en dépendant, & à très-petites voiles. L'Escadre ($\frac{V}{v}$) du vent fera aussi en même temps servir en continuant la route, & observant de ne point dépasser la tête de l'Escadre de sous le vent, pour attendre ensemble celle ($\frac{A}{m}$) qui fait le principal mouvement. Enfin, quand par la suite de l'évolution elles feront toutes trois par le travers l'une de l'autre, l'Escadre de sous le vent étant revenue au lof (5), l'ordre se rétablira entiérement par les relevemens réciproques.

(1) Pavillon bleu au grand perroquet.

(2) Pavillon 2. à la vergue d'artimon.

(3) Pavillon 4. au perroquet d'artimon.

(4) Pavillon 12. au perroquet d'artimon.

Signal d'aire de vent, art. 89. s'il est nécessaire

(5) Pavillon 10. au perroquet d'artimon.
Pavillon 15. à la vergue d'artimon.

VICE-AMIRAL.	CONTRE-AMIRAL.	
1.	1. Pavillon bleu au grand perroquet. . . . . . }	L'Escad. $\frac{C}{s}$ au milieu $\frac{C}{m}$.
Exécution particuliere. { 2. Pavillon 2. à la vergue d'artimon.	2. Pavillon 2. à la vergue d'artimon. . . . . . }	Exécution particuliere.
Panne. . . . . { 3. Pavillon 4. au petit perroquet.	3. Pavillon 9. au grand perroquet. . . . . . }	Virer tout ensemble.
Faire servir. . . . . . { 4. Pavillon 3. au petit perroquet.	4. Pavillon 9. au grand perroquet. . . . . . }	Reviror tout ensemble.
Resserrer les colonnes. { 5. Pavillon 15. à la vergue d'artimon.	5. Pavillon 15. à la vergue d'artimon. . . . . . . }	Resserrer les colonnes.

203. L'Armée étant en ordre de marche sur trois colonnes ($\frac{V}{v}\frac{A}{m}\frac{C}{s}$), changer la colonne du milieu avec celle du vent ($\frac{A}{v}\frac{V}{m}\frac{C}{s}$).

E. 83.
F. 93.

Le Général préviendra l'armée de ce mouvement par

K k

le changement de pofition des pavillons de diftinction (1) ; & le fignal répété par le Commandant du vent, il fera celui d'exécution particuliere (2) , pour que chacun faffe évoluer fon Efcadre. Auffi-tôt il fera fignal (3) à la fienne ($\frac{A}{m}$) de virer tout enfemble , pour s'élever en échiquier dans les eaux de la colonne ($\frac{V}{v}$) dont il doit prendre la place; & les deux autres mettront en panne. La colonne ($\frac{A}{v}$) qui paffe au vent , revirera tout enfemble (4) quand elle fera parvenue dans les eaux de la panne du vent ($\frac{V}{v}$); alors cette Efcadre fera fervir pour arriver tout d'un coup de 8 rumbs, ou feulement d'un à deux en dépendant , & à très - petites voiles pour revenir au lof à la diftance requife. L'Efcadre de fous le vent fera fervir (5) en même temps que celle qui paffe au milieu, fi celle-ci n'a fait que larguer, ou feulement lorfqu'elle ($\frac{v}{m}$) reviendra au lof , fi elle avoit arrivé de 8 rumbs.

(1) Pavillon mi-parti blanc & bleu , au grandperroquet.

(2) Pavillon 2. à la vergue d'artimon.

(3) Pavillon 9. au petit perroquet.

(4) Pavillon 9. au petit perroquet.

(5) Pavillon 3. à la vergue d'artimon.

	VICE-AMIRAL.	CONTRE-AMIRAL.	
L'Efcad. $\frac{V}{v}$ au milieu $\frac{V}{m}$.	1. Pavillon mi-parti blanc & bleu au grand perroquet.	1	
Exécution particuliere.	2. Pavillon 2. à la vergue d'artimon.	2. Pavillon 2. à la vergue d'artimon.	Exécution particuliere.
Panne.	3. Pavillon 4. au grand perroquet.	3. Pavillon 4. au petit perroquet.	Panne.
Larguer.	4. Pavillon 12. au grand perroquet. Signal d'aire de vent, art. 89.	4	
Faire fervir.	5. Pavillon 3. à la vergue d'artimon.	5. Pavillon 3. à la vergue d'artimon.	Faire fervir.

204. L'Armée étant en ordre de marche fur trois colonnes ($\frac{V}{v}$ $\frac{A}{m}$ $\frac{C}{s}$), faire paffer fous le vent la colonne du vent ($\frac{A}{v}$ $\frac{C}{m}$ $\frac{V}{s}$).

E. 84.
F. 94.

LE GÉNÉRAL voulant faire paffer fous le vent des deux autres colonnes , dans l'ordre de marche, l'Efcadre ($\frac{V}{v}$) qui

eft au vent, en préviendra l'armée par le changement de
pofition des pavillons de diftinction d'Efcadre (1). Il fera
en même temps fignal d'exécution particuliere (2) au Commandant de l'Efcadre du vent ($\frac{v}{v}$). Il mettra enfuite pour
la fienne ($\frac{A}{m}$), & pour celle de fous le vent ($\frac{c}{r}$) qui ont un
même mouvement à faire, le fignal de virer tout enfemble
vent devant (3) ; & auffi-tôt toutes deux formeront l'échiquier au vent en forçant de voiles au plus près. L'Efcadre
($\frac{A}{v}$) du Général étant parvenue dans les eaux de la colonne
($\frac{v}{v}$) dont elle doit prendre le pofte, & qui aura continué fa
route à très-petites voiles, & fimplement pour gouverner,
celle-ci paffera fous le vent ($\frac{v}{r}$) en larguant tout enfemble
de deux rumbs, lorfqu'elle verra le Général faire aux deux
autres Efcadres le fignal (4) de revirer tout enfemble. Cependant elles continueront à forcer de voiles, fe tenant
exactement par le travers l'une de l'autre ; & la troifieme
Efcadre ($\frac{v}{r}$) reviendra au lof à fa diftance (5), & y mettra
en panne, s'il eft néceffaire pour attendre les deux autres ;
du moins elle aura attention à ne faire de voiles que ce
qu'il en faut précifément pour gouverner, & à ne point
courir trop fous le vent.

(1) Pavillon mi-parti blanc & bleu au perroquet d'artimon.
Pavillon bleu au grand perroquet.

(2) Pavillon 2. au perroquet d'artimon.

(3) Pavillon 9. à la vergue d'artimon.
Pavillon 5. à la vergue d'artimon.

(4) Pavillon 9. à la vergue d'artimon.

(5) Pavillon 24. à la vergue d'artimon.

VICE-AMIRAL.		CONTRE-AMIRAL.	
L'Efcad. $\frac{v}{v}$ fous le vent $\frac{v}{s}$ {	1 Pavillon mi-parti blanc & bleu, au perroquet d'artimon.	1. Pavillon bleu au grand perroquet. . . . . }	L'Efcad. $\frac{c}{r}$ au milieu $\frac{c}{m}$.
Exécution particuliere. {	2. Pavillon 2. au perroquet d'artimon.	2.	
Continuer la route à très-petites voiles. . . {	3. Pavillon 3. au perroquet d'artimon.	3. Pavillon 9. à la vergue d'artimon. . . . . }	Virer tout enfemble.
Diminuer de voile. . . {	Pavillon 6. au perroquet d'artimon.	Pavillon 5. à la vergue d'artimon. . . . . . . }	Forcer de voile.
Arriver en dépendant. {	4. Pavillon 11. au perroquet d'artimon.	4. Pavillon 9. à la vergue d'artimon. . . . . . . }	Revirer tout enfemble.
Revenir au lof. . . . {	5. Pavillon 10. au perroquet d'artimon.	5. Pavillon 24. à la vergue d'artimon. . . . . . . }	Rétablir l'ordre.
Rétablir l'ordre. . . . {	Pavillon 24. à la vergue d'artimon.		

205. *L'Armée étant en ordre de marche sur trois colonnes ($\frac{V}{v} \frac{A}{m} \frac{C}{s}$), changer la colonne du vent avec celle de sous le vent ($\frac{C}{v} \frac{A}{m} \frac{V}{s}$).*

E. 85.
E. 95.

LE GÉNÉRAL fera connoître à l'armée ce changement d'Escadre, par celui de leur pavillon de distinction (1); & lorsqu'elles y auront répondu, il fera signal d'exécution particuliere (2). Aussi-tôt il fera à son Escadre ($\frac{A}{m}$) celui de mettre en panne (3); & les deux autres Escadres observant la manœuvre du Général, commenceront en même temps leur mouvement; savoir, celle du vent ($\frac{V}{v}$) en arrivant en échiquier pour courir tout ensemble largue de six rumbs sur l'autre bord, passer dans les eaux de la colonne du milieu ($\frac{A}{m}$), & y revenir d'un même mouvement à la premiere amure (4), courant largue de deux rumbs pour s'aller mettre en panne (5) par le travers sous le vent de l'Escadre du milieu ($\frac{A}{m}$) qui sert de point fixe dans cette évolution. A l'égard de l'Escadre ($\frac{C}{s}$) qui doit passer au vent, elle continuera d'abord sa route (3) en forçant de voiles pour virer tout ensemble en échiquier (4) lorsque son dernier Vaisseau pourra passer au vent de l'Escadre du milieu qui est en panne, ou lorsque son Vaisseau du centre ($\frac{11}{m}$) relevera dans la perpendiculaire du vent, ou même un peu au-dessous, le premier Vaisseau ($\frac{41}{m}$) de la colonne du milieu; & lorsqu'en s'élevant elle laissera celle-ci dans la même ligne du plus près en arriere, elle arrivera tout ensemble de deux rumbs (5) pour gagner son poste en dépendant, & elle revirera tout ensemble (6), quand elle sera par le travers ($\frac{C}{v}$) au vent de l'Escadre du milieu qui fera alors servir.

(1) Pavillon mi-parti blanc & bleu, au perroquet d'artimon.

Pavillon bleu au petit perroquet.

(2) Pavillon 2. à la vergue d'artimon.

(3) Pavillon 4. au grand perroquet.

(4)......

(5)......

(6) Pavillon 3. à la vergue d'artimon.

VICE-AMIRAL.		CONTRE-AMIRAL.	
L'Esc. $\frac{V}{v}$ fous le vent $\frac{V}{s}$.	{ 1. Pavillon mi-parti blanc & bleu, au perroquet d'artimon.......	1. Pavillon bleu au petit perroquet........ }	L'Escad. $\frac{C}{s}$ au vent $\frac{C}{v}$.
Exécution particuliere.	{ 2. Pavillon 2. à la vergue d'artimon.	2. Pavillon 2. à la vergue d'artimon........ }	Exécution particuliere.

Arriver en échiquier jufqu'à fix aires de vent largue de l'autre bord.......	{ 3. Pavillon 12. au perroquet d'artimon. / Signal d'aire de vent, art. 89.	3. Pavillon 3. au petit perroquet....... } Continuer la route.	Pavillon 5. au petit perroquet........ } Forcer de voile.
Revenir à deux aires de vent largue de l'autre bord.....	{ 4. Pavillon 12. au perroquet d'artimon. / Signal d'aire de vent, art. 89.	4. Pavillon 9. au petit perroquet....... } Virer tout enfemble.	
Panne..........	{ 5. Pavillon 4. au perroquet d'artimon.	5. Pavillon 11. au petit perroquet...... } Arriver de deux rumbs.	
Faire fervir......	{ 6. Pavillon 3. à la vergue d'artimon.	6. Pavillon 9. au petit perroquet....... } Virer tout enfemble.	

206. L'Armée étant en ordre de marche fur trois colonnes ($\frac{V}{v}\,\frac{A}{m}\,\frac{C}{s}$), faire paffer au vent la colonne de fous le vent ($\frac{C}{v}\,\frac{V}{m}\,\frac{A}{s}$).

E. 86.
F. 96.

LE GÉNÉRAL préviendra l'armée de ce mouvement par la difpofition des pavillons de diftinction d'Efcadre (1). Il fera enfuite fignal à la colonne de fous le vent ($\frac{C}{s}$) d'exécuter fon mouvement (2); & en même temps il fera fignal à fon Efcadre ($\frac{A}{m}$), & à celle du vent ($\frac{V}{v}$) de mettre en panne (3); l'Efcadre de fous le vent forcera de voiles & virera par la contre-marche (4) auffi-tôt que fon premier Vaiffeau $\frac{C_1}{s}$ pourra paffer au vent du premier Vaiffeau ($\frac{V_1}{v}$) de la colonne le plus au vent; le Commandant de l'arriere-garde que l'on fuppofe au centre ($\frac{C_3}{s}$) de fon Efcadre, en fera le fignal auffi-tôt qu'il relevera dans la perpendiculaire du vent le Vaiffeau ($\frac{A_3}{m}$) du centre de la colonne immédiatement au vent. Et lorfque le premier Vaiffeau de la colonne qui paffe au vent fera parvenu dans la ligne du plus près fur laquelle la colonne du vent eft en panne, il revirera par la contre-marche (5) fuivi de toute fa colonne qui fe formera à très-petites voiles fur cette même ligne. Cependant, auffi-tôt qu'elle fera toute formée, les deux colonnes en panne (V, A) arriveront tout enfemble (6) d'un rumb pour fe mettre en ordre de marche en

(1) Pavillon mi-parti blanc & bleu, au grand perroquet.
Pavillon bleu au petit perroquet.
(2) Pavillon 1. au petit perroquet.
(3) Pavillon 4. à la vergue d'artimon.
(4) . . . . .
(5) . . . . .
(6) Pavillon 11. à la vergue d'artimon.

revenant au lof, quand elles feront ($\frac{v}{m}\frac{4}{7}$) par le travers & fous le vent de celle ($\frac{c}{v}$) qui a paffé au vent (7).

VICE-AMIRAL.	*CONTRE-AMIRAL.*
L'Efcad. $\frac{v}{v}$ au milieu $\frac{v}{m}$. { 1. Pavillon mi-parti blanc & bleu au grand perroquet.	1. Pavillon bleu au petit perroquet. . . . . . } L'Efcadre $\frac{c}{7}$ au vent $\frac{c}{v}$.
2.	2. Pavillon 2. au petit perroquet. . . . . . . } Exécution particuliere.
Panne. . . . . . . {3. Pavillon 4. à la vergue d'artimon.	3. Pavillon 5. au petit perroquet. . . . . . . } Forcer de voile.
4.	4. Pavillon 7. au petit perroquet. . . . . } Virer par la contre-marche.
5.	5. Pavillon 8. au petit perroquet. . . . . } Revirer par la contre-marche.
Arriver en échiquier d'un rumb. . . . . {6. Pavillon 11. à la vergue d'artimon.	6. Pavillon 6. au petit perroquet. . . . . } Diminuer de voile.
Revenir en route au lof. {7. Pavillon 10. à la vergue d'artimon.	7. Pavillon 10. à la vergue d'artimon. . . . . } Tenir le vent.

CHAPITRE XI.

CHANGER L'ORDRE DE MARCHE EN ORDRE DE BATAILLE.

207. *Changer l'ordre de marche en ordre de bataille de même bord ($\frac{v}{v}\frac{A}{m}\frac{c}{s}$).*

L'ARMÉE étant en ordre de marche fur trois colonnes, le Général la fera mettre en ordre de bataille fur la ligne de l'avant-garde, fur celle du milieu, ou fur celle de l'arriere-garde fuivant la fituation de l'ennemi, & le temps que le Général peut avoir pour faire exécuter fa manœuvre.

Ranger l'Armée sur la ligne de l'Avant-garde.

Si le Général veut mettre l'armée en bataille sur la ligne de l'avant-garde ou du vent (suppofant que l'ennemi étant fous le vent le Général veuille s'en éloigner pour former fon ordre) il fera en même temps fignal de mouvement & d'ordre de bataille (1). Et les Commandants l'ayant répété, il fera fignal à l'avant-garde ($\frac{v}{v}$) de mettre en panne (2), & en même temps aux deux autres Efcadres ($\frac{A}{m}, \frac{C}{s}$) celui de donner tout enfemble vent devant. Auffi-tôt celles-ci vireront, celle de fous le vent forçant de voiles (3); & s'élevant au plus près, elles iront toutes deux fucceffivement gagner les eaux de l'avant-garde, où elles revireront chacune tout enfemble (4). L'arriere-garde ne diminuera de voiles qu'après avoir ferré la ligne à un demi-cable de diftance entre les Vaiffeaux; l'avant-garde alors fera fervir, le Général lui en ayant fait fignal (5).

(1) Pavillon 1. au grand perroquet.
Pavillon 17. à la vergue d'artimon.
(2) Pavillon 4. au petit perroquet.
Pavillon 9. à la vergue d'artimon.
(3) . . . . .
(4) Pavillon 9. à la vergue d'artimon.
(5) Pavillon 3. au petit perroquet.

	VICE-AMIRAL.	CONTRE-AMIRAL.	
Avertiffement général.	1. Pavillon 1. au grand perroquet.	1. Pavillon 1. au grand perroquet.	Avertiffement général.
Ordre de bataille. . . .	Pavillon 17. à la vergue d'artimon.	Pavillon 17. à la vergue d'artimon.	Ordre de bataille.
Panne.	2. Pavillon 4. au petit perroquet.	2. Pavillon 9. à la vergue d'artimon.	Virer tout enfemble.
	3.	3. Pavillon 5. au perroquet d'artimon. . . .	Forcer de voile.
	4.	4. Pavillon 9. à la vergue d'artimon.	Revirer tout enfemble.
Faire fervir.	5. Pavillon 3. au petit perroquet.		

208. Ranger l'Armée fur la ligne de l'Arriere-garde.

Pour fe mettre en bataille fur la ligne de l'arriere-garde ou de fous le vent, ce qui peut être favorable, l'en-

nemi étant au vent ; le Général préviendra l'armée par le
fignal de mouvement, & par celui d'ordre de bataille (1),
& immédiatement après il fera fignal à l'arriere-garde ($\frac{C}{I}$)
de mettre en panne (2), & aux deux autres celui d'arriver
tout enfemble de deux rumbs en échiquier pour former la
ligne en avant de l'arriere-garde. L'Efcadre le plus au vent
($\frac{V}{v}$) forcera de voiles pour être plus promptement à fon
pofte ; le Général fera moins de voiles, s'il commence fon
mouvement en même temps que l'avant-garde ; mais il eft
plus à propos qu'il attende que ce corps paffe dans la ligne
fur laquelle le corps de bataille eft rangé ; alors les deux
Efcadres arriveront enfemble à voiles égales. Les deux
corps arriveront de trois rumbs plutôt que de deux, pour
peu que la ligne foit trop étendue. Et le Général fera fignal
aux Efcadres qui ont arrivé ($\frac{v}{v}\frac{a}{m}$) de revenir au lof (3)
lorfqu'il laiffera l'arriere-garde ($\frac{C}{I}$) dans fes eaux ; cette
derniere Efcadre fera alors fervir en ferrant la ligne.

(1) Pavillon 1. au grand perroquet. Pavillon 17. à la vergue d'attimon.

(2) Pavillon 4. au perroquet d'attimon. Pavillon 11. à la vergue d'artimon.

(3) Pavillon 10. à la vergue d'artimon.

	VICE-AMIRAL.	CONTRE-AMIRAL.	
Avertiffement général.	1. Pavillon 1. au grand perroquet.	1. Pavillon 1. au grand perroquet.........	Avertiffement général.
Ordre de bataille.	Pavillon 17. à la vergue d'artimon.	Pavillon 17. à la vergue d'artimon.	Ordre de bataille.
Arriver de 2. à 3. rumbs en forçant de voile.	2. Pavillon 11. à la vergue d'artimon.	2. Pavillon 4. au perroquet d'artimon.	Panne.
Venir au lof en ligne.	3. Pavillon 10. à la vergue d'artimon.	3. Pavillon 3. au perroquet d'artimon. . . .	Faire fervir.

209. Ranger l'Armée fur la ligne du corps de bataille.

E. 87.
F. 99.

SI LE GÉNÉRAL veut faire mettre l'armée en bataille
fur la ligne du centre qu'il occupe, préférant de faire mouvoir les deux autres Efcadres en fe difpofant au combat ;
après avoir fait fignal d'avertiffement & d'ordre de bataille (1), il fera fignal de panne (2) à fa propre Efcadre
($\frac{A}{m}$), & en même temps celui d'exécution particuliere.
Auffi-tôt

(1) Pavillon 1. au grand perroquet. Pavillon 17. à la vergue d'attimon.

(2) Pavillon 1. à la vergue d'artimon. Pavillon 4. au grand perroquet.

Aussi-tôt l'avant-garde ($\frac{v}{v}$) arrivera tout ensemble de deux rumbs (3) à très-petites voiles pour revenir au lof à la tête de la ligne, & y mettre en panne s'il est néceffaire (4). L'arriere-garde ($\frac{c}{r}$) virera vent devant tout ensemble (3) pour gagner en échiquier les eaux de la ligne & y revirer (4). Le Général fera alors fervir & refferrer la ligne.

(3) . . . . .

(4) Pavillon 5. à la vergue d'ar-timon.

VICE-AMIRAL.	CONTRE-AMIRAL.
Avertiffement général. { 1. Pavillon 1. au grand perroquet.	1. Pavillon 1. au grand perroquet. . . . . } Avertiffement général.
Ordre de bataille. . . . { Pavillon 17. à la vergue d'artimon.	Pavillon 17. à la vergue d'artimon. . . . . . } Ordre de bataille.
Exécution particuliere. { 2. Pavillon 2. à la vergue d'artimon.	2. Pavillon 2. à la vergue d'artimon. . . . . } Exécution particuliere.
Arriver de deux rumbs en échiquier. . . . { 3. Pavillon 11. au petit perroquet.	3. Pavillon 9. au perro-quet d'artimon. . . } Virer tout enfemble.
Venir au lof en ligne. { 4. Pavillon 10. au petit perroquet.	4. Pavillon 9. au perro-quet d'artimon. . . . } Revirer tout enfemble.

210. L'Armée étant en ordre de marche fur trois colonnes, & le vent venant de l'arriere, mettre l'Armée en bataille ($\frac{v}{v} \frac{A}{m} \frac{C}{s}$).

E. 88.
F. 100.

L'Armée étant rangée en ordre de marche fur une autre ligne que celle du plus près, parce que le vent a changé, ou parce que le Général a jugé à propos de faire une autre route que le plus près, en confervant cependant l'ordre des colonnes, & voulant la mettre en ligne de combat, il fera en même temps fignal d'un mouvement à exécuter, & d'ordre de bataille de même bord (1). Et fi la ligne peut fe former en revenant au lof de huit rumbs, alors le premier Vaiffeau ($\frac{V}{v}$) de l'avant-garde tiendra le vent (2) en forçant de voiles convenablement, & il fera fuivi des Vaiffeaux de fa colonne qui viendront au lof dans fes eaux, ou qui gouverneront chacun fur le grand mât de celui qui le précede. Le corps de bataille & fon premier Vaiffeau

(1) Pavillon 1. au grand perro-quet. Pavillon 17. à la vergue d'ar-timon.

(2) Pavillon 10. à la vergue d'artimon. Flamme par-ticuliere du chef de file de chaque colonne.

L l

($\frac{A_s}{m}$) feront la même manœuvre en faifant un peu moins de voiles , & l'arriere-garde ($\frac{C}{s}$) manœuvrera de même à petites voiles. Cependant la ligne étant formée , le Général obfervera de la faire refferrer (3).

(3) Pavillon 15. à la vergue d'artimon.

	VICE-AMIRAL.	CONTRE-AMIRAL.	
Avertiffement général.	1. Pavillon 1. au grand perroquet.	1. Pavillon 1. au grand perroquet.	Avertiffement général.
Ordre de bataille. . . .	Pavillon 17. à la vergue d'artimon.	Pavillon 17. à la vergue d'artimon.	Ordre de bataille.
Tenir le vent pour former la ligne.	2. Pavillon 10. à la vergue d'artimon , ou au petit perroquet. / Flamme particuliere du premier Vaiffeau de l'avant garde.	2. Pavillon 10. à la vergue d'artimon , ou au perroquet d'artimon. / Flamme particuliere du premier Vaiffeau de l'arriere garde.	Tenir le vent pour former la ligne.
Refferrer la ligne. . . .	3. Pavillon 15. à la vergue d'artimon.	3. Pavillon 15. à la vergue d'artimon.	Refferrer la ligne.

211. *Mettre l'Armée en bataille fur la ligne de l'avant-garde , le vent venant peu de l'arriere.*

E. 88.
E. 101.

LES VENTS étant venus de l'arriere de moins de huit rumbs, & le Général voulant former la ligne au vent ; le fignal d'avertiffement (1) & celui d'ordre de bataille de même bord ayant été faits & répétés, le Général fera fignal au Chef de file de chaque colonne de tenir le vent (2); alors chacun d'eux viendra au lof, fuivi de fa colonne; & ils forceront d'autant plus de voiles, que leur colonne fera plus fous le vent, & aura plus de chemin à faire. L'avant-garde déterminera la ligne en fuivant à fort petites voiles les eaux de fon premier Vaiffeau. Les colonnes du milieu & de fous le vent, vireront fucceffivement par la contre-marche (3) auffi-tôt que leur premier Vaiffeau pourra mettre le cap fur le point ($\frac{v}{v}$) où les Vaiffeaux du vent viennent au lof; & ils revireront par la contre-marche (4) quand ils feront parvenus dans les eaux de la ligne. Cependant quand

(1) Pavillon 1. au grand perroquet. Pavillon 17. à la vergue d'artimon.

(2) Pavillon 10. à la vergue d'artimon. Flamme particuliere du chef de file de chaque colonne.

(3) Pavillon 7. au grand perroquet.

(4) Pavillon 8. au grand perroquet.

elle fera toute formée, le Général fera le fignal (5) de la refferrer.

(5) Pavillon 15. à la vergue d'artimon.

	VICE-AMIRAL.	CONTRE-AMIRAL.	
Avertiffement général.	1. Pavillon 1. au grand perroquet.	1. Pavillon 1. au grand perroquet.	Avertiffement général.
Ordre de bataille. . . .	Pavillon 17. à la vergue d'artimon.	Pavillon 17. à la vergue d'artimon.	Ordre de bataille.
Tenir le vent dans les eaux de la tête. . . .	2. Pavillon 10. à la vergue d'artimon, ou au petit perroquet. Flamme particuliere du premier Vaiffeau de l'avant-garde.	2. Pavillon 10. à la vergue ou au perroquet d'artimon. . . . . Flamme particuliere du premier Vaiffeau de l'arriere-garde.	Tenir le vent dans les eaux de la tête.
	3.	3. Pavillon 7. au perroquet d'artimon. . . .	Virer par la contre-marche.
	4.	4. Pavillon 8. au perroquet d'artimon. . . .	Revirer par la contre-marche.
Refferrer la ligne. . . .	5. Pavillon 15. à la vergue d'artimon.	5. Pavillon 15. à la vergue d'artimon.	Refferrer la ligne.

212. *Mettre l'Armée en bataille fur la ligne de l'Arriere-garde, le vent venant peu de l'arriere.*

E. 88.
F. 102.

Si les vents venant de l'arriere, le Général veut mettre l'armée en ordre de bataille de même bord, en évitant de faire virer deux fois par la contre-marche les colonnes de fous le vent, alors il le fera ranger fur la ligne du plus près relativement au Chef de file de la colonne de fous le vent. Pour cela, il fera premiérement fignal d'avertiffement de mouvement & d'ordre de bataille (1); & en même temps qu'il fera fignal à la colonne du vent de continuer fa route (2), il fera à la fienne ($\frac{A}{m}$) & à l'arriere-garde ($\frac{C}{r}$) celui de mettre en panne; ce qui fera un avertiffement que l'armée doit fe mettre en ligne fur celle du plus près du premier Vaiffeau de ce dernier corps. Cependant le Général fera enfuite fignal d'exécution particuliere

(1) Pavillon 1. au grand perroquet.
Pavillon 17. à la vergue d'artimon.
(2) Pavillon 3. au petit perroquet.
Pavillon 4. à la vergue d'artimon.

L l ij

(3), parce que le mouvement des colonnes doit être fuc-
ceffif. La colonne du vent faifant fort petites voiles, continuera fa route jufqu'à ce que fon premier Vaiffeau ($\frac{V_1}{v}$) releve dans la ligne du plus près fous le vent le Vaiffeau ($\frac{C_1}{i}$)
de la tête de l'arriere-garde; alors il reviendra de lui-même
au lof (4), & commencera à former la ligne fuivi de fa colonne. Le corps de bataille ($\frac{A}{m}$) qui a mis en panne fera
fervir (5) en continuant fa route, lorfque fon premier
Vaiffeau ($\frac{A_1}{m}$) relevera dans la ligne du plus près au vent le
dernier Vaiffeau ($\frac{V_5}{v}$) de l'avant-garde dans les eaux duquel
il doit revenir au lof, lorfque ce Vaiffeau y viendra lui-même. Les deux premieres colonnes étant en ligne feront
très-petites voiles pour donner le temps à l'arriere-garde de
faire fervir; elle obfervera de venir fucceffivement au lof
dans les eaux de la ligne où fe trouve fon premier Vaiffeau,
& de ferrer la ligne (6) en forçant un peu de voiles.

(3) Pavillon 2. à la vergue d'artimon.

(4) . . . . .

(5) Pavillon 3. au grand perroquet.

(6) Pavillon 15. à la vergue d'artimon.

	VICE-AMIRAL.	CONTRE-AMIRAL.	
Avertiffement général.	1. Pavillon 1. au grand perroquet.	1. Pavillon 1. au grand perroquet.	Avertiffement général.
Ordre de bataille. . . .	Pavillon 17. à la vergue d'artimon.	Pavillon 17. à la vergue d'artimon.	Ordre de bataille.
Continuer la route. . .	2. Pavillon 3. au petit perroquet.	2. Pavillon 4. à la vergue d'artimon.	Panne.
Exécution particuliere.	3. Pavillon 2. à la vergue d'artimon.	3. Pavillon 2. à la vergue d'artimon.	Exécution particuliere.
Venir fucceffivement au lof en ligne. . .	4. Pavillon 10. au petit perroquet. Flamme particuliere du chef de file de l'avant-garde.	4.	
	5.	5.	
Refferrer la ligne. . . .	6. Pavillon 15. à la vergue d'artimon.	6. Pavillon 3. au perroquet d'artimon.	Faire fervir.
		Pavillon 15 à la vergue d'artimon.	Refferrer la ligne.

213. *Mettre l'Armée en bataille sur la ligne de l'Avant-garde, le vent venant beaucoup de l'arriere.*

E. 88.
F. 103.

Le vent étant venu considérablement de l'arriere, ou l'armée courant vent arriere ou grand largue en ordre de marche ; & le Général voulant la mettre en bataille au vent de même bord, & sans changer l'ordre de la tête & de la queue des colonnes, il préviendra l'armée d'un mouvement général, & de l'ordre de bataille de même bord (1). Et aussi-tôt que les Commandants y auront répondu, il fera signal (2) au premier Vaisseau de l'avant-garde de tenir le vent. Alors ce premier Vaisseau ($\frac{V.1}{9}$) viendra au lof ; & ceux de la même colonne gouvernant chacun sur le grand mât de celui qui les précede, viendront successivement au lof au même point, sans trop forcer de voiles. Cependant le Général aura fait signal à son Escadre ($\frac{A}{m}$) & à celle de sous le vent ($\frac{C}{r}$) de mettre en panne (3), & de plus à celle-ci celui d'exécution particuliere. Le premier Vaisseau du corps de bataille fera servir (4), aussi-tôt qu'il relevera dans la ligne du plus près au vent le dernier Vaisseau ou serre-file de la colonne du vent ; & suivant la circonstance il continuera sa route, ou courra sur la perpendiculaire de la ligne pour venir au lof quand il sera parvenu dans les eaux de l'avant-garde ; & il n'attendra pas pour ces mouvements que le Général en fasse les signaux. L'arriere-garde fera également servir (5) quand son Chef de file relevera le dernier Vaisseau du corps de bataille dans la ligne du plus près au vent, & manœuvrera de même ; cependant dès ce moment le Général fera signal de resserrer la ligne (6).

(1) Pavillon 1. au grand perroquet.
Pavillon 17. à la vergue d'artimon.

(2) Pavillon 10. au petit perroquet.
Flamme particuliere du chef de file de l'avant-garde.

(3) Pavillon 4. à la vergue d'artimon.
Pavillon 2. au perroquet d'artimon.

(4) Pavillon 3. au grand perroquet.

(5) . . . . .

(6) Pavillon 15. à la vergue d'artimon.

	VICE-AMIRAL.	CONTRE-AMIRAL.	
Avertissement général.	{ 1. Pavillon 1. au grand perroquet.	1. Pavillon 1. au grand perroquet. . . . . }	Avertissement général.
Ordre de bataille. . . .	{ Pavillon 17. à la vergue d'artimon.	Pavillon 17. à la vergue d'artimon. . . . . . . }	Ordre de bataille.

VICE-AMIRAL.	CONTRE-AMIRAL.
Venir successivement au lof, en ligne... { 2. Pavillon 10. au petit perroquet. / Flamme particuliere du chef de file de l'avant-garde.	2. . . . .
3.	3. Pavillon 4. à la vergue d'artimon. . . . . . . } Panne. / Pavillon 2. au perroquet d'artimon. . . . . . . } Exécution particuliere.
4.	4. . . . .
5.	5. Pavillon 3. au perroquet d'artimon. . . , . } Faire servir.
Resserrer la ligne. . . . { 6. Pavillon 15. à la vergue d'artimon.	6. Pavillon 15. à la vergue d'artimon. . . . . . . } Resserrer la ligne.

214. L'Armée étant en ordre de marche sur trois colonnes, & le vent venant de l'avant, mettre l'Armée en bataille ($\frac{\text{V A C}}{\text{v m s}}$).

E. 89.
F. 104.

L'ARMÉE étant en ordre de marche sur trois colonnes, & courant cependant en échiquier au plus près sous le vent des lignes sur lesquelles elle est rangée, parce que le Général n'a pas jugé à propos de rétablir l'ordre quand le vent est venu de l'avant ; & voulant à présent la mettre en bataille, il éprouvera toute la difficulté de cette manœuvre, qu'il est cependant très-essentiel d'exécuter avec promptitude & précision, sur-tout en présence de l'ennemi. Le Général fera donc signal de mouvement & d'ordre de bataille de l'autre bord (1), & il servira à prévenir l'armée ; cependant il fera signal à l'armée de virer par la contre-marche (2). Aussi-tôt le Chef de file de l'avant-garde ($\frac{\text{v}}{\text{v}}$) donnera vent devant, ne faisant précisément de voiles que pour gouverner, & tous les Vaisseaux de la même colonne forçant de voiles au plus près en échiquier, comme ils se trouvent rangés, viendront virer dans ses eaux par la contre-marche ;

(1) Pavillon 1. au grand perroquet. Pavillon 18. à la vergue d'artimon.

(2) Pavillon 7. à la vergue d'artimon.

& ils diminueront de voiles quand ils auront joint, à la diftance convenable, le Vaiffeau qui les précede. Le corps de bataille ($\frac{A}{m}$) & l'arriere-garde ($\frac{C}{t}$), manœuvreront précifément de la même maniere, & obferveront toutefois que, pour ne point embarraffer les Vaiffeaux des colonnes du vent, le Chef de file de chacune des colonnes de fous le vent, doit donner vent devant un peu au vent de la ligne que forme le corps qui le précede, pour arriver enfuite infenfiblement dans les eaux du dernier Vaiffeau de ce corps lorfqu'il fera en ligne. L'ordre de bataille étant établi, le Général fera refferrer la ligne (3).

(3) Pavillon 15. à la vergue d'artimon.

Si le Général juge à propos que l'armée reprenne fes premieres amures avant que la ligne foit toute formée, il fera le fignal de contre-marche (4) à l'avant-garde, & il mettra le pavillon d'ordre de bataille (5) qui fera connoître aux Bâtiments de la fuite de l'armée fur quel bord la ligne doit courir.

(4) Pavillon 8. au petit perroquet.

(5) Pavillon 18. à la vergue d'artimon.

VICE-AMIRAL.		CONTRE-AMIRAL.	
Avertiffement général.	{ 1. Pavillon 1. au grand perroquet.	1. Pavillon 1. au grand perroquet. . . . . }	Avertiffement général.
Ordre de bataille de l'autre bord.	{ Pavillon 18. à la vergue d'artimon.	Pavillon 18. à la vergue d'artimon. . . . . . . }	Ordre de bataille de l'autre bord.
Virer par la contre-marche.	{ 2. Pavillon 7. à la vergue d'artimon.	2. Pavillon 7. à la vergue d'artimon. . . . . . . }	Virer par la contre-marche.
Refferrer la ligne. . . .	{ 3. Pavillon 15. à la vergue d'artimon.	3. Pavillon 15. à la vergue d'artimon. . . . . . }	Refferrer la ligne.
Revirer par la contre-marche.	{ 4. Pavillon 8. au petit perroquet.	4.	
Ordre de bataille de l'autre bord.	{ 5. Pavillon 18. à la vergue d'artimon.	5. Pavillon 18. à la vergue d'artimon. . . . . . . }	Ordre de bataille de l'autre bord.

215. Mettre l'Armée en bataille, le vent venant plus confidérablement de l'avant.

E. 89.
F. 105.

L'ARMÉE étant en ordre de marche fuivant les conditions précédentes ; & le Général voulant la faire mettre en bataille fans que les Vaiffeaux courent fous le vent, foit pour ne point approcher de l'ennemi qui y eft, foit pour s'élever davantage au vent, il préviendra l'armée d'un mouvement à exécuter (1); & après que l'armée y aura répondu, il fera signal de virer de bord en échiquier (2). Auffi-tôt tous les Vaiffeaux de l'armée donneront enfemble vent devant. Le Général fera enfuite fignal d'ordre de bataille fur ce bord (3), & fera en même temps fignal d'arriver au Vaiffeau de la tête de fa colonne. Ce fignal répété par les autres Commandants pour leur premier Vaiffeau, la tête de chaque colonne courra d'abord fur la perpendiculaire du vent en forçant de voiles pour paffer au vent de fa colonne qui tiendra le vent en échiquier; & il fera fucceffivement fuivi de tous fes Vaiffeaux à mefure qu'ils parviendront dans fes eaux. Il reviendra au lof lorfqu'il relevera dans la ligne du plus près fous le vent le Vaiffeau de l'armée qui fera plus fous le vent; alors il diminuera de voiles fuivi de fa colonne. Les deux autres colonnes $(\frac{A}{m}, \frac{c}{r})$ manœuvreront précifément de la même maniere; & elles obferveront de venir au lof pour former la ligne dans les eaux mêmes de l'avant-garde. Les Vaiffeaux qui courent en échiquier en s'élevant, auront attention à laiffer paffer de l'avant ceux qui les doivent précéder.

Les Vaiffeaux de chaque colonne ayant fucceffivement plufieurs mouvements à faire qui peuvent ouvrir la ligne, le Général, en finiffant l'évolution, fera fignal de la refferrer (4).

(1) Pavillon 1. au grand perroquet.

(2) Pavillon 9. à la vergue d'artimon.

(3) Pavillon 17. à la vergue d'artimon.
Pavillon 11. au grand perroquet.
Flamme particuliere du chef de file du corps de bataille.

(4) Pavillon 15. à la vergue d'artimon.

VICE-AMIRAL.		CONTRE-AMIRAL.	
Avertiffement général.	{ 1. Pavillon 1. au grand perroquet.	1. Pavillon 1. au grand perroquet. . . . . }	Avertiffement général.
Virer tout enfemble.	. { 2. Pavillon 9. à la vergue d'artimon.	2. Pavillon 9. à la vergue d'artimon. . . . . . . }	Virer tout enfemble.
Ordre de bataille de même bord.	{ 3. Pavillon 17. à la vergue d'artimon.	3. Pavillon 17. à la vergue d'artimon. . . . . . . }	Ordre de bataille de même bord.
Former la ligne.	{ Pavillon 11. au petit perroquet. Flamme particuliere du chef de file de l'avant-garde.	Pavillon 11. au perroquet d'artimon. . . Flamme particuliere du chef de file de l'arriere-garde. . . . . }	Former la ligne.
Refferrer la ligne. . . .	{ 4. Pavillon 15. à la vergue d'artimon.	4. Pavillon 15. à la vergue d'artimon. . . . . }	Refferrer la ligne.

216.

216. *Faire connoître sur quelle ligne le Général veut former l'ordre de bataille.*

COMME il peut être .important dans quelques-unes des évolutions précédentes , comme dans celles qui vont sui-vre , de faire connoître plus précifément qu'on ne l'a fait, sur quelle ligne le Général veut former l'ordre de bataille en changeant l'ordre de marche en ligne de combat ; il pourra quelquefois , indépendament des fignaux particuliers qui indiquent ces mouvements , en prévenir encore l'armée par la pofition du pavillon de diftinction du corps fur la ligne duquel l'ordre de bataille doit être formé (1).

(1) Pavillon de diftinction du corps fur la ligne duquel l'ordre doit fe former.
Pavillon 17. ou 18. à la ver-gue d'artimon.

VICE-AMIRAL.	CONTRE-AMIRAL.
Déterminer la ligne fur laquelle l'ordre de combat doit fe for-mer.	1. Pavillon de diftinction du corps fur la ligne du-quel l'ordre doit fe for-mer. Pavillon 17. ou 18. à la vergue d'artimon.	1. Pavillon de diftinction du corps fur la ligne du-quel l'ordre doit fe for-mer. . . . . Pavillon 17. ou 18. à la vergue d'artimon. . . .	Déterminer la ligne fur laquelle l'ordre de combat doit fe for-mer.

217. *L'Armée étant en ordre de marche fur trois colonnes ($\frac{V}{v}\frac{C}{m}\frac{A}{s}$) , la mettre en bataille de même bord , en changeant la colonne du milieu avec celle qui eft fous le vent ($\frac{V}{v}\frac{A}{m}\frac{C}{s}$).*

E. 90.
F. 106.

L'ARMÉE étant en ordre de marche fur trois colonnes , le corps de bataille ($\frac{A}{s}$) fous le vent , & l'arriere-garde ($\frac{C}{m}$) au milieu ; & le Général voulant la mettre en ordre de bataille de même bord , en rétabliffant en même temps l'ordre & le rang des Efcadres , il en avertira l'armée par le fignal du changement des Efcadres , & par celui d'ordre de bataille de même bord (1). Il fera enfuite fignal aux Commandants de faire exécuter chacun le mouvement par-ticulier de leur Efcadre (2). Auffi-tôt le corps de bataille ($\frac{A}{s}$) continuera fa route (3) à très-petites voiles. L'avant-garde

(1) Pavillon bleu au perro-quet d'artimon.
Pavillon 17. à la vergue d'ar-timon.
(2) Pavillon 1. à la vergue d'ar-timon.
(3) Pavillon 3. au grand perro-quet.

M m

arrivera en même temps de deux rumbs en échiquier, pour revenir au lof en avant & dans la ligne du plus près du corps de bataille , & l'arriere-garde ($\frac{c}{m}$) mettra en panne jusqu'à ce qu'elle puisse arriver en dépendant ($\frac{e}{r}$), & revenir au lof dans les eaux du corps de bataille ($\frac{a}{m}$). Le Général fera alors resserrer la ligne (4).

(4) Pavillon 15. à la vergue d'artimon.

Si le Général juge à propos de faire exécuter cette évolution en faisant mettre le corps de bataille en panne, pour se donner le temps de se préparer au combat, & pour voir évoluer son armée ; après le signal fait de changement d'Escadres, & d'ordre de bataille, il fera les signaux particuliers qui conviennent dans ce cas à l'avant-garde & à l'arriere-garde.

VICE-AMIRAL.	*CONTRE-AMIRAL.*
Ordre de bataille de même bord. . . . . . {1. Pavillon 17. à la vergue d'artimon.	1. Pavillon bleu au perroquet d'artimon. . . . } L'Escad. $\frac{c}{m}$ en arriere $\frac{c}{r}$.
	Pavillon 17. à la vergue d'artimon. . . . . . } Ordre de bataille de même bord.
Exécution particuliere. {2. Pavillon 2. à la vergue d'artimon.	2. Pavillon 2. à la vergue d'artimon. . . . . . } Exécution particuliere.
Arriver de deux rumbs en dépendant. . . . . {3. Pavillon 11. au petit perroquet.	3. Pavillon 4. au perroquet d'artimon. . . . } Panne.
Revenir au lof. . . . . { Pavillon 10. au petit perroquet.	Pavillon 11. au perroquet d'artimon. . . . } Arriver tout ensemble dans les eaux de la ligne.
Resserrer la ligne. . . . {4. Pavillon 15. à la vergue d'artimon.	4. Pavillon 15. à la vergue d'artimon. . . . . . } Resserrer la ligne.

218. *L'Armée étant en ordre de marche sur trois colonnes ($\frac{A}{v} \frac{V}{m} \frac{C}{s}$), la mettre en bataille de même bord, en changeant la colonne du vent avec celle du milieu ($\frac{V}{v} \frac{A}{m} \frac{C}{s}$).*

F. 91.
F. 107.

LE GÉNÉRAL voulant mettre l'armée en ligne, en faisant reprendre son poste au corps de bataille qui étoit au vent dans l'ordre de marche sur trois colonnes, en préviendra l'armée par la position des pavillons de distinction, &

(1) Pavillon mi-parti blanc & bleu au petit perroquet.

par celui d'ordre de bataille de même bord (1). Aussi-tôt que le Général aura fait signal d'exécution particuliere de mouvement (2), l'avant-garde ($\frac{V}{m}$) qui se trouve au centre continuant sa route, le corps de bataille ($\frac{A}{v}$) qui doit prendre ce poste, arrivera tout ensemble de huit rumbs (3) pour revenir au lof (4) dans les eaux de l'avant-garde; & l'arriere-garde ($\frac{C}{s}$) virera vent devant en échiquier (3) pour s'élever au vent, gagner les eaux du corps de bataille ($\frac{a}{m}$), & y revirer en serrant la ligne (5).

Pavillon 17 à la vergue d'artimon.
(2) Pavillon 2. à la vergue d'artimon.
(3) Pavillon 11. au grand perroquet.
(4) Pavillon 10. au grand perroquet.
(5) Pavillon 15. à la vergue d'artimon.

	VICE-AMIRAL.	CONTRE-AMIRAL.	
L'Escad. $\frac{V}{m}$ en avant $\frac{V}{v}$.	1. Pavillon mi-parti blanc & bleu au petit perroquet.	1. Pavillon 17. à la vergue d'artimon.	Ordre de bataille de même bord.
Ordre de bataille de même bord.	Pavillon 17. à la vergue d'artimon.		
Exécution particuliere.	2. Pavillon 2. à la vergue d'artimon.	2. Pavillon 2. à la vergue d'artimon.	Exécution particuliere.
Continuer la route. . .	3. Pavillon 3. au petit perroquet.	3. Pavillon 9. au perroquet d'artimon.	Virer tout ensemble.
	4.	4. Pavillon 9. au perroquet d'artimon.	Revirer tout ensemble.
Resserrer la ligne. . . .	5. Pavillon 15. à la vergue d'artimon.	5. Pavillon 15. à la vergue d'artimon.	Resserrer la ligne.

219. Mettre dans le même ordre l'Armée en bataille sur la ligne de l'arriere-garde.

E. 91.
E. 108.

LE GÉNÉRAL préférant dans l'ordre précédent de mettre l'armée en bataille sur la ligne de l'arriere-garde, soit parce que l'ennemi est au vent, soit pour éviter de faire virer deux fois l'arriere-garde ($\frac{C}{s}$) qui peut être déja trop ouverte, & pour lui donner le temps de se resserrer; après avoir fait le signal du changement des Escadres & de l'ordre de bataille de même bord (1), il fera à l'arriere-garde ($\frac{C}{s}$) celui de mettre en panne (2), & à l'avant-garde celui d'exécuter son mouvement particulier. Aussi-tôt celle-ci arrivera tout ensemble d'un rumb (3) forçant de voiles en échiquier

(1) Pavillon mi-parti blanc & bleu au petit perroquet.
Pavillon 17. à la vergue d'artimon.
(2) Pavillon 4. au perroquet d'artimon.
Pavillon 2. au petit perroquet.
(3) Pavillon 11. au grand perroquet.

fous le vent pour fe mettre en avant fur la ligne de l'Efcadre en panne, & y revenir au lof, laiffant cependant un efpace convenable au corps de bataille ($\frac{A}{v}$) qui arrivera tout enfemble de trois rumbs à très-petites voiles pour revenir au lof (4) à fon pofte, en faifant ferrer la ligne. L'arriere-garde fera alors fervir.

(4) Pavillon 10. au grand perroquet.
Pavillon 15. à la vergue d'artimon.

VICE-AMIRAL.		CONTRE-AMIRAL.	
L'Efcad. $\frac{V}{m}$ en avant $\frac{V}{v}$.	1. Pavillon mi-parti blanc & bleu au petit perroquet.	1. Pavillon 17. à la vergue d'artimon.	Ordre de bataille de même bord.
Ordre de bataille de même bord.	Pavillon 17. à la vergue d'artimon.		
Exécution particuliere.	2. Pavillon 2. au petit perroquet.	2. Pavillon 4. au perroquet d'artimon.	Panne.
Arriver d'un rumb en forçant de voile.	3. Pavillon 11. au petit perroquet.	3.	
Revenir au lof en ligne.	4. Pavillon 10. au petit perroquet.	4. Pavillon 15. à la vergue d'artimon.	Faire fervir en refferrant la ligne.
Refferrer la ligne. . . .	Pavillon 15. à la vergue d'artimon.		

220. L'Armée étant en ordre de marche fur trois colonnes ($\frac{C}{v} \frac{V}{m} \frac{A}{s}$), la mettre en bataille de même bord, en faifant paffer la colonne du vent à l'arriere-garde ($\frac{V}{v} \frac{A}{m} \frac{C}{s}$).

E. 91.
F. 109.

Le Général fe trouvant fous le vent de fes colonnes ($\frac{A}{s}$), & l'arriere-garde au vent ($\frac{C}{v}$), il préviendra l'armée qu'il veut la faire mettre en bataille fur la ligne qu'il occupe, en faifant premiérement les fignaux de l'arrangement des Efcadres, & de l'ordre de bataille de même bord (1). Il fera enfuite aux deux Efcadres du vent fignal d'exécuter leur mouvement, & à la fienne celui de panne (2). Auffi-tôt l'avant-garde ($\frac{V}{m}$) qui eft au centre, arrivera tout enfemble de deux rumbs en échiquier (3) à très-petites voiles, pour prendre fon pofte ($\frac{V}{v}$) en avant du corps de

(1) Pavillon mi-parti blanc & bleu au petit perroquet.
Pavillon bleu au perroquet d'artimon.
Pavillon 17. à la vergue d'artimon.
(2) Pavillon 2. à la vergue d'artimon.
Pavillon 4. au grand perroquet.
(3) . . . . .

bataille, & en même temps l'arriere-garde ($\frac{C}{v}$) qui est au vent, arrivera tout ensemble, lof pour lof, de treize rumbs en échiquier, c'est-à-dire, qu'arrivant vent arriere, elle dépassera de trois rumbs le lit du vent pour prendre son poste ($\frac{C}{t}$) dans les eaux du corps de bataille; l'une & l'autre Escadre ($\frac{V}{v}, \frac{C}{t}$) qui sont arrivées, reviendront au lof dans la ligne du corps de bataille; alors le Général fera signal à son Escadre de faire servir (4), & à l'arriere-garde de serrer la ligne.

(4) Pavillon 5. au grand perroquet. Pavillon 15. à la vergue d'artimon.

	VICE-AMIRAL.	CONTRE-AMIRAL.	
L'Escad. $\frac{V}{m}$ en avant $\frac{V}{v}$.	1. Pavillon mi-parti blanc & bleu au petit perroquet.	1. Pavillon bleu au perroquet d'artimon.	L'Escad. $\frac{C}{v}$ en arriere $\frac{C}{t}$.
Ordre de bataille de même bord.	Pavillon 17. à la vergue d'artimon.	Pavillon 17. à la vergue d'artimon.	Ordre de bataille de même bord.
Exécution particuliere.	2. Pavillon 2. à la vergue d'artimon.	2. Pavillon 2. à la vergue d'artimon.	Exécution particuliere.
Arriver tout ensemble de deux rumbs. . . .	Pavillon 11. au petit perroquet.	Pavillon 12. au perroquet d'artimon. . . Signal d'aire de vent, art. 89.	De passer de 3. rumbs le lit du vent.
Revenir au lof en ligne.	3. Pavillon 10. au petit perroquet.	3. Pavillon 10. au perroquet d'artimon. . . .	Revenir au lof en ligne.
Resserrer la ligne. . . .	4. Pavillon 15. à la vergue d'artimon.	4. Pavillon 15. à la vergue d'artimon.	Resserrer la ligne.

221. L'Armée étant en ordre de marche sur trois colonnes ($\frac{C}{v} \frac{A}{m} \frac{V}{s}$), la mettre en bataille de même bord, en changeant la colonne du vent avec celle de sous le vent ($\frac{V}{v} \frac{A}{m} \frac{C}{s}$).

E. 95;
F. 110.

LE GÉNÉRAL avertira l'armée qu'il veut la faire passer de l'ordre de marche à l'ordre de bataille, & changer l'avant-garde avec l'arriere-garde, en changeant la position de leur pavillon de distinction, & faisant signal d'ordre de bataille de même bord (1). Il fera ensuite signal d'exécution

(1) Pavillon mi-parti blanc & bleu au petit perroquet. Pavillon bleu au perroquet d'artimon.

particuliere pour chaque Efcadre (2), & auffi-tôt l'avant-garde qui eſt ſous le vent ($\frac{v}{s}$), & qui doit paſſer à la tête de la ligne ($\frac{v}{v}$), forcera de voiles en continuant ſa route ; le corps de bataille ($\frac{A}{m}$) arrivera tout enſemble de deux rumbs en échiquier (3) pour gagner les eaux de ſon avant-garde , & l'arriere-garde ($\frac{C}{v}$) arrivera en même temps de huit rumbs à très-petites voiles, pour gagner ſon poſte ($\frac{c}{s}$) dans les eaux du corps de bataille & de la ligne où elle reviendra au lof; le Général faiſant en même temps ſignal de reſſerrer la ligne (4).

Pavillon 17. à la vergue d'artimon.

(2) Pavillon 2. à la vergue d'artimon.

(3) Pavillon 11. au grand perroquet.

(4) Pavillon 15. à la vergue d'artimon.

	VICE-AMIRAL.	CONTRE-AMIRAL.	
L'Eſcad. $\frac{v}{s}$ en avant $\frac{v}{v}$.	1. Pavillon mi-parti blanc & bleu au grand perroquet.	1. Pavillon bleu au perroquet d'artimon.	L'Eſcad. $\frac{C}{v}$ en arriere $\frac{C}{s}$.
Ordre de bataille de même bord.	Pavillon 17. à la vergue d'artimon.	Pavillon 17. à la vergue d'artimon.	Ordre de bataille de même bord.
Exécution particuliere.	2. Pavillon 2. à la vergue d'artimon.	2. Pavillon 2. à la vergue d'artimon.	Exécution particuliere.
Forcer de voile & continuer la route. . . .	3. Pavillon 5. au petit perroquet.	3. Pavillon 11. au perroquet d'artimon.	Arriver de 8. rumbs en échiquier à petites voiles.
Reſſerrer la ligne. . . .	4. Pavillon 15. à la vergue d'artimon.	4. Pavillon 15. à la vergue d'artimon.	Reſſerrer la ligne en venant au lof.

222. *L'Armée étant en ordre de marche ſur trois colonnes ($\frac{A}{v} \frac{C}{m} \frac{v}{s}$), la mettre en bataille de même bord, en faiſant paſſer au vent la colonne de ſous le vent ($\frac{v}{v} \frac{A}{m} \frac{C}{s}$).*

E. 94.
F. 111.

L'ARMÉE étant en ordre de marche, l'Amiral au vent, & l'avant-garde ſous le vent, le Général la fera paſſer à l'ordre de bataille, & remettra les Eſcadres dans leur ordre naturel, en mettant premiérement les pavillons de diſtinction qui indiquent les changements d'Eſcadres, & faiſant ſignal d'ordre de bataille (1). Les Eſcadres attentives commenceront à manœuvrer auſſi-tôt que le Général, ayant fait

(1) Pavillon mi-parti blanc & bleu au petit perroquet.

Pavillon bleu au perroquet d'artimon.

Pavillon 17. à la vergue d'artimon.

fignal d'exécution particuliere (2), commencera fon mouvement (3), en arrivant tout d'un coup de trois rumbs en
échiquier & à petites voiles, pour gagner les eaux de fon
avant-garde ($\frac{v}{r}$) qui en forcera pour paffer à la tête de la ligne
($\frac{v}{v}$) : l'arriere-garde paffera en même temps du milieu ($\frac{c}{m}$) à
la queue de la ligne ($\frac{c}{s}$), en arrivant tout enfemble de huit
rumbs en échiquier, mais à très-petites voiles pour revenir
au lof (4) dans les eaux de la ligne, laiffant au corps de
bataille l'efpace convenable. Le Général, revenant au lof,
fera refferrer la ligne (5).

(2) Pavillon 2. à la vergue d'artimon.

(3) Pavillon 11. au grand perroquet.

(4) ....

(5) Pavillon 15. à la vergue d'artimon.

VICE-AMIRAL.		CONTRE-AMIRAL.
L'Efcad. $\frac{v}{r}$ en avant $\frac{v}{v}$. { 1. Pavillon mi-parti blanc & bleu au petit perroquet.	1. Pavillon bleu au perroquet d'artimon.... } L'Efcad. $\frac{c}{m}$ en arriere $\frac{c}{s}$.
Ordre de bataille de même bord..... { Pavillon 17. à la vergue d'artimon.	Pavillon 17. à la vergue d'artimon..... } Ordre de bataille de même bord.
Exécution particuliere. { 2. Pavillon 2. à la vergue d'artimon.	2. Pavillon 2. à la vergue d'artimon..... } Exécution particuliere.
Continuer la route & forcer de voile... { 3. Pavillon 3. au petit perroquet.	3. Pavillon 11. au perroquet d'artimon..... } Arriver de 8. rumbs en échiquier à très-petites voiles.
4.	4. Pavillon 10. au perroquet d'artimon..... } Revenir au lof en ligne.
Refferrer la ligne... { 5. Pavillon 15. à la vergue d'artimon.	5. Pavillon 15. à la vergue d'artimon....... } Refferrer la ligne.

223. *L'Armée étant en ordre de marche fur trois colonnes, la mettre en ordre de bataille fur l'autre bord ($\frac{v}{v} \frac{A}{m} \frac{c}{s}$).*

E. 95.
F. 112.

L'ARMÉE étant en ordre de marche fur trois colonnes,
& le Général voulant la mettre en ordre de bataille de
l'autre bord, fans changer le rang des Efcadres, il fera le
fignal général d'un mouvement à exécuter (1); & auffi-
tôt que les Commandants y auront répondu, il mettra le
pavillon d'ordre de bataille fur l'autre bord (2). Le Chef
de file de l'avant-garde ($\frac{v}{v}$) virera alors par la contre-marche

(1) Pavillon 1. au grand perroquet.

(2) Pavillon 18. à la vergue d'artimon.

fans attendre d'autre fignal, & il fera fuivi de fa colonne dont les Vaiffeaux de l'arriere forceront un peu de voiles pour diminuer leurs diftances. Le premier Vaiffeau du corps de bataille ($\frac{A}{m}$) virera par la contre-marche auffi-tôt, qu'en prolongeant fa bordée, il pourra virer dans les eaux de la ligne qui fe forme fur celle de l'avant-garde. L'arriere-garde ($\frac{c}{r}$) virera par la contre-marche, comme l'a fait le corps de bataille.

VICE-AMIRAL.	CONTRE-AMIRAL.
Avertiffement général. { 1. Pavillon 1. au grand perroquet.	1. Pavillon 1. au grand perroquet . . . . . . } Avertiffement général.
Ordre de bataille de { 2. Pavillon 18. à la vergue l'autre bord. . . . . . { d'artimon.	2. Pavillon 18. à la vergue d'artimon. . . . . . . } Ordre de bataille de l'autre bord.

224. L'Armée étant en ordre de marche fur trois colonnes ($\frac{V}{v} \frac{C}{m} \frac{A}{s}$), la mettre en ordre de bataille de l'autre bord, en changeant la colonne du milieu avec celle qui eft fous le vent ($\frac{V}{v} \frac{A}{m} \frac{C}{s}$).

E. 96.
F. 113.

L'Armée étant en ordre de marche fur trois colonnes, l'arriere-garde au milieu, & le corps de bataille fous le vent, le Général lui fera connoître qu'il veut la mettre en ordre de bataille de l'autre bord, & reprendre fon pofte au centre de la ligne, en mettant à leurs mâts refpectifs le pavillon de diftinction des Efcadres qui changent de pofte, & faifant le fignal d'ordre de bataille de l'autre bord (1). Il fera en même temps à l'avant-garde ($\frac{V}{v}$) celui de virer par la contre-marche, & à l'arriere-garde ($\frac{c}{m}$) de mettre en panne (2). Le premier Vaiffeau de l'avant-garde donnera vent devant à très-petites voiles, fans attendre d'autre fignal, & il fera fuivi de fa colonne ; l'Efcadre ($\frac{A}{s}$) du Général forcera de voiles en continuant fa route pour virer par la contre-marche dans les eaux de l'avant-garde qui détermine la ligne.

L'arriere-garde

(1) Pavillon blanc au grand perroquet.
Pavillon bleu au perroquet d'artimon.
Pavillon 18. à la vergue d'artimon.
(2) Pavillon 7. au petit perroquet.
Pavillon 4. au perroquet d'artimon.

L'Arriere-garde fera fervir (3) auffi-tôt que fon premier
Vaiffeau relevera dans la perpendiculaire du vent le dernier
Vaiffeau du corps de bataille qu'il doit fuivre, ou lorfque le
Vaiffeau du centre du corps de bataille fe trouvera dans le
prolongement de la ligne du plus près fur laquelle la colonne en panne eft rangée. Le Général ayant joint fon
avant-garde, fera fignal de refferrer la ligne (4).

(3). . . . . .

(4) Pavillon
15. à la vergue
d'artimon.

VICE-AMIRAL.		CONTRE-AMIRAL.	
Ordre de bataille de l'autre bord.	1. Pavillon 18. à la vergue d'artimon.	1. Pavillon bleu au perro-quet d'artimon. . , , .	L'Efcad. $\frac{c}{m}$ en arriere $\frac{c}{s}$.
		Pavillon 18. à la vergue d'artimon.	Ordre de Bataille de l'autre bord.
Virer par la contre-marche.	2. Pavillon 7. au petit perroquet.	2. Pavillon 4. au perro-quet d'artimon. . . .	Panne.
	3.	3. Pavillon 3. au perro-quet d'artimon. . . .	Faire fervir.
Refferrer la ligne. . . .	4. Pavillon 15. à la vergue d'artimon.	4. Pavillon 15. à la vergue d'artimon.	Refferrer la ligne.

225. *L'Armée étant en ordre de marche fur
trois colonnes ($\frac{A}{v} \frac{V}{m} \frac{C}{s}$), la mettre en ordre
de bataille de l'autre bord, en changeant la
colonne du vent avec celle du milieu ($\frac{V}{v} \frac{A}{m} \frac{C}{s}$).*

E. 97.
F. 114.

L'Armée étant en ordre de marche fur trois colonnes, le
corps de bataille au vent, & l'avant-garde au milieu; & le
Général voulant la faire paffer à l'ordre de bataille de l'autre
bord en mettant fon Efcadre au centre de la ligne, il en préviendra l'armée par la pofition des pavillons de diftinction, &
par celui d'ordre de marche de l'autre bord (1). Auffi-tôt qu'on
y aura répondu, le Général fera fignal à fon Efcadre ($\frac{A}{v}$) de
mettre en panne (2), & à l'avant-garde ($\frac{V}{m}$)qui doit paffer au
vent & à la tête de la ligne, de forcer de voiles. Celle-ci fans
attendre d'autre fignal, virera par la contre-marche auffi-
tôt que fon premier Vaiffeau pourra paffer fur l'autre bord

(1) Pavillon
mi-parti blanc
& bleu au petit
perroquet.
Pavillon 18.
à la vergue d'ar-
timon.
(2) Pavillon 4.
au grand perro-
quet.
Pavillon 5. au
petit perroquet.

N n

au vent du premier Vaisseau du corps de bataille, qui peut même arriver un peu pour faciliter le mouvement; & ce corps fera servir (3) pour virer par la contre-marche dans les eaux de l'avant-garde. L'arriere-garde ($\frac{c}{t}$) continuera sa route à petites voiles pour virer de même dans les eaux de la ligne qui se forme, observant de laisser au corps de bataille l'espace qu'il lui faut. Le mouvement exécuté, le Général fera resserrer la ligne (4).

(3) Pavillon 3. au grand perroquet.

(4) Pavillon 15. à la vergue d'artimon.

VICE-AMIRAL.		CONTRE-AMIRAL.	
L'Escadre $\frac{v}{m}$ en avant $\frac{v}{v}$. {	1. Pavillon mi-parti blanc & bleu au petit perroquet.	1. Pavillon 18. à la vergue d'artimon. . . . . . . }	Ordre de bataille de l'autre bord. . . . . .
Ordre de bataille de l'autre bord. . . . . {	Pavillon 18. à la vergue d'artimon.		
Forcer de voile. . . . {	2. Pavillon 5. au petit perroquet.	2. Pavillon 6. au perroquet d'artimon. . . . . . }	Diminuer de voile.
3.		3.	
Resserrer la ligne. . . . {	4. Pavillon 15. à la vergue d'artimon.	4. Pavillon 15. à la vergue d'artimon. . . . . . . }	Resserrer la ligne.

226. L'Armée étant en ordre de marche sur trois colonnes ($\frac{c}{v}$ $\frac{v}{m}$ $\frac{a}{s}$), la mettre en ordre de bataille de l'autre bord, en faisant passer sa colonne du vent à l'arriere-garde ($\frac{v}{v}$ $\frac{a}{m}$ $\frac{c}{s}$).

E. 58.
F. 115.

Si l'Armée est en ordre de marche sur trois colonnes, l'arriere-garde au vent, l'avant-garde au milieu, & le corps de bataille sous le vent, le Général la préviendra qu'elle doit passer à l'ordre de bataille de l'autre bord, & rétablir l'ordre naturel des Escadres en mettant en même temps les pavillons de distinction aux mâts convenables, & faisant signal d'ordre de bataille de l'autre bord (1). Et aussi-tôt qu'il fera signal à la colonne ($\frac{c}{v}$) du vent de mettre en panne (2), il fera à l'avant-garde ($\frac{v}{m}$) qui est au milieu, & qui doit passer au vent, celui de virer par la contre-marche;

(1) Pavillon mi-parti blanc & bleu au petit perroquet.

Pavillon bleu au perroquet d'artimon.

Pavillon 18. à la vergue d'artimon.

(2) Pavillon 4. au perroquet d'artimon.

Pavillon 7. au petit perroquet.

elle forcera de voile ; & fon premier Vaiſſeau virera lorſqu'il pourra paſſer au vent du premier Vaiſſeau de la colonne
en panne. Le corps de bataille ($\frac{A}{i}$) faiſant même voile que
fon avant-garde, prolongera ſa bordée pour virer dans les
eaux de la ligne. L'arriere-garde fera ſervir (3) lorſqu'elle
pourra gagner les eaux du dernier Vaiſſeau de l'Eſcadre ($\frac{A}{m}$)
qui la doit précéder ; le Général fera enſuite reſſerrer la
ligne (4).

(3) : . . . .

(4) Pavillon
15. à la vergue
d'artimon.

	VICE-AMIRAL.	CONTRE-AMIRAL.	
L'Eſcad. $\frac{V}{m}$ en avant $\frac{V}{v}$.	1. Pavillon mi-parti blanc & bleu, au petit perroquet.	1. Pavillon bleu au perroquet d'artimon. . . . }	L'Eſcad. $\frac{C}{v}$ en arriere $\frac{C}{i}$.
Ordre de bataille de l'autre bord. . . . . {	Pavillon 18. à la vergue d'artimon.	Pavillon 18. à la vergue d'artimon. . . . . . . }	Ordre de bataille de l'autre bord.
Virer par la contre-marche . . . . {	2. Pavillon 7. au petit perroquet.	2. Pavillon 4. au perroquet d'artimon. . . . . . }	Panne.
	3	3. Pavillon 3. au perroquet d'artimon. . . . }	Faire ſervir.
Reſſerrer la ligne. . . . {	4. Pavillon 15. à la vergue d'artimon.	4. Pavillon 15. à la vergue d'artimon. . . . . . . }	Reſſerrer la ligne.

227. L'Armée étant en ordre de marche ſur trois colonnes ($\frac{C}{v} \frac{A}{m} \frac{V}{s}$), la mettre en ordre de bataille de l'autre bord, en changeant la colonne du vent avec celle de ſous le vent ($\frac{V}{v} \frac{A}{m} \frac{C}{s}$).

E. 99.
F. 116.

L'ARMÉE étant en ordre de marche ſur trois colonnes,
l'arriere-garde au vent, & l'avant-garde ſous le vent, le
Général lui fera connoître qu'il veut la faire mettre en bataille de l'autre bord, & rétablir l'ordre des Eſcadres, en
mettant leur pavillon de diſtinction à leur mât reſpectif, &
faiſant le ſignal d'ordre de bataille de l'autre bord (1). Il
fera en même temps à l'Eſcadre du vent ($\frac{C}{v}$) & à la ſienne
($\frac{A}{m}$) ſignal de panne, & à l'Eſcadre de ſous le vent ($\frac{V}{s}$),

(1) Pavillon
mi-parti blanc &
bleu au petit
perroquet.

Pavillon bleu
au perroquet
d'artimon.

Pavillon 18.
à la vergue d'ar-
timon.

celui de forcer de voiles en continuant fa route (2). Celle-ci prolongera fa bordée jufqu'à ce que fon Chef de file puiffe, en virant par la contre-marche, paffer au vent du premier Vaiffeau de l'Efcadre en panne (3). Le corps de bataille fera fervir (4) quand fon premier Vaiffeau relevera dans la perpendiculaire du vent le dernier Vaiffeau de l'avant-garde ($\frac{V}{v}$) qui doit faire la tête de la ligne , ou lorfque le Vaiffeau ($\frac{V_3}{v}$) du centre de ce corps paffera dans le prolongement de la ligne du plus près fur laquelle le corps de bataille eft en panne. L'arriere-garde fera fervir (5) pour virer dans les eaux du corps de bataille ; & le Général fera en même temps refferrer la ligne.

(1) Pavillon 3. au petit perroquet.

Pavillon 4. à la vergue d'artimon.

(3) . . . . .
(4) Pavillon 3. au grand perroquet.

(5) Pavillon 15. à la vergue d'artimon.

VICE-AMIRAL.			CONTRE-AMIRAL.		
L'Efcad. $\frac{V}{i}$ en avant $\frac{V}{v}$.	{	1. Pavillon mi-parti blanc & bleu au petit perroquet.	1. Pavillon bleu au perroquet d'artimon. . . . }	L'Efcad. $\frac{C}{v}$ en arriere $\frac{C}{i}$.	
Ordre de bataille de l'autre bord.	{	Pavillon 18. à la vergue d'artimon.	Pavillon 18. à la vergue d'artimon. . . . . . }	Ordre de bataille de l'autre bord.	
Continuer la route & forcer de voile. . . .	{	2. Pavillon 3. au petit perroquet.	2. Pavillon 4. à la vergue d'artimon. . . . . . . }	Panne.	
Virer par la contre-marche.	{	3. Pavillon 7. au petit perroquet.	3.		
		4.	4.		
Refferrer la ligne. . . .	{	5. Pavillon 13. à la vergue d'artimon.	5. Pavillon 3. au perroquet d'artimon. . . . }	Faire fervir.	
			Pavillon 15. à la vergue d'artimon. . . . . . }	Refferrer la ligne.	

228. *L'Armée étant en ordre de marche fur trois colonnes ($\frac{A}{v} \frac{C}{m} \frac{V}{s}$), la mettre en ordre de bataille de l'autre bord, en faifant paffer en avant la colonne de fous le vent ($\frac{V}{v} \frac{A}{m} \frac{C}{s}$).*

E. 100.
E. 117.

L'ARMÉE étant en ordre de marche fur trois colonnes , le corps de bataille au vent , & l'avant-garde fous le vent , le Général préviendra l'armée qu'il veut la faire paffer à l'ordre de bataille de l'autre bord, l'avant-garde au vent, en faisant les signaux de la disposition des Escadres, & de l'ordre de bataille de l'autre bord (1). Le Général fera signal de panne au corps de bataille ($\frac{4}{v}$), & à l'arriere-garde ($\frac{C}{v}$); & celui de forcer de voiles (2) à l'avant-garde ($\frac{V}{t}$) qui doit passer à la tête de la ligne & au vent des colonnes. Celle-ci virera par la contre-marche quand elle pourra exécuter cette manœuvre (3): alors si l'ordre & les distances ont été bien observées, le Vaisseau du centre de la colonne ($\frac{V}{t}$) qui doit passer au vent, & le Vaisseau du centre de la colonne ($\frac{C}{m}$) immédiatement au vent, doivent être dans la même perpendiculaire du vent. Le Général fera signal de servir (4) pour les deux Escadres en panne, aussi-tôt que le dernier Vaisseau de l'avant-garde passera au vent de son premier Vaisseau, & toutes deux vireront successivement par la contre-marche, sans qu'il soit nécessaire de faire d'autre signal. Le Général fera seulement celui de resserrer la ligne (5), mouvement qui doit suivre toutes les évolutions, & qui rétablissant l'ordre, dispose les Escadres à de nouveaux mouvements.

(1) Pavillon mi-parti blanc & bleu au petit perroquet.

Pavillon bleu au perroquet d'artimon.

Pavillon 18. à la vergue d'artimon.

(2) Pavillon 5. au petit perroquet.

Pavillon 4. à la vergue d'artimon.

(3) . . . .

(4) Pavillon 4. à la vergue d'artimon.

(5) Pavillon 15. à la vergue d'artimon.

VICE-AMIRAL.		CONTRE-AMIRAL.	
L'Escad. $\frac{V}{t}$ en avant $\frac{V}{v}$.	1. Pavillon mi-parti blanc & bleu au petit perroquet.	1. Pavillon bleu au perroquet d'artimon.	L'Escad. $\frac{C}{m}$ en arriere $\frac{C}{t}$.
Ordre de bataille de l'autre bord.	Pavillon 18. à la vergue d'artimon.	Pavillon 18. à la vergue d'artimon.	Ordre de bataille de l'autre bord.
Forcer de voile en continuant la route. . . .	2. Pavillon 5. au petit perroquet.	2. Pavillon 4. à la vergue d'artimon.	Panne.
Virer par la contre-marche.	3. Pavillon 7. au petit perroquet.	3.	
	4.	4. Pavillon 3. à la vergue d'artimon.	Faire servir.
Resserrer la ligne. . . .	5. Pavillon 15. à la vergue d'artimon.	5. Pavillon 15. à la vergue d'artimon.	Resserrer la ligne.

CHAPITRE XII.

DE L'ORDRE DE RETRAITE ET DE SES MOUVEMENTS.

229. Mettre l'Armée en ordre de Retraite.

E. 101. 104,
F. 118, 119, 120,

L'ARMÉE étant en ordre de bataille, ou sans ordre après le combat, & le Général voulant la faire passer à l'ordre de Retraite, lui fera le signal général de mouvement (1); & lorsqu'il aura été répété, il fera celui de l'ordre de retraite (2). Aussi-tôt le premier Vaisseau de la tête de la ligne qu'on suppose formée, arrivera de 4 rumbs, & sera suivi de la moitié de la ligne en avant du Général, qui parvenu par ce mouvement au sommet de l'angle, donnera la route. Les Commandants d'Escadres observeront tous ses mouvements. Les Vaisseaux des ailes auront une très-grande attention à se tenir exactement dans la ligne du plus près sur laquelle ils doivent être rangés, quelque route que fasse le Général, & de se conserver avec le Vaisseau respectif de l'autre aile, dans la perpendiculaire du vent. Ils mesureront leur voilure sur la marche du Vaisseau qui est à l'extrémité de leur aile, & celui-ci sur la marche du Général, dont il convient plutôt qu'il se laisse approcher que de s'en éloigner en faisant trop de voiles, pour que l'armée reste réunie, & que les Vaisseaux dispersés ou désemparés, puissent suivre & se rallier. Les Vaisseaux des ailes observeront donc de ne se point étendre (3), afin que le Général puisse aussi faire plus facilement repasser l'armée à l'ordre de marche, ou à celui de bataille.

(1) Pavillon 1. au grand perroquet.

(2) Pavillon 11. à la vergue d'artimon.

(3) Pavillon 15. à la vergue d'artimon.

La principale utilité de l'ordre de retraite étant de rassembler sous le vent du Général les Vaisseaux de l'armée, tous les Bâtiments de la suite auront attention à se placer le

plus promptement qu'ils le pourront, à une petite portée
de canon entre les deux ailes fous le vent ; & parvenus à
cette diftance, ils feront la voile néceffaire pour la conferver, fe tenant fur des lignes paralleles aux ailes de l'armée.

Obfervation fur les fignaux dans l'ordre de Retraite. Dans les fignaux de l'ordre de retraite, le mât d'artimon
fera réfervé pour la feconde aile, ou l'aile du Contre-Ami-
ral ou de l'arriere-garde, de même que le mât de mifaine
pour la premiere aile, ou l'aile de l'avant-garde ou du Vice-
Amiral : les fignaux de forcer de voiles, d'en diminuer, de
fe refferrer, de s'étendre, &c, feront donc faits pour les ailes
refpeétives à l'un de ces deux mâts, & à la vergue d'artimon
pour toute l'armée.

	VICE-AMIRAL.	*CONTRE-AMIRAL.*	
Avertiffement général.	{ 1. Pavillon 1. au grand perroquet.	1. Pavillon 1. au grand perroquet. . . . . }	Avertiffement général.
Ordre de retraite. . . .	{ 2. Pavillon 21. à la vergue d'artimon.	2. Pavillon 21. à la vergue d'artimon. . . . . }	Ordre de retraite.
Refferrer les ailes. . . .	{ 3. Pavillon 15. à la vergue d'artimon.	3. Pavillon 15. à la vergue d'artimon. . . . . }	Refferrer les ailes.

230. *Mettre l'Armée en ordre de Retraite, quand le vent change & vient de l'avant.*

E. 103.
F. 121. 122.

LE GÉNÉRAL voulant faire paffer l'armée de l'ordre de
bataille à celui de retraite, le vent venant de l'avant, les
fignaux de mouvement (1) & de retraite (2) étant faits,
le Général fera toujours connoître par quelle aile il veut que
l'évolution commence en mettant au mât refpeétif le pavillon de diftinétion de l'Efcadre qui la doit commencer (3).
L'armée ayant couru en échiquier au plus près pour gagner
les eaux de l'aile qui fe met la premiere en ordre, fi le
Général juge à propos de faire courir l'autre partie de
l'armée, depuis le centre fur l'aire de vent parallele à celui
de la premiere aile, il en fera le fignal (4) au mât convenable.

(1) Pavillon 1. au grand perroquet.
(2) Pavillon 21. à la vergue
d'artimon.
(3) Pavillon mi-parti blanc &
bleu au petit per-
roquet,
ou
Pavillon bleu
au perroquet
d'artimon.
(4) Pavillon de diftinction de
l'aile,
&
Pavillon 11.
au mât refpeétif.

VICE-AMIRAL.	CONTRE-AMIRAL.	
Avertiſſement général. { 1. Pavillon 1. au grand perroquet.	1. Pavillon 1. au grand perroquet. . . . . } Avertiſſement général.	
Ordre de retraite . . . { 2. Pavillon 21. à la vergue d'artimon.	2. Pavillon 21. à la vergue d'artimon. . . . . . . } Ordre de retraite.	
L'avant-garde com-mençant le mouve-ment. . . . . { 3. Pavillon mi-parti blanc & bleu au petit perro-quet.	3. Pavillon bleu au perro-quet d'artimon. . . . . } L'arriere-garde com-mençant le mouve-ment.	
Faire arriver l'avant-garde parallélement. . { 4. Pavillon mi-parti blanc & bleu au petit perro-quet. Pavillon 11. au petit perroquet.	4. Pavillon bleu au perro-quet d'artimon . . . . Pavillon 11. au perroquet d'artimon. . . . . . . } Faire arriver l'arriere-garde parallélement.	

231. *Mettre l'Armée en ordre de Retraite quand le vent change & vient de l'arriere.*

E. 103.
F. 123.

LE GÉNÉRAL voulant mettre ſon armée en ordre de retraite, & le vent étant venu de l'arriere de quatre rumbs au plus, les ſignaux de mouvement (1) & de retraite (2) ayant été faits, le Vaiſſeau de la tête de l'avant-garde courra dans l'aire de vent ſur lequel la premiere aile, dont il eſt, doit être rangée. Le Vaiſſeau du centre étant parvenu dans ſes eaux, & le Général voulant alors faire vent arriere, & établir l'ordre réguliérement, le ſignal en ſera fait par celui de l'aire de vent (3) ſur lequel l'armée doit courir. Cepen-dant il fera, s'il eſt néceſſaire, ſignal à la ſeconde aile de forcer de voile, ce qu'elle fera ſucceſſivement à commencer par le premier Vaiſſeau de l'extrémité de l'aile, afin de prendre & de conſerver les diſtances.

(1) Pavillon 1. au grand perro-quet.

2. Pavillon 21. à la vergue d'artimon.

(3) Signal d'aire de vent. Art. 89.

VICE-AMIRAL.	CONTRE-AMIRAL.	
Avertiſſement général. { 1. Pavillon 1. au grand perroquet.	1. Pavillon 1. au grand perroquet. . . . . } Avertiſſement général.	
Ordre de retraite. . . . { 2. Pavillon 21. à la vergue d'artimon.	2. Pavillon 21. à la vergue d'artimon. . . . . . . } Ordre de retraite.	
Arriver vent arriere . . { 3. Signal d'aire de vent, art. 89.	3. Signal d'aire de vent, art. 89. . . . . } Arriver vent arriere.	

232.

232. *Rétablir l'ordre de retraite quand le vent change.*

E. 104.
F. 124. 125.

LE CHANGEMENT du vent ne doit rompre l'ordre de retraite que quand il eſt conſidérable, parce que les Vaiſſeaux des extrémités des ailes doivent toujours obſerver de ſe tenir, relativement au centre, dans les lignes qui établiſſent l'ordre. Mais cet ordre étant rompu, le Général fera ſignal de le rétablir, en faiſant préciſément celui de mouvement général à exécuter (1); & s'il a déja le pavillon d'ordre de retraite, il le fera amener pour le hiſſer une ſeconde fois (2); & les Vaiſſeaux de l'armée manœuvreront en conſéquence.

(1) Pavillon 1. au grand perroquet.
(2) Pavillon 21. à la vergue d'artimon.

Si le vent change conſidérablement, ſoit qu'il vienne du dedans de l'angle, ſoit qu'il n'en vienne pas, le Général voulant conſerver l'ordre de retraite, & l'établir ſur le changement de vent, fera le ſignal d'un mouvement à exécuter (1) & celui d'ordre de retraite (2). Et après que ces ſignaux auront été répétés, il fera celui de tenir le vent (3) à l'aile par laquelle il veut que le mouvement commence; auſſi-tôt le premier Vaiſſeau de ladite aile tiendra le vent en dehors de l'angle de retraite, ſi le vent vient du dehors de l'angle; & en dedans, ſi le vent vient du dedans; & tous les Vaiſſeaux de l'armée mettront le cap dans la ligne ſur laquelle leur aile eſt rangée pour courir dans les eaux l'un de l'autre, & rétablir l'angle de retraite. Le Général (A) parvenu dans les eaux de l'aile qui vient de ſe former, lui fera ſignal d'arriver de quatre rumbs ſur la ligne du plus près ſous le vent (4); enfin quand le Général ſera parvenu au ſommet de l'angle de retraite, il fera les ſignaux de route.

(3) Pavillon 10. au petit perroquet, ou au perroquet d'artimon.

(4) Pavillon 11. au petit perroquet, ou au perroquet d'artimon.
Flamme particuliere du premier Vaiſſeau de l'aile.

VICE-AMIRAL.		*CONTRE-AMIRAL.*	
Avertiſſement général.	{ 1. Pavillon 1. au grand perroquet.	1. Pavillon 1. au grand perroquet. . . . . }	Avertiſſement général.
Ordre de retraite. . . .	{ 2. Pavillon 21. à la vergue d'artimon.	2. Pavillon 21. à la vergue d'artimon. . . . . . . }	Ordre de retraite.
L'avant-garde commençant le mouvement.	{ 3. Pavillon 10. au petit perroquet.	3. Pavillon 10. au perroquet d'artimon. . . . . }	L'arriere-garde commençant le mouvement.

	VICE-AMIRAL.	CONTRE-AMIRAL.	
L'avant-garde fe rangeant fur la ligne de retraite.	{ 4. Pavillon 11. au petit perroquet. Flamme particuliere du premier Vaiffeau de l'aile.	4. Pavillon 11. au perroquet d'artimon. . . . . Flamme particuliere du premier Vaiffeau de l'aile.	} L'arriere-garde fe rangeant fur la ligne de retraite.

233. Changer l'ordre de retraite en ordre de bataille.

E. 105.
F. 126.

LE GÉNÉRAL voulant faire paffer l'armée de l'ordre de retraite à celui de bataille, fera le fignal de mouvement général & celui d'ordre de bataille (1); & pour faire connoître à l'armée fur quel bord il veut fe mettre en bataille, il mettra au mât d'avant le pavillon de diftinction (2) de l'Efcadre qui doit faire l'avant-garde; auffi-tôt le premier Vaiffeau de cette aile tiendra le vent, & toute l'aile, le Vaiffeau du centre compris, mettra le cap dans la ligne fur laquelle elle eft rangée; l'autre aile courra tout enfemble en échiquier (3) fur les paralleles de l'aile de l'avant-garde pour fe rendre en même temps & venir enfemble au lof (4) dans les eaux de la ligne qui fe forme. Le Général fera fignal de refferrer la ligne (5), & tous les bâtiments de la fuite de l'armée fe rangeront à leur pofte.

(1) Pavillon 1. au grand perroquet.
(2) Pavillon 17. à la vergue d'artimon.
(2) Pavillon mi-parti blanc & bleu au petit perroquet,
ou
Pavillon bleu au petit perroquet.
(3) Pavillon 12. au perroquet d'artimon.
(4) Pavillon 10. à la vergue d'artimon.
(5) Pavillon 15. à la vergue d'artimon.

	VICE-AMIRAL.	CONTRE-AMIRAL.	
Avertiffement général.	{ 1. Pavillon 1. au grand perroquet.	1. Pavillon 1. au grand perroquet.	} Avertiffement général.
Ordre de bataille. . . .	{ 2. Pavillon 17. à la vergue d'artimon.	2. Pavillon 17. à la vergue d'artimon.	} Ordre de bataille.
Le Vice-Amiral faifant l'avant-garde.	{ 3. Pavillon mi-parti blanc & bleu au petit perroquet.	3. Pavillon bleu au petit perroquet.	} Le Contre-Amiral faifant l'avant garde.
Tenir le vent.	{ 4. Pavillon 10 à la vergue d'artimon.	4. Pavillon 10. à la vergue d'artimon.	} Tenir le vent.
Refferrer la ligne. . . .	{ 5. Pavillon 15 à la vergue d'artimon.	5. Pavillon 15. à la vergue d'artimon.	} Refferrer la ligne.

234. *Changer l'ordre de retraite en ordre de marche sur trois colonnes.*

E. 106.
F. 117.

L'ARMÉE étant en ordre de retraite, & le Général voulant la mettre en ordre de marche sur trois colonnes, la préviendra de cette évolution par le signal d'avertissement de mouvement, & par celui d'ordre de marche sur trois colonnes (1). Il se servira ensuite du pavillon de distinction du Vice-Amiral ou du Contre-Amiral (2) pour faire connoître laquelle des deux Escadres doit faire l'avant-garde, l'autre faisant alors l'arriere-garde. Et ces signaux répétés, il fera signal à l'armée d'arriver sur la perpendiculaire du vent (3), afin de la mieux rassembler. A ce signal les Vaisseaux de l'extrémité des ailes s'étant relevés dans la perpendiculaire du vent, mettront en panne présentant le cap à l'aire de vent sur lequel l'armée doit courir, & tous les Vaisseaux de chaque aile de l'armée courant vent arriere, viendront se mettre successivement en panne sur la même perpendiculaire déterminée par les extrêmités. Tous les Vaisseaux y étant parvenus, le Général fera servir (4) ; & après que les Vaisseaux auront assez couru dans la perpendiculaire pour avoir pris un peu d'erre, il remettra le pavillon d'ordre de marche (5) du même bord. Aussi-tôt le chef de file de chacun des trois corps viendra au lof, suivi de ceux qui doivent former la même colonne, & qui tiendront le vent quand ils seront parvenus dans les eaux de leur tête. La colonne du vent observera dans cette évolution de forcer de voile, celle du milieu conservera une voilure convenable, & celle de sous le vent fera le moins de voile qu'il sera possible, afin que les chefs de file puissent se mettre promptement par le travers l'un de l'autre (6).

L'armée étant en panne ou courant sur la perpendiculaire du vent, si le Général, suivant les circonstances, veut éviter, en établissant l'ordre de marche, que l'avant-garde soit sous le vent, ou de renverser l'ordre de la tête & de la queue des

(1) Pavillon 1. au grand perroquet.
Pavillon 17. à la vergue d'artimon.

(2) Pavillon mi-parti blanc & bleu, au petit perroquet.
ou
Pavillon bleu au petit perroquet.

(3) Pavillon 19. à la vergue d'artimon.

(4) Pavillon 5. à la vergue d'artimon.

(5) Pavillon 1. 17. ou 18. à la vergue d'artimon.

(6) : . . . .

colonnes, alors il mettra le pavillon d'ordre de marche de l'autre bord (5), & auffi-tôt le chef de file de chaque colonne donnera vent devant, & fera fuivi de fa colonne qui virera dans fes eaux par la contre-marche.

(5) Pavillon 1, 17 ou 18. à la vergue d'arti-mon.

VICE-AMIRAL.		CONTRE-AMIRAL.
Avertiffement général.	1. Pavillon 1. au grand perroquet.	1. Pavillon 1. au grand perroquet. . . . . Avertiffement général.
Ordre de marche fur trois colonnes. . . .	Pavillon 17. à la vergue d'artimon.	Pavillon 17. à la vergue d'artimon. . . . . . Ordre de marche fur trois colonnes.
Le Vice-Amiral devant faire la colonne du vent.	2. Pavillon mi-parti blanc & bleu au petit perroquet.	2. Pavillon bleu au petit perroquet. . . . . . Le Contre-Amiral devant faire la colonne du vent.
Arriver fur la perpendiculaire.	3. Pavillon 19. à la vergue d'artimon.	3. Pavillon 19 à la vergue d'artimon. . . . . . . Arriver fur la perpendiculaire.
Faire fervir dans la perpendiculaire.	4. Pavillon 3. à la vergue d'artimon.	4. Pavillon 3. à la vergue d'artimon. . . . . . . Faire fervir dans la perpendiculaire.
Ordre de marche de même bord.	5. Pavillon 17 à la vergue d'artimon.	5. Pavillon 17. à la vergue d'artimon. . . . . . . Ordre de marche de même bord.
	ou	*ou*
Ordre de marche de l'autre bord.	Pavillon 18. à la vergue d'artimon.	Pavillon 18. à la vergue d'artimon. . . . . . Ordre de marche de l'autre bord.
Forcer de voile, fi l'Efcadre *V* fait la colonne du vent.	6. Pavillon 5. au petit perroquet.	6. Pavillon 6. au perroquet d'artimon. . . . . Faire très-petites voiles, fi l'Efcadre *C* doit être fous le vent.
	ou	*ou*
Faire très-petites voiles fi l'Efcadre *V* doit être fous-le-vent.	Pavillon 6. au petit perroquet.	Pavillon 5. au perroquet d'artimon. . . . . . . Faire de voile, fi l'Efcadre *C* fait la colonne du vent.

CHAPITRE XIII.

De quelques Évolutions et Manœuvres particulieres.

235. *Ordre d'une Armée qui croise en gardant un Parage.*

L'ORDRE le plus convenable à une armée qui est en croisiere, ou qui garde un parage, est celui de marche sur trois ou sur six colonnes. Le Général, pour déterminer ses routes, se proposera le centre du parage comme un point fixe, d'où il étendra plus ou moins ses bordées, pour découvrir & garder plus ou moins de mer, soit qu'il attende quelque flotte qu'il doive protéger, soit qu'il attende l'ennemi qu'il veut combatre, ou qu'il veuille avoir connoissance de ses mouvemens pour l'éviter. Dans tous ces cas, il est à propos que les trois différens corps de l'armée en ordre de marche soient rangés dans leur ordre naturel, afin que si l'ennemi paroît, ils puissent se mettre plus promptement en bataille. Quel que soit cependant l'objet qui oblige à croiser dans un parage déterminé, le Général doit avoir au vent & sous le vent des Frégates de découverte qui se conservant à vue l'une de l'autre, & occupant beaucoup de terrein, transmettront par les signaux, & en se repliant vers l'armée, les connoissances qu'il sera important de faire passer au Général.

236. *Partager l'Armée en deux corps, ou mettre l'Armée sur deux colonnes ; & représentation d'un Combat.*

Le Général se proposant de mettre son armée sur deux colonnes, soit pour la marche & continuer sa route, soit pour la faire croiser ainsi partagée en gardant un passage, soit enfin dans la vue de l'exercer en feignant un combat; & pour l'accoutumer à manœuvrer dans cette importante circonstance, il la préviendra premiérement par les signaux de mouvement & d'ordre de marche (1). Quel que soit l'objet du Général en mettant l'armée sur deux colonnes, si les Vaisseaux qui doivent former chacune d'elles, n'ont pas été précédemment nommés, une des colonnes comprendra les Vaisseaux depuis la tête jusqu'au centre, l'autre colonne sera formée des Vaisseaux depuis le centre jusqu'à la queue. Et le Général, qui dans le mouvement passera au centre ou à la tête d'une des deux colonnes, fera en même temps connoître par les signaux ordinaires de manœuvres, s'il veut que la colonne qu'il commande soit au vent ou sous le vent. Ainsi supposant que les Escadres sont rangées dans leur ordre naturel ; si la colonne qui comprendra celle du Vice-Amiral doit rester au vent, alors le Général fera à l'armée signal de panne (2); cependant il fera à la colonne du centre signal d'exécution particuliere qu'il accompagnera du signal de se partager en deux (3). Aussi-tôt la partie de l'avant donnera tout ensemble vent devant pour gagner les eaux de la colonne du vent & y revirer, & celle de l'arriere arrivera d'elle-même de deux rumbs pour faire l'avant-garde de la colonne de sous le vent. Les Généraux de ces deux parties en pourront faire les signaux particuliers.

Si le Général veut au contraire que la premiere moitié de l'armée fasse la colonne de sous le vent, il formera premiérement l'ordre de bataille (*E.* 87. *S.* 209. *F.* 99), & il fera ensuite signal de partager l'armée en deux, & en même

(1) Pavillon 1. au grand perroquet.
Pavillon 18. à poupe.

(2) Pavillon 4. à la vergue d'artimon.

(3) Pavillon 1. au grand perroquet.
Pavillon 18. à poupe.

temps à la partie de l'avant fignal d'arriver (4), ce qu'elle fera d'un rumb à très-petites voiles, tandis que celle de l'arriere en forcera (5) pour la doubler.

(4) Pavillon 11. au petit perroquet.
Pavillon 18. à pouppe.
(5) Pavillon 6. au petit perroquet.
Pavillon 5. au perroquet d'artimon.

Naumachie, ou repréfentation d'un combat.

Les deux armées étant en préfence commenceront le fimulacre de combat, lorfque le Général en fera les fignaux, qui feront ceux de préparation de combat & les autres deftinés pour cette occafion. On ne doit point négliger de dire ici qu'une des manœuvres principales, dans la repréfentation d'un combat, eft pour l'armée du vent de s'exercer à arriver en dépendant fur une même ligne droite parallele à l'ennemi & fans fe rompre, préfentant toujours l'épaule & la plus grande partie du flanc fi l'ennemi ne fuit pas; car s'il attend en bon ordre, & que l'armée du vent préfente trop l'avant, elle peut effuyer plufieurs bordées confécutives, fans pouvoir y répondre, & être non-feulement défemparée, mais fouffrir une grande perte fans qu'elle ait prefque combattu. Elle ne doit donc préfenter l'avant qu'à l'armée qui plie & qui fuit. De même l'armée de fous le vent ou une de fes Efcadres ayant à virer tout enfemble en échiquier ou par la contre-marche pour s'élever, traverfer, ou couper l'armée du vent, ne doit point tenter cette manœuvre fous le feu de l'armée du vent, ni lui préfenter tout l'avant en l'approchant, fi ce n'eft pour peu de temps, & immédiatement après en avoir effuyé une bordée, mais la prolonger un peu en lui préfentant l'épaule & la plus grande partie de fon côté pour répondre à fon feu.

Obfervation fur les fignaux dans l'ordre fur deux colonnes.

Les deux armées obferveront à l'égard des fignaux, que dans le deffein que le Général pourra avoir de faire manœuvrer les deux colonnes, il fera les fignaux au mât d'avant pour la colonne ou la ligne du vent, & au mât d'artimon pour celle de fous le vent. Mais dans la repréfentation du combat, où chaque ligne pourra être fuppofée partagée en trois corps, il fe fervira des fignaux généraux, avec cette diftinction que ceux qu'il fera avec fon pavillon de pouppe s'adrefferont à fon corps d'armée, & que ceux qu'il fera ayant à pouppe le pavillon de nation de l'armée qu'il feint de combattre, feront pour celle-ci; & le Général qui la commande, fera enfuite chargé de leur exécution. Cependant fi le Général ne fait point à cette armée les fignaux particuliers de mouvement, mais feulement celui d'exécution particuliere, le Général ennemi fera averti qu'il pourra manœuvrer comme il le jugera à propos. Enfin l'armée fera prévenue que les fignaux que le Général fera après avoir fait celui de ceffer le combat, & avoir amené fon pavillon de pouppe, regarderont tous les Vaiffeaux de l'armée fans exception; le Général les fera enfuite rallier & paffer à l'ordre qui conviendra.

Il eft inutile, après l'application que l'on a faite des fignaux aux évolutions précédentes, d'entrer ici dans le détail des fignaux des deux colonnes.

237. *Ordre d'une Armée qui croife, & qui garde un paffage.*

E. 107.
F. 128.

LORSQUE le Général fera obligé de partager fon armée en deux pour garder un paffage, il aura précédemment appellé les Officiers Généraux & les Capitaines Commandants pour tenir confeil de guerre, & pour leur donner toutes les inftructions que cette circonftance exige. L'armée partagée s'obfervera de maniere qu'elle puiffe fe réunir & fe mettre en ligne le plus promptement qu'il fe pourra; & pour cela les deux parties de l'armée ne fe perdront point de vue, afin que l'ennemi qui pourroit fe préfenter en force ne puiffe pas attaquer une partie dépourvue du fecours de l'autre. Pour prévenir toute furprife le Général aura au moins trois croifeurs qui courront bord fur bord du côté d'où l'on attend l'ennemi; ils fe tiendront éloignés de deux lieues ou à peu-près l'un de l'autre, & le dernier à même diftance de l'armée, enforte qu'ils occuperont au moins fix lieues de mer vers l'ennemi. Ces croifeurs fe replieront, les plus avancés fur les feconds s'il eft néceffaire, & ils feront paffer les avis au Général par les fignaux ou par eux-mêmes, fuivant la conféquence de l'objet.   Les

Les deux parties de l'armée obſerveront encore, autant qu'il ſe pourra, de ne point approcher aſſez de terre pour en être apperçues; elles manœuvreront cependant, de ſorte qu'il y ait toujours une partie au vent de l'ennemi qui paſſeroit; elles ſe ſerviront dans leurs mouvements des ſignaux généraux; elles navigueront encore de maniere à ſe rencontrer tous les jours en un point déterminé; & lorſqu'elles ſe ſépareront, il reſtera entr'elles quelques Frégates pour la communication des ordres, des avis, & des ſignaux de jour ou de nuit. C'eſt dans ce dernier cas que les ſignaux particuliers & les mots de reconnoiſſance doivent être très-ſecrets & changer dans un ordre qui ne ſoit connu que du Capitaine. Il eſt inutile d'avertir que dans cette ſorte de croiſiere les Vaiſſeaux doivent toujours être préparés au combat.

238. *Ordre d'une Armée qui force un Paſſage.*

E. 108.
F. 129. 130.

Le Général ne prendra point la réſolution de forcer un paſſage ſans s'être préparé au combat, & ſans avoir prévenu ſes Capitaines de la manœuvre qu'il prévoit qu'il aura à exécuter, ſi l'ennemi eſt de l'autre côté du paſſage ou s'il n'y eſt pas; & de la maniere dont il veut tenter de forcer ce paſſage, ſoit en rangeant l'armée ſur les côtés d'un angle obtus, dont il fera le ſommet, faiſant pénétrer les ailes les premieres, ce qui répond à l'ordre de retraite; ſoit en renverſant cet angle, & marchant le premier ſuivi de ſes deux ailes, ce qui répond au troiſieme ordre de marche. Dans l'un & l'autre cas, les Bâtiments de charge & de convoi, les Brûlots, les Galiotes & les Frégates ſeront entre les deux ailes, à l'exception des Chaſſeurs qui ſeront en avant. Le Général ſe ſervira des ſignaux d'un des deux angles obtus, (S. 136, 229) pour déſigner l'ordre ſur lequel l'armée doit être rangée. Les ſignaux de forcer ou de diminuer de voile qui regarderont les ailes, ſeront faits au petit perroquet ou au perroquet d'artimon ſous le pavillon de diſtinction du Général qui y commandera. Les ſignaux de la vergue d'ar-

P p

timon regarderont toute l'armée. Les Commandants d'Efcadre & les Chefs de Division, de même que le premier Vaiffeau de l'extrémité de chaque aile, feront extrêmement attentifs à l'ordre & aux fignaux. De quelque maniere que la
manœuvre s'exécute en forçant le paffage, les Vaiffeaux qui
y pénétreront les premiers feront un peu moins de voile que
ceux qui les fuivent, fur-tout fi l'ennemi attend l'armée de
l'autre côté du détroit pour la combattre, ou s'il a des ports
dans le paffage, d'où il puiffe faire fortir des Vaiffeaux pour
couper ceux de la queue ou de l'arriere de l'armée. Mais hors
ces deux cas, où le parage n'eft pas libre, toute l'armée peut
forcer de voile, & elle en diminuera pour fe rallier lorfque
le paffage fera forcé. L'armée obfervera encore, qu'au fignal
que le Général pourra lui faire de fe refferrer, les extrémités
des ailes fe replieront un peu en dedans de l'angle en fe rapprochant. Mais lorfque le paffage fera forcé, l'armée doit
d'elle-même rétablir l'ordre, les Vaiffeaux des extrémités
reprenant leurs diftances.

CHAPITRE XIV.

DES SIGNAUX DE NUIT.

SECTION I.

Avertiffements & Signaux fans voile & à l'ancre.

---

239. *Avertiffements fur les Signaux de nuit.*

Attentions fur les Signaux. QUELQUE attention que les Capitaines portent à leur manœuvre, & à conferver l'ordre, ils doivent la redoubler pendant la nuit, pour bien obferver les Signaux, & afin que l'armée fe trouvant réunie au jour, ait moins de peine & perde moins de temps à fe mettre en ligne, fi l'on apperçoit l'ennemi.

Les fignaux de brume (*Chap.* 5) peuvent fervir la nuit dans les évolutions ou dans les circonftances qui font les mêmes que celles où l'on a fait ufage d'autres fignaux. Mais en général on n'emploie la nuit que les fufées & les fanaux avec quelques coups de canon pour faire obferver & diftinguer les fignaux. Cependant le Général comptant fur l'attention des Capitaines, fe difpenfera quelquefois de faire des fignaux qui pourroient être entendus ou apperçus de loin; plufieurs raifons peuvent l'y déterminer.

Choix des fignaux, & diftinction par les fignaux. Pour laiffer au Général le choix des fignaux, on a combiné ceux dont on a fait ufage, de maniere que le nombre des fanaux eft dans chaque fignal égal au nombre des fufées qu'on pourroit y fubftituer, obfervant que,

Fanaux & fufées; leur rapport. Les *fanaux* placés aux *haubans du perroquet d'artimon*, répondent aux *fufées en ferpentaux*.

P p ij

Les *fanaux* placés aux *haubans du grand mât de hune*, répondent aux *fufées en étoiles*.

Les *fanaux* placés aux *haubans du petit mât de hune*, répondent aux *fufées en pluie*.

On a en même temps affecté l'ufage d'un mât pour les fanaux ; & celui d'une efpece différente de fufée à chaque Officier Général pour certains cas feulement, où il eft plus effentiel de faire connoître l'Efcadre qui manœuvre, ou qui fait des fignaux. Ainfi,

Les *fufées en étoiles* feules, & les *feux* aux feuls *haubans du grand mât de hune*, regardent *l'Efcadre du Général*.

Les *fufées en pluie* feules, & les *feux* aux feuls *haubans du petit mât de hune*, regardent *l'Efcadre du Vice-Amiral de l'armée*.

Les *fufées en ferpentaux* feules, & les *feux* aux feuls *haubans du perroquet d'artimon*, regardent *l'Efcadre du Contre-Amiral de l'armée*.

Cependant les fanaux combinés en quelque nombre que ce foit, ou l'envoi d'un nombre refpectif de fufées de différentes garnitures, regarderont également une, deux Efcadres, ou toute l'armée.

Les Officiers de quart font avertis de porter une grande attention à l'obfervation des fignaux, & à ne point juger de leur expreffion fans confulter la table des fignaux.

240. *Diftinction & diftance dans la pofition des Fanaux, dans l'envoi des Fufées, & dans les coups de canon de fignaux.*

Pour rendre la connoiffance des fignaux plus diftincte, & éviter, autant qu'il fe pourra, leur confufion, les Officiers de quart chargés de leur exécution feront les attentions fuivantes.

Fanaux.

Les fanaux mis aux mâts feront toujours placés les uns au-deffus des autres à la diftance d'une braffe, pour qu'on puisse en distinguer aisément le nombre; ils seront encore placés, le plus haut qu'il se pourra, suivant leur nombre, afin que s'il n'y en a qu'un ou deux, ils ne puissent être pris pour des feux à pouppe, au bâton d'enseigne ou sur le beaupré.

Le Général éteindra même, s'il est nécessaire, ses feux de hune dans les cas où on pourroit les confondre avec ceux des haubans.

Les voiles qui pourroient cacher les fanaux aux répétiteurs seront amenées suivant la conséquence du signal.

Fusées. A l'égard des fusées, on enverra successivement & le plus promptement qu'il se pourra, celles d'une même garniture, observant de les tirer toujours dans l'ordre où elles sont portées dans la table des signaux.

On s'assurera de leur direction au moyen d'un chevalet ou montant, auquel on appliquera une tringle mobile, afin d'éviter la rencontre des voiles. Les fusées seront tirées sous le vent.

Pour obvier aux méprises, les cartouches des fusées seront marquées de la garniture de leur pot, de même que les caisses où elles seront rangées, chaque caisse n'en contenant que d'une seule espece.

Fanaux & fusées; on les employera quelquefois ensemble. L'éclat des fusées étant trop passager, & les fanaux offrant l'usage de feux permanents, on pourra, suivant les circonstances, exprimer le même ordre par ces deux moyens réunis.

Canon. Le canon sera tiré avec plus ou moins de précipitation dans la suite des coups; & cette différence de temps jointe à la combinaison du nombre, diversifiera beaucoup celui des signaux que l'on peut faire avec un assez petit nombre de coups.

On mettra un intervalle de 4 à 5 secondes entre les coups tirés coup sur coup.

Douze à quinze secondes entre les coups tirés lentement.

Trente secondes entre ceux qui doivent être distingués par une distance plus sensible.

On consultera la table des signaux de canon pour l'intelligence de ces expressions; & il sera bon d'exercer les Canonniers à brûler des fufées d'amorce, pour les accoutumer à la précifion & à l'exactitude que demandent les fignaux de canon.

241. *Répétition des Signaux.*

LES SIGNAUX de nuit fe répéteront & feront tranfmis, comme il a été dit des fignaux de jour (art. 8); & les fignaux répétés feront de même genre que ceux du Général; c'eft-à-dire, que le Général ayant fait des fignaux de fanaux, ils feront répétés avec des fanaux, de même avec des fufées, s'il en a employé.

Les fignaux ne feront répétés que deux ou trois minutes après l'exécution du Vaiffeau qui les aura faits pour les tranfmettre.

Les répétiteurs tiendront toujours paré tout ce qui peut être la matiere des fignaux de nuit, qui demandent dans leur exécution encore plus d'exactitude que les fignaux de jour.

242. *Feux de diflinction.*

LE GÉNÉRAL portera quatre feux, favoir, trois à pouppe, & un à la grande hune pour la commodité de la navigation (1). (1) Signal 216. Feux.

Le Commandant de l'avant-garde & celui de l'arriere-garde porteront chacun trois feux à pouppe (2). (2) Signal 217. Feux.

Le Vice-Amiral & le Contre-Amiral de chacun des trois corps de l'armée pourront porter deux feux à pouppe pour les diftinguer (3). (3) Signal 218. Feux.

Et tous les autres Vaiffeaux de l'armée, tant de guerre que de fuite, n'en pourront porter qu'un feul (4). (4) Signal 219. Feux.

243. *Faire obferver le Signal.*

LE GÉNÉRAL tirera un coup de canon pour faire obferver le fignal (1). Et fi l'on ne l'obferve point encore, ou fi l'exécution de l'ordre eft preffée, il en tirera deux coup fur coup (2). (1) Signal 1. Canon. (2) Signal. 2. C.

L'armée eſt avertie que lorſque le Général déterminé par quelque circonſtance, ne voudra pas employer les coups multipliés de canon qui accompagnent quelques ſignaux, il ne fera quelquefois uſage que des deux précédents ; le premier pour avertiſſement ; & le ſecond pour exécution de mouvement ; & ils ne feront point répétés.

244. *Approuver : Refuſer.*

Un SIGNAL s'étant adreſſé au Général, il fera connoître par un ſignal d'approbation (1) ou de refus (2) ce qu'il ordonne ſur l'exécution de l'objet du ſignal.

(1) Signal 56. F.
(2) Signal 55. F.

245. *Annuller un Signal.*

Le SIGNAL d'annuller (1) détruira abſolument l'ordre ou le mouvement exprimé par le ſignal qui aura précédé immédiatement, enſorte que ce premier ſignal reſtera ſans aucune exécution.

(1) Signal 11. F.
Signal 38. C.

246. *Faire connoître que le Signal eſt parvenu juſqu'aux extrémités de la ligne.*

La RÉUNION de l'armée étant une ſuite de la conſervation de l'ordre, de l'obſervation des ſignaux & de l'exécution exacte des mouvements. Le premier & le dernier Vaiſſeau de l'armée, lorſqu'elle ſera en ligne, ou des colonnes, lorſqu'elle ſera en ordre de marche, feront toujours connoître au Général que le ſignal leur eſt parvenu (1,2), & qu'ils ont exécuté le mouvement que le ſignal du Général exprime.

(1) Signal 2; 7, 12, F.
Signal 1. C.
(2) Signal 3, 8, 13. F.
Signal 3. C.

Les Vaiſſeaux de l'armée, autres que ceux des extrémités de la ligne ou des colonnes auxquels il aura été fait un ſignal, pourront y répondre par la répétition du ſignal, ou par un ſignal d'exécution particuliere qui ſera propre à leur Eſcadre (3), ſans joindre le feu du canon à ce dernier.

(3) Signal 1, 6, 11. F.

247. *Connoître l'étendue de l'Armée.*

QUOIQUE le Général ait toujours un moyen de connoître l'étendue de la ligne ou des colonnes par la répétition des fignaux, & par celui de fignal apperçu fait par les extrémités; s'il n'a point d'autre objet préfent que de favoir fi l'armée eft raffemblée ou trop étendue, il pourra en faire un fignal particulier (1), qui ne fera répété que par les feuls Commandants d'Efcadre; & les Vaiffeaux des extrémités faifant à la vue de ce fignal celui de fignal apperçu qui leur eft propre, il fera cenfé que ceux qui ne répondront point feront trop écartés.

(1) Signal 116. Feux.

248. *Avertiffement général de mouvement.*

POUR que l'armée ait le temps de fe difpofer à un mouvement, le Général la préviendra toujours par un fignal d'avertiffement (1), qui précédera d'une demi-horloge le fignal de mouvement.

(1) Signal 91. F. Ce fignal pourra être accompagné d'un ou de plufieurs coups de canon.

Il n'y aura qu'un feul fignal général d'avertiffement; mais comme il fera quelquefois accompagné de coups de canon, il fera alors différentié, fuivant fon objet, par le nombre & la maniere de tirer les coups. L'on obfervera donc que fi l'on joint du canon aux fignaux d'exécution de mouvement indiqués par des fanaux ou par des fufées, on tirera le même nombre de coups, & de la même maniere que dans le fignal d'avertiffement fait pour ce mouvement. Ainfi les fignaux fe confirmeront réciproquement, le fignal d'avertiffement de canon, faifant connoître d'avance l'efpece de mouvement à exécuter enfuite.

Quoique l'on dife qu'il n'y aura qu'un feul fignal général d'avertiffement, cependant celui (2) de faire allumer un feu à tous les Vaiffeaux de l'armée, fervira quelquefois d'avertiffement.

(1) Signal 15. 210. F.

249.

249. *Avertissement d'Exécution particuliere.*

Le Général ayant fait le signal d'Exécution particuliere pour toute l'armée (1), les Commandants d'Escadre seront prévenus qu'ils sont chargés chacun en particulier de faire les signaux pour l'exécution du mouvement dont le signal doit suivre.

Et si le Général juge à propos qu'une seule Escadre exécute un mouvement, il en fera le signal particulier (2), & le Commandant de l'Escadre avertie, sera chargé personnellement des signaux qui concernent ce mouvement auquel les autres Escadres n'auront point égard.

Savoir { Escadre du Général. . . . . Signal 4. F.
Escadre du Vice-Amiral. . . . . Signal 9. F.
Escadre du Contre-Amiral. . . . . Signal 14. F.

Enfin, si le Général veut que deux Escadres fassent ensemble un mouvement auquel la troisieme n'aura point de part, il le fera connoître par un autre signal, (3).

Savoir { Exécution particuliere des Escadres du Général & du Vice-Amiral. . . . . Signal 17. F.
Exécution particuliere des Escadres du Général & du Contre-Amiral. . . . . Signal 32. F.
Exécution particuliere des Escadres du Vice-Amiral & du Contre-Amiral. . . . . Signal 72. F.

250. *Désignation particuliere des Généraux.*

Dans les cas où le Général de l'armée voudra désigner particuliérement un des Généraux, auquel il veut que l'ordre ou le mouvement se rapporte, il le fera connoître par un signal (1) affecté à ce seul usage. Ainsi, par exemple, s'il vouloit que les Chaloupes armées s'assemblassent à bord d'un pavillon, il le désigneroit par ce signal; il s'en serviroit de même s'il vouloit lui parler, ou faire manœuvrer son Escadre, en se servant ensuite du signal propre.

(1) Signal 122. Feux,

(2)

(3)

(1) Signal 5; 10, 15. F.

Q q

251. *Avertir de ne se point servir de canon dans les Signaux ordinaires.*

LE GÉNÉRAL ayant des raisons de ne point tirer de canon, fera connoître à l'armée par un signal particulier (1), qu'il en interdit l'usage pendant la nuit, à moins d'une né- cessité absolue; cependant il pourra tirer autant de coups de fusil qu'il auroit tiré de coups de canon, les simples amorces pouvant n'être pas assez bien apperçues dans une armée qui occupe beaucoup de terrein.

(1) Signal 10, Feux.

Le même signal est un avertissement aux Capitaines de serrer la ligne ou les colonnes le plus qu'il sera possible.

252. *Avertir qu'on ne se serve point de fusées dans les Signaux.*

LES CIRCONSTANCES pouvant obliger le Général à faire les signaux de mouvement sans envoyer de fusées, parce que leur élévation & leur éclat pourroient faire dé- couvrir la marche de l'armée, le Général fera alors les signaux avec les seuls fanaux. Et les signaux devant être répétés (*art.* 241) de la même maniere que le Général les a faits, les répétiteurs & autres Vaisseaux sont avertis de ne point employer de fusées dans leurs signaux, tant que le Général n'en aura point fait usage le premier.

253. *Avertir de se servir des Signaux de brume.*

LE GÉNÉRAL jugeant à propos de se servir des signaux de brume dans les mouvements qui en sont susceptibles, l'armée en sera prévenue par le signal général d'avertisse- ment pour le temps de brume, ou par un autre signal par- ticulier (1) si la transparence de l'air le permet encore. Et les Vaisseaux donneront toute leur attention à l'exécution des signaux, & des mouvements d'où dépendent la réunion de l'armée.

(1) Signal 16, Feux.
Signal 12, Brume.

254. *Avertir l'Armée que l'on manœuvrera fans Signaux.*

Le Général voulant faire fes routes de nuit, & manœuvrer fans fignaux, en préviendra l'armée (1), pour
qu'elle redouble fon attention. Les Vaiffeaux de la tête diminuant leur voilure d'un degré, la queue l'augmentera un
peu ; & fi l'armée eft en ordre de marche, les colonnes fe
rapprocheront infenfiblement.

(1) Signal 81. Feux.

255. *Avertiffement de Signal numéraire.*

L'avertissement de fignal numéraire (1) que le
Général fera, indiquera toujours que le fignal qui fera fait
une demi-horloge après, exprimera le nombre ou le numero
de l'article des fignaux, dont le Général ordonne l'exécution, ou auquel il veut que l'on faffe une particuliere attention.

(1) Signal 40. F.
Signal 63. C.

Pour fatisfaire à toutes les chofes qui font fufceptibles d'être
indiquées par des nombres, on donnera aux fanaux des mâts,
& aux fufées correfpondantes (art. 239) des valeurs numéraires que ces deux fignaux féparés ou réunis exprimeront
également.

SIGNAUX DE NOMBRE.	VALEUR.
Fufées en ferpentaux. . . . . *ou* Fanaux aux Haubans d'artimon.	} Unités.
Fufées en étoiles. . . . . *ou* Fanaux aux Haubans du grand mât de hune. .	} Dixaines.
Fufées en pluie. . . . . *ou* Fanaux aux Haubans du petit mât de hune. .	} Centaines.

Q q ij

E X E M P L E.

Ainsi fi l'on a, par exemple, le nombre 120. à exprimer, on tirera une fufée en pluie, & enfuite deux fufées en étoiles, le caractere zéro ne demandant point d'exécution. Ou bien on placera un fanal aux haubans du petit mât de hune & deux fanaux aux haubans du grand mât de hune, fans en mettre à ceux du mât d'artimon. Et ces fignaux permanents & paffagers étant réunis, s'il eft néceffaire, fe confirmeront & ne feront qu'un feul fignal.

R E M A R Q U E.

On observera que le fignal précédent de nombre exprimera, favoir;

APRÉS
Le Signal 40. . . . Un article des Signaux.
Le Signal 46. . . . Le rang d'un Vaiffeau.
Le Signal 48. . . . Un aire de vent.
Le Signal 50. . . . Un nombre de Vaiffeaux.
Le Signal 51. . . . Le Vaiffeau auquel on veut parler.
Les Signaux 111, 113. Le braffiage & le fond.

256. *Avertiffement de rang de Vaiffeau; ou Signal par lequel chaque Vaiffeau de la ligne fera reconnu ou fignalé.*

Si le Général affecte un fignal de nombre pour la reconnoiffance de chaque Vaiffeau fuivant fon rang; le fignal de l'unité défignant le premier Vaiffeau; celui du nombre 2 défignant le fecond Vaiffeau, & ainfi de fuite, conformément à la table des fignaux de nombre (*art.* 255); tous les Vaiffeaux auront un moyen d'être reconnus perfonnellement, lorfqu'après avoir fait un fignal d'avertiffement (1) particulier à cet ufage, on fera immédiatement après le fignal de nombre qui indiquera le rang que le Capitaine occupe dans la ligne; & ce fignal de rang fera un avertiffement particulier au Vaiffeau, que le fignal qui fuivra immédiatement, le regardera uniquement.

(1) Signal 46. P. Signal 63. C.

257. *Le Général voulant parler à un Vaisseau de l'Armée.*

Si le Général veut parler à un Vaisseau, il se servira d'un signal d'avertissement (1), qui sera suivi du signal de rang (2); & celui-ci sera répété par le Vaisseau à qui il s'adresse. Cependant, pour avoir une marque subsistante de sa manœuvre, il en fera un signal qu'il conservera (3), ou celui de signal apperçu (4) propre à son Escadre.
Les Vaisseaux de l'armée favoriseront la manœuvre du Vaisseau auquel le Général veut parler.

(1) Signal 51. F.
(2) V. art. 256.
(3) Signal 53 à 224. F.
(4) Signal 1 ; 6, 11. F.

258. *Parler au Commandant.*

Si quelque Vaisseau a des raisons essentielles de parler la nuit au Commandant, il lui en fera le signal (1), auquel le Général répondra par le même signal ou par celui d'appro- bation (2). Et le Vaisseau qui veut parler, manœuvrera pour passer à poupe du Commandant ; il prendra en même temps la marque (3) qui fera connoître aux Vaisseaux de l'armée la route qu'il fait, & ceux qu'il pourroit rencontrer le favorise- ront dans l'exécution de son mouvement. (*V. art.* 58. Signaux).

(1) Signal 53 à 224. F.
(2) Signal 56. F.
(3) Sig. 224. F.

259. *Faire mettre un feu à tous les Vaisseaux de l'Armée.*

Lorsque le Général voudra faire porter un feu à tous les Vaisseaux, il le leur fera connoître par un signal par- ticulier (1), ou en allumant un feu extraordinaire (2). Mais si le Général fait, immédiatement après le signal d'exé- cution particuliere pour une Escadre (3), celle qui sera désignée sera seule à allumer un feu. Ainsi le Général con- noîtra sa position & la régularité de sa marche.
Quand les Vaisseaux de l'armée allumeront un feu, les Commandants de l'avant-garde & de l'arriere-garde qui ont

(1) Signal 25. F.
(2) Sig. 220. F.
(3) Signal 4, 9, 14. F.

trois feux à pouppe , en pourront alors porter un de plus à la grande hune.

Les Vice-Amiraux & Contre-Amiraux de chacun des trois corps qui portent deux feux à pouppe , en mettront un troifieme au haut du bâton d'enseigne.

Et tous les Vaisseaux de la ligne porteront un feu de pouppe.

260. *Éteindre les feux extraordinaires.*

Tous les Vaisseaux de l'armée éteindront leurs feux de pouppe , lorfque le Général en fera fignal (1); & fi les Vaisseaux n'ont point de feu de pouppe , lorfque le Général fera fignal d'éteindre les feux extraordinaires (2) , ou lorfqu'il éteindra quelques-uns de fes feux de pouppe , alors les Vaisseaux de l'armée cacheront tous leurs feux , & redoubleront leur attention pour s'obferver réciproquement & manœuvrer fans fignaux. Ainfi aucun d'eux n'en fera avant le Général , à moins d'abfolue néceffité.

(1) Signal. 66. F.
ou
Le Général
éteignant le fe-
cond feu de hu-
ne.
(2) Signal 66. F.

261. *Si l'on découvre des Vaisseaux, leur route.*

Route.

Si quelque Vaisseau de l'armée découvre des Vaisseaux étrangers , il en fera auffi-tôt un premier fignal d'avertiffement (1); & immédiatement après que le Général y aura répondu par un coup de canon , ou par la répétition du fignal , le Vaisseau qui a découvert fera connoître la route de l'étranger , par un des 32 fignaux d'aires de vent (2) , & ces fignaux ne fignifieront rien autre chofe dans cette circonftance.

(1) Signal 50,
222 F.
Signal 63. C.

(2) Signal 48. F.
Signal d'aire de
vent, art. 255.

Si la découverte juge plus à propos d'éviter le feu du canon & l'éclat des fufées , les fignaux de route pourront être faits avec les feuls fanaux , foit dans les haubans , foit en amenant quelque feu (3) diftinctement , & autant de fois qu'il conviendra pour répondre au nombre d'aires de vent. Le Vaisseau qui a fait le fignal de découverte fera , s'il eft necef-

(3) Sig. 235. F.

faire, route pour en rendre compte; & en ce cas il fera les fignaux de parler au Général (*art.* 258).

Si les Vaiffeaux découverts font reconnus pour ennemis, la découverte en fera un fignal particulier (4).

(4) Sig. 163. F.
Signal 37. C.

262. *Signaux de reconnoiffance.*

Les signaux de reconnoiffance pour la nuit, confiftent, comme on l'a dit dans les fignaux de jour (art. 66) en quelques mots, ou en quelques feux auxquels on répond d'une maniere convenue. Les fignaux de reconnoiffance doivent changer ou varier dans un ordre dont l'équipage ne doit point être inftruit, à caufe de la communication que l'ennemi pourroit en avoir. Il eft inutile de donner des exemples de ces fignaux.

Lorfque l'on découvre un Vaiffeau, on lui fait des fignaux de reconnoiffance, ou l'on obferve les fiens qui peuvent précéder ou fuivre ceux que l'on doit faire.

263. *Faire tirer fur un Vaiffeau, qui en paffant à portée, ne veut point parler.*

Si le Général tire deux coups de canon, ou fait le fignal de pourfuite ou de courre-fus (1), à la vue d'un Bâtiment qui refufe de répondre au fignal de reconnoiffance, de parler ou de mettre en panne, alors le Vaiffeau qui fe trouvera à portée, tirera fur ce Bâtiment & le forcera d'amener, & de parler au Général, fi l'objet le mérite.

(1) Sig. 141. F.
ou
Signal 2. C.

264. *Chaffer un Vaiffeau découvert.*

Si quelque Vaiffeau de l'armée fait fignal de découverte de Vaiffeau (1), & que le Général réponde par celui de pourfuite ou de courre-fus (2), le Vaiffeau qui a découvert donnera chaffe à ce Vaiffeau pour le reconnoître, & le forcer, s'il fe peut, de parler au Général. Cette chaffe cepen-

(1) Sig. 50. F.
(2) Sig. 141. F.
Signal 2. C.

dant regardera encore, comme dans le cas précédent, celui des Chaffeurs de l'armée qui fera plus à portée. Les Chaffeurs fe prépareront au combat, fuivant l'objet de la chaffe.

265. *Se préparer au combat.*

LE GÉNÉRAL, en conféquence de la découverte des Vaiffeaux ennemis, ou de la connoiffance qu'il a de leur diftance, ayant réfolu de faire les premieres difpofitions pour le combat, & ayant fait fignal (1) à l'armée de s'y préparer, elle n'attendra pas le jour, pour commencer le branle-bas, & en même temps elle renouvellera fon attention pour fe rallier, referrer la ligne ou les colonnes, & fe difpofer à former promptement l'ordre de bataille.

(1) Sig. 145. F. Signal 36. C.

266. *Si un Vaiffeau eft incommodé, ou en danger.*

SI QUELQUE Vaiffeau fe trouve incommodé ou en danger, auffi-tôt après qu'il en aura fait le fignal (1), & que le Général y aura répondu, il fera, s'il eft fous voile, celui qui indique le rang qu'il occupe dans la ligne (art. 256); & les Vaiffeaux le plus à portée feront obligés de s'informer de l'accident du Vaiffeau, & de lui donner du fecours.

(1) Sig. 115. F Signal 28,35.C.

Diftinction des accidents.

Cependant le Vaiffeau incommodé, fera, autant qu'il le pourra, connoître par un fignal particulier (2,3,4,5,6,7) quel eft fon genre d'incommodité. Savoir;

Si le Vaiffeau fait de l'eau par l'avant, ou s'il a la poulaine endommagée (2).

Si le Vaiffeau a l'étambord ou le gouvernail endommagé, ou s'il fait de l'eau par l'arriere (3).

Accident dans la mâture (4).

Si le Vaiffeau fait de l'eau par les fonds (5).

Si le Vaiffeau chaffe étant à l'ancre (6).

Si le Vaiffeau touche, ou s'il eft échoué (7).

(2) Sig. 148. F. Signal 35. C.
(3) Sig. 150. F. Signal 35. C.
(4) Signal 151. 154. F. Signal 35. C.
(5) Sig. 155. F. Signal 35. C.
(6) Signal 120, 160. F. Signal 28,55.C.
(7) Sig. 140. F. Signal 18 C.

267.

267. *Faire promptement porter le secours.*

La fréquence ou la *permanence* des signaux d'in-commodité ou de danger (1) que fait un Vaisseau, & les coups de canon qu'il redouble, feront pour les Vaisseaux le plus à portée de celui qui est en quelque danger, un signal de lui donner le secours le plus prompt, sans que le Général soit obligé de l'ordonner (2). Et le Vaisseau incommodé pourra même faire ce signal.

(1) Un des si-gnaux d'incom-modité précé-dents.

(2) Signal 65. F. Signal 2. C.

268. *Armer les Chaloupes pour porter du secours.*

Si le Général veut faire armer les Chaloupes pour porter quelque secours, ce dont la circonstance du signal (1) fera connoître l'objet, l'Officier commandant la Chaloupe y fera embarquer les choses utiles à ce secours, & elles marcheront aussi-tôt où elles seront nécessaires. Ce signal s'adressera en général aux Vaisseaux plus à portée de secourir. Mais si l'Amiral veut faire marcher les Chaloupes d'une ou de deux Escadres déterminées, il le fera connoître immédiatement après le premier signal (1), par celui d'exécution particuliere (2).

(1) Signal 65. F. Signal 2. C.

Le Commandant qui voudra faire venir à son bord les Chaloupes de son Escadre, se servira du signal (3) qui le désigne particuliérement, précédé ou accompagné du signal permanent de Chaloupes (1).

(2) Sig. 4, 9, 14, ou 27, 32, 72. } F.

(3) Signal 5, 10, 15. F.

269. *Armer les Chaloupes en guerre.*

Le Général voulant faire armer toutes les Chaloupes avec un détachement de Soldats, & les munitions ou ustenciles nécessaires à une attaque ; & ayant fait le signal (1), les Chaloupes de chaque Escadre se rendront aussi-tôt à bord du Commandant de leur Escadre & de ses Matelots, si le Général ne fait pas d'autre signal.

(1) Signal 78. F.

R r

Si le Général vouloit affembler les Chaloupes à bord d'un feul pavillon, il le leur fera connoître par la défignation particuliere (2) des Généraux. (1) Signal 5, 10, 15. F.

Pour éviter l'embarras de l'abord des Chaloupes, qui doivent s'affembler fous un feul pavillon, par exemple, fous celui du Général, on obfervera fi l'armée eft nombreufe, d'affembler les Chaloupes par divifions, favoir, celles de l'avant-garde de l'armée à bord du Vice-Amiral du corps de bataille & de fes Matelots; & ainfi de même les Chaloupes de l'arriere-garde actuelle & du corps de bataille de l'armée, s'affembleront par divifions à bord du Général & du Contre-Amiral du corps de bataille & de leurs Matelots refpectifs.

Si le Général ne veut appeller que les Chaloupes armées d'une ou de deux Efcadres, il joindra au premier fignal (1) celui d'exécution particuliere (3). (3) Signal 4, 9, 14, ou 27, 32, 72. F.

Et fi les Commandants d'Efcadre vouloient faire armer & venir à leur bord les Chaloupes de leur propre Efcadre, ils fe ferviroient refpectivement des mêmes fignaux.

Dans les cas où le Général fera fignal de porter promptement le fecours (4), les Chaloupes fe rendront directement de leur bord où le fervice les appellera; elles feront cependant enforte de marcher par divifion, fuivant l'ordre actuel des Vaiffeaux. (4) Signal 65. F.

270. *Faire mettre les Chaloupes à la mer, & faire embarquer les Chaloupes.*

DANS quelque circonftance que ce foit, lorfque le Général voudra que les Vaiffeaux de l'armée mettent leurs Chaloupes à la mer, il leur en fera le fignal (1), & il leur fera connoître également le moment où il veut qu'ils les embarquent (2), comme, par exemple, lorfqu'il veut faire appareiller, en coupant ou filant les cables par le bout. (1) Signal 76. F. (2) Signal 80. F.

Le Général fe fervant des fignaux particuliers, appliquera le fignal de Chaloupe (1) à un ou à plufieurs Vaiffeaux.

Les Vaiffeaux fous voile auront attention de tenir toujours

pendant la nuit leurs Chaloupes à la remorque, jufqu'au moment de les embarquer, crainte de les perdre, ou d'être forcés
de mettre long-temps en panne pour les attendre.

Il y aura toujours quelques Matelots de garde dans les
Chaloupes à la remorque.

271. *Homme tombé à la mer, fauvé par un autre Vaiffeau.*

Si quelque homme tombe de nuit à la mer, le Vaiffeau dont il fera tombé mettra en travers le plus promptement qu'il fe pourra, pour jetter un petit canot à la mer;
cependant il en fera le fignal (1) au Vaiffeau qui le fuit, (1) Signal 68,
pour qu'il faffe attention à fa manœuvre, & qu'il fauve 227. F.
l'homme s'il fe peut. (*V. fig. de jour, art.* 50).

Le Vaiffeau qui aura fauvé un homme tombé à la mer
d'un autre Vaiffeau, le fera connoître (2) à celui qui le pré- (2) Signal 70,
cede; cependant, s'il met en panne, il en fera le fignal, afin 228. F.
que celui qui le fuit y faffe attention.

II. SECTION.

Signaux particuliers fous Voile.

---

272. *Diminuer de Voile.*

Lorsque le Général voudra que l'armée diminue de
voile fans prendre de ris, ce que les Vaiffeaux feront fuivant
leur route, foit en ferrant les perroquets, foit en amenant
les huniers, ou en ferrant quelques menues voiles, il le fera
connoître par un fignal (1) qui regardera toute l'armée, s'il (1) Sig. 101. F.
n'y ajoute point quelques-uns des fignaux d'exécution parti- (2) Signal
culiere, parmi lefquels ceux d'exécution de mouvement des 2, 7, 12, } F.
chefs de file (2), avertiront que c'eft la tête qui doit premié- 122, *ou*

R r ij

rement diminuer de voile ; & la queue attentive à ce dernier
fignal , ne diminuera cependant point fa voilure , que les
Vaiffeaux de l'arriere ne foient à leur pofte. Ainfi le Général
fera auffi quelquefois fignal de refferrer la ligne (3) ou fignal (3) Signal 93. F.
de ralliement (4) immédiatement après celui de diminuer de (4) Signal 153;
voile, pour que les Vaiffeaux de la queue n'amenent point 219. F.
avant que d'être à leur diftance fuivant l'ordre.

273. *Faire prendre un Ris, ou diminuer la Voilure d'un degré.*

LA FORCE du vent, ou la plus grande facilité de conferver l'armée réunie déterminant le Général à diminuer la
voilure de l'armée, ou à faire prendre un ris dans les huniers;
il la préviendra par le fignal de mouvement (1); & les Vaif- (1) Signal 91.F.
feaux fe difpoferont à prendre un ris, ou plutôt à diminuer
leur voilure d'un degré, auffi-tôt que le Général en fera le
fignal (2). On entend par diminuer la voilure d'un degré, (2) Sig. 146. F.
premiérement de ferrer les perroquets & les menues voiles,
enfuite de prendre le premier ris, ou d'amener convenablement les huniers. Enfin de prendre le fecond ris, ou d'amener les huniers fur le ton, y ayant un fignal particulier pour
mettre l'armée aux baffes voiles (3). (3) Sig. 124.F.

Le Général répétera le fignal (2) de prendre un ris toutes les fois qu'il voudra faire diminuer la voilure d'un degré.

Les Vaiffeaux
de l'arriere &
ceux qui feront   Il eft d'ufage dans les Efcadres, de diminuer la voilure à
tombés fous le   l'entrée de la nuit; dans quelque temps que fe faffe ce mou-
vent ne diminue-   vement, les Vaiffeaux de l'arriere & ceux qui feront tombés
ront point de
voile.   fous le vent, ne diminueront point leur voilure qu'ils ne
foient rendus à leur pofte: ils obferveront encore de faire
leur manœuvre, de maniere à ne diminuer que le moins qu'il
fe pourra le fillage qu'ils doivent avoir après qu'elle fera
exécutée. Ainfi ils fubftitueront, fuivant les circonftances, des
focs aux huniers qui ne porteront plus pendant qu'ils prendront des ris. Les Vaiffeaux de la tête, au contraire, feront
plutôt moins de voile que davantage.

274. *Faire mettre l'Armée aux basses Voiles.*

Le Gros temps obligeant le Général à faire serrer les huniers, & à mettre aux basses voiles, il préviendra l'armée de ce mouvement par le signal d'avertissement (1); & une demi-horloge après, il lui fera signal de mettre aux basses voiles (2); ce que chaque Vaisseau de la tête attentif à ce second signal, exécutera sans attendre que le signal soit généralemet répété. Cependant la queue de la ligne ou des colonnes, ou les Vaisseaux qui font sous le vent attendront qu'ils foient ralliés.

(1) Signal 91. F.

(2) Sig. 124. F.

275. *Mettre à la Cape.*

Le Général voulant faire mettre l'armée à la cape, il la préviendra d'abord par le signal d'avertissement de mouvement (1); & après qu'il aura été répété, il fera connoître par un second signal (2, 3, 4, 5) à quelle voilure il veut que l'armée mette à la cape.

(1) Signal 91. F.
Signal 33. C.

A la grande voile (2).

(2) Sig. 126. F.

A la misaine (3).

(3) Sig. 128. F.

A l'artimon (4).

(4) Sig. 130. F.

A fec (5).

(5) Sig. 131. F.

276. *Mettre en Panne.*

La panne de l'armée fera toujours le grand hunier fur le mât, & le petit à porter, parce que de la forte les Vaisseaux font plus difposés à arriver. Le Général voulant faire mettre l'armée en panne, fera premiérement signal de mouvement (1); il fera enfuite celui de panne (2), & elle fera fur le bord dont on eft amuré, à moins que le Général n'en faffe un signal particulier (3).

(1) Signal 91. F.
Signal 18. C.

(2) Sig. 100. F.
Signal 18. C.

(3) Signal 103,
106. F.

Les Vaisseaux en panne ne négligeront point de fonder s'il y a apparence de fond.

277. Si un Vaisseau coëffe, fait chapelle, ou met en panne.

Si un Vaisseau coëffe par faut de vent, fait chapelle, ou met en panne, il le fera connoître par un fignal (1), qui préviendra ceux qui le fuivent, & qu'il confervera ou répétera fuivant les circonftances, afin d'éviter les abordages.

(1) Signal 74, 100, 230. } F.

278. Faire fervir, & continuer la Route.

Lorsque le Général étant en panne voudra faire fervir, ou lorfqu'étant à la cape, il voudra que l'armée fe mette aux baffes voiles pour continuer la route; après l'avoir prévenue de mouvement (1), il fera fignal d'appareiller ou de faire fervir (2), & les Vaiffeaux commenceront auffi-tôt leur manœuvre.

(1) Signal 91. F.
Signal 12. C.
(2) Signal 95. F.
Signal 12. C.

279. L'Armée étant aux baffes Voiles, lui faire border les Huniers.

Le gros temps qui a obligé l'armée à mettre aux baffes voiles ayant un peu calmé, & le Général jugeant à propos de faire border les huniers, en préviendra l'armée par le fignal d'avertiffement de mouvement (1), afin que cha- cun fe prépare à manœuvrer; & après que le fignal aura été répété, le Général fera celui de faire fervir (2), ou de border les huniers (3). Les Vaiffeaux de la queue des colonnes faifant le fignal d'exécution qui leur eft propre, feront con- noître l'attention & la diligence qu'ils portent dans l'exécu- tion de cette manœuvre que la tête fera un peu plus lentement.

(1) Signal 91. F.
(2) Signal 95. F.
(3) Signal 85. F.

280. Faire larguer un Ris, ou augmenter la Voilure d'un degré.

Toutes les fois que le Général voudra faire augmenter

la voilure d'un degré, il fera premiérement fignal de mouvement (1), & enfuite celui d'augmenter la voilure (2), ce qui s'entend de larguer un ris, ou de gréer les menues voiles ou les perroquets, fuivant la circonftance & l'état de la voilure au moment du fignal : la queue aura attention de primer la tête dans l'exécution de cette manœuvre.

(1) Signal 91. F.
(2) Signal 96. F.

281. *Forcer de Voile.*

Le Général voulant que toute l'armée force de voile, & l'ayant prévenue de mouvement (1), il fera enfuite celui de refferrer la ligne (2), afin que la queue précede la tête dans la manœuvre de forcer de voile, dont il fera peu après le fignal général (3) à toute l'armée.

(1) Signal 91. F.
(2) Signal 93. F.

(3) Signal 98. F.

Si le fignal ne doit regarder qu'une Efcadre, le Général le fera connoître par celui d'exécution particuliere au lieu du fignal d'avertiffement général de mouvement; & s'il n'a qu'un feul Vaiffeau pour objet, fon fignal de rang (4) fera fuivi de celui de forcer de voile (3).

(4) Voyez article 256.

282. *Signal de Ralliement.*

Lorsque le Général voudra rallier les Vaiffeaux de l'armée, difperfés par le gros temps, ou après une chaffe ou le combat, il en fera des fignaux permanents (1), & de paffagers, chaque Commandant ayant fes feux de diftinction, afin que les Vaiffeaux éloignés puiffent les relever, & faire route vers eux pour fe rallier à leur Efcadre. Ils pourront auffi faire les fignaux d'exécution particuliere de leur Efcadre (2).

(1) Signal, 153, 219. F.

(2) Signal 4, 9, 14. F.

Mais s'il n'eft queftion que de rappeller les Chaffeurs ou les Vaiffeaux qui étoient écartés à la fin du jour, il en fera fait un autre fignal (3), & ce dernier ou le premier ferviront également à rappeller les chaloupes quand on fera à l'ancre: dans l'un & l'autre cas, le fignal d'exécution particuliere (2) fera connoître quelle eft l'Efcadre qui fait le

(3) Signal 61. F.
Signal 4. C.

signal. Les Généraux pourront encore fe fervir du fignal (4) qui les défigne, en confervant ce qu'il a de permanent. _{(4) Signal 5, 10; 15. F.}

283. *Détacher les Chaffeurs.*

L'APPROCHE des terres, le parage où l'on peut trouver les ennemis, & d'autres raifons peuvent engager le Général à faire chaffer quelques Vaiffeaux en avant de l'armée, fur les ailes, fi elle eft en ordre de marche, ou fur les côtés, fi elle eft en ligne. (*Voyez fig. de jour*, art. 114).

Lorfque le Général fera le fignal d'avertiffement particulier des Chaffeurs (1), ils fe détacheront, obfervant que fi l'armée eft en ligne, les Chaffeurs de l'arriere-garde chafferont au vent, ceux du corps de bataille fous le vent, & ceux de l'avant-garde au vent & en avant: & fi l'armée eft en ordre de marche, les Chaffeurs de l'Efcadre du vent chafferont en avant & au vent, ceux de l'Efcadre du centre en avant fur l'aire de la route, & ceux de l'Efcadre de fous le vent en avant & fous le vent. Mais fi le Général joint à ce fignal celui d'exécution particuliere (2), les Chaffeurs que ce fignal regarde, feront feuls à fe détacher. _{(1) Signal 63. F. Signal 19. C.} _{(2) Signal 4, 9, 14, ou 27, 32, 72. } F.}

Diftance des Chaffeurs en découverte.

Les Chaffeurs ne s'éloigneront point de plus d'un quart de lieue de l'armée, s'ils chaffent fous le vent, ou d'une demi-lieue s'ils chaffent de l'avant ou au vent, pour peu qu'ils aient lieu de craindre de ne point voir ou entendre les fignaux.

Faire étendre les Chaffeurs pour découvrir plus de mer.

Si le Général veut que les Chaffeurs s'étendent davantage, il joindra aux fignaux précédents celui de forcer de voile (3). _{(3) Signal 98. F.}

284. *Faire chaffer un Vaiffeau à la tête de la Ligne ou des Colonnes.*

LE GÉNÉRAL voulant qu'un de fes Chaffeurs coure devant lui dans l'aire de vent de la route, il lui en fera le fignal (1), & le Chaffeur fe détachera en répondant au fignal _{(1) Sig. 143. F. Signal 19. C.}

fignal (2). Si le Général n'a point nommé de Chaffeur particulier, le Général le défignera par le fignal de rang (3). Les Chaffeurs en découverte obferveront, fuivant le temps, de fe rapprocher pour prendre connoiffance des fignaux & de la route, afin de ne fe point féparer.

(2) Signal
1, 7, 12,
ou } F.
226.
(3) Voyez art.
156.

285. *Faire chaffer à un aire de vent déterminé.*

LE GÉNÉRAL ayant fait à un ou plufieurs Chaffeurs les fignaux d'avertiffement (1) de chaffe; il fe fervira des fignaux de fauffe route (2), pour leur défigner, s'il eft néceffaire, l'aire de vent auquel ils doivent courir, & ils en feront la route pendant deux heures, fi c'eft en avant ou au vent, & pendant une heure feulement fi c'eft fous le vent; après quoi ils porteront leur bordée vers la tête de l'armée, dont ils auront eftimé le chemin.

(1) Signal 63;
143. F.
(2) Voyez art.
286.

286. *Avertiffement de Fauffe Route.*

LE GÉNÉRAL n'ayant pas prévu de jour l'obligation où il fe trouvera la nuit de faire fauffe route, ou n'ayant pas pu le faire connoître plutôt à l'armée, il la préviendra par un premier fignal de mouvement (1), & par celui d'avertiffement de fauffe route (2), qui (à l'exception du feu de canon) fera répété par les Généraux & par les Chefs de file & ferre-file de la ligne ou des colonnes, parce qu'il eft très-effentiel que le Général foit certain que le fignal eft parvenu aux extrémités, dans une circonftance où la méprife fépareroit infailliblement l'armée. Immédiatement après la répétition du fignal (2), le Général fe fervira d'un des fignaux de nombre (de la table fuivante,) pour défigner celui des 32 aires de vent, fur lequel il fera route, comptant le N pour le premier, l'O pour le 9e, le S pour le 17e, l'E pour le 25e, & ainfi des vents intermédiaires. Ce fignal répété par les extrémités, le Général fera une feconde fois fignal (1) d'avertiffement de mouvement; & les Vaiffeaux atten-

(1) Signal 91. F.
Un des 32. premiers fignaux
de C.
(2) Signal 48. F.
Le même fignal
de C.

S s

tifs mettront tout auffi-tôt le cap à la route. En même temps tous les Vaiffeaux éteindront leurs feux ordinaires, & cacheront ceux de l'habitacle : on fuppofe la vue de l'ennemi. Les Vaiffeaux auront une très-grande attention à s'obferver, & à éviter de s'étendre & de fe féparer, afin d'être à portée de connoître les nouveaux changements que le Général pourra apporter à la route. Pour cela les colonnes latérales, fi l'armée eft en ordre de marche, gouverneront de maniere que tous les élans ou embardées foient vers la colonne du centre pour fe refferrer & favorifer le rapprochement des Vaiffeaux; & ceux de la queue feront un peu plus de voile que ceux de la tête relativement à la voilure qu'ils avoient quand le Général a commencé la fauffe route ; la queue fera enforte d'augmenter d'un tiers, ou au moins d'un quart, la vîteffe de fon premier fillage.

L'armée eft avertie que les fignaux que le Général fera, à moins qu'ils ne foient précédés d'un fignal d'avertiffement, feront tous relatifs à la fauffe route dont il pourra changer l'aire de vent, fuivant la circonftance, & ces derniers ne feront point répétés.

Ainfi l'armée ne fera aucun fignal, à moins d'une abfolue néceffité ; & elle fera en ce cas ceux qui feront moins éclatants, excepté dans le cas de rencontre de l'armée ennemie que l'on fera connoître par le feul fignal (3) de préparation (3) Sig. 145. F. au combat, qui même ne fera point répété, ou feulement par le Général, s'il le juge à propos.

Le Général fe fervira des fignaux d'aire de vent de fauffe-route, pour faire connoître aux Chaffeurs l'aire auquel ils doivent courir : la circonftance des fignaux d'avertiffement qui auront précédé, déterminera l'ufage des derniers, fans que l'armée puiffe s'y méprendre.

TABLE *des Signaux d'Aires de Vent.*

NUMÉROS RELATIFS DES SIGNAUX de Feux ou de Canon.	AIRES DE VENT.
1.	. . . . Nord.
2.	. . . . . . N$\frac{1}{4}$NO.
3.	. . . . . . NNO.
4.	. . . . . . NO$\frac{1}{4}$N.
5.	. . . . . . NO.
6.	. . . . . . NO$\frac{1}{4}$O.
7.	. . . . . . ONO.
8.	. . . . . . O$\frac{1}{4}$NO.
9.	. . . . . . Oueſt.
10.	. . . . . . O$\frac{1}{4}$SO.
11.	. . . . . . OSO.
12.	. . . . . . SO$\frac{1}{4}$O.
13.	. . . . . . SO.
14.	. . . . . . SO$\frac{1}{4}$S.
15.	. . . . . . SSO.
16.	. . . . . . S$\frac{1}{4}$SO
17.	. . . . . . Sud.
18.	. . . . . . S$\frac{1}{4}$SE.
19.	. . . . . . SSE.
20.	. . . . . . SE$\frac{1}{4}$S.
21.	. . . . . . SE
22.	. . . . . . SE$\frac{1}{4}$E.
23.	. . . . . . ESE.
24.	. . . . . . E$\frac{1}{4}$SE.
25.	. . . . . . Eſt.
26.	. . . . . . E$\frac{1}{4}$NE.
27.	. . . . . . ENE.
28.	. . . . . . NE$\frac{1}{4}$E.
29.	. . . . . . NE.
30.	. . . . . . NE$\frac{1}{4}$N.
31.	. . . . . . NNE.
32.	. . . . . . N$\frac{1}{4}$NE.

S s ij

287. *Faire commencer la Fauſſe Route.*

Si le Général a fait de jour ſignal d'avertiſſement de fauſſe route pour la nuit, ſans en avoir indiqué l'heure, il fera connoître le moment auquel il la veut commencer, en ſe ſervant du ſignal d'avertiſſement propre (1); & auſſi- (1) Signal 48. F.
tôt après que les chefs de file & les ſerre-files l'auront répété, ayant fait ſignal d'exécution (2), il mettra le cap à la route, (2) Sig. 122. F.
& tous les Vaiſſeaux tourneront l'horloge de fauſſe route (3); (3) Voy. art. 89.
mais ſi le Général ne fait ſignal de fauſſe route que la nuit, elle ne commencera que comme il a été dit dans l'article précédent.

288. *Si quelque Vaiſſeau découvre la Terre, ou un Danger.*

Si quelque Vaiſſeau découvre la terre (1) ou trouve (1) Sig. 156. F.
fond en fondant (2), ou ſi quelque danger (3) lui fait $\quad$ Signal 27. C.
connoître qu'il eſt à propos de tenir le vent, de virer de $\quad$ (2) Signal 111, 113. F.
bord, ou d'arriver; ce Vaiſſeau immédiatement après avoir (3) Sig. 158. F.
fait le ſignal d'avertiſſement convenable (1, 2, ou 3), & $\quad$ Signal 28. C.
ſans attendre qu'il ſoit répété, fera celui par lequel l'armée ſera avertie de la manœuvre qu'elle doit faire; & ſi l'exé- cution du mouvement eſt preſſée, les ſignaux de lof, de virer, ou d'arriver, feront faits avant ceux de terre ou de danger. Cependant la découverte ira ou enverra rendre compte au Général de ce qu'elle a obſervé.

289. *Si un Vaiſſeau a beſoin de relâcher.*

Il faut qu'un Vaiſſeau ſoit très-incommodé pour ſe déterminer à ſe ſéparer de l'armée pendant la nuit, pour chercher une relâche ſans prendre les ordres du Général (*). (*) Voyez art.
Cependant ſi la route l'éloignant du port où il peut trouver 724.
du ſecours, l'accident eſt en même temps aſſez preſſant pour

l'obliger à relâcher; après avoir fait le fignal d'incommodité (1) & celui qui défigne l'efpece d'accident (2), il fera celui de relâche forcé (3).

Si le Vaiffeau incommodé a befoin d'un Vaiffeau pour l'efcorter. Si le Vaiffeau incommodé a befoin d'un Vaiffeau pour l'efcorter dans fa relâche, il ne le demandera (4), qu'après avoir fait les fignaux d'incommodité (2), & avoir fait connoître fon rang (5).

(1) Sig. 115. F.
(2) Voyez art. 266.
(3) Signal 90. F.
Signal 2,34. C.
(4) Signal 86. F.
Signal 3. C.
(5) V. art. 256.

290. *Détacher un Vaiffeau pour efcorter celui qui eft incommodé.*

LE GÉNÉRAL accordant l'efcorte (1) au Vaiffeau qui la demande, fera connoître quel eft le Vaiffeau qu'il détache en faifant un fignal de rang (2) immédiatement après celui d'efcorte.

(1) Signal 85. F.
Signal 2. C.
(2) V. art. 256.

Le Vaiffeau détaché donnera tous les fecours néceffaires; il fuivra la route du Vaiffeau incommodé qui la réglera (3); & il fera obligé de rejoindre l'armée au rendez-vous, fi le Vaiffeau incommodé lui fait connoître, après quelques jours, qu'il peut continuer feul fa route.

(3) V. art. 73.

291. *Sonder, & faire connoître le fond.*

SI LE GÉNÉRAL veut faire fonder, il fera premiérement fignal d'avertiffement de mouvement (1), & auffi-tôt après celui de panne (2); & les Vaiffeaux profiteront de ce mouvement pour fonder, s'ils cherchent, ou s'ils évitent la terre, ou enfin s'il y a quelque apparence de trouver fond dans le parage.

(1) Signal 91. F.
(2) Sig. 100. F.

Et fi quelque Vaiffeau fe croit affez près de terre pour s'affurer du fond, il fera les fignaux qui feront connoître, à ceux dont il pourroit être abordé, qu'il eft en panne (3), à moins qu'il n'ait fondé fans voile; & il fera fignal du fond qu'il aura trouvé.

(3) Sig. 100. F.

Faire connoître le braffage & la qualité du fond. Le Vaiffeau qui a eu fond en fondant, fera en même temps connoître la qualité du fond, bon (4) ou mauvais (5), par le

(4) Sig. 111. F.
Signal 29. C.
(5) Sig. 113. F.
Signal 1. C.

fignal qu'il emploiera ; & le fignal de nombre (6), qu'il fera immédiatement après, fera connoître la quantité de braffes d'eau. (6) V. art. 251.

Si l'on a eu beaucoup moins de fond que le Général, ou un fond différent. Lorfque l'armée fondera, le Général ayant fait fignal de fond (4 , 5) & de braffiage (6), fi quelque Vaiffeau en a trouvé beaucoup moins ou un fond différent, il le fera connoître au Général, fi l'avertiffement eft néceffaire.

292. *Mouiller.*

Si le Général veut faire mouiller l'armée ; auffi-tôt qu'il en aura fait le fignal d'avertiffement (1), tous les Vaif- (1) Sig. 133. F. Signal 32. C. feaux fe difpoferont à cette manœuvre pour jetter l'ancre dans l'ordre où ils fe trouveront, quand le Général fera fignal de mouiller (2) ; & les Vaiffeaux qui auront laiffé tomber (2) Sig. 135. F. Signal 32. C. l'ancre, le feront connoître par quelques feux (3), afin d'é- (3) Sig. 225. F. viter les abordages.

III. SECTION.

Signaux particuliers à l'Ancre.

293. *Se difpofer au Bombardement.*

Si le Général n'a pas donné de jour l'ordre aux Galiotes de s'approcher de la place qu'elles doivent bom- barder, & de fe difpofer à leur exécution (1), elles le (1) V. art. 169. feront au fignal convenu (2), & tous les Bâtiments deftinés (2) Sig. 156. F. à leur défenfe fe rendront à leur pofte. Le bombardement commencera au fignal d'exécution particuliere (3), que le (3) Sig. 222. F. Général leur fera. Les Galiotes auront eu attention de faire connoître (4) au Général le moment où elles feront prêtes (4) Signal 1, 6, 11. F. à tirer.

294. *Faire ceſſer le Bombardement.*

Le Général voulant faire ceſſer le bombardement & retirer les Galiotes, il leur en fera un ſignal (1), après le- (1) Sig. 158. F. quel elles tireront les ſeules bombes qui feront alors dans le mortier, & elles ſe diſpoſeront à ſe haller en arriere ſur leurs amares de poſte. Les Bâtiments deſtinés à la défenſe des Galiotes, les remorqueront s'il eſt néceſſaire, & ne les quitteront point qu'elles ne ſoient bien amarées & hors d'inſulte.

295. *Amener les baſſes Vergues & les Mâts de Hune.*

Lorsque le Général voudra faire amener les baſſes vergues pour prévenir le mauvais temps en rade, il en fera le ſignal (1), ſans qu'il ſoit précédé d'aucun avertiſſe- (1) Sig. 124. F. ment. Et ſi le Général répete ce ſignal, les Vaiſſeaux améneront les mâts de hune : mais ſi le Général veut faire amener en même temps les baſſes vergues & les mâts de hune, il le fera connoître par un ſignal particulier (2). (2) Sig. 126. F.

296. *Hiſſer les Mâts de Hune & les baſſes Vergues.*

Le Général voulant faire guinder les mâts de hune, & hiſſer les baſſes vergues, pour ſe diſpoſer à appareiller, tous les Vaiſſeaux exécuteront cette manœuvre au premier ſignal (1); & pour qu'elle ne ſouffre point de retardement, (1) Signal 96. F. ils auront attention que les manœuvres ſoient toujours parées.

297. *Si un Vaiſſeau chaſſe ſur ſes Ancres.*

Le Vaisseau qui chaſſera ſur ſes ancres, en fera toujours un ſignal, qui fera connoître la conſéquence de cet

Chaſſer
ſur { *un Vaiſſeau*
{ *un danger.*

accident. Ainſi s'il chaſſe ſimplement ſur ſes ancres ſans
riſque apparent , le ſignal (1) ſera différent de celui qu'il   (1) Sig. 110. F.
fera , s'il chaſſe ſur un Vaiſſeau ou ſur un danger : dans le   Signal 28,35. C.
dernier cas , le ſignal (2) ſera accompagné d'un avertiſſe-   (2) Sig. 160. F.
ment de la voix , pour que le Vaiſſeau menacé d'être abordé   Signal 28,35. C.
ait le temps de manœuvrer convenablement ; & dans l'une
& l'autre circonſtance , les Vaiſſeaux le plus à portée ſeront

Vaiſſeau qui   obligés de lui donner ſecours. Enfin ſi le Vaiſſeau touche ,
touche.   ou s'il eſt échoué , le ſignal (3) qu'il en fera , ſera un ordre   (3) Sig. 140. F.
poſitif aux Vaiſſeaux de preſſer le ſecours.   Signal 28. C.

298. Déſaffourcher.

QUAND le Général voudra faire déſaffourcher l'armée
pendant la nuit , il le lui fera connoître par le ſignal d'avertiſſement (1) de mouvement , ſuivi de celui de déſaffourcher   (1) Signal 91. F.
(2) ; & les Vaiſſeaux qui auront exécuté cette manœuvre , en   (2) Sig. 105. F.
feront le ſignal (3).

L'armée étant mouillée ſans ordre , tous les Vaiſſeaux   (3) Sig. { 1,2,3
qui pourront déſaffourcher ſans crainte de tomber ſur d'au-   { 6,7,8
tres Vaiſſeaux , le feront auſſi-tôt après le ſignal ; mais ſi l'ar-   { 11,12 } F.
mée eſt en ligne ou en colonnes, elle déſaffourchera ſuccef-   { 13 ,
fivement pour appareiller dans l'ordre que le Général indi-   { 298..
quera en faiſant aux Eſcadres leur ſignal d'exécution parti-
culiere (4) ; les Vaiſſeaux dont les cables pourroient croiſer   (4) Signal 4, 5,
ceux des Vaiſſeaux qui doivent appareiller les premiers ,   14. F.
ſeront obligés de relever très-promptement.

299. Virer à Pic , & Appareiller.

QUAND le Général voudra que l'armée appareille , au
ſignal (1) qu'il en fera , les Vaiſſeaux vireront à pic , & ils   (1) Signal 95. F.
mettront ſous voile auſſi-tôt qu'il fera ſignal d'amure , celui   Signal 11. C.
de ſtribord (2) déſignant qu'il faut abattre à bas-bord , &   (2) Sig. 105. F.
celui de bas-bord (3), qu'il faut au contraire abattre à ſtribord.   Signal 6. C.
Tous les Vaiſſeaux mettront leurs feux de diſtinction , &   (3) Sig. 106. F.
ceux   Signal 5. C.

ceux qui appareilleront, le feront connoître par un signal particulier (4).

Les Vaisseaux qui se trouveront plus sous le vent, ou plus parés à appareiller, mettront les premiers sous voile, pour ne point embarrasser la manœuvre de ceux qui les doivent suivre, ou qui sont mouillés en arriere; & ensuite chacun se mettra à son poste, ou se ralliera à la vue du feu de distinction de son Commandant.

Si le Général ne veut faire appareiller qu'une seule ou deux Escadres, il le fera connoître par les signaux d'exécution particuliere, faits immédiatement après le signal d'appareiller.

Faire appareiller les meilleurs voiliers.

Si le Général ne veut faire appareiller que les meilleurs Voiliers ou les Chasseurs nommés ou désignés, il en fera le signal par celui de poursuite (5), fait immédiatement après celui d'appareiller: & tous les Vaisseaux feront le signal permanent qui convient à leur situation; c'est-à-dire, que les Chasseurs feront le signal des Vaisseaux qui appareillent (6), & ceux qui restent à l'ancre, celui de mouillage (7): ainsi les Vaisseaux se reconnoîtront, & éviteront plus aisément les abordages.

Les Vaisseaux mouillés faciliteront la manœuvre de ceux qui appareillent.

Les Vaisseaux à l'ancre, auprès desquels ceux qui appareillent devront passer, se tiendront prêts à filer du cable, ou à faire telle autre manœuvre convenable pour éviter les abordages, & faciliter la route des Vaisseaux qui appareillent: ils tiendront leurs chaloupes armées.

300. *Faire couper les Cables, ou les filer par le bout.*

QUELQUES circonstances particulieres déterminant le Général à faire appareiller très-promptement son armée en coupant les cables, il en fera un signal (1), que tous les Vaisseaux portant pavillon, répéteront; les Vaisseaux de l'armée ne feront point d'autre signal que celui (2) qui convient au moment d'appareiller.

(4) Sig. 116. F.

(5) Sig. 141. F. Signal 2. C.

(6) Sig. 116. F.
(7) Sig. 115. F.

(1) Sig. 110. F. Signal 11. C.

(2) Sig. 116. F.

T t

Le Général fera connoître par les fignaux d'exécution particuliere, s'il veut faire couper les cables à une feule ou à deux Efcadres ; & dans ce cas, ce fignal précédera celui de couper.

Les Vaiffeaux abattront en appareillant fur le bord qui embarraffera moins la manœuvre des autres Vaiffeaux : & ils embarqueront leurs chaloupes avant que de mettre fous voile.

Faire couper les cables aux meilleurs voiliers.

Si le Général ne veut faire couper les cables qu'aux Chaffeurs ou aux meilleurs Voiliers nommés, le fignal de chaffe ou de pourfuite (3), précédera également le fignal de couper : les Généraux le répéteront feuls ; les Vaiffeaux qui appareillent (4), & ceux qui reftent au mouillage (5), feront chacun leur fignal pour être diftingués & reconnus, afin d'éviter les abordages.

(3)Sig. 141. F.
(4) Sig. 116. F.
(5) Sig. 225. F.

Ne point laiffer de bouée.

Toutes les fois que le Général fera appareiller l'armée, une Efcadre, ou feulement quelques Vaiffeaux, en coupant le cable, s'il ne veut pas qu'on laiffe de bouée fur l'ancre, il le fera connoître (6) par un fignal particulier à cette circonftance.

(6) Sig. 108. F.
Signal 12. C.

IV. SECTION.

Des mouvements de l'Armée en Ligne ou en ordre de Marche.

---

301. *Avertiffements généraux fur la Marche.*

Attentions pour la marche & la manœuvre.

COMME c'eft pendant la nuit qu'il eft plus difficile de garder l'ordre & la diftance, les Capitaines y auront une attention toute particuliere, & feront obferver un très-grand filence. Ils veilleront à ce que les Vaiffeaux fe tiennent très-exactement dans les lignes de l'ordre, qu'ils fe tiennent auffi près les uns des autres, & qu'ils fe ferrent, autant que l'état du vent & de la mer le pourront permettre, accoutumant les Officiers de quart, & les équipages à naviguer hardiment & sans craindre le trop grand rapprochement des Vaisseaux, quand il y a assez de vent pour gouverner, & que la nuit n'est pas absolument obscure.

On aura une particuliere attention à ce que les manœuvres soient toujours parées ; & les Officiers s'en assureront eux-mêmes, en relevant le quart, & après avoir manœuvré.

Voilure pendant la nuit. À l'égard de la voilure, si le Général n'est point contraint par des raisons particulieres à faire la nuit autant ou plus de voile que le jour, il prendra tous les soirs, suivant le temps, un ou deux ris dans ses huniers, afin que le sillage diminué donne moins occasion aux Vaisseaux de se séparer. Les *Les Vaisseaux de l'arriere & ceux qui sont tombés sous le vent ne diminueront point de voile.* Vaisseaux de l'arriere, & ceux qui seront tombés sous le vent, sont expressément avertis de ne point diminuer leur voilure, qu'ils n'aient repris leur poste & resserré la ligne ou les colonnes autant qu'il est possible, le seul rapprochement des Vaisseaux pouvant favoriser la vue & l'intelligence des signaux, empêcher la dispersion de l'armée, & faciliter le rétablissement de l'ordre à la pointe du jour. Les Vaisseaux de la tête se mettront plutôt dans le cas de se faire avertir de forcer de voile que d'en diminuer, parce que la tête va toujours assez vîte, & que tous les retardements de la marche se font toujours trop sentir à la queue qui s'éloigne.

Feux & signaux de mouvement actuel. Dans les évolutions ou mouvements, on observera ce qui est prescrit pour faire connoître au Général que les signaux (1) sont parvenus aux extrémités de la ligne, & le moment (1) V. art. 246. de l'exécution des mouvements ordonnés.

Avertissement général de mouvement. Le signal d'avertissement général de mouvement, lorsqu'il aura quelque grande manœuvre ou évolution pour objet, pourra être fait quelquefois par le signal d'allumer les feux de distinction, afin que les Vaisseaux en virant, de quelque maniere que ce soit, reconnoissent plus aisément leur situation respective, & évitent de s'aborder. Ainsi, par exemple, les feux de distinction étant allumés (2), les Vaisseaux en re- (2) Signal 25, 220. F. *Mouvement actuel & étendue de l'armée.* garderont le signal, comme un avertissement de mouvement, à la vue duquel ils rétabliront l'ordre & corrigeront leurs

Tt ij

diftances. Et lorfqu'ils vireront, ou qu'ils feront une route contraire à ceux qui les fuivent, ils le feront connoître par des feux permanents (3), qu'ils garderont jufqu'à ce que le Général faffe fignal d'éteindre les feux extraordinaires (4).

De même, pour que le Général connoiffe l'étendue de l'armée, & l'ordre & la fuite du mouvement, les Vaiffeaux, au moment de l'exécution de leur manœuvre, le feront connoître par le même fignal (3), & pourront encore tirer un nombre de coups de canon déterminé (5), fi le Général n'a pas défendu l'ufage de ce dernier fignal : Savoir,

Le premier Vaiffeau, ou celui par lequel commence le mouvement de la ligne ou de la colonne. . . . . Signal 1. C.

Le Contre-Amiral. . . . . Signal 3. C.

Le Vice-Amiral. . . . . Signal 7. C.

Le Matelot d'avant du Général. . . . . Signal 15. G.

Le Général en quelque pofte qu'il foit. . . . . . Signal 31. C.

Le dernier Vaiffeau, ou celui qui finit le mouvement de la ligne ou de la colonne. . . . . Signal 3. C.

Chaque Vaiffeau particulier de la ligne ou des colonnes (6).

Si les Vice-Amiraux & contre-Amiraux ont changé de pofte, leurs matelots d'avant tireront le même nombre de coups que leur Commandant auroit tiré, afin de marquer le centre de leur ligne ou colonne.

Les fignaux de mouvement actuel font fuppofés ordonnés, & il n'en fera point fait mention dans l'explication des fignaux & mouvements qui font le fujet des articles fuivants.

302. *Faire paffer les Généraux à la tête, au centre, ou à la queue de leur Efcadre.*

DANS les cas où le Général voudra qu'un ou plufieurs Commandants d'Efcadre, paffent à la tête, au centre ou à la queue de leur colonne ou de leur Efcadre, ils en feront avertis par le fignal d'exécution particuliere (1), qui défignera ceux que le mouvement regarde; il fe fervira enfuite de deux différents fignaux, dont l'un (2) fignifiera que le

(3) S. { 1,2,3,5 / 6,7,8 / 10, 11 / 12, 13 / 15. } F.
Ou tout autre qui exprime le mouvement actuel.

(4) Signal 66. F. Ou, le Général éteignant le fecond feu de hune.

(5) Signal 1. C.

(6) Signal 16. brume.

(1) S. { 5,10,15 / 27,31 / 72,122 } F

(2) Signal 58. F.

Commandant quittant fon pofte, doit le prendre en avant ; s'il eft au centre, ou au centre, s'il eft en arriere ; & l'autre (3) leur fera connoître qu'ils doivent paffer de la tête au centre, ou du centre à la queue. Les Généraux conferveront ce que le fignal (2 ou 3) de changement de pofte aura de permanent, ou bien ils feront les feux des Vaiffeaux qui appareillent, ou qui font fervir (4) ; & tous les Vaiffeaux qu'ils doubleront, ou qui fe trouveront, de quelque maniere que ce foit, dans leur route, manœuvreront pour faciliter l'exécution de leurs mouvements.

(3) Signal 60. F.

(4) Sig. 116. F.

Si les Généraux n'étant point au centre de leur Efcadre portent leurs feux de diftinction, leurs premiers Matelots porteront les mêmes feux de pouppe, afin de marquer le centre de la ligne, de la colonne, ou de l'Efcadre, & ils répéteront les mêmes fignaux que leurs Commandants, pour qu'ils foient plus fûrement tranfmis à l'extrémité de la ligne ; & dans les occafions de virer de bord ou d'arriver, le Matelot d'avant du Général fe conformera à ce qui a été dit de lui dans l'article précédent ; & les Matelots d'avant du Vice-Amiral & du Contre-Amiral tireront le même nombre de coups que leurs Commandants auroient tirés, s'ils euffent été au centre de leur Efcadre. Mais quand les Généraux feront à leur pofte, les Matelots d'avant du Vice-Amiral & du Contre-Amiral ne feront connoître le moment de leur mouvement actuel, que comme il a été dit des autres Vaiffeaux de la ligne.

303. Faire virer l'Armée par la contre-marche.

L'Armée étant en ligne.

L'ARMÉE étant en ligne, & le Général voulant la faire virer par la contre-marche, il la préviendra par le fignal général d'avertiffement (1) ; & auffi-tôt que par la répétition du fignal, le Général connoîtra qu'il eft parvenu aux extrémités de la ligne, il fera fignal de virer (2) : alors le premier Vaiffeau donnera vent devant, & ceux qui le fuivent vireront fucceffivement dans fes eaux.

(1) Signal 91. F. Signal 9. C.

(2) Signal 18. F. Signal 9. C.

L'armée étant
en ordre de mar-
che.

Si l'armée eft en ordre de marche fur trois colonnes, le mouvement commencera par le premier Vaiffeau de la colonne du vent, qui marquera le moment de l'exécution de fa manœuvre ; le Vaiffeau du centre de la colonne, fi c'eft le Commandant, ou le Matelot d'avant, fi le Commandant a changé de pofte, fera connoître auffi le moment de fon mouvement actuel (3) : alors le Chef de file de la feconde colonne donnera vent devant ; & lorfque le Vaiffeau du centre de celle-ci virera, le Chef de file de la troifieme colonne commencera fa manœuvre : l'une & l'autre colonne obferveront de faire à propos leurs fignaux de mouvement actuel, afin que le Général connoiffe la fucceffion du mouvement & l'étendue de l'armée.

(3) V. art. 301.

Obfervation fur
la manœuvre de
virer par la con-
tre-marche, l'ar-
mée étant en or-
dre de marche.
Figure 133.

Lorfque l'armée exécute cette évolution de jour, c'eft le premier Vaiffeau de la colonne de fous le vent qui la doit commencer (4). Mais en virant de nuit, c'eft le Chef de file (A) de la colonne du vent qui doit virer le premier ; & afin de couper un moindre nombre de Vaiffeaux de la queue des colonnes, fi l'ordre & les diftances n'ont pas été bien obfervés, le premier Vaiffeau (V, C) de la colonne immédiatement fous le vent de celle qui évolue, ne doit virer que lorfque le Vaiffeau du centre (A3, V3) de la colonne immédiatement au vent, donne vent devant. Le Vaiffeau de la tête doit de plus obferver de faire très-petites voiles, ceux de la queue d'en faire fucceffivement davantage, & les colonnes de fous le vent (V, C) doivent en faire plus que celles qui les précedent (A, V). De la forte les Chefs de file parviendront plutôt à être par le travers l'un de l'autre, & l'ordre fera plus promptement rétabli. Car il eft aifé d'appercevoir que fi l'ordre de marche étoit régulier avant cette évolution, l'arrangement des Vaiffeaux après fon exécution forme un lofange dont les angles de l'avant & de l'arriere, au lieu d'être droits comme l'exactitude le demande, font d'autant plus aigus, que l'on a laiffé paffer plus de Vaiffeaux des colonnes du vent fans virer, & que la vîteffe des Vaiffeaux de l'arriere & des colonnes de fous le vent aura été

(4) V. art. 183.

moins augmentée proportionnément à l'erre des Vaiſſeaux qui les précedent. L'ordre ſe rétablit donc en virant, & après avoir viré, par la diminution de ſillage des premiers Vaiſſeaux, & l'accélération proportionnée des derniers qui ont des lignes beaucoup plus longues à parcourir. Si les deux premieres colonnes (A, V) qui ont viré, mettent ſucceſſivement en panne, ſavoir, la premiere (A), après avoir achevé ſon mouvement, & la ſeconde (V), quand elle ſera parvenue par le travers de la premiere; toutes deux faiſant ſervir quand la troiſieme (C) ſera également parvenue par leur travers, l'ordre ſera rétabli de la maniere la plus prompte. On a dû remarquer que dans cette évolution, les colonnes du vent paſſent ſous le vent, ce qui eſt un accident. Et l'on obſervera encore, que ſi l'armée revire pour reprendre ſes premieres amures, avant que les Vaiſſeaux ſoient en ordre, la confuſion des colonnes pourra être telle, qu'il faudra enſuite beaucoup de temps pour rétablir l'ordre de marche : & c'eſt ce qui doit en général faire préférer à la contremarche la manœuvre de virer tout enſemble vent devant en échiquier, quand on eſt obligé la nuit de virer de bord dans l'ordre de marche.

304. *Faire virer l'Armée lof pour lof, par la Contre-marche ſous le vent.*

Le Général voulant faire virer l'armée par la contremarche ſous le vent, il la préviendra par un ſignal d'avertiſſement (1); & le ſignal parvenu aux extrémités, il fera celui de virer lof pour lof (2): auſſi-tôt le premier Vaiſſeau de la tête arrivera pour prolonger la ligne ſous le vent, & revenir au lof quand il pourra paſſer à pouppe du dernier Vaiſſeau. Alors ce premier Vaiſſeau répétera le ſignal d'exécution de mouvement qu'il aura déja fait une fois en commençant à arriver.

Si les Vaiſſeaux marchent en ordre, & que l'évolution ſe faſſe exactement, le moment où le Vaiſſeau de la tête devra

(1) Signal 9. F. Signal 10. C.
(2) Signal 23. F. Signal 10. C.

revenir au lof, pour paſſer dans les eaux de la queue, ſans couper de Vaiſſeaux, ſera celui où le Vaiſſeau du centre commencera à arriver, & ce moment ſera marqué par les ſignaux de mouvement actuel de ce Vaiſſeau. Le dernier Vaiſſeau de la ligne ou de la colonne, ne négligera pas de placer ſous le vent le ſignal permanent (3) qui lui convient, afin d'être reconnu par le Vaiſſeau de la tête qui doit lui paſſer à pouppe : les Vaiſſeaux qui auront viré, auront attention de ne faire de voile que ce qu'il faut préciſément pour gouverner, afin de donner le temps à la queue qui tient le vent de reſſerrer la ligne.

(3) Signal 3, 8, 13. F.

Ou tout autre qui exprime le mouvement actuel du dernier Vaiſſeau.

Si l'on tente cette évolution en ordre de marche, elle commencera en même temps par tous les Chefs de file.

305. *Faire virer l'Armée tout enſemble vent devant.*

SI LE GÉNÉRAL veut que tous les Vaiſſeaux virent en même temps vent devant, ſans faire la contre-marche pour s'élever en échiquier au vent ſur l'autre bord, il la préviendra par le ſignal d'avertiſſement (1) ; & auſſi-tôt qu'il fera celui de virer (2), tous les Vaiſſeaux donneront enſemble vent devant, ou du moins ſucceſſivement, en commençant par le Serre-file ou premier Vaiſſeau de l'arriere, aucun ne devant dans l'exécution de cette manœuvre précéder celui qui le ſuit, afin d'éviter les abordages, les ſéparations, & autres accidents. Tous les Vaiſſeaux, après avoir viré, obſerveront de gouverner au plus-près à très-petites voiles, & de ſe tenir les uns à l'égard des autres dans le même ordre & dans les mêmes lignes de relevement, où ils étoient avant que de virer, quoiqu'en courant à une autre aire de vent.

(1) Signal 91. F.
Signal 8. C.

(2) Signal 29. F.
Signal 8. C.

C'eſt le même mouvement, ſi l'armée eſt en ordre de marche. Les Serre-files de chaque colonne tenant leurs manœuvres parées, & s'obſervant, donneront enſemble vent devant; & les Vaiſſeaux qui les précédoient, ayant exécuté ſucceſſivement la même manœuvre de la queue à la tête, l'armée l'armée ſera rangée & courra en échiquier.

306. *L'Armée étant rangée ſur une Ligne du plus près, mais courant avec les Amures de l'autre bord, rétablir l'Ordre.*

L'ARMÉE courant en échiquier ſur une ligne du plus près, & le Général jugeant à propos de lui faire prendre les amures de cette même ligne, en rétabliſſant l'ordre de marche ou de combat, il la préviendra par le ſignal général de mouvement (1); & lorſqu'il aura été répété, il fera celui de donner tout enſemble vent devant (2): auſſi-tôt les Vaiſſeaux de l'armée revireront enſemble, ou du moins ſucceſſivement & très-promtement, en commençant par le premier Vaiſſeau de la tête de la ligne.

(1) Signal 91. F. Signal 8. C.

(2) Signal 29. F. Signal 8. C.

Si l'armée courant en échiquier dans l'ordre de marche, le Général veut la faire virer tout enſemble, le mouvement commencera en même temps par les Chefs de file, qui s'obſerveront, comme on a dit des Serre-files dans l'évolution précédente.

307. *Faire courir les Vaiſſeaux dans les Eaux de la tête de la Ligne ou des Colonnes.*

L'ARMÉE courant ſur une autre aire de vent, que celui ſur lequel elle eſt rangée, & le Général voulant que la ligne ou les colonnes courent dans les eaux du Vaiſſeau de leur tête, il la préviendra par le ſignal de mouvement (1); & auſſi-tôt après qu'il aura été répété, il fera ſignal (2) aux Vaiſſeaux de gouverner ſur la pouppe de celui qui le précede, ou de ſe rendre dans ſes eaux.

(1) Signal 91. F. Signal 30. C.

(2) Signal 43. F. Signal 30. C.

308. *Faire tenir le Vent, ou l'Armée étant en route, vent arriere ou largue, prendre les Amures d'un bord.*

L'ARMÉE courant vent arriere ou largue, rangée, foit fur une ligne, foit fur plufieurs, & le Général voulant la faire venir au lof, ou la faire courir en échiquier fur la ligne de l'ordre, il la préviendra par le fignal d'avertiffement (1), après lequel il fera celui de tenir le vent (2) ou celui d'amure (3), & auffi-tôt tous les Vaiffeaux viendront fucceffivement au lof, dans l'ordre que leur arrangement refpectif prefcrit, c'eft-à-dire, que le mouvement doit commencer par la tête, fi l'on prend les amures de la ligne fur laquelle l'armée eft rangée; & par la queue, fi l'on prend les amures de l'autre bord.

(1) Signal 91. F.

$$\text{Sig.} \begin{cases} 5 \text{ ou } 6 \\ 13 \text{ ou } 14 \\ 16 \text{ ou } 17 \\ 20. \end{cases} C.$$

(2) Sig. 118. F.

$$\text{Sig.} \begin{cases} 5 \text{ ou } 6 \\ 13 \text{ ou } 14 \\ 16 \text{ ou } 17 \\ 20. \end{cases} C.$$

(3) Signal 105. 106. F.

Signal 6, 5. C.

Faire approcher ou éloigner une colonne.

Le fignal de tenir le vent (2), fuivi de celui d'exécution particuliere propre à une Efcadre, ne regardera qu'elle feule, & le Général fe fervira de ce fignal, fuivant la circonftance, pour avertir une colonne de s'approcher ou de s'éloigner.

309. *Faire arriver.*

LORSQUE le Général voudra faire arriver l'armée d'une quantité indéterminée, ce qui peut être néceffaire dans quelques cas particuliers, quoique le fignal (1) puiffe en être fait fans être précédé du fignal ordinaire d'avertiffement, il fera exécuté fur le champ par toute l'armée.

(1) Signal 88. F.

$$\text{Sig.} \begin{cases} 21,22,23 \\ 24,25,26 \\ 1. \end{cases} C.$$

Faire approcher ou éloigner une colonne.

Si le fignal d'arriver eft précédé ou fuivi de celui d'exécution particuliere d'une Efcadre, le mouvement ne regardera que le corps auquel le fignal d'exécution s'adreffe; & le Général s'en fervira, fuivant la circonftance, pour faire approcher ou éloigner une colonne dans l'ordre de marche.

310. *Faire connoître l'Aire de Vent sur lequel le Général veut courir.*

LES VENTS ayant changé un peu confidérablement, foit qu'ils adonnent, foit qu'ils refufent ; & le Général, par cette raifon, ou déterminé par d'autres circonftances, voulant changer la route de l'armée, fans changer l'aire de vent de la ligne ou des colonnes, & lui marquer précifément quel eft l'aire de vent, fur lequel l'armée doit courir, il la préviendra par le fignal général de fauffe route (1) ; & auffi-tôt après qu'il aura fait le fignal d'aire de vent (2), tous les Vaiffeaux, fans attendre la répétition, mettront le cap à cet aire de vent, fans changer celui de la ligne ou des colonnes.

(1) Signal 48. F.
Un des 32. premiers fignaux de canon.

(2) V. art. 186.
Le même fignal de C.

311. *Faire arriver la Ligne de quelques quarts ; ou changer l'aire de vent de la Ligne ou des Colonnes.*

SI LE GÉNÉRAL fe trouve dans la néceffité de changer la ligne fur laquelle l'armée eft rangée, il n'exécutera pas cette manœuvre, comme il l'auroit fait de jour (*art.* 134); mais ayant fait le fignal d'avertiffement (1), de changer l'aire de vent de la ligne, les Chefs de file, fi l'armée eft en ordre de marche, ou le premier Vaiffeau de la tête, fi l'armée eft en ligne, auffi-tôt que le Général aura fait un des fignaux d'aires de vent (2), qui ne fignifiera rien autre chofe dans cette occafion, mettront le cap à la route déterminée, & l'armée fuivra les eaux de la tête (3), en gouvernant fucceffivement chacun fur la pouppe de celui qui le précede. Ainfi le Général rétablira l'ordre fur la ligne qu'il fe propofe de fuivre.

(1) Sig. 161. F.
Un des 32. premiers fignaux de C.

(2) V. art. 186.
Le même fignal de C.

(3) Signal 43. F.
Signal 30. C.

3 1 2. *Faire virer l'Armée tout enſemble vent arriere, & prendre les amures de l'autre bord.*

L'ÉTAT du vent ou de la mer ne permettant pas à l'armée de virer vent devant; & le Général voulant lui faire prendre lof pour lof en virant tout enſemble vent arriere, il la préviendra par le ſignal d'avertiſſement (1) de mou- vement; & auſſi-tôt que le Général fera ſignal de virer (2), le dernier Vaiſſeau de la ligne arrivera pour revenir au lof ſur l'autre bord. Il marquera le moment de ſa manœuvre; & tous les Vaiſſeaux ſucceſſivement juſqu'à la tête, obſer- veront la même choſe. Ainſi toute l'armée ayant viré vent arriere, & étant revenue au lof, les Vaiſſeaux courront au plus près, ſe tenant réciproquement dans la ligne ſur laquelle ils étoient rangés.

*(1) Signal 91. F.
Signal 11. C.
(2) Signal 14. F.
Signal 11. C.*

Si l'armée eſt en ordre de marche, le mouvement com- mencera en même temps par le dernier Vaiſſeau de chaque colonne.

3 1 3. *L'Armée étant en ordre de Bataille ou de Marche, faire reſſerrer la Ligne ou les Colonnes.*

LE GÉNÉRAL voulant faire reſſerrer l'armée trop éten- due, diminuer les diſtances, & rapprocher les Vaiſſeaux, il la préviendra d'un mouvement à exécuter (1); & auſſi-tôt qu'il fera celui de reſſerrer la ligne ou les colonnes (2), tous les Vaiſſeaux de l'armée manœuvreront en conſéquence; ceux de la tête diminueront ſucceſſivement de voile, en amenant un peu, tandis que ceux qui les ſuivent continue- ront leur voilure, ou même en forceront de plus en plus de la tête à la queue, juſqu'à ce que le Vaiſſeau qui ſuit ait joint à un demi-cable de diſtance celui qui le précede.

*(1) Signal 91. F.
Signal 1. C.
(2) Signal 93. F.
Signal 1. C.*

Si l'armée eſt en ordre de marche ſur pluſieurs colonnes, celle de ſous le vent manœuvrera comme il vient d'être dit de la ligne; elle fervira comme de point fixe dans le mouvement des deux colonnes du vent qui arriveront tout enfemble d'un demi-rumb, pour venir enfuite au lof dans les eaux de leur Chef de file, lorfqu'il fera le fignal de l'exécution de fon mouvement. Les têtes obferveront de fe mettre par le travers l'une de l'autre.

314. *Changer l'ordre de Bataille en ordre de Marche, fur trois Colonnes de même bord.*

L'ARMÉE étant en ordre de bataille, ou rangée fur une ligne dont elle tient l'amure, & le Général voulant la faire paffer à l'ordre de marche fur trois colonnes de même bord, il fera exécuter ce mouvement fans changer la difpofition des Efcadres, afin d'éviter ce qui pourroit troubler l'ordre, c'eft-à-dire, que l'Efcadre qui fait l'avant-gardé actuelle, fera la colonne du vent; le corps de bataille, celle du milieu; & l'arriere-garde, celle de fous le vent. L'armée ayant été prévenue du mouvement (1), auffi-tôt que le Général fera fignal d'ordre de marche (2) de même bord, le Commandant de l'avant-garde, qui doit refter au vent, fera fignal d'exécution particuliere (3), & enfuite celui de panne, qui ne regardera que fon Efcadre. Cependant les deux autres arriveront enfemble de deux rumbs (4) pendant une demi-horloge; après quoi l'Efcadre du centre revenant au lof, fera fon fignal d'exécution particuliere & celui de panne (5) pour fon Efcadre, tandis que l'Efcadre de fous le vent, courra encore une demi-horloge en arrivant; après quoi fon Commandant fera fignal de fervir (6), pour faire connoître qu'il eft à fon pofte, par le travers des deux colonnes du vent qui feront fervir, la troifieme venant au lof en route.

(1) Signal 91. F.
Signal 13. C.
(2) Signal 36. F.
Signal 13. C.
(3) . . . .
(4) Signal 32. F.
Sig. { 88. F.
      22. C.
(5) Signal 4. F.
Signal 100. F.
(6) Signal 95. F.
Signal 12. C.

	VICE-AMIRAL, ou Avant-Garde.	CONTRE-AMIRAL, ou Arriere-Garde.	
Avertiffement général. {	1. Signal 91. Feux. Signal 13. Canon.	1. Signal 91. Feux. . . . Signal 13. Canon. . . }	Avertiffement général.
Ordre de marche fur trois colonnes de même bord. . . . . {	2. Signal 36. F. Signal 13. C.	2. Signal 36. F. . . . . . Signal 13. C. . . . . }	Ordre de marche fur trois colonnes de même bord.

VICE-AMIRAL, ou Avant-Garde.		CONTRE-AMIRAL, ou Arriere-Garde.	
Exécution particuliere. Panne. . . . . {	3. Signal 9. . F. Signal 100. F.	3.	
	4.	4. Signal 32. F. . . . . . {	Exécution particuliere du Général & du Con-tre-Amiral.
		Signal 88. F. . . . . } Signal 22. C. . . . . }	Arriver de 2. Rumbs.
	5.	5.	
Faire fervir. . . . . . {	6. Signal 95. F. Signal 12. C.	6. Signal 95. F. . . . . } Signal 12. C. . . . . }	Faire fervir.

315. L'Armée étant en ordre de Bataille, la mettre en ordre de Marche fur trois Colonnes de l'autre bord.

LE GÉNÉRAL voulant réduire l'ordre de bataille en ordre de marche fur trois colonnes de l'autre bord, fans changer la dipofition préfente des Efcadres, il la préviendra d'un mouvement à exécuter (1); & après que le fignal fera parvenu aux extrémités, il fera fignal d'ordre de marche fur l'autre bord (2); auffi-tôt le premier Vaiffeau de la tête de l'avant-garde virera par la contre-marche au vent; il fera fuivi de toute l'Efcadre qui virera dans fes eaux; & lorfque le Vaiffeau du Commandant, qui eft au centre, ou, s'il a changé de pofte, lorfque fon Matelot d'avant virera, le premier Vaiffeau du corps de bataille donnera vent devant; l'arriere-garde commencera de même à virer, lorfque le Gé-néral ou fon Matelot d'avant virera. Les Vaiffeaux de la tête, & ceux qui auront viré les premiers, & qui feront plus au vent, feront proportionnément très-petites voiles, en-forte que ceux de l'arriere, & qui feront plus fous le vent, en feront davantage, jufqu'à ce qu'ils aient ferré la ligne. Il eft effentiel, dans ces grands mouvements, que les Vaiffeaux aient leurs feux de diftinction, & qu'ils faffent les fignaux de mouvement actuel (3).

(1) Signal 91. F. Signal 14. C.

(2) Signal 38. F. Signal 14. C.

(3) V. art. 301.

316. *Changer l'ordre de Marche en ordre de Bataille de même bord.*

LE GÉNÉRAL ne voulant point attendre le jour pour changer l'ordre de marche fur trois colonnes en ordre de bataille de même bord, & ayant déterminé, pour plus de facilité, de former la ligne fur celle de la colonne de fous le vent, fans changer la difpofition des Efcadres, il préviendra l'armée d'un mouvement (1), après quoi il fera fignal d'ordre de bataille de même bord (2); auffi-tôt le Commandant de la colonne de fous le vent fera fignal d'exécution particuliere pour fon Efcadre (3), & enfuite celui de panne, que fon premier Vaiffeau confervera pour fervir au relévement du dernier Vaiffeau du corps de bataille qui le doit précéder. Cependant le Général ayant fait fignal d'exécution particuliere (4), pour les deux colonnes du vent & celui d'arriver, elles largueront enfemble de deux rumbs, jufqu'à ce que la colonne du centre, qui eft immédiatement au vent de celle en panne, foit parvenue en avant dans l'aire de vent de la ligne; ce que fon dernier Vaiffeau fera connoître par les fignaux de mouvement actuel qui lui font propres. Alors le Général fera pour fon Efcadre les fignaux d'exécution particuliere & de panne (5); fon premier Vaiffeau confervera ce que ce dernier fignal a de permanent, pour fervir au relévement de l'avant-garde, qui continuera à arriver jufqu'à ce qu'elle foit à fon pofte, à la tête, & dans l'aire de vent de la ligne: le fignal de mouvement actuel du dernier Vaiffeau de l'avant-garde qui viendra au lof, fera fuivi de celui du Général de faire fervir (6), & mettre en route: la tête fera très-petites voiles.

(1) Signal 91. F.
   Signal 16. C.
(2) Signal 41. F.
   Signal 16. C.
(3). . . . . . .

(4) Signal 17. F.
Sig. $\left\{\begin{array}{l}88.\text{ F.}\\22.\text{ C.}\end{array}\right.$

(5) Signal 4. F.
   Signal 100. F.

(6) Signal 95. F.
   Signal 12. C.

VICE-AMIRAL, ou Avant-Garde.		CONTRE-AMIRAL, ou Arriere-Garde.	

Avertiffement général. $\left\{\begin{array}{l}\\ \\\end{array}\right.$	1. Signal 91. F.
	   Signal 16. C.
		1. Signal 91. F. . . . .$\left.\begin{array}{l}\\ \\\end{array}\right\}$
		  Signal 16. C. . . . .
			Avertiffement général.

Ordre de bataille de même bord. . . . . . $\left\{\begin{array}{l}\\ \\\end{array}\right.$	2. Signal 41. F.
	   Signal 16. C.
		2. Signal 41. F. . . . .$\left.\begin{array}{l}\\ \\\end{array}\right\}$
		  Signal 16. C. . . . .
			Ordre de bataille de même bord.

	VICE-AMIRAL, ou Avant-Garde.	CONTRE-AMIRAL, ou Arriere-Garde.	
	3. · · · · · · · · · · · ·	3. Signal 14. F. · · · · / Signal 100. F. · · · ·	Exécution particuliere. / Panne.
Exécution particuliere de la colonne du centre & de celle du vent. . .	4. Signal 27. F.	4. · · · · · · · · · · · ·	
Arriver de 2. rumbs. . . {	Signal 88. F. / Signal 22. C.		
	5. · · · · · · · · · · · ·	5. · · · · · · · · · · · ·	
Faire servir. . . . . {	6. Signal 95. F. / Signal 12. C.	6. Signal 95. F. · · · · / Signal 12. C. · · · · }	Faire servir.

317. L'Armée étant en ordre de Marche fur trois Colonnes, la mettre en ordre de Bataille fur l'autre bord.

SI LE GÉNÉRAL juge à propos de mettre l'armée en bataille dans les eaux de la colonne du vent, & fur le bord oppofé à l'amure qu'il tient alors, il en préviendra l'armée par le fignal d'avertiffement de mouvement (1), après lequel il fera celui d'ordre de bataille de l'autre bord (2). Auffi-tôt le premier Vaiffeau de l'avant-garde, fans attendre d'autre fignal, virera par la contre-marche, & fon Efcadre fuivra fes eaux. Cependant les Vaiffeaux de l'armée auront leurs feux de diftinction, & feront les fignaux de mouvement actuel (3), pour déterminer le moment de la manœuvre de ceux qui les fuivent. Ainfi le premier Vaiffeau du corps de bataille fe rendra facilement dans les eaux du dernier Vaiffeau de l'avant-garde ; l'arriere-garde manœuvrera de la même maniere que le corps de bataille , relativement à l'avant-garde ; la tête de la ligne obfervera de faire extrêmement petites voiles, pour donner au corps de bataille, qui en fera davantage, & à la queue qui en forcera, le temps de ferrer la ligne : & l'ordre rétabli, le Général fera éteindre les feux extraordinaires.

(1) Signal 91. F. / Signal 17. C.
(2) Signal 45. F. / Signal 17. C.
(3) V. art. 301.

CHAPITRE

CHAPITRE XV.

ORDRES ET SIGNAUX DE JOUR OU DE NUIT, POUR LE TEMPS DE BRUME.

318. *Avertissements généraux.*

Avertissement général de mouvement.

Le Général ne fera aucun mouvement de jour ou de nuit en temps de brume, sans en prévenir l'armée (1) afin que les Vaisseaux se préparent au mouvement qui doit suivre : le signal sera ordinairement accompagné d'un nombre de coups de canon, qui variera suivant l'objet; & le même nombre de coups sera répété avec le signal de manœuvrer. On observera que cette seconde partie du signal est destinée dans l'avertissement, à annoncer l'espece de manœuvre qui doit suivre ; & dans le signal de manœuvre à en confirmer l'ordre, & à la faire connoître par une double expression, ainsi qu'on l'a fait dans les signaux de nuit.

(1) Signal 12, brume.

Ce signal pourra être accompagné d'un ou de plusieurs coups de canon, suivant la circonstance.

L'armée est avertie, que le signal qui commencera le mouvement, sera toujours fait une demi-horloge après le signal général d'avertissement : & il sera tiré pour les deux le même nombre de coups de canon que dans les signaux de jour ou de nuit, qui ont la même manœuvre pour objet.

Observation sur les signaux de canon. Ordre d'observer le signal.

Quoiqu'on ait varié les signaux de canon, pour désigner les mouvements différents; l'armée est avertie que le Général pourra très-souvent n'employer que le simple signal d'ordre de l'observer (2), ou ne point tirer du tout de canon, lorsque le signal particulier de brume fait seul, indiquera suffisamment la manœuvre.

(2) Signal 1, 2, C.

Signaux de mouvement actuel & d'exécution particuliere de la manœuvre de chaque Vaisseau.

Pour obvier, autant qu'il sera possible, aux abordages qui pourroient être occasionnés par les mouvements de virer vent devant, d'arriver, ou autres mouvements ; les Vaisseaux

X x

qui après un fignal exécuteront leur mouvement, ou qui dans le cours de la navigation en feront un contraire à la route commune des Vaiffeaux, feront connoître leur mouvement & fa durée par un fignal particulier de mouvement actuel (3); après lequel ils feront, s'il eft néceffaire, celui d'amure, ou les fignaux de reconnoiffance qui leur feront propres. Ainfi les Vaiffeaux, par l'ufage de ces fignaux combinés, feront réciproquement avertis du mouvement & de la diftance des colonnes; ils maintiendront l'ordre, ils fe raffembleront, & ils éviteront, autant qu'il fe pourra, les accidents.

(3) Sig. $\left\{\begin{array}{l}5,7\\17,19\\20,23\end{array}\right\}$B.

Sig. $\left\{\begin{array}{l}1,3\\7,15\\31.\end{array}\right\}$C.

Répétition des fignaux.

L'armée évitera la confufion du nombre de coups de canon que plufieurs fignaux exigent, fi les Vaiffeaux portant pavillon, répétent feuls ceux du Général; & les Chefs de divifion, fi l'armée eft nombreufe, tireront en répétition autant de coups de pierriers (4), que leur Commandant aura tiré de coups de canon; les autres Vaiffeaux de la ligne & Frégates ne tireront point en répétition de fignaux, excepté dans les cas de néceffité. Mais afin que le fignal parvienne aux extrémités, tous les Vaiffeaux répéteront fucceffivement l'autre partie du fignal de brume, qui indiquera la manœuvre ou le mouvement.

(4) Signal 23.B.

Ainfi l'armée étant en ligne, les fignaux fe répéteront en même temps du Vaiffeau du Général aux extrémités, fuivant l'arrangement où fe trouveront alors les Efcadres; mais fi l'armée eft en ordre de marche, le Vice-Amiral & le Contre-Amiral répéteront en même temps, fi la colonne du Général eft au centre, & fucceffivement en commençant par la colonne la plus proche du Général, s'il eft au vent ou fous le vent des deux autres. Dans ces cas, la propagation des fignaux fe fera également depuis chacun des Généraux jufqu'aux extrémités de leur colonne, le premier & le dernier Vaiffeau ne négligeront point de faire connoître que le fignal leur eft parvenu (5).

(5) Sig. 5,7. B.
Signal 1,3,7,
15,31.C.

Annuller un fignal.

La néceffité de fe fervir de fignaux de canon en temps de brume, & la facilité de fe méprendre à la mefure du temps ou de la diftance entre les coups, ou d'autres raifons, rendent indifpenfable le fignal d'annuller (6) le fignal précédent.

(6) Sig. 6, 7, B. Signal 58. C.

Silence.

C'eft dans le temps de brume, que privé de la vue des objets extérieurs, il convient plus particuliérement d'obferver un très-grand filence pour mieux diftinguer des fignaux, qui n'offrent pas une grande combinaifon, & qui n'ont que de légeres différences. Les Capitaines obligeront les Equipages à fe tenir tranquilles à leur pofte, & à manœuvrer fans bruit.

Voilure, route & mefure du fillage.

La route que le Général fera, s'il n'en fait pas d'autre fignal, fera toujours à fix rumbs de vent portant plein; & quelle que foit la route que le Général faffe, à moins d'y être forcé, il réglera fa voilure, de maniere à ne faire jamais plus de trois nœuds par heure. Le Vaiffeau de la tête obfervera foigneufement de ne pas faire un plus grand fillage, & celui de la queue de n'en pas faire un moindre, afin de ne point trop étendre la ligne & de ne fe point féparer.

Ordre des Vaiffeaux.

L'armée confervera l'ordre dans lequel elle s'eft trouvée rangée, lorfque la brume l'a furprife, à moins que l'armée étant en ligne, & le Général craignant la durée de la brume, & la féparation de l'armée trop étendue, il ne juge à propos de la réunir davantage, en réduifant l'ordre de bataille en ordre de marche fur trois colonnes.

Mefure de la diftance des Vaiffeaux & reconnoiffance par le canon.

Pendant la durée de la brume, les Vaiffeaux, pour obvier aux abordages, autant qu'il fe pourra, éviteront premiérement de fe trouver à la portée ordinaire de la voix; & pour juger encore de leur diftance refpective, ils tireront de demi en demi-heure quelques coups de fufil (7).

(7) Signal 16. B.

Les Généraux feront connoître encore plus particuliérement leurs colonnes & leurs diftances, en tirant toutes les heures quelques coups de canon (8).

(8) Signal 7. B. Sig. 1, 2, 4, C.

Les Chefs de Divifion tireront autant de coups de pierriers (9), que leurs Généraux en auront tiré de canon.

(9) Signal 13. B.

Reconnoiffance par la voix.

Immédiatement après que chaque Vaiffeau aura tiré quelques coups de fufil, & qu'il aura entendu ceux d'un autre Vaiffeau, il pourra heller une fois (10), & même fe nommer, fe fervant du porte-voix (11), afin que ceux qui font à

(10) Sig. 18. B. (11) Sig. 24. B.

X x ij

portée de l'entendre, reconnoiſſent leur rang.

Les différents corps ou colonnes de l'armée battront de temps en temps, & ſucceſſivement la caiſſe (1 2), depuis le Commandant juſqu'à la tête & à la queue de chaque Eſcadre ou colonne. _{(12) Signal 17, 19, 20. B.}

Les Généraux, les Chefs de Diviſion & autres Vaiſſeaux, ſe feront encore particuliérement reconnoître par le ſon de leurs trompettes, du cor ou de la cloche (1 3). _{(13) Signal 10, 11, 29. B.}

3 1 9. *Faire obſerver le Signal.*

On tire quelquefois un ou deux coups de canon (1), pour faire obſerver le ſignal : ainſi le Général, pour éviter, par des raiſons particulieres, la multiplicité des coups de canon, que l'on a joints aux ſignaux ordinaires de brume, pourra ſouvent ſe ſervir, en leur place, du nombre deſtiné à faire obſerver ou confirmer le ſignal. _{(1) Signal 7. B. Signal 1, 2. C.}

3 20. *Faire connoître que le Signal eſt parvenu juſqu'aux extrêmités de la Ligne, & connoître l'étendue de l'Armée.*

Le premier Vaiſſeau de la tête, & le premier de la queue de la ligne ou des colonnes, feront connoître au Général, que le ſignal qu'il a fait, a été entendu de toute l'armée, & qu'il eſt parvenu juſqu'aux extrêmités, en y répondant par celui de ſignal entendu ou apperçu (1), ou par le ſignal de mouvement actuel (2), quand il ſera queſtion de manœuvre. _{(1) Signal 7. B. Sig. 1, 3, C. (2) Sig. 5, 7. B. Sig. 1, 3, C.}

3 2 1. *Virer à Pic, & appareiller.*

Lorsque le Général voudra faire appareiller toute l'armée, il en fera d'abord un ſignal d'avertiſſement (1); & après qu'il aura été répété, il ſe diſpoſera à mettre ſous voile, en faiſant le ſignal de virer à pic (2); cependant les _{(1) Sig. 7, 12. B. Signal 12. C. (2) Sig. 7, 28. B. Signal 12. C.}

Vaiffeaux n'appareilleront point, que le Général ne faffe fignal de faire fervir (3), & chaque Commandant fera le fien particulier. (3) Sig. 7, 17, 19, 20. B. Signal 11. C.

Si le Général ne veut faire appareiller qu'une feule Efca-dre, après avoir fait le fignal d'avertiffement (1), il fera le fignal d'appareiller (3) propre à ladite Efcadre.

322. Signal d'Amure : commencer la Route, & faire fervir.

Le Général appareillant, commençant la route, & faifant fervir après la panne, pourra le faire connoître par un fignal d'amure, qui indiquera s'il abat ftribord (1) ou bas-bord (2). Cependant il marquera pour fon Efcadre ou pour l'armée, le moment où il commencera à faire route, par le fignal de marche ou de faire fervir (3), ou fimplement par le nombre de coups de canon qu'il doit tirer toutes les heures, ce que les Commandants feront auffi de la maniere qui leur eft propre (4); ils feront les fignaux de reconnoif-fance (5), fi le Général les fait. Tous les Vaiffeaux de l'armée mettant fous voile, le feront également connoître par les fignaux de mouvement actuel (5).

(1) Sig. 7, 13. B. Signal 5. C.
(2) Sig. 7, 14. B. Signal 6. C.
(3) Sig. 7, 17, 19, 20. B. Sig. 12. C.
(4) Signal 7. B. Sig. 1, 2, 4. C.
(5) V. art. 318

323. Faire virer l'Armée par la contre-marche.

Lorsque le Général voudra faire virer par la contre-marche, l'armée rangée en ordre de bataille, il fera d'abord un premier fignal d'avertiffement (1); & lorfqu'il aura été répété, il fera celui de virer par la contre-marche (2); auffi-tôt le premier Vaiffeau de la tête donnera vent devant, & tous feront fucceffivement, en virant, les fignaux de mouvement actuel qui leur font propres : & chaque Vaif-feau ne virera qu'après que le fignal de mouvement actuel du précédent fera fini. Ainfi ils fuivront à peu-près les mêmes eaux.

(1) Sig. 7, 12. B. Signal 9. C.
(2) Sig. 7, 28. B. Signal 9. C.

324. *Faire virer l'Armée tout enfemble vent devant.*

L'Armée, dans un temps de brume, ne virera point par la contre-marche, fi elle eft en ordre de marche ; mais fi l'ordre a été bien formé, l'armée peut virer tout enfemble vent devant, auffi facilement que fi elle étoit en ligne. Lors donc que le Général voudra faire virer de bord à l'ar- mée, elle fera prévenue de ce mouvement par un fignal d'avertiffement (1). Le Général marquera enfuite le moment (2), où tous les Vaiffeaux doivent donner enfemble vent devant pour former l'échiquier au vent, ou pour fe remettre en ligne ou en colonne, s'ils font alors en échiquier : chaque Vaiffeau obfervera particuliérement, dans fon abattée, s'il peut appercevoir le Vaiffeau qui le fuivoit avant le mouve- ment, & qui doit avoir viré immédiatement avant lui.

Les Vaiffeaux qui virent le feront connoître par le fignal de mouvement actuel (3), afin que ceux qui les précédent ou qui les fuivent, puiffent régler leur mouvement pour évi- ter les abordages ; & quand ils commenceront à aller de l'a- vant, après avoir viré, ils feront le fignal d'amure (4).

Le Vaiffeau, qui par le renverfement de la ligne ou de la colonne, en fera devenu le premier ; & celui qui en fera devenu le dernier, marqueront en particulier le moment de la fin de leur manœuvre, par le fignal qui leur fera devenu propre (5).

(1) Sig. 7, 12. B. Signal 8. C.
(2) Sig. 1, 7. B. Signal 8. C.
(3) Signal 5. B.
(4) Signal 13, 14. B.
(5) V. art. 318.

325. *Faire virer l'Armée tout enfemble vent arriere, & prendre les Amures de l'autre bord.*

Si quelques raifons déterminent le Général à faire virer l'armée tout enfemble vent arriere, pour prendre les amures de l'autre bord, les Signaux d'avertiffements faits & répétés (1), le Général fera fignal de virer (2) vent

(1) Sig. 7, 12. B. Sig. 11. C.
(2) Sig. 3, 7. B. Signal 11. C.

arriere , & auffi-tôt les Vaiffeaux arriveront tout enfemble ,
en faifant le fignal de mouvement actuel (3), jufqu'à ce (3) Signal 5. B.
qu'en revenant au lof , ils faffent le fignal (4) de l'amure (4) Sig.13,14.B.
qu'ils prendront : cependant le premier & le dernier Vaiffeau
de la ligne ou de chaque colonne , marqueront , comme il
convient , la fin de leur manœuvre.

326. *Mettre en Panne.*

QUAND le Général voudra que l'armée prévenue de
mouvement (1), mette en panne , & qu'il en fera le fignal (1) Sig. 7, 12. B.
(2) , les Vaiffeaux mettront auffi-tôt en panne fur le bord Signal 18. C.
dont ils tiennent l'amure. (2) Sig. 7, 15. B.
Signal 18. C.

Si l'armée eft vent arriere , le Général fera fignal de lof
ou d'amure (3) , avant que de faire le fignal de panne. (3) S. 7,13,14.B.
Signal 5,6. C.

La panne de tous les Vaiffeaux de l'armée fera toujours les huniers amenés à mi-mât , & les baffes voiles car-
guées ; le grand hunier braffié fur le mât , & le petit à porter,
afin que les Vaiffeaux foient plus difpofés à arriver promptement.

Pendant que l'armée fera en panne , elle fera alternativement ufage des différents fignaux de reconnoiffance (4), (4) V. art. 318.
afin que les Vaiffeaux reconnoiffent les pavillons & leurs
colonnes.

327. *Mettre à la Cape.*

LA CAPE fera deftinée pour le mauvais temps , & elle
fera toujours à la grande voile , & du bord dont on fera amuré. (1) Sig. 7, 12. B.
Signal 33. C.
Le Général en ayant fait le fignal d'avertiffement (1), atten- (2) Sig. 7, 8. B.
dra qu'il foit répété , pour faire celui de cape (2). Signal 33. C.

Mais fi l'armée eft vent arriere , le fignal de lof (3) , (3) S. 7,13,14.B.
précédera celui de cape. Signal 5, 6. C.

328. *Faire fervir, & continuer la Route.*

Lorsque le Général voudra que l'armée faffe route, après la panne ou la cape, elle en fera prévenue par l'avertiffement d'appareiller (1), & le Général fera le fignal de marche (2), en orientant fes voiles fur l'amure qu'il tient.

(1) Sig. 7, 11. B, Signal 11. C.

(2) Sig. 7, 17, 19, 20. B, Signal 11. C.

329. *Faire connoître l'aire de vent fur lequel le Général veut courir.*

Le Général voulant changer de route, le vent reftant le même, ou conferver la même route dans un changement de vent un peu confidérable, en préviendra l'armée par un premier fignal d'avertiffement (1), & il lui fera connoître enfuite par un fecond fignal (2), fur quel aire de vent il veut courir; & comme le fignal d'amure fait partie de ce fecond fignal, les Vaiffeaux de l'armée feront toujours avertis du bord fur lequel le Général court. Le Général, dans ce mouvement, n'arrivera, ou ne viendra au lof qu'au dernier coup de canon qui défignera l'aire de vent.

(1) Sig. 7, 11. B.

Sig. $\left\{\begin{matrix} 10,11, \\ 11,13, \\ 14,15,16 \end{matrix}\right\}$ C

(1) Sig. 7, 13, 14. B.

Sig. $\left\{\begin{matrix} 10,11,11 \\ 13,14,15 \\ 16, \end{matrix}\right\}$ C.

330. *Changer l'ordre de Bataille en ordre de Marche fur trois Colonnes.*

Quoiqu'il paroiffe très-convenable à l'armée de conferver pendant la brume l'ordre dans lequel elle étoit rangée, lorfque la brume l'a furprife, cependant fi le Général craint que fa durée foit une occafion à l'armée en ligne de fe trop étendre, ou peut-être de fe féparer, il pourra réduire l'ordre de bataille en ordre de marche fur trois colonnes, foit en continuant la même route, & confervant fes amures, foit en s'élevant & changeant d'amures. Le choix entre ces deux manœuvres doit dépendre de la ligne des Bâtiments qui font à la fuite de l'armée, du parage, des terres ou de l'ennemi. Dans l'une & l'autre évolution, l'armée eft

eft avertie que l'arrangement refpectif des colonnes en ordre de marche, fera toujours le même que celui qu'elles obfervent alors en ligne ; c'eft-à-dire , que l'avant-garde actuelle , telle qu'elle foit , paffera au vent ; l'Efcadre qui fait le corps de bataille, paffera au milieu ; & l'Efcadre qui fait l'arriere-garde, reftera fous le vent.

PREMIERE MANIERE.

Mettre l'Armée en ordre de Marche fur trois Colonnes de même bord.

L'Efcadre du Général étant à l'avant-garde. LE GÉNÉRAL ayant fait fignal d'avertiffement (1) pour prévenir l'armée, qu'il va la faire paffer de l'ordre de bataille à l'ordre de marche fur trois colonnes de même bord , & le fignal étant parvenu aux deux extrémités de la ligne ; fi le Général fait lui-même l'avant-garde, auffi-tôt que le fignal d'ordre de marche (2) fera parvenu à l'Efcadre qui le fuit, il fera celui de panne (3), qui en ce cas, regardera fa feule Efcadre & les Bâtiments de la fuite de l'armée qui font fous le vent, lefquels cependant continueront leur bordée encore une demi-horloge, avant que de mettre en panne. Le premier Vaiffeau de l'Efcadre qui paffe au milieu, & tous les autres fucceffivement jufqu'au dernier de la ligne, leur Commandant ayant répété le fignal d'ordre de marche (2), arriveront tous enfemble de deux rumbs, parallélement fur les perpendiculaires du vent. Et les deux Efcadres ayant ainfi couru pendant une demi-horloge, le Commandant de celle du centre, fera le fignal de panne (4), qui ne fera que pour fon Efcadre feule. La troifieme Efcadre larguera encore une demi-horloge de la même maniere, pour paffer fous le vent des deux autres colonnes, fon Commandant continuant pour elle le fignal d'ordre de marche (2) ; après quoi il fera celui de panne (4), & l'armée fera, autant qu'il

L'Efcadre du Général étant au centre. fe peut, réunie.

Si le Général eft au centre de la ligne, après qu'il aura

(1) Signal 7 , 12 B. Signal 13. C.

(2) Sig. 7, 26. B. Signal 13 C.

(3) Signal 25. B. Signal 31. C.

(4) Signal 25. B. Sig. 3 , 7, C.

Y y

fait le fignal d'avertiffement (1), & qu'il aura été répété par les pavillons , il fera celui d'ordre de marche fur trois colonnes de même bord (2) ; & auffi-tôt que la connoiffance de ce dernier fignal fera parvenue à la tête & à la queue de fon Efcadre , le Commandant de l'avant-garde , averti du mouvement par la communication des fignaux , fera mettre fon Efcadre en panne (4) , tandis que l'Efcadre du centre & celle de la queue arriveront de deux rumbs , comme il a été dit , la premiere durant une demi-horloge , & la feconde pendant une horloge.

L'Efcadre du Général étant à l'arriere-garde. Si l'Efcadre du Général fait l'arriere-garde , le fignal de mouvement s'étant communiqué de la queue à la tête de la ligne , le Commandant de l'avant-garde mettra en panne (4), celui du centre fera les mêmes fignaux & mouvements que le Général a faits dans le cas précédent , & le Général manœuvrera , comme il a été dit , dans ce même cas , de l'Efcadre dont il occupe la place.

Les Vaiffeaux de la fuite de l'armée étant au vent , comme on l'a fuppofé , le tiendront fans larguer aucunement , & mettront fucceffivement en panne de la tête à la queue , après avoir couru une demi-horloge , depuis la communication des fignaux : dans cet arrangement la tête & la queue des Bâtiments déborderont un peu la colonne du vent ; & ce fera pour eux un avantage de s'être un peu rapprochés & d'être plus au vent. Mais fi dans l'ordre de bataille , la ligne des Bâtiments de la fuite de l'armée eft fous le vent , alors elle larguera tout enfemble de deux rumbs , en même temps que les deux Efcadres du centre & de la queue de la ligne ; & elle mettra en panne en même temps que celle de fous le vent.

Dans cette évolution , les Efcadres prévenues du rang qu'elles occupent de premiere , feconde ou troifieme colonne relativement au vent , ne doivent pas fe tromper à la manœuvre , de mettre en panne ou d'arriver , fi elles font d'ailleurs attention aux fignaux de reconnoiffance & de mouvement actuel de leurs Commandants.

SECONDE MANIERE.

Mettre l'Armée en ordre de marche fur trois colonnes de l'autre bord, en virant tout enfemble par colonne.

LE GÉNÉRAL voulant faire paffer l'armée de l'ordre de bataille à l'ordre de marche fur trois colonnes de l'autre bord, & en ayant fait le fignal d'avertiffement (1); & ce (1) Sig. 7, 12. B. fignal répété étant parvenu aux extrémités de la ligne, Signal 14. C. quel que foit le pofte que le Général occupe, il fera le fignal (2) d'ordre de marche de l'autre bord; & celui-ci (2) Sig. 7, 27. B. ayant auffi été répété, l'avant-garde actuelle, qui doit faire Signal 14. C. la colonne du vent, donnera auffi-tôt, & tout enfemble vent devant (3). L'Efcadre du centre courra encore un quart (3) Signal 2. B. d'horloge, avant que de virer, comme la précédente, & Signal 8, C. elle en fera le fignal, autant pour marquer à fes Vaiffeaux l'inftant de leur manœuvre, que pour en prévenir la troi- fieme qui la fuit : celle-ci devant faire la colonne de fous le vent, virera tout enfemble, après avoir prolongé fa bordée pendant un autre quart d'horloge plus que la colonne du centre, c'eft-à-dire, après avoir couru une demi-horloge fur le même bord, depuis le fignal (2) d'ordre de marche.

TROISIEME MANIERE.

Mettre l'Armée en ordre de marche fur trois colonnes de l'autre bord, en virant par la Contre-marche.

SI LE GÉNÉRAL veut faire exécuter le changement de l'ordre de bataille en ordre de marche fur trois colonnes de l'autre bord, en faifant virer l'armée par la contre-mar- (1) Sig. 7, 12. che; après qu'il aura fait le fignal d'avertiffement de mou- Signal 14. C. vement (1), il fera celui de virer par la contre-marche (2), (2) Signal 28. B. Signal 9. C.

& enfuite celui d'ordre de marche fur l'autre bord (3); le premier Vaiffeau de la colonne du centre virera en même temps que le Vaiffeau du centre de la premiere colonne; & de même, le premier Vaiffeau de la troifieme colonne virera en même temps que le Vaiffeau du centre de la feconde colonne. Ces moments feront marqués par les fignaux de mouvement actuel (4). Il faut remarquer que dans ce mouvement de virer par la contre-marche, les Vaiffeaux fucceffifs n'ont que le fignal de l'exécution actuelle du Vaiffeau qui précede immédiatement (5), & l'eftime du temps & de la diftance, pour fe déterminer à virer. Ainfi il eft très-difficile qu'ils courent exactement dans les mêmes eaux.

(3) Signal 27. B. Signal 14. C.

(4) V. art. 301.

(5) V. art. 313.

Les Bâtiments de la fuite qui feront au vent, vireront tous enfemble en échiquier au fignál (3) d'ordre de marche; & ceux qui feront fous le vent, vireront de même tous enfemble, lorfque le dernier Vaiffeau de cette colonne virera.

331. *Faire chaffer un Vaiffeau à la tête de la Ligne ou des Colonnes.*

LE GÉNÉRAL préviendra, s'il fe peut, la brume, pour donner ordre à quelque Vaiffeau de chaffer en avant de l'armée, & il fe fervira des fignaux de jour ou de nuit (1), appliqués à cet ufage; mais lorfqu'il y aura apparence de brume, il eft du devoir de la premiere Frégate de chaque Efcadre de paffer de l'avant, & de naviguer au vent & fous le vent à une diftance convenable de la ligne ou des colonnes, afin de pouvoir prévenir l'armée de la découverte des Vaiffeaux ou de la terre, & de fe tenir en même temps à portée d'entendre les fignaux. Le Général, incertain fi les chaffeurs ont paffé de l'avant, leur en donnera l'ordre par un fignal (2) qu'ils répéteront en fe détachant.

(1) V. art. 114, 115, 284.

(2) Sig. 4, 7. B. Signal 19. C.

332. *Si l'on découvre des Vaiffeaux.*

SI QUELQUE Vaiffeau de l'armée découvre des Vaiffeaux étrangers, il en fera auffi-tôt un fignal d'avertiffement

(1), qu'il confirmera par un second signal (2), s'il les reconnoît pour ennemis; & le Général donnera les ordres
convenables : les Vaisseaux feront branlebas, & se disposeront au combat (3).

Ennemis.

Branlebas.

(1) Sig. 7, 12. B.
Signal 37. C.
(2) Signal 9. B.
Signal 37. C.
(3) Signal 8. B.
Signal 36. C.

333. *Si quelque Vaisseau découvre la terre ou un danger.*

Le Vaisseau de l'armée qui découvrira la terre (1)
ou un danger (2) sur lequel la route porte, en fera aussi-
tôt un signal d'avertissement (1, 2); cependant il fera
immédiatement après le signal de fond, de virer, d'arriver,
ou tel autre signal que feroit le Général suivant l'objet.

(1) Signal 6,7.B.
Signal 27. C.
(2) Signal 7,
10. B.
Signal 28. C.

Il se servira du porte-voix pour prévenir les Vaisseaux
qui sont à portée du relevement de la terre ou du danger,
& il pourra faire les signaux de l'aire de vent auquel il faut
courir pour l'éviter (3).

(3) V. art. 336.

334. *Si un Vaisseau est incommodé, ou en danger.*

Le Vaisseau qui sera fort incommodé ou en danger,
le fera connoître par un premier signal (1); après lequel il
en fera un autre (2), qu'il répétera réguliérement toutes les
demi-heures : les Vaisseaux plus à portée de secourir celui
qui est en danger, & cela regarde particuliérement les deux
qui doivent le précéder & le suivre dans l'ordre sur lequel
l'armée est censée rangée, ou ceux qui seront effectivement
alors le plus près, feront obligés de lui envoyer leurs Chaloupes, qui ne négligeront pas d'embarquer un compas, un
porte-voix, des armes, des vivres, quelques grapins, des
remorques; & le Capitaine instruira l'Officier détaché de la
distance où il trouvera son Vaisseau en panne, s'il est nécessaire, & des signaux particuliers par lesquels il le reconnoîtra.
Les Vaisseaux feront ensorte de faire parvenir au Général
les signaux & la connoissance du Vaisseau en danger.

(1) Sig. 1, 7. B.
Signal 35. C.
(2) Signal 2. C.

335. *Faire connoître qu'on a trouvé un bon fond pour mouiller. Mouiller.*

Bon fond.　Le Vaisseau qui aura trouvé un bon fond pour mouiller, le fera connoître par un fignal particulier d'avertiffement (1).

(1) Sig. 7, 21. B. Signal 29. C.

Mouiller.　Et le Général voulant enfuite faire mouiller l'armée, la préviendra de s'y difpofer (2): auffi-tôt les Vaiffeaux pareront leurs ancres; & le fignal répété, le Général fera fignal de mouiller (3): il laiffera en même temps tomber fon ancre; il filera une quantité de cable égale à trois fois la profondeur du fond. Les Vaiffeaux mouilleront dans l'ordre où ils fe trouvent, & mettront auffi-tôt après une Chaloupe à la mer, foit pour remédier aux accidents d'abordage, ou autres, foit pour fe rendre à bord du Général au premier fignal d'ordre (4).

(2) Sig. 7, 21. B. Signal 31. C.

(3) Sig. 7, 21. B. Signal 31. C.

(4) Sig. 7, 21. B. Signal 1. C.

Ordre.

336. *Signal numéraire.*

S'il étoit abfolument néceffaire de faire un fignal numéraire en temps de brume, on pourroit défigner les nombres en exprimant les unités par des coups de canon tirés lentement, & les dixaines par des coups précipités, obfervant que deux coups de canon, coup fur coup, vaudroient 10, trois coups de canon 20, & ainfi de fuite. On pourroit fe fervir pour avertiffement de nombre d'un fignal de canon (1), qui étant joint, par exemple, au fignal d'amure (2), avertiroit de la route à faire, ou d'un fignal particulier (3) de l'aire de vent, qu'il faudroit fuivre, conformément à la table de l'article 286.

(1) Signal 63. C.

(2) Signal 7, 13, 14. B. Signal 63. C.

(3) Signal 22. B. Un des 32 premiers fignaux de canon.

Aire de vent de la route.

Relevement de la terre ou du danger.　De même le fignal d'avertiffement (1), accompagnant celui de terre ou de danger (4), le fignal numéraire (3), fait immédiatement après, défigneroit l'aire de vent du relevement.

(4) Signal 7, 6, 10. B. Signal 63. C.

F I N.

TABLE
DES
MATIERES.

TABLE

TABLE

DES MATIERES

CONTENUES DANS LES DEUX LIVRES

DE LA TACTIQUE.

Z z

Z z ij

B

Armer

		Évol.	Sig.	Fig.

A a a ij

D

B b b

		Évol.	Sig.	Fig.

C c c

Faire

D d d

		Évol.	Sig.	Fig.
Raffourcher...	Raffourcher	...	95	
Ralliement.	Signal de *ralliement*.	...	{ 63 / 282	
	Le signal de *ralliement* suivra le point du jour.	...	63	
	Les Vaisseaux qui doivent se *rallier*, & qui ne sont point à leur poste, manœuvreront sans mettre en panne.	...	63	
Rang..........	Les Officiers généraux ne quitteront point le Pavillon attribué à leur *rang*..................	...	13	
	Avertissement de *rang* de Vaisseau, ou signal par lequel chaque Vaisseau de la ligne sera reconnu & signalé..............................	...	256	
Ration.......	Faire retrancher, ou rendre la *ration* aux équipages.	...	46	
Reconnoissance.	Flamme particuliere de *reconnoissance* & de signalement de chaque Vaisseau.................	...	12	
	Signal de *reconnoissance*...................	...	{ 66 / 262	
	Mesure de la distance des Vaisseaux & *reconnoissance* par le canon	...	318	
	Reconnoissance par la voix. Porte-voix. Heller.	...	318	
	Reconnoissance par les différentes batteries de la caisse..	...	318	
	Reconnoissance par le son de la trompette, du cor, de la cloche.............................	...	318	
Refuser......-	*Refuser*...................................		{ 82 / 244	
Relache.....	*Relâche*, & rendez-vous....................	...	66	
Relacher....	Si un vaisseau a besoin de *relâcher*.............	...	{ 72 / 289	
	Permettre de *relâcher*, & avertir de *relâcher* où l'on voudra................................	...	74	
Relevement....	Du *relevement* & du quarré naval...............	30	...	24
	Faire connoître le *relevement* de la terre découverte.	...	55	
Remorque...	Faire donner la *remorque* à un Vaisseau qui resteroit de l'arriere...........................	...	68	
	Faire connoître le Vaisseau qui donnera la *remorque*; il répondra du Vaisseau remorqué............	...	68	
	Les Chaloupes seront à la *remorque*, les Vaisseaux mettant sous voile.....................	...	{ 100 / 270	

Obfervation

	Évol.	Sig.	Fig.

		Évol.	Sig.	Fig.

V

FIN de la Table des Matieres.

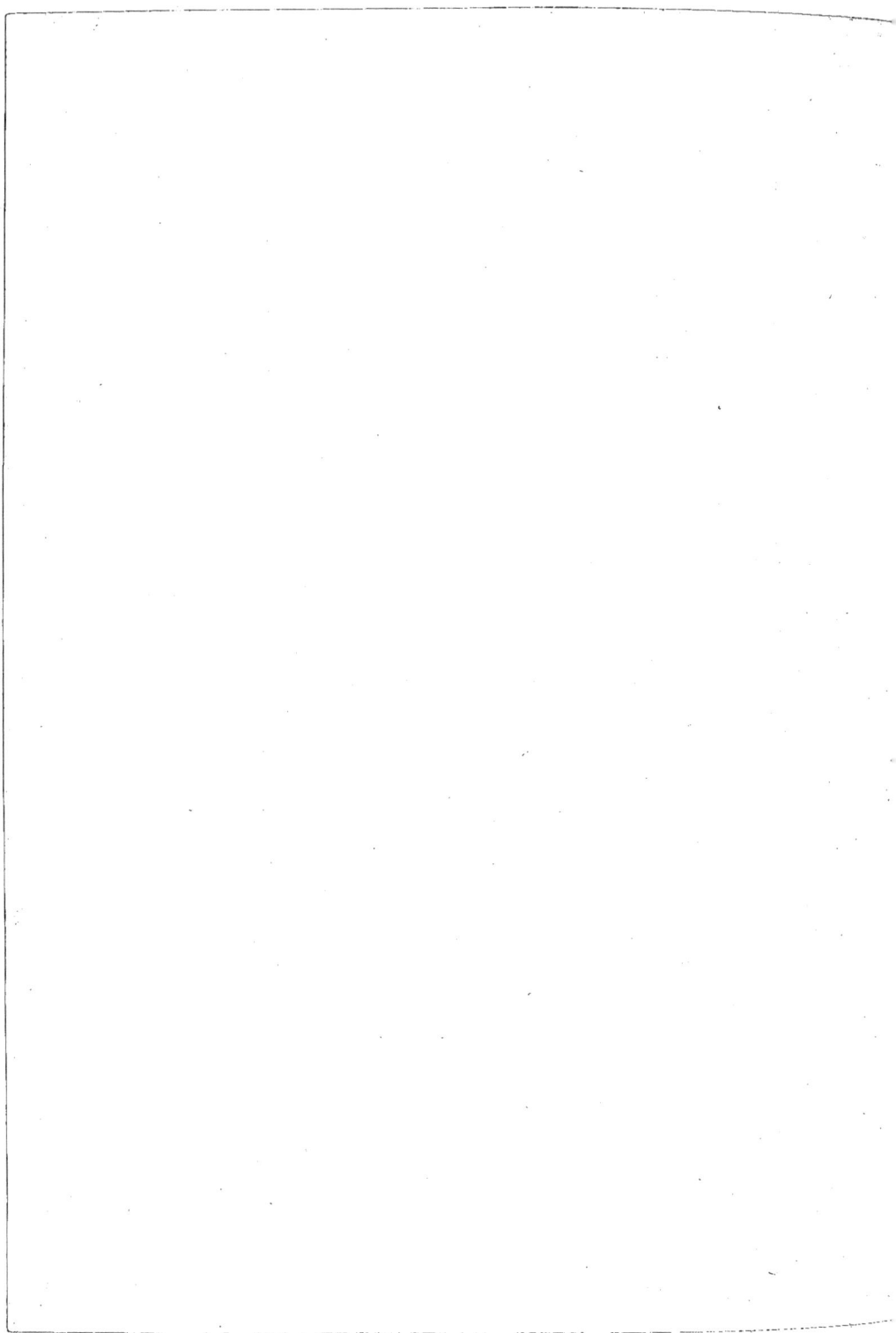

TABLE

PAVILLONS DE *DISTINCTION.*	BLANC. 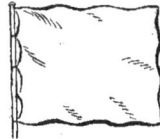 A
POUPPE.	En Berne. Appeller une Chaloupe ou Canot à fon bord. . . . . 43 Signal 3 canon. Befoin d'efcorte... 72
VERGUE D'ARTIMON.	En Berne. Appeller les Chaloupes ou Canots de l'Armée à leur bord.... 43 Le Général paffant à la tête, au centre, ou à la queue de fon Efcadre. Joindra de plus un pavillon femblable au mât convenable. 199
PERROQUET D'ARTIMON.	Pavillon de diftinction du Contre-Amiral du corps de bataille, ou de l'Efcadre blanche. 9
GRAND PERROQUET.	Pavillon de diftinction de l'Amiral... 9 Signal de ralliement 63
PETIT PERROQUET.	Pavillon de diftinction du Vice-Amiral du corps de bataille ou de l'Efcadre blanche. 9
BEAUPRÉ.	Envoyer les Chaloupes à bord du Général. . . . . 44 Parler au Général. . . . . 58 Signal 2 canon fi l'on eft preffé de parler. 58

Avertir

| BLANC & BLEU. | B | BLEU. | 429 C |

|---|---|---|---|

Avertir les Vaiſſeaux de mettre à poupe le Pavillon de Nation que le Général mettra. 201
N^a. Le ſignal ſuivant ſera numéraire, & indiquera le numéro du Pavillon.

Inſpection des mouvements de l'Armée. 200

Le Vice-Amiral paſſant à la tête, au centre ou à la queue de ſon Eſcadre. Joindra de plus un Pavillon ſemblable au mât convenable. 199

Le Contre-Amiral paſſant à la tête, au centre ou à la queue de ſon Eſcadre. Joindra de plus un Pavillon ſemblable au mât convenable. 199

Pavillon de diſtinction du Contre-Amiral de l'avant-garde ou de l'Eſcadre blanche & bleue. 9

Pavillon de diſtinction du Contre-Amiral de l'arriere-garde ou de l'Eſcadre bleue. 9

Pavillon de diſtinction du Vice-Amiral de l'Armée, Amiral de l'avant-garde ou de l'Eſcadre blanche & bleue. . . 9

Pavillon de diſtinction du Contre-Amiral de l'Armée, Amiral de l'arriere-garde ou de l'Eſcadre bleue. 9

Pavillon de diſtinction du Vice-Amiral de l'avant-garde ou de l'Eſcadre blanche & bleue. 9

Pavillon de diſtinction du Vice-Amiral de l'arriere-garde ou de l'Eſcadre bleue. 9

Envoyer les Chaloupes à bord du Vice-Amiral. 44
Parler au Vice-Amiral. 58
Signal 2 canon, ſi l'on eſt preſſé de parler. 58

Envoyer les Chaloupes à bord du Contre-Amiral. 44
Parler au Contre-Amiral. 58
Signal 2 canon, ſi l'on eſt preſſé de parler. 58

Fff

410 *PAVILLONS* DE *SIGNAUX.*	I
POUPPE.	Officiers généraux au conseil. . . . } 32 Signal 1 canon. . . . . } 32
VERGUE D'ARTIMON.	Avertissement de signal numéraire } 85 Signal 1 , 2 , ou 63 canon. . . . } 85
PERROQUET D'ARTIMON.	Avertissement de hauteur ou de lati- tude. .87, 88
GRAND PERROQUET.	Avertissement général de mouvement. 77
PETIT PERROQUET.	Avertissement de fausse route. . . . . . . 89 Sig. 1 canon , courir 2 horloges. . *id.* Sig. 3 canon , courir 4 horloges. . *id.* Sig. 7 canon , courir 6 horloges. . *id.* Sig. 15 canon , courir 8 horloges. . *id.*
BEAUPRÉ.	Parler à un autre Vaisseau qu'au Gé- néral. 59

2	3
Officiers généraux, Chefs de divi- fions, Capitaines au confeil, fignal 1 canon. .... } 33	Envoyer prendre les malades à terre... 39
Exécution particuliere ; toute l'Ar- mée. 78	Appareiller. Signal 12 canon..... 96,98 Faire fervir, & continuer la route. Signal 12 canon........... } ...104 Abattre à ftribord.. .... } ....97 Signal 5 canon...........
Exécution particuliere ; arriere-garde.. 78	Appareiller. Arriere-garde. S. 12 c. 96,98 Faire fervir, & continuer la route. Signal 12 canon .... } ...104 Abattre à ftribord........... } ....97 Signal 5 canon...........
Exécution particuliere ; corps de ba- taille. 78	Appareiller. Corps de bataille. S. 12 c. 96,98 Faire fervir, & continuer la route. Signal 12 canon........... } ...104 Abattre à ftribord........... } ....97 Signal 5 canon...........
Exécution particuliere ; avant-garde... 78	Appareiller. Avant-garde. S. 12 c.. 96,98 Faire fervir, & continuer la route. Signal 12 canon........... } ...104 Abattre à ftribord .... } ....97 Signal 5 canon...........
Envoyer les malades à terre........ 38	Demander permiffion de tranfporter les malades à bord du Vaiffeau d'Hôpi- tal............................. 40

Fff ij

PAVILLONS *DE SIGNAUX.*	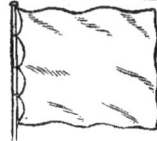 4
POUPPE.	Envoyer les Chaloupes faire de l'eau ou du bois................... 41
VERGUE D'ARTIMON.	Panne ; toute l'Armée. Signal 18 c. 102 Cape { à la mifaine. fig. 3, 33 c. à la grande voile. fig. 7, 33 c. à l'artimon. fig. 15, 33 c.... à fec. fig. 31, 33 c...... } 103
PERROQUET D'ARTIMON.	Panne ; arriere-garde. .... Signal 18 canon........... } 102
GRAND PERROQUET.	Panne ; corps de bataille. ...... Signal 18 canon .... } 102
PETIT PERROQUET.	Panne ; avant-garde......... Signal 18 canon. .... } 102
BEAUPRÉ.	Les Généraux mettant feuls en panne, fans arrêter le mouvement de leur Efcadre...................102

5	6
Envoyer les Chaloupes à la pêche. 42	Homme tombé à la mer. 50
Forcer de voile. Toute l'Armée. ... 105 Faire chaffer. 114, 117	Diminuer de voile. Toute l'Armée.... 107
Forcer de voile. Arriere-garde. . . . . . 105 Faire chaffer. . . . . . , ...114, 117	Diminuer de voile. Arriere-garde. . . . . 107 Si l'on ne peut pas faire plus de voile. ⎫ Flamme particuliere. . . . . ⎬ 106
Forcer de voile. Corps de bataille. . . . 105 Faire chaffer. 114, 117	Diminuer de voile. Corps de bataille. .107 Si l'on ne peut pas faire plus de voile.. ⎫ Flamme particuliere. . . . . ⎬ 106
Forcer de voile. Avant-garde. . . . . . . 105 Faire chaffer. 114, 117	Diminuer de voile. Avant-garde. . . . . 107 Si l'on ne peut pas faire plus de voile ⎫ Flamme particuliere. . . . . ⎬ 106
Envoyer à la pêche les Chaloupes de l'Hôpital. 42	Homme tombé à la mer, fauvé par un autre Vaiffeau. 50

PAVILLONS *DE* *Signaux.*	7
POUPPE.	Connoître fi tous les Vaiffeaux font à leur pofte. 64
VERGUE D'ARTIMON.	Virer par la contre-marche. . . . . . . Toute l'Armée. . . . . }126 Signal 9 canon. . . . .
PERROQUET D'ARTIMON.	Virer par la contre-marche. . . . . . . Arriere-garde. . . . . }126 Signal 9 canon. . . . .
GRAND PERROQUET.	Virer par la contre-marche. . . . . . . Corps de bataille . . . . }126 Signal 9 canon. . . . .
PETIT PERROQUET.	Virer par la contre-marche. . . . . . . Avant-garde. . . . . }126 Signal 9 canon. . . . .
BEAUPRÉ.	Demander permiffion d'envoyer à terre. . . . . 75 Permettre d'envoyer à terre. 76

Connoître s'il s'eſt joint à l'Armée quelque Vaiſſeau étranger. 65	Faire paſſer les Vaiſſeaux de l'Armée à poupe du Général. . . . . $\Big\}$ 57 Signal 2 canon. . . . . Un ſeul Vaiſſeau; flamme particuliere. 57,60 Une Eſcadre, une Diviſion. Pavillon de diſtinction. 57
Revirer par la contre-marche. . . . . . $\Big\}$ 126 Toute l'Armée. . . . . Signal 9 canon.	Virer tout enſemble vent devant. $\Big\}$ 128,129 Toute l'Armée. . . . . Signal 8 canon. . . . .
Revirer par la contre-marche. . . . . . $\Big\}$ 126 Arriere-garde. . . . . Signal 9 canon.	Virer tout enſemble vent devant. $\Big\}$ 128,129 Arriere-garde. . . . . Signal 8 canon. . . . .
Revirer par la contre-marche. . . . . . $\Big\}$ 126 Corps de bataille. . . . . Signal 9 canon.	Virer tout enſemble vent devant. $\Big\}$ 128,129 Corps de bataille. . . . . Signal 8 canon. . . . .
Revirer par la contre-marche. . . . . . $\Big\}$ 126 Avant-garde. . . . . Signal 9 canon.	Virer tout enſemble vent devant. $\Big\}$ 128,129 Avant-garde. . . . . Signal 8 canon. . . . .
Demander permiſſion d'envoyer à bord d'un Bâtiment qui n'eſt pas de l'Armée. . . . . 75 Permettre d'envoyer à bord d'un Bâtiment qui n'eſt pas de l'Armée. 76	

PAVILLONS DE SIGNAUX.	 10
POUPPE.	Faire abattre à basbord les Vaiſ-feaux qui appareillent.......... } 97 Signal 6 canon.............
VERGUE D'ARTIMON.	Tenir le vent. Toute l'Armée......} 108 Signal 20 canon.............
PERROQUET D'ARTIMON.	Tenir le vent. Arriere-garde........} 108 Signal 20 canon.............
GRAND PERROQUET.	Tenir le vent. Corps de bataille....} 108 Signal 20 canon.............
PETIT PERROQUET.	Tenir le vent. Avant-garde..:......} 108 Signal 20 canon.............
BEAUPRÉ.	

Couper

11   12

Couper le cable................}98	Virer lof pour lof par la contre-⎫ marche....................⎬127 Sous le vent....................⎭ Signal 10 canon............
	Signal 12 canon............

Couper le cable................}98
Signal 12 canon............

Virer lof pour lof par la contre-⎫
marche....................
Sous le vent....................⎬127
Signal 10 canon............⎭

Arriver. Toute l'Armée..........}109
Signal 21, 22,23,24,25,26 canon.

Toute l'Armée.
Echiquier fous le vent de la ligne....110

Arriver. Arriere-garde. ....}109
Signal 21,22,23,24,25,26 canon.

Arriere-garde.
Echiquier fous le vent de la ligne....110

Arriver. Corps de bataille........}109
Signal 21, 22,23, 24,25,26 canon.

Corps de bataille.
Echiquier fous le vent de la ligne. , . 110

Arriver. Avant-garde............}109
Signal 21, 22, 23, 24, 25,26 canon.

Avant-garde.
Echiquier fous le vent de la ligne. . . 110

Ggg

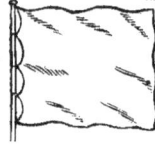

PAVILLONS DE SIGNAUX.	13
POUPPE.	Donner la remorque à un Vaiſſeau. . . . 68
VERGUE D'ARTIMON.	Toute l'Armée. Echiquier au vent de la ligne. 110
PERROQUET D'ARTIMON.	Arriere-garde. Echiquier au vent de la ligne. 110
GRAND PERROQUET.	Corps de bataille. Echiquier au vent de la ligne. 110
PETIT PERROQUET.	Avant-garde. Echiquier au vent de la ligne 110
BEAUPRÉ.	

14

15

Répartir la viande fraîche. 47	Filer le cable par le bout , & laiffer une bouée. 98
Toute l'Armée. Étendre la ligne ou les colonnes 112	**Toute l'Armée.** Refferrer la ligne ou les colonnes. . . . 111
Arriere - garde. Etendre la ligne ou les colonnes. 112	**Arriere - garde.** Refferrer la ligne ou les colonnes. . . . 111
Corps de bataille. Etendre la ligne ou les colonnes. . . . 112	**Corps de bataille.** Refferrer la ligne ou les colonnes. . . . 111
Avant - garde. Etendre la ligne ou les colonnes. 112	**Avant - garde.** Refferrer la ligne ou les colonnes. . . . 111

PAVILLONS DE SIGNAUX.	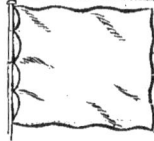 16
POUPPE.	Faire embarquer les Chaloupes...... 100
VERGUE D'ARTIMON.	Aborder. Toute l'Armée....,...... 166. Galiote en état de tirer...........: 169
PERROQUET D'ARTIMON.	Aborder. Arriere-garde........... 166
GRAND PERROQUET.	Aborder. Corps de bataille.........166
PETIT PERROQUET.	Aborder. Avant-garde.....:........ 166
BEAUPRÉ.	

17 18

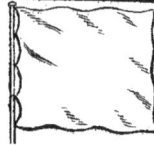

PAVILLONS DE SIGNAUX.	19
POUPPE.	Retrancher un repas aux équipages.... 46
VERGUE D'ARTIMON.	Perpendiculaire du vent........... 133 Arriver par converfion. Signal d'aire de vent. } 134
PERROQUET D'ARTIMON.	Former un corps de réferve à la queue de la ligne................. 161 Ajouter un pavillon numéraire...... 161 Ajouter le fignal de ralliement...... 161
GRAND PERROQUET.	Former un corps de réferve de quelques Vaiffeaux de chacun des trois corps. 161 Ajouter un fignal numéraire........ 161 Ajouter le fignal de ralliement....... 161
PETIT PERROQUET.	Former un corps de réferve à la tête de la ligne.................. 161 Ajouter un fignal numéraire........ 161 Ajouter le fignal de ralliement...... 161
BEAUPRÉ.	

PAVILLONS *DE SIGNAUX.*	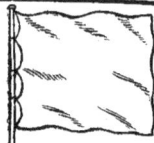 22
POUPPE.	Sonder........................ 56
VERGUE D'ARTIMON.	Chaloupes. Armement ordinaire..... 44 Si on a trouvé fond en fondant...... 56
PERROQUET D'ARTIMON.	Chaloupes armées. .... 44 Fond de roc...................... 56
GRAND PERROQUET.	Chaloupes armées & matelaffées..... 44 Fond de fable ou de vafe.⎫ Signal 29 canon........⎬........ 56
PETIT PERROQUET.	Signal de ralliement...⎫ Rappeller les Chaffeurs.⎬........... 63 Point de fond................... 56
BEAUPRÉ.	

Chaffer

23

24

PAVILLONS DE SIGNAUX.	 25
POUPPE.	Ordre de marche fur fix colonnes de l'autre bord..................... 193
VERGUE D'ARTIMON.	Ordre de marche fur trois colonnes de l'autre bord.............. } 176 Signal 14 canon............
PERROQUET D'ARTIMON.	Faire courir tous les Vaiffeaux dans les eaux de la tête............ } 198 Signal 30 canon............
GRAND PERROQUET.	Impoffibilité d'exécuter l'ordre....... 84
PETIT PERROQUET.	Secours prompt.................... 71
BEAUPRÉ.	

26	27
Ouvrir les paquets cachetés.........62	
Virer par la contremarche, vent arriere. 184	Virer tout enfemble vent arriere.... }186 Signal 11 canon.............
Meffe ou Vêpres................ 48 Commencement de Meffe }........ 48 Signal 1 canon.......	Exercice du canon & du fufil........ 51 Exercice du fufil & tirer à poudre.. } 51 Signal 1 canon............... } Tirer au blanc................ } 51 Signal 3 canon............. }
Mettre un Canot à la mer pour aller au-devant des ordres........... 60	Diftribuer l'ordre de Chaloupe en Cha- loupe....................... 61
Faire prendre les repas à l'Equipage.. 45	Faire branlebas & rétablir les branles.. 52

PAVILLONS *DE SIGNAUX.*	28
POUPPE.	
VERGUE D'ARTIMON.	Signal apperçu..................... 83
PERROQUET D'ARTIMON.	Perfifter ; & fignal de confirmation d'ordre...................... 80
GRAND PERROQUET.	Approuver ou confentir........... 81
PETIT PERROQUET.	Refufer......................... 82
BEAUPRÉ.	

Défaffourcher.................... 94	
Virer à pic........................ 96	Conseil de guerre pour délit militaire.⎰34 Signal 1 canon.................⎱
Appareiller les meilleurs voiliers..... 99 Courre-sus, chasse ou poursuite.⎱ Ajouter au signal un coup de ca-⎰67,114 non à boulet............⎱ Ou ajouter fig. 12 canon.......... 99	Exécution du Conseil de guerre....⎰34 Trois coups de canon.........⎱
Avertissement de mouillage....⎱....90 Signal 32 canon...........⎰ Mouiller une ancre seule.......... 92	Signal de danger, ou d'incommodité⎱ Flamme particuliere............⎰69 Signal, 1, 3 canon..........⎱ Vaisseau incommodé ou en danger...⎰70 Signal 28, 35 canon..........⎱
Mouiller sans avertir..⎱............ 91 Signal 2 canon....⎰	Besoin de relâcher.⎱............ 72 Signal 2 canon...⎰

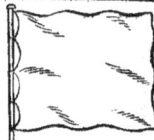

PAVILLONS *DE SIGNAUX.*	31
POUPPE.	Annuller l'ordre ou le fignal. Signal 38 canon. . . . . } 31
VERGUE D'ARTIMON.	Annuller l'ordre ou le fignal. . Signal 38 canon. . . . . } 31
PERROQUET D'ARTIMON.	Annuller l'ordre ou le fignal. . Signal 38 canon. . . . . } 31
GRAND PERROQUET.	Annuller l'ordre ou le fignal. . Signal 38 canon. . . . . } 31
PETIT PERROQUET.	Annuller l'ordre ou le fignal. . Signal 38 canon. . . . . } 31
BEAUPRÉ.	Annuller l'ordre ou le fignal. . Signal 38 canon. . . . . } 31

32

33

FLAMMES *De Diftinction & de Signaux.*	BLANÇHE. I 
BATON D'ENSEIGNE.	Commiffaires...................... 36
VERGUE D'ARTIMON.	Ordre ; toute l'Armée............. 27
VERGUE SECHE.	*Septieme Vaiffeau.* Premiere Divifion de l'Amiral...... 12
VERGUE DE FOUGUE.	*Sixieme Vaiffeau.* Premiere Divifion de l'Amiral....... 12
HAUT DU PERROQUET D'ARTIMON.	Troifieme Divifion du corps de bataille. 10
GRANDE VERGUE.	*Cinquieme Vaiffeau.* Premiere Divifion de l'Amiral....... 12
VERGUE DE GRAND HUNIER.	*Troifieme Vaiffeau.* Premiere Divifion de l'Amiral 12
VERGUE DE GRAND PERROQUET.	*Quatrieme Vaiffeau.* Premiere Divifion de l'Amiral....... 12
HAUT DU GRAND PERROQUET.	Premiere Divifion du corps de bataille. 10
VERGUE DE MISAINE.	*Deuxieme Vaiffeau.* Premiere Divifion de l'Amiral....... 12
VERGUE DE PETIT HUNIER.	*Premier Vaiffeau.* Premiere Divifion de l'Amiral....... 12
HAUT DU PETIT PERROQUET.	Seconde Divifion du corps de bataille. 10

Ecrivains

BLANCHE & BLEUE. 2	BLEUE. 3. 433
Ecrivains ordinaires............... 36	Commis des Vivres............... 36
Ordre. Efcadre du Vice-Amiral...... 27	Ordre. Efcadre du Contre-Amiral.... 27
Septieme Vaiffeau. Premiere Divifion du Vice-Amiral... 12	*Septieme Vaiffeau.* Premiere Divifion du Contre-Amiral.. 12
Sixieme Vaiffeau. Premiere Divifion du Vice-Amiral... 12	*Sixieme Vaiffeau.* Premiere Divifion du Contre-Amiral.. 12
Troifieme Divifion de l'avant-garde.. 10	Troifieme Divifion de l'arriere-garde. 10
Cinquieme Vaiffeau. Premiere Divifion du Vice-Amiral.... 12	*Cinquieme Vaiffeau.* Premiere Divifion du contre-Amiral.. 12
Troifieme Vaiffeau. Premiere Divifion du Vice-Amiral... 12	*Troifieme Vaiffeau.* Premiere Divifion du Contre-Amiral.. 12
Quatrieme Vaiffeau. Premiere Divifion du Vice-Amiral.... 12	*Quatrieme Vaiffeau.* Premiere Divifion du Contre-Amiral. 12.
Premiere Divifion de l'avant-garde.. 10	Premiere Divifion de l'arriere-garde.. 10
Deuxieme Vaiffeau. Premiere Divifion du Vice-Amiral.... 12	*Deuxieme Vaiffeau.* Premiere Divifion du Contre-Amiral. 12
Premier Vaiffeau. Premiere Divifion du Vice-Amiral... 12	*Premier Vaiffeau.* Premiere Divifion du Contre-Amiral. 12
Deuxieme Divifion de l'avant-garde. 10	Deuxieme Divifion de l'arriere-garde. 10

FLAMMES DE SIGNAUX.	4
BATON D'ENSEIGNE.	Capitaines des Bâtiments de fuite.... 63
VERGUE D'ARTIMON.	Capitaines de Frégates............ 35
VERGUE SECHE.	*Septieme Vaiffeau.* Deuxieme Divifion du Vice-Amiral.. 12
VERGUE DE FOUGUE.	*Sixieme Vaiffeau.* Deuxieme Divifion du Vice-Amiral.. 12
HAUT DU PERROQUET D'ARTIMON.	Etambord, ou Gouvernail. Accident. 70
GRANDE VERGUE.	*Cinquieme Vaiffeau.* Deuxieme Divifion du Vice-Amiral.. 12
VERGUE DE GRAND HUNIER.	*Troifieme Vaiffeau.* Deuxieme Divifion du Vice-Amiral... 12
VERGUE DE GRAND PERROQUET.	*Quatrieme Vaiffeau.* Deuxieme Divifion du Vice-Amiral.. 12
HAUT DU GRAND PERROQUET.	Grand mât. Accident............ 70
VERGUE DE MISAINE.	*Deuxieme Vaiffeau.* Deuxieme Divifion du Vice-Amiral.. 12
VERGUE DE PETIT HUNIER.	*Premier Vaiffeau.* Deuxieme Divifion du Vice-Amiral.. 12
HAUT DU PETIT PERROQUET.	Poulaine. Accident............... 70

Capitaines des Vaisseaux d'Hôpital... 36	Médecin de l'Armée.............. 36
Capitaines de Galiotes............ 35	Capitaines de Brûlots............. 35
Septieme Vaisseau. Troisieme Division du Vice-Amiral.... 12	*Septieme Vaisseau.* Deuxieme Division de l'Amiral...... 12
Sixieme Vaisseau. Troisieme Division du Vice-Amiral.. 12	*Sixieme Vaisseau.* Deuxieme Division de l'Amiral...... 12
Artimon. Accident................ 70	Chasser sur ses ancres............. 70
Cinquieme Vaisseau. Troisieme Division du Vice-Amiral... 12	*Cinquieme Vaisseau.* Deuxieme Division de l'Amiral...... 12
Troisieme Vaisseau. Troisieme Division du Vice-Amiral... 12	*Troisieme Vaisseau.* Deuxieme Division de l'Amiral...... 12
Quatrieme Vaisseau. Troisieme Division du Vice-Amiral... 12	*Quatrieme Vaisseau.* Deuxieme Division de l'Amiral...... 12
Voie d'eau..................... 70	Echouage...................... 70
Deuxieme Vaisseau. Troisieme Division du Vice-Amiral... 12	*Deuxieme Vaisseau.* Deuxieme Division de l'Amiral...... 12
Premier Vaisseau. Troisieme Division du Vice-Amiral... 12	*Premier Vaisseau.* Deuxieme Division de l'Amiral...... 12
Misaine. Accident................ 70	Beaupré. Accident................ 70

FLAMMES
DE SIGNAUX.

BATON D'ENSEIGNE.	Chirurgiens Majors................ 36
VERGUE D'ARTIMON.	Pilotes & Loftes................. 35
VERGUE SECHE.	*Septieme Vaiffeau.* Troifieme Divifion de l'Amiral...... 12
VERGUE DE FOUGUE.	*Sixieme Vaiffeau.* Troifieme Divifion de l'Amiral...... 12
HAUT DU PERROQUET DE FOUGUE.	Affourcher avec un grelin.......... 92
GRANDE VERGUE.	*Cinquieme Vaiffeau.* Troifieme Divifion de l'Amiral...... 12
VERGUE DE GRAND HUNIER.	*Troifieme Vaiffeau.* Troifieme Divifion de l'Amiral...... 12
VERGUE DE GRAND PERROQUET.	*Quatrieme Vaiffeau.* Troifieme Divifion de l'Amiral...... 12
HAUT DU GRAND PERROQUET.	Incendie......................... 70
VERGUE DE MISAINE.	*Deuxieme Vaiffeau.* Troifieme Divifion de l'Amiral...... 12
VERGUE DE PETIT HUNIER.	*Premier Vaiffeau.* Troifieme Divifion de l'Amiral...... 12
HAUT DU PETIT PERROQUET.	Affourcher avec une groffe ancre..... 92

Aumôniers..................... 36 | Calfats...................... 37

Charpentiers.................. 37 | Longitude................... 87

Septieme Vaiſſeau.
Troiſieme Diviſion du Contre-Amiral. 12 | *Septieme Vaiſſeau.*
Deuxieme Diviſion du Contre-Amiral. 12

Sixieme Vaiſſeau.
Troiſieme Diviſion du Contre-Amiral.. 12 | *Sixieme Vaiſſeau.*
Deuxieme Diviſion du Contre-Amiral. 12

Brûlot préparé à l'abordage........ 167 |

Cinquieme Vaiſſeau.
Troiſieme Diviſion du Contre-Amiral. 12 | *Cinquieme Vaiſſeau.*
Deuxieme Diviſion du Contre-Amiral. 12

Troiſieme Vaiſſeau.
Troiſieme Diviſion du Contre-Amiral. 12 | *Troiſieme Vaiſſeau.*
Deuxieme Diviſion du Contre-Amiral. 12

Quatrieme Vaiſſeau.
Troiſieme Diviſion du Contre-Amiral. 12 | *Quatrieme Vaiſſeau.*
Deuxieme Diviſion du Contre-Amiral. 12

Brûlot préparé à l'abordage........ 167 | Danger...................... 69

Deuxieme Vaiſſeau.
Troiſieme Diviſion du Contre-Amiral. 12 | *Deuxieme Vaiſſeau.*
Deuxieme Diviſion du Contre-Amiral. 12

Premier Vaiſſeau.
Troiſieme Diviſion du Contre-Amiral. 12 | *Premier Vaiſſeau.*
Deuxieme Diviſion du Contre-Amiral. 12

Brûlot préparé à l'abordage........ 167 |

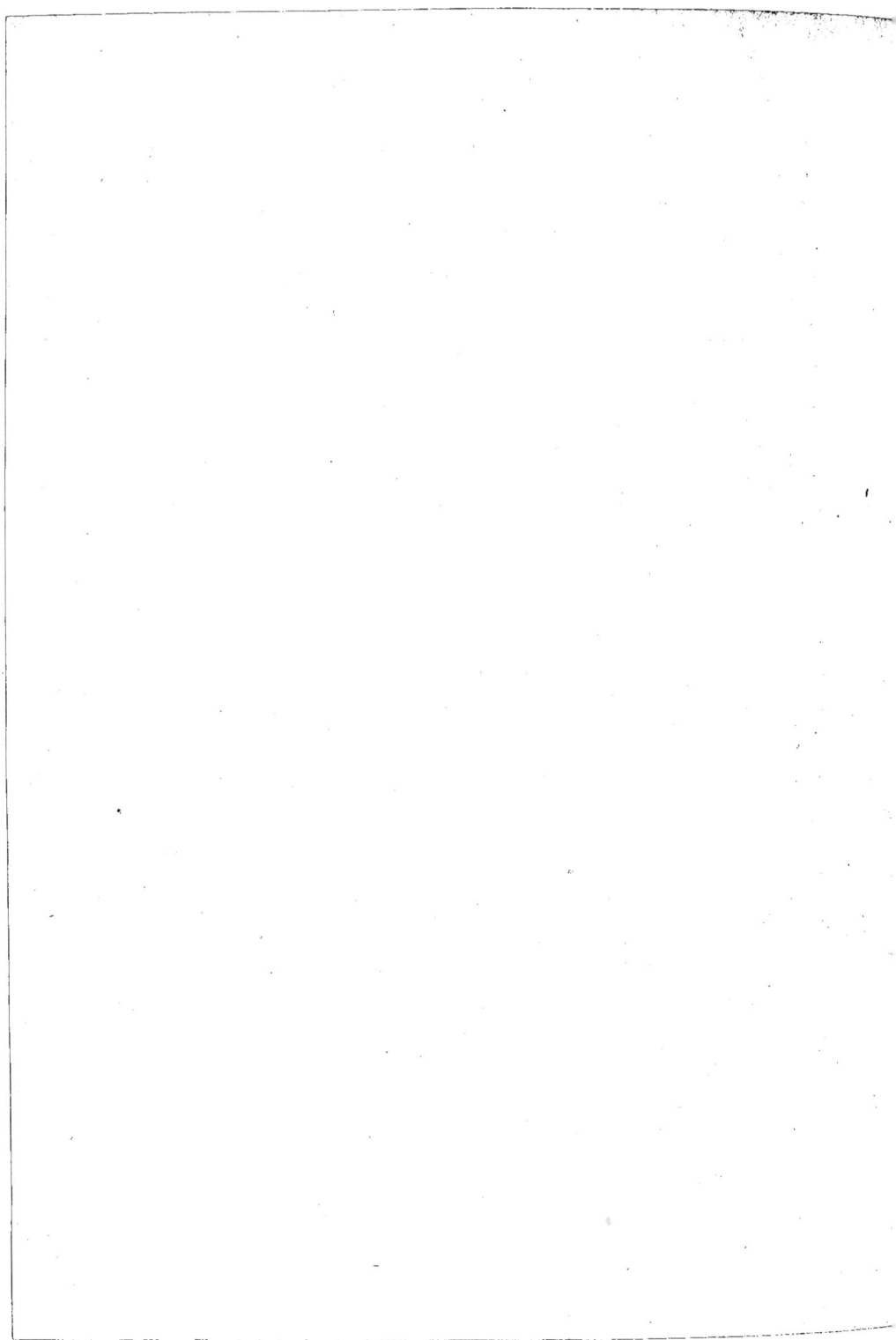

SIGNAUX DE CANON

Pour le Jour, la Nuit, et le temps de Brume.

REMARQUES *fur l'ufage des SIGNAUX de Canon.*

On ne tirera au plus que fix coups de canon pour un fignal.

Les fignaux de canon feront différenciés par le nombre des coups, & par la maniere de les tirer.

Ainfi les coups depuis 2 jufqu'à 6, feront tirés, foit lentement, foit coup fur coup, foit enfin en mettant une plus grande diftance pour féparer & diftinguer une fuite de coups.

La premiere colonne de la Table fuivante, comprend le numéro, par lequel le fignal de canon eft indiqué.

On a marqué les coups de canon par des c, dans la feconde colonne, où chaque c marque un coup de canon.

Les c ponctués indiquent les coups tirés lentement, c'eft-à-dire, à 12 ou 15 fecondes de diftance l'un de l'autre.

Les c-c joints par une barre d'union, défignent les coups de canon tirés coup fur coup, à 4 ou 5 fecondes au plus de diftance l'un de l'autre.

Les cc, c-c, c, ou autres feparés de quelque maniere que ce foit par une virgule, font connoître par cette marque, qu'il doit y avoir une diftance fort fenfible dans une fuite de coups, dont les uns font tirés lentement, & les autres coup fur coup. On comptera pour la virgule au moins 30 fecondes.

Les Répétiteurs auront attention à ne répéter les fignaux que 2 à 3 minutes après le dernier coup de canon.

Quoiqu'on ait varié les fignaux de canon, pour défigner les mouvements ou ordres différents, l'Armée eft avertie que le Général pourra très-fouvent, particuliérement de jour & quelquefois de nuit, & même en temps de brume, n'employer que le premier ou le fecond fignal de canon, lorfque la circonftance l'exigera, & que l'autre partie du fignal de jour, de nuit ou de brume, indiquera fuffifamment la manœuvre.

Numéro des Signaux.	Termes de la combinaison générale des coups de canon.	440 *SIGNAUX DE CANON* *Pour le Jour, la Nuit, & le temps de Brume.*	Articles des Sig. de Jour.	Articles des Sig. de Nuit.	Articles des Sig. de Brume.
I	c	Diane & Retraite. Batterie de la Caiffe	18	243	318
	c	Faire obferver le fignal	29		319
		N*. Ce Signal tiendra fouvent lieu de tous les autres fignaux de canon, dont le Général ne voudra pas multiplier les coups.			
	c	Pavillon 1. Pouppe. Appeller les Officiers Généraux au Confeil	32		
	c	Pavillon 2. Pouppe. Appeller les Officiers Généraux, les Chefs de Divifion, les Capitaines des Vaiffeaux de ligne au Confeil	33		
	c	Après le fignal 1, 2, de Confeil. Officier Général débordant de fon Vaiffeau	33		
	c	Pavillon 30. Vergue d'artimon. Confeil de guerre pour Délit militaire	34		
	c	Pavillon 26. Perroquet d'artimon. Meffe ou Vêpres . . .	48		
	c	Pavillon 27. Perroquet d'artimon. Faire tirer les foldats à poudre	51		
	c	Pavillon 22. Pouppe. Flamme particuliere. Faire fonder un Vaiffeau	56		
	c	Pavillon 9. Pouppe. Flamme particuliere. Faire paffer un feul Vaiffeau à pouppe	57		
	c	Pavillon 29. Perroquet d'artimon. Faire tirer fur un Navire étranger	67		
	c	Pavillon 30. Grand perroquet. Si un Vaiffeau court fur un danger	69		
	c	Pavillon 1. Vergue d'artimon. Avertiffement de fignal numéraire	85		
	c	Pavillon 1. Petit perroquet. Courir deux horloges à l'aire de vent indiqué	89		
	c	Petit hunier défrêlé. Signal de partance	93		
	c	Signal 2, 7, 12. F. Signal apperçu & exécution de mouvement du premier Vaiffeau de la ligne ou des colonnes		246 301	
	c	Signal 1 F. après les fignaux 48, 161 F. défigne le Nord	. . .	286 311	
	c	Signal 113. F. mauvais fond	. . .	291	
	c	Signal 161. F. changer l'aire de vent de la ligne ou des colonnes	. . .	311	
	c	Reconnoiffance du Contre-Amiral	. . .	. . .	318

Signal

Numéro des Signaux.	Termes de la combinaison générale des coups de canon.	SIGNAUX DE CANON Pour le Jour, la Nuit, & le temps de Brume.	Articles des Sig. de Jour.	Articles des Sig. de Nuit.	Articles des Sig. de Brume.
1	ċ	Signal 5. B. Exécution de mouvement du premier Vaisseau...............................	...	...	318
	ċ	Signal entendu. Premier Vaisseau.................	...	...	{ 318 320
	ċ	Signal 22. B. à l'ancre ; Ordre....................	...	...	335
	ċ	Signal 22. B. sous voile ; désigne le Nord..........	...	...	336
2	c-c.......	Ordre réitéré d'observer le signal.................	29	243	{ 318 319
		Nª. Ce signal tiendra souvent lieu de tous les autres signaux de Canon dont le Général ne voudra pas multiplier les coups.			
	c-c.......	Pavillon 9. Poupe. Faire passer tous les Vaisseaux à poupe...............................	57		
	c-c......	Pavillon de Distinction. Beaupré. Si l'on est pressé de parler à un Commandant....................	58		
	c-c.......	Pavillon 30. Petit Perroquet. Besoin de relâcher.....	72		
	c-c.......	Pavillon 1. Vergue d'artimon. Avertissement de signal numéraire...............................	85		
	c-c.......	Pavillon 29. Petit Perroquet. Mouiller.............	91		
	c-c.......	Signal 141. F. Chasser un Vaisseau découvert, & tirer sur un Vaisseau qui ne veut pas parler...........	...	{ 263 264	
	c-c.......	Signal 65. F. Faire promptement porter le secours...	...	267	
	c-c.......	Signal 90. F. Besoin de relâcher.................	...	289	
	c-c.......	Signal 85. F. Détacher un Vaisseau d'Escorte.......	...	290	
	c-c.......	Signal 2. F. après les signaux 48, 161. F. désigne le N ¼ N O	...	{ 286 311	
	c-c.......	Signal 93. F. Resserrer la ligne ou les colomnes.....	...	313	
	c-c.......	Reconnoissance du Vice-Amiral..................	...		318
	c-c.......	Toutes les demi-heures après le Signal 1. B. de danger. Accident quelconque..................	...	...	334
	c-c.......	Signal 22. B. désigne le N ¼ N O.................	...	...	336
3	ċċ........	Pavillon 27. Perroquet d'artimon. Tirer au Blanc....	51		
	ċċ........	Pavillon 24. Grand Perroquet. Flotte ennemie......	54		
	ċċ........	Pavillon 30. Grand Perroquet. Si un Vaisseau court sur un danger.	69		
	ċċ........	Pavillon de Poupe. Besoin d'Escorte.............	72		
	ċċ.......	Pavillon 1. Petit Perroquet. Courir 4 horloges à l'aire de vent indiqué	89		

K k k

SIGNAUX DE CANON
Pour le Jour, la Nuit, & le temps de Brume.

Numéro des Signaux.	Termes de la combinaison générale des coups de canon.		Articles des Sig. de Jour.	Articles des Sig. de Nuit.	Articles des Sig. de Brume.
3	ċċ	Pavillon 4. Vergue d'artimon. Cap à la mifaine......	103		
	ċċ	Signal 3, 8, 13. F. Sig. apperçu, & exécution de mouvement du dernier Vaiffeau de la lig. ou des colonnes.	...	246	
	ċċ	Signal 86. F. Befoin d'Efcorte.....................	...	289	
	ċċ	Signal 15. F. Exécution de mouvement du Contre-Amiral............1....................	...	301	
	ċċ	Signal 3. F. après les Signaux 48. 161. F. défigne le NNO...............................	...	{286 311	
	ċċ	Signal 5. B. Exécution actuelle de mouvement du dernier vaiffeau................................	...	...	318
	ċċ	Signal 19. B. Mouvement actuel du Contre-Amiral...	...	...	318
	ċċ	Signal entendu. Dernier Vaiffeau.................	...	...	{318 320
	ċċ	Signal 22. B. défigne le NNO...................	...	...	336
4	c-c-c	Signal 61. F. Rappeller les Chaffeurs.............	...	282	
	c-c-c	Signal 4. F. après les Signaux 48. 161. F. défigne le NO$\frac{1}{4}$N................................	...	{286 311	
	c-c-c	Reconnoiffance du Général...................	...	...	318
	c-c-c	Signal 22. B. défigne le NO$\frac{1}{4}$N...............	...	...	336
5	c-c,ċ	Pavillon 3. au mât convenable. Abattre à ftribord & basbord amure......................	97		
	c-c,ċ	Signal 106. F. Abattre à ftribord & basbord amure...	...	299	
	c-c,ċ	Signal 5. F. après les Signaux 48. 161. F. défigne le NO.................................	...	{286 311	
	c-c,ċ	Signal 118. F. Tenir le vent, basbord amure........	...	308	
	c-c,ċ	Signal 13. B. Abattre à ftribord & basbord amure.....	...	...	322
	c-c,ċ	Signal 22. B. défigne le NO...................	...	...	336
6	ċ,c-c	Pavillon 10. au mât convenable. Abattre à basbord & ftribord amure.........................	97		
	ċ,c-c	Signal 103. F. Abattre à basbord & ftribord amure...	...	299	
	ċ,c-c	Signal 118. F. Tenir le vent ftribord amure........	...	308	
	ċ,c-c	Signal 6. F. après les Sig. 48. 161. défigne le NO$\frac{1}{4}$O.	...	{286 311	
	ċ,c-c	Signal 14. B. Abattre à basbord & ftribord amure...-	...	...	322
	ċ,c-c	Signal 22. B. défigne le NO$\frac{1}{4}$O.................	...	...	336
7	ċċċ	Pavillon 1. Petit perroquet. Courir 6 horlogés à l'aire de vent indiqué............................	89		

Numéro des Signaux.	Termes de la combinaison générale des coups de canon.	SIGNAUX DE CANON *Pour le Jour, la Nuit, & le temps de Brume.*	Articles des Sig. de Jour.	Articles des Sig. de Nuit.	Articles des Sig. de Brume.
7	c-c-c......	Pavillon 4. Vergue d'artimon. Cape à la grande voile......	103		
	c-c-c......	Signal 10. F. Exécution de mouvement du Vice-Amiral......	...	301	
	c-c-c......	Signal 7. F. après les fig. 48. 161. défigne l'ONO..	...	⎰286	
	c-c-c......	Signal 5. B. Exécution actuelle du mouvement du Vice-Amiral......	...	⎱311	
	c-c-c......	Signal 20. B. Mouvement actuel du Vice-Amiral....	...	...	318
	c-c-c......	Signal 22. B. défigne l'ONO	...	...	318
					336
8	c-c-c-c....	Pavillon 9. au mât convenable. Virer tout enfemble vent devant......	128		
	c-c-c-c....	Signal 29. F. Virer tout enfemble vent devant......		⎰305 ⎱306	
	c-c-c-c....	Signal 8. F. après les fig. 48. 161. F. défigne l'O$\frac{1}{4}$NO.	...	⎰286	
	c-c-c-c....	Signal 12. B. Avertiffement de virer tout enfemble vent devant......	...	⎱311	
	c-c-c-c....	Signal 2. B. Virer tout enfemble vent devant	...	...	324
	c-c-c-c....	Signal 22. B. défigne l'O$\frac{1}{4}$NO	...	...	324
					336
9	c-c,c-c....	Pavillon 7. au mât convenable. Virer par la contre-marche......	126		
	c-c,c-c.,...	Pavillon 8. au mât convenable. Revirer par la contre-marche......	126		
	c-c,c-c....	Signal 18. F. Virer vent devant par la contre-marche.	...	303	
	c-c,c-c....	Signal 9. F. après les fig. 48. 161. F. défigne l'Ouest.	...	⎰286	
	c-c,c-c....	Signal 12. B. Avertiffement de virer par la contre-marche......	...	⎱311	
	c-c,c-c....	Signal 28. B. Virer par la contre-marche......	...	...	323
	c-c,c-c....	Signal 22. B. défigne l'Ouest......	...	...	323
					336
10	c-c-c,c....	Pavillon 12. à pouppe. Virer lof pour lof par la contre-marche fous le vent......	127		
	c-c-c,c....	Signal 23. F. Virer par la contre-marche fous le vent.	...	304	
	c-c-c,c....	Signal 10. F. après les fig. 48. 161. F. défigne l'O$\frac{1}{4}$SO.	...	⎰286	
	c-c-c,c....	Signal 22. B. défigne l'O$\frac{1}{4}$SO......	...	⎱311	
				...	336
11	c,c-c-c....	Pavillon 27. Vergue d'artimon. Virer tout enfemble vent arriere......	186		
	c,c-c-c....	Signal 34. F. Virer tout enfemble vent arriere......	...	312	

Numéro des Signaux.	Termes de la combinaison générale des coups de canon.	444 *SIGNAUX DE CANON* *Pour le Jour, la Nuit, & le temps de Brume.*	Articles des Sig. de Jour.	Articles des Sig. de Nuit.	Articles des Sig. de Brume.
11	ċ,c-c-c....	Signal 11. F. après les fig. 48. 161. F. défigne l'OSO.	...	⎰286 ⎱311	
	ċ,c-c-c....	Signal 12. B. Avertiffement de virer tout enfemble vent arriere..................................	...	...	325
	ċ,c-c-c....	Signal 3. B. Virer tout enfemble vent arriere........	...	...	325
	ċ,c-c-c....	Signal 22. B. défigne l'OSO....................	...	...	336
12	c-c,ċċ....	Pavillon 3. Vergue d'artimon. Appareiller, faire fervir & continuer la route....................	⎰98 ⎱104	.	
	c-c,ċċ....	Pavillon 11. à pouppe. Couper les cables..........	98		
	c-c,ċċ....	Pavillon 29. Perroquet d'artimon. Faire couper ou filer les cables aux meilleurs voiliers.......	99		
	c-c,ċċ....	Signal 95. F. Appareiller & faire fervir...........	...	278	
	c-c,ċċ....	Signal 108. F. Couper les cables & ne point laiffer de bouée..	...	300	
	c-c,ċċ....	Signal 110. F. Couper les cables, laiffant une bouée.	...	300	
	c-c,ċċ....	Signal 12. F. après les fig. 48. 161. F. défigne le $SO\frac{1}{4}O$....................................	...	⎰286 ⎱311	
	c-c,ċċ....	Signal 12. B. Avertiffement d'appareiller & de faire fervir......................................	...	...	⎰321 ⎱328
	c-c,ċċ....	Signal 28. B. Virer à pic......................	...	...	321
	c-c,ċċ....	Signaux 17, 19, 20. B. Faire fervir & continuer la route.......................................	...	...	⎰322 ⎱328
	c-c,ċċ....	Signal 22. B. défigne le $SO\frac{1}{4}O$	...	...	336
13	ċ,c-c,ċ....	Pavillon 24. Vergue d'artimon. Ordre de marche du bord de l'amure.............................	170		
	ċ,c-c,ċ....	Signal 118. F. Tenir le vent du bord de l'amure.....	...	308	
	ċ,c-c,ċ....	Signal 36. F. Ordre de marche du bord de l'amure...	...	314	
	ċ,c-c,ċ....	Signal 13. F. Après les fign. 48. 161. F. défigne le SO.	...	⎰286 ⎱311	
	ċ,c-c,ċ....	Signal 12. B. Avertiffement d'ordre de marche de même bord	...	...	330
	ċ,c-c,ċ....	Signal 26. B. Ordre de marche du bord de l'amure...	...	...	330
	ċ,c-c,ċ....	Signal 22. B. défigne le SO...:.................	...	...	336
14	ċċ,c-c.....	Pavillon 25. Vergue d'artimon. Ordre de marche de l'autre bord.................................	176		
	ċċ,c-c.....	Signal 118. F. Tenir le vent du bord de l'amure....	...	308	
	ċċ,c-c.....	Signal 38. F. Ordre de marche de l'autre bord.....	...	314	

Numéro des Signaux.	Termes de la combinaiſon générale des coups de canon.	SIGNAUX DE CANON Pour le Jour, la Nuit, & le temps de Brume.	Articles des Sig. de Jour.	Articles des Sig. de Nuit.	Articles des Sig. de Brume.
14	ċċ,c-c.....	Signal 14. F. après les ſign. 48. 161. F. déſigne le SO¼S..................		⌠286	
	ċċ,c-c.....	Signal 12. B. Avertiſſement d'ordre de marche de l'autre bord.....................	...	⌡311	330
	ċċ,c-c.....	Signal 27. B. Ordre de marche de l'autre bord.......	...	...	330
	ċċ,c-c.....	Signal 22. B. déſigne le SO¼S.................	...	...	336
15	ċċċċ	Pavillon 1. Petit perroquet. Courir 8 horloges à l'aire de vent indiqué......................	89		
	ċċċċ......	Pavillon 4. Vergue d'artimon. Cape à l'artimon.....	103		
	ċċċċ......	Signal 1. F. Exécution de mouvement du Matelot d'avant du Général.......................	...	301	
	ċċċċ......	Signal 15. F. après les ſign. 48. 161. F. déſigne le SSO...............................	...	⌠286	
	ċċċċ......	Signal 5. B. Exécution de mouvement du Matelot d'a-vant du Général........................		⌡311	318
	ċċċċ......	Signal 22. B. déſigne le SSO....................	...	...	336
16	c-c-c-c...	Pavillon 17. Vergue d'artimon. Ordre de bataille du bord de l'amure......................	125		
	c-c-c-c...	Signal 118. F. Tenir le vent du bord de l'amure.....	...	308	
	c-c-c-c...	Signal 41. F. Ordre de bataille du bord de l'amure...	...	316	
	c-c-c-c...	Signal 16. F. après les ſign. 48. 161. F. déſigne le S¼SO............................		⌠286	
	c-c-c-c...	Signal 22. B. déſigne le S¼SO..................		⌡311	336
17	c-c-c-c,ċ...	Pavillon 18. Vergue d'artimon. Ordre de bataille de l'autre bord.......................	125		
	c-c-c-c,ċ...	Signal 118. F. Tenir le vent du bord de l'amure....	...	308	
	c-c-c-c,ċ...	Signal 45. F. Ordre de bataille de l'autre bord......	...	317	
	c-c-c-c,ċ...	Signal 17. F. après les ſig. 48. 161. F. déſigne le Sud..		⌠286	
	c-c-c-c,ċ...	Signal 22. B. déſigne le Sud....................		⌡311	336
18	ċ,c-c-c-c...	Pavillon 4. au mât convenable. Mettre en panne....	102		
	ċ,c-c-c-c...	Signal 100. F. Mettre en panne.................	...	276	
	ċ,c-c-c-c...	Signal 18. F. après les ſign. 48. 161. F. déſigne le S¼SE		⌠286	
	ċ,c-c-c-c..	Signal 12. B. Avertiſſement de panne.............		⌡311	326
	ċ,c-c-c-c...	Signal 25. B. Mettre en panne.................	...	...	326
	ċ,c-c-c-ċ...	Signal 22. B. déſigne le S¼SE.................	...	...	336

SIGNAUX DE CANON
Pour le Jour, la Nuit, & le temps de Brume.

Numéro des Signaux.	Termes de la combinaison générale des coups de canon.	SIGNAUX DE CANON Pour le Jour, la Nuit, & le temps de Brume.	Articles des Sig. de Jour.	Articles des Sig. de Nuit.	Articles des Sig. de Brume.
19	c-c-c,c-c...	Pavillon 23. Vergue d'artimon. Faire étendre les Chasseurs.............	115		
	c-c-c,c-c...	Signal 63. F. Détacher les Chasseurs...............	...	283	
	c-c-c,c-c...	Signal 143. F. Chasser en avant du Commandant.....	...	284	
	c-c-c,c-c .	Signal 19. F. après les fig. 48. 161. F. désigne le SSE.	...	{286 311}	
	c-c-c,c-c .	Signal 4. B. Détacher un Chasseur.............	...	...	331
	c-c-c,c-c .	Signal 22. B. désigne le SSE..............	...	...	336
20	c-c,c-c-c .	Pavillon 10. au mât convenable. Tenir le vent......	108		
	c-c,c-c-c .	Signal 118. F. Tenir le vent.............	...	308	
	c-c,c-c-c ..	Signal 20. après les fign. 48. 161. F. désigne le SE¼S.	...	{286 311}	
	c-c,c-c-c ..	Signal 12. B. Avertissement de courir au plus-près...	...	...	329
	c-c,c-c-c .	Signal 13. ou 14. B. Courir au plus-près...........	...	...	329
	c-c,c-c-c .	Signal 22. B. désigne le SE¼S..................	...	...	336
21	c-c-c,ćć...	Pavillon 11. au mât convenable. Courir un quart largue...................................	109		
	c-c-c,ćć...	Signal 88. F. Courir un quart largue.............	...	309	
	c-c-c,ćć...	Signal 21 F. après les fig. 48. 161. F. désigne le SE..	...	{286 311}	
	c-c-c,ćć...	Signal 12. B. Avertissement de courir largue d'un quart..................................	...	...	329
	c-c-c,ćć...	Signal 13 ou 14. B. Courir largue d'un quart......	...	...	329
	c-c-c,ćć...	Signal 22. B. désigne le SE..................	...	...	336
22	ć,c-c-c,ć ..	Pavillon 11. au mât convenable. Courir deux quarts largue...................................	109		
	ć,c-c-c,ć .	Signal 88. F. Courir deux quarts largue..........	...	309	
	ć,c-c-c,ć .	Signal 22. F. après les fig. 48. 161. désigne le SE¼E.	...	{286 311}	
	ć,c-c-c,ć .	Signal 12. B. Avertissement de courir largue de 2 quarts...................................	...	...	329
	ć,c-c-c,ć .	Signal 13 ou 14. B. Courir largue de 2 quarts.....	...	...	329
	ć,c-c-c,ć .	Signal 22. B. désigne le SE¼E.................	...	...	336
23	ćć,c-c-c...	Pavillon 11. au mât convenable. Courir 4 quarts largue...................................	109		
	ćć,c-c-c...	Signal 88. F. Courir 4 quarts largue.............	...	309	
	ćć,c-c-c...	Signal 23. F. après les fig. 48, 161. F. désigne l'ESE.	...	{286 311}	

Numéro des Signaux.	Termes de la combinaison générale des coups de canon.	SIGNAUX DE CANON Pour le Jour, la Nuit, & le temps de Brume.	Articles des Sig. de Jour.	Articles des Sig. de Nuit.	Articles des Sig. de Brume.
23	ćć,c-c-c...	Signal 12. B. Avertiſſement de courir largue de 4 quarts............................	...	...	329
	ćć,c-c-c...	Signal 13 ou 14. B. Courir largue de 4 quarts.......	...	...	329
	ćć,c-c-c...	Signal 22. B. déſigne l'E S E..................	...	...	336
24	c-c,c-c,ć..	Pavillon 11. au mât convenable. Courir 6 quarts largue.............................	109		
	c-c,c-c,ć..	Signal 88. F. Courir 6 quarts largue.............	...	309	
	c-c,c-c,ć..	Signal 24. F. après les ſign. 48, 161. F. déſigne l'E¼SE	...	{286 311}	
	c-c,c-c,ć..	Signal 12. B. Avertiſſement de courir largue de 6 quarts.............................	...	...	329
	c-c,c-c,ć..	Signal 13. ou 14. B. Courir largue de 6 quarts	...	...	329
	c-c,c-c,ć..	Signal 22. B. déſigne l'E¼SE..................	...	...	336
25	c-c,ć,c-c..	Pavillon 11. au mât convenable. Courir 8 quarts largue............................	109		
	c-c,ć,c-c..	Signal 88. F. Courir 8 quarts largue.............	...	309	
	c-c,ć,c-c..	Signal 25. F. après les fig. 48, 161. F. déſigne l'Eſt...	...	{286 311}	
	c-c,ć,c-c..	Signal 12. B. Avertiſſement de courir largue de 8 quarts.............................	...	...	329
	c-c,ć,c-c..	Signal 13. ou 14. B. Courir largue de 8 quarts......	...	...	329
	c-c,ć,c-c..	Signal 22. B. déſigne l'Eſt...................	...	...	336
26	ć,c-c,c-c..	Pavillon 11. au mât convenable. Courir vent arriere.	109		
	ć,c-c,c-c..	Signal 88. F. Courir vent arriere ....·.....	...	309	
	ć,c-c,c-ç..	Signal 26. F. après les fig. 48, 161. F. déſigne l'E¼NE.	...	{286 311}	
	ć,c-c,c-c..	Signal 12. B. Avertiſſement de courir vent arriere....	...	...	329
	ć,c-c,c-c..	Signal 13. ou 14. B. Arriver & courir vent arriere...	...	...	329
	ć,c-c,c-c..	Signal 22. B. déſigne l'E¼NE..................	...	...	336
27	c-c,ććć....	Pavillon 21. au mât convenable. Vue & relevement de terre.............................	55		
	c-c,ććć....	Signal 136. F. Découverte de terre ou fond........	...	288	
	c-c,ććć....	Signal 27. F. après les fig. 48, 161. F. déſigne l'ENE.	...	{286 311}	
	c-c,ććć....	Signal 6. B. Découverte de terre..............	...	...	338
	c-c,ććć....	Signal 22. B. déſigne l'ENE..................	...	...	336
28	ć,c-c,ćć...	Pavillon 30. Grand perroquet. Danger & accident de conféquence............................	70		

SIGNAUX DE CANON
Pour le Jour, la Nuit, & le temps de Brume.

Numéro des Signaux	Termes de la combinaison générale des coups de canon.		Art. des Sig. de Jour.	Art. des Sig. de Nuit.	Art. des Sig. de Brume.
28	ċ,c-c,ċċ...	Signal 115. F. Incommodité ou danger............	...	266	
	ċ,c-c,ċċ...	Signal 120. F. Chasser étant à l'ancre............	...	297	
	ċ,c-c,ċċ...	Signal 140. F. Toucher, ou être échoué à l'ancre...	...	297	
	ċ,c-c,ċċ...	Signal 160. F. Chasser sur un Vaisseau ou sur un danger............	...	297	
	ċ,c-c,ċċ...	Signal 28. F. après les fig. 48,161.F. désigne le NE¼E.	...	{286 311	
	ċ,c-c,ċċ...	Signal 10. B. Découverte de danger............	...	...	333
	ċ,c-c,ċċ...	Signal 22. B. désigne le NE¼E............	...	...	336
29	ċċ,c-c,ċ...	Pavillon 22. Grand perroquet. Bon fond.........	56		
	ċċ,c-c,ċ...	Signal 111. F. Bon fond............	...	291	
	ċċ,c-c,ċ...	Signal 29. F. après les fig. 48, 161. F. désigne le NE.	...	{286 311	
	ċċ,c-c,ċ...	Signal 21. B. Bon fond pour mouiller............	...	...	335
	ċċ,c-c,ċ...	Signal 22. B. désigne le NE............	...	...	336
30	ċċċ,c-c....	Pavillon 25. au perroquet d'artimon. Courir dans les eaux de la tête............	198		
	ċċċ,c-c....	Signal 43. F. Courir dans les eaux de la tête......	...	307	
	ċċċ,c-c....	Signal 30. F. après les fig. 48, 161. F. désigne le NE¼N............	...	{286 311	
	ċċċ,c-c....	Signal 22. B. désigne le NE¼N............	...	...	336
31	ċċċċċ.....	Pavillon 4. Vergue d'artimon. Cape à sec.........	103		
	ċċċċċ.....	Signal 5. F. Exécution de mouvement du Général..	...	301	
	ċċċċċ.....	Signal 31. F. après les fig. 48,161. F. désigne le NNE.	...	{286 311	
	ċċċċċ.....	Signal 5. B. Exécution actuelle de mouvement du Général............	...	...	318
	ċċċċċ.....	Signal 17. B. Mouvement actuel du Général,.......	...	...	318
	ċċċċċ.....	Signal 22. B. désigne le NNE............	...	...	336
32	c-c-c-c-c-c.	Pavillon 29. Grand perroquet. Mouiller..........	90		
	c-c-c-c-c-c.	Signal 133. F. Avertissement de mouillage.........	...	292	
	c-c-c-c-c-c.	Signal 135. F. Mouiller............	...	292	
	c-c-c-c-c-c.	Signal 32. F. après les fig. 48,161. F. désigne le N¼NE.	...	{286 311	
	c-c-c-c-c-c.	Signal 12. B. Avertissement de mouillage............	...	...	335
	c-c-c-c-c-c.	Signal 21. B. Mouiller............	...	...	335
	c-c-c-c-c-c.	Signal 22. B. désigne le N¼NE............	...	...	336

Signal

Numéro des Signaux.	Termes de la combinaison générale des coups de canon.	SIGNAUX DE CANON Pour le Jour, la Nuit, & le temps de Brume.	Articles des Sig. de Jour.	Articles des Sig. de Nuit.	Articles des Sig. de Brume.
33	c-c-c-c-c,c̓.	Signal 126. F. Cape à la grande voile............	...	275	
	c-c-c-c-c,c̓.	Signal 128. F. Cape à la misaine.................	....	275	
	c-c-c-c-c,c̓.	Signal 130. F. Cape à l'artimon.................	...	275	
	c-c-c-c-c,c̓.	Signal 131. F. Cape à sec......................	...	275	
	c̓-c-c-c-c,c̓.	Signal 12. B. Avertissement de cape.............	...	...	327
	c-c-c-c-c,c̓.	Signal 8. B. Cape à la grande voile............	...	...	327
34	c̓-c-c-c-c-c.	Signal 90. F. Besoin de relâcher.................	...	289	
35	c-c-c-c,c-c.	Pavillon 30. Grand perroquet. Accident de conséquence.......................................	70		
	c-c-c-c,c-c.	Signal 115. F. Incommodité ou danger...........	...	266	
	c-c-c-c,c-c.	Signal 120, 160. F. Chasser étant à l'ancre........	...	266	
	c-c-c-c,c-c.	Signal 148. F. Poulaine endommagée; eau par-l'avant.	...	266	
	c-c-c-c,c-c.	Signal 150. F. Etambord endommagé ; eau par-l'arriere.......................................	...	266	
	c-c-c-c,c-c.	Signal 151, 234. F. Accident dans la mâture.......	...	266	
	c-c-c-c,c-c.	Signal 155. F. Eau par les fonds................	...	266	
	c-c-c-c,c-c.	Signal 1. B. Vaisseau incommodé ou en danger....	...	...	334
36	c-c,c-c-c-c.	Pavillon 17. Grand perroquet. Se préparer au combat.	158		
	c-c,c-c-c-c.	Signal 145. F. Se préparer au combat............	...	265	
	c-c,c-c-c-c.	Signal 8. B. Se préparer au combat.............	...	...	332
37	c-c-c,c-c-c.	Pavillon 24. Grand perroquet. Découverte de l'Armée ennemie.................................	54		
	c-c-c,c-c-c.	Signal 163. F. Découverte de l'Armée ennemie.....	...	261	
	c-c-c,c-c-c.	Signal 12. B. Avertissement de découverte de Vaisseaux.	...	...	332
	c-c-c,c-c-c.	Signal 9. B. Confirmation de découverte de Vaisseaux ennemis.....................................	...	...	332
38	c-c,c-c,c-c.	Pavillon 31. Toute position. Annuler le signal précédent.......................................	31		
	c-c,c-c,c-c.	Signal 21. F. Annuler le signal précédent..........	...	245	
	c-c,c-c,c-c.	Signal 6. B. Annuler le signal précédent	...	...	18
39	c-c-c-c,c̓c̓..				
40	c̓,c-c-c-c̓c̓.				
41	c̓c̓,c-c-c-c..				

L ll

Numéro des Signaux.	Termes de la combinaison générale des coups de canon.	SIGNAUX DE CANON *Pour le Jour, la Nuit, & le temps de Brume.*	Articles des Sig. de Jour	Articles des Sig. de Nuit	Articles des Sig. de Brume.
42	ċ,c-c-c,c-c.				
43	c-c-c,ċ,c-c.				
44	c-c-c,c-c,ċ.				
45	c-c,c-c-c,ċ.				
46	c-c,ċ,c-c-c.				
47	ċ,c-c,c-c-c.				
48	c-c-c,ċċ́..				
49	ċ,c-c-c,ċċ..				
50	ċċ,c-c-c,ċ..				
51	ċċċ,c-c-c..				
52	c-c,c-c,ċċ..				
53	c-c,ċ,c-c,ċ.				
54	c-c,ċċ,c-c.				
55	ċ,c-c,c-c,ċ.				
56	ċ,c-c,ċ,c-c.				
57	ċċ,c-c,c-c..				
58	c-c,ċċċ...				
59	ċ,c-c,ċċċ..				
60	ċċ,c-c,ċċ..				

Numéro des Signaux.	Termes de la combinaison générale des coups de canon.	SIGNAUX DE CANON Pour le Jour, la Nuit, & le temps de Brume.	Articles des Sig. de Jour.	Articles des Sig. de Nuit.	Articles des Sig. de Brume.
61	ċċċ,c-c,ċ ..				
62	ċċċċ,c-c...				
63	ċċċċċċ....	Pavillon 1. Vergue d'artimon. Avertissement de signal numéraire	85		
	ċċċċċċ....	Signal 40, 46, 50, 51, 111, 113. F. Avertissement de signal numéraire........................	...	255	
	ċċċċċċ....	Signal 6. 10. B. Avertissement d'aire de vent de relevement de terre ou de danger	...	...	336
	ċċċċċċ....	Signal 13. 14. B. Avertissement d'aire de vent, de route...............................	...	...	336
	ċċċċċċ....	Signal 22. B. Avertissement d'aire de vent suivant la Table de l'article 286......................	...	...	336

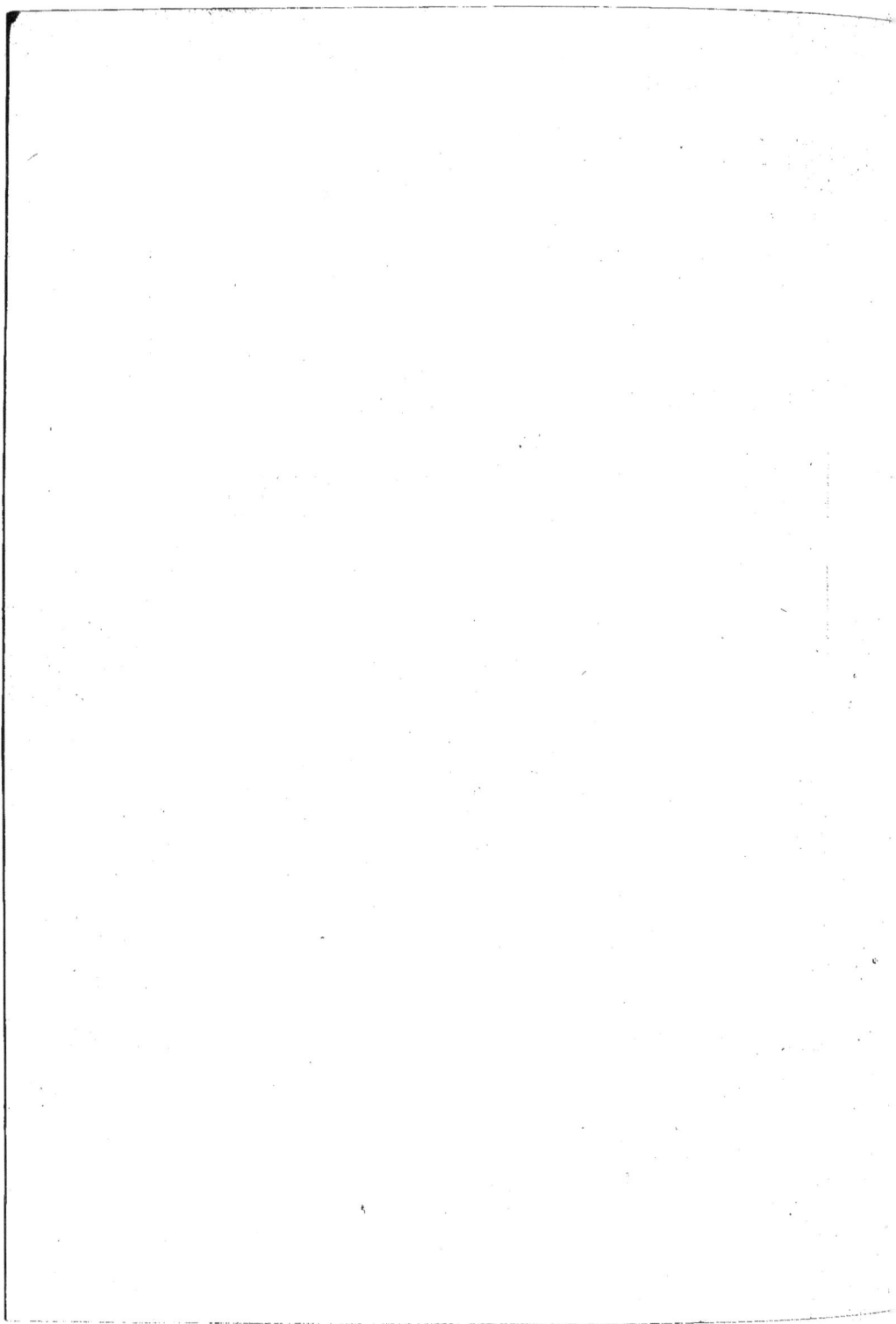

SIGNAUX DE NUIT.

OBSERVATIONS fur la combinaifon fuivante
des *SIGNAUX DE FEUX.*

L ES TERMES de la combinaifon expriment également des Fanaux ou
des Fufées ; & c'eft à caufe de cette généralité que l'on a employé des Lettres
dans la feconde colonne de la Table, pour indiquer le nombre des Feux, &
leur qualité ou pofition refpeçtive.

A. B. C. D. E. défignent des *Fanaux* aux *Haubans du grand mât de hune.*
Ou l'envoi d'un égal nombre de *Fufées en étoiles.*

F. G. H. I. L. défignent des *Fanaux* aux *Haubans du petit mât de hune.*
Ou l'envoi d'un égal nombre de *Fufées en pluie.*

M. N. O. P. Q. défignent des *Fanaux* aux *Haubans du Perroquet d'artimon.* Ou l'envoi d'un égal nombre de *Fufées en ferpentaux.*

Les lettres $\begin{Bmatrix} \text{A. F. M.} \\ \text{B. G. N.} \\ \text{C. H. O.} \\ \text{D. I. P.} \\ \text{E. L. Q.} \end{Bmatrix}$ expriment le nombre $\begin{Bmatrix} 1. \\ 2. \\ 3. \\ 4. \\ 5. \end{Bmatrix}$ Feux.

SIGNAUX DE NUIT.

Numéro des Signaux.	Termes de la combinaison générale des Signaux.	Feux au grand mât. Fusées en étoiles.	Feux au mât de misaine. Fusées en pluie.	Feux au mât d'artimon. Fusées en serpenteaux.	Signaux de canon ajoutés aux Signaux de Feux.	SIGNAUX DE NUIT.	Articles des Signaux de Nuit.
1	A	1	...	...	...	Signal apperçu. Exécution de mouvement des Vaiffeaux de l'Efcadre du Général..........	246
	A	1	...	...	...	Après les fignaux 40, 46, 50, 51, 111, 113. F. exprime le nombre 10..................	255
	A	1	...	...	1	Après les fignaux 48, 161. F. défigne le Nord..	{286 311
2	B	2	...	...	1	Signal apperçu. Exécution de mouvement du premier Vaiffeau de l'Efcadre du Général.....	246
	B	2	...	...	...	Après les fign. 40, 46, 50, 51, 111, 113. F. exprime le nombre 20..................	255
	B	2	...	...	2	Après les fign. 48, 161. F. défigne le N$\frac{1}{4}$NO..	{286 311
3	C	3	...	...	3	Signal apperçu. Exécution de mouvement du dernier Vaiffeau de l'Efcadre du Général.....	246
	C	3	...	...	...	Après les fign. 40, 46, 50, 51, 111, 113. F. exprime le nombre 30..................	255
	C	3	...	...	3	Après les fign. 48, 161. F. défigne le NNO....	{286 311
4	D	4	...	...	...	Exécution particuliere. Efcadre du Général.....	249
	D	4	...	...	...	Après les fign. 40, 46, 50, 51, 111, 113. F. exprime le nombre 40..................	255
	D	4	...	...	4	Après les fign. 48, 161. F. défigne le NO$\frac{1}{4}$N..	{286 311
5	E	5	...	...	...	Défignation particuliere du Vaiffeau du Général.	250
	E	5	...	...	...	Après les fign. 40, 46, 50, 51, 111, 113. F. exprime le nombre 50. Et ainfi chaque fufée en étoile, ou feu de grand mât, exprime une dixaine...............	255
	E	5	...	...	31	Exécution du mouvement du Général	301
	E	5	...	...	5	Après les fign. 48, 161. F. défigne le NO......	{286 311
6	F	...	1	...	...	Signal apperçu. Exécution de mouvement des Vaiffeaux de l'Efcadre du Vice-Amiral.......	246
	F	...	1	...	...	Après les fign. 40, 46, 50, 51, 111, 113. F. exprime le nombre 100..................	255

Numéro des Signaux.	Temps de la combinaison générale des signaux.	Feux au grand mât. Fusées en étoiles.	Feux au mât de misaine. Fusées en pluie.	Feux au mât d'artimon. Fusées en serpenteaux.	Signaux de canon ajoutés aux Signaux de Feux.	SIGNAUX DE NUIT.	Articles des Signaux de Nuit.
6	F	...	1	...	6	Après les fign. 48, 161. F. défigne le NO¼O...	{286 / 311}
7	G	...	2	...	1	Signal apperçu. Exécution de mouvement du premier Vaiffeau de l'Efcadre du Vice-Amiral...........	246
	G	...	2	...	...	Après les fign. 40, 46, 50, 51, 111, 113. F. exprime le nombre 200..................	255
	G	...	2	...	7	Après les fign. 48, 161. F. défigne l'ONO....	{286 / 311}
8	H	...	3	...	3	Signal apperçu. Exécution de mouvement du dernier Vaiffeau de l'Efcadre du Vice-Amiral..	246
	H	...	3	...	...	Après les fign. 40, 46, 50, 51, 111, 113. F. exprime le nombre 300...................	255
	H	...	3	...	8	Après les fign. 48, 161. F. défigne l'O¼NO...	{286 / 311}
9	I	...	4	...	...	Exécution particuliere. Efcadre du Vice-Amiral.	249
	I	...	4	...	...	Après les fign. 40, 46, 50, 51, 111, 113. F. exprime le nombre 400..................	255
	I	...	4	...	9	Après les fign. 48, 161. F. défigne l'Oueft.....	{286 / 311}
10	L	...	5	...	...	Défignation particuliere du Vice-Amiral de l'Armée................................	250
	L	...	5	...	...	Après les fign. 40, 46, 50, 51, 111, 113. F. exprime le nombre 500..........	255
	L	...	5	...	7	Exécution de mouvement du Vice-Amiral......	301
	L	...	5	...	10	Après les fign. 48, 161. F. défigne l'O¼SO....	{286 / 311}
11	M	...	...	1	...	Signal apperçu. Exécution de mouvement des Vaiffeaux de l'Efcadre du Contre-Amiral.....	246
	M	...	...	1	...	Après les fig. 40, 46, 50, 51, 111, 113. F. exprime une unité.......................	255
	M	...	...	1	11	Après les fig. 48, 161. F. défigne l'OSO........	{286 / 311}

SIGNAUX DE NUIT.

Numéro des Signaux.	Termes de la combinaison générale des Signaux.	Feux au grand mât. Fusées en étoiles.	Feux au mât de misaine. Fusées en pluie.	Feux au mât d'artimon. Fusées en serpenteaux.	Signaux de canon ajoutés aux Signaux de feux.		Articles des Signaux de Nuit.
12	N	...	...	2	1	Signal apperçu. Exécution de mouvement du premier Vaisseau de l'Escadre du Contre-Amiral.	246
	N	...	...	2	...	Après les fig. 40, 46, 50, 51, 111, 113. F. exprime le nombre 2....................	255
	N	...	...	2	12	Après les fig. 48, 161. F. désigne le S O $\frac{1}{4}$ O	{286 311}
13	O	...	...	3	3	Signal apperçu. Exécution de mouvement du dernier Vaisseau de l'Escadre du Contre-Amiral.	246
	O	...	...	3	...	Après les fig. 40, 46, 50, 51, 111, 113. F. exprime le nombre 3.....................	255
	O	...	...	3	13	Après les fig. 48, 161. F. désigne le S O	{286 311}
14	P P	... ...	... ...	4 4	... ...	Exécution particuliere. Escadre du Contre-Amiral. / Après les fig. 40, 46, 50, 51, 111, 113. F. exprime le nombre 4.....................	249 / 255
	P	...	...	4	14	Après les fig. 48, 161. F. désigne le S O $\frac{1}{4}$ S.....	{286 311}
15	Q	...	...	5	...	Désignation particuliere du Contre-Amiral de l'Armée..................	250
	Q	...	...	5	...	Après les fig. 40, 46, 50, 51, 111, 113. F. exprime le nombre 5. Et ainsi chaque fusée en serpentaux, ou feu d'artimon, exprime une unité.	255
	Q	...	...	5	3	Exécution de mouvement du Contre-Amiral..,.	301
	Q	...	...	5	15	Après les fig. 48, 161. F. désigne le S S O......	{286 311}
16	AF	1	1	...	...	Avertir de se servir des Signaux de brume......	253
	AF	1	1	...	16	Après les fig. 48, 161. F. désigne le S $\frac{1}{4}$ S O.....	{286 311}
17	AG	1	2	...	17	Après les fig. 48, 161. F. désigne le Sud.......	{286 311}
18	AH	1	3	...	9	Virer vent devant par la contre-marche.......	303
	AH	1	3	...	18	Après les fig. 48, 161. F. désigne le S $\frac{1}{4}$ S E.....	{286 311}

Après

Numéro des Signaux.	Termes de la combinaison générale des Signaux.	Feux au grand mât. Fusées en étoiles.	Feux au mât de misaine. Fusées en pluie.	Feux au mât d'artimon. Fusées en serpentaux.	Signaux de canon ajoutés aux Signaux de feux.	SIGNAUX DE NUIT.	Articles des Signaux de Nuit.
19	A I	1	4	...	19	Après les fig. 48, 161. F. défigne le S S E......	286 311
20	A L	1	5	...	...	Avertir de ne point tirer de canon pour fignaux..	251
	A L	1	5	...	20	Après les fig. 48, 161. F. défigne le S E ¼ S.....	286 311
21	A M	1	...	1	38	Annuler un fignal........................	245
	A M	1	...	1	21	Après les fig. 48, 161. F. défigne le S E........	286 311
22	A N	1	...	2	22	Après les fig. 48, 161. F. défigne le S E ¼ E.....	286 311
23	A O	1	...	3	10	Virer par la contre-marche fous le vent........	304
	A O	1	...	3	23	Après les fig. 48, 161. F. défigne l'E S E.......	286 311
24	A P	1	...	4	24	Après les fig. 48, 161. F. défigne l'E ¼ S E.....	286 311
25	A Q	1	...	5	*	Avertiffement général de mouvement (*). Le fignal de canon fera relatif au mouvement.........	248
	A Q	1	...	5	...	Faire allumer un feu à tous les Vaiffeaux.......	259
	A Q	1	...	5	25	Après les fig. 48, 161. F. défigne l'Eft........	286 311
26	B F	2	1	...	26	Après les fig. 48, 161. F. défigne l'E ¼ N E.....	286 311
27	B G	2	2	...	...	Exécution particuliere des Efcadres du Général & du Vice-Amiral de l'Armée................	249
	B G	2	2	...	27	Après les fignaux 48, 161. F. défigne l'E N E...	286 311
28	B H	2	3	...	28	Après les fig. 48, 161. F. défigne le N E ¼ E....	286 311
29	B I	2	4	...	8	Virer tout enfemble vent devant.............	305
	B I	2	4	...	29	Après les fig. 48, 161. F. défigne le N E........	286 311

M m m

SIGNAUX DE NUIT.

Numéro des Signaux.	Termes de la combinaison générale des Signaux.	Feux au grand mât. Fusées en étoiles.	Feux au mât de misaine. Fusées en pluie.	Feux au mât d'artimon. Fusées en serpenteaux.	Signaux de canon ajoutés aux Signaux de feux.	SIGNAUX DE NUIT.	Articles des Signaux de Nuit.
30	BL	2	5	...	30	Après les fig. 48, 161. F. défigne le N E¼N....	286 / 311
31	BM	2	...	1	31	Après les fig. 48, 161. F. défigne le N N E......	286 / 311
32	BN	2	...	2	...	Exécution particuliere des Efcadres du Général & du Contre-Amiral de l'Armée............	249
	BN	2	...	2	32	Après les fig. 48, 161. F. défigne le N¼N E.....	286 / 311
33	BO	2	...	3			
34	AP	2	...	4	11	Virer tout enfemble vent arriere.............	312
35	BQ	2	...	5			
36	CF	3	1	...	13	Ordre de marche du bord de l'amure.........	314
37	CG	3	2	...			
38	CH	3	3	...	14	Ordre de marche de l'autre bord.............	315
39	CI	3	4	...			
40	CL	3	5	...	63	Avertiffement de fignal numéraire............ Le fignal numéraire de feux qui fuivra, exprimera le numéro de l'article des fignaux.	255
41	CM	3	...	1	16	Ordre de bataille du bord de l'amure..........	316
42	CN	3	...	2			
43	CO	3	...	3	30	Courir dans les eaux de la tête...............	307
44	CP	3	...	4			
45	CQ	3	...	5	17	Ordre de bataille de l'autre bord.............	317
46	DF	4	1	...	63	Avertiffement de fignal de rang de Vaiffeau...... Le fignal numéraire de feux qui fuivra, exprimera le rang du Vaiffeau.	256

Numéro des Signaux.	Termes de la combinaison générale des Signaux.	Feux au grand mât. Fusées en étoiles.	Feux au mât de misaine. Fusées en pluie.	Feux au mât d'artimon. Fusées en serpentaux.	Signaux de canon ajoutés aux Signaux de feux.	SIGNAUX DE NUIT.	Articles des Signaux de Nuit.
47	D G	4	2				
48	D H	4	3	...	*	Avertissement de fausse route (*): un des 32 premiers signaux de canon, relativement à l'aire de vent....................................	286
	D H	4	3	...	*	Faire connoître sur quel aire de vent le Général veut courir (*): un des 32 premiers signaux de canon, relativement à l'aire de vent........	310
49	D I	4	4				
50	D L	4	5	...	63	Découverte de Vaisseaux non reconnus........ Le signal-numéraire de feux qui suivra, exprimera le nombre des Vaisseaux	261
51	D M	4	...	1	...	Avertissement de parler à un Vaisseau.......... Le signal numéraire de feux qui suivra, exprimera le rang du Vaisseau auquel on veut parler.	257
52	D N	4	...	2			
53	D O	4	...	3	...	Si un Vaisseau veut parler au Commandant......	258
54	D P	4	...	4			
55	D Q	4	...	5	...	Refuser....................................	244
56	E F	5	1	...	...	Approuver.................................	244
57	E G	5	2				
58	E H	5	3	...	...	Faire passer les Généraux en avant............	302
59	E I	5	4				
60	E L	5	5	...	...	Faire passer les Généraux en arrière..........	302
61	E M	5	...	1	4	Appeller les Chasseurs.....................	282
62	E N	5	...	2			
63	E O	5	...	3	19	Avertissement particulier des Chasseurs........	283

Mmm ij

SIGNAUX DE NUIT.

Numéro des Signaux.	Termes de la combinaison générale des Signaux.	Feux au grand mât. Fusées en étoiles.	Feux au mât de misaine. Fusées en pluie.	Feux au mât d'artimon. Fusées en serpenteaux.	Signaux de canon ajoutés aux Signaux de feux.	SIGNAUX DE NUIT.	Articles des Signaux de Nuit.
64	E P	5	...	4			
65	E Q	5	...	5	2	Faire promptement porter du secours..........	267
66	F M	...	1	1	...	Eteindre les feux extraordinaires..............	260
67	F N	...	1	2			
68	F O	...	1	3	...	Homme tombé à la mer....................	271
69	F P	...	1	4			
70	F Q	...	1	5	...	Homme sauvé par un autre Vaisseau..........	271
71	G M	...	2	1			
72	G N	...	2	2	...	Exécution particuliere des Escadres du Vice-Amiral & du Contre-Amiral de l'Armée......	249
73	G O	...	2	3			
74	G P	...	2	4	...	Faire chapelle.............................	277
75	G Q	...	2	5			
76	H M	...	3	1	...	Mettre les Chaloupes à la mer...............	270
77	H N	...	3	2			
78	H O	...	3	3	...	Armer les Chaloupes en guerre..............	269
79	H P	...	3	4			
80	H Q	...	3	5	...	Faire embarquer les Chaloupes..............	270
81	I M	...	4	1	...	Avertir qu'on manœuvrera sans signaux........	254
82	I N	...	4	2			
83	I O	...	4	3	...	Border les huniers........................	279
84	I P	...	4	4			

SIGNAUX DE NUIT.

Numéro des Signaux.	Termes de la combinaison générale des Signaux.	Feux au grand mât. Fusées en étoiles.	Feux au mât de misaine. Fusées en pluie.	Feux au mât d'artimon. Fusées en serpenteaux.	Signaux de canon ajoutés aux Signaux de feux.	SIGNAUX DE NUIT.	Articles des Signaux de Nuit.
85	I Q	...	4	5	2	Détacher un Vaisseau pour escorter..........	290
86	L M	...	5	1	3	Besoin d'escorte.........................	289
87	L N	...	5	2			
88	L O	...	5	3	*	Arriver (*) 21, 22, 23, 24, 25, 26,........	309
89	L P	...	5	4			
90	L Q	...	5	5	*	Besoin de relâcher (*) 2, 34...............	289
91	A F M	1	1	1	*	Avertissement général de mouvement (*). Le nombre de coups de canon sera le même que celui qui accompagnera le signal de mouvement...........................	248
92	A F N	1	1	2			
93	A F O	1	1	3	2	Referrer la ligne ou les colonnes.............	313
94	A F P	1	1	4			
95	A F Q	1	1	5	12	Appareiller, & faire servir................	278 / 299
96	A G M	1	2	1	...	Larguer un ris...........................	280
	A G M	1	2	1	...	Hisser les mâts de hune & les basses vergues......	296
97	A G N	1	2	2			
98	A G O	1	2	3	...	Forcer de voile...........................	281
99	A G P	1	2	4			
100	A G Q	1	2	5	18	Panne.................................	276
	A G Q	1	2	5	...	Coëffer, faire chapelle....................	277
	A G Q	1	2	5	...	Sonder.................................	291
101	A H M	1	3	1	...	Diminuer de voile........................	272
102	A H N	1	3	2			

SIGNAUX DE NUIT.

Numéro des Signaux.	Termes de la combinaison générale des Signaux.	Feux au grand mât. Fusées en étoiles.	Feux au mât de misaine. Fusées en pluie.	Feux au mât d'artimon. Fusées en serpentaux.	Signaux de canon ajoutés aux signaux de feux.	SIGNAUX DE NUIT.	Articles des Signaux de Nuit.
103	AHO	1	3	3	6	Prendre les amures à stribord...............	299
104	AHP	1	3	4			
105	AHQ	1	3	5	...	Défaffourcher.	298
106	AIM	1	4	1	5	Prendre les amures à basbord...............	299
107	AIN	1	4	2			
108	AIO	1	4	3	12	Couper le cable, & ne point laisser de bouée....	300
109	AIP	1	4	4			
110	AIQ	1	4	5	12	Couper le cable, laissant la bouée...........	300
111	ALM	1	5	1	29	Bon fond pour mouiller....................	291
						N². On fera connoître le braffiage par un signal de nombre, relativement à la Table de l'art. 255.	
112	ALN	1	5	2			
113	ALO	1	5	3	1	Fond de roc, ou mauvais fond...............	291
						N². On fera connoître le braffiage par un signal de nombre, relativement à la Table de l'art. 255.	
114	ALP	1	5	4			
115	ALQ	1	5	5	28 35	Si un Vaisseau est incommodé, ou en danger....	266
116	BFM	2	1	1	...	Connoître l'étendue de l'Armée.............	247
117	BFN	2	1	2			
118	BFO	2	1	3	*	Tenir le vent (*) 5, 6, 13, 14, 16, 17, 20.....	308
119	BFP	2	1	4			
120	BFQ	2	1	5	28 35	Chasser sur ses ancres.....................	297

SIGNAUX DE NUIT.

Numéro des Signaux.	Termes de la combinaison générale des Signaux.	Feux au grand mât. Fuſées en étoiles.	Feux au mât de miſaine. Fuſées en pluie.	Feux au mât d'artimon. Fuſées en ſerpenteaux.	Signaux de canon ajoutés aux Signaux de feux.	SIGNAUX DE NUIT.	Articles des Signaux de Nuit.
121	BGM	2	2	1			
122	BGN	2	2	2	...	Exécution particuliere pour toute l'Armée......	249
123	BGO	2	2	3			
124	BGP	2	2	4	...	Mettre aux baſſes voiles......................	274
	BGP		2	4	...	Amener les baſſes vergues ou les mâts de hune...	295
125	BGQ	2	2	5			
126	BHM	2	3	1	33	Cape à la grande voile.....................	275
	BHM	2	3	1	...	Amener les baſſes vergues & les mâts de hune....	295
127	BHN	2	3	2			
128	BHO	2	3	3	33	Cape à la miſaine..........................	275
129	BHP	2	3	4			
130	BHQ	2	3	5	33	Cape à l'artimon..........................	275
131	BIM	2	4	1	33	Cape à ſec...............................	275
132	BIN	2	4	2			
133	BIO	2	4	3	32	Avertiſſement de mouillage.................	292
134	BIP	2	4	4			
135	BIQ	2	4	5	32	Mouiller.................................	292
136	BLM	2	5	1	27	Avertiſſement de terre ou de fond...........	288
137	BLN	2	5	2			
138	BLO	2	5	3	28	Chaſſer ſur un Vaiſſeau ou ſur un danger........	288
139	BLP	2	5	4			
140	BLQ	2	5	5	28	Si un Vaiſſeau touche ou s'il eſt échoué........	297

SIGNAUX DE NUIT.

Numéro des Signaux.	Termes de la combinaison générale des Signaux.	Feux au grand mât. Fusées en étoiles.	Feux au mât de misaine. Fusées en pluie.	Feux au mât d'azimon. Fusées en serpenaux.	Signaux de canon ajoutés aux Signaux de feux.		Articles des Signaux de Nuit.
141	C F M	3	1	1	2	Signal de chasse ou de poursuite..............	264
	C F M	3	1	1	2	Faire tirer sur un Vaisseau qui ne veut point parler.	263
142	C F N	3	1	2			
143	C F O	3	1	3	19	Chasser en avant du Commandant............	284
144	C F P	3	1	4			
145	C F Q	3	1	5	36	Se préparer au combat	265
146	C G M	3	2	1	...	Prendre un ris, ou diminuer la voilure d'un degré.	273
147	C G N	3	2	2			
148	C G O	3	2	3	35	Poulaine endommagée; eau par l'avant........	266
149	C G P	3	2	4			
150	C G Q	3	2	5	35	Etambord endommagé; eau par l'arriere......	266
151	C H M	3	3	1	35	Accident dans la mâture....................	266
152	C H N	3	3	2			
153	C H O	3	3	3	...	Signal de ralliement.......................	282
154	C H P	3	3	4			
155	C H Q	3	3	5	35	Voie d'eau dans les fonds..................	266
156	C I M	3	4	1	...	Se disposer au bombardement..............	293
157	C I N	3	4	2			
158	C I O	3	4	3	...	Faire cesser le bombardement..............	294
159	C I P	3	4	4			
160	C I Q	3	4	5	28 35	Chasser sur un Vaisseau ou sur un danger étant à l'ancre.	297

Changer

Numéro des Signaux.	Termes de la combinaison générale des Signaux.	Feux au grand mât. Fusées en étoiles.	Feux au mât de mifaine. Fusées en pluie.	Feux au mât d'artimon. Fusées en ferpentaux.	Signaux de canon ajoutés aux Signaux de Feux.	SIGNAUX DE NUIT.	Articles des Signaux de Nuit.
161	CLM	3	5	1	*	Changer l'aire de vent de la ligne (*); un des 32 premiers fignaux de canon, relativement à l'aire de vent................................	311
162	CLN	3	5	2			
163	CLO	3	5	3	37	Découverte de Vaiffeaux ennemis.............	261
164	CLP	3	5	4			
165	CLQ	3	5	5			
166	DFM	4	1	1			
167	DFN	4	1	2			
168	DFO	4	1	3			
169	DFP	4	1	4			
170	DFQ	4	1	5			
171	DGM	4	2	1			
172	DGN	4	2	2			
173	DGO	4	2	3			
174	DGP	4	2	4			
175	DGQ	4	2	5			
176	DHM	4	3	1			
177	DHN	4	3	2			
178	DHO	4	3	3			
179	DHP	4	3	4			
180	DHQ	4	3	5			
181	DIM	4	4	1			

N n n

Numéro des Signaux.	Termes de la combinaison générale des Signaux.	Feux au grand mât. Fusées en étoiles.	Feux au mât de misaine. Fusées en pluie.	Feux au mât d'artimon. Fusées en serpenteaux.	Signaux de canon ajoutés aux Signaux de feux.	SIGNAUX DE NUIT.	Articles des Signaux de Nuit.
182	D I N	4	4	2			
183	D I O	4	4	3			
184	D I P	4	4	4			
185	D I Q	4	4	5			
186	D L M	4	5	1			
187	D L N	4	5	2			
188	D L O	4	5	3			
189	D L P	4	5	4			
190	D L Q	4	5	5			
191	E F N	5	1	1			
192	E F N	5	1	2			
193	E F O	5	1	3			
194	E F P	5	1	4			
195	E F Q	5	1	5			
196	E G M	5	2	1			
197	E G N	5	2	2			
198	E G O	5	2	3			
199	E G P	5	2	4			
200	E G Q	5	2	5			
201	E H M	5	3	1			
202	E H N	5	3	2			
203	E H O	5	3	3			

466

SIGNAUX DE NUIT.

Numéro des Signaux.	Termes de la combinaison générale des Signaux.	Feux au grand mât. Fusées en étoiles.	Feux au mât de misaine. Fusées en pluie.	Feux au mât d'artimon. Fusées en serpenteaux.	Signaux de canon ajoutés aux Signaux de Feux.		Articles des Signaux de Nuit.
204	EHP	5	3	4			
205	EHQ	5	3	5			
206	EIM	5	4	1			
207	EIN	5	4	2			
208	EIO	5	4	3			
209	EIP	5	4	4			
210	EIQ	5	4	5			
211	ELM	5	5	1			
212	ELN	5	5	2			
213	ELO	5	5	3			
214	ELP	5	5	4			
215	ELQ	5	5	5			

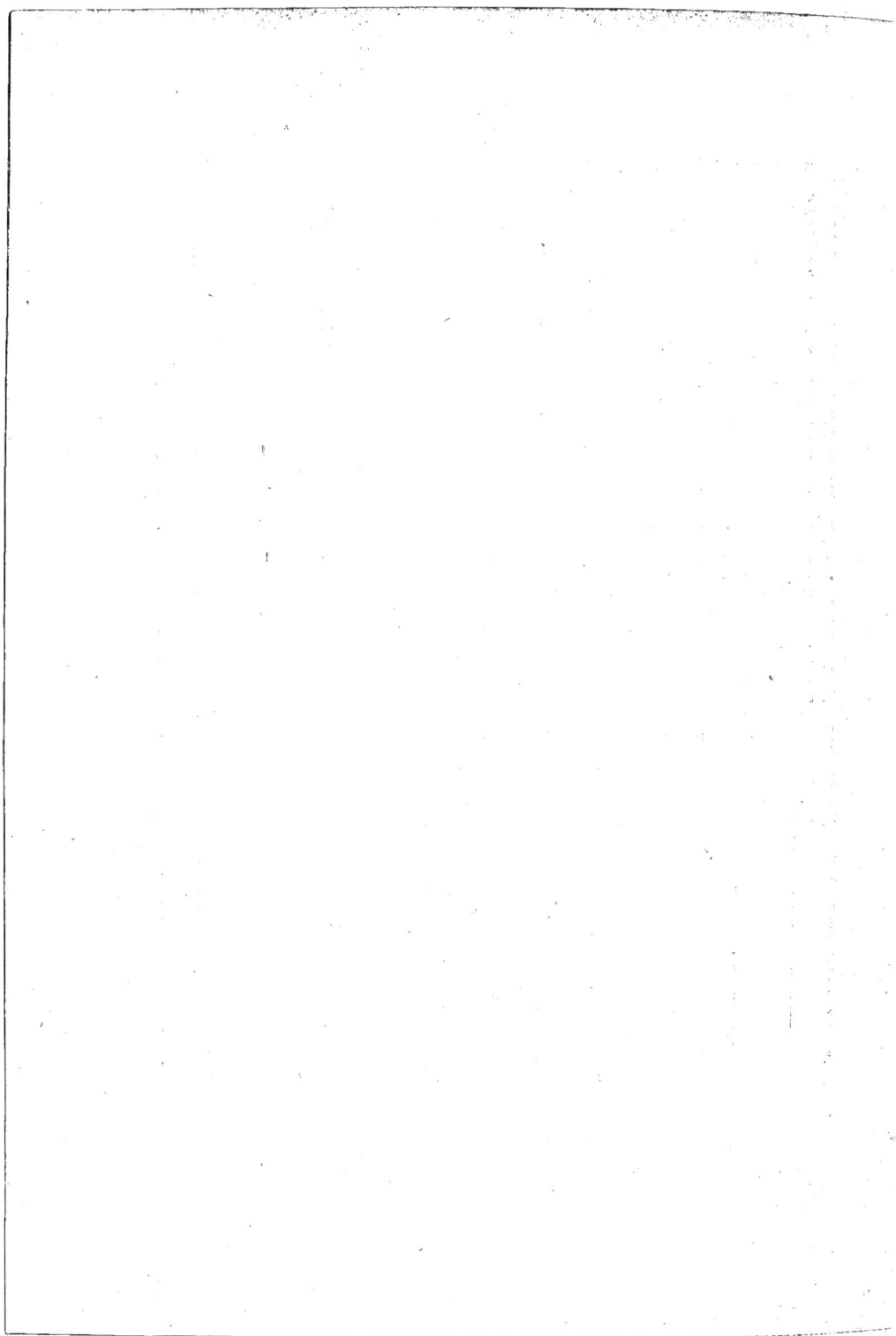

Suite des Numéros des Signaux précédens.	Numéros relatifs des Signaux précédens.	Feux à Poupe.	Feux au Bâton d'Enseigne.	Feux à la grande Hune.	Feux au Beaupré.	Coups de canon ajoutés aux Signaux de feux.	SIGNAUX PARTICULIERS DE NUIT.	Articles des Signaux de Nuit.
216	...	3	...	1	...	...	Feux de distinction du Général..........	242
217	...	3	...	...	...	...	Feux de distinction des Commandants de l'avant-garde & de l'arriere-garde.......	242
218	...	2	...	...	...	...	Feux de distinction des Vice-Amiraux & Contre-Amiraux des trois corps de l'Armée.	242
219	153	1	...	...	...	...	Feu de distinction de tous les Vaisseaux....	242
220	25	...	...	2	...	*	Avertissement général de mouvement (*). Signal de canon relatif au mouvement... Faire allumer les feux de poupe.........	248 259
221	...	1	1	...	...	...	Vaisseau désaffourché.................	298
222	50 163	1 1	2 2	...	...	... 37	Si l'on découvre des Vaisseaux.......... Si l'on découvre des Vaisseaux ennemis....	261 261
223	...	...	...	...	1			
224	53	...	...	...	2	...	Si un Vaisseau veut parler au Commandant.	258
225	...	1	...	...	1	...	Vaisseau qui mouille ou qui est mouillé.....	292
226	143 95	1 1	...	...	2 2	... ...	Vaisseau qui se détache.............. Vaisseau qui appareille..................	284 299
227	68	...	2	...	1	...	Homme tombé à la mer................	271
228	70	...	1	...	2	...	Homme sauvé par un autre Vaisseau......	271
229	...	...	2	...	2			
230	74	1	1	...	1	...	Si un Vaisseau fait chapelle.............	277
231	...	1	1	...	2			
232	...	1	2	...	1			
233	...	1	2	...	2			

Suite des Numéros des Signaux précédens.	Numéros relatifs des Signaux précédens.	Feux à Poupe.	Feux au Bâton d'Enseigne.	Feux à la grande Hune.	Feux au Beaupré.	Coups de canon ajoutés aux Signaux de Feux.	470 *SIGNAUX PARTICULIERS* *DE NUIT.*	Articles des Signaux de Nuit.
234	151	1	3	...	...	35	Accident dans la mâture...............	266
235	...	...	...	...	...	...	1. Feu à la vergue d'artimon amené une ou plusieurs fois après les fig. 48, 161. F. exprimera un aire de vent suivant la Table de l'art. 255........................ Le même feu amené après les signaux 40, 46, 50, 51, 111, 113. F. exprimera un nombre relatif.	261

SIGNAUX DE JOUR ET DE NUIT
POUR LE TEMPS DE BRUME.

Numéro des Signaux de Brume.	Signaux de Canon ajoutés aux Signaux de Brume.		Articles des Signaux de Brume.
I		*Appel.*	
	35	Vaiffeau fort incommodé, ou en danger........................	334
2		*Affemblée ancienne.*	
	8	Virer tout enfemble vent devant.............................	324
3		*Affemblée nouvelle.*	
	11	Virer tout enfemble vent arriere.............................	325
4		*Banc.*	
	19	Détacher un Vaiffeau......................................	331
5		*Breloque , ou Fafcine.*	
	1	Exécution actuelle & particuliere de la manœuvre de chaque Vaiffeau..	318
		Signal parvenu, & exécution actuelle & particuliere de la manœuvre du premier Vaiffeau.....................................	318
	3	Signal parvenu, & exécution actuelle & particuliere de la manœuvre du dernier Vaiffeau.....................................	318
		Ce fignal 5 joint au fignal 23. B. Exécution de mouvement des Chefs de Divifion..	318
	3	Exécution de mouvement du Contre-Amiral.....................	318
	7	Exécution de mouvement du Vice-Amiral.......................	318
	15	Exécution de mouvement du Matelot d'avant du Général...........	318
	31	Exécution de mouvement du Général...........................	318
6		*Caiffe.*	
	27	Battre la caiffe d'une maniere irréguliere. Signal de terre...........	333
	38	Les Marionnettes. Annuler un fignal.........................	318

SIGNAUX DE JOUR ET DE NUIT
POUR LE TEMPS DE BRUME.

Numéro des Signaux de Brume.	Signaux de Canon ajoutés aux Signaux de Brume.		Articles des Signaux de Brume.
6		### Caiffe.	
	63	Avertiffement numéraire de l'aire de vent du relevement de terre. *N^a.* Un des 32 premiers fignaux de canon exprimera dans ce cas l'aire de vent, fuivant la Table de l'article 286............................	336
7		### Canon.	
	1	Obferver le fignal..	318 319
	1	Signal 5. B. Exécution de mouvement du premier Vaiffeau..........	318
	1	Reconnoiffance du Contre-Amiral.............................	318
	1	Signal entendu. Premier Vaiffeau.............................	318 320
	1	Signal 22. B. Ordre à l'ancre................................	335
	1	Signal 22. B. Sous voile. Défigne le Nord......................	336
	2	Ordre réitéré d'obferver le fignal.............................	318 319
	2	Reconnoiffance du Vice-Amiral...............................	318
	2	Toutes les demi-heures après un fignal de danger. Accident quelconque..	334
	2	Signal 22. B. Défigne le N¼NO..............................	336
	3	Signal 5. B. Exécution actuelle de mouvement du dernier Vaiffeau & du Contre-Amiral...	318
	3	Signal 19. B. Mouvement actuel du Contre-Amiral...............	318
	3	Signal entendu. Dernier Vaiffeau.............................	318 320
	3	Signal 22. B. Défigne le N N O..............................	336
	4	Reconnoiffance du Général...................................	318
	4	Signal 22. B. Défigne le N O¼N..............................	336
	5	Signal 13. B. Abattre à ftribord ; basbord amure...................	322
	5	Signal 22. B. Défigne le N O................................	336
	6	Signal 14. B. Abattre à basbord ; ftribord amure..................	322
	6	Signal 22. B. Défigne le N O¼O..............................	336
	7	Signal 5. B. Exécution actuelle de mouvement du Vice-Amiral......	318
	7	Signal 20. B. Mouvement actuel du Vice-Amiral.................	318
	7	Signal 22. B. Défigne l'ONO...............................	336

Signal 12.

SIGNAUX DE JOUR ET DE NUIT
POUR LE TEMPS DE BRUME.

Numéro des Signaux de Brume.	Signaux de Canon ajoutés aux Signaux de Brume.		Articles des Signaux de Brume.
7	8	Signal 12. B. Avertissement de virer tout ensemble vent devant.......	324
	8	Signal 2. B. Virer tout ensemble vent devant......................	324
	8	Signal 22. B. Désigne l'O $\frac{1}{4}$ N O.............................	336
	9	Signal 12. B. Avertissement de virer par la contre-marche...........	323
	9	Signal 28. B. Virer par la contre-marche.	323
	9	Signal 22. B. Désigne l'Ouest.	336
	10	Signal 22. B. Désigne l'O $\frac{1}{4}$ S O.............................	336
	11	Signal 12. B. Avertissement de virer tout ensemble vent arriere.......	325
	11	Signal 3. B. Virer tout ensemble vent arriere....................	325
	11	Signal 22. B. Désigne l'O S O..................................	336
	12	Signal 12. B. Avertissement d'appareiller, & faire servir............	{ 321 328
	12	Signal 28. B. Virer à pic..........................	321
	12	Signal 17, 19, 20. B. Faire servir, & continuer la route............	{ 322 328
	12	Signal 22. B. Désigne le S O $\frac{1}{4}$ O............................	336
	13	Signal 12. B. Avertissement d'ordre de marche , même bord.........	330
	13	Signal 26. B. Ordre de marche du bord de l'amure.................	330
	13	Signal 22. B. Désigne le S O..................................	336
	14	Signal 12. B. Avertissement d'ordre de marche de l'autre bord........	330
	14	Signal 27. B. Ordre de marche de l'autre bord....................	330
	14	Signal 22. B. Désigne le S O $\frac{1}{4}$ S.	336
	15	Signal 5. B. Exécution de mouvement du Matelot d'avant du Général.	318
	15	Signal 22. B. Désigne le S S O...............................	336
	16	Signal 22. B. Désigne le S $\frac{1}{4}$ S O.	336
	17	Signal 22. B. Désigne le Sud...............................	336
	18	Signal 12. B. Avertissement de panne...........................	326
	18	Signal 25. B. Mettre en panne................................	326
	18	Signal 22. B. Désigne le S $\frac{1}{4}$ S E...........................	336
	19	Signal 4. B. Détacher un Vaisseau.	331
	19	Signal 22. B. Désigne le S S E...............................	336
	20	Signal 12. B. Avertissement de courir au plus près.................	329
	20	Signal 13 ou 14. B. Courir au plus près........................	329
	20	Signal 22. B. Désigne le S E $\frac{1}{4}$ S...........................	336
	21	Signal 12. B. Avertissement de courir largue d'un quart.	329
	21	Signal 13 ou 14. B. Courir largue d'un quart....................	329
	21	Signal 22. B. Désigne le S E..................................	336
	22	Signal 12. B. Avertissement de courir largue de 2 quarts.	329

Numéro des Signaux de Brume.	Signaux de Canon ajoutés aux Signaux de Brume.	SIGNAUX DE JOUR ET DE NUIT POUR LE TEMPS DE BRUME.	Articles des Signaux de Brume.
7	22	Signal 13 ou 14. B. Courir largue de 2 quarts......................	329
	22	Signal 22. B. Défigne le S E ¼ E...............................	336
	23	Signal 12. B. Avertiffement de courir largue de 4 quarts.............	329
	23	Signal 13 ou 14. B. Courir largue de 4 quarts,.................	329
	23	Signal 22. B. Défigne l'E S E...............................	336
	24	Signal 12. B. Avertiffement de courir largue de 6 quarts.............	329
	24	Signal 13 ou 14. B. Courir largue de 6 quarts.....................	329
	24	Signal 22. B. Défigne l'E ¼ S E...............................	336
	25	Signal 12. B. Avertiffement de courir largue de 8 quarts.............	329
	25	Signal 13 ou 14. B. Courir largue de 8 quarts.	329
	25	Signal 22. B. Défigne l'Eft...............................	336
	26	Signal 12. B. Avertiffement de courir vent arriere..................	329
	26	Signal 13 ou 14. Arriver & courir vent arriere..................	329
	26	Signal 22. B. Défigne l'E ¼ N E...............................	336
	27	Signal 6. B. Découverte de terre.	333
	27	Signal 22. B. Défigne l'E N E...............................	336
	28	Signal 10. B. Découverte de danger...........................	333
	28	Signal 22. B. Défigne le N E ¼ E...............................	336
	29	Signal 21. B. Bon fond pour mouiller...........................	335
	29	Signal 22. B. Défigne le N E...............................	336
	30	Signal 22. B. Défigne le N E ¼ N...............................	336
	31	Signal 5. B. Exécution actuelle de mouvement du Général..........	318
	31	Signal 17. B. Mouvement actuel du Général.	318
	31	Signal 22. B. Défigne le N N E..............................	336
	32	Signal 12. B. Avertiffement de mouillage.	335
	32	Signal 21. B. Mouiller....................................	335
	32	Signal 22. B. Défigne le N ¼ N E.............................	336
	33	Signal 12 B. Avertiffement de cape............................	327
	33	Signal 8. B. Cape à la grande voile...........................	327
	35	Signal 1. B. Vaiffeau incommodé ou en danger....................	334
	36	Signal 8. B. Branlebas......................................	332
	37	Signal 12. B. Avertiffement de découverte de Vaiffeaux.............	332
	37	Signal 9. B. Confirmation de découverte de Vaiffeaux ennemis........	332
	38	Signal 6. B. Annuler un fignal................................	318
	63	Signal 6 ou 10. Avertiffement d'aire de vent de relevement de terre ou de danger..............................	336
	63	Signal 13 ou 14. Avertiffement d'aire de vent de route............	336
	63	Signal 22. Avertiffement d'aire de vent fuivant la Table de l'art. 286...	336

SIGNAUX DE JOUR ET DE NUIT

POUR LE TEMPS DE BRUME.

Numéro des Signaux de Brume.	Signaux de Canon ajoutés aux Signaux de Brume.		Articles des Signaux de Brume.
8		**Charge ancienne.**	
	33	Cape à la grande voile...	327
	36	Branlebas & préparation de combat............................	332
9		**Charge nouvelle, ou grand Pas.**	
	37	Découverte de Vaisseaux ennemis.............................	332
10		**Cloche.**	
		Sonner la cloche en branle. Reconnoissance des Chefs de Division....	318
		Cloche tintée à coups précipités. Reconnoissance des Vaisseaux de ligne.	318
		Cloche tintée lentement. Reconnoissance des Vaisseaux de suite.......	318
	28	Sonner les cloches d'une maniere irréguliere. Signal de danger........	333
		Sonner la cloche d'une maniere irréguliere. Accident quelconque.....	335
	63	Avertissement numéraire d'aire de vent de relevement de terre ou de danger. N^a. Un des 32 premiers signaux de canon exprimera dans ce cas l'aire de vent suivant la Table de l'art. 286.................	336
11		**Cor.**	
		Reconnoissance des Généraux.................................	318
12		**Diane.**	
		Avertissement général de mouvement. N^a. Ce même signal fait de nuit sans brume en fera un de se servir des signaux de brume. (art. 253)..	318
	8	Avertissement de virer tout ensemble vent devant..................	324
	9	Avertissement de virer par la contre-marche.	323
	11	Avertissement de virer tout ensemble vent arriere.	325
	12	Avertissement de virer à pic, d'appareiller, & de faire servir.........	321 328
	13	Avertissement d'ordre de marche, même bord.	330
	14	Avertissement d'ordre de marche de l'autre bord..................	330
	18	Avertissement de panne.	326

SIGNAUX DE JOUR ET DE NUIT
POUR LE TEMPS DE BRUME.

Numéro des Signaux de Brume.	Signaux de Canon ajoutés aux Signaux de Brume.		Articles des Signaux de Brume.
1 2	20	Avertissement de courir au plus près.	329
	21	Avertissement de courir largue d'un quart.	329
	22	Avertissement de courir largue de 2 quarts.	329
	23	Avertissement de courir largue de 4 quarts.	329
	24	Avertissement de courir largue de 6 quarts.	329
	25	Avertissement de courir largue de 8 quarts.	329
	26	Avertissement de courir vent arriere.	329
	32	Avertissement de mouillage.	335
	33	Avertissement de cape.	327
	37	Avertissement de découverte de Vaisseaux.	332

Drapeau ancien.

Numéro des Signaux de Brume.	Signaux de Canon ajoutés aux Signaux de Brume.		Articles des Signaux de Brume.
1 3	5	Abattre à stribord, & basbord armure.	322
	20	Courir au plus près basbord.	329
	21	Courir largue d'un quart basbord.	329
	22	Courir largue de 2 quarts basbord.	329
	23	Courir largue de 4 quarts basbord.	329
	24	Courir largue de 6 quarts basbord.	329
	25	Courir largue de 8 quarts basbord.	329
	26	Courir vent arriere.	329

Drapeau nouveau.

Numéro des Signaux de Brume.	Signaux de Canon ajoutés aux Signaux de Brume.		Articles des Signaux de Brume.
1 4	6	Abattre à basbord, & stribord amure.	322
	20	Courir au plus près stribord.	329
	21	Courir largue d'un quart stribord.	329
	22	Courir largue de 2 quarts stribord.	329
	23	Courir largue de 4 quarts stribord.	329
	24	Courir largue de 6 quarts stribord.	329
	25	Courir largue de 8 quarts stribord.	329
	26	Courir vent arriere.	329

Fiffre.

Numéro des Signaux de Brume.			
1 5		L'air qui convient à la batterie de la caisse dans tous les signaux où l'on en fera usage.	

SIGNAUX DE JOUR ET DE NUIT

POUR LE TEMPS DE BRUME.

Numéro des Signaux de Brume.	Signaux de Canon ajoutés aux Signaux de Brume.		Articles des Signaux de Nuit.
16		**Fuſil.**	
		1. Coup. Reconnoiſſance des Vaiſſeaux de la ſuite de l'Armée.......	{301 318
		2. Coup ſur coup. Reconnoiſſance des Vaiſſeaux particuliers de l'Eſcadre du Contre-Amiral....................................	{301 318
		3. Coup ſur coup. Reconnoiſſance des Vaiſſeaux particuliers de l'Eſcadre du Vice-Amiral....................................	{301 318
		4. Coup ſur coup. Reconnoiſſance des Vaiſſeaux particuliers de l'Eſcadre du Général.......................................	{301 318
17		**Générale.**	
		Reconnoiſſance du Général......................................	318
	12	Appareiller ; faire ſervir ; Eſcadre du Général....................	321
	31	Mouvement actuel du Général....................................	318
18		**Heller.**	
		Reconnoiſſance de tous les Vaiſſeaux par la voix....................	318
19		**Marche ancienne.**	
		Reconnoiſſance des Vaiſſeaux de l'Eſcadre du Contre-Amiral........	318
	3	Mouvement actuel du Contre-Amiral..............................	318
	12	Appareiller ; faire ſervir ; Eſcadre du Contre-Amiral..............	321
20		**Marche nouvelle.**	
		Reconnoiſſance des Vaiſſeaux de l'Eſcadre du Vice-Amiral..........	318
	7	Mouvement actuel du Vice-Amiral................................	318
	12	Appareiller ; faire ſervir ; Eſcadre du Vice-Amiral................	321

Numéro des Signaux de Brume.	Signaux de Canon ajoutés aux Signaux de Brume.		Articles des Signaux de Brume.
		# SIGNAUX DE JOUR ET DE NUIT *POUR LE TEMPS DE BRUME.*	
21		## Marche des Suisses.	
	29	Bon fond pour mouiller..	335
	32	Mouiller..	335
22		## Ordre.	
	1	Ordre à l'ancre...	335
	63	Avertissement numéraire d'aire de vent de route. N°. Un des 32 premiers signaux de canon exprimera l'aire de vent suivant la Table de l'article 286..	336
23		## Pierriers.	
		1. Coup. Reconnoissance & mouvement actuel des Chefs de Division du Contre-Amiral..	318
		2. Coup sur coup. Reconnoissance & mouvement actuel des Chefs de Division du Vice-Amiral...................................	318
		3. Coup sur coup. Reconnoissance & mouvement actuel des Chefs de Division du Général..	318
		N°. Ces trois signaux seront joints au signal 5. B. dans le cas de mouvement actuel des Chefs de Division.	
		Autant de coups que le Général aura tiré de canon. Répétition des Chefs de Division..	318
24		## Porte-voix.	
		Reconnoissance de tous les Vaisseaux par la voix en se hellant & se nommant..	318
25		## Priere ou Messe.	
	18	Mettre en panne..	326

SIGNAUX DE JOUR ET DE NUIT
POUR LE TEMPS DE BRUME.

Numéro des Signaux de Brume.	Signaux de Canon ajoutés aux Signaux de Brume.		Articles des Signaux de Brume.
26		*Retraite ancienne.*	
	13	Ordre de marche du bord de l'amure............................	330
27		*Retraite nouvelle.*	
	14	Ordre de marche de l'autre bord..............................	330
28		*Roulement de la Caisse.*	
	9	Virer par la contre-marche.................................	323
	12	Virer à pic..	321
29		*Trompette.*	
		Reconnoissance des Généraux................................	318

FIN DES TABLES.

APPROBATION DU CENSEUR ROYAL.

J'AI lu par l'ordre de Monseigneur le Chancelier, un Ouvrage intitulé : *Tactique Navale*, &c, dont il m'a paru que l'impression ne pouvoit pas manquer d'être utile au Public. A Paris, ce 26 Février 1763.

Signé, CLAIRAUT.

Approbation de l'Académie de Marine.

M. DE CHEZAC, & M. le Chevalier DES ROCHES, qui avoient été nommés par l'Académie de Marine, pour examiner le Traité de *Tactique Navale* de M. BIGOT DE MOROGUES, en ayant fait leur rapport, l'Académie a jugé que cet Ouvrage feroit utile à la Marine, fi la Cour en permet l'impreffion. Fait à Breft le 16 Septembre 1761.

Signé, CHOQUET, *Directeur de l'Académie de Marine.*

PRIVILEGE DU ROI.

LOUIS par la grace de Dieu, Roi de France & de Navarre : A nos amés & féaux Confeillers les Gens tenant nos Cours de Parlement, Maîtres des Requêtes ordinaires de notre Hôtel, Grand-Confeil, Prévôt de Paris, Baillifs, Sénéchaux, leurs Lieutenants civils, & autres nos Jufticiers qu'il appartiendra : Salut. Notre amé HIPPOLYTE-LOUIS GUERIN, Imprimeur & Libraire à Paris, Nous a fait ex-pofer qu'il defireroit faire imprimer & donner au Public des Ouvrages qui ont pour titre : *Tactique Navale*, ou *Traité des Evolutions & des Signaux*, par le Sieur DE MOROGUES : *Penfées de Bourdaloue* ; s'il Nous plaifoit lui accorder nos Lettres de Privilege pour ce néceffaire : A ces caufes, voulant favorablement traiter l'Expofant, Nous lui avons permis & permettons par ces Préfentes, de faire imprimer lefdits Ouvrages autant de fois que bon lui femblera, & de les vendre, faire vendre & débiter par tout notre Royaume, pendant le temps de *dix* années confécutives, à compter du jour de la date des Préfentes. Faifons défenfes à tous Imprimeurs, Libraires & autres perfonnes, de quelque qualité & condition qu'elles foient, d'en introduire d'impreffion étrangere dans aucun lieu de notre obéiffance ; comme auffi d'imprimer ou faire im-primer, vendre, faire vendre, débiter, ni contrefaire lefdits Ouvrages, ni d'en faire aucun extrait, fous quelque prétexte que ce puiffe être, fans la permiffion expreffe & par écrit dudit Expofant ou de ceux qui auront droit de lui ; à peine de confifcation des exemplaires contrefaits, de trois mille livres d'amende contre chacun des contrevenants, dont un tiers à Nous, un tiers à l'Hôtel-Dieu de Paris, & l'autre tiers audit Expofant, ou à celui qui aura droit de lui, & de tous dépens, dommages & intérêts. A la charge que ces Préfentes feront enregiftrées tout au long fur le Regiftre de la Communauté des Imprimeurs & Libraires de Paris, dans trois mois de la date d'icelles ; que l'impreffion defdits Ouvrages fera faite dans notre Royaume & non ailleurs, en bon papier & beaux caracteres, conformément à la feuille imprimée, attaché pour modele fous le contrefcel des Préfentes ; que l'Impétrant fe conformera en tout aux Réglements de la Librairie, & notamment à celui du 10 Avril 1725 ; qu'avant de les expofer en vente, les Manufcrits qui auront fervi de copie à l'impreffion defdits Ouvrages, feront remis dans le même état où l'Approbation y aura été donnée, ès mains de notre très-cher & féal Chevalier Chancelier de France, le Sieur DE LAMOIGNON ; & qu'il en fera enfuite remis deux exemplaires de chacun dans notre Bibliothéque publique, un dans celle de notre Château du Louvre, & un dans celle de notre très-cher & féal Chevalier Garde des Sceaux de France, le Sieur FEYDEAU DE BROU : le tout à peine de nullité des Préfentes ; du contenu defquelles vous mandons & enjoignons de faire jouir ledit Expofant, & fes ayans caufe, pleinement & paifiblement, fans fouffrir qu'il leur foit fait aucun trouble ou empêchement. Voulons que la copie des Préfentes, qui fera imprimée tout au long au commen-cement ou à la fin defdits Ouvrages, foit tenue pour duement fignifiée, & qu'aux copies collationnées par l'un de nos amés & féaux Confeillers-Secretaires, foi foit ajoutée comme à l'Original. Commandons au pre-mier notre Huiffier ou Sergent fur ce requis, de faire pour l'exécution d'icelles, tous actes requis & néceffai-res, fans demander autre permiffion, & nonobftant Clameur de Haro, Charte Normande, & Lettres à ce contraires. CAR tel eft notre plaifir. Donné à Paris le cinquieme jour du mois d'Octobre l'an de grace mil fept cent foixante-deux, & de notre Regne le quarante-huitieme. Par le Roi en fon Confeil,

Signé, LE BEGUE.

Regiftré fur le Regiftre XV de la Chambre Royale & Syndicale des Libraires & Imprimeurs de Paris ; Nº. 389, folio 344, conformément au Réglement de 1723. A Paris, ce 27 Octobre 1762.

Signé, LE BRETON, *Syndic.*

Additions & Corrections.

PAGE 18 , *ligne* 16 , Un Vaiſſeau dit ; *liſez :* Un Vaiſſeau eſt dit.
Ibid. ligne derniere, ſa route ; *liſez :* la route.
Page 21 , *ligne* 7 , ſa ligne ; *liſez :* la ligne.
Page 63 , *ligne* 1 , (*VC*) ; *ponctuez :* (*V*, *C*).
Ibid. ligne 17 , l'ere ; *liſez :* l'aire.

Page 70 , *ligne* 16 , $\left(\frac{c}{s}\right)$, *liſez :* $\left(\frac{c}{s}\right)$.

Page 71 , *ligne* 11 , $\frac{c}{v}$; *liſez :* $\left(\frac{c}{v}\right)$.

Page 77 , *ligne* 13 , ne tende ; *liſez :* n'étende.
Page 159 : Nota. On n'a point porté dans la Table des Signaux de Pavillon , ceux des Aires de vent de cette page.
Page 176 , *ligne* 1 , de l'armée ceux qui ſont ſous le vent , faiſant , &c. *ponctuez :* de l'armée , ceux qui ſont ſous le vent faiſant , &c.
Page 210 , *ligne* 28 , à raſe la pouppe ; *liſez :* à raſer la pouppe.
Page 249 , *ligne* 24 , de virer de panne , &c. *ponctuez :* de virer , de panne , &c.
Page 267 , *ligne* 26 , il le fera ; *liſez :* il la fera.
Page 277 , *ligne* 11 , *de la marge du Contre-Amiral ,* De paſſer ; *liſez :* Dépaſſer.
Page 290 : Nota. Le Signal du Vice-Amiral & celui du Contre-Amiral qui ſont au nº. 2 , doivent être par addition ſous le nº. 1 ; le Signal ſuivant ſous le nº. 3 doit être ſous le nº. 2 ; & il faut écrire ſous le nº. 3 le même qui eſt à la marge ſous le même nombre ainſi :

| Echiquier { 3. Pavillon 12 au perroquet | 3. Pavillon 12 au perroquet } Echiquier |
| ſous le vent. { d'artimon. | d'artimon. ſ ſous le vent. |

Page 292 , *ligne* 22 , *marge du Contre-Amiral ,* Faire de voile ; *liſez :* Forcer de voile.
Page 299 , *ligne* 4 , Signaux ſans voile ; *liſez :* ſous voile.
Ibid. ligne 12 , (Chap. 5.) ; *liſez :* (Chap. 15.).
Page 325 , *ligne* 23 , mouvement ; *liſez :* moment.
Ibid. ligne 29 , ſans voile ; *liſez :* ſous voile.
Page 328 , *ligne* 13 *de la marge ,* 298 ; *liſez :* 221.
Page 463 , nº. 124 , *ſeconde ligne , troiſieme colonne ,* ajoutez 2.

P p p

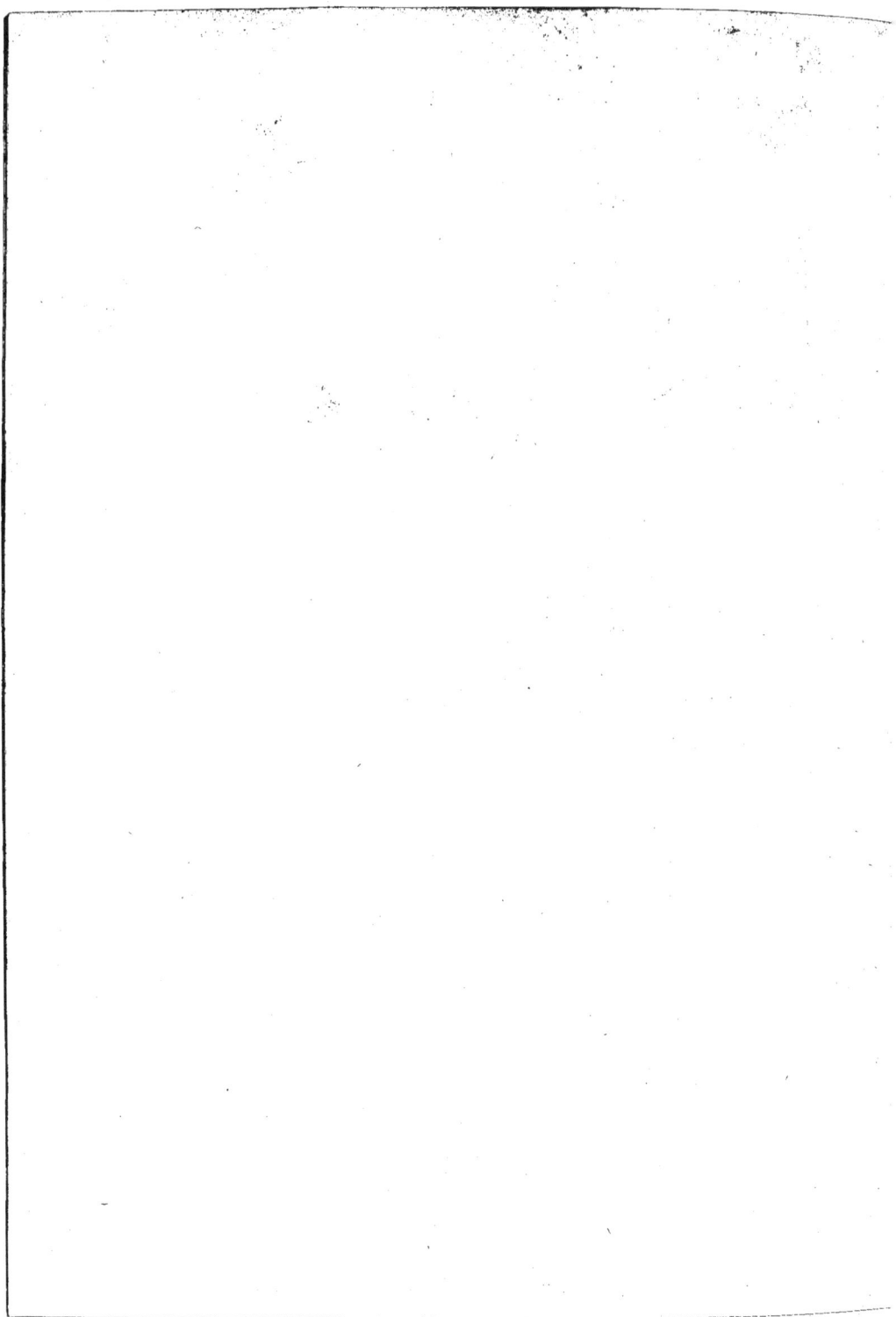

FIGURES

DE LA

TACTIQUE NAVALE.

M. DCC. LXIII.

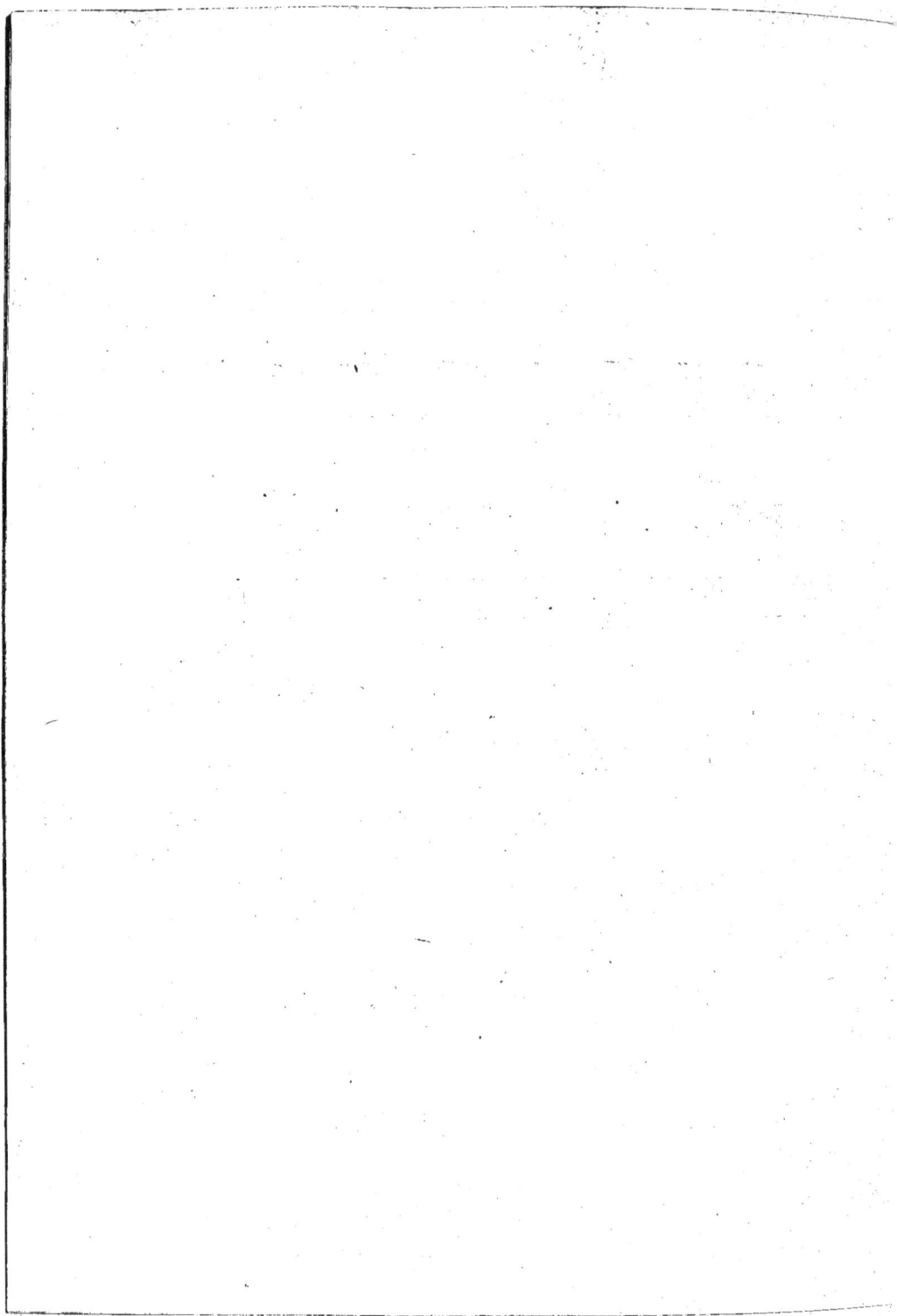

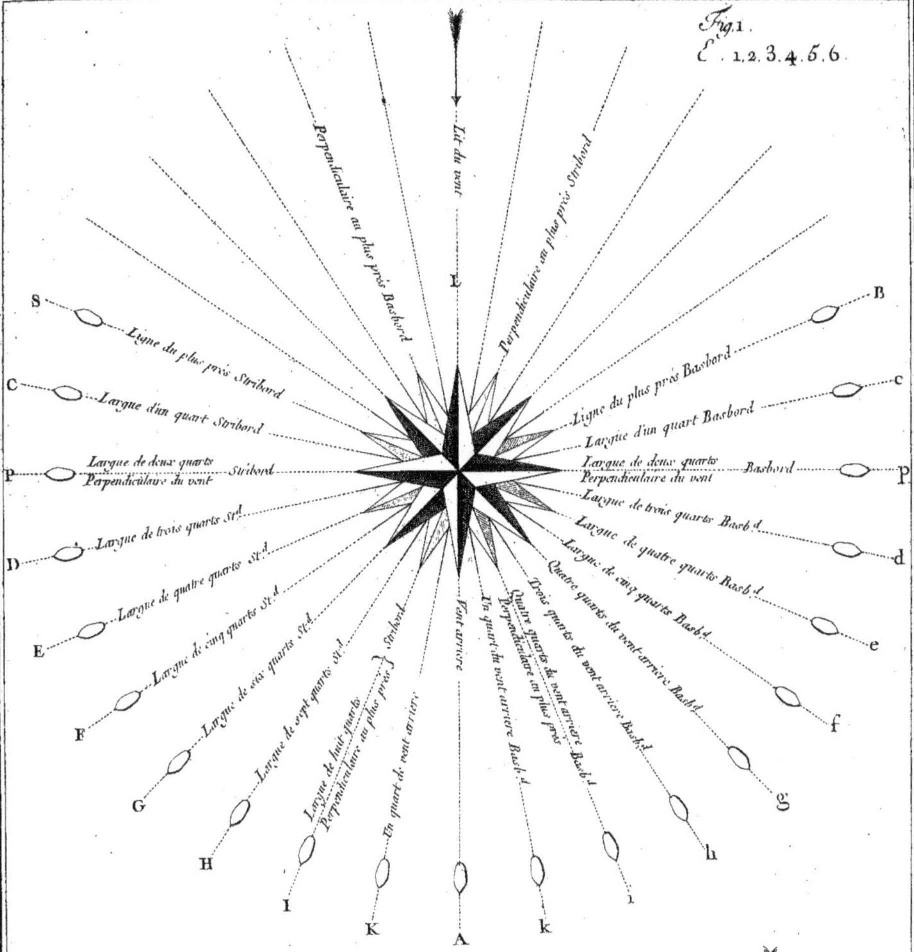

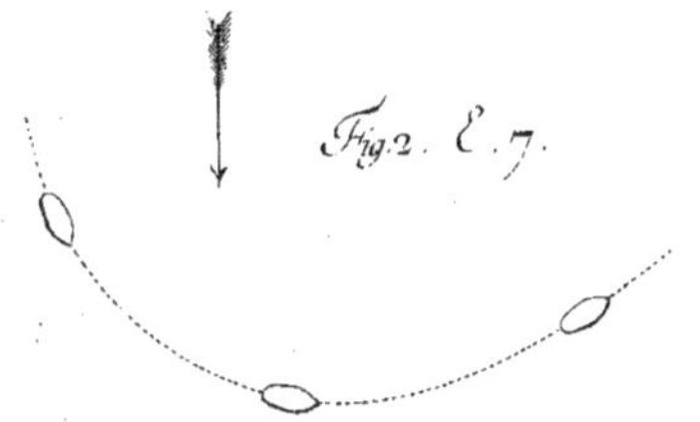

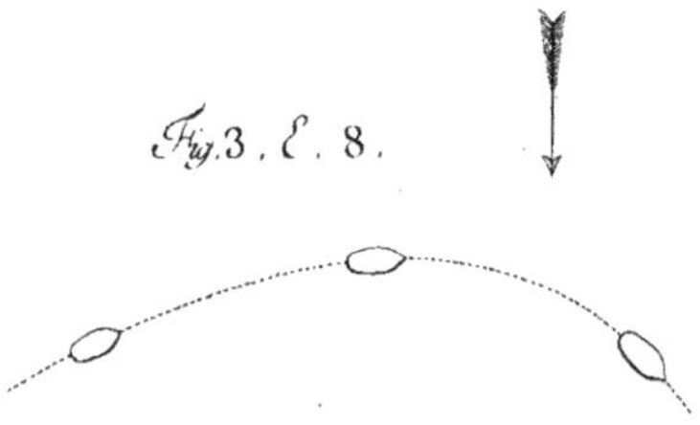

Tactique Nav. Pl. I.

Fig. 1.
ℰ. 1, 2, 3, 4, 5, 6.

Lit du vent

Perpendiculaire au plus près Basbord

Perpendiculaire au plus près Stribord

L

Ligne du plus près Stribord

Largue d'un quart Stribord

Largue de deux quarts Stribord
Perpendiculaire du vent

Largue de trois quarts St.d

Largue de quatre quarts St.d

Largue de cinq quarts St.d

Largue de six quarts St.d

Largue de sept quarts St.d

Largue de huit quarts St.d
Perpendiculaire au plus près Stribord

En quart de vent arrière

Vent arrière

Ligne du plus près Basbord

Largue d'un quart Basbord

Largue de deux quarts Basbord
Perpendiculaire du vent

Largue de trois quarts Basb.d

Largue de quatre quarts Basb.d

Largue de cinq quarts Basb.d

Quatre quarts du vent arrière Basb.d

Trois quarts du vent arrière Basb.d

Perpendiculaire au plus près
Un quart du vent arrière Basb.d

S   B
C   c
P   P
D   d
E   e
F   f
G   g
H   h
I   i
K   A   k

Fig. 2. ℰ. 7.

Fig. 3. ℰ. 8.

Dheulland Dessinat.r et Grav.r ord.re de la Marine Sculpsit.

Fig.5. E. 11.

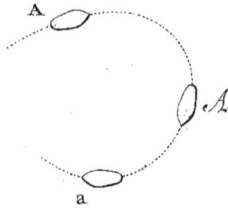

Fig.4.
E. 11.

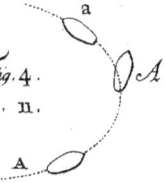

Fig.6.
E. 12.

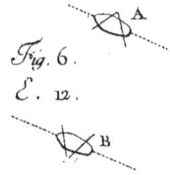

Fig.9. E. 15.

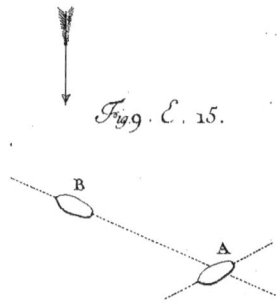

Fig.7.
E. 14.

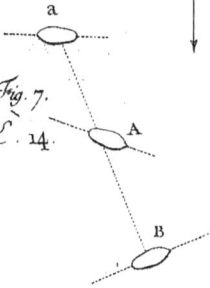

Fig.8.
E. 14.

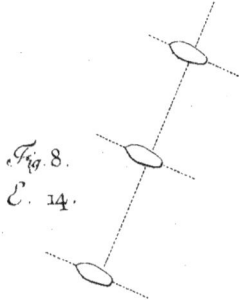

Fig.10. E. 15.

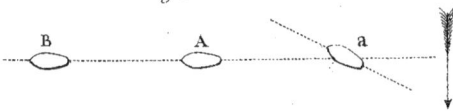

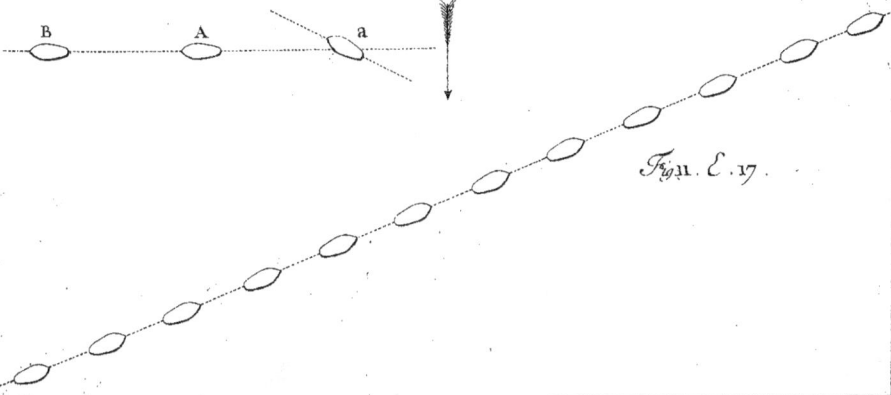

Fig.11. E. 17.

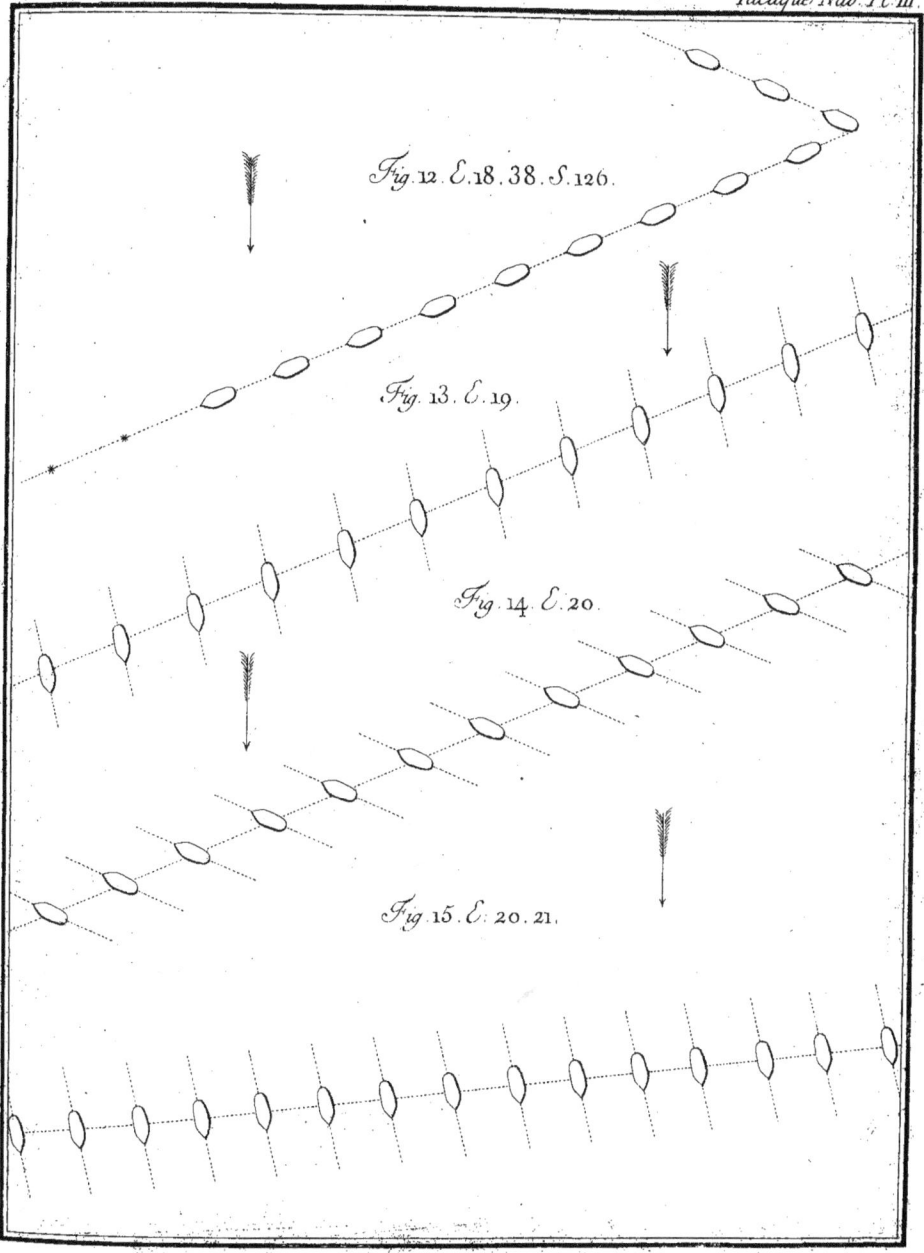

Fig. 12. E. 18. 38. S. 126.

Fig. 13. E. 19.

Fig. 14. E. 20.

Fig. 15. E. 20. 21.

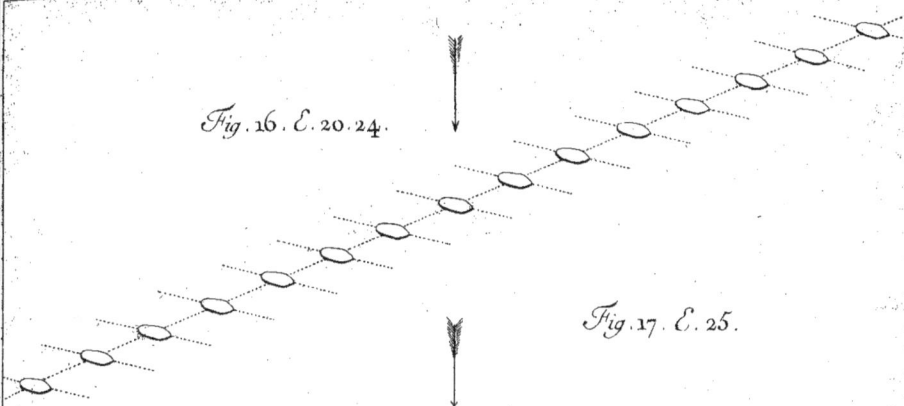

Fig. 16. E. 20. 24.

Fig. 17. E. 25.

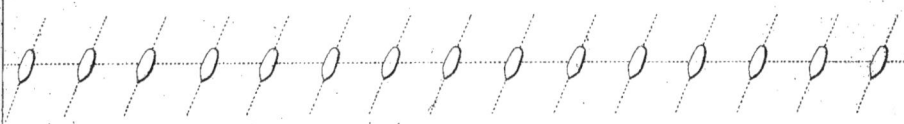

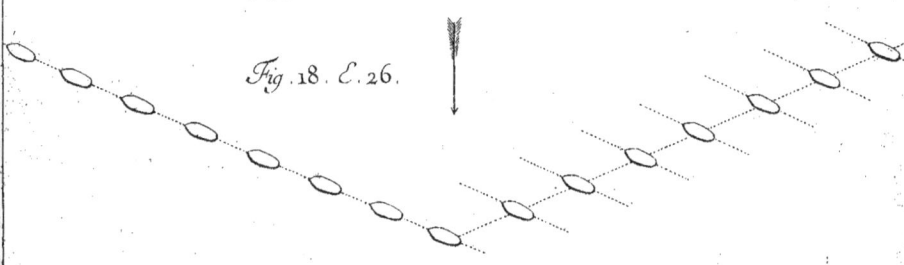

Fig. 18. E. 26.

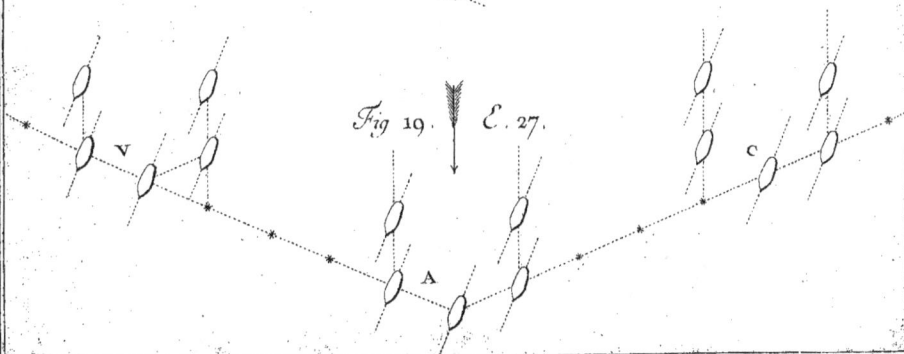

Fig 19. E. 27.

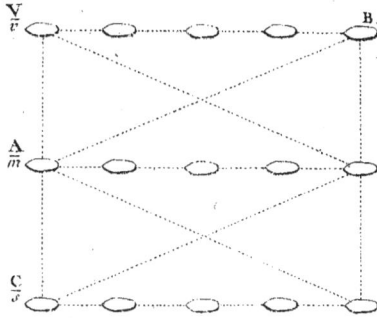

Fig. 20.
C. 28. 75. S. 182.

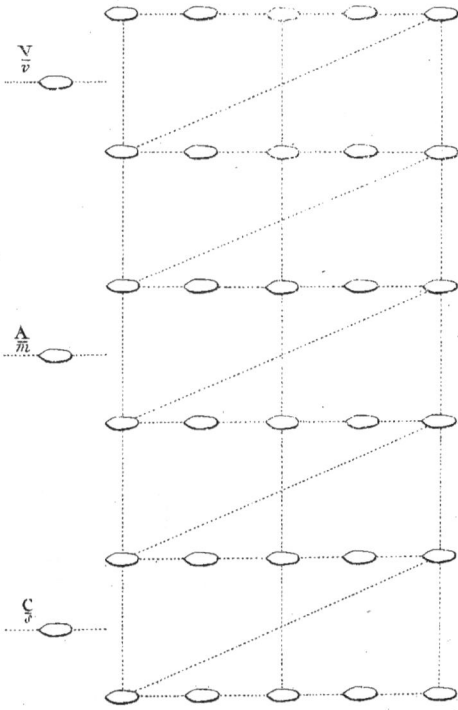

Fig. 21
C. 28. 81. S. 192. 193.

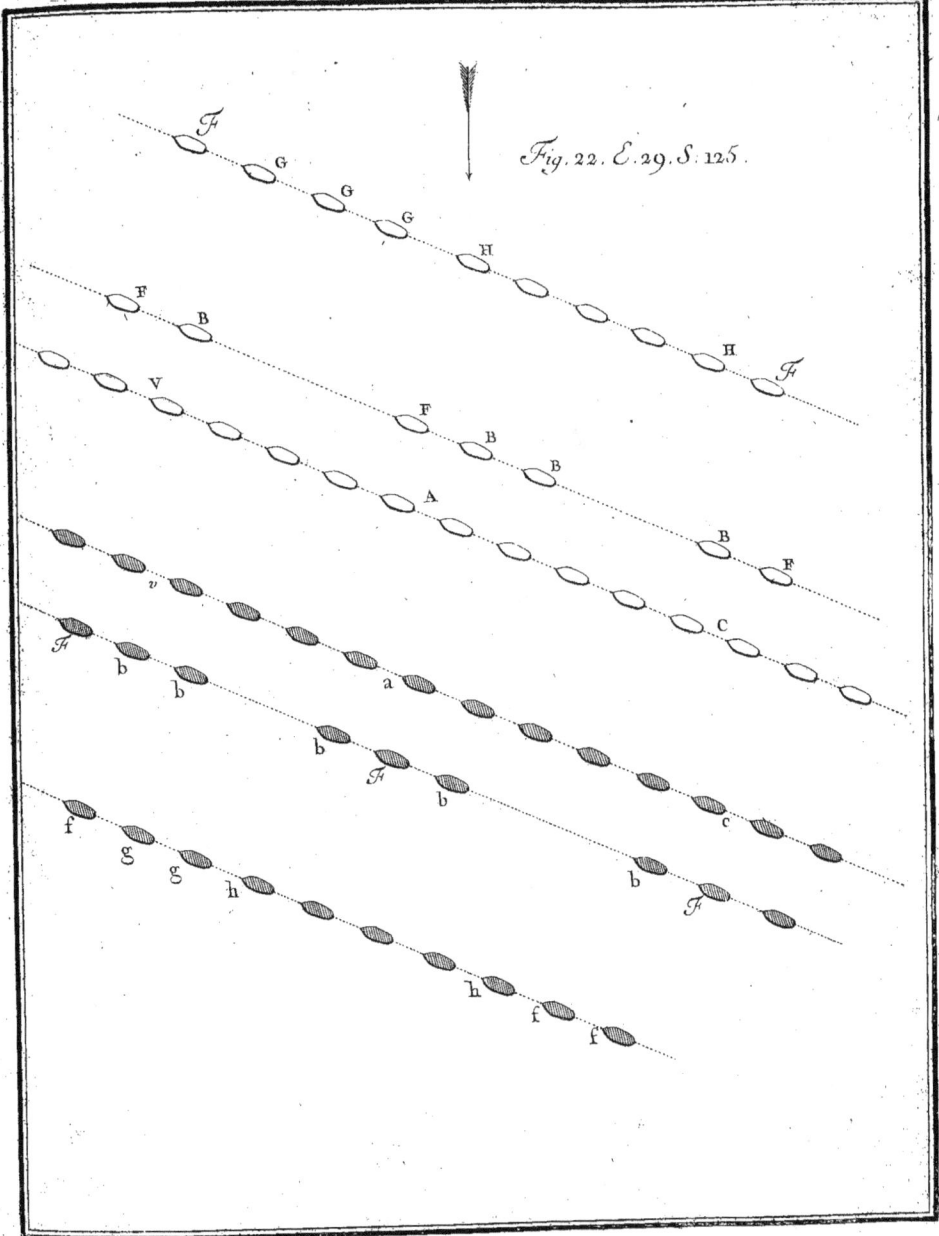

Fig. 22. E. 29. S. 125.

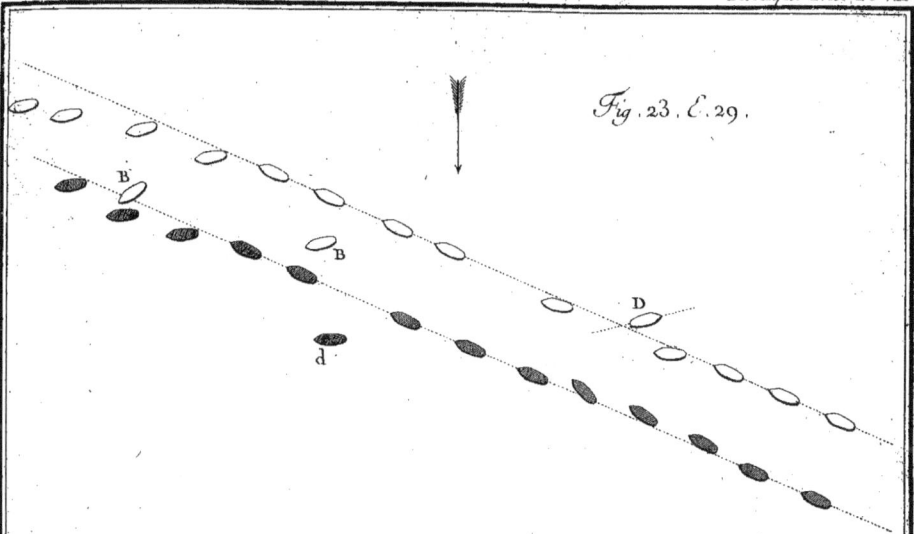

Fig. 23. E. 29.

Fig. 24. E. 30.

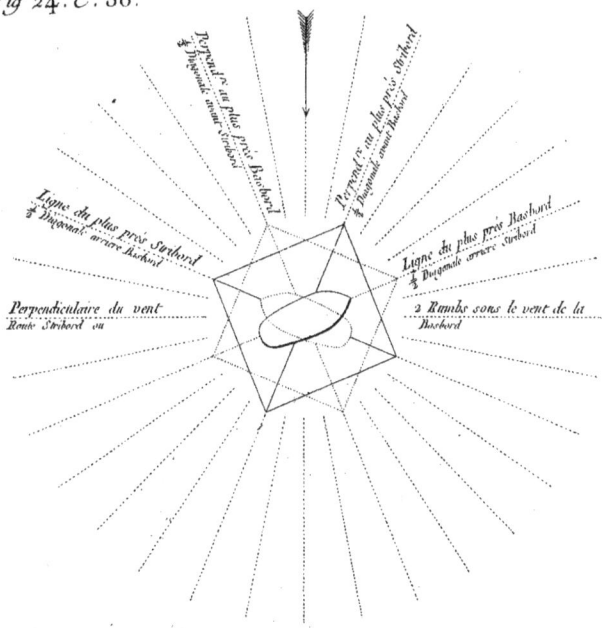

Fig. 25. *E. 31.*

Fig. 26. E. 31.

Fig. 27. E. 31.

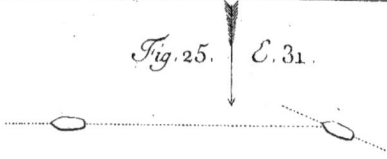

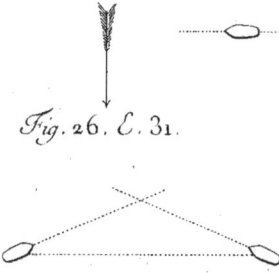

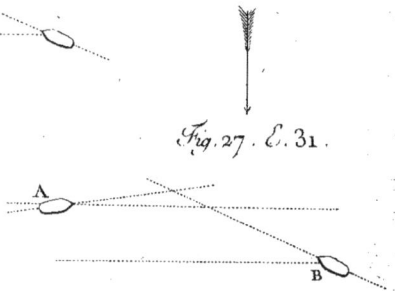

Fig. 29. E. 33.

Fig. 28. E. 33.

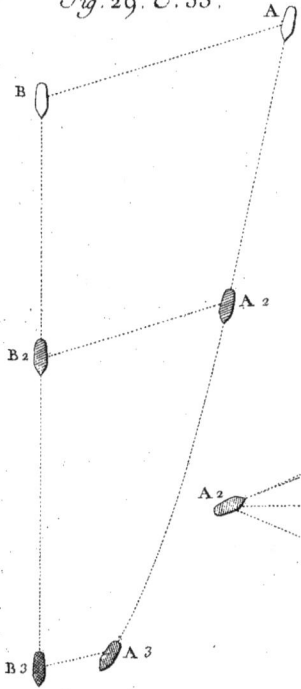

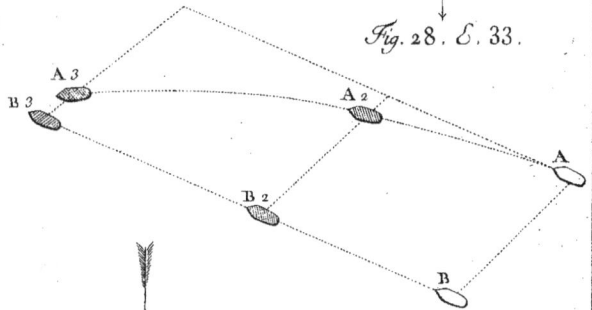

Fig. 30. E. 34. S. 114.

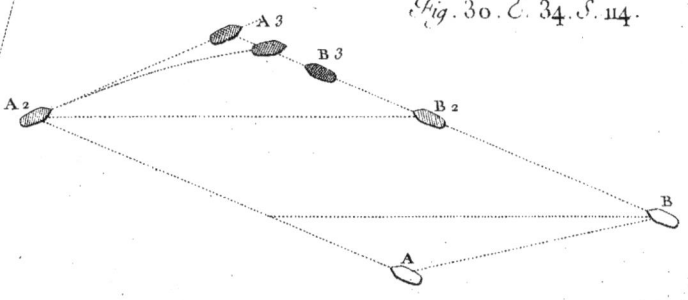

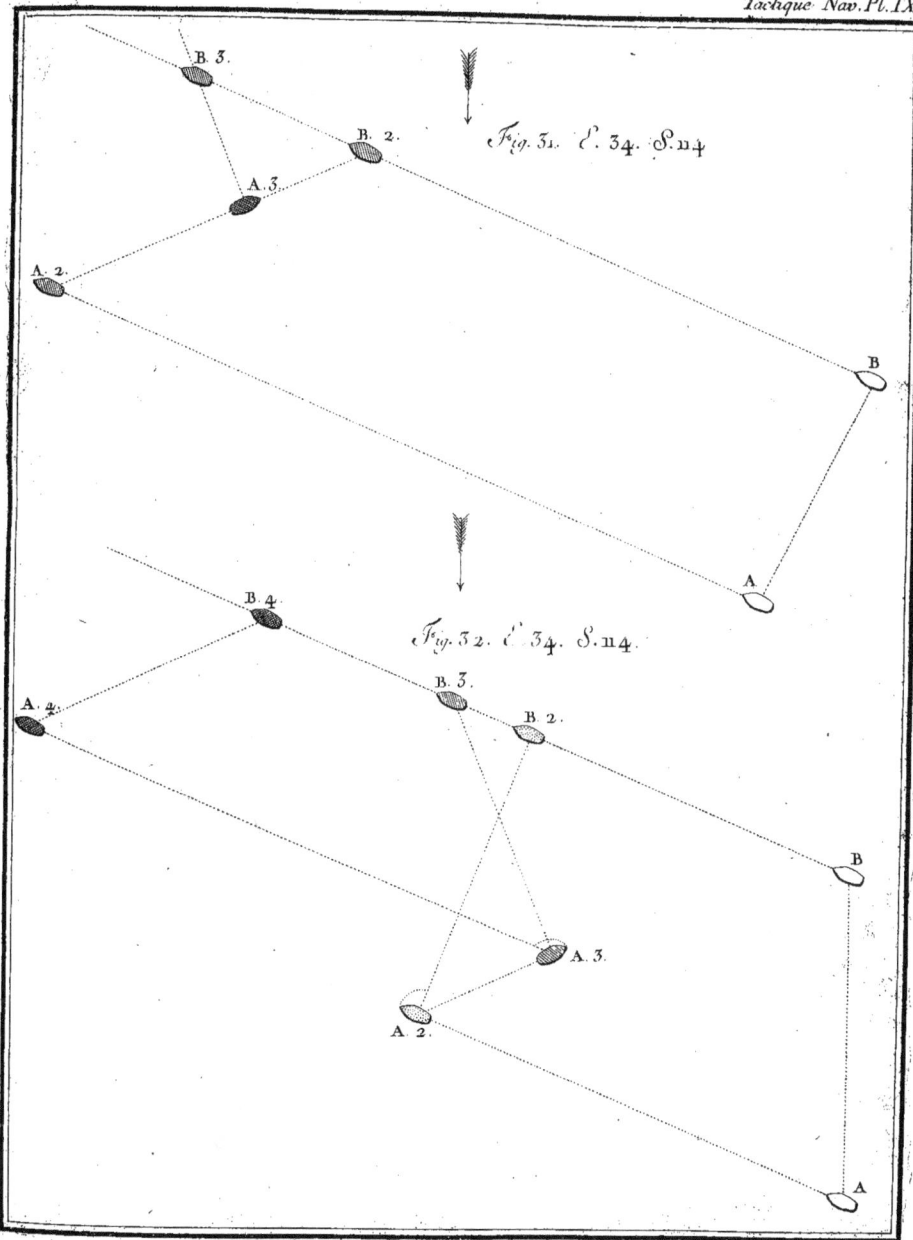

B. 3.

B. 2.

A. 3.

Fig. 31. $\mathcal{E}$. 34. $\mathcal{S}$.114

A. 2.

B

A

B. 4.

Fig. 32. $\mathcal{E}$. 34. $\mathcal{S}$.114

A. 2.

B. 3.

B. 2.

B

A. 3.

A. 2.

A

Fig. 33. E. 36. 37. S. 125.

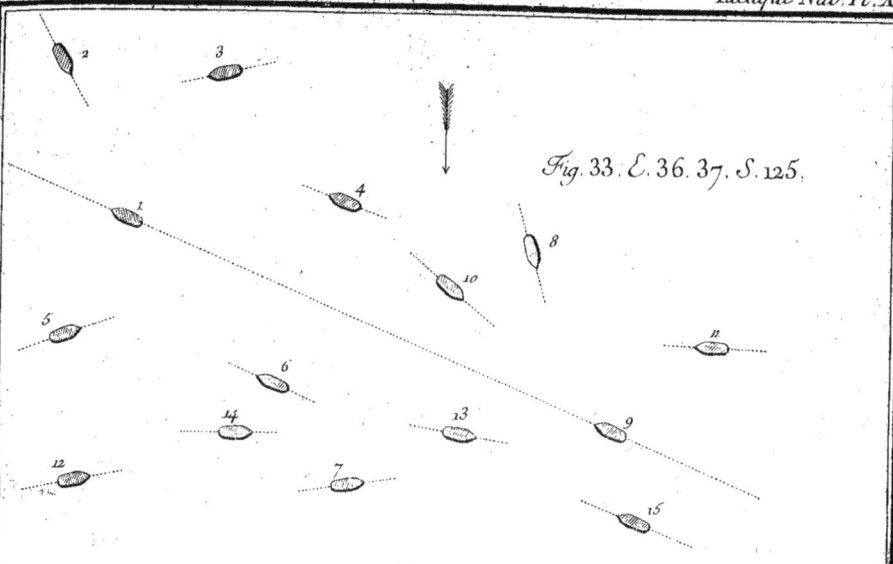

Fig. 34. E. 37. S. 125.

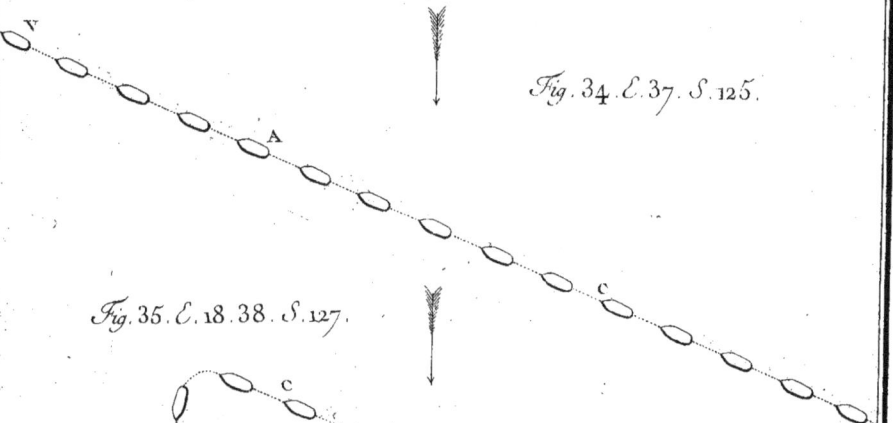

Fig. 35. E. 18. 38. S. 127.

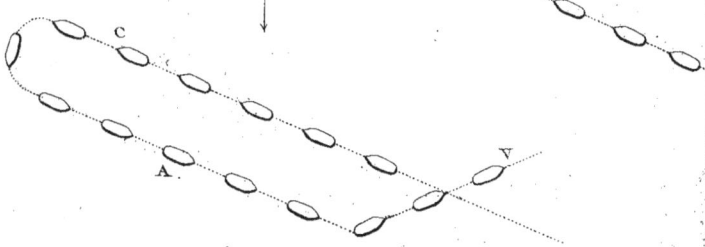

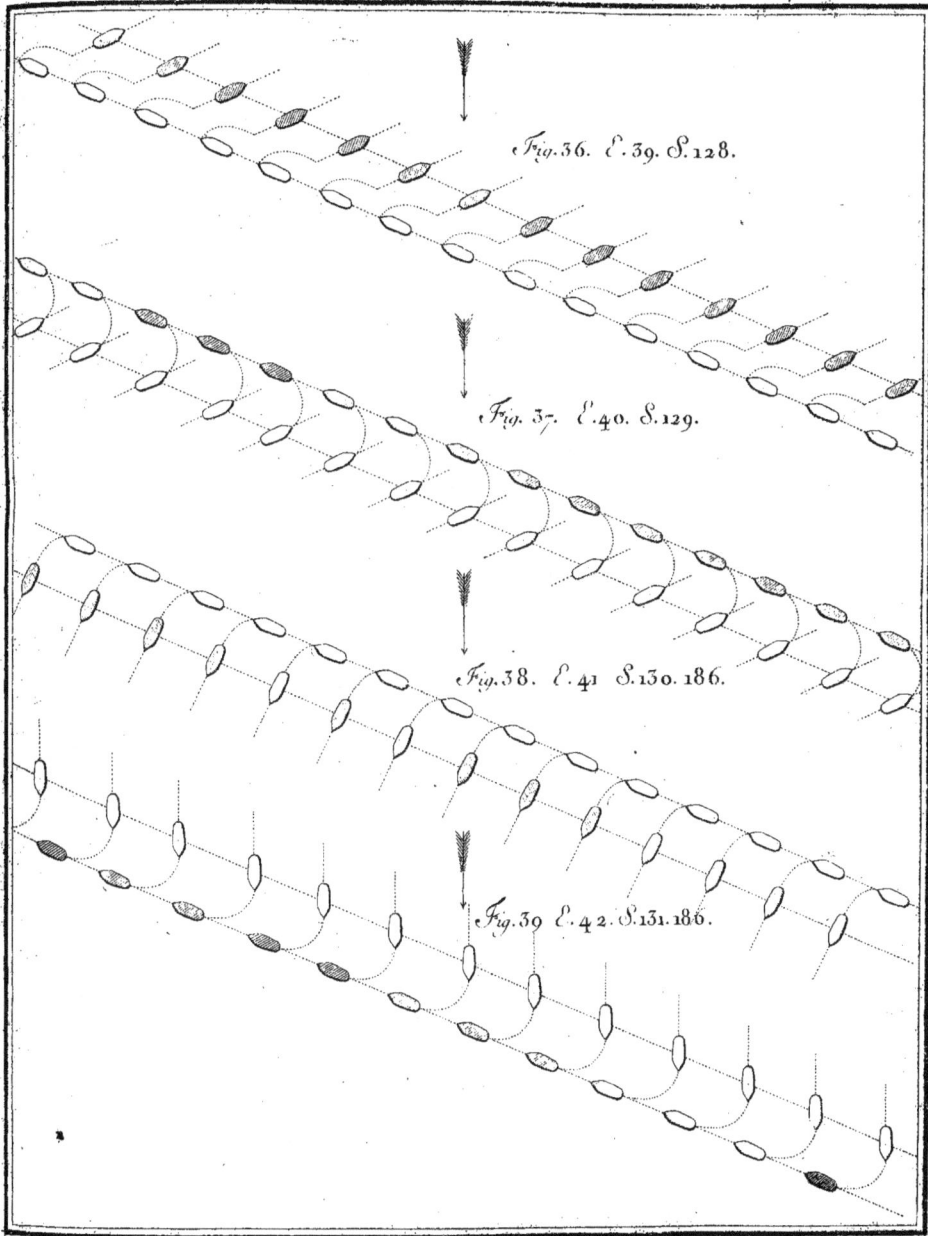

Fig. 36. E. 39. S. 128.

Fig. 37. E. 40. S. 129.

Fig. 38. E. 41 S. 130. 186.

Fig. 39 E. 42. S. 131. 186.

Fig. 40. *C.* 43. *S.* 132.

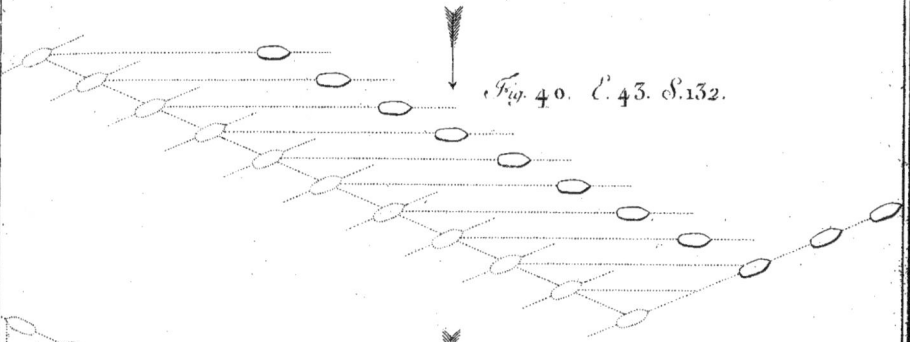

Fig. 41. *C.* 44. *S.* 133. 134.

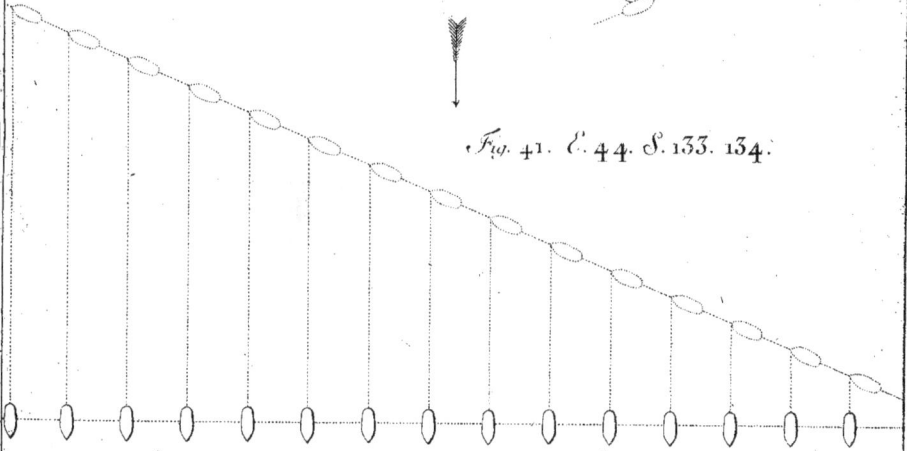

Fig. 42. *C.* 45. *S.* 135.

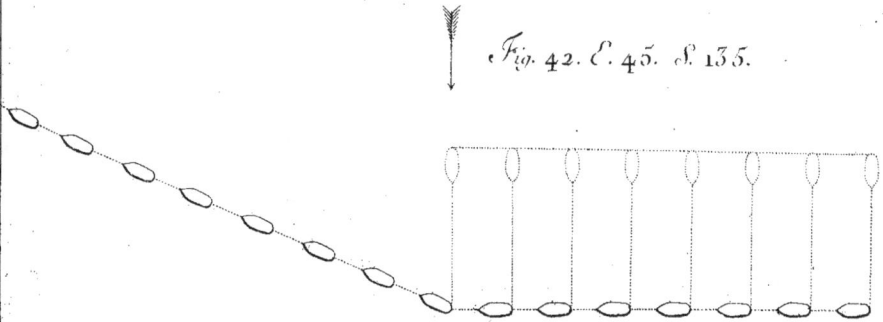

Fig. 43. E. 46. S. 136

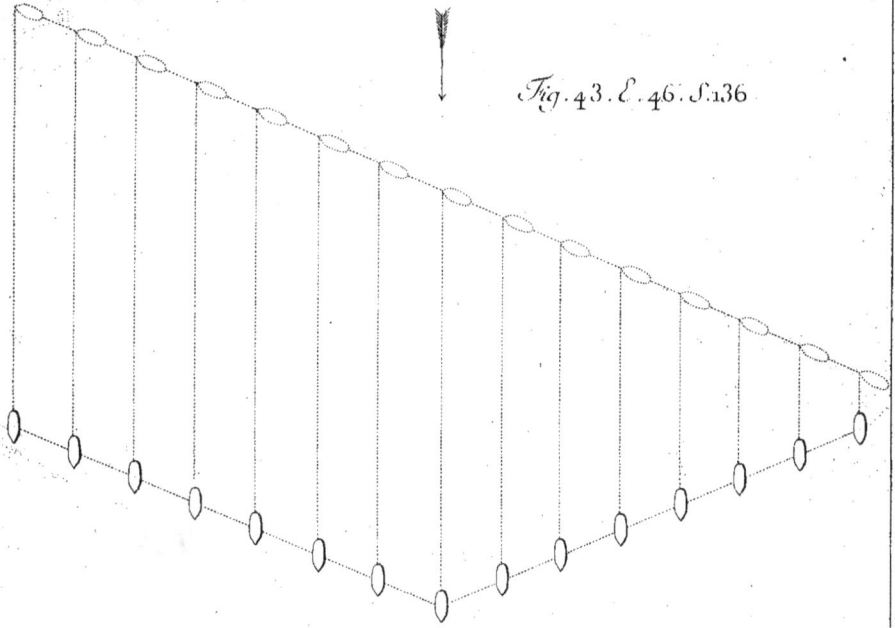

Fig. 44. E. 47. S. 137.

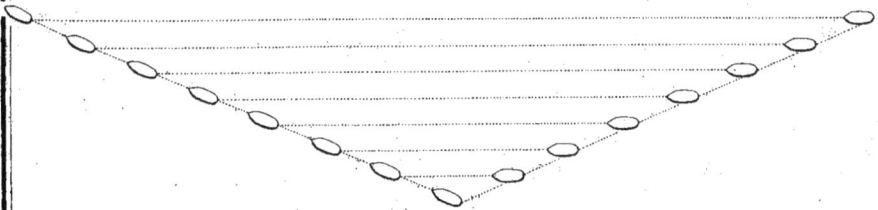

Fig. 45. E. 48. S. 138.

Fig. 46. E. 48. S. 139.

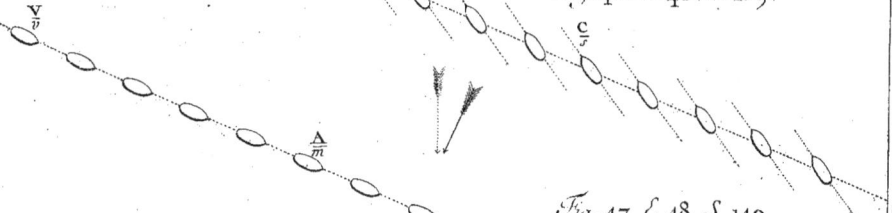

Fig. 47. E. 48. S. 140.

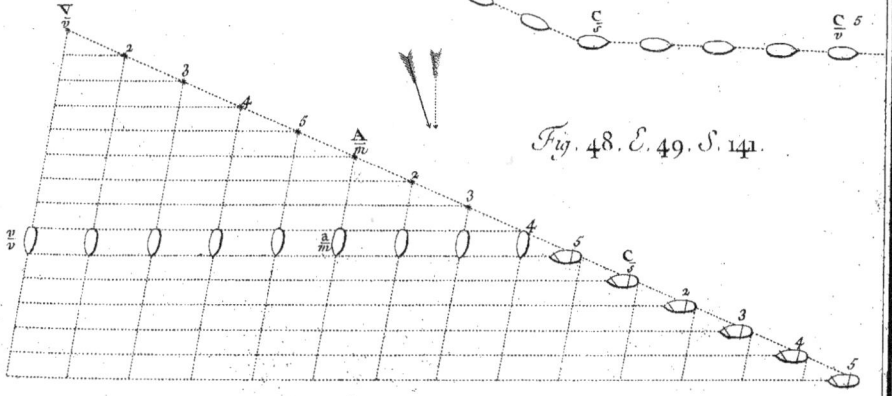

Fig. 48. E. 49. S. 141.

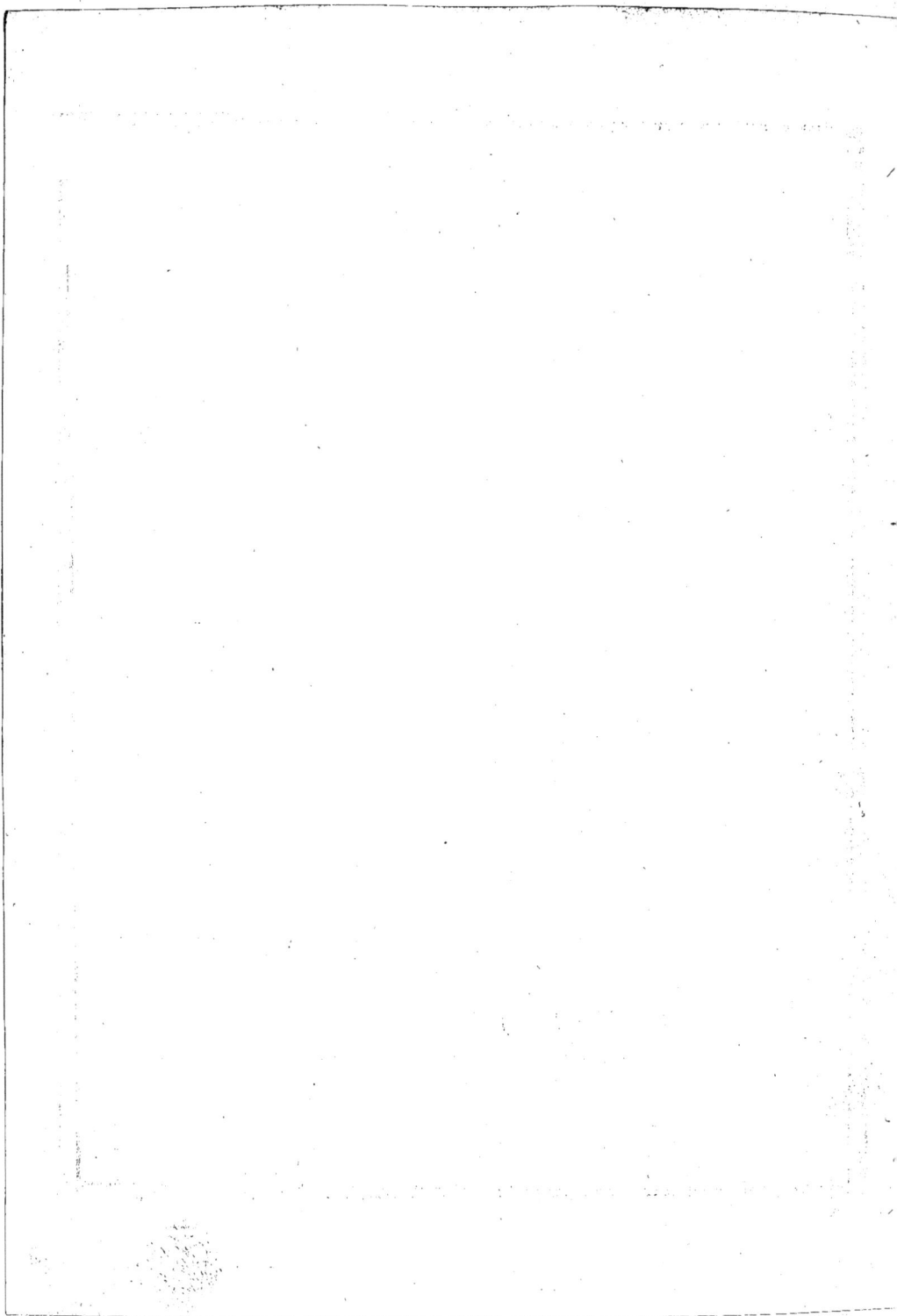

Fig. 49. E. 49. S. 142.

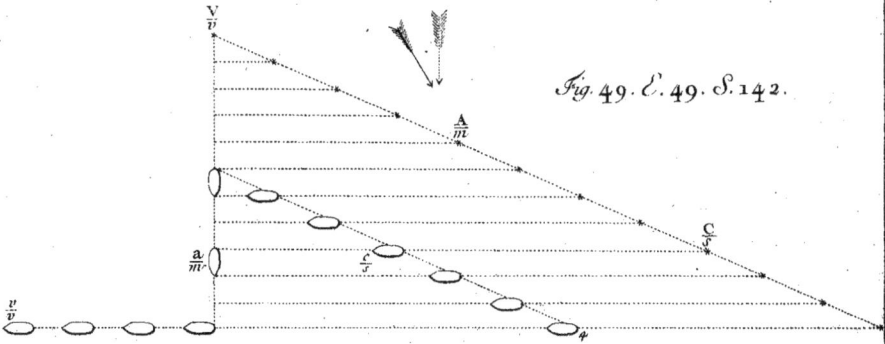

Fig. 50. E. 49 S. 143.

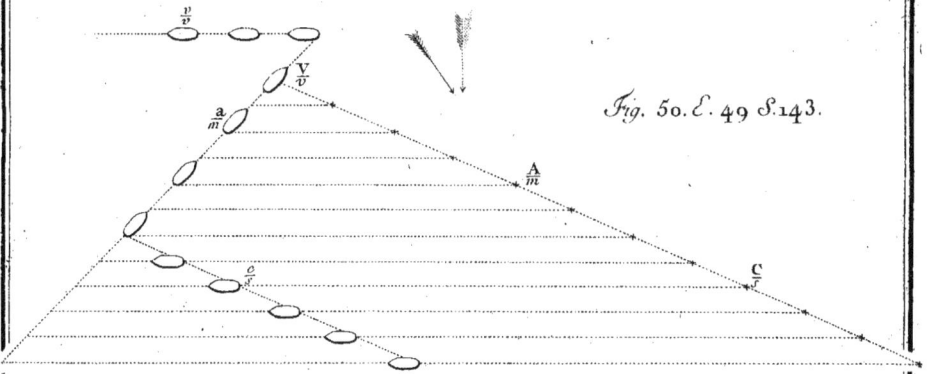

Fig. 51. E. 49. S. 144.

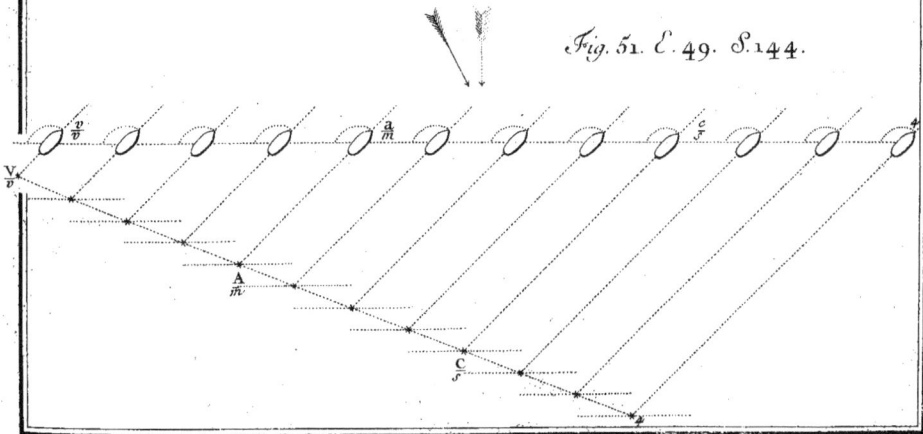

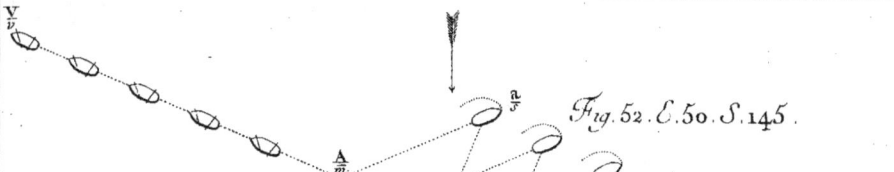

Fig. 52. E. 50. S. 145.

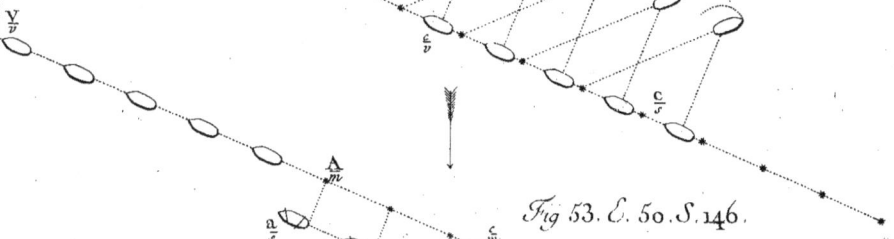

Fig. 53. E. 50. S. 146.

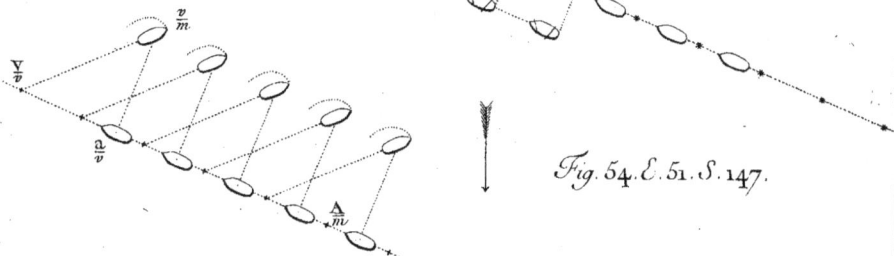

Fig. 54. E. 51. S. 147.

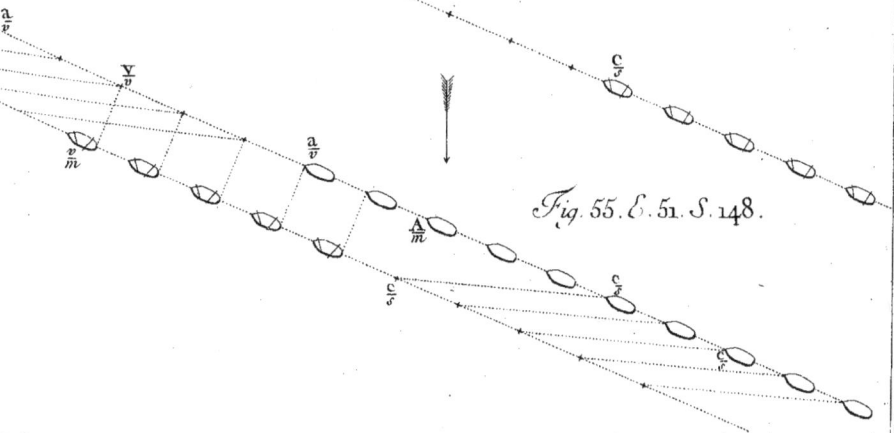

Fig. 55. E. 51. S. 148.

Fig. 56. C. 52. S. 149.

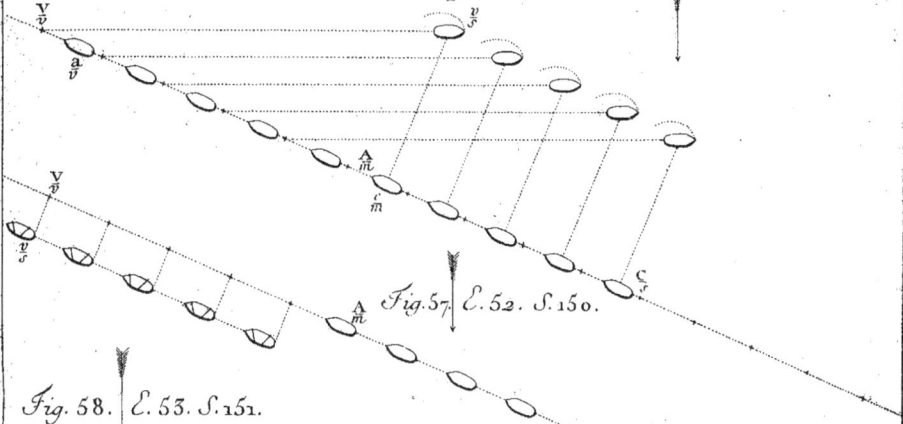

Fig. 57. C. 52. S. 150.

Fig. 58. C. 53. S. 151.

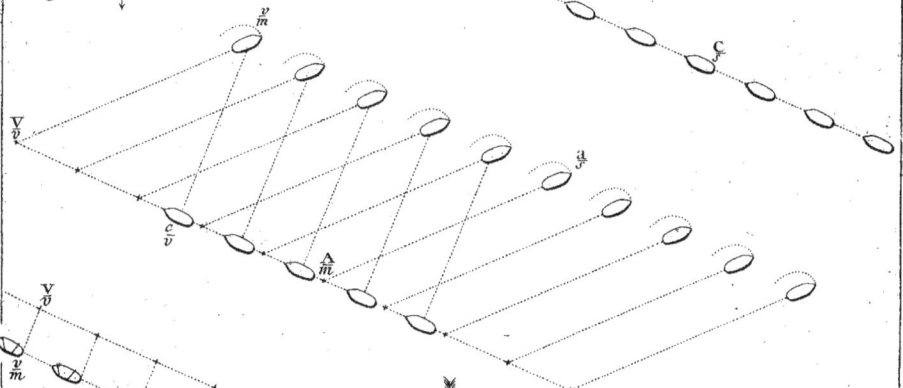

Fig. 59. C. 53. S. 152.

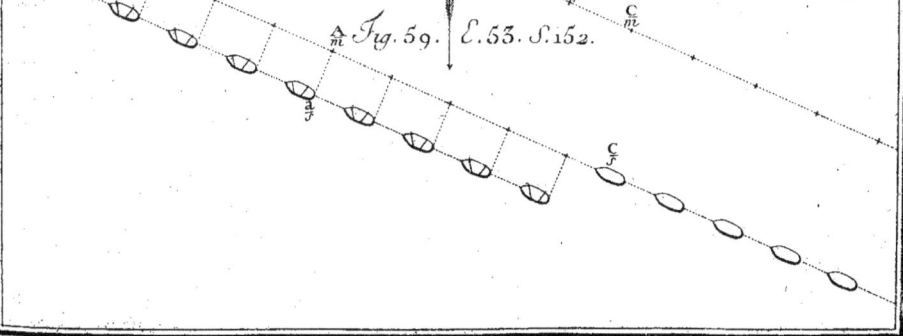

Fig. 60. *E.* 54. *S.* 153

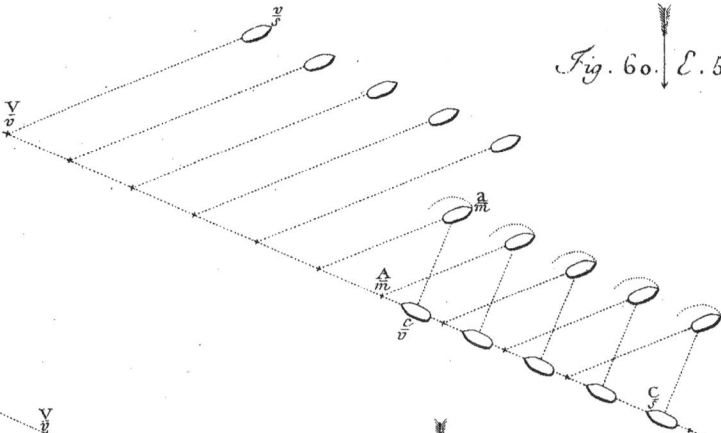

Fig. 61. *E.* 54. *S.* 154

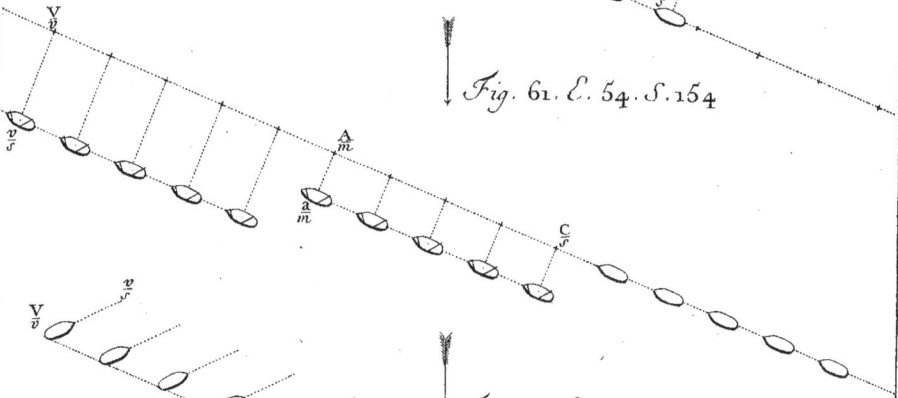

Fig. 62. *E.* 54. *S.* 155

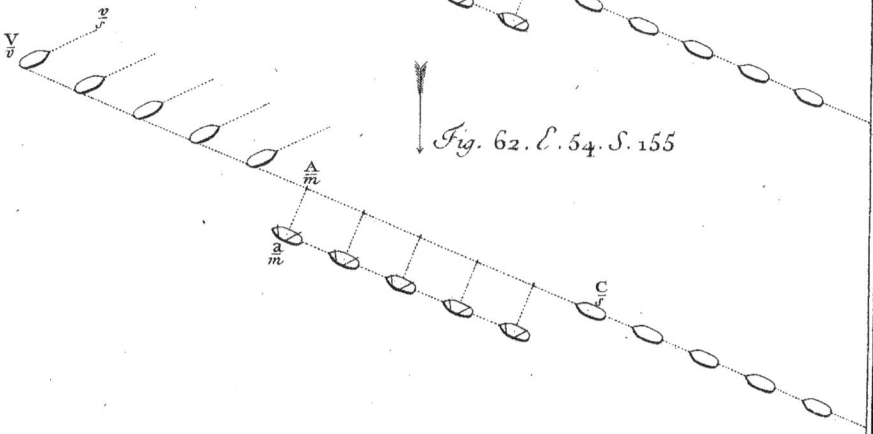

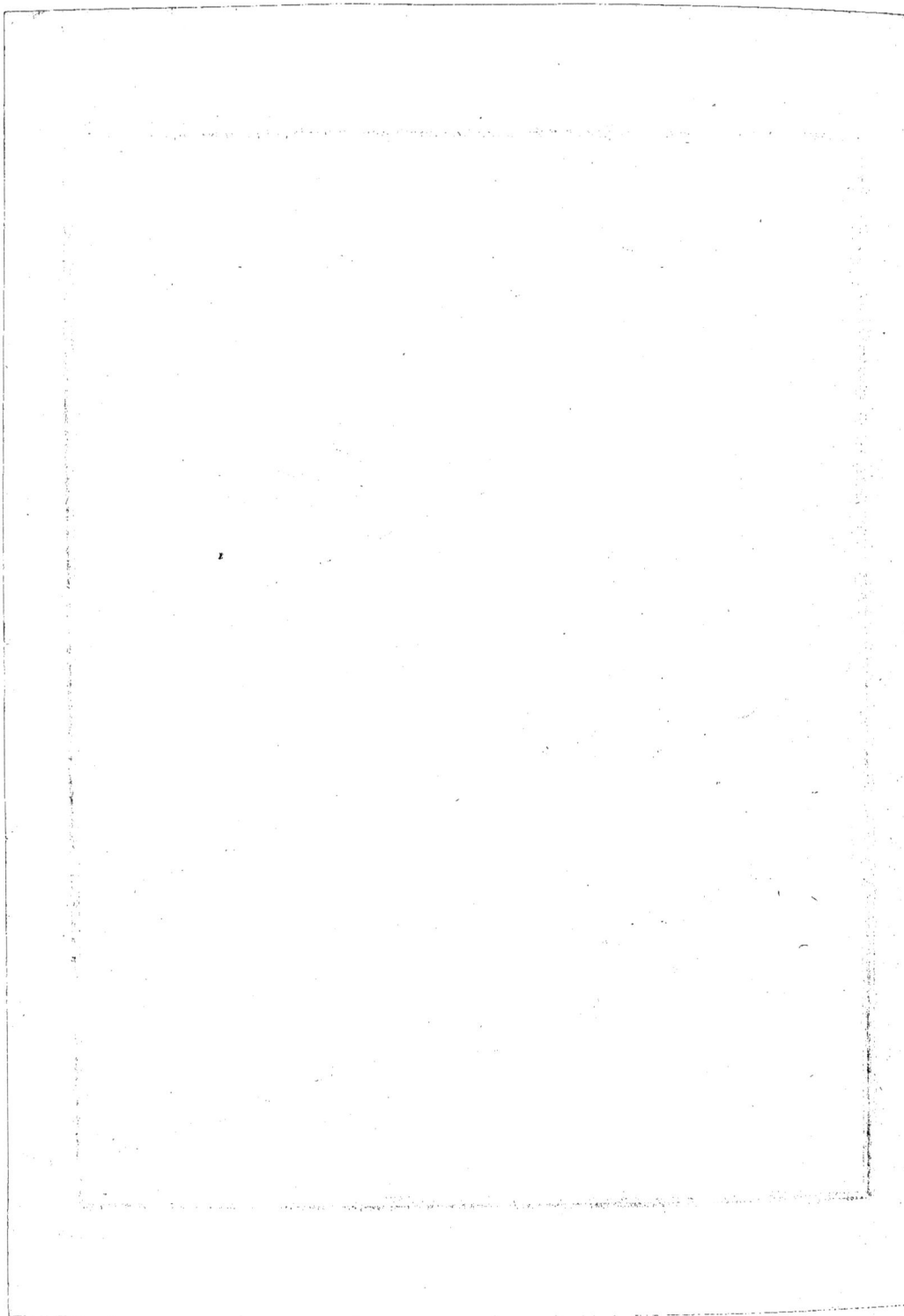

Fig. 63. E. 57. S. 157. 159.

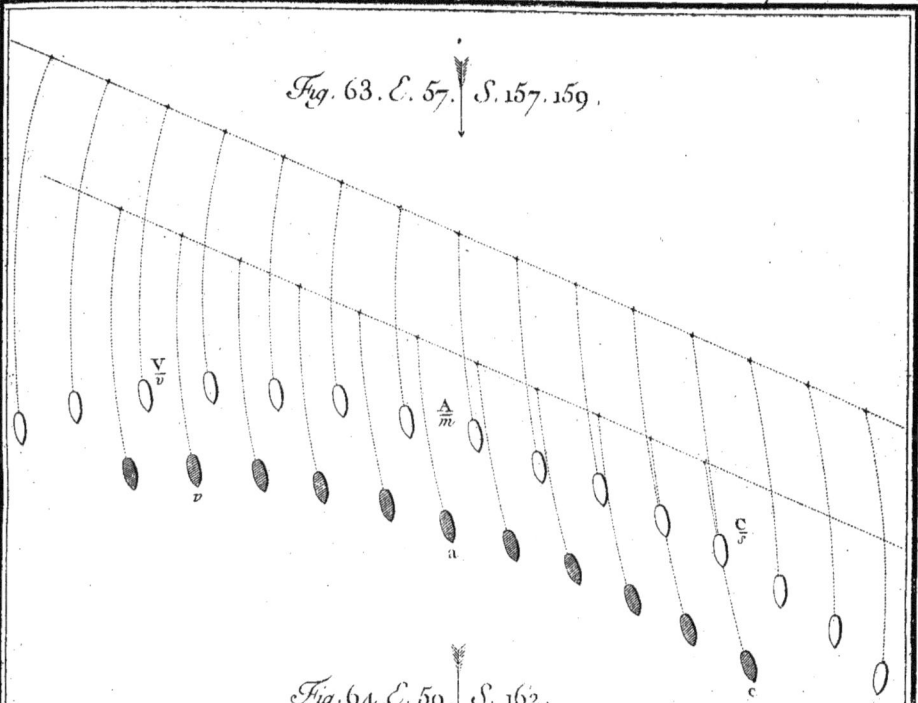

Fig. 64. E. 59. S. 162.

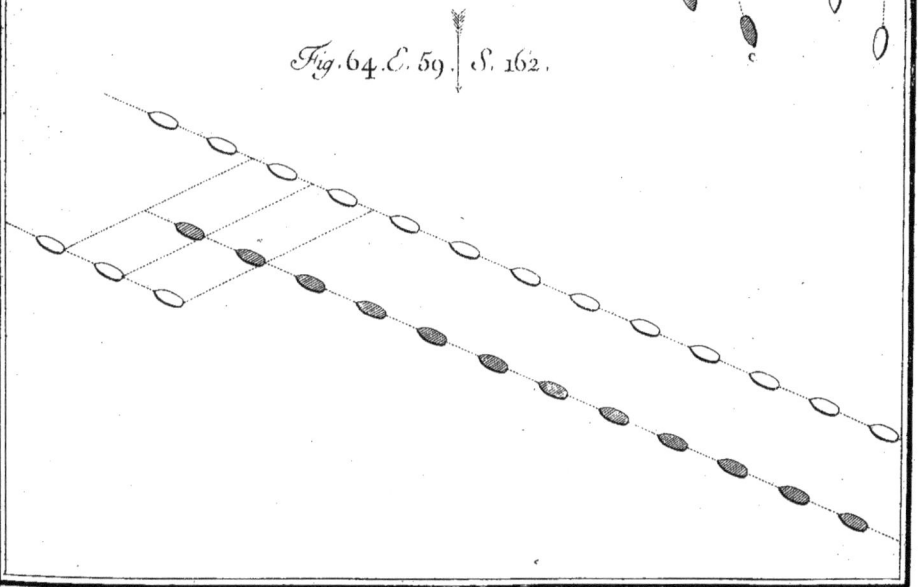

Fig. 65. E. 59. S. 162.

Fig. 66. E. 59. S. 162.

Fig. 67. E. 56. S. 162.

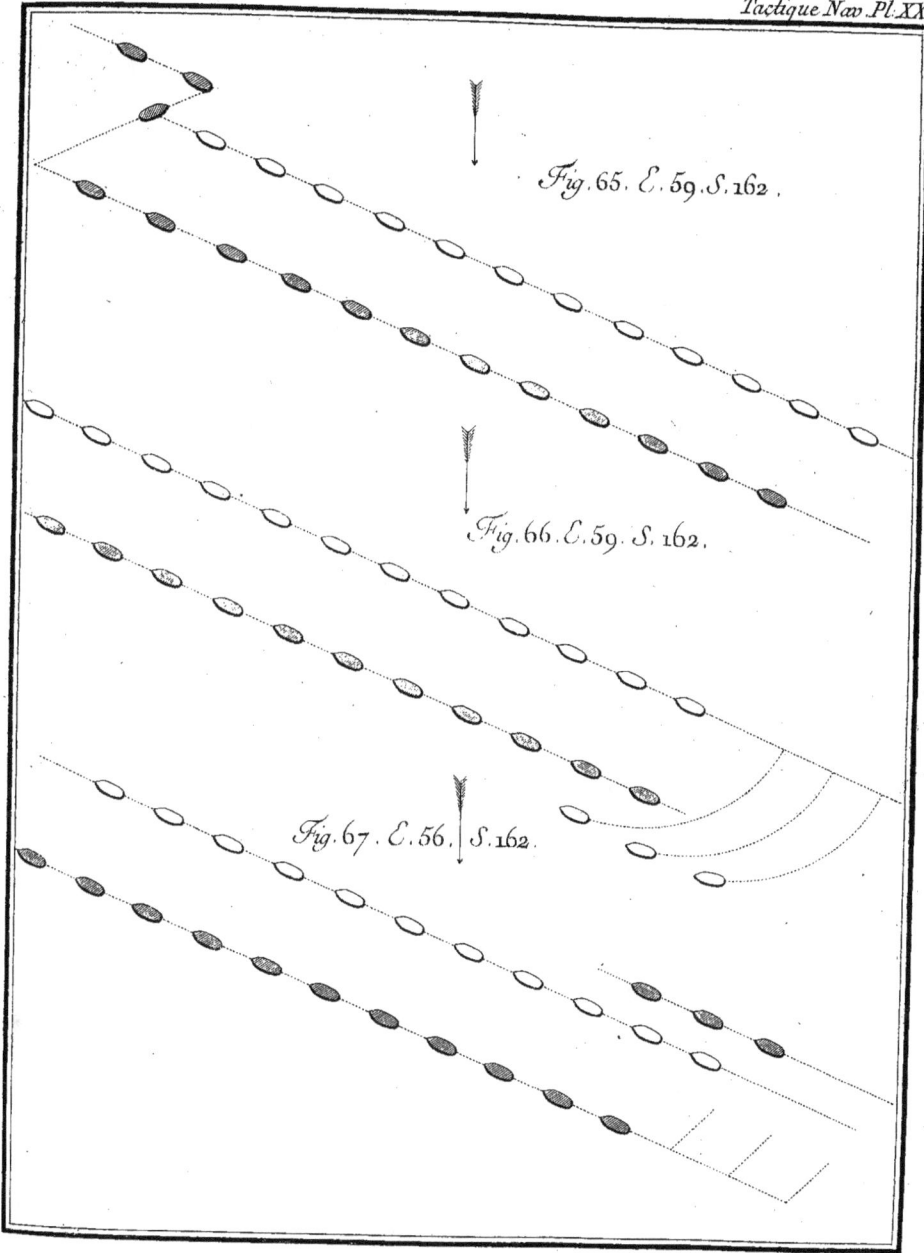

Fig. 68. E. 59. S. 162.

Fig. 69. E. 59. S. 162.

Fig. 70. E. 60. S. 163.

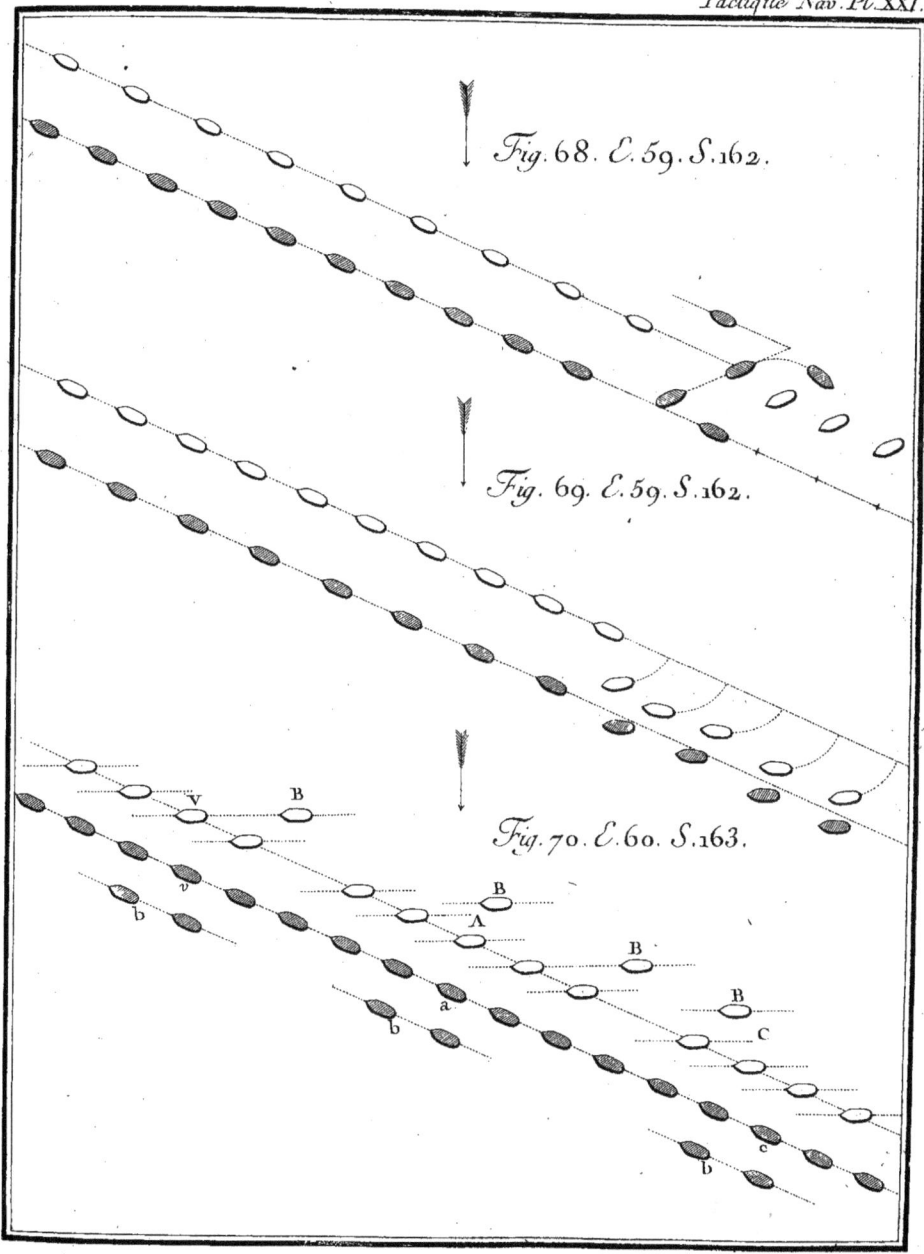

Tactique Nav. Pl.XXII.

Fig. 71. C. 60. S. 163.

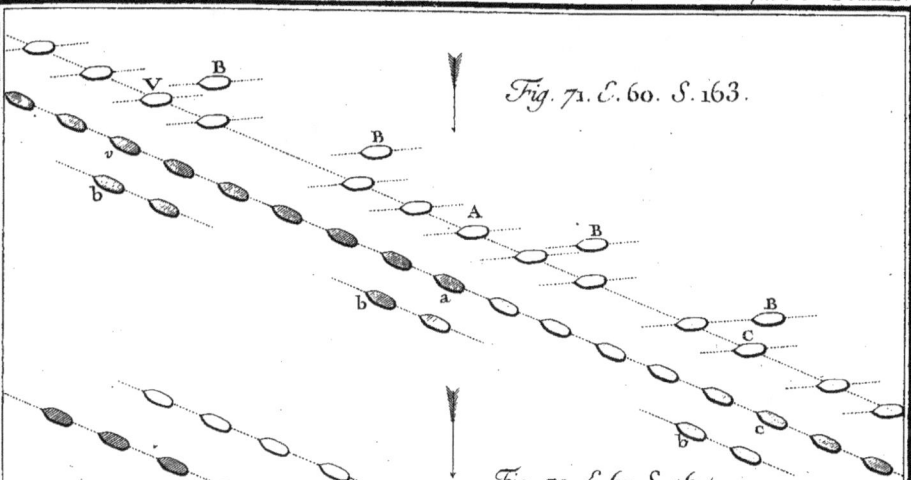

Fig. 72. C. 61. S. 164.

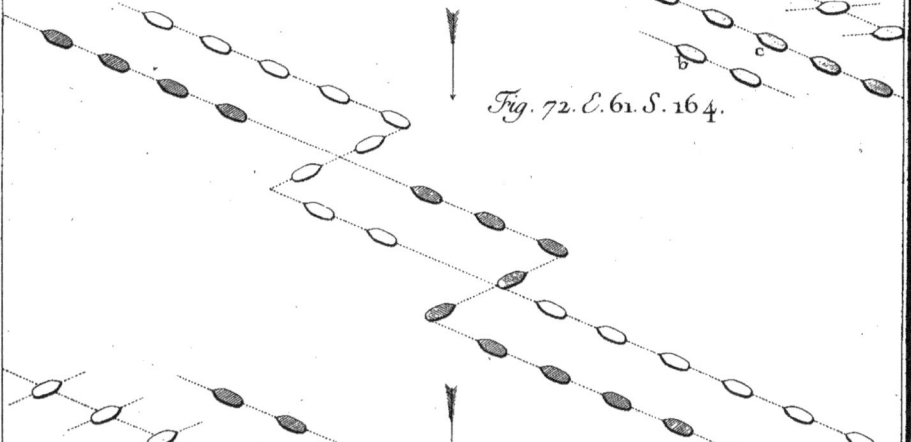

Fig. 73. C. 62. S. 165.

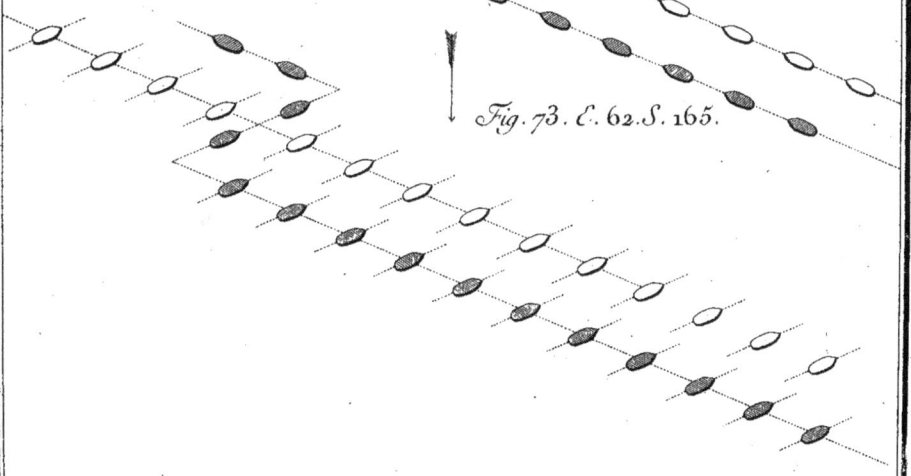

Fig. 74. *C*.63.*S*.170.

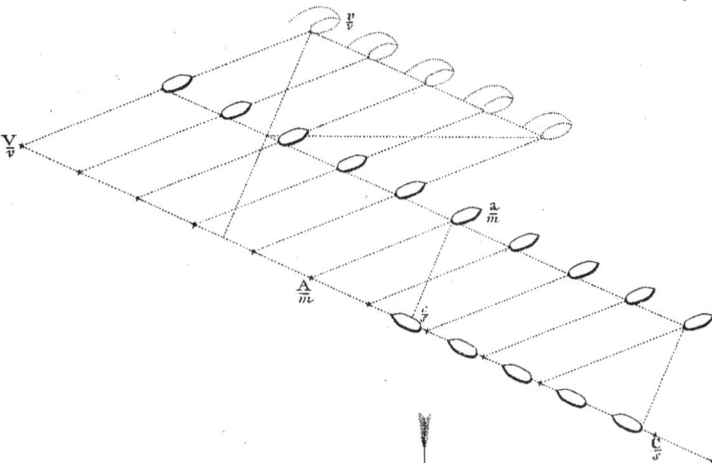

*Fig.*75. *C*.64.*S*.171.

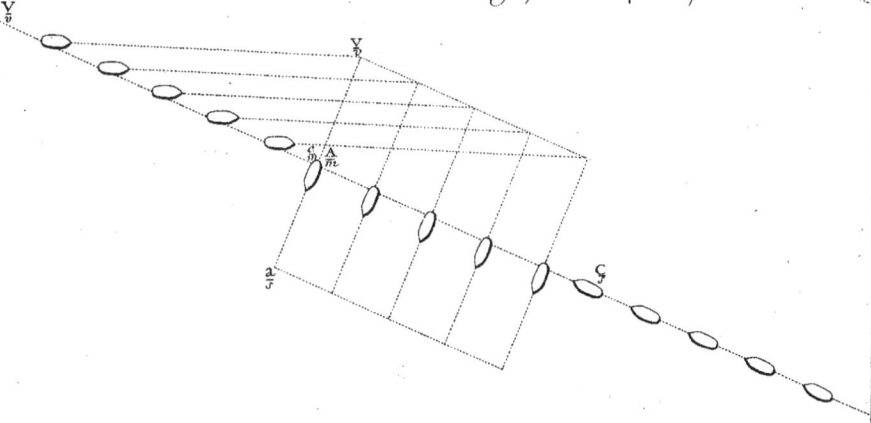

$\frac{a}{v}$

Fig. 76. E. 65. S. 172.

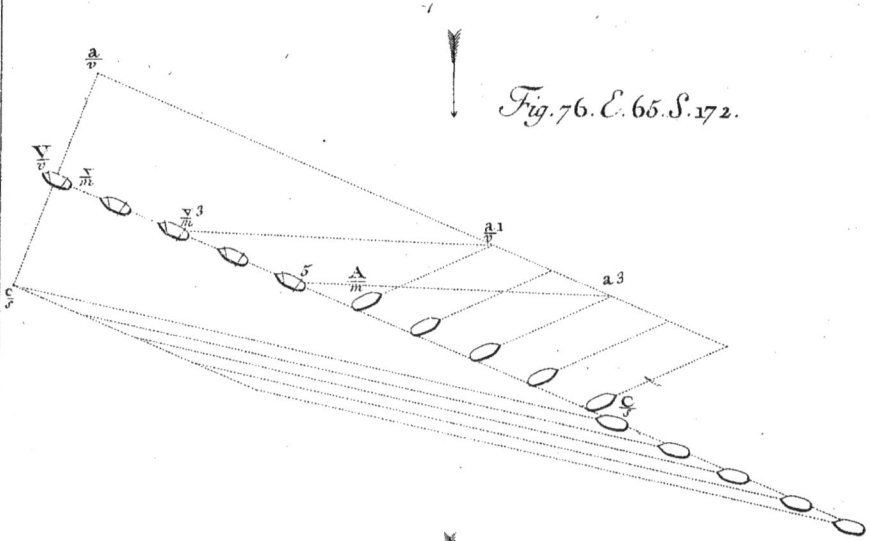

$\frac{V}{v}$ $\frac{c}{m}$

$\frac{v}{m}$ 3

$\frac{a}{v}$ 1

c

$\frac{v}{m}$ 5 $\frac{A}{m}$

a 3

$\frac{C}{5}$

$\frac{a}{v}$

Fig. 77. E. 66. S. 173.

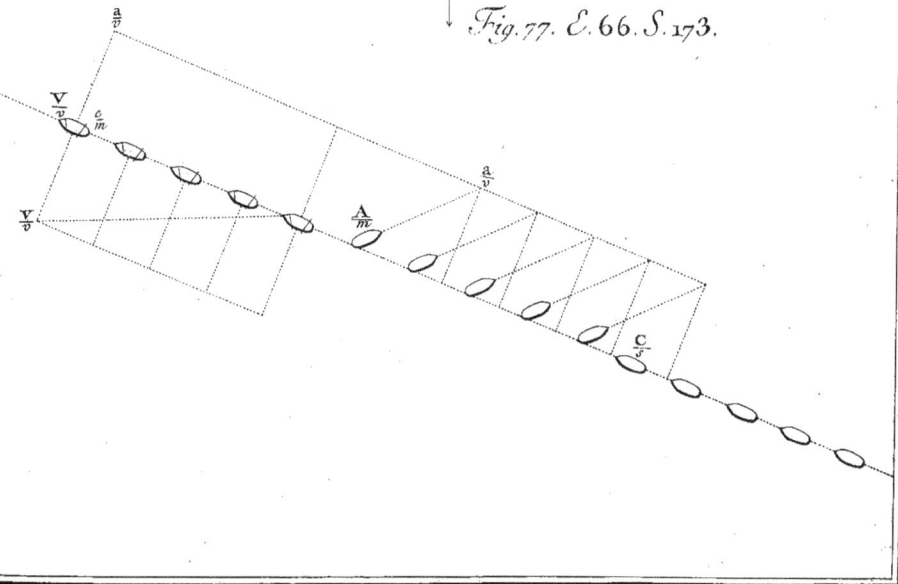

$\frac{V}{v}$ $\frac{c}{m}$

$\frac{a}{v}$

$\frac{V}{v}$

$\frac{A}{m}$

$\frac{C}{5}$

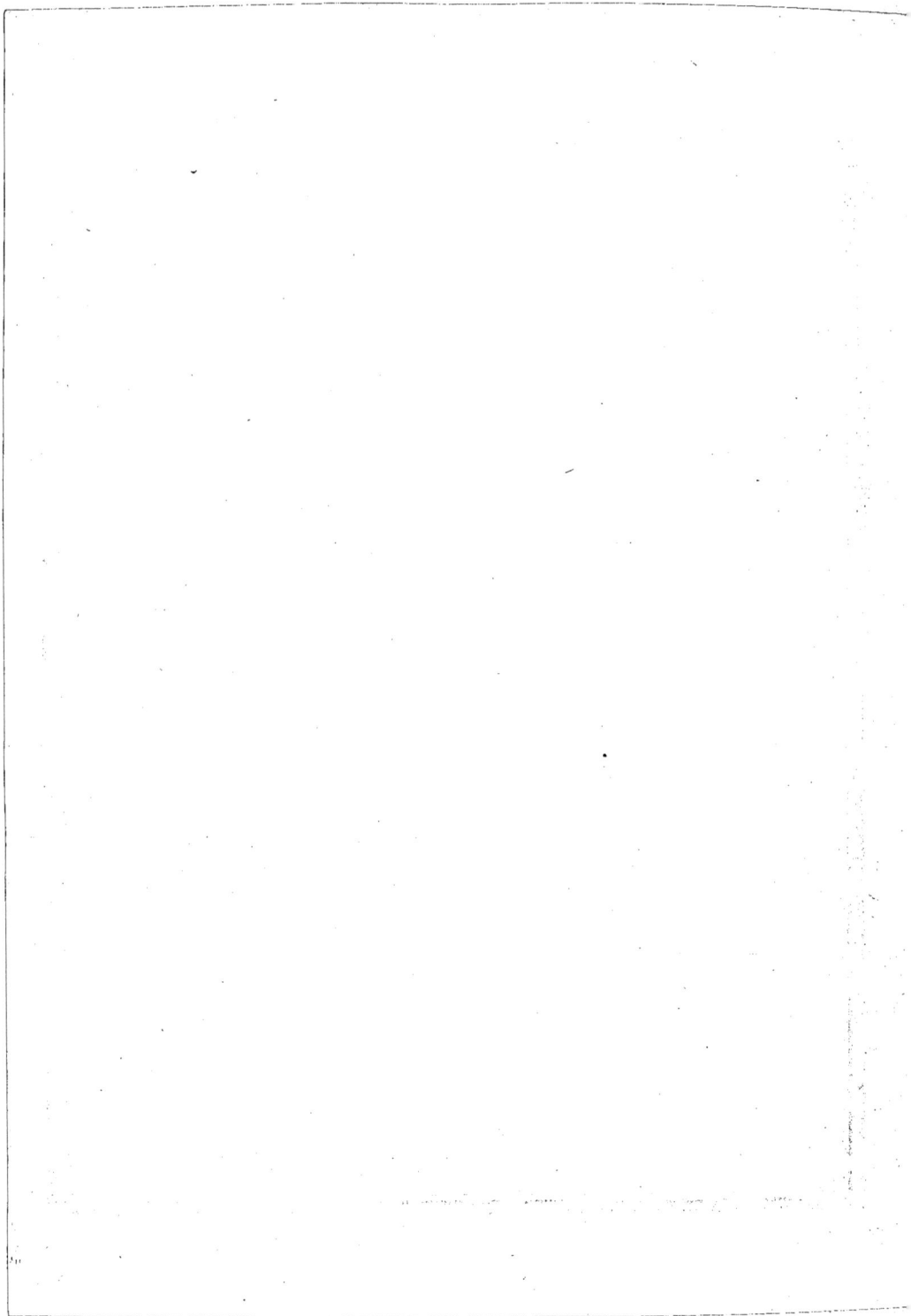

Fig. 78 . *C.* 67 . *S.* 174 .

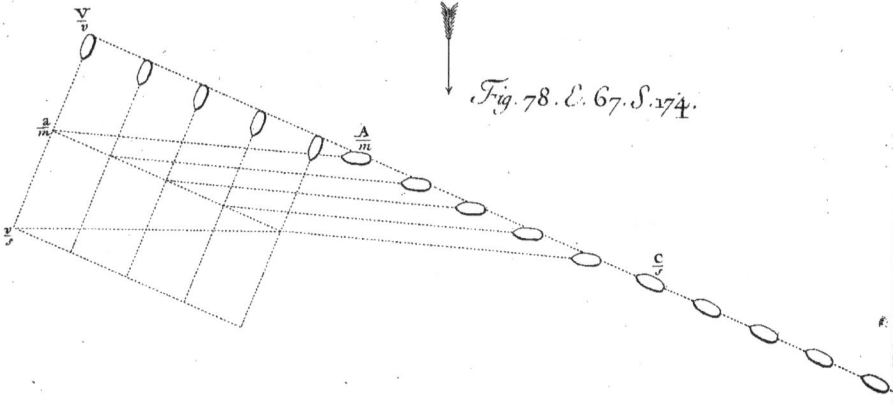

Fig. 79 . *C.* 68 . *S.* 175 .

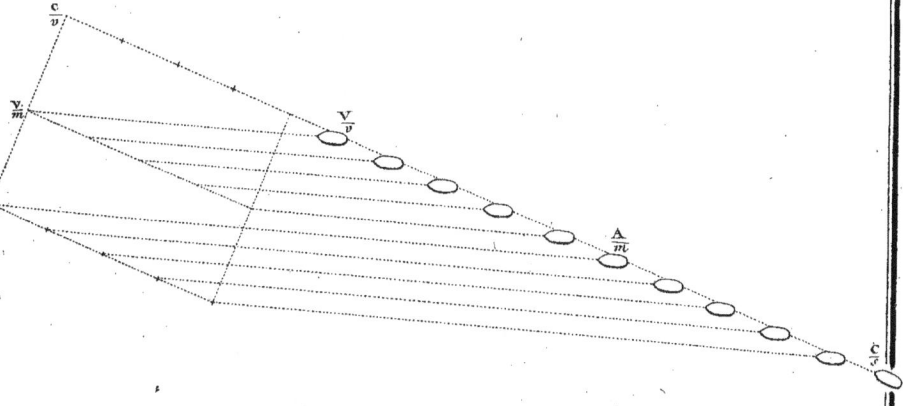

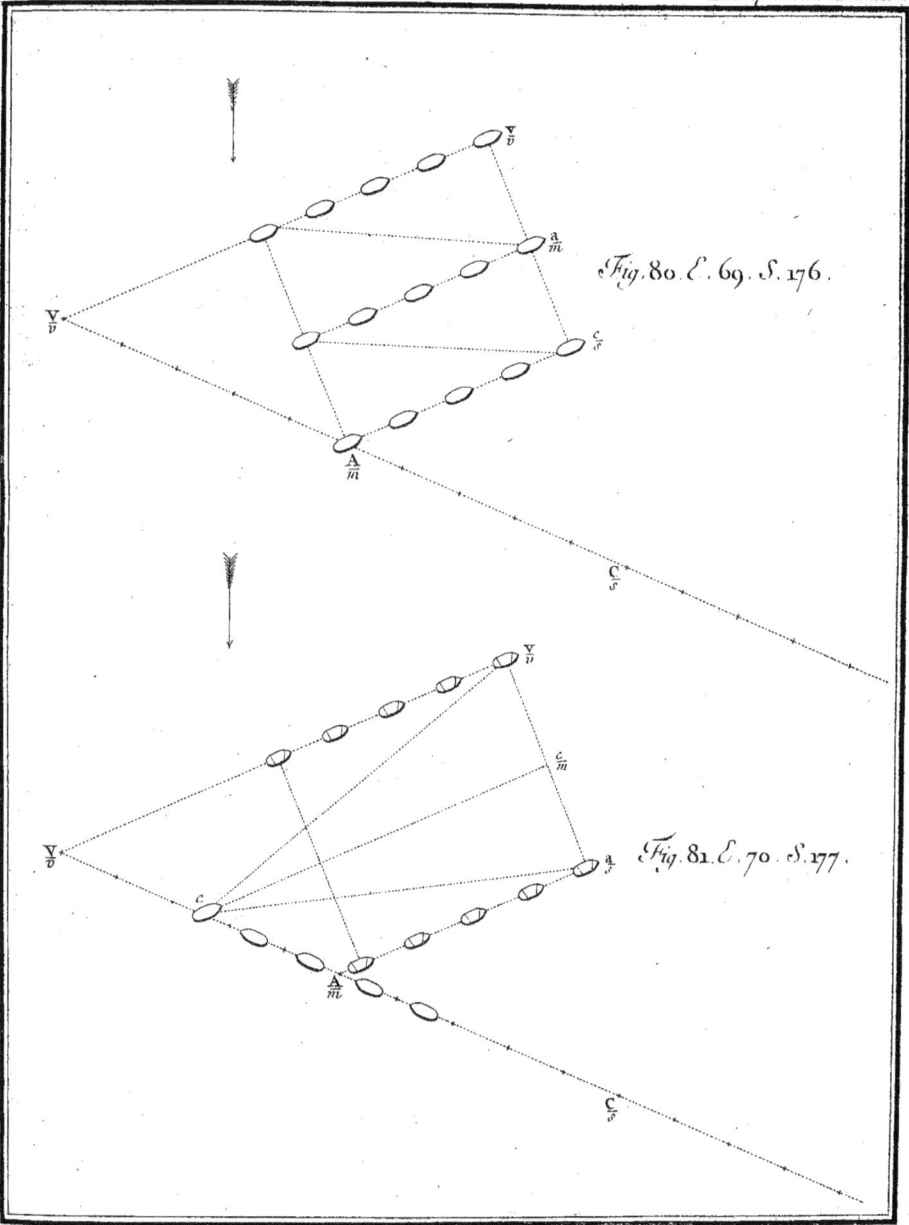

Fig. 80. E. 69. S. 176.

Fig. 81. E. 70. S. 177.

Fig 82. E. 71. S. 178.

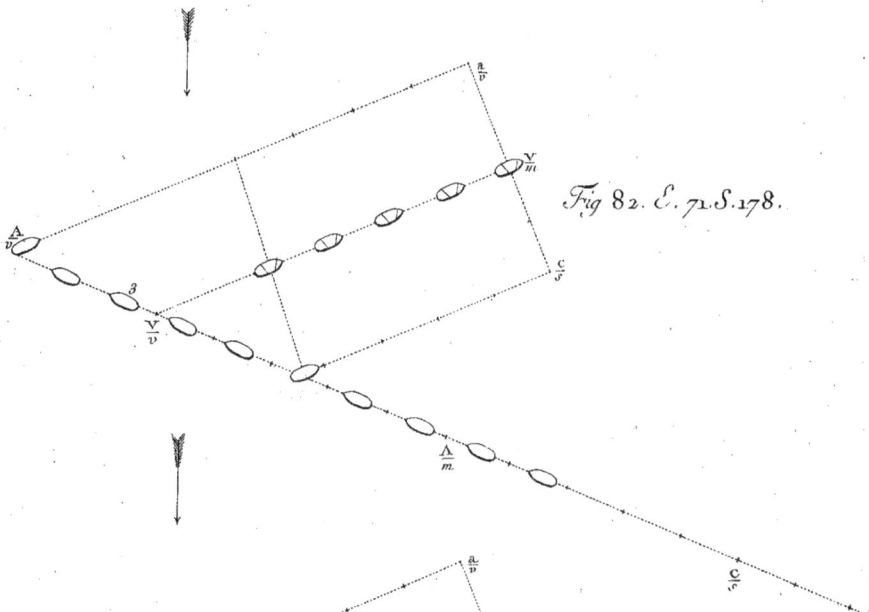

Fig. 83. E. 72. S. 179.

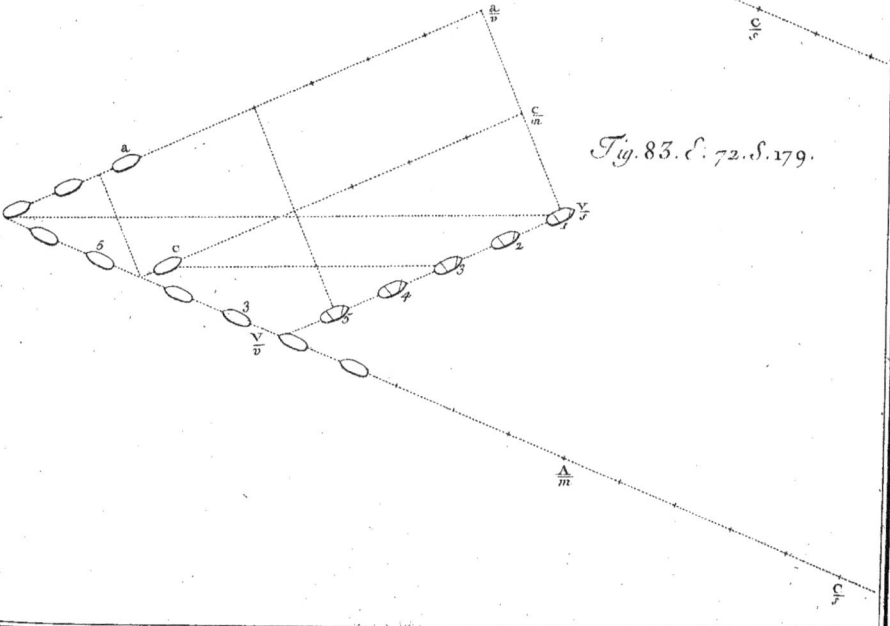

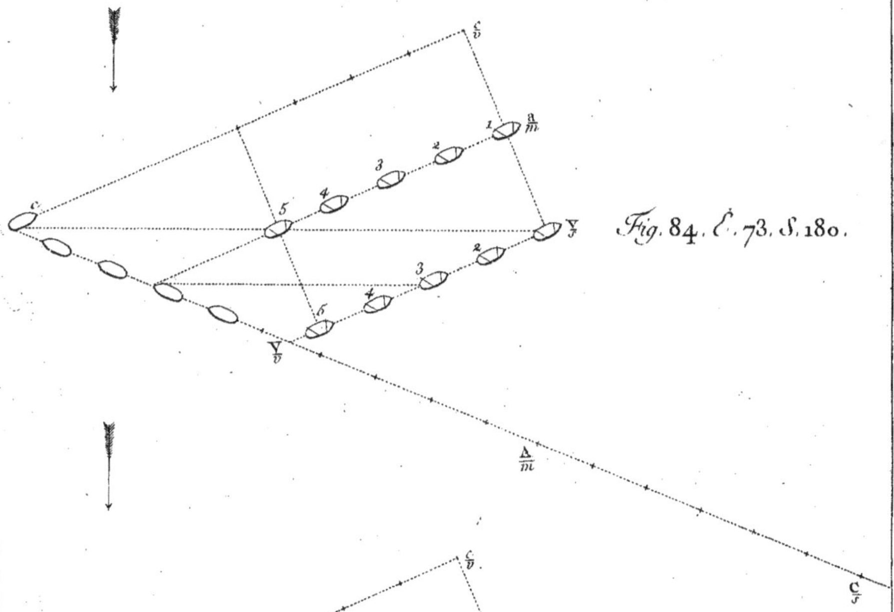

Fig. 84. É. 73. S. 180.

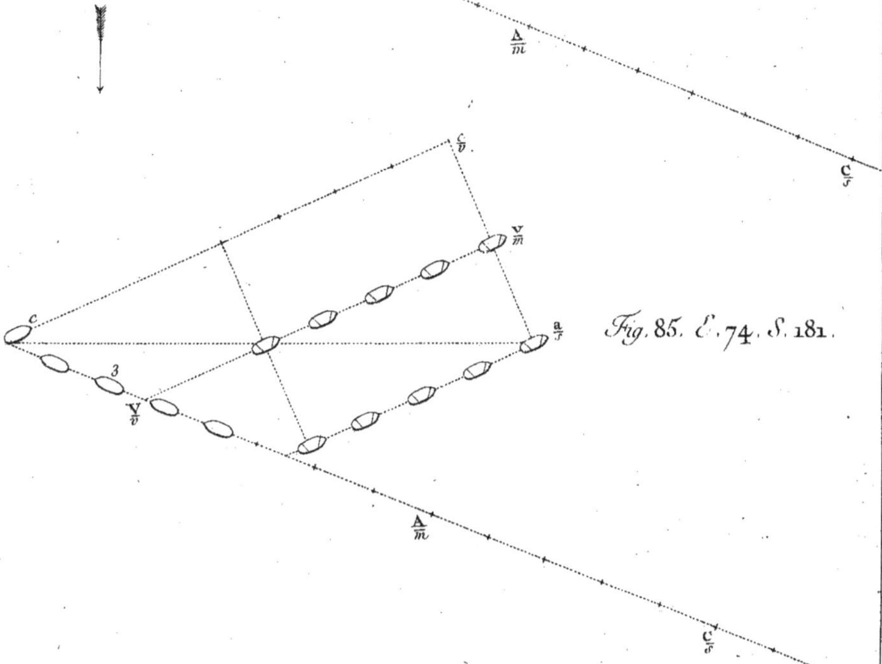

Fig. 85. É. 74. S. 181.

Fig. 86. E. 76. | S. 183.

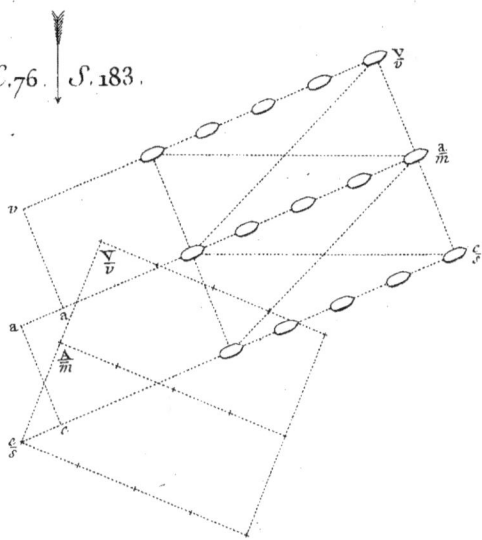

Fig. 87. E. 77. | S. 184.

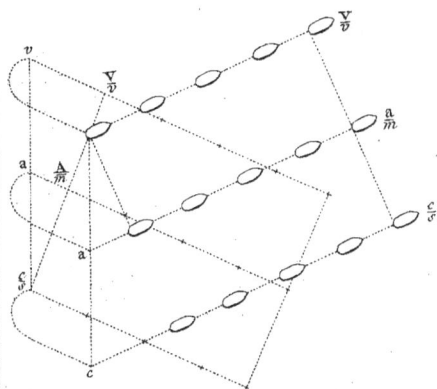

Fig. 88. E. 78. | S. 185.

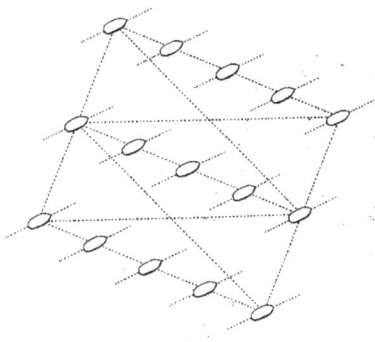

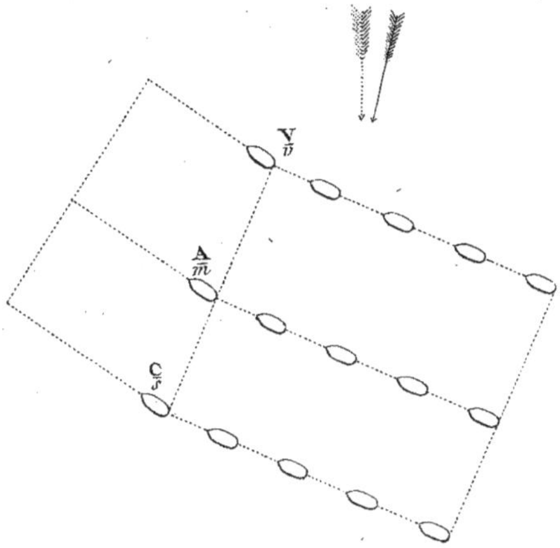

Fig. 89. E. 79. S. 188.

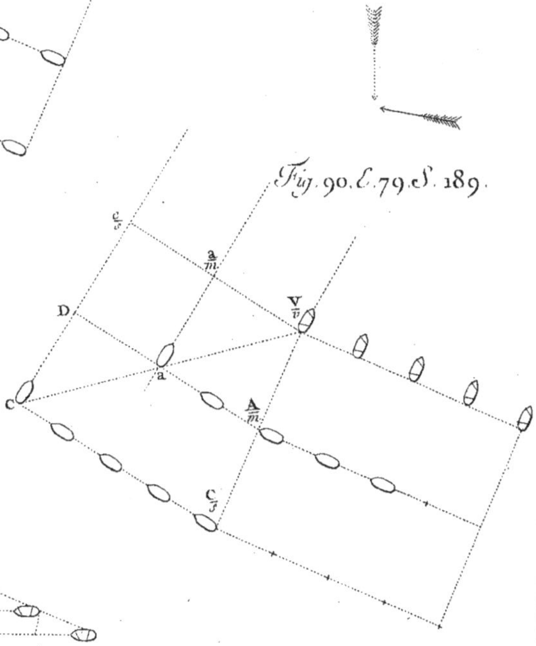

Fig. 90. E. 79. S. 189.

Fig. 91. E. 80. S. 191.

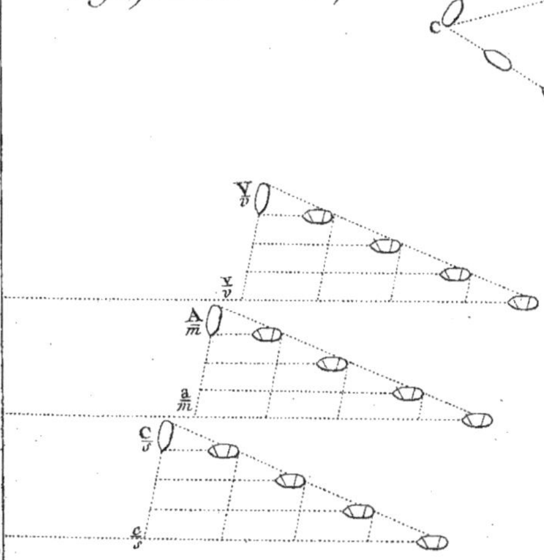

Fig. 92. C. 82. S. 202.

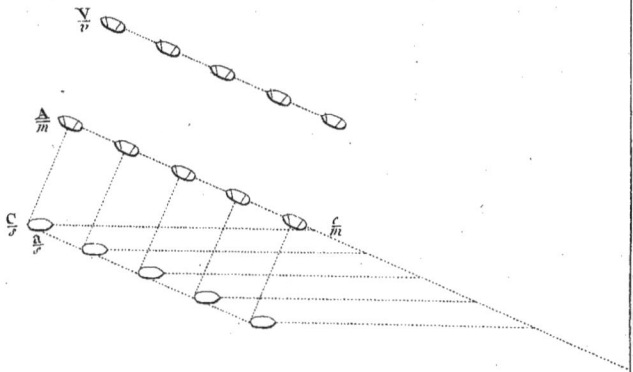

Fig. 93. C. 83. S. 203.

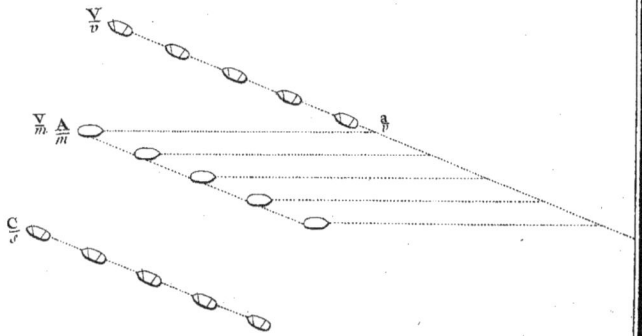

Fig. 94. E. 84. S. 204.

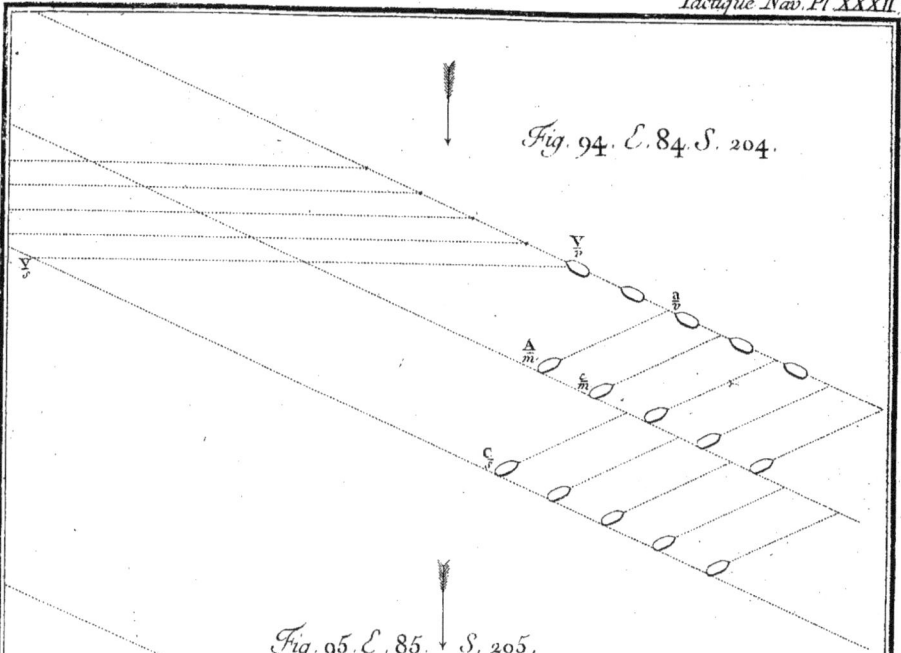

Fig. 95. E. 85. S. 205.

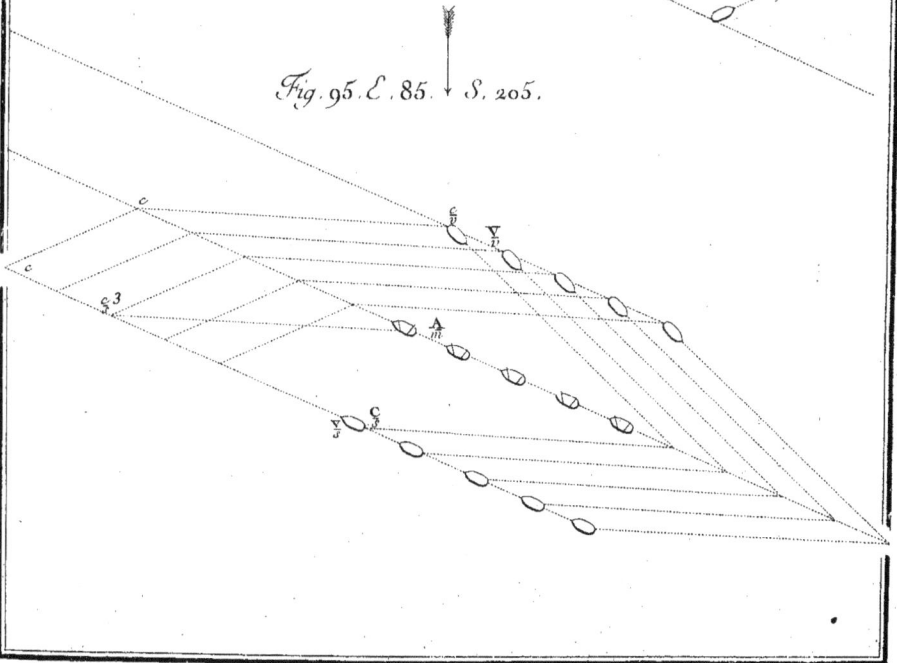

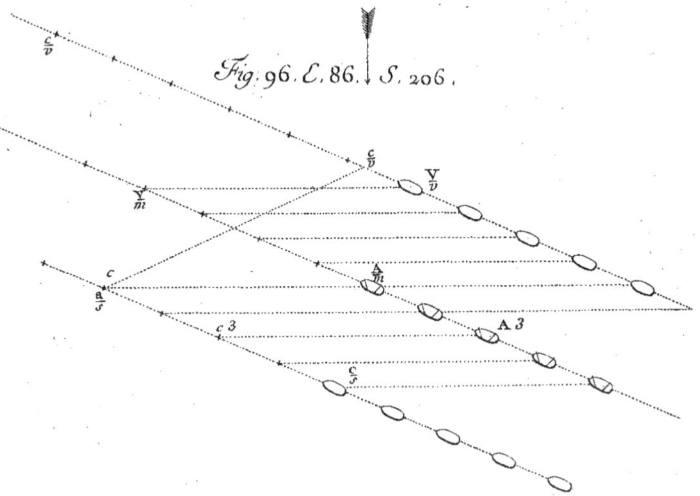

Fig. 96. E. 86. ↓ *S. 206.*

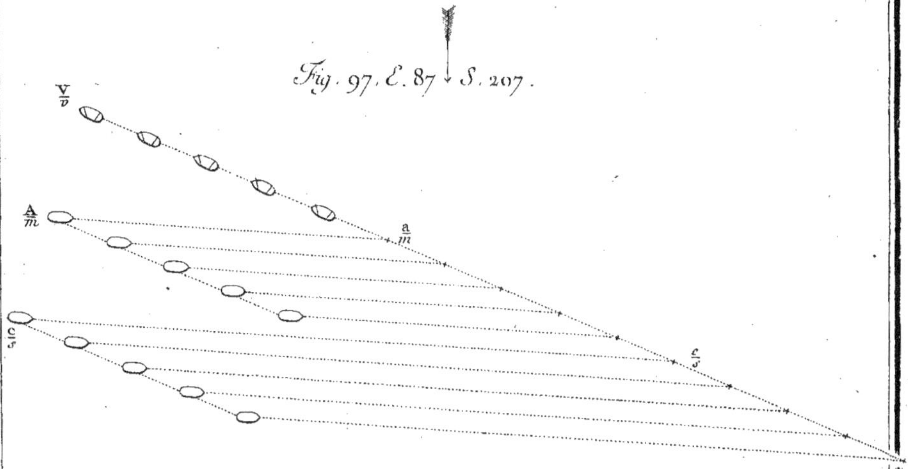

Fig. 97. E. 87 ↓ *S. 207.*

Fig. 98. C. 87. S. 208.

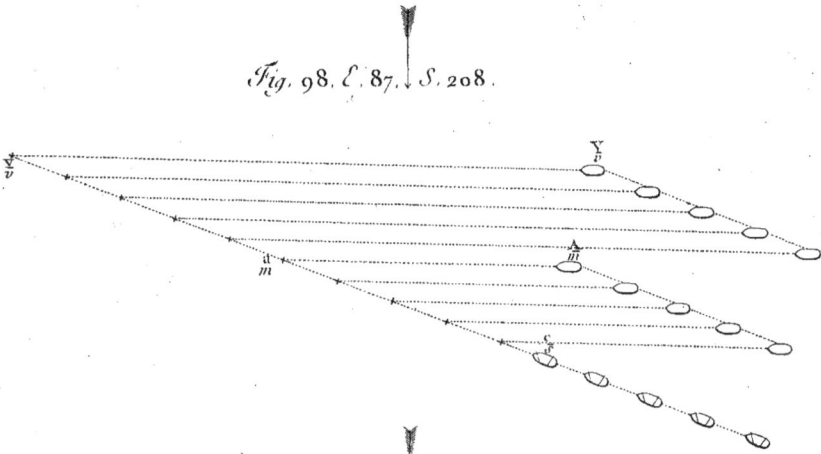

Fig. 99. C. 87. S. 209.

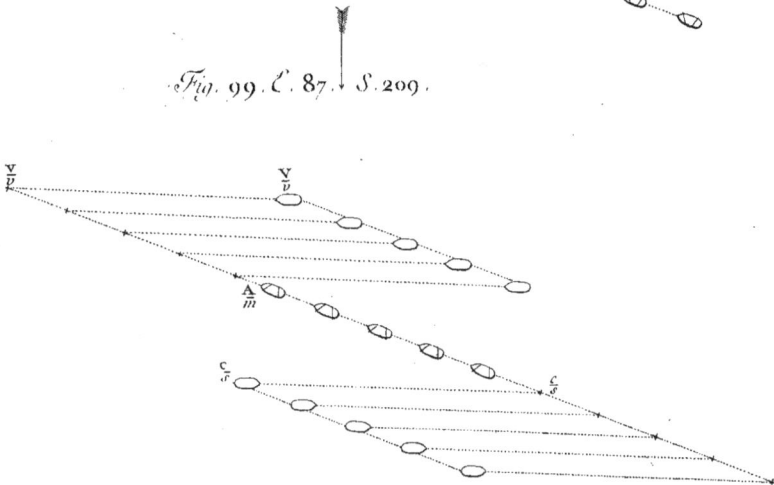

Fig. 100. E. 88. S. 210.

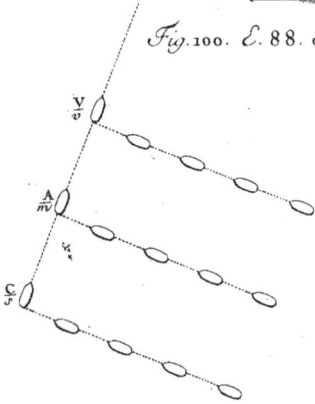

Fig. 101. E. 88. S. 211.

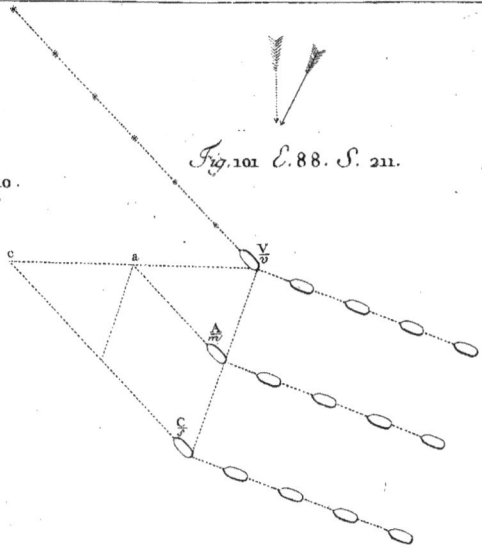

Fig. 102. E. 88. S. 212.

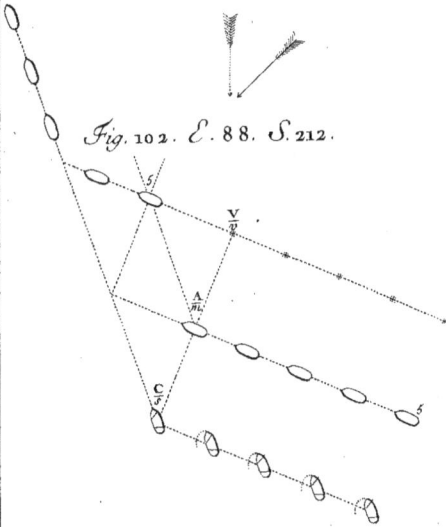

Fig. 103. E. 88. S. 213.

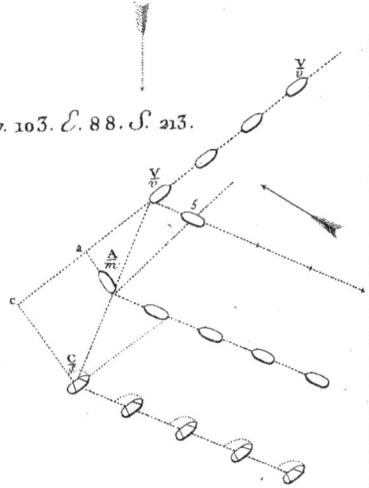

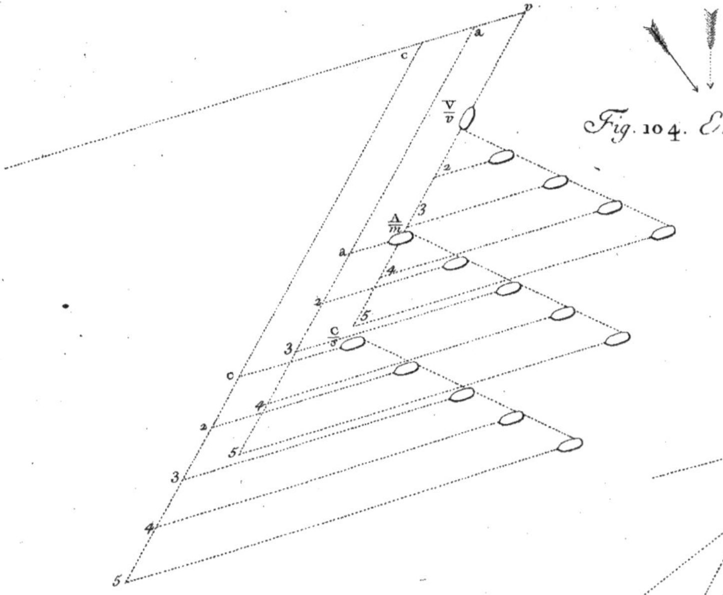

Fig. 104. E. 89. S. 214.

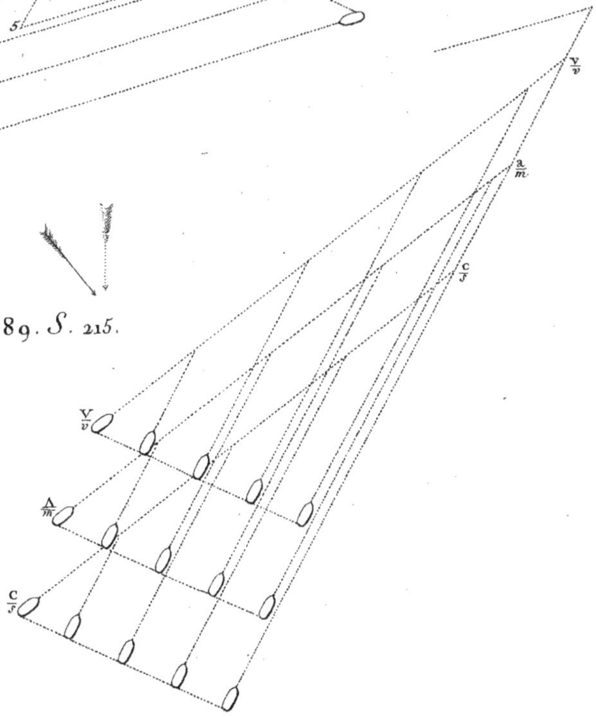

Fig. 105. E. 89. S. 215.

Fig.106. E. 90. S. 217.

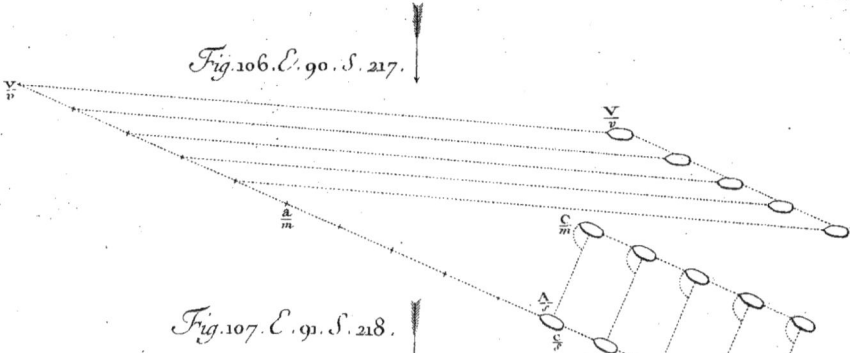

Fig.107. E. 91. S. 218.

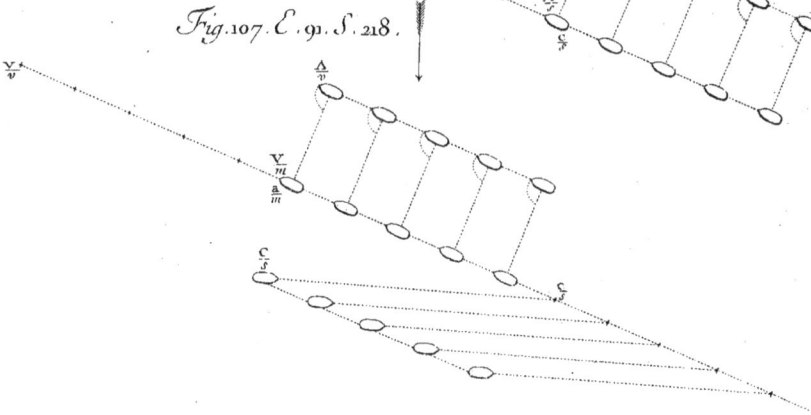

Fig.108. E. 91. S. 219.

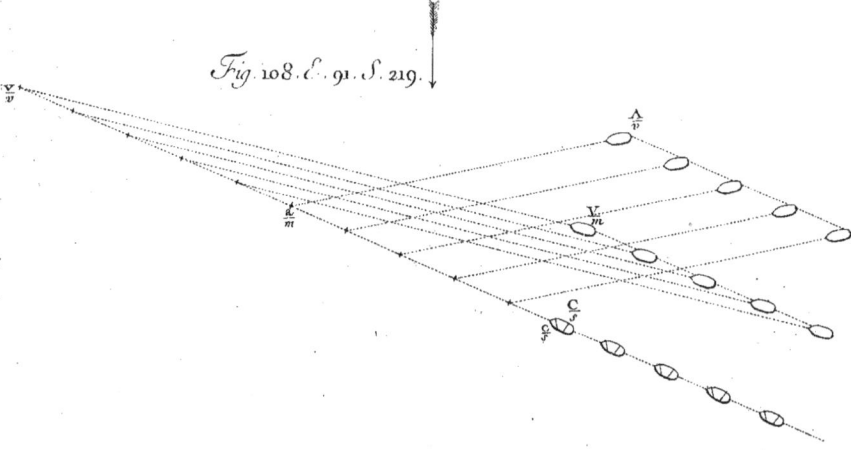

Fig. 109. E. 92. S. 220.

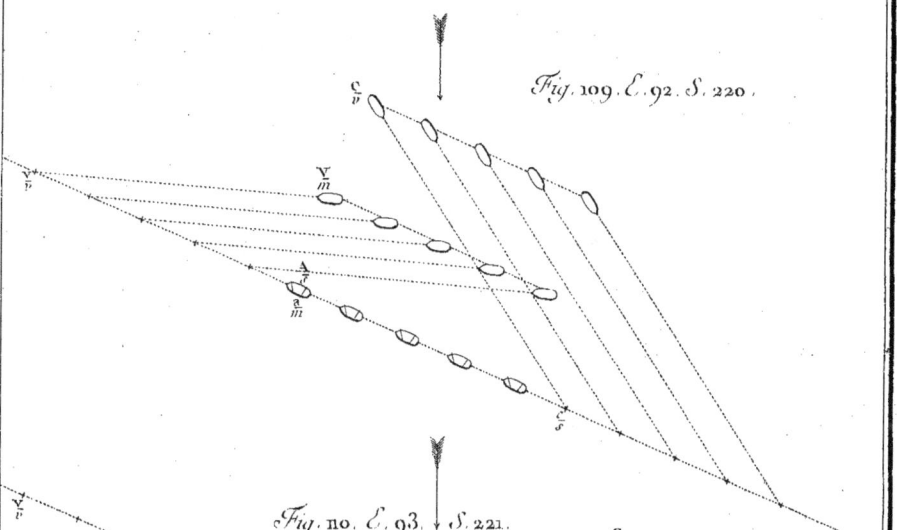

Fig. 110. E. 93. S. 221.

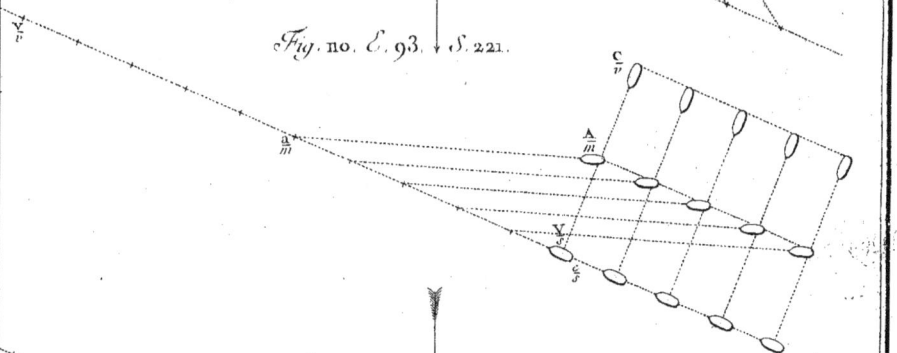

Fig. 111. E. 94. S. 222.

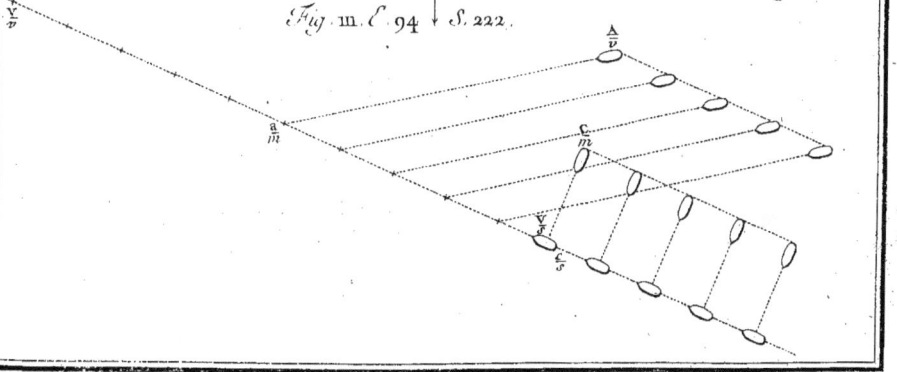

Fig. 112. *C.* 95. *S.* 223.

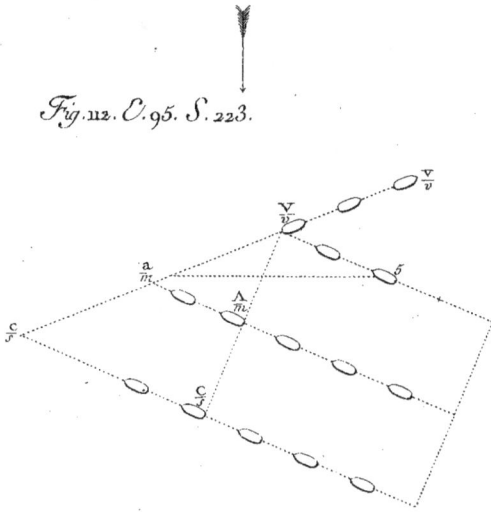

Fig. 113. *C.* 96. *S.* 224.

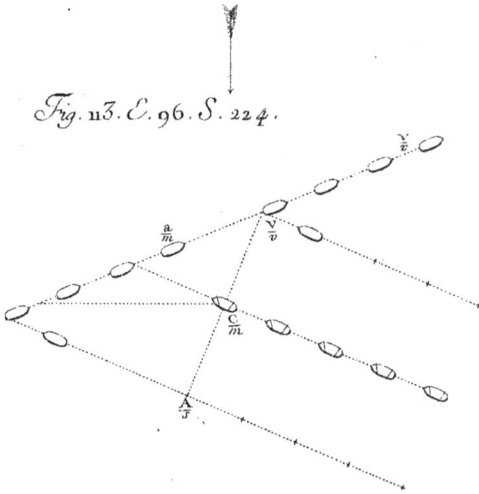

Fig. 114. C. 97. S. 225.

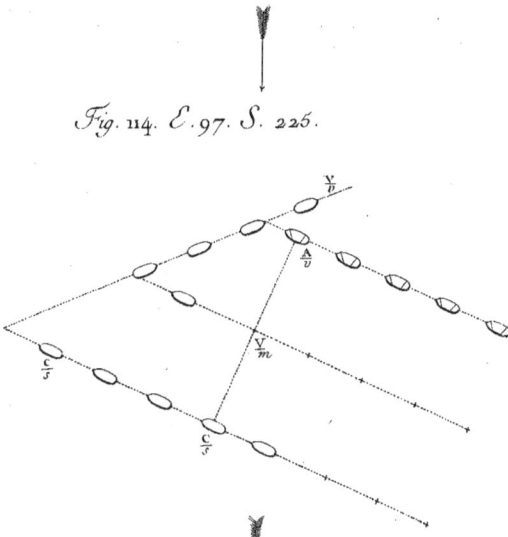

Fig. 115. C. 98. S. 226.

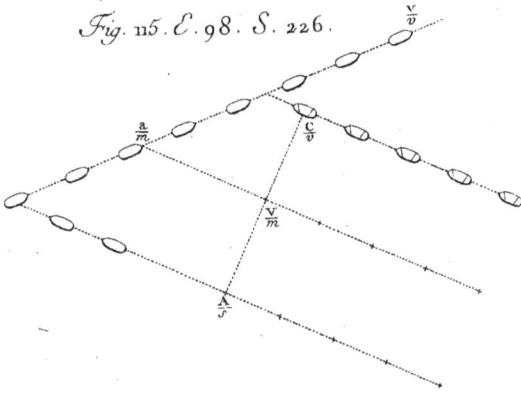

Fig. 116. E. 99. S. 227.

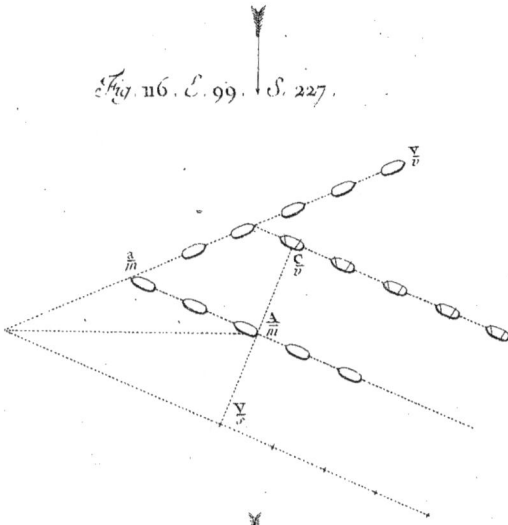

Fig. 117. E. 100. S. 228.

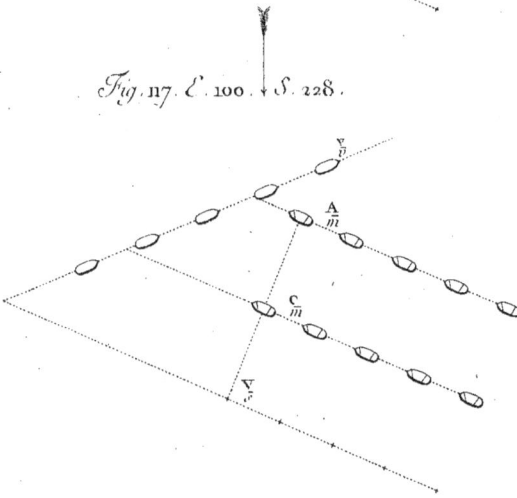

Fig. 118. C. 101. S. 229

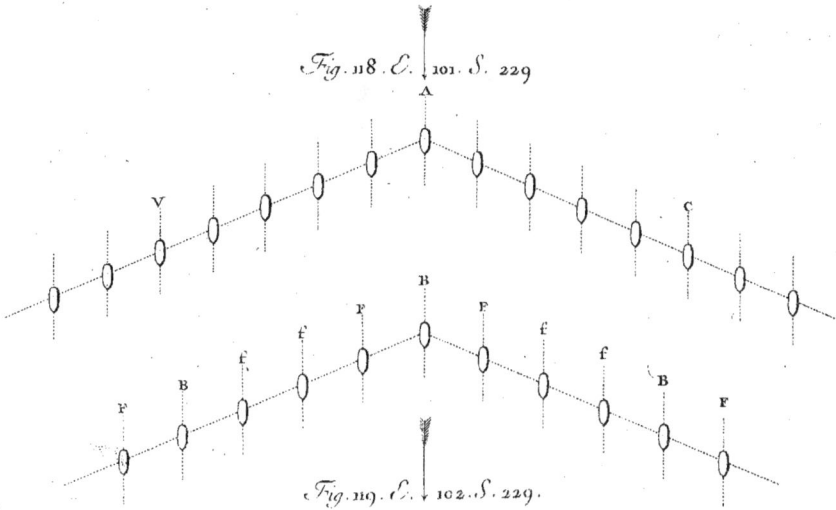

Fig. 119. C. 102. S. 229.

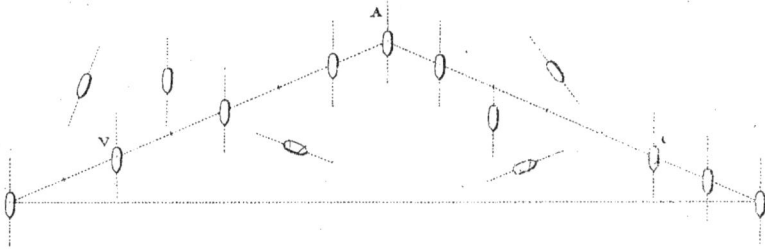

Fig. 120. C. 102. S. 229.

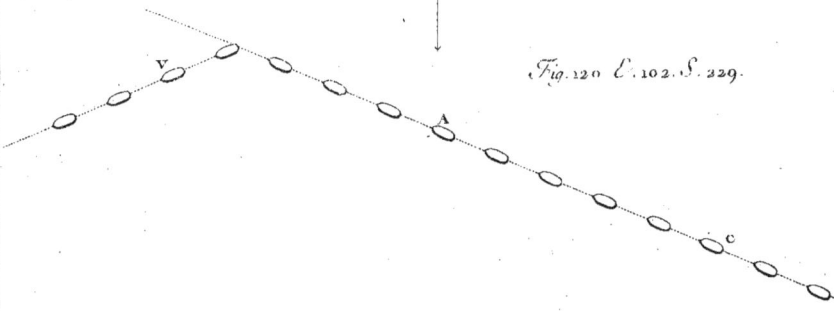

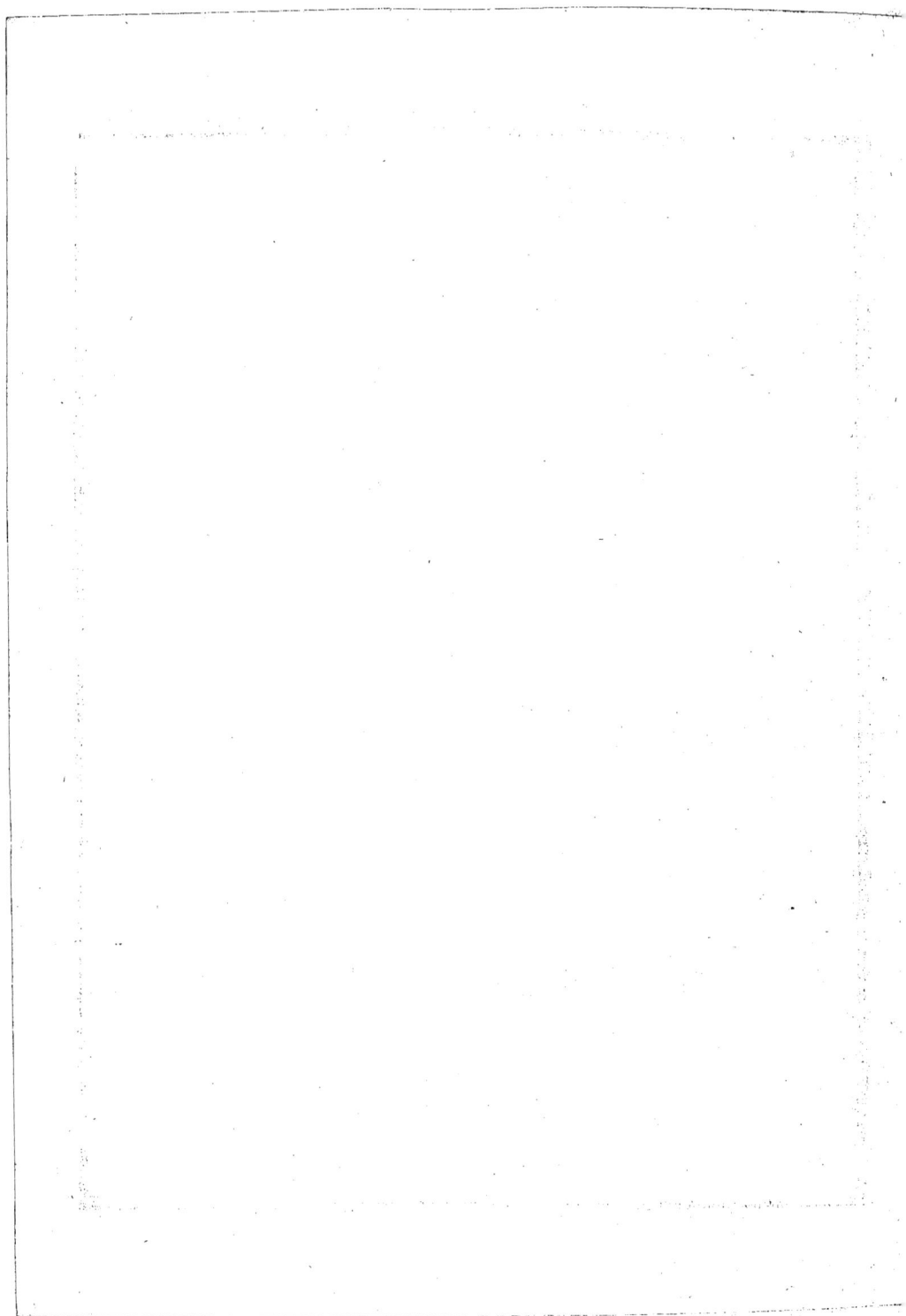

Fig. 121. E. 103. S. 230.

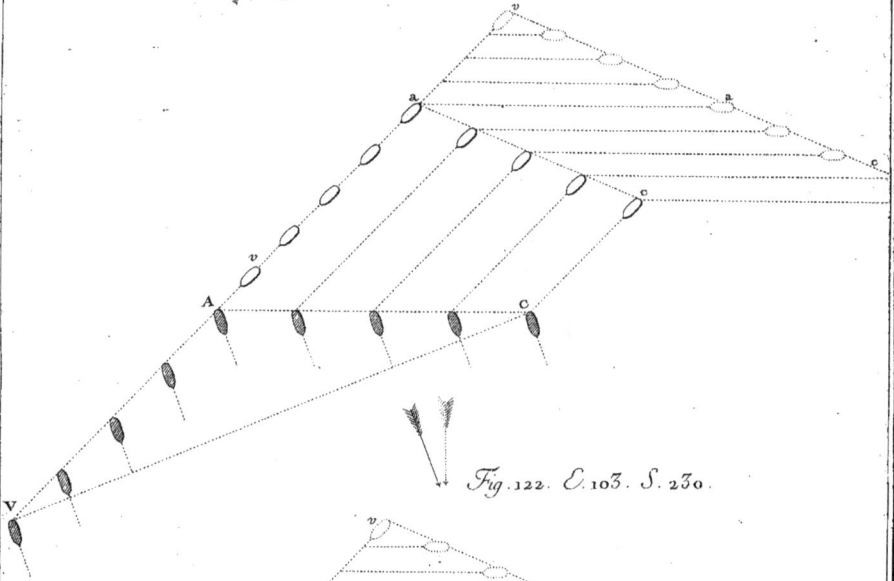

Fig. 122. E. 103. S. 230.

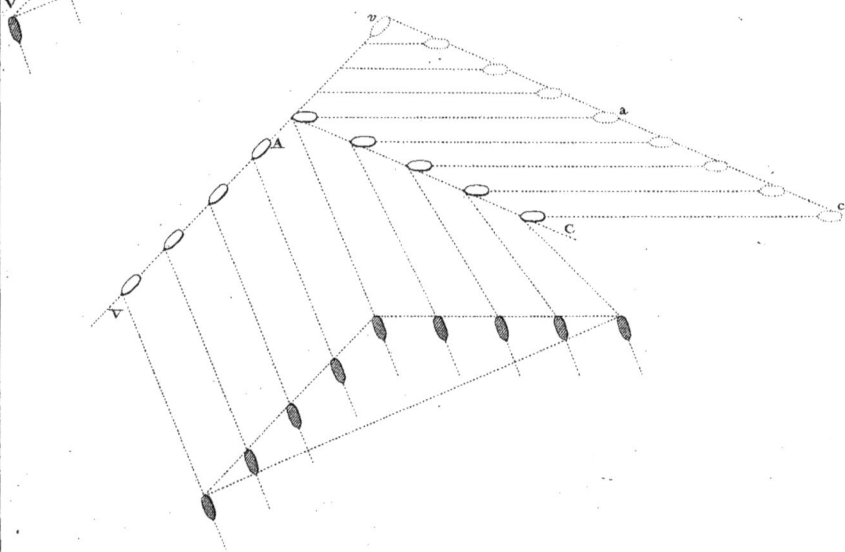

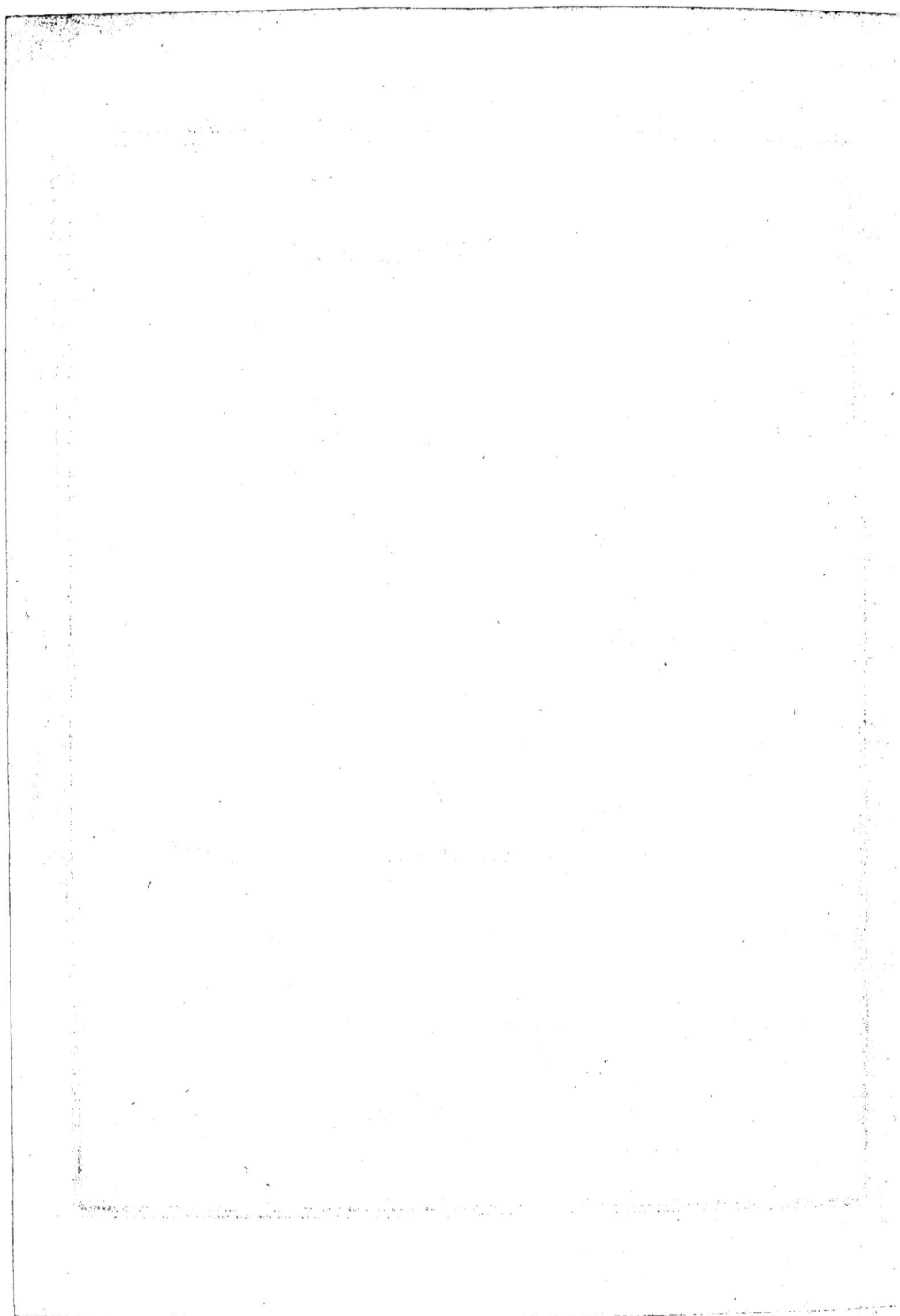

Fig. 123 . E. 103 . S. 231.

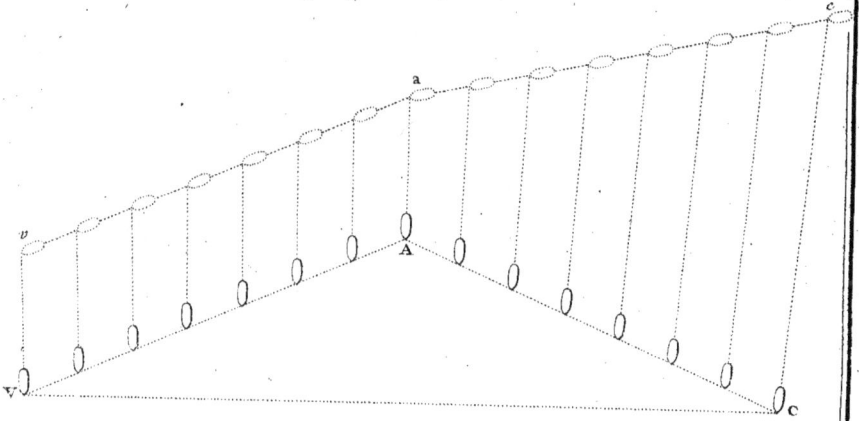

Fig. 124 E. 104 . S. 232.

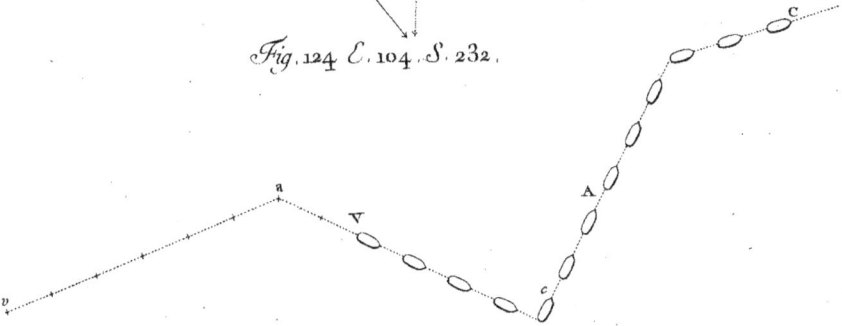

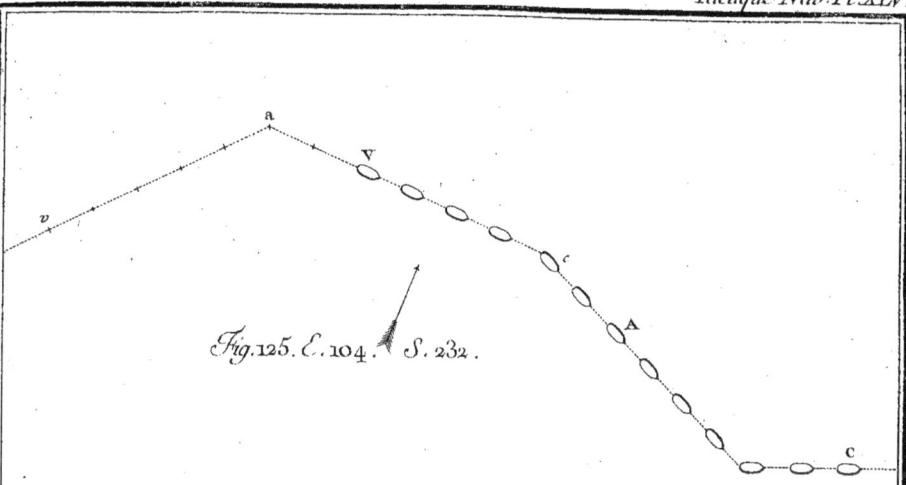

Fig. 125. E. 104. S. 232.

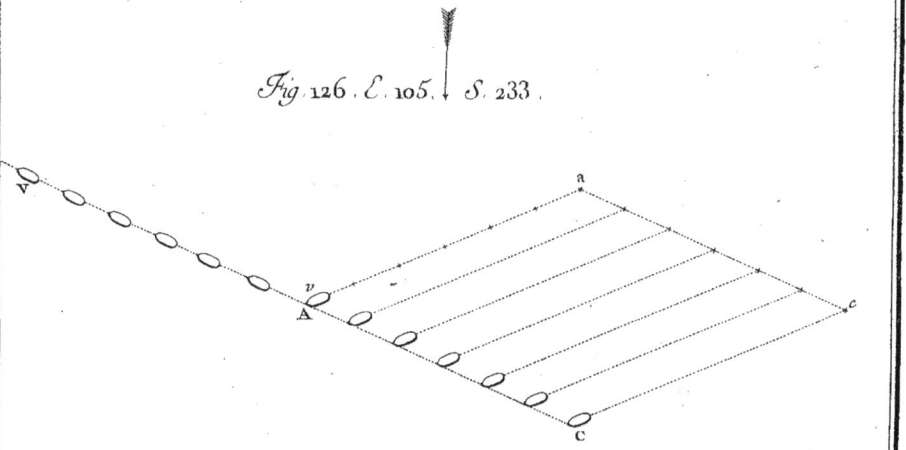

Fig. 126. E. 105. S. 233.

Fig. 127. E. 106. S. 234.

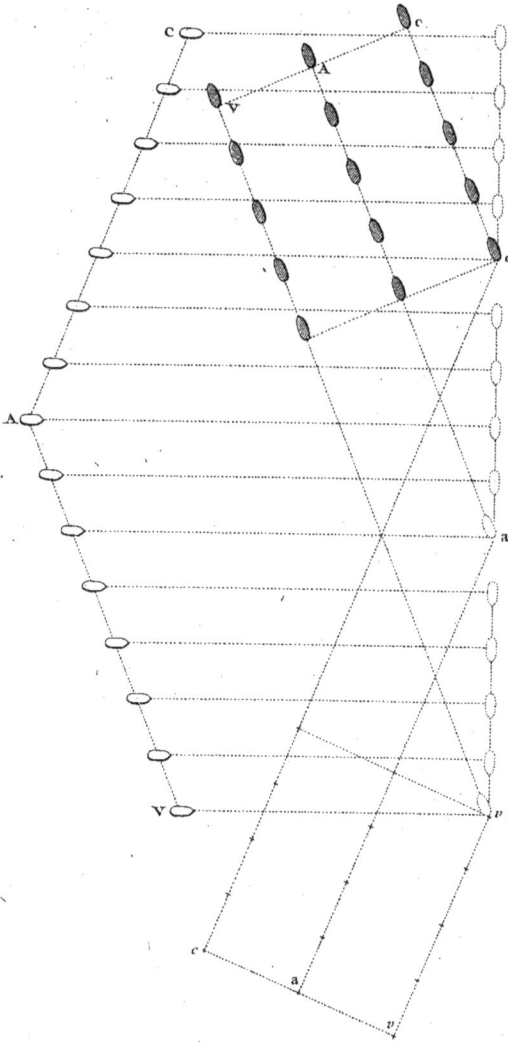

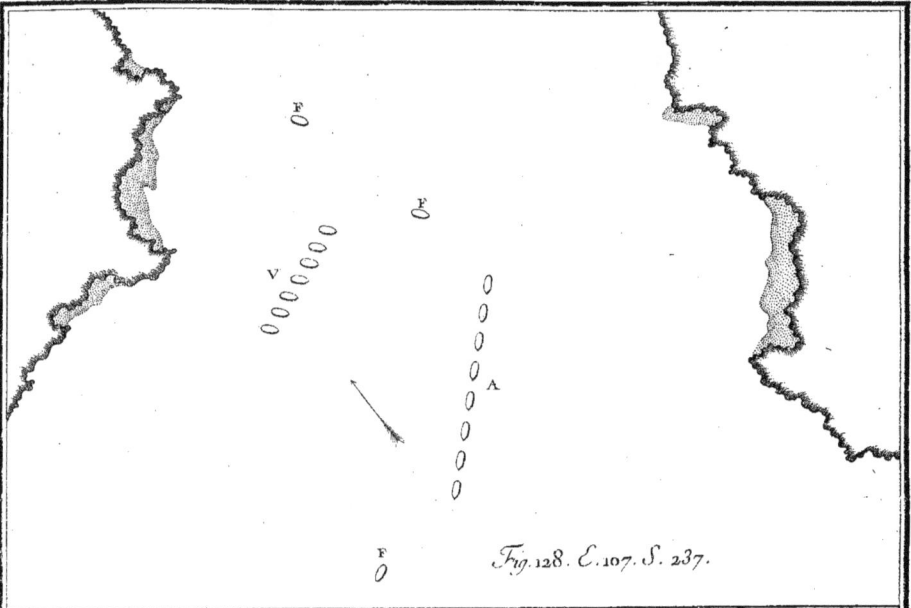

Fig. 128. C. 107. S. 237.

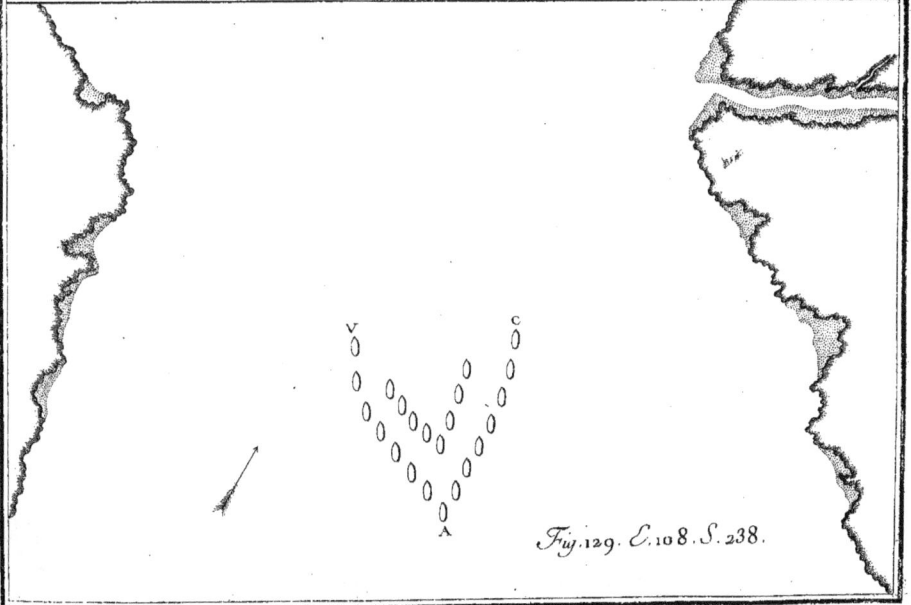

Fig. 129. C. 108. S. 238.

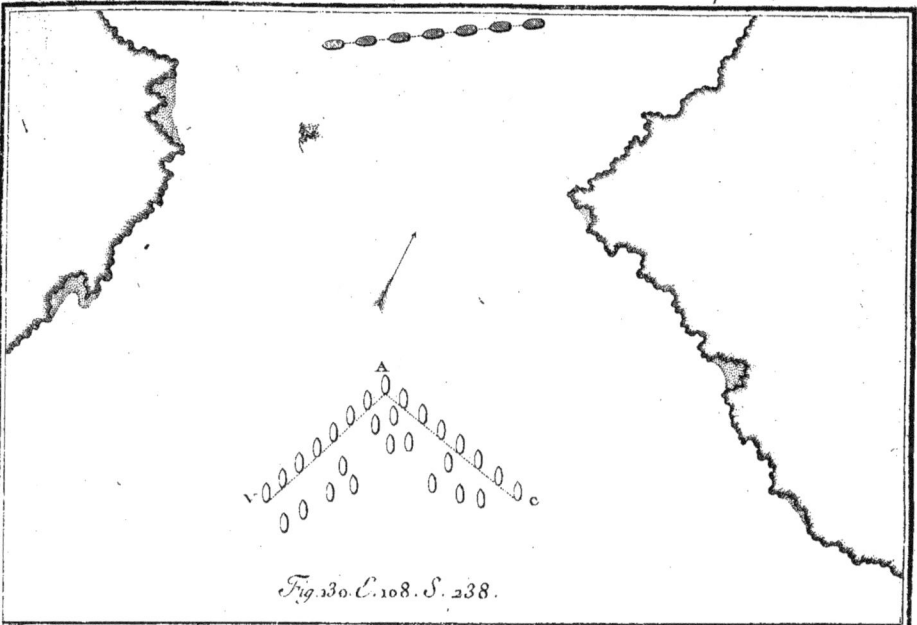

Fig. 130. C. 108. S. 238.

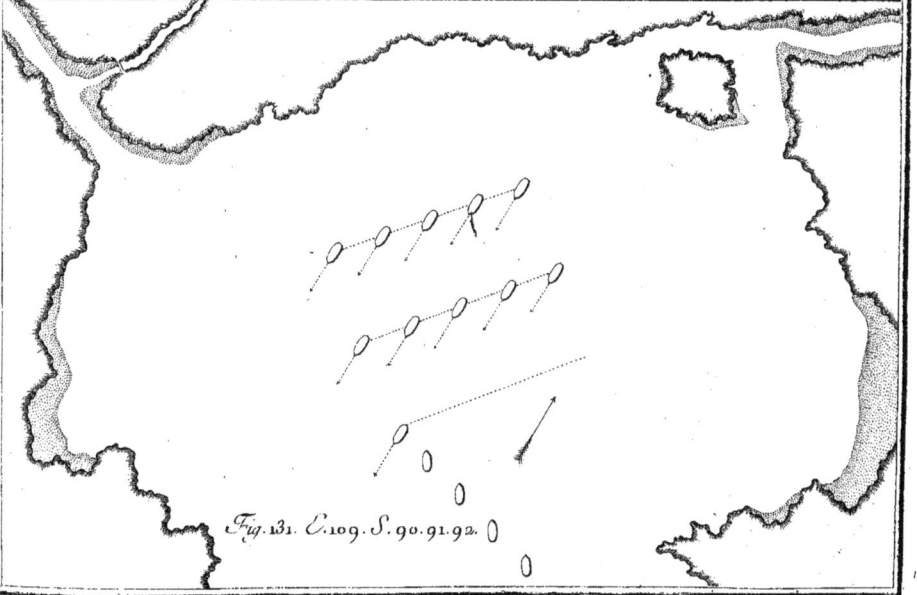

Fig. 131. C. 109. S. 90. 91. 92.

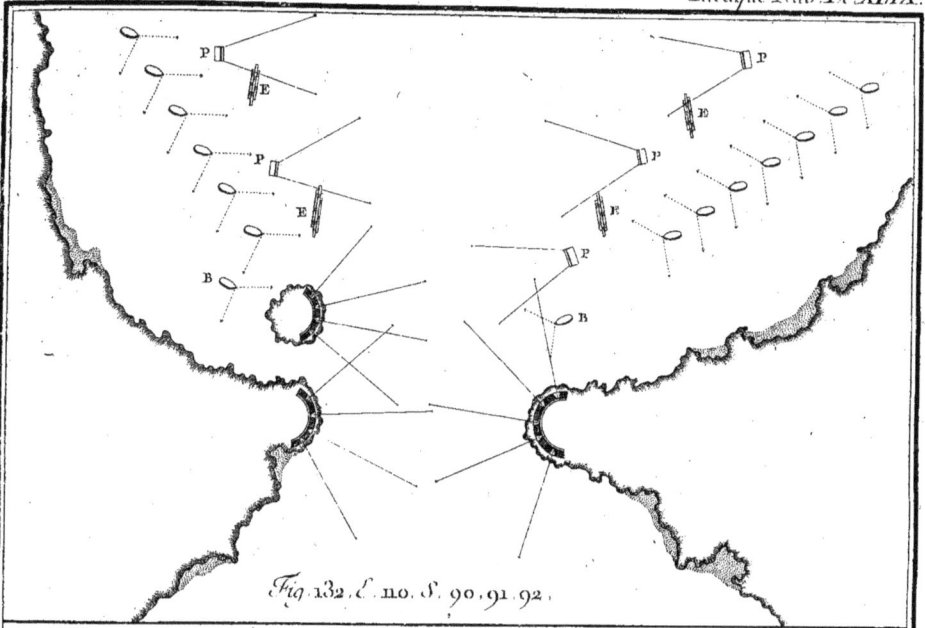

Fig. 132. C. 110. S. 90. 91. 92.

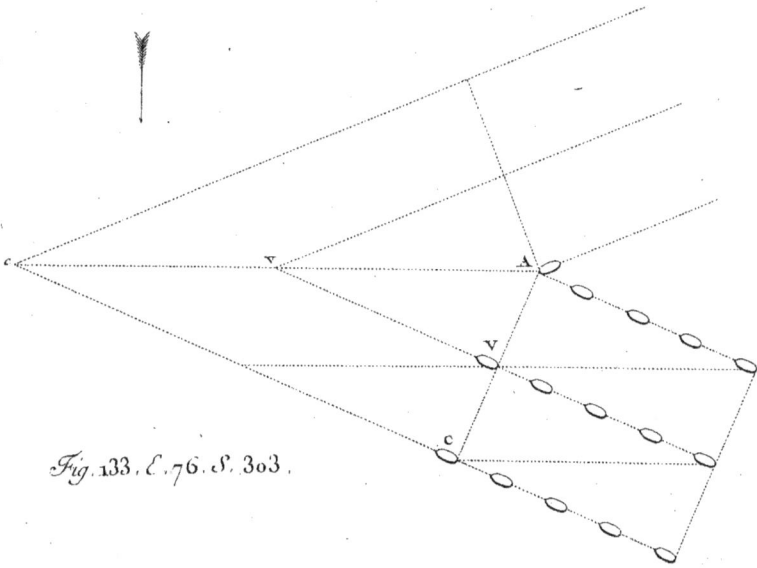

Fig. 133. C. 76. S. 303.

www.ingramcontent.com/pod-product-compliance
Lightning Source LLC
Chambersburg PA
CBHW071143270326
41929CB00012B/1855